HISTOIRE

DE

FLORENCE

OUVRAGES DU MÊME AUTEUR

Jérôme Savonarole, sa vie, ses prédications, ses écrits. Ouvrage couronné par l'Académie française. 5ᵉ édition. 1 vol. in-12 (Hachette).

Deux ans de révolution en Italie. 1848-1849. 1 vol. in-12 (Hachette).

Étienne Marcel, prévôt des marchands. 2ᵉ édition, dans la collection municipale de l'Histoire de Paris. 1 vol. in-4.

Histoire de la littérature italienne, depuis ses origines jusqu'à nos jours. 2ᵉ édition. 1 vol. in-12 (Delagrave).

Les mariages espagnols sous le règne d'Henri IV et la régence de Marie de Médicis. Ouvrage couronné par l'Académie française. 1 vol. in-8 (Didier).

L'Église et l'État en France, sous le règne d'Henri IV et la régence de Marie de Médicis. Ouvrage couronné par l'Académie française. 2 vol. in-8 (Pedone-Lauriel).

La démocratie en France au moyen âge. Ouvrage couronné par l'Académie des sciences morales et politiques. 2ᵉ édition. 2 vol. in-12 (Didier).

Étude historique sur Sully, couronnée par l'Académie française.

MÉMOIRES LUS A L'ACADÉMIE DES SCIENCES MORALES ET POLITIQUES
ET INSÉRÉS DANS SES COMPTES RENDUS

La comtesse Mathilde de Toscane et le Saint-Siége (1865).

Un procès criminel sous le règne d'Henri IV (1867).

Le duc de Lerme et la cour d'Espagne sous le règne de Philippe III (1870).

Mémoire critique sur l'auteur et la composition des Œconomies Royales (1871).

Typographie Lahure, rue de Fleurus, 9, à Paris.

HISTOIRE

DE

FLORENCE

PAR

F.-T. PERRENS

TOME SECOND

PARIS
LIBRAIRIE HACHETTE ET C
79, BOULEVARD SAINT-GERMAIN, 79

1877

Droits de propriété et de traduction réservés.

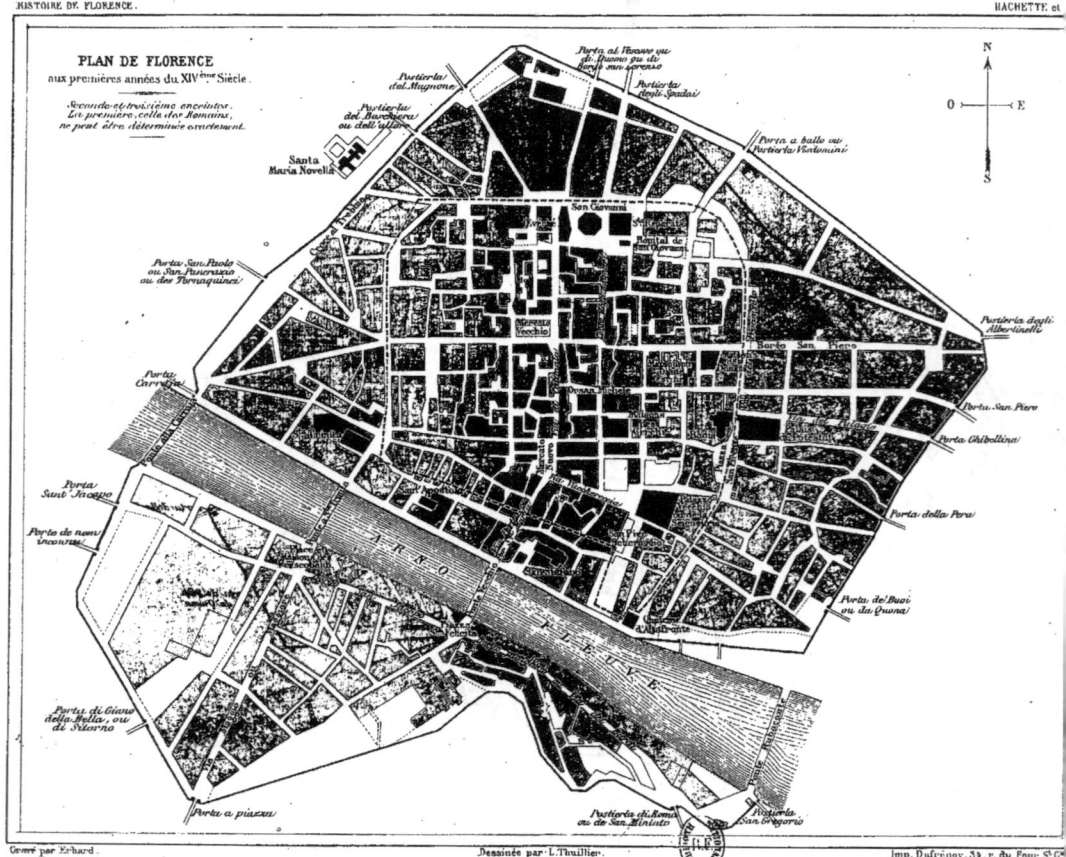

HISTOIRE
DE
FLORENCE

LIVRE IV

CHAPITRE PREMIER

LE GOUVERNEMENT DES GIBELINS

— 1261-1266 —

Guerre des gibelins de Florence contre Lucques et les guelfes réfugiés (1261). — Négociation des guelfes avec Conradin. — Atermoiements de la cour d'Allemagne. — Tentative des guelfes pour rentrer à Florence (26 septembre 1262). — Occupation et abandon de Signa. — Campagne des gibelins dans le val d'Arno inférieur (printemps de 1263). — Traité avec Lucques. — Expulsion des guelfes. — Ils se retirent à Bologne. — Ils se font mercenaires à Modène et à Reggio (1264). — Ils se relèvent progressivement. — Manfred noue contre eux des alliances. — Négociations du saint-siége pour lui susciter un rival. — Charles d'Anjou. — Lenteur de la négociation. — Clément IV en hâte la fin (1265). — Ses emprunts aux banquiers toscans. — Armée de Charles. — Arrivée de Charles à Rome (mai 1265). — Il jure le traité (29 mai). — Nouvelles négociations financières. — Accueil fait à l'armée française en Italie. — Sa marche vers Rome. — Elle est grossie des guelfes toscans. — Agitation et combats en Toscane. — Manfred cherche un accommodement. — Bataille de Bénévent (26 février 1266). — Défaite et mort de Manfred. — Jugement des Italiens à son égard.

Quoique la domination gibeline fût matériellement établie à Florence, les courages y étaient encore frémissants. Il ne fallut guère moins d'une année à Guido Novello pour les calmer ou les réduire, en leur faisant sentir, par l'appareil de sa puissance, l'inanité de toute rébellion. C'est seulement en septembre 1261 qu'il se crut en mesure de traiter la province comme la ville, d'y soumettre les pacifiques et d'y forcer au départ les belliqueux. Oter à ceux-ci ce voisin refuge de Lucques où ils réparaient leurs forces et préparaient leur revanche, c'était en somme accomplir du même coup les deux parties de cette tâche, car les tièdes cessent d'être à craindre, dès qu'on écarte d'eux ce qui les pourrait échauffer. C'est donc contre Lucques que Guido Novello entreprit de faire campagne. Aux mille cavaliers allemands dont il disposait, il joignit deux mille cavaliers toscans, et « une grande foule de peuple », composant les milices à pied [1]. Ayant enlevé sans peine aux Lucquois Castelfranco et Santa Croce [2], il crut, dans son impéritie militaire, que l'expédition ne serait qu'une promenade. Santa Maria a Monte [3] le détrompa cruellement : trois mois elle le retint au pied de ses modestes murailles. La famine seule lui ouvrit les portes; encore dut-il acheter la soumission d'une poignée d'hommes exténués, en garantissant toute sécurité aux personnes et aux biens. Plus graves encore furent les difficultés devant Fucecchio [4]. La fleur du parti

---

[1] E popolo grandissimo (Villani, VI, 83). C'est ainsi, d'ordinaire, sans prendre la peine de les compter et d'en donner le nombre, que les chroniqueurs parlent des hommes de pied.

[2] Castelfranco di sotto, val d'Arno inférieur, rive droite de l'Arno, vicariat de Fucecchio, évêché de Lucques. — Santa Croce même pays, patrie de Lami (Repetti, I, 545, V, 137).

[3] Val d'Arno inférieur, à trois milles ouest de Castelfranco (Repetti, III, 71).

[4] Montecalvoli, à 4 milles ouest de Castelfranco en face de Pontedera, et Pozzo à un mille de Santa Maria a Monte (Repetti, III, 330, IV, 630) se

guelfe s'y était jetée, pour prévenir la chute de ce boulevard avancé. Les pluies de décembre avaient rendu impraticables les alentours, en tout temps marécageux. Un siége d'hiver n'étant point à tenter, Guido Novello n'espéra plus qu'en un prompt et hardi coup de main. Il fit appel à tout ce que Florence, Pise, Sienne, Pistoia et les autres villes de son parti avaient de gibelins disponibles [1]; mais, après un mois d'inutiles escarmouches, il dut rebrousser chemin [2]. Jusqu'au printemps, il se voyait condamné à l'inaction, triste début pour le hobereau incapable, dont l'aveugle caprice de la fortune avait fait un comte palatin, un capitaine, et le départ de Giordano un vicaire général du roi en Toscane [3].

Cette saison de répit ne fut point perdue pour les guelfes. Ils reprirent auprès de Conradin la négociation ouverte en 1259. Étrange au premier abord, elle était logique et nécessaire. Les avances de Manfred repoussées, il ne restait plus qu'à se tourner vers son rival. Il fallait aux vaincus des forces et un chef. Richard de Cornouailles s'était dérobé au périlleux honneur de l'être. En vain on l'avait convié à une entreprise contre « l'ancien prince de Tarente » : il n'avait aucun goût, disait-il, à conquérir le royaume de la lune [4]. Il préférait faire le généreux en le donnant à autrui. A l'investiture du duché de Souabe

rendirent après la chute de cette dernière place, mais elles n'avaient pas d'importance.

[1] E furono alla detta compagnia Pisani e Sanesi e Fiorentini ghibellini e Pistolesi e altre terre assai (Simone della Tosa, 1261, p. 199).

[2] Villani, VI, 83. Stefani, II, 127. Paolino, II, 26. Ammirato, l. II, t. I, p. 126.

[3] In Tuscia comitis palatini, nunc regii in Tuscia vicarii generalis (Caleffo vecchio, p. 465 v°. Doc. du 16 octobre 1264).

[4] Idem est ac si quis diceret : Vendo vel do tibi lunam, ascende et apprehende eam (Matth. Paris, 864, cité par Saint-Priest, I, 243).

et des terres d'empire qu'il conférait à Conradin, pour gagner des partisans parmi ceux des Hohenstaufen, il joignait avec une libéralité facile le titre de roi de Sicile et de Jérusalem[1]. Ce n'était qu'un mot, mais ce mot rattachait Conradin à l'Italie, justifiait la précédente ambassade des guelfes, en autorisait de nouvelles. Resserrées jadis comme dans un étau par la formidable puissance qu'exerçait au nord et au midi Frédéric II, Rome et la Toscane portaient avec moins de crainte leurs regards vers la lointaine Allemagne, depuis que l'étau, violemment brisé par l'usurpation, ne pouvait plus les écraser.

A peine établis à Lucques, Guido Guerra, capitaine des fugitifs, et leur potestat Maghinardo, comte de Panicote, avaient donc envoyé à Conradin Guido Altoviti de Florence, « syndic et ambassadeur des guelfes, dont les paroles avaient du poids et les actes de la maturité. » Deux autres Florentins et deux Lucquois l'accompagnaient[2]. Reçu par Louis, comte palatin du Rhin et duc de Bavière, oncle et tuteur du jeune roi, Altoviti lui exprima l'ardent désir d'une alliance qui amènerait en

---

[1] Janvier 1257. Cherrier, III, 80.

[2] Per nobilem et prudentem virum concivem vestrum dominum Guidonem Altoviti de Florentia, sindicum et ambasiatorem vestrum, verbis quidem pondere non carentibus et gestibus maturitatem persone sue decentibus (*Lib. mult. epist. Responsiva ad precedentem*, ap. Cherrier, III, 511, Append.). Selon Villani suivi par Ammirato, il y aurait eu deux ambassadeurs, Bonaccorso Bellincioni des Adimari et Simone Donati. Peut-être furent-ils envoyés ultérieurement. Selon Mazzarosa (I, 101), les Lucquois auraient aussi envoyé deux ambassadeurs. Quant à la date de l'ambassade, elle n'est pas clairement donnée par le ms. (actum apud Illuminestri anno Domini MCCdm (sic) vIII ydus maij), mais elle résulte des paroles de Villani. Au l. VII, ch. 83, il est en 1261, et au ch. 85 en 1262 (l'anno appresso). Donc au ch. 84 consacré à l'ambassade, quand il dit « in questi tempi, » il parle de 1261.

Italie Conradin ou un délégué de sa couronne, « apte et suffisant[1] ». Dans les lettres qui furent mises sous les yeux de ce prince, les guelfes, ces éternels adversaires de l'Allemagne, se disaient humblement sujets du chef de l'Allemagne, « habitants de son royaume, torturés par l'inique tyrannie de Manfred, prince de Tarente[2], » et ils déclaraient ne faire qu'un avec le vaillant peuple de Florence[3]. « Quoique la témérité des ennemis, écrivaient-ils, persiste dans ses pervers et cruels desseins, leurs forces déjà presque épuisées seront bientôt réduites à néant, car le saint-père nous a pris ouvertement, ainsi que les Lucquois, sous sa protection puissante. Il a enserré Manfred, les Siennois, les gibelins et tous leurs fauteurs dans les pénibles liens de l'excommunication, il a soulevé contre eux la Marche, le duché (de Spolète), le jardin de saint Pierre. Il nous a envoyé en qualité de légat son chapelain, le révérend P. Dom Guala de Verceil, pour nous venir en aide jusqu'à la confusion finale des ennemis. Les guelfes d'Arezzo, nos alliés et nos frères, tiennent toujours leur ville dans votre obéissance et ont chassé leurs gibelins. Les cités de Romagne, beaucoup de terres, de princes, de barons en Toscane, tiennent pour nous. Les Lucquois mettent leur puissance à notre disposition. C'est pourquoi nous supplions Votre Sérénité, en

---

[1] In quantum inhiantibus et ardentibus devotionis vestre desideriis nostrum felicem adventum ad partes Italie vel alterius ydonei et sufficientis legati nostri per omnia laudabili proposito prestolantes, adnecti et uniri nobis indissolubili federe cupiatis (*Responsiva*, etc., ap. Cherrier, III, 511, Append.).

[2] Vestris regnicolis, iniqua Manfridi principis Tarentini tyranide cruciatis (*Lib. mult. epist. Pars Guelfi scribit*, etc., ap. Cherrier, III, 509, Append.).

[3] Nos et strenuum populum Florentie, cum quo unum et idem sumus (*Ibid.*, p. 509).

qui réside tout notre espoir, de venir en Italie broyer l'insolence de vos détracteurs et reconquérir votre royaume. Quand on saura bien que vous êtes en vie, sans grave effort de combat, vos ennemis fuiront de devant votre face, la multitude de vos fidèles se jettera à vos pieds, tout succédera selon vos vœux, et jamais, en aucun temps, notre puissance ne vous fera défaut[1]. »

Dans ce langage sans dignité pullulaient les assertions aventureuses. En fait, la résistance d'Arezzo, dont on pouvait prévoir le terme[2], était de peu de secours, le soulèvement des villes au dehors de peu de réalité, l'appui du pape de peu d'avantage, et les efforts des guelfes florentins eux-mêmes de peu d'effet. Que les conseillers de Conradin en eussent le sentiment ou qu'ils jugeassent leur prince « trop petit garçon » pour s'embarquer dans une si hasardeuse entreprise[3], ils lui dictèrent des démonstrations et des réponses qui payaient les ambassadeurs de leur monnaie de mauvais aloi. Conradin déclara qu'il leur ouvrait ses bras comme à de fidèles amis, qu'il les prenait « sous les ailes de sa protection » et promettait de les défendre[4]. Retirant de ses épaules un manteau doublé de fourrures, il le leur donna comme gage de sa promesse de venir au plus tôt en Italie[5]. Mais, ni sa mère, ni le

---

[1] *Liber multarum epistolarum, Pars guelfi scribit Conrado II*, etc., ap. Cherrier, III, p. 510-511, Append.

[2] Le 12 juin 1262, Arezzo concluait une ligue avec Sienne (*Consiglio della Campana*, X, 41). — Malavolti (part. II, l. 2, f° 26, 29) met donc à tort en 1265 la soumission d'Arezzo.

[3] Trovarono Curradino si piccolo garzone che la madre non acconsentì in niuna guisa che si partisse di là (Villani, VI, 84).

[4] Expansis vos totius benivolentie nostre brachiis tamquam devotos nostros karissimos amplectentes, et sub alis nostre protectionis et defensionis nutricio favoris nostri gremio confoventes, opem vobis et auxilium contra omnes... (*Lib. mult. epist. Responsiva*, etc.)

[5] Villani, VI, 183. Mazzarosa, I, 101.

mari de sa mère[1] n'étaient d'avis que le temps en fût venu. Son tuteur, avec l'autorité de sa charge, déclarait qu'en tout cas il convenait de prendre, avant de partir, l'avis des princes d'Allemagne et le conseil des autres sujets[2]. C'était, à y regarder de près, une fin de non recevoir, car on savait sujets et princes peu disposés aux expéditions lointaines, et jaloux de garder parmi eux leur roi, arbitre souverain de leurs différends.

Pleins d'illusions cependant, et avides d'espérance, les guelfes prirent ces échappatoires pour des promesses, et se résignèrent au retard. Réunis dans l'église de San Frediano, à Lucques, pour entendre le rapport de leurs ambassadeurs et la lecture des lettres royales, ils s'abandonnèrent même, en voyant le manteau de Conradin, à une joie folle, comme s'il eût été une arme contre l'ennemi, ou tout au moins la marque certaine que le roi des Romains serait bientôt parmi eux. Enhardis par ce mirage, ils formèrent sur-le-champ et exécutèrent bientôt le dessein de marcher sur Florence. Ils réunirent toutes leurs forces, accrues d'un corps d'Allemands que les Lucquois avaient à leur solde[3]. Mais les sentant insuffisantes contre celles dont disposait Guido Novello[4], ils attendaient le succès à la fois des intelligences qu'ils entretenaient

---

[1] Le comte Meinhart de Goritz, frère du comte de Tyrol, avait épousé la mère de Conradin, le 6 octobre 1258. Ammirato (l. II, t. I, p. 126) dit sans preuves qu'elle était favorable à l'expédition. La suite prouvera le contraire.

[2] Prehabito tamen prius principum Alemaniæ et aliorum subditorum nostrorum consilio (*Responsiva*, etc., loc. cit., p. 512).

[3] Cum Teutonicis Lucensium et aliis quos habere subsidiarios undique potuerunt, convenerunt in unum (Lettre d'un gibelin toscan, ms. de la Bibl. de l'*Athenæum*, à Turin, publiée par Cherrier, III, 507, Append.).

[4] Cum omni prorsus essent potentia et viribus destituti (*Ibid.*).

dans leur patrie[1], et de la ruse habilement ourdie d'une démonstration pacifique. Le 26 septembre 1262[2], ils se mettaient en marche, précédés du légat apostolique, et, s'il en faut croire une relation gibeline, de faux moines portant le crucifix. Les femmes, les enfants cheminaient avec eux, et tous ensemble, sur leur route, ils faisaient entendre ce cri rassurant : La paix ! la paix[3] ! Leurs actes ne le démentaient point : ne traiter personne en ennemi, c'était la condition première pour donner quelque chance au plan adopté[4].

Telles n'étaient point alors les allures de la guerre. Surpris de tant de douceur, Guido Novello flaira un piége et ne s'y laissa point prendre. Avec les autres capitaines, il mit la ville en état de défense et fit appel aux Pisans, aux Siennois, aux diverses milices de la *taglia*[5]. Le 8 octobre, les Siennois ayant envoyé deux cents bons hommes d'armes « contre les guelfes et les Lucquois qui

---

[1] Per alcuno trattato che haveano in Firenze (Villani, VI, 85). Per trattati occultamente tenuti in Firenze (Ammirato, l. II, t. I, p. 126).

[2] La lettre de Turin donne la date du 26 septembre, qui est par conséquent incontestable, quoique M. Bonaïni (*loc. cit.*, p. 267) dise février. On ne peut savoir où il a pris cette date, car ni Villani, ni Stefani ne donnent le mois. Quant à l'année, elle n'est pas indiquée dans la précieuse lettre qui nous sert ici d'autorité, mais tous les auteurs s'accordent à dire 1262. M. Bonaïni n'est pas plus fondé à prétendre que les guelfes partirent doucement de Lucques la nuit, et que le but de l'expédition était Signa. Quant à M. de Cherrier, il la rapporte, contre toute vraisemblance, aux premiers jours qui suivirent l'expulsion des guelfes (III, 108, 109). Ils ne pouvaient songer à rentrer au moment où ils sortaient par terreur.

[3] Et disponentes sub novo malitie genere in spem simulate pacis... per stratam directe versus Florentiam cum legato Ecclesie, falsis fratribus, mulieribus et pueris multis premissis crucibus et vociferando unanimiter pacem, pacem, dirigere quasi pacifice gressus suos (Lettre de la Bibl. de Turin, *loc. cit.*, p. 507, 508).

[4] Et ut pacis viderentur auctores, in itinere neminem offendebant (*Ibid.*).

[5] Villani, VI, 85. Ammirato, 1262, l. II, t. I, p. 126.

voulaient entrer dans Florence[1], » l'armée gibeline se déployait aussitôt au dehors, sur une étendue de cinq milles[2]. Cette démonstration suffisait pour déconcerter l'ennemi et lui ôter tout espoir d'une surprise. C'est pourquoi il se retirait à Signa, distante de sept milles[3], et occupée par lui, non sans prévoyance, dans sa marche en avant. Là, au point où les montagnes s'écartent juste assez pour livrer passage à l'Arno et à la route[4], il se flattait de tenir bon, en attendant une occasion meilleure, et de protéger son quartier général de Lucques contre des agressions prévues[5]. Mais tout, en ce moment, tournait contre les guelfes. Ils apprenaient, le lendemain, que Francesco Simplice[6], qui se parait, comme Guido Novello, du titre de vicaire général en Toscane, venait, avec un corps de cavalerie, de rejoindre le camp gibelin, et qu'on y avait résolu de marcher contre les émigrés, de les attaquer dans leur fortes positions[7]. Ceux-ci, menacés par devant, l'étaient en même temps par derrière. Les milices pisanes s'ébran-

---

[1] *Consiglio della Campana*, X, 75 v°.

[2] Sed nos... munita prius civitate, cum florentina militia venimus contra illos. Quibus visis, fecimus gentes nostras per acies ordinari extra civitatem per miliaria quinque (Lettre d'un gibelin toscan, ap. Cherrier, III, 507, Append.).

[3] Ainsi dit la lettre du gibelin. Selon Ammirato, six milles.

[4] Voy. un croquis représentant ce défilé dans Élisée Reclus, *Nouvelle géographie universelle*, I, 408.

[5] Et sic dum vidissent constantiam gentis nostre intrepidam, ad suscipiendum eos taliter ut decebat, ad partes alias mutato proposito diverterunt, hospitantes ea nocte apud Signam (Lettre d'un gibelin, *Ibid.*).

[6] Ce surnom de Simplice était aussi porté par Bartolommeo d'Anglano, frère du comte Giordano (Jordanum et Bartolomeum de Aglano dictos comites.—(Lettre de Charles, Lucques, 7 février 1268. *Cod. dipl. del regno*, t. II, part. I, p. 111.)

[7] Die namque sequenti, adveniente summo mane D. Francisco Simplice regio in Tuscia vicario generali, cum strenua militum comitiva, disposuimus hostiliter procedere contra eos (*Ibid.*).

laient à leur tour, demandant qu'on les attendît, car elles voulaient leur part de la victoire[1]. Ce fut le signal de la débandade. Poursuivis dans les campagnes par la cavalerie, les impuissants défenseurs de Signa éprouvèrent de grandes pertes[2], avant de rentrer dans Lucques, où ils ne devaient plus longtemps trouver un sûr abri. Stérile autant que prématurée, cette triste expédition avait duré douze jours[3].

L'hiver fut rude pour les vainqueurs comme pour les vaincus. Il fallait payer leur solde à ces ruineux mercenaires que le mauvais temps autorisait à l'inaction, mais que la prudence ne permettait pas de congédier. Pour refaire ses finances épuisées, Sienne battait monnaie sur le dos de ses plus riches prisonniers : en les maltraitant, elles les contraignait à faire venir de Florence diverses sommes, dans l'espoir d'un sort plus doux[4]. Au risque des foudres pontificales, elle frappait les clercs eux-mêmes d'une taxe exigible moitié tout de suite, moitié à la Toussaint[5]. Pise, cependant, harcelait de ses plaintes les chefs de la ligue gibeline.

[1] Et cum in procinctu itineris jam essemus, ecce supervenit nuntius Pisanorum, etc. (*Ibid.*)

[2] In quorum fuga cum per diversa et varia loca diversim et varie recessissent, percussores nostri equites quos pro eis retardandis et retinendis premisimus infeste persequentes ad dampna eis in personis et rebus gravissima intulerunt (*Ibid.*). Cf. Villani (VI, 85) et Ammirato, l. II, t. I, p. 126, 127.

[3] Stefani, II, 128. Les chroniqueurs rapportent fort inexactement les faits que permet de rétablir la lettre du gibelin, témoin oculaire, à ce qu'il semble, car il parle toujours à la première personne du pluriel.

[4] Le 20 octobre 1262, Sienne faisait un choix parmi les prisonniers, elle les mettait « alle stretto, » elle exigeait d'un certain Bondone di Davanzo ou Davanzato, qu'il fît venir 2000 livres. (*Consiglio della Campana*, X, 80, 81, 82.)

[5] Le 19 octobre 1262 une taxe de 2000 livres était levée dans ces conditions sur le clergé (*Ibid.*).

Inquiétée par Lucques et ses hôtes remuants, elle réclamait des secours[1]. Le printemps venu, il fallut bien l'entendre. Guido Novello conduisit son armée dans le Val d'Arno inférieur, et, de là, au pays de Lucques, pour y détruire tours et châteaux. Castiglione tomba bientôt entre ses mains[2]. Lucques fit battre ses milices et les guelfes florentins, qu'elle avait envoyés à la défense de son territoire. C'est dans cette rencontre qu'apparaît pour la dernière fois Farinata des Uberti. Il avait fait prisonnier Cece Buondelmonti, traditionnel ennemi de sa famille. Soit pour s'en faire honneur, soit pour lui sauver la vie, il l'avait mis derrière lui, en croupe sur son cheval[3]. Son frère Piero Asino, dans un transport de brutale violence, frappa le prisonnier de sa masse de fer sur la tête, et le tua ainsi sur le cheval même qui l'emportait[4]. Le signal était donné d'une guerre sans quartier, résolue à abuser, comme à user de la victoire. Abandonnés de tous, en proie à la terreur, les châteaux de Nozzano, de Ponte a Serchio, de Rotaja, de Sarzana, succombent à tour de rôle[5]. Perdre

---

[1] A la date du 31 octobre 1262, on trouve trace d'une ambassade des Siennois auprès du pape pour procurer un accord entre Pise et Lucques (*Consiglio della Campana*, X, 84 v°). Les événements ultérieurs prouvent que cette démarche dut être sans fruit.

[2] Il y a deux localités de ce nom dans le val de Serchio, Castiglion di Garfagnana et Castiglion dei Lucchesi. C'est de ce dernier qu'il s'agit ici. Il couvre le Serchio en face de Ripafratta. C'était un château frontière (Repetti, I, 595, 597).

[3] Alcuno disse per camparlo (Villani, VI, 86). Ammirato, plus affirmatif, parce que l'histoire de Farinata est devenue légende, dit sans restriction « per camparlo (l. II, t. I, p. 127). »

[4] Les mêmes et Stefani, II, 129.

[5] Nozzano, sur la rive droite du Serchio, presque à l'entrée de la plaine de Pise, et sur une hauteur qui sert à la communication du Monte Pisano et du Monte di Quiesa (Rep., III, 650). — Ponte a Serchio était, comme son nom l'indique, une tête de pont, en face de la colline dite d'Avane (Rep., IV, 522). — Rotaja ne figure pas dans Repetti. Serezzana ou Sar-

ainsi leurs possessions, et, pour prix d'une hospitalité dispendieuse, ne trouver dans leurs hôtes aucun secours efficace, c'en était trop pour les Lucquois. Ils cédèrent à la mauvaise fortune. Par un traité secret, ils rachetèrent leurs châteaux et leurs captifs, ceux des derniers combats comme ceux de Montaperti, encore nombreux à Sienne [1]. Ils s'obligèrent à entrer dans la ligue gibeline, à recevoir un vicaire royal, à chasser non pas leurs propres guelfes, mais ceux de Florence et de Toscane [2], et à les poursuivre partout comme ennemis des Siennois. Ils promirent en outre de restituer à Sienne tout l'argent à elle pris en France, en Angleterre ou ailleurs par le légat du pape, par la commune ou des marchands de Lucques, le soin de fixer les chiffres étant laissé au vicaire royal. Ces promesses, renouvelables tous les cinq ans, devaient être insérées dans les constitutions lucquoises et y rester à perpétuité [3].

Ce fut pour les exilés comme un coup de foudre. Ils n'eurent vent du traité que par l'ordre qu'ils reçurent, sous peine de la vie, d'évacuer, dans les trois jours, le port de salut [4]. Ils ne pouvaient demander un sursis, car

---

zana, dans le val di Magra, à la base méridionale du Monte d'Armelo ou des Capucins, dans une plaine riante sur la route de Gênes (Repetti, V, 182).

[1] Stefani, II, 129.

[2] Senza cacciare di Lucca alcuno cittadino, guelfo o ghibellino che fosse (Villani, VI, 86). Cf. Simone della Tosa, p. 100. Stefani, II, 129.

[3] Documents du 8 octobre 1264 et du 20 juillet 1265 (*Caleffo vecchio*, p. 462 v°, 465). Le témoignage concordant de tous les auteurs et le rapprochement avec d'autres faits ne permettent pas de douter que cette négociation et ce traité soient de 1263. On y revint à plusieurs reprises comme c'était l'usage, et comme le prouvent les deux dates de 1264 et 1265 données par le *Caleffo vecchio*.

[4] Ma ciò con tanta segretezza che benchè fusse la conclusione di questa pratica menata per la lunga in fino all' anno 1263 (Ammirato parle ainsi parce qu'il met en février 1262 l'affaire de Signa), mai di ciò non per-

les compagnies allemandes approchaient, et hors du territoire de Lucques ils n'avaient plus d'asile en Toscane[1]. Tristement ils recommencèrent leur exode, pour gagner Bologne à travers l'Apennin. Des femmes nobles suivaient à pied leurs maris à cheval. Elles tenaient leurs enfants dans leurs bras, ou les mettaient prématurément au monde sur les pierres du chemin. Plusieurs, dénuées de tout moyen d'existence, livraient leur beauté pour un gîte de quelques heures ou un frugal repas. A Bologne, impunément guelfe, grâce à son épais rempart de montagnes, ces malheureux respirèrent enfin; mais trop fiers pour vivre de la charité publique, beaucoup continuèrent leur route : ils allèrent au loin, jusqu'en France, chercher dans le travail le pain de leurs familles, et dans un complet changement d'habitudes l'oubli de leurs maux. Là, propageant les industries dont la pratique ou le spectacle leur était familier, les plus vains de leur antique origine se firent marchands ou changeurs. Dans le trafic et la banque ils réalisèrent de considérables fortunes, qui leur permirent plus tard de faire grande figure à Florence. C'est grâce à leur exemple que leurs concitoyens eurent la hardiesse et contractèrent la coutume de se répandre dans toute l'Europe, hors de l'Europe même, jusqu'en Asie et en Afrique, pour y établir et y entretenir de lucratives relations[2].

venne odore alcuno a' Fiorentini (Ammirato, l. II, t. I, p. 127). Cf. Stefani II, 129.

[1] Allora erano i guelfi di Firenze in tale stato che non trovavano terra che gli ritenesse in Toscana (Paolino, II, 27).

[2] Ben si disse per molti antichi che l'uscita ch' e' guelfi usciti di Firenze fecero di Lucca, fu cagione e principio della loro ricchezza, perciò che allhora molti usciti Fiorentini andarono oltre monti in Francia, che mai non v'erano usati, onde poi molte ricchezze ne tornarono in Firenze (Villani, VI, 86).

D'autres, à qui manquaient l'audace ou les ressources pour franchir les mers ou les Alpes, vécurent misérablement en Romagne, l'œil ouvert sur toute occasion de louer leurs bras en qualité de mercenaires. Ils ne recevaient à Bologne qu'une solde insuffisante, et ils en rougissaient comme d'une aumône, n'aspirant qu'à la gagner dans des entreprises militaires, dont ils escomptaient, en outre, les éventuels profits. Ainsi les proscriptions civiles donnaient naissance à ces errantes compagnies d'hommes en armes, proie du plus fort enchérisseur, et, durant plusieurs siècles, fléau de l'Italie.

C'est Modène qui, la première, les appela. Ses habitants en étaient venus aux mains sur la place publique, « comme c'est l'usage en Lombardie, » dit naïvement Villani [1]. Battus et menacés d'expulsion, les guelfes de Modène firent appel aux Florentins de Bologne. Au nombre de quatre cents environ, ces exilés accoururent, à pied ou à cheval, avec ou sans argent [2]. Ayant tout à gagner et rien à perdre, ils combattirent en héros d'aventure. Les gibelins écrasés, tués, chassés, dépouillés, ils se trouvèrent dans l'opulence et s'équipèrent richement : or, armes, chevaux, rien ne leur manqua plus [3]. On savait ce que valaient leurs bras : Reggio y fit appel à son tour. Forese des Adimari, leur chef, sortit avec eux de Modène, le 28 février 1264 [4]. Des guelfes modenais faisaient partie de l'ex-

---

[1] E com' è usanza nelle terre di Lombardia di combattere in sulla piazza (Villani, VI, 187).

[2] Con danari chi ne potè avere e chi sanz' essi, v'andarono a cavallo e a piede (Stefani, II, 130).

[3] E guadagnarono la roba de' ghibellini ed arricchirono (Stefani, *loc. cit.*). Cf. Villani, Ammirato, *loc. cit.*

Stefani met ces deux aventures en 1263; Ammirato sous la rubrique de cette même année (l. II, t. I, p. 125). Pour la seconde Villani (VI, 87) 1265. Cela paraît peu probable : la révolution de Modène ne dut pas

pédition. Divisée en deux corps, l'un d'infanterie, l'autre de cavalerie, la petite troupe arriva le 6 mars devant Reggio. Brisant une porte qu'on avait murée, elle pénétra jusque sur la place publique. Mais elle y rencontra plus de résistance que dans le précédent coup de main. Très-puissants à Reggio, les gibelins étaient animés au combat par une sorte de géant, nommé Cacca ou Cacha, dont l'énorme masse de fer, sans cesse tournoyante, s'abattait meurtrière sur les ennemis et les faisait reculer. Il en fallut douze, invités par leur chef à se sacrifier au salut commun, pour abattre à coups de dague ce colosse, exploit qui parut si méritoire qu'on appela désormais ceux qui l'avaient accompli les douze paladins. Par la chute d'un seul ils avaient décidé la victoire. A Reggio comme à Modène, et à Parme comme à Reggio, ils s'enrichirent aux dépens des vaincus. Prenant goût au métier, ils se tinrent prêts au service de quiconque les voudrait à sa solde, mais de quiconque surtout, avec ou sans solde, pourrait leur rouvrir les portes de la patrie[1]. La patience d'ailleurs leur était facile, grâce aux honneurs qu'on leur rendait. Un d'entre eux, Buonaccorso Bellinzoni, devenait, en 1266, potestat de Reggio, et s'y distinguait par son dévouement aux « pauvres, » comme à l'intérêt public[2]. Congédié pour ce motif, au bout de huit mois, par

mettre tant de temps à avoir son contre-coup dans la voisine Reggio ; mais, comme, d'autre part, il donne la date précise des jours et des mois, nous pensons qu'il faut placer cette dernière entreprise aux premiers mois de 1264.

[1] Villani, VI, 87. — Stefani, II, 129. — Ammirato, l. II, t. I, p. 128. — *Memoriale potestatum Regiensium* (R. I. S., t. VIII, 1123). *Annales veteres Mutinensium* (R. I. S., t. XI, 67). *Chronicon Parmense* (R. I. S., t. IX, 779).

[2] Et fuit prædicta pax utilis pro pauperibus et mala pro nobilibus ; et ideo expulerunt eum nobiles, quia bene recuperabat jura communis a

la noblesse, sa disgrâce n'entraînait point celle de ses compatriotes : leur nombre et leur renom de vaillance les protégeait.

Sur eux, dès lors, les opprimés portaient partout des regards chargés d'espérance. Or les opprimés, c'était tout le monde, sauf cette aristocratie gibeline qui masquait mal, sous le nom conservé des institutions établies, la domination tyrannique dont les potestats et le vicaire de Manfred se faisaient l'instrument. En écrasant les peuples d'impôts et d'injustices, ils semaient le mécontentement, et devaient tôt ou tard récolter la révolte. Même écrasés, les guelfes restaient une force. A Lucques, le vicaire royal et ses Allemands n'osaient pas plus les chasser du pouvoir que de la ville; ils les voyaient, sans s'y opposer, transformer leurs cinq consuls en dix *anziani*, un de chaque faction par porte ou quartier, et réduire à deux mois cette charge populaire, double pas vers la démocratie, qui se plaît à augmenter le nombre des magistrats et à diminuer la durée de leur pouvoir[1]. Capitale et citadelle des gibelins, Sienne ne permettait pas à ses guelfes une si facile revanche; mais elle les voyait, nobles et *popolani*, se retirer fièrement à Radicofani, terre d'Église, d'où ils ravageaient le territoire de leur patrie, et, battus plus d'une fois, se retrempaient dans la défaite et le sang[2].

---

prædictis magnatibus et ab omnibus aliis personis (*Memoriale potestatum Regiensium*, R. I. S., t. VIII, 1126).

[1] Cette réforme, introduite après un siècle et demi de gouvernement consulaire, dura autant que la république de Lucques, sauf qu'en 1370, en réduisant à trois les cinq quartiers, pour ne pas diminuer le nombre des *anziani*, on en donna trois à chaque *terzo*; quant au dixième, on le prit alternativement dans chacun des *terzi*, en lui donnant le nom de gonfalonier et l'honneur de la présidence. Voy. Mazzarosa, I, 104, et Inghirami, VI, 435.

Malavolti, part. II, l. II, f° 28 r°.

Chez les guelfes toscans, aux plus mauvais jours de l'exil, dominait cette conviction vivifiante que le règne de leurs ennemis, sans racines dans le passé, serait sans durée dans l'avenir.

Surpris d'un réveil si rapide, l'intelligent Manfred sentait venir le péril, et tentait de le conjurer par des alliances. Il en concluait une avec le marquis de Montferrat, et renouvelait avec la Lombardie ses anciennes ligues[1]. Mais la Lombardie n'était déjà plus que l'ombre d'elle-même. Plus tôt née que la Toscane à la civilisation, elle ressentait avant cette province l'incurable mal de la décadence. Elle voyait les vices de ses institutions, et elle les aggravait, croyant y remédier. Ses nobles se partageaient tous les emplois, et elle ne savait, ni, comme Florence, les leur arracher pour les confier à d'autres, ni, comme Venise, faire tourner ces empiétements de caste au profit de sa grandeur. L'impuissance de ses potestats étant une cause d'anarchie, elle faisait d'eux des chefs militaires, des despotes, des tyrans. A ce prix bannie des villes, l'anarchie plus que jamais se déchaînait dans les campagnes : les guelfes y étaient en désaccord avec le saint-siége, et pour se soutenir invoquaient l'appui, se mettaient sous les ordres de chefs gibelins[2].

Entre lui et ses faibles alliés, Manfred voyait d'ailleurs se dresser tout à coup un redoutable ennemi. Dans la chaire de l'apôtre ne trônait plus le vieux, l'inerte Alexandre IV. A ce pontife, mort le 25 mai 1261, avait

---

[1] Voy. Cherrier, III, 117.
[2] Les Della Torre, si puissants à Milan, ne pouvaient plus, quoique guelfes, s'entendre avec le pape, et c'étaient Buoso de Doara, le marquis Pelavicino, gibelins, qui soutenaient les guelfes (voy. Sismondi, II, 417; Cherrier, III, 111).

succédé, le 29 août suivant, le fils d'un savetier de Troyes en Champagne[1], Jacques Pantaléon, dit Court-Palais, successivement chanoine de Laon, archidiacre et évêque de Verdun, patriarche de Jérusalem[2]. Huit cardinaux l'avaient élu, trop jaloux les uns des autres pour chercher dans le sacré collège à qui donner la tiare. Un tel pape, pensaient-ils, n'aurait d'yeux que pour la Terre Sainte, d'ardeur que pour une nouvelle croisade. Mais Urbain IV, tout plébéien qu'il était, avait une vue plus large des intérêts de la chrétienté. Tout lui criait que les temps héroïques de la foi étaient passés, que le souvenir des échecs subis en Orient et la gravité des querelles engagées en Occident détourneraient les peuples de se lever à sa voix, s'il la faisait entendre, comme jadis un autre Urbain, dans un nouveau concile de Clermont.

Arrêtant donc ses regards sur l'Italie, il y vit Manfred prêt à combattre l'Église, et pas un instant il n'eut la décevante pensée de tenter avec lui une tardive réconciliation. La faute commise était désormais irrémédiable. C'est avec un frémissement d'indignation que les chrétiens fidèles, ameutés par la curie romaine, voyaient Manfred lancer ses Sarrasins contre le patrimoine de saint Pierre. « Jérémie, écrivait Urbain IV, a prétendu que les maux de ce monde venaient de l'aquilon. Nous affirmons, au contraire, qu'ils viennent pour nous de l'usurpateur de Sicile, de cet homme pervers qui corrompt les peuples par ses richesses, déchire le patrimoine de l'Église, et nous sépare violemment du reste des fidèles. Non-seulement il conteste l'autorité que nous tenons du bienheu-

---

[1] Villani, VI, 88.
[2] Voy. Cherrier, III, 114.

reux Pierre, mais il ose braver les censures ecclésiastiques, et, en voyant son audace impunie, ceux qui tremblaient devant l'excommunication apprennent à la mépriser[1] ».

Que restait-il, après ces plaintes véhémentes, sinon de susciter un rival à Manfred, et de reprendre, par conséquent, la politique résolue d'Innocent IV? Successivement cet énergique pontife avait offert la couronne de Sicile à Richard de Cornouailles, peu empressé à conquérir la lune; puis à Louis IX, trop scrupuleux pour faire profiter d'une injustice un de ses plus jeunes fils[2]; à Charles, comte d'Anjou, contraint à un refus par l'absence du saint roi son frère, alors en Égypte[3]; enfin à Henry III d'Angleterre, qui avait accepté pour son fils Edmond[4]. Mais autre chose était d'accepter en principe, et d'embarquer un prince incapable dans une entreprise dont les risques, vus de près, faisaient évanouir les séductions. C'est chassé par Manfred du Royaume, proie insaisissable qu'il avait voulu saisir au nom comme au profit du saint-siége, qu'Innocent IV, jadis, en avait jeté l'offre aux quatre vents de l'horizon. Qui pouvait dire, si la conquête devenait possible, que le nouveau pape ne la revendiquerait pas

---

[1] « Et ecclesiasticæ censuræ vigorem debilitat et conculcat. » (*Regesta Urbani IV*, lib. III, *Curiales*. n° 95. Cité par Cherrier, III, 152-153.)

[2] « Regnum Siciliæ.... regi Francorum illustri viro tuo ad opus alicujus ex communibus natis vestris duximus liberaliter offerendum. Verum ab eo rege.... super hoc responso devoto, sed non pro voto recepto. » (Reginæ Francorum illustri. *Ann. eccl.*, 1264, § 2, t. XXI, p. 131.)

[3] Voy. Saint-Priest, I, 242-243. On sait que Charles d'Anjou, après s'être illustré par ses exploits à la croisade, en était revenu avant saint Louis.

[4] Rymer, « De concessione Siciliæ nomine papæ facta Edmundo filio regis. » 1254. *Acta publica*, t. I, p. 502, 2ᵉ éd., Londres, 1727. Cf. Matthieu Paris, p. 599, éd. de Paris.

contre celui qui l'aurait faite et ne la pourrait défendre, au nom d'un droit supérieur et sacré[1]?

Urbain IV hésita un instant sur le choix d'un champion. Par leur ambassade auprès de Conradin, les guelfes de Florence et de Lucques avaient semblé lui désigner le jeune héritier des césars tudesques, et les demi-promesses mises dans la bouche de cet enfant laissaient quelque espérance de voir quelque jour ses bannières apparaître au débouché des Alpes; mais ce jour pouvait être lointain encore, car, pour le moment, l'entourage de Conradin demeurait hostile à toute expédition. Or les exilés florentins étaient à bout de patience. Constamment prosternés aux pieds du pape, ils mettaient sous ses yeux le pathétique tableau de leurs misères; ils le suppliaient de leur rouvrir au plus tôt les portes de leur patrie[2]. Volontiers il céda à leur désir, qui était le sien, et il fit à Charles d'Anjou de nouvelles ouvertures.

Ce choix était de sa part naturel et tout ensemble opportun. Français, il ne pouvait considérer comme étranger un sire des fleurs de lis. Les guelfes, en quête d'un protecteur et d'un chef, avaient avec un frère du roi de France plus d'affinités de race et de tempérament qu'avec un fils du roi d'Angleterre. Ils devaient préférer à un monarque allemand un prince français, à un enfant de capacités encore inconnues un homme d'âge mûr et de talent éprouvé[3]. Son acceptation, cette fois, semblait certaine.

[1] Rymer, Confirmatio donationis primæ a domino papa Innocentio factæ de regno Siciliæ. 1254. *Acta publica*, t. I, p. 512.

[2] « Urbano grandemente confortato da' fuorusciti fiorentini i quali essendoli ogni giorno a piedi, continuamente li raccontavano le loro miserie. » (Ammirato, 1264, l. II, t. I, p. 128.)

[3] Je ne sais sur quoi se fonde M. de Cherrier (III, 152) pour affirmer que l'appel à Charles d'Anjou n'était pas populaire en Italie. Populaire, il ne

On le savait avide d'une couronne et poussé par sa femme aux aventures, seul moyen d'en ceindre leur front[1]. On pouvait espérer le consentement de Louis IX. Louis IX, en effet, ne devait pas se croire les mêmes droits sur son frère que sur ses fils. Il désirait la fin de cette lutte interminable, qui servait de prétexte à de continuelles exactions sur son clergé, et qui absorbait, sous le noms de décimes et d'annates, une grande partie du numéraire dans tous les États chrétiens[2]. Il connaissait Charles d'Anjou capable de faire pencher la balance en faveur de l'Église, et par conséquent d'assurer comme de rétablir la paix, puisque toute paix imposée à l'Église vaincue n'est qu'une trêve, la patience étant la force de qui compte sur l'éternité.

Neuvième et dernier fils de Louis VIII et de Blanche de Castille, Charles d'Anjou tenait surtout de sa mère : on eût dit un Espagnol. Sec, nerveux et robuste, ses traits fortement prononcés semblaient durs, grâce à son teint olivâtre et à ses yeux perçants comme ceux d'un aigle, au-dessus de son grand nez crochu[3]. Tandis que saint Louis était, comme un vrai Français, porté à l'expansion, à une gaieté douce que relevait une pointe d'ironie[4], lui, il était fier, sombre, taciturne, à l'espagnole. Le rire,

---

l'était pas plus que tant d'autres appels, mais il l'était autant, et il ne surprit personne.

[1] Voy. Villani, VI, 90. Les deux filles aînées de Raymond-Bérenger IV, comte de Provence, mort en 1245 sans enfants mâles, étaient reines l'une de France, l'autre d'Angleterre. La plus jeune, Béatrix, avait apporté en dot à Charles d'Anjou tous les États de son père. Voy. pour plus de détails Saint-Priest, II, 17.

[2] Voy. Cherrier, III, 129. Sismondi, II, 421.

[3] « Di feroce riguardo, grande di persona e bene nerboruto, di colore ulivigno e con grande naso. » (Villani, VII, 1.)

[4] Voy. Saint-Priest, II, 57.

le sourire même, effleuraient rarement ses lèvres[1]. Ménestrels, mimes, bouffons, n'avaient guère accès auprès de lui[2]. S'il céda par accident au démon des vers[3], ce fut pour sacrifier à la mode, plutôt que par goût pour les femmes, qui, seules alors, les inspiraient. Son orgueil castillan se targuait des moindres avantages, par exemple de ce qu'il était né fils de roi, tandis que Louis IX était né fils de prince[4]. Sa piété, véritable comme celle de son frère, était, par surcroît, militante : c'est par le glaive qu'elle voulait assurer le triomphe de l'Église, vivante image de la religion. Aller en guerre pour l'Église en y trouvant soi-même son compte, gagner son salut en gagnant un royaume, c'était l'idéal de l'existence pour un prince ambitieux non moins que dévot. A la croisade, il avait déployé les brillantes qualités d'un preux, et l'on pressentait en lui celles d'un conquérant. Qualités et défauts, il avait tout d'un roi, même la majesté royale, plus visible en sa personne qu'en celle de ses frères[5]. Homme de conseil et d'action, il tenait pour perdu le temps donné au sommeil. D'âme haute non moins que hautaine, il

---

[1] « Quasi non ridea, se non poco. » (Villani, VII, 1.) — « Hilaris vel jocosus vix aut numquam. » (*Chron. Imp. et Pont.*, ms. in Laurent. Bibl. Plut. XXI, cod. 5 et 7. Cité par Cherrier, III, 130.)

[2] « Di gente di corte, ministri o giucolari non si dilettoè mai. » (Villani, VII, 1.)

[3] Voy. dans Saint-Priest, t. II, append. C., deux chansons françaises de Charles d'Anjou, et dans la *Bibl. de l'École des Chartes* (novembre et décembre 1842), une traduction par Fauriel de sa réponse rimée en provençal, au troubadour Sordello qui l'avait accusé d'ingratitude.

[4] Matthieu Paris, ap. Huillard-Bréholles, VI, 233. — Louis VIII n'était encore qu'héritier présomptif quand saint Louis vint au monde en 1215 ; il était roi lors de la naissance de Charles d'Anjou (Cherrier, III, 131, n. 2).

[5] Tous furent fils de roy, mais Charles le fu miex.
(Adam de la Halle, *C'est du roy de Sézile*, éd. Buchon, VII, 26.)
Ce poème contemporain se trouve aussi dans les œuvres de Rutebeuf, éd.

était « honnête comme un religieux[1], » sincère et ferme dans ses promesses[2]. S'il se plaisait à la chasse aux chiens et à l'oiseau, passe-temps cher aux princes, il savait dans ses États encourager l'étude, dont les rois tirent honneur et profit. Mais égoïste et cupide pour l'argent comme pour les terres[3], il accablait ses sujets de taxes, ne payait ni ses dettes ni le salaire de ses serviteurs[4], ne se montrait généreux que par intérêt, pour s'assurer le dévouement de ses chevaliers. Ardent et obstiné à la poursuite du but, il manquait de scrupules sur le choix des moyens. Cruel et sanguinaire, il tenait pour rien la vie d'autrui, qu'il sacrifiait sur l'échafaud comme sur les champs de bataille. Dédaigneux de la multitude humaine, il s'inquiétait peu de faire régner la misère où il avait trouvé la prospérité. Homme méchant et terrible, pour tout dire, autant qu'énergique et habile, s'il n'était aimé que de peu de personnes, il était redouté de tous, même des rois[5].

Les obstacles semblaient s'accumuler sur sa route, mais il savait attendre et n'acheter les choses convoitées d'aucun sacrifice incompatible avec sa dignité[6]. Louis IX hé-

---

Jubinal, t. I, l. I, p. 28; Paris, 1839. — « Pare maestà reale più ch'altro signore. » (Villani, VII, 1.)

[1] « Honesto come uno religioso. » (Villani, VII, 1.)

[2] « Fermo e veritiere d'ogni sua promessa. » (Villani, VII, 1.) Plus tard, Clément IV répondait à Don Enrique, infant de Castille, qui reprochait à Charles d'Anjou un manque de foi : « Non te decet imponere tanto viro duplicitatis maculam, quem veracem semper invenimus et sincerum. » (Clem. IV ep. DLXIX. Viterbe, 19 décembre 1267. *Thes. anecd.*, II, 549.)

[3] « Tuos provinciales ad onera supra vires adstrictos suis fraudas stipendiis. » (Ep. Clementis IV, n° CCCLXXX. Viterbe, 22 septembre 1266. *Thes.*, II, 406.)

[4] « Largo fu a' cavalieri d'arme, ma curioso d'acquistare terra, signoria e moneta. » (Villani, VII, 1.)

[5] « Molto temuto e ridottato da tutti li re del mondo. » (Villani, VII, 1.)

[6] Dans une chanson de lui, qui roule, il est vrai, sur le thème amoureux

sitait plus qu'on n'aurait cru à donner son consentement. Assez mobile en ses idées sur l'hérédité royale hors de France[1], il croyait peu au droit de Conradin, et beaucoup à celui d'Edmond d'Angleterre, qui avait reçu l'investiture. Il fallut, pour le convaincre et le vaincre, arracher à Henry III, malade et presque prisonnier, une renonciation verbale que devait signer, deux ans plus tard, en 1265, Simon de Montfort, comte de Leicester, dépositaire, par le triomphe de ses armes, du pouvoir royal[2]. Mais alors c'est Charles d'Anjou qui repoussa fièrement les conditions du marché. Il consentait bien à offrir tous les trois ans au pape une haquenée blanche en signe de vasselage, et même à séparer la couronne de Sicile d'avec la couronne impériale, mais il exigeait que le pape payât une bonne partie des dépenses; il n'admettait pas qu'on imposât à ses sujets, tous les dix ans, l'insolite serment de lui refuser obéissance s'il manquait à une seule de ses obligations[3]; il refusait d'abandonner au saint-siége Na-

---

si fort en honneur dans ce temps-là, on trouve ces vers significatifs et caractéristiques :

> Trop es destrois qui est deconforté...
> Ce, sachiez bien, jà ne m'en partiré...
> Si me convient attendre son voloir,
> Et j'atendrai comme loial ami.

(*Le confort et le desconfort*, publié d'après un ms. de la Bibl. nat., par Saint-Priest, II, app. C, p. 299, 300.)

[1] Voy. à cet égard la preuve que Saint-Priest (II, 69-70) tire d'un passage de Joinville.

[2] Rymer, *Acta publica*, t. I, part. II, p. 457 (éd. de Londres, 1816.)

[3] « Jurare faciet omnes eorumdem regni et terræ comites.... et burgenses, ceterosque alios.... quod dictus comes et ejus hæredes omnes.... universa ac singula præmissa inviolabiliter observabunt,.... et si eum vel hæredes.... in quibuscumque casibus juxta tenorem conditionum.... cadere contigerit,.... nulla tenus eis sed romano tantum pontifici obedient.... Hoc etiam juramentum de decennio in decennium renovabitur. » (Urbani IV ep. VII. Orvieto, 17 juin 1263. *Thes.*, II, 18.)

ples, Capoue, la Terre de Labour, les îles voisines et la Terre de Gaudio, jusqu'à Bénévent, dont Manfred, en 1255, offrait de payer sa réconciliation avec l'Église[1]; il répugnait enfin à exclure du trône ses descendants en ligne collatérale. En d'autres temps, Urbain IV n'eût point plié. Mais pressé d'avoir une armée, un chef militaire, un prétendant, il avait donné à son légat, Albert de Parme, de pleins pouvoirs pour renoncer, en augmentant la redevance pécuniaire, à ces deux dernières conditions[2].

Survint alors une nouvelle et plus épineuse difficulté. Au mois d'août 1263, les Romains, en proie à l'anarchie, avaient élu Charles d'Anjou sénateur et gouverneur de Rome, sous condition d'y résider[3]. Urbain IV n'y pouvait consentir, car, du coup, le prince français aurait eu des intérêts opposés à ceux de l'Église, et fût devenu plus redoutable pour elle que n'était Manfred lui-même. Charles, de son côté, estimait tout refus prématuré, tant qu'il ne serait pas en possession du royaume de Sicile. Plutôt que de céder sur ce point, le pape ordonnait de rompre les négociations, ne voulant pas, disait-il, pour éviter l'écueil de Scylla, tomber dans le gouffre de Cha-

---

[1] Urbain IV, ep. VII, ap. Martène, *Thes. anecd.*, II, 9-19. — Saint Louis et son conseil approuvèrent la résolution de Charles d'Anjou (*Ibid.*, II, 37, ep. XVII).

[2] 17 juin 1263. Modificationes, etc. (*Regest. Urb. IV*, l. II, n° 133, f° 45. — Urb. IV ep. VIII. Orvieto, 17 juin 1263. *Thes. anecd.*, II, 19.) Huit jours plus tard, il ajoutait encore de moindres concessions (Urb. IV ep. IX. Orvieto, 26 juin 1263. *Thes.*, II, 22).

[3] Voy. dans Saint-Priest (II, 329-330, append. F), la formule inédite de l'élection, d'après la Bibl. Angelica à Rome, et la lettre des Romains à Charles pour lui offrir la dignité de sénateur, d'après *Li livres dou Trésor*, de Brunetto Latini. — Cf. *Ann. eccl.*, 1264, §§ 3-8, XXII, 131-133. — Ant. Vitali, *Storia de' Senatori di Roma*, p. 128-131.

rybde[1]. Grâce à un compromis, il les évita l'un et l'autre. Il se contenta d'un serment verbal, que ne refusa point le comte d'Anjou, de ne conserver la dignité de sénateur qu'autant que le saint-siége ne lui intimerait pas d'y renoncer. Charles se fit aussitôt représenter à Rome par un officier provençal, Jacques Gantelme, en attendant qu'il pût se rendre lui-même en Italie, ce qu'il promit de faire au mois de septembre suivant[2].

C'était l'épée de Damoclès sur la tête de Manfred. Pour y échapper, ce prince actif multipliait aussitôt les pratiques, s'efforçait de tourner contre son futur rival les villes encore soumises au saint-siége, et d'attirer dans son orbite toutes celles qui gravitaient en dehors. La curie romaine ne vit pas sans horreur la fidèle Orvieto mettre la main sur un village d'Église, entrer avec les gibelins de Pise, de Sienne, de Florence, dans un complot pour livrer le pape et ses cardinaux au « prince de Tarente », avec l'aide d'un corps de troupes siciliennes et de mille Allemands cantonnés en Toscane[3]. Si l'ordre, promptement lancé aux potestats des villes pontificales d'assembler sans retard leurs milices[4], conjura cet imminent péril, la crainte d'une conjuration nouvelle fit tomber à la

---

[1] « Tractatus habitus super regno penitus conquiescat; ne, dum Scyllam vitare cupimus, in Charybdis voraginem incidamus. » (Urb. IV ep. xv, ad Albertum notar. 25 décembre 1263. *Thes.*, II, 30.)

[2] 1264. Sabas Malaspina, c. x, xi (R. I. S., t. VIII, 808). — Saint-Priest, II, 93-98. Cherrier, III, 139, 144.

[3] Nam Florentini, Pisani, deinde Senenses,
  Petrus de Vico, Theutonicique sui,
  Summum pontificem cum fratibus Urbevetanis
  Tentassent ab eis obsidione capi, etc.
(*Thierrici Vallicoloris Præfatio*, etc. R. I. S. t. III, part. 2, col. 418.)

[4] 10 juillet 1264. *Regest. Urb. IV*, l. III, n° 143, 144 et passim, f° 117, ap. Cherrier, III, 148.

fois les hésitations du pieux Louis IX, les réserves de son orgueilleux frère, les exigences du tenace Urbain IV. Souhaitant l'arrivée du sénateur de Rome avant même la conclusion du traité qui devait le faire roi de Sicile, le pontife faisait ressortir, il exagérait même à dessein les dangers de la situation. « Nous sommes ici (à Orvieto), écrivait-il à son légat en France, dans l'attente d'un siége et de persécutions plus terribles que les précédentes, entre des scorpions et des serpents très-venimeux, espérant toutefois que le comte de Provence, fidèle à son serment, arrivera à Rome vers la fête de la Saint-Michel. Sachez que, dès à présent, nos dépenses en cette occasion se montent à deux cent mille livres siennoises. Néanmoins, en l'attendant, nous n'épargnerons ni argent ni fatigue ; mais souvenez-vous que, s'il reculait le terme fixé, il nous faudrait, par insuffisance de ressources, abandonner cette résidence[1]. »

Septembre venu, et Charles d'Anjou ne paraissant point, Urbain IV, surpris par les gibelins dans Orvieto, ne leur échappa que par la fuite. Avec sa cour il s'établit à Pérouse, où il ne devait pas rester longtemps[2]. Trois mois plus tard la maladie l'emportait au tombeau. Une comète chevelue qui se tint tout ce temps au-dessus de l'horizon, semblant jeter des flammes et changer constamment de forme[3], parut aux uns annoncer le châtiment de Manfred[4] et la béatitude du pape dans le para-

[1] 17 juillet 1264, ep. LXVII, ap. Martène, *Thes.*, II, 85.
[2] Saint Priest, II, 107-108. — Cherrier, III, 148. — Leo, l. IV, c. IX, t. I, p. 483.
[3] *Vita Urbani IV*, ex Amalrico Augerio, R. I. S., t. III, part. II, p. 405. — *Ex Papirii Massoni*, l. V, R. I. S., *ibid.*, p. 419.
[4] « Propter confusionem et persequutionem ipsius Manfredi Dei et Ecclesiæ maligni hostis. » (*Vita Urb. IV*, ibid.)

dis[1], aux autres sa mort[2] et peut-être l'échec de Charles d'Anjou, à tous la guerre, la peste, la maladie[3], la dépossession et la fin de grands princes, avec d'autres infinies calamités[4]. C'est aux partisans de Manfred que sembla donner raison le phénomène céleste, en disparaissant le jour même où expirait le saint-père (2 octobre 1264)[5]. Ils ne manquèrent pas d'en tirer un heureux horoscope pour le succès final de la cause gibeline.

Mais Manfred était d'un sang philosophiquement rebelle aux superstitions les plus accréditées : en dépit des astres, il espérait peu. Il lui fallait un pape ami, et dans le conclave dominait le parti français. Au champenois Urbain IV succédait bientôt le languedocien Guy Foulquet le gros, de Saint-Gilles-sur-Rhône, jurisconsulte instruit et intègre, de mœurs simples et austères, qui avait figuré non sans honneur dans le parlement de France et dans les conseils de saint Louis, porté successivement les titres d'évêque du Puy et d'archevêque de Narbonne. Très-favorable aux progrès des fleurs de lis, il ne pouvait que suivre la politique de son prédécesseur, et malgré la défiance des visées ambitieuses de Charles d'Anjou, hâter

---

[1] « Quod ad cœli transierit sanctas mansiones. » (*Ann. eccl.*, 1264, § 69, t. XXII, p. 155.)

[2] « Questa si disse che significò la morte del papa. » (Paolino, II, 27.)

Vita Urb. IV ex Bernardi Guidonis ms., R. I. S., t. III, part. I, p. 594. — Cf. Roger Bacon, *Opus majus*, p. 243. Londres, 1733.

« Morte di principi grandi, mutation di regni e altre infinite calamità. » (Malavolti, part. II, l. II, f° 30 r°.)

[5] « Quæ, dicto pontifice in Domino dormiente, ulterius non est visa per aliquem. » (*Ann. eccl.*, 1264, § 69, XXII, 155.) — Un peu plus tard, les astrologues trompaient encore Manfred : « Veniunt astrologi, certam spem regi de prosperis successibus pollicentur. » (Sabas Malaspina, l. II, c. xvi, R. I. S., t. VIII, 814.)

et seconder la grande entreprise dont ce prince était appelé à prendre la direction [1].

Le premier soin de Clément IV, avant même que le traité définitif fût conclu, devait être d'assurer au saint-siége les ressources que la France désormais ne pouvait ou ne voulait fournir [2]. Plus lente et plus difficile de jour en jour, même avec un pape français, devenait la perception de la décime et des autres redevances ecclésiastiques. C'est donc à l'Italie et à ses riches trafiquants que l'Église demandait les moyens d'assurer des subsides au futur envahisseur. Le 25 avril 1265, elle contractait avec Jacopo Ricomanni et Albertino Rota, « citoyens et marchands de Florence, stipulant et comptant en leur nom comme au nom de Bardo Frescobaldi et autres associés [3], » un emprunt de trois mille livres tournois. Cette somme, remboursable, le 15 août suivant, par la chambre apostolique à Troyes ou à Paris [4], fut aussitôt versée aux mains du vicaire de Charles d'Anjou à Rome, Jacques Gantelme, qui n'avait pu, malgré la dignité sénatoriale de son maître, contracter directement cet emprunt [5].

C'était le modeste commencement d'opérations financières fréquentes, qui furent la nécessité, bientôt même la ruine de ce laborieux pontificat. Pour mieux dire,

---

[1] Ammirato, 1265, l. II, t. I, p. 129. — Saint-Priest, II, 114. — Cherrier, III, 154-156. — Leo, l. IV, c. v, t. I, p. 484. — H. Martin, IV, 319.

[2] Le dernier pape avait autorisé la levée des décimes sur les églises de France, mais la plupart des prélats refusaient de payer (Cherrier, III, 157).

[3] « A dilectis filiis Jacobo Ricomanni et Albertino Rota, civibus et mercatoribus florentinis, mutuantibus et numerantibus pro se et Bardo Lamberti Friscobaldi et aliis eorum sociis. » (Clementis IV ep. XLVIII. Pérouse, 25 avril 1265. Martène, *Thes.*, II, 123-124.)

[4] « Apud Trecas, si erunt nundinæ, vel apud S. Genovefam Parisius solvendarum. » (*Ibid.*)

[5] « Cum ipsi non possent mutuum invenire. » (*Ibid.*)

Urbain IV, déjà pressé de besoins, avait donné le scandaleux exemple de battre monnaie en trafiquant des foudres pontificales. Voulant obtenir quelques milliers de livres des marchands de Sienne, ville frappée d'interdit, il avait exempté de toutes censures ecclésiastiques Rolando, fils de Buonsignore, Bonaventura, fils de Bernardino, Ranerio, fils de Giacomo, Francesco, fils de Guido, et tous leurs associés[1]. La plupart, sans aucun doute, étaient gibelins; mais l'intérêt mercantile les sollicitant de servir la cause guelfe, ils n'avaient pas hésité.

Ce n'était point avidité pure, si Charles d'Anjou, avant même de conduire son armée en Italie, réclamait instamment des subsides. Même en restant dans ses États, il s'y fût trouvé besoigneux. A Marseille, malgré les profits d'un commerce actif avec le Levant, l'argent était rare. On n'y voyait guère circuler que des monnaies étrangères. Celles du pays étaient discréditées par l'altération constante qu'on en faisait. Les terres rapportaient si peu, que longtemps en Provence les dots avaient été payées en nature. Moins riches encore étaient les comtés du Maine et d'Anjou. Huit ans après la conquête de Naples, les gabelles du Mans et d'Angers ne rapportaient que quinze mille deux cents livres tournois, alors que la guerre contre Gênes et Pise avait ruiné le commerce des Marseillais[2].

Un autre motif encore rendait impérieux les besoins d'argent. Par la durée comme par la distance, la guerre d'Italie excédait les droits du souverain sur ses vassaux. Il ne les pouvait retenir sous sa bannière que quarante

---

[1] Clem. IV ep. IV. Pérouse, 28 février 1265. *Thes.* II, 101.

[2] Papon, *Histoire de Provence*, II, 357; III, 59, ap. Saint-Priest, II, 121-122. — Pardessus, t. II, Introd.; p. 65.

jours, dont six pour aller et revenir, à raison de six lieues par journée, et encore à condition de ne point sortir des comtés où ils avaient leurs manoirs[1]. Quelles sommes ne fallait-il pas pour entraîner si loin une armée de six cents arbalétriers, de cinq mille cavaliers, de quinze ou vingt mille fantassins[2]! Le saint-siége lui-même n'y pouvait suffire, s'il ne recourait aux expédients. Le mieux imaginé fut de transformer en croisade religieuse une entreprise politique. Moyennant la permission de porter une croix mi-partie de blanc et de rouge[3], moyennant l'économique promesse de cent jours d'indulgence[4], Clément IV eut la joie de voir s'enrôler une foule de pieux gentilshommes, ardents à donner et même à recevoir les coups d'estoc et de taille qui leur devaient procurer le salut. D'ailleurs, une fois le traité conclu, et il l'était depuis le 26 janvier 1265[5], le pape autorisait son légat à remettre au « roi de Sicile » l'argent de la décime, à mesure des recouvrements, et invitait Louis IX

---

[1] Ricotti, I, 293.

[2] *Annales veteres Mutinensium* (R. I. S., t. XI, 67). — *Chron. Parmense* (R. I. S., t. IX, 780). — *Ann. gen.*, lib. VI (R. I. S., t. VI, 565).

[3] « Nos enim crucesignatos illos, quorum vota fuerint taliter commutata, illa indulgentia illoque privilegio ac ea immunitate gaudere volumus que predicte terre succurrentibus in generali concilio sunt concessa. » (7 mars 1265. *Litteræ curiales*, anno I, f° 59, Bibl. nat., t. XXXV. — M. de Cherrier (III, 513, App.) a publié ce document *in extenso*. — « Multos de ipsa decima equites.... soldat, aliisque concedit crucesignatorum veniam.... a Campanis militibus quos summus pontifex soldari fecerat. » (Sabas Malaspina, II, 15, 16, R. I. S., t. VIII, 813.)

[4]
    Et lors fut une croiserie
    Dont on portait la croiz partie ;
    Les croiz furent, si comme semble,
    De blanc et de vermeil ensemble.
    (*Chron. métrique de S. Magloire*, coll. Buchon, VII, II,
    ap. Cherrier, III, 159.)

[5] Voyez-en le texte intégral dans Saint-Priest, II, 352, App., et dans Lünig, *Cod. dipl.*, II, 946.

à faire des avances à son frère, sous la garantie de l'Église[1].

Même à prix d'or, il fallait du temps pour conduire à travers les Alpes près de trente mille hommes, des bords du Rhône, où ils campaient, non loin de Lyon, jusque sur ceux du Tibre, où Clément IV les attendait. Charles d'Anjou était pressé : il avait promis au pape d'être à Rome avant la Pentecôte. Esclave de sa parole, il laissa son armée sous le commandement nominal de son gendre, Robert de Béthune-Dampierre, héritier du comté de Flandre, et sous les ordres effectifs de Gilles le Brun, seigneur de Trasignies et connétable de France, nécessaire conseiller de cette inexpérience princière[2]. Puis, aux derniers jours d'avril, il se rendit à Marseille, et suivi de mille lances d'élite qui montaient vingt galères, il cingla de voiles vers les côtes d'Italie[3].

La tempête était déchaînée sur le golfe. Les quatre-vingts navires pisans ou siciliens de Manfred[4] pouvaient surprendre au passage la petite escadre et le téméraire envahisseur. Mais lui, il ne craignait rien : il comptait sur la Providence, dont il croyait fermement servir les desseins et qui le devait conduire par la main. Il échappa à l'ouragan, et par l'ouragan à ses ennemis : jamais l'amiral de Manfred n'eût pu croire qu'on prît la mer par un si gros temps. Rapidement poussé par le vent maître, ou mistral, vers les rivages toscans, Charles y vit

---

[1] Clem. IV ep. cv. Pérouse, 18 juillet 1265. *Thes.*, II, 165, n° 179 ; Pérouse, 31 octobre 1265. *Thes.*, II, 241.

[2] Connétable avant février 1248, il vivait encore en 1272 (voy. Anselme, *Hist. gén. de la maison royale de France*, etc., t. VI, p. 87.

[3] Saint-Priest, II, 137. — Cherrier, III, 161.

[4] Flaminio dal Borgo (Diss. vi, p. 411). — Grassi (p. 115) dit 84. — Cf. Inghirami, VI, 437, Sismondi, II, 430.

se disperser sa flottille ; lui-même, avec sa galère royale, il vint s'échouer sur un banc de sable, près de Porto Pisano. Guido Novello était pour lors à Pise. Il y avait reçu, dans une diète, tous les pouvoirs de Francesco Simplice, rappelé avec ses Allemands par Manfred en détresse, et il portait seul désormais le titre de vicaire général en Toscane[1]. Il courut au rivage pour mettre la main sur l'humaine épave ; mais déjà l'énergique comte d'Anjou, à force de bras, remettait à flot sa galère et confiait de nouveau sa fortune à la tempête. Toujours poussé par le vent du nord[2], il passait inaperçu des navires siciliens tout occupés de se sauver eux-mêmes, et qu'allait emporter vers les eaux génoises un brusque retour des vents du Midi[3]. A la hauteur de l'embouchure du Tibre, il se jeta dans un frêle esquif, et, au risque de périr, ordonna d'aborder à la côte. Là, ayant rallié ses galères, il leur commit le soin de dégager le fleuve des poutres et pieux dont on l'avait encombré ; il leur donna rendez-vous à Rome, et se dirigea par la voie de terre vers Saint-Paul hors des murs, où il prit enfin quelque

---

[1] Malavolti, part. II, 1. II, f° 50 r°. M. de Cherrier (III, 162) qualifie bien mal Guido Novello en l'appelant « le commandant des gibelins de Pise. »

[2] « Quæ Karolum devehebant, ad terram ventorum impulsu fuissent impulsæ.... » (Sabas Malaspina, 1. II, c. xvii, R. I. S., t. VIII, 815.)

[3] Nous ne voyons pas où M. Hillebrand (p. 58) peut prendre que la flotte sicilienne fut complétement détruite. Sabas Malaspina, qui est la principale autorité sur ces faits, ne dit rien de semblable. Il montre Manfred adressant des reproches à son amiral sur sa négligence, mais nullement sur la perte de la flotte, laquelle, en effet, revint vers Rome après la tempête. Voici le texte : « Cum admiratus stolii galearum Regis quas usque in districtum Januæ valida tempestas impulerat,.... illico retrocessit et repetens fauces urbis, comperit ex ipsis faucibus omnia obstacula.... dejecta.... sicque ob hoc a Rege prædicto de incauta et neglecta sollicitudine redargutus, passus est condignas contumelias et terrores. » (Sabas Malaspina, 1. II, c. xix, R. .. S., t. VIII, p. 816.)

relâche, tout en fournissant ses hommes de chevaux [1].

« Quand les Romains oyrent la nouvelle de sa merveilleuse venue, si s'en émerveillèrent moult et dirent : Sainte Marie ! que sera de cet homme que les périls de mer ni les aguets de ses ennemis ne troublent ni n'épouvantent ! Vraiment la vertu de Notre Seigneur sera avec lui [2]. » Les portes de la Ville éternelle étaient fermées et à l'abri d'un coup de main ; mais les gibelins n'osant plus sortir de leurs maisons, les guelfes marchent en grande pompe au devant de ce prince que, de loin, ses ennemis appelaient *Carlotto*, le petit Charles [3], mais qui, de près, les pénétrait de terreur [4]. Il entra dans Rome entouré d'une multitude immense, portant des branches d'arbres, qu'ornaient leurs vertes feuilles du printemps. Sur son passage retentissaient les pieux hosanna et les saints cantiques, au son des instruments. C'était le samedi, veille de la Pentecôte. Le féal chevalier tenait sa promesse avec l'exactitude d'un roi [5].

Huit jours plus tard, le 29 mai, il se rendait dans la basilique de Saint-Jean de Latran, où il était reçu, en l'absence du pape, retenu à Pérouse, par cinq cardinaux délégués, par le clergé, les nobles et le peuple. Après avoir ouï lecture du traité qui lui conférait la couronne de Sicile, il jura solennellement toutes les conditions que

---

[1] Sabas Malaspina, l. II, c. xviii, R.-I. S., VIII, p. 816.
[2] Guillaume de Nangis, *Vie de saint Louis* (*Recueil des historiens de la France*, XX, 421.)
[3] Villani, VII, 6.
[4] Par une singulière inadvertance, M. de Saint-Priest (II, 146) nous montre Rome entière allant chercher Charles non à Saint-Paul-hors-les-Murs, mais à Ostie !
[5] Sabas Malaspina, *loc. cit.* — Martène, *Thes.*, II, 155. — Villani, VII, 5. — Vitali, *Storia de' Senatori di Roma*, I, 140. — Sismondi, II, 451. — Saint-Priest, II, 146. — Cherrier, III, 162.

le saint-siége y mettait, notamment de ne jamais prétendre, pour lui ni ses successeurs, à la domination sur le reste de la péninsule ou sur l'Allemagne[1]. Afin de lui en ôter l'occasion, il lui était interdit de se mêler en rien des affaires de l'Empire, de la Lombardie, de la Toscane[2], d'y accepter aucune élection, d'y contracter aucun mariage, d'y faire aucune acquisition ou conquête, d'occuper ces contrées en totalité ou en partie[3]. On verra bientôt que, sans violer ce traité, l'Église devait en interpréter les termes de manière à ouvrir au roi la Toscane, après lui en avoir interdit l'accès.

Pour le moment, c'est encore de battre monnaie qu'il s'agissait. Tout l'argent remis au comte d'Anjou s'était englouti dans les préparatifs et la première aventure de l'entreprise. Comment en refuser d'autre au prince qui se voyait, faute d'espèces, retenu dans Rome, et qui s'obligeait, s'il en était requis, à fournir au saint-siége trois cents chevaliers bien armés pour servir pendant trois mois sous la bannière pontificale, sur terre ou sur mer, en quelque province d'Italie qu'il plût au pape de

---

[1] « Cum prorsus intentionis sit romanæ Ecclesiæ ut regnum et terra prædicta nullo unquam tempore imperio uniantur, ut scilicet unus Romanorum imperator et Siciliæ rex existat. Quod autem circa unionem ipsorum regni et terræ cum regno romano aut regno Teotoniæ, seu cum Lombardia vel Tuscia, sive cum majori parte ipsarum Lombardiæ et Tusciæ intelligimus. » (Art. 19, ap. Saint-Priest, II, 355, Append.)

[2] « Nec intromittent se ullo modo de regimine ipsius imperii, vel regni Romani, seu regni Theotoniæ, aut Lombardiæ, seu Tusciæ. » (Art. 11, ap. Saint-Priest, II, 350, Append.)

[3] « Nullum hujus modi electioni vel nominationi assensum præstabunt.... » (Art. 11, p. 350.) — « Numquam matrimonialiter copuletur. » (Art. 13, p. 352.) — «.... Lombardiam vel Tusciam vel majorem partem ipsarum per se vel per alios seu alium occupabunt, capient, vel acquirent, aut sibi alias quomodo libet vindicabunt » (Art. 14, p. 353). Dans d'autres articles encore, notamment dans le douzième, il est question de la Toscane et de précautions prises à son sujet.

les conduire ou de les envoyer[1]? Pour contracter de nouveaux emprunts, Clément IV était prêt à s'adresser, ce sont ses propres termes, « aux premiers marchands venus de Sienne, de Florence ou d'ailleurs[2]. » Ces mêmes Siennois qui s'étaient enrichis en prêtant à Urbain IV, Bonaventura Bernardini, Francesco Guidi et leurs associés[3], ouvrirent également leur bourse à son successeur. Le 3 juin, ils lui fournirent vingt mille livres tournois, remboursables, capital et intérêts, sur la décime de France, à la Saint-Michel suivante. Ce n'était pas même les six mois d'usage; mais ces âpres marchands ne voulaient plus prêter à si long terme[4], et pour ce court laps de temps, ils exigeaient la garantie de la chambre apostolique[5]. On comprend mal, de prime abord, que ces conditions usuraires et dures parussent « libérales » à Clément IV[6], et qu'il n'eût que des éloges pour ces prê-

---

[1] « In Campaniam, in Maritimam, in Patrimonium beati Petri in Tuscia, ducatum Spoletanum, Marcham anconitanam, et in præmissam civitatem beneventanam...., et in omnes alias terras ipsius Ecclesiæ per Italiam, trecentos milites equis et armis bene ac docenter munitos et paratos, ita quod unusquisque ipsorum habeat quatuor equitaturas, vel tres ad minus.... per tres menses integros..... quod si maluerit Ecclesia.... navali juvari exercitu, prædicti milites debita taxatione ac recompensatione præhabita in navale stolium commutentur. » (Art. 8, p. 348.)

[2] « A quibuscumque mercatoribus Senensibus vel Florentinis aut quibuslibet aliis. » (Clementis IV ep. LXIX. Pérouse, 3 juin 1265, ap. Martène, Thes., II, 139.)

[3] Ces associés sont nommés, dans la lettre du pape, « Facio et Rostanno Junctæ, Hugone Jacobi, Lotto Hugolini, Jacopo Egidii, Guascone Trapilicini. » (Ibid.)

[4] « Cum creditores in longum terminum nihil credant. » (Ep. cxx. Pérouse, 5 août 1265. Thes., II, 179.)

[5] « Idemque magister eis super hoc prædictam decimam obligavit, et nos hujusmodi obligationi nostrum præbentes assensum, nostra et Ecclesiæ Romanæ bona eisdem mercatoribus, si ductus comes in solutione pecuniæ prædictæ forte cessaret, per dilectum filium P. Camerarium nostrum fecimus obligari. » (Ibid.)

[6] « Liberaliter mutuarunt. » (Ibid.)

teurs « affectionnés, qui jamais ne faisaient défaut à l'Église[1]; » la suite de la correspondance donne seule la clef du mystère. Un emprunt du pape régnant et un autre du pape défunt aux mêmes banquiers, montant ensemble à neuf mille livres tournois, n'avaient pas été remboursés à l'échéance fixée, grâce à l'incurie de Simon de Brion, cardinal de Sainte-Cécile, légat pontifical en France[2]. Pour qu'en de telles conditions ces créanciers prêtassent de nouveau, ils y devaient trouver non-seulement leur compte, mais encore de considérables, d'insolites profits.

Ils en auraient voulu de plus insolites encore, si la concurrence ne les eût forcés, dans une certaine mesure, à limiter leurs prétentions. A Sienne même, Clément IV pouvait faire et faisait appel à Tommaso Spigliati. En juillet, il ordonnait de payer quatre mille livres tournois empruntées, toujours pour les verser aux mains du roi de Sicile, à Lottario Bonasce, marchand d'Orvieto, et à Ricco Bonaguida, Nero Fornari, Angelerio Bonelli, marchands florentins[3]. En août, il devait payer trois mille livres à leurs compatriotes Peregrino Cassini, Albertino Rota, Giuseppe Coppi, Amatore Puzzini[4]. Il avait encore

---

[1] « Qui ad personam nostram et Rom. Ecclesiam affectum gerunt benevolentiæ specialis, quique nobis et eidem Ecclesiæ in aliquo necessitatis articulo non desunt. » (*Ibid.*)

[2] « Miramur nec immerito quum quod nos tibi expresse per nostras dederimus litteras in mandatis ut novem millia librarum Turonensium quarum dilecti filii Bonaventura Bernardi, Raynerius Jacobi et Franciscus Guidi.... partem de mandato felicis recordationis Urbani papæ prædecessoris nostri, partem vero ad instantiam nostram.... liberaliter mutuarunt.... præfatis mercatoribus adhuc prædictam pecuniam solvere.... non curasti. » (Clem. IV ep. LXXXIV. Pérouse, 6 juillet 1265. Martène, *Thes.*, II, 149.)

[3] Clem. IV ep. LXXXVIII. Pérouse, 10 juillet 1265. *Thes.*, II, 152.

[4] Ep. CXIX. Pérouse, août 1265, p. 177.

pour créancier à Florence Lotterio Ferrucci et Bindo Galigaï, sans compter ceux de Pérouse, de Rome, de Montpellier[1]. Les créances varient d'ordinaire entre cinq cents et dix mille livres; cependant elles s'élèvent quelquefois à vingt mille et même à cinquante mille[2]. L'Église eût volontiers emprunté davantage; mais tout son trésor donné en garantie, vases sacrés enrichis de pierres précieuses, crucifix d'or, encensoirs d'argent, n'inspirait pas confiance au delà. Encore ne comptait-on les espèces ni sur-le-champ, ni en une seule fois[3]. Maigre résultat acheté bien cher au prix d'un sourd mécontentement dans le clergé, et de la lourde obligation d'assurer le remboursement prochain de soixante mille cinq cents livres, avec les intérêts[4].

Cette obligation, comme on vient de le voir, n'était pas toujours remplie. Le prêteur courait risque de perdre intérêt et capital, car il n'était pas seul à avoir des droits sur le gage, et il reculait devant le scandale, nuisible à son crédit, de saisir les vases consacrés. Aussi, la bonne volonté des premiers jours faisait-elle place bientôt à une défiance croissante. Clément IV s'en plaint, comme de la

---

[1] Ep. LV, 29 avril 1265, p. 128. — Ep. CCXLIII. Pérouse, 11 mars 1266, p. 289. — Ep. CXLIX, Pérouse, 21 août 1265, p. 201.

[2] M. de Cherrier (III, 176) a donné une liste des emprunts pontificaux pour l'année 1265. Nous ne la reproduisons pas, parce qu'elle est incomplète et inexacte. Pour qu'elle fût de quelque intérêt, il faudrait d'ailleurs y oindre les emprunts des années subséquentes.

[3] « Vasa aurea et argentea cum pretiosis lapidibus et generaliter totum thesaurum Ecclesiæ iisdem obligavimus præter morem, et cum tanta licet nsolita cautione de 50 millibus libris Turonensibus habendis non subito, neque simul, sed satis prope, satisque continue aliquam spem habemus. De majori vero pecuniæ nullam, quia nec pignora tantum valent. » (Ep. CCX, Pérouse, 22 décembre 1265, p. 260. — Cf., ep. CCXXII, 19 janvier 1266, p. 269.)

[4] Ep. CCXII, CCXXII, Pérouse, 1ᵉʳ et 19 janvier 1266, p. 262, 269.

malice des changeurs, et recourt contre eux aux reproches, aux menaces, à l'excommunication[1]. Il tenait sous l'interdit toutes les villes gibelines, entre autres Sienne et Florence. Il jouait de ses foudres, sans crainte de se blesser. Pour un prêt nouveau, il absolvait ses créanciers ; pour une réclamation ou un refus, il les frappait de nouveau[2]. Ainsi forcés à délier les cordons de leur bourse, ils exigeaient du moins que le roi de France s'engageât lui-même par lettres, car ils n'espéraient de recouvrement que sur les redevances françaises[3]. C'était donc Louis IX qui devenait la Providence financière du saint-siége. L'expédition de son frère était, après tout, une entreprise de famille, et il ne lui fallait pas moins de mille livres par jour pour ses Français et ses Campaniens[4]. « Croyez-vous, lui écrivait Clément IV, que tant d'hommes puissent vivre de vent, qu'on puisse trouver, au delà des monts, des prêteurs qui veuillent exposer leurs espèces, quand ils voient les précédents ne pas recouvrer leurs créances[5]? Nous ne cessons de crier, et

---

[1] « Non negamus quam arguis Senensium mercatorum desidiam, nec malitiam excusamus, sed potius et minis et terroribus frangimus prout possumus et continuis increpationibus perurgemus. » (Ep. ccxxiv à Charles d'Anjou, p. 273.)

[2] « Quam contra persecutorem Ecclesiæ et fautores ejus tulimus.... Si quos hactenus aliter absolvisti,.... eos protinus in pristinam reducas sententiam. » (Ep. ccxi à l'archevêque de Tyr. Pérouse, 1er janvier 1266, p. 261.)

[3] « Nec dabunt eam (pecuniam) Italici mercatores recipiendam in Francia, nisi regis Franciæ illustris habuerunt litteras. » (Ep. cxxxvi, 23 août 1265, p. 190.)

[4] « Cui omni die cum suis et Campanis quod ad suum necessario traxit obsequium, sunt necessariæ mille libræ. » (Ep. cxx, Pérouse, 5 août 1265. Thes., II, 178.)

[5] « Nec posse de vento vivere tot et tantos, nec creditores ultraneos invenire qui se velint hoc tempore ad mutuum dandum exponere, præsertim cum audiant male prioribus satisfactum. » (Ep. cxxxv, 23 août 1265,

notre voix retentit comme une trompette, en voyant le naufrage de l'Église, la détresse de notre fils, l'illustre roi de Sicile. Si, à l'arrivée de sa noble et glorieuse armée, notre roi manque de ressources, nous pourrons dire que le navire aura péri dans le port. Donnez ou prêtez de l'argent aux marchands siennois qui sont en France, ou pensez que vous nous abandonnez au caprice des vents et de la mer¹. » Et à son légat, le cardinal de Sainte-Cécile : « Empruntez donc pour donner aux Siennois des sommes que leurs associés de France mettront au service du roi, notre bâton de vieillesse. Demandez au roi de France, à son frère, aux prélats, aux religieux, aux bourgeois, aux usuriers, à tout le monde, quand même vous auriez d'eux essuyé dix refus². » Mais après avoir tenté ces efforts surhumains, le malheureux pontife devait se retourner, non sans humeur, vers l'insatiable Charles : « Nous n'avons, lui écrivait-il, ni montagnes ni fleuves d'or; nos ressources sont épuisées, et les marchands sont fatigués³. Je ne sais comment vous ferez pour continuer à vivre dans Rome, si votre armée ne vient pas, et comment vous aviserez à l'entretenir quand elle sera venue. Votre frère, sollicité trois fois, n'a pas répondu

---

p. 188.) — « Numquid enim de vento creditur posse vivere.... » (Ep. cxx, 5 août 1265, p. 178.)

¹ « Procura modis omnibus ut de tua vel mutuanda pecunia Senensibus mercatoribus qui sunt in Francia tantum detur quod in his partibus se possint effundere ad subsidium socii eorum, alioquin cogita quod.... nos mari et ventis expositos derelinques. » (Ep. clxxxi, 17 novembre 1265, p. 242.)

² « Noster baculus senectutis.... quære ergo mutuum quod des Senensibus, illud regi in istis partibus per socios suos refusuris. Quære cum rege, quære cum.... omnibus, etsi decies repulsam passus fueris apud ipsos. » (Ep. clxxxii, p. 243.)

« Nec montes nec fluvios habemus aureos.... exhausit jam viribus et mercatoribus fatigatis. » (Ep. ccxxv à Charles d'Anjou, p. 274.)

une seule. Le clergé de France n'est pas plus empressé que lui. Le légat n'a pu ramasser, avec l'ordre de votre autre frère le comte de Poitou, que quatre mille marcs d'argent et cent mille livres tournois[1]. »

L'heure était proche de cette suprême difficulté. Au débouché des Alpes retentissaient les trompettes et se déployaient les bannières de Charles d'Anjou. Les populations, en France, suivaient de leurs vœux cette magnifique armée. Le trouvère Rutebeuf écrivait :

> Prions pour le roi Charles ; c'est por nos maintenir,
> Por Dieu et saint Eglise c'est mis au convenir[2].

« Allons en Pouille, disait Hugues de Saint-Cyr, un des rares troubadours du parti guelfe ; allons conquérir le royaume : qui ne croit pas en Dieu ne doit pas posséder de terre[3]. » En Italie, du premier coup, les guelfes prirent partout la confiance que perdaient les gibelins. Du côté de la force passèrent beaucoup de transfuges. L'exagération méridionale portait à soixante mille hommes les trente mille que Robert de Béthune amenait à son beau-père, le nouveau roi[4]. Leur libre passage était assuré par des traités habilement conclus avec les seigneurs et les communes, en Piémont et en Lombardie[5]. Après Turin et Novare,

---

[1] Ep. CLXXXI, p. 241.

[2] Œuvres, I, 147. Ed. Jubinal, Paris, 1839, in-8°.

[3]   Et anem en Polha lo regne conquerer,
    Car sel qu'en Dieu non cre non deu terra tener.
    (Histoire littéraire de la France, XIX, 472.)

[4] « Et erant bene dicti Francisci sexaginta millia. » (Chron. Parmense, 1265. R. I. S., t. IX, 780.)

[5] Voy. les indications détaillées de tous ces traités dans l'important ouvrage que publie à Naples M. del Giudice, Codice diplomatico del regno di Carlo e II d'Angiò, p. 39, 41, 47. — Naples, 1863, in-4°. — La première partie du second volume a paru en 1869.

Verceil, qui avait juré la ligue gibeline sur les reliques de saint Eusèbe, son patron, ouvrait ses portes avec un empressement obligé[1]. Pour gagner Rome, il fallait tourner l'Apennin et passer par Bologne, car les gibelins, maîtres de la Toscane, fermaient la route directe. Napoleone della Torre, *anziano* perpétuel ou seigneur de Milan, le marquis Obizzo d'Este, le comte de San Bonifacio, avec les milices de Mantoue et de Ferrare, courent pleins de déférence au devant des Français. Buoso de Doara livre le passage de l'Oglio et se retire sur Crémone[2]. Seul fidèle, le marquis Pelavicino ne pouvait contenir ce flot chaque jour grossissant. Vaincu à Capriolo, il découvrait Parme et Bologne. A la voix de l'évêque Geoffroy de Beaumont, prêchant la guerre sainte, Lombards, Romagnols, Bolonais se rangent à l'envi sous l'étendard de la victoire, fort réjouis de faire leur salut dans l'autre monde en servant leurs intérêts dans celui-ci. De Rome accoururent à cheval, sous les ordres de Guido Guerra, quatre cents nobles exilés de Florence, qui s'étaient offerts au pape dès l'arrivée de Charles d'Anjou[3]. Ils rejoignirent à Mantoue l'armée, surprise de leur splendide équipement[4]. Les armes de Clément IV, une aigle rouge dans un champ blanc, sur

---

[1] « Et cum fuerint apud Vercelas, episcopus Vercellarum et advocati et alii de parte que dicitur Ecclesie contra juramenta promissa et facta super reliquias S. Eusebii confessoris illius civitatis, eos intraxerunt in civitatem Vercelii. » (*Chron. de Rebus in Italia gestis*, p. 254.)

[2] Villani (VII, 4), Ammirato (l. II, t. I, p. 129) croient à la trahison. Dante de même :

> Ei piange qui l'argento de' Franceschi :
> Io vidi, potrai dire, quel da Duera
> Là dove i pescatori stanno freschi.
> (*Inf.* XXXII, 115.)

[3] Stefani, II, 151, ap. *Delizie*, etc., VIII, 1, 2.

[4] Villani, VI, 87.

un serpent vert, brillaient sur leur bannière, et montraient en eux les champions attitrés de l'Église. Ils y ajoutèrent plus tard un petit lis rouge sur la tête de l'aigle, et tels furent désormais les insignes distinctifs de ce grand parti guelfe auquel appartenait l'avenir [1].

Pendant que ce torrent d'hommes, accru ainsi de nouveaux et continuels affluents, dévastait tout dans sa marche vers Rome, « sans se souvenir, dit Muratori, qu'ils étaient chrétiens et croisés [2], » la Toscane gibeline faisait bonne contenance. Par une simple démonstration armée, Sienne forçait à la soumission l'abbaye de San Salvadore. Elle mettait à sac Sarteano [3] et Radicofani, plus obstinées dans la résistance. Elle renforçait de quelques compagnies de milice l'armée que les Florentins entretenaient dans le val d'Arno [4]. C'est là seulement qu'avait pris quelque gravité l'agitation produite par le passage des Français sur l'autre versant de l'Apennin. L'évêque d'Arezzo, de la famille des Uberti [5], et gibelin par conséquent, s'était retourné vers les guelfes pour tirer vengeance de ses diocésains, qui, soutenus de Guido Novello, avaient porté sur les biens épiscopaux une main

---

[1] Villani, VII, 2. Ammirato, l. II, t. I, p. 129. M. de Saint-Priest traduit : « une aigle de gueules et un serpent de sinople sur champ d'argent (II, 166). »

[2] « Commisero dapertutto le enormità che si possono immaginare, senza ricordarsi di essere cristiani e crociati. » (Muratori, *Ann. d'Italia*, 1265.) Un peu plus tard, le pape lui-même se plaignait des excès de l'armée de Charles à Bénévent (Clem. IV ep. cclxii. Pérouse, 12 avril 1266. *Thes.*, II, 306.)

[3] Sarteano, dans le val di Chiana, entre Chianciano, Cetona et Chiusi, à dix milles au sud de Montepulciano, et quinze milles de Radicofani, en passant par la montagne de Cetona (Repetti, V, 175).

[4] 19 janvier 1266. *Consiglio della Campana*, XII, 8, 21, 22.

[5] Villani (VII, 12) le donne comme étant des Ubertini, mais Muratori corrige dans une note en disant des Uberti. Cf. Stefani, II, 132.

sacrilége. Donnant en garde à ses nouveaux alliés les châteaux qui lui restaient, il les aidait, en outre, à s'emparer de Castelnuovo[1]. Cette place prise, il fallait la défendre, et Guido Novello la serrait de près. Les chroniqueurs rapportent du chef qui y commandait une ruse de guerre, telle que les aimait la subtilité des Toscans. Ce chef, nommé Uberto Spiovanato, était des Pazzi du val d'Arno. Il fabriqua une fausse lettre où il se faisait annoncer la prochaine arrivée du roi Charles. Il y appliqua e grand sceau de l'évêque d'Arezzo, son oncle, en le détachant d'une missive de ce prélat. Il mit cette lettre avec d'autres et de l'argent dans une bourse de soie, qu'il eut soin de perdre au plus fort d'une sortie et d'une escarmouche. Les assiégeants l'ayant trouvée, crurent aux allégations du parchemin trompeur, et décampèrent en toute hâte pour rentrer à Florence. C'était abandonner aux guelfes enhardis tout le val supérieur de l'Arno[2].

Quoique réel, cet échec n'avait, du reste, aucune importance. Presque invincibles dans les montagnes, les exilés ne pouvaient tenir en plaine. Ils inspiraient encore si peu de crainte, que les chefs gibelins n'hésitaient pas à s'affaiblir pour envoyer à Manfred plusieurs escadrons de cavalerie, politique évidemment judicieuse, car pour défendre la Toscane gibeline, il fallait à tout prix écraser Charles d'Anjou[3].

Mais bien probable était déjà son triomphe. Les défections de la Lombardie avaient leur pendant au fond de la

---

[1] Il y a plusieurs localités de ce nom. Celle dont il s'agit ici, c'est Castelnuovo della Chiassa, val d'Arno supérieur, sur la rive gauche du fleuve et a route du Casentino (Repetti, I, 567).
  Villani, VII, 12. Stefani, II, 132.
[3] Malavolti, part. II, l. II, f° 31 v°.

Pouille. Pour cette campagne où, selon le dur mot de Dante, « tout Apulien fut menteur[1], » les rangs de l'armée française se grossirent des San Severino, des Morra, des Fasanella, dont les familles n'avaient reçu de Frédéric II que des bienfaits. Les bourgeois, le menu peuple, travaillés par les agents pontificaux, considéraient sans effroi un changement de maître, si le nouveau maître devait rouvrir les églises. Manfred s'épuisait en efforts pour entrer avec lui en arrangements, pour faire agréer sa soumission au saint-siége. Une à une il énumérait les difficultés de la conquête. Il tentait d'en dégoûter son rival. Mais les réponses qu'il recevait lui en ôtaient tout espoir[2]. « Votre lettre, lui écrivait ironiquement Clément IV, se répand en comparaisons fatigantes. Elle expose longuement, et contre toute vérité, l'impuissance, l'orgueil de ce noble guerrier, en qui tous les yeux verront, par la suite de l'affaire, non-seulement ce que vaut l'homme, mais encore ce que Dieu peut en l'homme. Que si l'on nous objecte la difficulté des voies, Dieu est puissant à ouvrir ce qui est fermé, à dénouer ce qui est noué, à vaincre le grand nombre par le petit. Attendons son jugement[3]. »

Il fallait donc recourir aux armes. Mais dans quelles

---

[1] Là dove fu bugiardo
Ciascun Pugliese.
(*Inf.* XXVIII, 16.)

M. de Saint-Priest (II, 173) traduit *bugiardo* par *couard*, ce qui est un formel contre-sens.

[2] M. Von Raumer (*Geschichte der Hohenstaufen*, IV, 514) prétend que Clément IV, après le couronnement de Charles d'Anjou, songea de nouveau à entamer des négociations avec Manfred. La réponse du pape prouve le contraire. Le couronnement est du 1ᵉʳ janvier 1266 ; les propositions de Manfred sont antérieures ou postérieures de quelques jours.

[3] Clem. IV ep. ccxxvi, 1266 (pas de mois). Martène, *Thes.*, II, 274.

inégales et cruelles conditions ! La trahison était jusque dans la famille de Manfred, jusque chez son beau-frère Riccardo d'Aquino, comte de Caserte[1]. Ils sont toujours rares, les fidèles serviteurs qui s'ensevelissent dans la ruine de leur maître. Or cette ruine, tout le monde la prévoyait. Détaché de sa souche, privé de la sève qu'il puisait jadis en terre allemande, ce rameau des Hohenstaufen ne pouvait reverdir qu'à la condition d'être planté en terre papale, de trouver dans la papauté un nouveau principe de vie, et tout espoir en était perdu depuis longtemps.

Déjà la campagne était commencée. En huit jours, par un temps froid et sur la neige durcie, Charles avait conduit sa lourde cavalerie et ses pesantes machines aux frontières de l'État napolitain. Son adversaire, sagement résolu à la défensive, tentait encore de feintes négociations : il attendait des mercenaires allemands. La réponse qu'il reçut était d'un rude soldat, comme d'un fervent chrétien : — « Allez, s'était écrié le prince français, dites au sultan de Lucera que je le mettrai en enfer, ou qu'il me mettra en paradis[2] ». Dès le premier engagement, la

---

[1] Villani (VII, 5) prétend que Manfred avait abusé de sa belle-sœur, la comtesse de Caserte, et par là veut expliquer la trahison du comte. M. de Cherrier (III, 186) répond qu'elle était mariée depuis vingt-sept ans, et qu'à partir de l'excommunication de Frédéric, la famille d'Aquino eut toujours un pied dans chaque camp.

[2] Villani (VII, 5) donne cette réponse dans un jargon macaronique qu'il prend pour du français : « Allés, idit moi a le sultam de Locere hoggi meterai lui en emfern, o il metra moi en paradis.. » — M. de Cherrier met à cet endroit la négociation avec le pape que nous avons rapportée plus haut ; mais c'est de sa part purement arbitraire, car la lettre pontificale ne porte que la date de l'année. Il est clair qu'à ce moment il n'y avait plus de négociation possible qu'avec l'ennemi qu'on avait devant soi. Si Charles avait consenti qu'on envoyât des ambassadeurs à Pérouse et qu'on attendît leur retour avant de poursuivre sa marche, il en serait resté quelque chose dans histoire.

première ligne de défense fut perdue. Tandis que le comte Giordano surveillait en vain, avec sa cavalerie, les gués du Garigliano, le comte de Caserte livrait le passage de ce fleuve à la hauteur de Ceperano. Sur la seconde ligne, la forteresse d'Aquino ne pouvait tenir ; Rocca d'Arce, un nid d'aigle, était lestement escaladé par les fantassins de France, « dédales empennés », comme les appelle Sabas Malaspina[1]. Naples et Gaëte ouvraient prudemment leurs portes[2]. San Germano, imprenable clef des contrées méridionales, tombait à son tour par surprise aux mains des Français et des guelfes florentins, leurs alliés[3] Le bas Vulturne, protégé par Capoue, pouvait être une troisième ligne de défense ; mais les gués du haut Vulturne une fois franchis, elle devenait intenable. Manfred se retira donc et rallia le gros de ses troupes dans la vallée du Calore, non loin de Bénévent. Pour prévenir des défections nouvelles, il les déploya sur trois lignes dans la plaine de la Grandella, où, faute d'avoir occupé les défilés des montagnes, il voyait descendre les Français ; puis, de pied ferme, il attendit ou offrit l'inévitable combat. Sa deuxième « bataille » ou « *eschielle* », comme on disait alors, était formée de mille gibelins toscans et lombards, commandés par le comte Giordano. L'ennemi, imitant ces dispositions, avait également placé au second rang les guelfes italiens avec les Provençaux, mille lances environ sous les ordres du roi. Sous ceux de Guido Guerra

---

[1] « Hanc gallici milites, quasi lene quid esset, miraculose conscendunt, ad quam, nisi novas alitum mutarentur in formas aut lacertos haberent monstruose, dædalica fictione, pennatos, vix crederentur posse per longa tempora devenire. » (Sabas Malaspina, l. III, c. IV, R. I. S., t. VIII, 821.)

Chron. de rebus, etc., p. 256.

[3] Villani, VII, 6. Sabas Malaspina, l. III. c. IV, R. I. S., t. VIII, 821.

a réserve était formée de quatre cents exilés florentins. Manfred les voyait ainsi que les autres, et il admirait leur belle ordonnance. On prétend qu'il dit avec tristesse : — Ces guelfes ne peuvent perdre aujourd'hui. Où sont ces gibelins qui me devaient assistance et pour qui j'ai dépensé tant de trésors[1]? — Ceux qu'il comptait dans son armée, quoique plus nombreux que n'étaient les guelfes dans l'armée ennemie, ne lui pouvaient faire oublier tant de nobles et de bourgeois prudents qui restaient claquemurés dans leurs villes, sous prétexte de les conserver à la cause gibeline et au roi Manfred (26 février 1266).

C'est donc contre un adversaire sans espoir, mais non sans courage, et avec des forces visiblement plus considérables[2], que Charles d'Anjou allait se ruer avec une confiance qui ne négligeait d'ailleurs aucun moyen de succès. Il recommandait aux siens de férir d'estoc plutôt que de taille, les chevaux à la tête et les cavaliers à l'aisselle, mais les chevaux de préférence aux cavaliers, car ceux-ci une fois à terre et sous leurs montures, embarrassés dans leurs étriers et alourdis par le poids de leurs armes, pourraient être facilement occis par les hommes de pied[3]. — Nul ne s'en aille! — criait-il, pour défendre de faire quartier. Tout était permis contre le « sultan » qui avait dans son armée tant de « porcs[4], » tant de Sar-

---

[1] Villani, VII, 8, 9. — Ammirato, l. II, t. I, p. 130.

[2] Les auteurs s'accordent sur ce point, quoiqu'ils varient sur les chiffres.

[3] « Reddite vos cautos et attentos ut potius equos quam homines offendatis.... » (Sabas Malaspina, l. III, c. vi, R. I. S., t. VIII, p. 823.) — Si prirent petites espées qu'ils avoient et s'escrièrent que on ferit d'estoc par dessous les esselles, où les Aleman estoient plus legierement armés. (G. de Nangis, *Vie de saint Louis*, *Hist. litt. de la France*, XX, 425.)

« Porcine sunt isti qui contra nos cum tanto clamore descendunt ? » Sabas Malaspina, l. III, c. x. R. I. S., t. VIII, 826.)

rasins ennemis de Dieu, si peu de prêtres et d'aumôniers.

Entre ces musulmans et ces croisés, le combat fut une horrible et confuse mêlée. La discipline militaire disparut sous une aveugle fureur, fruit ordinaire des haines religieuses. Des deux parts, nulle tactique : à mesure que les troupes engagées faiblissaient ou pliaient, on en faisait avancer de fraîches. Quoique la courte épée des Français luttât avec désavantage contre l'épée si longue des Allemands[1], la victoire devait donc rester aux plus nombreux. Autour de lui, Manfred ne voyait plus qu'une poignée de fidèles : des Romains, des Lombards, quelques barons du royaume. Avec eux il s'élança pour un suprême effort ; mais jusque parmi eux il rencontre des traîtres ou des lâches : son grand camérier, le comte de Malecta, se retire vers Bénévent, emportant le trésor dont il était le gardien[2]. Son beau-frère, le comte d'Acerra, prend la fuite avec d'autres seigneurs. N'ayant plus, comme il le dit alors, qu'à mourir en roi, plutôt que de vivre dans l'exil et la misère[3], il quitte ses insignes royaux, qui l'eussent fait reconnaître, et, des mains d'un écuyer, prend son heaume de bataille. L'aigle d'argent qui en

[1]
Car les deux mains en haut levées
Gietent d'unes longues espées
Souëf tranchanz à larges meures...
Li François espées reportent
Courtes et roides dont ils taillent,
Mez aux ennemis navrer faillent.
(Guill. Guyart, *Royaux lignages*. t. II, p. 77.)

[2] Cherrier, III, 195.

[3] « Potius, inquit, hodie volo mori rex quam vivere exul et miser. » (*Ricobaldi Ferrariensis Pomarium*, R. I. S., t. IX, 135.) — « Malo, inquit, hodie mori rex in acie quam vivere exul et calamitosus. » (*Chron. Fr. Pipini*, c. vi, R. I. S., t. IX, 679.) Cf. *Chron. Siciliæ auctore anonymo*, R. I. S., t. X, 822.

faisait le cimier étant tombé à terre : *Hoc est signum Dei*, dit-il[1]; mais il ne s'en jeta pas moins au plus fort de la mêlée, et il y disparut obscurément, comme le dernier de ses hommes d'armes[2].

Parmi les captifs conduits au camp des vainqueurs se trouvaient bien le comte Giordano, les frères Simplice, et ce Piero Asino des Uberti, qui avait jadis cassé la tête à Cece Buondelmonti, sur le cheval du grand Farinata[3]; mais vainement on y chercha Manfred. Comme personne ne disait l'avoir vu parmi les vivants, Charles donna ordre d'examiner les morts. De trois jours il défendit d'en enlever un seul du champ de bataille. A la fin, un soldat picard, qui avait dans son butin le destrier royal, déclara avoir vu tomber dans la lutte le cavalier qui le montait, un homme blond aux yeux bleus, avec une barbe rouge au menton, de peau blanche, de taille moyenne, de physionomie agréable[4]. A cette description précise, les courti-

[1] Villani, VII, 9.

[2] M. de Cherrier (III, 196) fait remarquer avec raison que Guillaume de Nangis (*loc. cit.*, p. 427) et Ferreti de Vicence (l. I, R. I. S., t. IX, 947) sont les seuls chroniqueurs qui accusent Manfred d'avoir pris la fuite. Les autres, quoique guelfes pour la plupart, rendent témoignage de sa bravoure.

[3] « Magnum quoque captivorum numerum ad carceres Caroli bellicus eventus adduxit, inter quos Jordanus et Bartholomæus Simplex, eorumque fratres, nec non Petrus Asini de Ubertis Florentinus ghibellinæ factionis auctor. » (*Fr. Pipini Chron.*, c. VI, R. I. S., t. IX, 680.) — « Non si fa menzione di persona altra di conto de' Fiorentini che Piero Asino degli Uberti. » (Ammirato, l. II, t. I, p. 130.)

[4] « Erat, inquit (miles Picardus), homo flavus, amœna facie, aspectu placabilis, in maxillis rubeus, oculis sidereis, per totum nivens, statura mediocris. » (Sabas Malaspina, l. III, c. XIII, R. I. S., t. VIII, 830.) — A la même page, cet auteur dit encore : « Formosum corpus Manfredi. » Cf. Dante :

> Biondo era e bello e di gentile aspetto;
> Ma l'un de' cigli un colpo avea diviso...
> E mostrommi una piaga a sommo il petto.
>   (*Purg.* III, 107.)

sans napolitains reconnurent celui qu'ils appelaient « leur roi, leur capitaine, leur maître, leur agneau[1]. » Après bien des recherches, on le trouva percé de coups, dépouillé par les ribauds ou soldats d'aventure qui, dans les combats, n'avaient d'yeux que pour le butin[2]. « Et jà soit ce qu'il eût été faussement et contre droit honoré de royale majesté, le roi Charles, qui de ce fut remembrant, et qui libéral et franc cœur avoit[3], ne souffrit pas que sa charogne fût laissée aux bêtes et aux oiseaux du ciel à dévorer, ainçois la fit couvrir de un moncel de pierres en une voie commune près de Bonivent[4]. » Le seul honneur funèbre qu'il refusa, ce fut la sépulture ecclésiatique, à laquelle ne pouvait prétendre un excommunié[5]. Les Italiens, d'esprit plus libre, mais moins conséquents, ne virent que dureté, qu'indigne vengeance dans cet acte de naturelle et pieuse logique[6]. Par une semblable erreur,

---

[1] « Heu, heu! occisus est agnus, rex, dux et dominus noster, qui elegit cum suis mori potius quam vivere sine ipsis. » (Sabas Malaspina, l. III, c. XIII, R. I. S., t. VIII, 830.)

[2] « Contigit quod Die dominica corpus inventum est nudum penitus inter cadavera peremptorum. » (Lettre de Charles d'Anjou au pape, *Cod. dipl. del regno*, I, 114.) — Villani (VII, 9) et Fr. Pipini (R. I. S., t. IX, 680) rapportent une version plus saisissante, et, pour ce motif, suivie dans la *Divine Comédie* : « Un villain ayant reconnu et ramassé le cadavre de Manfred, l'aurait porté au camp, couché sur un âne, en criant à tue-tête : *Chi accatta Manfredi?* Sur quoi un baron aurait accablé le villain de coups de bâton et fait apporter le corps à Charles, devant qui le comte de Caserte, Giordano d'Anglano, Bartolommeo Simplice et autres familiers du malheureux vaincu, le reconnurent. « Hélas! se serait écrié le comte Giordano, les yeux pleins de larmes et en se voilant la face : c'est bien mon seigneur! »

[3] Trop libéral même, au gré de ce rude chroniqueur : « Et fu la cause pour ce qu'il les cuida atraire par débonnaireté, mais miex li venit que il les eut fet punir et décoler. » (Guill. de Nangis, *loc. cit.*, p. 427.)

[4] Guillaume de Nangis, *loc. cit.*, p. 427.

[5] Ego itaque naturali pietate inductus, corpus ipsum cum quadam honorificentia sepulturæ, non tamen ecclesiasticæ, tradi feci (Lettre de Charles *Cod. dipl. del regno*, I, 114).

[6] In quo vere quum non sit vindicta ad mortuos, generositati suæ idem

ils prirent pour une basse injure ces pierres jetées sur le cadavre, seul monument funéraire des héros morts dans les temps primitifs[1]. L'injure vint du haineux Pignatelli, archevêque de Cosenza, qui, par ordre du pape[2] ou de son propre mouvement, fit exhumer avec ignominie et transporter hors du royaume les restes de Manfred. Au-dessus de Ceperano, non loin du Liris et sur les rives d'un ruisseau de l'État pontifical, le Verde, qui y déverse ses maigres eaux, ils furent jetés dans un champ sans les couvrir ni de pierres ni de terre, exposés au vent et à la pluie, en proie à ces oiseaux du ciel dont un rival triomphant avait du moins voulu les protéger[3].

La poésie contemporaine ne se montra guère plus clémente à la défaite. Elle faillit, cette fois, à son noble rôle, qui est de l'honorer et de la relever, dans la mesure de la justice. C'est à peine si quelques étrangers, le troubadour Aimeri de Peguilain[4], le trouvère Adam de la Halle,

---

Carolus plurimum derogavit (*Fr. Pipini Chron.*, c. 6. R. I. S., t. IX, 680). Dante est plus juste :

> Sotto la guardia della grave mora
> (*Purg.* III, 129.)

Guardia compense *grave*, qui pourrait être pris en mauvaise part.

[1] Sabas Malaspina, *loc. cit.* Villani, VII, 9. Cherrier, III, 199. — Aujourd'hui encore, ne jette-t-on pas souvent une pierre ou un peu de terre dans la fosse ouverte d'un parent, d'un ami, avant de s'éloigner ?

[2]
> Se 'l pastor di Cosenza ch' alla caccia
> Di me fu messo per Clemente...
> (*Purg.* III, 124.)

[3] Villani, VII, 9. *Petri Diaconi Hist. mon. Cassin.*, p. 756, ap. Cherrier, III, 200. — Cf. Dante, *Purg.*, III, 130 :

> Or le bagna la pioggia e move il vento,
> Di fuor dal Regno, quasi lungo il Verde,
> Ove le trasmutò a lume spento.

[4]
> Totas honors e luig fag benestan
> Foron gastat e delit e mal mes

eurent quelques mots de bienveillant souvenir pour la lamentable victime d'une grande cause. Il est vrai que les paroles de ce dernier sont en quelque sorte une réhabilitation autorisée, car ménestrel au service du vainqueur, il ne reproche au vaincu que son impiété :

> Biaus chevalier et preus et sages fu Manfrois,
> De toutes bonnes tèches entechiés et courtois ;
> En lui ne faloit riens, fors que seulement fois[1].

En Italie, sous l'implacable règne des guelfes, Dante le premier et Dante à peu près seul osa être juste pour ce grand gibelin malgré lui. Il l'appelle « le fils heureusement né de César[2]. » Quoique ses péchés fussent « horribles, » c'est au purgatoire, non dans l'enfer qu'il le place, parce qu'il s'était tourné en mourant vers la « Bonté infinie[3], » pure hypothèse du poëte, mais marque d'indulgence et d'admiration. Au seuil du purgatoire même, selon la doctrine des théologiens, Manfred devait attendre trente années pour chacune de celles qu'il avait vécu dans les censures ecclésiastiques : Dante abrége pour lui le temps de ces épreuves préliminaires[4], et la postérité ra-

> Lo jorn que mortz aucis lo miel presan
> E 'l plus plasen qu'ancmais nasques de maire,
> Lo valen rei Manfrei que capdelaire
> Fon de valor, de gaug, de totz los bes;
> Non sai cossi mortz aucir lo pogues, etc.
>
> (Aimeri de Peguilain, ap. Renouard, *Choix des poésies originales des troubadours*, V, 12.)

[1] *C'est du roi de Sezile*, dans les *OEuvres de Rutebeuf*, I, 435, notes et éclaircissements.

[2] Federicus Cæsar et bone genitus ejus Manfredus (*De vulgari eloquio*, I, 12, éd. Fraticelli, *Opere minori di Dante*, II, 180).

[3] *Purg.* III, 118.

[4] *Purg.* III, 136. — M. de Saint-Priest (II, 207) se trompe étrangement quand il explique l'indulgence et la pitié de Dante, par ce motif que Man-

tifie cette sentence atténuée, mais sévère encore : sans méconnaître les talents réels, le caractère aimable, la mort glorieuse de Manfred, elle ne peut oublier sa coupable ambition. Si elle en parle sans indignation et sans trop de blâme, c'est qu'elle pèse les raisons qui en sont l'excuse : le désir des Italiens, dans toute la péninsule, de ne point voir un même prince dominer sur le Nord et sur le Midi ; des Napolitains dans la Pouille et en Sicile, d'avoir un roi qui vécût parmi eux et n'eût souci que de leurs intérêts ; l'incertitude de savoir quel était, dans ces contrées méridionales, le maître légitime, du pape ou de l'héritier des Hohenstaufen, qui s'en attribuaient simultanément la souveraineté ; les qualités personnelles enfin qui devaient rendre l'affable, le doux, le généreux Manfred aussi populaire parmi ses sujets que devait l'être peu le sombre, le dur, le cruel Charles d'Anjou.

fred aurait été un « prince presque national, qui avait essayé, quoique en vain, de fonder une Italie. » Bien autres étaient les vues du poëte, du politique qui, de tous ses vœux, appelait Henri VII.

CHAPITRE II

LES FRATI GAUDENTI ET LE PROTECTORAT DE CHARLES D'ANJOU

— 1266-1267 —

Effets de la bataille de Bénévent en Italie. — Réconciliation de Florence avec l'Église. — Concessions de Guido Novello. — Les *frati gaudenti*. — Conseil des trente-six *buoni uomini*. — Organisation qu'ils donnent aux arts. — Progrès de la démocratie. — Efforts de Clément IV pour chasser les Allemands. —Emprunt refusé à Guido Novello. — Attaque des Lamberti contre les trente-six (11 novembre 1266). — Résistance des marchands. — Échec et retraite de Guido Novello. — Il tente de rentrer dans Florence (12 novembre). — Réorganisation du gouvernement florentin. — Part qu'y prend Clément IV. — Effort des Florentins pour conserver leur indépendance. — Domination passagère des modérés. — Mariages mixtes. — Mécontentement des guelfes et du pape. — Leurs tentatives pour dissoudre la ligue gibeline. — Entrée de Guy de Montfort et des Français à Florence (12 avril 1267). — La seigneurie offerte à Charles d'Anjou. — Réforme des institutions florentines. — Les douze *buoni uomini*. — Les divers conseils. — Les biens des gibelins confisqués. — Organisation de la *parte guelfa*. — Plaintes des gibelins : Fra Guittone d'Arezzo.

Comme un coup de foudre attendu, mais que l'attente ne rend pas moins formidable, la bataille de Bénévent retentit dans toute l'Italie, et l'ébranla jusqu'en ses fondements. La chute de Manfred était pour les gibelins plus que la perte d'un chef habile et puissant ; c'était la ruine d'une maison redoutée, unique support de leur parti. « La Sicile, écrivait avec enthousiasme Clément IV, est ressuscitée vivante d'entre les morts[1]. » En Lombardie,

[1] Ecce per Dei gratiam Sicilia rediviva nuper a mortuis resurrexit (Clem. IV ep. CCLXXXVIII. *Thes.*, II, 527).

toutes les villes, sauf Pavie et Vérone, tous les tyrans, sauf Buoso de Doara, adhèrent aux vainqueurs[1]. La moindre résistance est aussitôt châtiée ; Buoso de Doara se voit excommunié, banni pour toujours[2]. La Marche, si longtemps rebelle au souverain pontife, son maître légitime, en reconnaît enfin l'autorité[3]. Les guelfes de Toscane, si cruellement abattus, relèvent partout la tête. Pour menacer les gibelins de justes représailles, ils n'attendent pas même le retour des vaillants exilés qui venaient de se couvrir de gloire. Ils se rapprochent de Florence ; ils viennent jusqu'au pied des murailles, jusqu'à l'église des *Servi* pour y tenir conseil, pour y nouer ou renouer avec leurs amis du dedans des relations que n'empêchent plus leurs ennemis[4]. Dans Florence même, où commande toujours Guido Novello, après avoir murmuré tout bas, on se plaint tout haut des dépenses extrêmes, des charges désordonnées, des prestations énormes et vexatoires qu'il impose aux habitants. « Le peuple, dit Stefani, commençait à rugir, en se rappelant qu'il avait coutume d'être seigneur, et qu'on le traitait comme chiens[5]. » Il étendait la responsabilité de ses maux à tous les magistrats, et il avait cessé de les craindre, car il les sentait plus occupés de se défendre que d'attaquer. La tyrannie cesse d'être redoutable, et elle disparaît d'elle-même, quand elle redoute son châtiment pour le lendemain.

Les plus habiles, en pareils cas, perdent la tête. Que

---

[1] Clem. IV ep. CCLVII, CCLXXXVIII. *Thes.*, II, 302, 327.

[2] *Chron. de rebus*, etc., p. 259 sq. — *Memoriale potestatum Regiensium*. R. I. S., t. VIII, 1126.

[3] Marchia nostra ad nos rediit (Clem. IV ep. CCLVII. *Thes.*, II, 302).

[4] Villani, VII, 13.

[5] Cominciò il popolo a ruggire, ricordandosi che soleano avere la signoria

pouvait Guido Novello, aussi médiocre homme d'État qu'insuffisant capitaine? Il ne pensait qu'à sauver son pouvoir, et il se flattait encore d'y parvenir[1]. Il ne comprenait pas que, séparé comme il l'était du peuple, il ne pouvait céder quelque chose, sans être réduit à céder tout. C'est l'éternelle histoire des gouvernements menacés. Ils épuisent leurs forces à remonter le courant qui les emporte, et quand, à bout de forces, ils s'y abandonnent, l'abîme est trop près pour qu'ils n'y soient pas précipités.

Son premier soin, un mois à peine après la bataille, fut de réconcilier Florence avec l'Église. Dans le courant de mars 1266, « le potestat, le conseil et la commune, revenant à ce cœur dont ils s'étaient éloignés inconsidérément et non sans péril[2], » envoyaient en ambassade auprès du pape quatre juges : un d'eux, Jacopo de Cerreto, était constitué syndic pour demander en leur nom la levée de l'excommunication et de l'interdit. Clément IV accueillit favorablement l'humble requête ; mais ne jugeant pas qu'on lui offrît de suffisantes garanties[3], le 25 mars, il commettait au cardinal Ottaviano des Ubaldini le soin de donner satisfaction à Florence, après que soixante marchands « solvables » se seraient engagés à obéir en tout au saint-siége et à payer sur leurs propres

---

et il reggimento, e che non erano signori, ma come cani trattati da' ghibellini colle imposte che il conte Guido facea loro. (Stefani, II, 133.)

[1] Villani, VII, 13.

[2] Lettre de Clément IV au card. Ottaviano des Ubaldini, Pérouse, 25 mars 1266 (Arch. di Stato, *Cartapecore Strozziane-Uguccioni*). M. G. Capponi a publié pour la première fois ce document (T. I, p. 549, app., n° 1).

[3] Quia tamen ab eisdem sindicho fideijussoribus datis ab eo plenarie non est chautum (*Ibid.*, ap. Capponi, p. 549).

biens toutes les sommes qu'il pourrait exiger d'eux[1]. Le 7 avril suivant, l'ancien ami de Frédéric II faisait rentrer Florence gibeline dans le giron de l'Église. Cinq juges et notaires « par l'autorité impériale » enregistraient cette grâce, qui s'étendait nominativement à quelques particuliers[2]; Arezzo, Pistoia suivaient aussitôt cet exemple. « La porte est ouverte, écrivait joyeusement le pape, au salut de toute la Toscane[3]. »

Sûr désormais de la bienveillance ou tout au moins de la neutralité du saint-siége, Guido Novello n'avait plus qu'à mériter et, s'il se pouvait, qu'à conquérir celle de ses adversaires enhardis. C'était la partie ardue de sa tâche. Il y eût fallu plus d'adresse et de résolution qu'il n'en avait. Il ne sut imaginer que des mesures incohérentes, que d'insuffisantes concessions, et il les imagina trop tard. « Employés avant d'être nécessaires, dit Machiavel, ces remèdes auraient pu être utiles. Tardifs et sans préparation, non-seulement ils ne servirent point, mais encore ils hâtèrent la ruine[4]. » Au lendemain du jour où il avait fait au pied du trône pontifical une soumission prudente, Guido faisait encore mine de se défendre : il appelait à lui les forces de la *taglia*, qui élevèrent les

---

[1] Receptis ab eis sexaginta fideijussoribus mercatoribus quos facilitate conveniendi ac solvendi facultate idoneos tibi esse constiterit... pecuniarum summas quas per nos seu alios aut alium exigemus vel exigi faciemus ab eis, de propriis bonis solvent (*Ibid.*).

[2] Facta fuit ista relaxatio... anno 1266, die 7 mensis aprilis... Ego imperiali auctoritate judex et notarius... (*Ibid.*).

[3] Ecce janua panditur ad salutem totius Tusciæ. Jam namque viam tenet eamdem Pistorium, eamdem Arctium... (Clem. IV ep. CCLXIV. Pérouse, 13 avril 1266. *Thes.*, II, 310).

[4] Quelli rimedii che, avendoli fatti prima che la necessità venisse, sarebbero giovati, facendoli dipoi senza grado, non solamente non giovarono, ma affrettarono la rovina loro (Machiavel, *Ist. fior.*, II, 19).

siennes, en y joignant ses six cents *Tedeschi*, au chiffre respectable de quinze cents cavaliers[1]. Pour gagner les esprits, le bon vouloir de la multitude et du parti guelfe[2], il substituait, cependant, des procédés humains aux rigueurs ; il tentait même, paraît-il, d'appeler un *popolano*, Giannuzzo Soldanieri, aux fonctions de capitaine du peuple ; mais Soldanieri n'acceptait pas, ou il ne pouvait prendre possession de sa charge[3] : personne ne se laissait séduire à ces avances intéressées de la faiblesse et de la peur. C'est alors que Guido Novello conçut le dessein d'introduire à Florence une magistrature bizarre, essayée en 1254 à Modène, et qui ne pouvait qu'obtenir l'agrément du saint-siége.

Confier à deux potestats simultanément l'administration de la chose publique, telle avait été l'innovation de Modène[4]. Guido Novello y crut apporter une amélioration ingénieuse, en voulant que l'un des potestats fût guelfe et l'autre gibelin. Pour faire montre d'impartialité, il introduisait la guerre au sommet de la judicature, et si disposé qu'on soit à le croire sincère dans cette expérience,

---

[1] Villani, VII, 14. Ptolémée de Lucques (*Annal.*, R. I. S., t. XI, 1285). Stefani (II, 135) dit 2200.

[2] Guadagnarsi gli animi, la benevolenza della moltitudine della parte guelfa (Malavolti, part. II, l. 2, f° 34). Cet auteur croit à tort qu'on eût mieux réussi en redoublant de sévérité (È più facile usar la forza e la severità con la quale si tendono i sudditi in timore, che il mostrarsi troppo benigno e amorevole (*Ibid.*).

[3] Paolino, II, 27. Si l'affirmation de ce chroniqueur est exacte, il faut croire que cette nomination fut rapportée ou non suivie d'effet, car Giannuzzo Soldanieri ne figure pas au livre ms. intitulé : *Officiales forenses civitatis Florentiæ*.

[4] Interdum binis uno tempore potestatibus civitas regenda tradebatur. Quod Mutinæ factum fuit anno 1254, adlectis a populo Domino Castellano Domini Andaloi et Domino Rambertino Domini Matthæi (Muratori, *Antiq. Ital.*, Diss. 46, t. IV, col. 88).

dans cette concession peu sensée, on se demande malgré soi si, derrière ces magistrats de parade, neutralisés l'un par l'autre, il ne se flattait pas de gouverner seul, comme par le passé.

Il y avait alors en Italie un ordre moitié religieux, moitié militaire, dont les membres portaient le nom de chevaliers ou frères de Sainte-Marie. C'étaient peut-être ceux de Fra Pietro de Vérone qui, sortant de Florence, s'étaient propagés et transformés[1]. Ils devaient être issus de familles nobles, du côté maternel comme du côté paternel[2]. Ils portaient une tunique blanche et un manteau gris avec une croix et deux étoiles rouges sur plastron blanc, des gants de cuir ou de laine, et les insignes militaires, l'écu, le heaume, les éperons de fer. Ils observaient les jeûnes de l'Église et beaucoup d'autres, faisaient maigre le lundi et le mercredi, s'abstenaient d'œufs et de laitage le vendredi, de lard et de sang le samedi. Ils lisaient l'office de la Madone, sauf les illettrés, qui récitaient le *Pater* et l'*Ave* cinquante-neuf fois. Les hommes mariés étaient admis dans l'ordre, pourvus qu'ils reçussent de leurs femmes licence d'y entrer. Celles-ci, en pareil cas, entraient elles-mêmes dans un couvent, où elles revêtaient des habits de drap gris ou blanc, des manteaux de peau d'agneau ornés de bandes blanches. D'obligation plus stricte encore était pour elles cette retraite, si leurs maris, considérés comme convers ou *terziarii*, obtenaient l'autorisation de continuer à vivre dans leurs maisons[3].

---

[1] Voy. plus haut, t. I, p. 573.

[2] On peut le voir dans les lettres de Fra Guittone d'Arezzo, qui appartenait à cet ordre. Voy. *Osservatore fiorentino*, III, 150-152, 3ᵉ éd.

[3] Voy. la Bulle d'Urbain IV, *Sol iste verus* (1261), qui confirme l'institution et règle tous ces détails. Elle se trouve dans Federici, *Istoria de' ca-*

Le but de l'institution explique ces tolérances singulières. Il n'était autre, selon Villani, que de défendre les veuves et les orphelins, de s'entremettre dans les différends, et de procurer des réconciliations[1]. C'est ainsi qu'amenés à vivre « dans le siècle, » les frères de Sainte-Marie vivaient exempts des austérités monastiques, comme des taxes publiques, recherchaient le bien-être, le luxe, les festins, ne se faisaient reconnaître pour moines que par l'habit et l'oisiveté. Aussi le nom de *frati gaudenti* ou *godenti*, qu'on leur donnait d'abord sans intention malicieuse, signifia-t-il bientôt frères viveurs ou bons vivants[2]. Avec non moins d'ironie et plus de grossièreté,

---

valieri gaudenti, t. II, Monumenta, p. 16. Venise, 1787, in-4°; Gozzadini, *Cronaca di Ronzano* et *Memorie di Loderingo d'Andalò*, Bologne, 1851, Ghirardacci, *Storia di Bologna*, t. I, tavola dei nomi, et Savioli, VI, 368. Le bref de Clément IV qui autorise la vie commune est dans Savioli, VI, 420, et dans Gozzadini, p. 167-169.

[1] Dovevano difendere le vedove e pupilli e intramettersi di pace (Villani, VII, 13).

[2] A principio multi videntes formam habitus nobilis et qualitatem vitæ, quia scilicet sine labore vitabant onera et gravamina publica, et splendide epulabantur in otio cœperunt dicere : Quales fratres sunt isti? Certe sunt fratres gaudentes. Ex hoc obtentum est ut sic vocentur vulgo usque in hodiernum diem, quum tamen proprio vocabulo vocentur milites Dominæ (Benvenuto Rambaldi d'Imola. *Comment. in Dant. Comœd.* Inf., XXIII, 103, ap. Muratori, *Antiq. Ital.*, II, 1092). Cristofano Landino, autre commentateur de Dante, et Jacopo della Lana disent de même. Il faut remarquer pourtant que tout au moins à Florence cet ordre ne jouissait pas de l'immunité des charges, comme le prouve la rubrique suivante du *Statuto :* « Quod fratres gaudentes teneantur solvere libras et factiones facere communis Florentie (lib. IV, tract. 5). » Gozzadini (p. 28) s'évertue à prouver que *gaudenti* ne doit pas être pris en mauvaise part, attendu que *gaudio* est synonyme de *gloria*, et que dans un texte qu'il cite (p. 185) il est dit : « Milizia di Maria vergine gloriosa, ossia dei frati gaudenti. » Federici (I, 185) parle de même. A supposer que ces auteurs aient raison, on comprend que certains écarts de la vie ont dû pousser la malice populaire à détourner le mot de son sens primitif, d'autant plus qu'il est constant que c'est pour avoir montré un goût trop vif du plaisir que cet ordre fut supprimé par Sixte-Quint en 1585. Voy. *Osserv. fior.*, III, 152. Cf. Villani : « Poco durò, che seguirono al nome il fatto, cioè d'intendere più a godere (VII, 13). »

la verve populaire les appela *Capponi di Cristo*, chapons du Christ[1].

C'est à cet ordre étrange, proche des Augustins par ses règles et des Templiers par ses déréglements, que Guido Novello demanda deux potestats. Du monastère de Ronzano, situé sur ces pittoresques hauteurs qui avoisinent Bologne, il tira deux *frati* de quelque renom, Catalano des Malavolti[2] et Loderingo d'Andalò. Ce dernier, quoique marié, passait pour un des fondateurs de sa confrérie[3]. Il s'était distingué comme potestat dans les villes gibelines de Modène, Sienne, Faenza, Pise et Reggio[4]. L'autre, avant de revêtir l'habit des *frati gaudenti*, avait exercé, comme guelfe, la même charge à Plaisance, où l'on conservait un bon souvenir de son administration[5]. Le choix que faisait d'eux le maître de Florence semblait donc justifiable, au moins en apparence. Clément IV l'approuvait. Il y voyait un acheminement à la résurrection des guelfes, et, en esprit politique, il s'en contentait. Il ne pensait pas que deux chevaliers d'un ordre religieux pussent gouverner autrement que par ses conseils et selon ses desseins[6]. En conséquence, le 12 mai, il exhortait

---

[1] Jacopo della Lana, ap. *Osserv. fior.*, III, 151.

[2] Federici (I, 345) ne croit pas qu'il fût des Malavolti de Sienne. Il pense que Villani a fait confusion.

[3] Federici, I, 295. — Gozzadini (p. 25) dit même que l'ordre fut fondé par lui ; mais cet auteur est suspect, parce que ses ancêtres sont mêlés à cette histoire. Leur nom figure dans les documents.

[4] A Modène en 1251, à Sienne en 1253, à Faenza en 1254 et 1262, à Pise en 1255, à Reggio en 1258 (Gozzadini, p. 20, 29).

[5] En 1260. Federici, 1, 345.

[6] Cum igitur civitas florentina, quæ dudum peccatis exigentibus effloruerat, reflorere nostris temporibus videatur, ne, quod absit, novi flores remarceant ex defectu regiminis non suspecti, multorum judicio, tam intrinsecis quam extrinsecis civitatis ejusdem civibus utile videatur nostro regi consilio civitatem, nostraque, saltem ad tempus aliquod, providentia guber-

par lettres Catalano et Loderingo à accepter la charge qui leur était offerte. « Ce n'est pas, leur écrivait-il, abandonner la religion, c'est la soutenir, c'est la réchauffer, que de s'employer au gouvernement des choses de ce monde, sur l'ordre de celui qui a droit de commander, quand on s'y porte non par amour, mais par soumission, pour le salut du prochain[1]. » Convaincu que leur administration serait propice aux guelfes, il jugeait le moment venu de relever le parti tout autour de Florence. Il reprochait aux Siennois de n'avoir pas prêté l'oreille aux exhortations de son chapelain et de s'être laissé séduire par des chefs ardents à mettre la corde au cou du Père des fidèles[2]. Il leur indiquait, comme gage de réconciliation avec l'Église, un serment que feraient sur l'Évangile le conseil général, assemblé au son de la cloche, le syndic, le potestat, le capitaine et autres officiers[3]. A Lucques, redevenue guelfe par la mort de Manfred, il conseillait de placer à sa tête le comte Guido Guerra, dont il faisait un pompeux éloge[4]. Mettre aux mains du chef des exilés florentins toutes les forces de Lucques, c'était menacer Florence, si elle résistait au mouvement général.

Guido Novello sentit le péril; mais il était trop tard pour reculer. Il fallait abandonner une partie du pouvoir pour ne pas le perdre tout entier. Ayant installé ses deux

nari (Clem. IV ep. CCLXXXIII. Viterb., 12 mai 1266. Mart. *Thes.* II, 321).

[1] Scire vos volumus quod religio non deseritur sed fovetur, si ad ejus qui jubere potest imperium a mundanis tumultibus avulsus animus ad eosdem pro tempore non amandos, sed potius tolerandos, pro salute reducitur proximorum (*Ibid.*).

[2] Contemptu nuncii non contenti, nobis etiam parare laqueum moliuntur (Clem. IV ep. CCCVIII; sans date. *Thes.* II, 350).

[3] *Ibid.*, p. 351.

[4] Ad civitatis vestræ regimen (Clem. IV ep. CCLXXVII. Viterbe, 8 mai 1266. *Thes.* II, 318).

potestats au palais de la *Badia*[1], il les flanqua, pour les conseiller et les surveiller, de trente-six *buoni uomini*, pris parmi les plus considérables marchands, artisans, hommes du peuple des deux partis[2]. Dans le délibératif, comme dans l'exécutif, il était fidèle à son système d'équilibre. Mais plus fortes que sa volonté furent les circonstances, la logique des passions et celle des intérêts. Les *frati gaudenti* auraient dû ne pas s'entendre : ils s'entendirent pour extorquer le plus d'argent qu'ils purent aux Florentins[3]. Les *buoni uomini* oublièrent comme eux les discordes guelfes et gibelines, pour ne se souvenir que d'une chose, c'est qu'ils avaient sujet de faire cause commune, en qualité de marchands et d'artisans. Ils ne se bornèrent point à assister les deux potestats quand ils en étaient requis. Ils eurent des réunions, des délibérations quotidiennes dans la « boutique » des consuls de Calimala, située au *Mercato nuovo*, en bas de la maison des Cavalcanti[4].

[1] On ne sait pas au juste la date de leur entrée en charge ; mais ils y étaient le 24 mai 1266, comme le prouve un document rapporté par Manni (t. XXVII, p. 118) et auquel renvoie Gozzadini (p. 35).

[2] Buoni uomini mercatanti e artefici de' maggiori e de' migliori (Villani, VII, 13). Si elessero 36 uomini mercatanti ed artefici li quali furono guelfi e ghibellini mescolati (Stefani, ll, 153). De' maggiori artefici e mercatanti (Ammirato, 1266, l. II, t. I, p. 130). Trenta sei popolani (Machiavel, *Ist. fior.*, II, 19). — M. Hillebrand dit (p. 40) : « Pour donner une constitution au peuple et pour veiller aux finances. » Rien n'autorise à croire qu'il s'agit alors d'une constitution, pas même le texte d'Ammirato, qui, après avoir dit que ce conseil délibérait sur les dépenses, ajoute : « Come d'ogni altro fatto della repubblica. » Mais il faut reconnaître que l'erreur commise l'a été de bonne heure, car Malavolti appelle déjà les 36 « riformatori del governo. » (Part. II, l. 2, f° 54.)

[3] Credendo che per l'onestà dell' abito fossono comuni e guardassono il comune da soperchie ispese, i quali tutto che d'animo di parte fossono divisi, sotto coverta di falsa ipocrisia, furono in concordia però più al guadagno loro proprio che al bene del comune (Villani, VII, 13).

[4] Villani, VII, 13. — Sur cet emplacement s'élève aujourd'hui une mai-

Il n'est pas exact, comme on l'a dit, qu'ils s'y occupassent de donner une constitution nouvelle à Florence, ni même d'y créer les arts, qui existaient depuis quatre-vingts ans ; mais ils s'étudièrent à organiser les arts existants sur le modèle de Calimala. Chaque art eut dès lors son capitaine, ses consuls, ses gonfalons[1]. Une sorte de hiérarchie s'établit entre eux. Le premier rang, par un respect raisonné de la justice et instinctif des professions libérales, ne fut point disputé à l'art des juges et des notaires (*giudici e notai*), dont l'enseigne était d'azur, portant au milieu une grande étoile d'or. Au second passèrent les marchands de Calimala (*mercatanti di Calimala*) avec leur gonfalon rouge, à l'aigle d'or sur globe blanc. Au troisième, les changeurs ou banquiers (*cambiatori*), ayant bannière rouge parsemée de florins d'or. Au quatrième, les fabricants de laine (*lanajuoli*), reconnaissables au mouton blanc qui se détachait sur champ vermeil. Au cinquième, les médecins, apothicaires, merciers (*medici, speziali, merciai*), dont le gonfalon portait sur champ rouge l'image de la Vierge Marie, tenant dans ses bras l'enfant Jésus. Au sixième, les fabricants de soie (*setaiuoli*) : une porte rouge sur champ blanc distinguait leur bannière. Au septième, les pelletiers et peaussiers (*pellicciai*), avec un *Agnus Dei* blanc sur champ azur[2]. Ces sept arts formaient le *popolo grasso*, le peuple gras, c'est-à-dire enrichi.

Les autres, quoique plus nombreux, ne comptaient pour

---

son plus moderne, mais où l'on a fixé une plaque commémorative. Cette maison est au coin des rues Porta Rossa et Calzaioli. Le rez-de-chaussée est occupé par un pharmacien.

[1] E volle (il popolo) all' arti dare consoli e botteghe e gonfaloni (Stefani, II, 133).

[2] Villani, VII, 13. Stefani, II, 134.

rien dans l'État, et formaient le *popolo minuto*. A ce moment de l'histoire florentine, la dénomination célèbre d'arts majeurs et d'arts mineurs serait encore prématurée[1]. Au-dessous des premiers, il n'y avait que de simples métiers, d'humbles corporations. Cinq d'entre elles, toutefois, commençaient déjà à s'élever, à prendre de l'importance. A défaut d'un rôle politique et d'une organisation officielle, on les voyait imiter librement l'organisation des arts, se donner comme eux des gonfalons, c'est-à-dire le moyen de rallier leurs membres en temps opportun. Les détaillants de draps florentins, fripiers, marchands de coupons et de rognures avaient une enseigne mi-partie de blanc et de rouge; les bouchers l'avaient jaune avec un bouc noir; les cordonniers, à bandes alternativement blanches et rouges; les maçons et charpentiers, rouge, avec la hache, la scie, la cognée et le pic; les forgerons, blanche, avec de grandes tenailles noires[2].

On comprend que Villani fasse dès lors mention de ces humbles métiers. Par leur organisation en quelque sorte militaire, ils pouvaient peser d'un certain poids dans la balance, défendre la commune contre ses ennemis du dehors, soulever au dedans ou comprimer l'émeute. Postérieurement, parvenus au rang d'arts, ils reçurent le nom d'arts mineurs, qu'ils devaient transmettre bientôt aux métiers infimes, marchands de vin, marchands d'huile, boulangers, aubergistes et autres, pour prendre eux-mêmes celui d'arts intermédiaires ou moyens. Mais dès ors ce premier progrès de leur destinée modifiait

---

[1] Appresso essendo il popolo grasso distinto in sette arti, le quali si nominarono *poi* l'arti maggiori, a differenza di quelle che *in processo di tempo* furono dette minori (Ammirato, l. II, t. I, p. 131, ann. 1266).
[2] Villani, VII, 13.

sensiblement l'assiette des partis. Les deux grandes factions qui combattaient l'une pour le pape, l'autre pour l'empereur, l'une pour conserver à la noblesse ses priviléges, l'autre pour en acquérir au peuple d'équivalents, se confondent dans les mêmes rangs, sont enveloppées dans les plis du même gonfalon. Les noms de guelfes et de gibelins subsistent, mais ils n'empêchent plus de subordonner les passions politiques aux intérêts sociaux, et, d'ailleurs, ils changent de sens. Dans une ville où la noblesse s'efface de plus en plus, où elle est déjà contenue, où elle sera bientôt opprimée[1], les guelfes soutiendront le gouvernement populaire et les gibelins l'oligarchique[2]. Si ceux-là restent d'accord avec le pape et ceux-ci avec l'empereur, c'est que protéger la démocratie est dans les traditions de l'Église, et soutenir l'aristocratie dans l'intérêt de l'Empire. A l'aristocratie qui disparaît s'en substitue, il est vrai, une autre, par les priviléges reconnus aux principaux arts, comme par l'usage de grouper dans les mêmes rues ou quartiers ceux qui exercent même industrie ou même trafic. Mais c'est une aristocratie marchande et moyenne, forcée par les prétentions et les mépris des grands à tendre encore la main aux petits. Quoique vaincus avec Manfred et déconcertés par sa mort, les grands espéraient encore que les dernières vagues soulevées par la tempête viendraient expirer aux limites de la Toscane. Grâce à leur armée de mercenaires teutons, indifférente à tout ce qui faisait battre le cœur aux

---

[1] E quivi il popolo cominciò a volere vedere il freno alli nobili (Stefani, II, 133).

[2] Già si era incominciata a scorger la nascosta virtù di questi nomi, non voler quasi dir altro guelfi che lo stato popolare, nè ghibellini altro che quello degli ottimati (Ammirato, l. II, t. I, p. 132).

Florentins, ils pouvaient encore paraître redoutables. Ce fut chez leurs adversaires une souveraine preuve de prudence et de tact que de ne point engager la lutte. Ils laissèrent aux conséquences de Bénévent le temps de se produire. Sans prétendre à conquérir prématurément le pouvoir, ou même à le rendre aux guelfes, ils se bornèrent à donner aux métiers une organisation vigoureuse, et, par là, à la société florentine des bases solides qui lui permettraient d'attendre le jour inévitable, le jour prochain où la puissance passerait, par la force des choses, aux mains de ses membres les plus actifs, les plus riches, les plus sensés.

Une vue superficielle des choses et les illusions propres aux vaincus peuvent seules faire croire à Malavolti que Guido Novello aurait pu triompher, sans l'appel malencontreux des deux *frati gaudenti*, et la création plus malencontreuse encore des trente-six *buoni uomini*[1]. Où n'étaient pas les Allemands, la domination gibeline succombait d'elle-même. Le 14 juin 1266, Montepulciano tombait au pouvoir des rebelles de Sienne[2]. A Florence, les potestats étaient impuissants à tout, sauf à pressurer leurs administrés; les trente-six se neutralisaient en deux fractions égales, sauf pour l'intérêt commun des arts. Clément IV, le 27 juillet, demandait ouvertement pour les guelfes qu'ils pussent, en donnant caution, retourner librement à leurs affaires, car « ils n'avaient offensé et

---

[1] Per mantenimento di quello stato, il che poteva facilmente avvenire, se egli con gli altri capi di quella fattione, non havesse (con la creation delle due podestà e dei 36 riformatori del governo della repubblica) mostrato così smisurato timore e irresolutione (Malavolti, part. II, l. 2, f° 34).

[2] *Consiglio della Campana*, XII, 46.

ne se proposaient d'offenser qui que ce fût[1]. » Il défendait d'attenter en rien, ni en fait ni en droit, à ceux qui se trouvaient hors de Florence[2]. Il exigeait que « tous les Teutons, comme excommuniés, comme perfides et manifestes persécuteurs de l'Église, fussent licenciés, chassés de la ville et du territoire, pour n'être plus jamais, nulle part, à la solde des Florentins[3]. » Ses ordres n'étant point exécutés, il revenait à la charge, visiblement à bout de patience[4]. Bientôt il ne se bornait plus à reprocher tant d'énormes et prolongés excès, tant d'hésitation à faire, même après être rentrés en paix avec l'Église, ce qui aurait dû être fait auparavant[5]. Aux *frati gaudenti* il veut substituer un syndic de son choix, Jacopo de Collemedio, chevalier, pour qui il demande une escorte et des gages

---

[1] « Cum ipsi nullum offenderint vel proponant offendere, et damna plurima sustinuerint sine culpa, negotiationes suas et negotia libere prosequi non valentes eos ad sua domicilia tute et libere remittatis. » (Clem. IV ep. cccxlv. Viterbe, 27 juillet 1266. *Thes.*, II, 378.)

[2] « Prohibentes ne contra extrinsecos Florentinos vel alios in confiniis positos juris vel facti processum aliquem attentetis. » (Clem. IV ep. cccxcv, sans lieu ni date. *Thes.*, II, 419.)

[3] « Mandamus quatenus omnes Teutonicos ibidem in armis morantes aut consuetos morari tanquam perfidos et excommunicatos et persecutores Ecclesiæ manifestos licentiatis et a vobis abjiciatis omnino ita quod nec in civitate vestra remaneant, nec etiam in districtu nec in vestris dispendiis alibi ubicumque. » (Clem. IV ep. cccxxii, 5 juillet 1266. *Thes.*, II, 362. Lettre adressée aux *frati gaudenti*.)

[4] « Cum vobis per nostras litteras mandassemus quod sceleratos Theutonicos ejiceretis a vobis tanquam excommunicatos et perfidos ac sedis apostolicæ inimicos. » (Clem. IV ep. cccxcv, sans date. *Thes.*, II, 418.) M. Bonaïni (*loc. cit.*) place cette lettre entre le 23 novembre et le 27 décembre. Comment serait-ce possible, puisque alors les Allemands n'étaient déjà plus à Florence? Il est obligé de la placer entre les n°ˢ 415 et 421. Martène a mieux vu sa date probable, en lui donnant le n° 395.

[5] « Multiplices et enormes excessus plurimum elongatos.... sic quia relaxationem earum, si scripti juris sequeremur angustias, satisfactio competens antecedere debuisset. » (Clem. IV ep. cccxcv sans date. *Thes.*, II, 418.)

convenables. Se heurtant à la force d'inertie, puis à un refus formel [1], il flétrit en termes amers la rébellion, les machinations secrètes de Guido Novello et des siens contre l'Église romaine, contre le roi de Sicile, son cher fils en Jésus-Christ, puis il leur donne dix jours pour chasser les Allemands et comparaître en sa présence par délégués, faute de quoi il procéderait contre eux comme il le jugerait bon [2].

De telles menaces on savait qu'en penser à Florence; mais on savait aussi s'en faire une arme pour combattre le gouvernement qui les attirait sur la tête des citoyens. Les émissaires du pape avivaient encore cette opposition grondante. Revêtus de l'habit ecclésiastique, ils voyaient s'ouvrir respectueusement devant eux les portes de la ville, toujours fermées devant les guelfes laïques. De là cependant ne vint point la crise, et l'inévitable dénoûment. Ce qui perdit Guido Novello, ce furent ses embarras financiers.

Sans cesse il lui fallait de l'argent pour payer ses mercenaires. Pas d'argent pas de Suisses, a-t-on dit proverbialement au seizième siècle. Avec plus de vérité encore on l'eût pu dire des Allemands, deux siècles et demi plus tôt. Mais le comte Guido ne pouvait puiser que par l'intermédiaire des magistrats dans l'escarcelle des habitants,

---

[1] « Dilectum filium Jacobum de Collemedio militem, quem vobis dedimus potestatem per vestrum syndicum ad nostram missum præsentiam honoraretis salario competenti, et honestæ militum comitivæ provideretis in sumtibus, per quam posset civitatis vestræ statum pacificum conservare, nihil horum efficere voluistis, immo clarius et apertius respondistis quod ea vel eorum aliquod minime faceretis. » (*Ibid.*)

[2] « Invenimus rebellionem in limine.... ut machinationes abditas taceamus.... Mandantes quatenus infra decem dies a perceptione præsentium dictis ejectis Theutonicis.... coram nobis compareatis per syndicum.... quod sive veneritis sive non, in negotio prout nobis visum fuerit procedemus. » (*Ibid.*)

et il sentait croître, à chaque demande, le mauvais vouloir des trente-six[1]. Au sein d'une ville où dominait, malgré tout, l'esprit guelfe, on n'avait pu rétablir en sa faveur l'égalité sans lui rendre la prépondérance. Le jour où, pour payer quinze cents odieux cavaliers, les marchands se voyaient menacés de taxes nouvelles, l'entente devenait facile aux conseillers pris dans leurs rangs ; par la résistance ils servaient à la fois leurs intérêts mercantiles et leur popularité.

La taxe proposée par le comte était d'une livre de dix sous pour cent[2]. Les *buoni uomini* la repoussèrent comme trop lourde pour le peuple, sans se refuser, d'ailleurs, à en étudier une autre moins onéreuse[3]. Guido Novello répondit avec humeur qu'il n'avait pas le temps d'attendre. Ses amis renchérirent sur ses plaintes. Dans les conciliabules de la faction, où dominaient les grandes familles gibelines, Uberti et Fifanti, Lamberti et Scolari, Galigaï et Tedaldini, on ne parla plus que de supprimer ces instruments peu dociles, qui, créés de la veille, s'érigeaient déjà en censeurs, et prétendaient un droit de contrôle, quand on ne leur avait donné qu'à grand peine un droit de sanction.

La résolution prise, on l'exécuta sans retard. Le 11 no-

---

[1] « Presono sospetto di parte, parendo loro che i detti trenta sei sostenessono e favorassono i guelfi popolani ch' erano rimasi in Firenze. » (Villani, VII, 14.)

[2] « Una libbra di soldi dieci al centinajo. » (Villani, VII, 14.)

[3] « E i detti 36 cercavano altro modo di trovare danari con men gravezza del popolo. » (Villani, VII, 14.) Stefani (II, 135) dit qu'ils adhérèrent à l'impôt, mais cherchèrent un moyen de moins léser le peuple en vendant une gabelle « ordinata. » Selon Villani, il ne s'agissait que d'un retard de quelques jours. Malavolti (part. II, l. II, f° 34 v°) accuse seul les 36 d'avoir voulu, par ambition et par haine, soulever le peuple porté aux nouveautés ; mais il est siennois, gibelin, et a mal compris l'enchaînement logique de faits qui contrariaient ses idées comme ses sentiments.

vembre, jour de grande foire, à l'occasion de la saint Martin, de leurs maisons de Calimala débouchèrent comme des fauves les Lamberti et leurs *masnadieri*. Ils se dirigeaient vers la maison des consuls de cet art, où se réunissait le nouveau Conseil.— Où sont, s'écriaient-ils, ces voleurs de trente-six, que nous les mettions en pièces[1]? — Avertis à temps, les trente-six prennent la fuite et mettent leurs personnes en sûreté ; mais c'en était fait de leur charge, si la récente organisation des arts, qui était leur œuvre, ne les eût soutenus[2].

En peu d'instants les boutiques se ferment, les gens des métiers se réunissent en armes dans leurs *sesti*, sous leurs gonfalons respectifs ; puis ils se rendent tous dans la rue Santa Trinita. Ils y trouvent, ils y reconnaissent pour chef un gibelin de haute naissance, Gianni Soldanieri, qui se fait « chef du peuple, » sans autre droit que celui du plus entreprenant ou du plus ambitieux[3]. Autour de sa maison et de la tour des Girolami ils élèvent

---

[1] « Ove sono questi ladroni di 36, che noi gli taglieremo tutti per pezzi? (Villani, VII, 14.) — Toute cette histoire est contestée par Dal Borgo (t. I, part. II, p. 15) et M. Bonaïni (*loc. cit*, p. 278) : ils se fondent sur la brièveté de Malespini, sur le silence de Paolino et de Stefani, sur ce que les *frati gaudenti*, religieux de profession, ne pouvaient désobéir au pape qui avait ordonné l'expulsion des Allemands. Mais toutes ces raisons sont sans valeur. L'autorité de Malespini est nulle aujourd'hui. Paolino passe sous silence beaucoup de faits incontestables, et Stefani parle de ceux-là (II, 135). Les *frati gaudenti* avaient déjà désobéi au pape, puisque les Allemands n'étaient pas expulsés et que le pape s'en plaignait. Ces religieux jouaient un rôle trop effacé pour ne pas être entraînés par les violents gibelins. M. Bonaïni d'ailleurs reconnaît (p. 284) qu'ils furent « di mal fermo carattere. »

[2] « Sospettavano del popolo e sentiano che li loro gonfaloni erano trovati per ragunarsi coll' arme alle loro case a chi volesse essere contro il popolo dire o fare nulla. » (Stefani, II, 135.)

[3] « E messer Gianni del Soldanieri si fece capo del popolo per montare in istato. » (Villani, VII, 14.) Dante l'a mis dans son Enfer parmi les traitres (XXII, 121).

des *serragli* ou barricades, au moyen de plâtras accumulés devant la demeure des Tornaquinci, et sont bientôt rejoints par tous les *popolani* du parti guelfe, sans sécurité désormais dans les autres *sestieri*. Comme leur nombre augmentait sans cesse, Guido Novello ne pouvait attendre, pour réprimer la révolte, les renforts de la *taglia* et des villes voisines, qu'en toute hâte il avait demandés. Il réunit ses cavaliers et ses partisans sur la place San Giovanni, et en bon ordre il les conduit, à travers le dédale des petites rues, à l'attaque des *serragli*. Sur leur chemin, du haut des tours, des fenêtres, des retranchements improvisés pleuvait une grêle de pierres, de flèches et de traits, tandis qu'au delà apparaissaient, comme une seconde ligne de barricades, mais de barricades mobiles et prêtes à se porter en avant, les lances des métiers.

Aux yeux du faible Guido la partie était perdue. Il donna ordre à ses bannières de faire volte-face et se replia vers son point de départ. Ne s'y croyant point en sûreté contre des adversaires enhardis par sa retraite, il la poursuivit dans la direction du palais communal, fit occuper fortement par sa cavalerie l'espace compris entre la porte San Piero et la place San Firenze, puis, accompagné d'Uberto des Pulci, de Cerchio des Cerchi, de Guidingo Savorigi, les seuls des trente-six qui lui fussent restés fidèles, il se rendit auprès des *frati gaudenti*, et, du dehors, sans entrer dans le palais, tant il avait peu confiance en des magistrats qui étaient pourtant ses créatures, il leur redemanda les clefs de Florence. Eux, de l'intérieur et d'une fenêtre, ils criaient de toutes leurs forces à Uberto et à Cerchio d'approcher et de dire au comte qu'au lieu de partir il retournât à son logis : ils se faisaient forts d'apaiser le peuple et de payer les Allemands. Mais Guido, obsédé de soupçons, en proie à la peur, ne voulut rien entendre. Nul ne le poursuivait : c'était assez pour les gens des arts d'avoir repoussé son attaque. Nonobstant, il exigea les clefs, que ne pouvaient refuser les deux potestats. Alors, au milieu d'un profond silence, il demanda si tous ses Allemands et ses autres cavaliers étaient autour de lui, et il ordonna à son porte-étendard de marcher en avant pour sortir de la ville. Par la rue San Firenze et les derrières de San Pier Scheraggio, il gagna la vieille porte aux bœufs, longea les remparts dans la direction du nord, traversa sous une pluie de pierres le faubourg de Pinti, et alla, le soir même, demander un refuge à Prato, où il respira enfin librement [1].

Il avait eu plus de cœur et tout ensemble de capacité au lendemain de Montaperti, dans des circonstances et devant des difficultés bien autrement graves. Mais ce qui est possible quand le vent enfle les voiles, cesse de l'être quand il les déchire, ou seulement quand il les laisse pendre le long du mât. Soutenus à leur début par la terreur ou l'enthousiasme, les gouvernements triomphent des plus formidables émeutes ; plus tard ils succombent aux premiers bruits de la rue, parce que, avec le temps, la terreur s'est dissipée ou l'enthousiasme évanoui.

Honteux, quoi qu'il en soit « d'être parti sans être chassé, sans avoir frappé un coup d'épée et versé une once de sang [2], » Guido Novello réunit dans la nuit ses conseillers, et, sur leur avis conforme au sien, reprit le

---

[1] Villani, VII, 14. — Stefani, II, 135. — Ammirato, l. II, t. I, p. 133. — Leon. Bruni Aretino, l. II. — Machiavel, *Ist. fior.*, II, 20.

[2] « Sanza colpo di spada o esserne cacciati. » (Villani, VII, 15.) — « Senza pur esservi sparsa un' oncia di sangue. » (Ammirato, l. II, t. I, p. 134.)

lendemain, à l'aube, la route de Florence. A l'improviste il arrive devant les murailles, non loin du pont *alla Carraja*. Il déploie en ordre de bataille sa cavalerie dans le pré qui est devenu le faubourg, puis le quartier d'Ognissanti, et il somme les habitants d'ouvrir la porte. Mais ceux-ci avaient résisté derrière des *serragli* élevés à la hâte; comment eussent-ils cédé, quand de forts remparts et des fossés pleins d'eau les protégeaient? Ils repoussent la sommation verbale par des railleries et une démonstration armée à coups de flèches. Maltraités, blessés, mais toujours la menace aux lèvres et la rage au cœur, ces assaillants intempestifs retournent ignominieusement vers Prato. Sur leur chemin était le château de Capalle[1] : ils l'attaquent pour ne pas rentrer sans quelque succès chez leurs hôtes; ils y échouent, remportant ainsi deux affronts au lieu d'un[2].

Alors sonna l'heure des plaintes amères et des récriminations stériles. Les gibelins reprochèrent à leur chef sa rapacité dans le gouvernement, son incapacité à la guerre, sa couardise devant l'ennemi, l'ennemi fût-il un vil peuple de marchands. Ils l'accusèrent d'avoir laissé, avec une imprévoyance coupable, les hommes d'armes sans emploi, les magasins communaux vides d'arcs et d'arbalètes[3]. Ils se souvinrent un peu tard qu'il avait été mauvais parent, mauvais frère[4]. Pour s'affranchir de

---

[1] Val de Bisenzio, à un mille et demi au nord de Campi, au milieu d'une riche plaine (Repetti, I, 449).

[2] Villani, VII, 15. — Ammirato, l. II, t. I, p. 134.

[3] « Non fu niuno de' soldati che non biasimasse manifestamente in tutte le cose la mala condotta del suo capitano.... » (Ammirato, *ibid.*)

[4] « Il quale essendo stato crudele col conte Simone suo fratello e col conte Guido Guerra suo cugino, havendoli pressochè disertati sotto pretesto che fossero di fazion guelfa. » (*Ibid.*)

toute responsabilité dans l'échec et dans la honte, ils la rejetèrent sur leur idole de la veille et la brisèrent du coup [1]. Ne fallait-il pas, selon l'usage, expliquer par un fait accidentel et unique des faits nombreux et d'ordre général? L'accident, à Florence, c'était la domination des gibelins. Celle des guelfes, c'était le retour à la règle, à la coutume, à la tradition.

Étonnés de leur facile triomphe, les vainqueurs, tout d'abord, n'en pouvaient recueillir les fruits. Avec Guido Novello et les Lamberti, n'étaient sortis de Florence que les cavaliers de la *taglia* et les Allemands. Tout prétexte manquait pour condamner à l'exil le gros des gibelins, car ils n'avaient point pris part à la lutte. Soit qu'ils fussent en nombre pour faire respecter leurs droits, soit que l'esprit de conciliation ait un moment régné parmi les guelfes, on ne fit que rétablir ce que Guido Novello avait voulu renverser. Les trente-six reprirent leurs fonctions, à la réserve des trois qui s'étaient ouvertement déclarés pour lui, et peut-être de quelques autres, suspects des mêmes sentiments. Quant aux *frati gaudenti*, quoique accusés de prévarication, ou de rapacité tout au moins, ils ne furent pas congédiés [2], récompense espérée de leur prudente réserve dans les derniers événements. Toutefois, le souverain-pontife fut prié, probablement en secret, d'envoyer le potestat qu'il avait offert [3]. L'arrivée de cet

---

[1] « Havendo per maggior sicurtà ricevuta e posta insieme gran quantità di gente d'arme, pareva che dovesson star le cose più sicure e più quiete per mantenimento di quello stato. » (Malavolti, part. II, l. II, f° 34 v°.) — Malavolti, siennois et gibelin, est évidemment l'écho d'accusations qui passaient de génération en génération.

[2] Les chroniqueurs présentent leur expulsion comme immédiate. La correspondance de Clément IV prouve le contraire. On le verra bien plus bas.

[3] « Mitti sibi potestatem nobis humiliter petierunt. » (Clem. IV ep. ccccxiii. Viterbe, 23 novembre 1266. *Thes.*, II, 420.)

officier devait être pour les deux autres le signal du départ. Clément IV comprit à demi mot. Le 20 novembre, il avait écrit aux « recteurs, capitaines, prieurs des arts et peuple » de Florence pour les féliciter d'un succès qui allait assurer la paix de la Toscane, les exhortant à réprimer toute tentative de résistance, et promettant de les y aider [1]. Le 22, il leur écrivait de nouveau, et leur annonçait l'envoi d'un de ses chapelains, Elias Peleti, auditeur général des causes au sacré palais, chargé de préparer les voies au potestat Jacopo de Collemedio, de frapper les rebelles, de réformer au besoin les constitutions florentines, et il enjoignait à l'évêque, au clergé, au peuple, aux *frati gaudenti*, d'obéir à cet envoyé [2]. « Quant à vous, nos chers fils Loderingo et Catalano, ajoutait-il, qui, sur notre commandement, avez donné quelque temps vos soins au gouvernement de Florence, nous avons décidé de vous accorder par ces présentes la permission de vous retirer, que vous avez souvent demandée, pour vaquer plus librement à vos devoirs religieux [3]. »

L'incident le plus imprévu suspendit l'effet de ces arrangements. Le 23 novembre, Clément IV avait invité par lettres Jacopo de Collemedio à partir pour Florence, afin d'y prendre possession de sa charge, en passant par Viterbe, où il recevrait également des instructions. Ce personnage était si étranger aux événements de la politique, si peu au fait des obligations mêmes de son emploi, que les lettres lui exposaient la révolution florentine, et lui indiquaient la qualité comme le nombre de ceux dont

---

[1] Clem. IV ep. ccccix. Viterbe, 20 novembre 1266. *Thes.*, II, 427.

[2] *Ibid.* et n°˙ ccccx, ccccxi, ccccxii ; lettres écrites de Viterbe le 22 novembre 1266. *Thes.*, II, 428, 429.

[3] Clem. IV ep. ccccxii. Viterbe, 22 novembre 1266. *Thes.*, II, 429.

devrait se composer sa *famiglia*[1]. Pour suppléer à l'insuffisance de son délégué, le pontife, renonçant à son dessein de lui confier tous les pouvoirs, rétablissait la charge de capitaine du peuple, agréable « au peuple soulevé[2]. » Mais soit qu'il se crût impropre à sa lourde tâche, soit qu'il jugeât la domination de l'Église mal assurée dans une ville d'où les principaux guelfes étaient encore exilés, Jacopo de Collemedio sollicita et obtint, « pour des causes probables, » d'en être déchargé[3].

Rares sans doute étaient les candidats à ces fonctions lucratives mais épineuses, car, pris au dépourvu, Clément IV écrivait, le 27 décembre, aux *frati gaudenti*, aux autres recteurs et à tout le peuple de Florence, que, ne jugeant pas la paix établie chez eux digne du nom de paix, il les invitait à ne rien innover sans le concours des guelfes, ou « si cela leur paraissait difficile, » de lui envoyer des personnes munies de leurs instructions, afin que, s'aidant de leur avis, il pût leur désigner un bon potestat. Il déclarait nul par avance tout ce qu'ils feraient sans son commandement, et se réservait de procéder contre eux, s'il y était forcé par leur obstination[4].

---

[1] « Ad nostram protinus accedas præsentiam, inde Florentiam profecturus, et ut scias qualiter oporteat accedere, scias, etc. » (Clem. IV ep. cccxiii. Viterbe, 23 novembre 1266. *Thes.*, II, 429.)

[2] « Verum licet eo tempore quo te vocandum duximus, decreverimus te solum in regimine remansurum; nunc populo suscitato tolerare nos convenit et decet, quod si aliquis ibi populi capitaneus, sed fidelis et de parte Ecclesiæ, et qui te in omnibus adjuvet, nec possit jurisdictionem tuam in aliquo enervare. » (*Ibid.*)

[3] « Quia dilectus filius Jacobus de Collemedio, quem præficere vobis voluimus potestatem, ex causis probabilibus oblatum sibi recusavit officium. » (Clem. IV ep. cccxxi. Viterbe, 27 décembre 1266. *Thes.*, II, 436-437.)

[4] « Nec pacem vestram credamus nomine pacis dignam, sub ejusdem debito juramenti vobis districtius inhibemus ne ad novi ordinationem regiminis sine partis guelforum procedatis assensu, vel si hoc vobis videtur diffi-

Ce qu'il appelait obstination, c'était un légitime désir d'indépendance. Affranchis des Allemands et convaincus par le succès du 11 novembre que ces étrangers ne pouvaient rien contre les murs de la ville, les Florentins refusaient d'invoquer ou même de subir le secours des Français. Charles d'Anjou en était mécontent, et Clément IV plus encore. Aussi signifiait-il son *ultimatum* à ces marchands insubordonnés. « Afin que la discorde ne pût régner de nouveau entre les partis, nous avions persuadé et ordonné à notre très-cher fils en Jésus-Christ l'illustre roi de Sicile, qu'il n'envoyât pas au secours des guelfes les cavaliers qu'il y destinait, comme ses lettres nous en avaient informé. Mais nous venons d'apprendre que Guido Novello, très-vigilant ennemi de Dieu et de l'Église, enlacé dans les liens de nombreuses excommunications, conserve auprès de lui, avec ses gibelins, les Teutons excommuniés et perfides qu'il avait déjà quand il résidait avec vous à Florence. Nous vous enjoignons donc à tous et à chacun, sous l'obligation du serment qui vous lie à nous, de consacrer toutes vos forces et vos soins les plus efficaces à rejeter ces maudits Teutons hors de vos frontières. Si cela n'est pas fait dans les huit jours après la réception des présentes, nous délierons les mains du roi, nous ferons en sorte qu'il envoie sa cavalerie[1]. »

Le parti mixte et modéré qui dominait pour lors à Florence, n'avait pas attendu ces missives pontificales pour réformer à son gré le gouvernement. Voyant les

---

cile, mittatis ad nos personas sufficienter instructas, quarum consiliis informati, bonam vobis valeamus eligere potestatem. Quod si secus acceptaveritis, id decrevimus irritum et inane, processuri ad alia, prout expedire viderimus et vestra contumacia suadebit. » (Clem. IV ep. ccccxxi. Viterbe, 27 décembre 1266. *Thes.*, II, p. 436.)

[1] *Ibid.*

frati gaudenti ridicules comme moines mariés, et impopulaires comme magistrats incapables ou négligents, il avait enfin pris au mot leur offre hypocritement réitérée d'abandonner une charge qui les enrichissait[1]. Dans la seconde moitié de décembre, Catalano et Loderingo exerçaient encore leurs fonctions[2]. A partir de ce moment, ils disparaissent de la scène, où ils avaient si pitoyablement joué leur rôle, n'ayant su être ni honnêtes, ni actifs. Pour en remplir la place, les Florentins, sans s'inquiéter du pape, ni des ordres qu'il leur transmettait par son cha-

---

[1] Le rôle de ces deux chevaliers reste enveloppé de mystère. C'étaient probablement des habiles, qui ménageaient, comme on dit, la chèvre et le chou, et qui faisaient de vastes profits. Loderingo, même d'après son panégyriste, acquérait, après avoir quitté Florence, des propriétés, des vignes et des bois (Gozzadini, p. 46). L'accusation d'hypocrisie est générale ; mais on ne sait au juste sur quoi l'établir. Dante les accuse d'avoir été complices secrets des guelfes, et les met pour ce motif parmi les hypocrites recouverts de lourdes chapes de plomb dorées en dehors (*Inf.*, XXIII, 103). Les commentateurs de Dante leur reprochent vaguement d'avoir troublé la paix, chassé ou persécuté les gibelins, brûlé leurs maisons, notamment celle des Uberti au *gardingo* (douane actuelle. Voy. la note de Costa et Bianchi, au vers 107 du chant XXIII de l'*Enfer*). On a dit aussi qu'ils étaient hypocrites parce que leur vœu leur interdisait d'accepter la charge de potestat; mais cette interdiction n'était pas absolue ; elle était subordonnée aux intérêts de l'Église, comme le prouve le texte de la bulle *Sol iste verus* : « Non recipiant officia publica, scilicet podestarias civitatum vel castrorum aliorumve locorum aut aliud officium quod pertineat ad commune,... nec eant ad hujus modi consilia *nisi pro negotio fidei, vel ecclesiæ libertatis, aut pro. bono pacis, seu pro aliis operibus pietatis vel mandato sedis apostolicæ speciali* (Voy. Federici, t. II, Monumenta, p. 19. Doc. 18, § 4). » Loderingo mourut en 1293. Catalano en 1285, après avoir été, une fois sorti de Florence, provincial de la Lombardie inférieure et définiteur au chapitre général tenu à Reggio (Voy. Gozzadini, p. 48-51).

[2] La lettre du pape du 27 décembre que nous avons citée, leur était adressée; mais il n'est pas impossible que leur départ eût eu lieu dans le temps qu'il avait fallu pour que la nouvelle de leur séjour prolongé parvînt à Viterbe et l'ordre de s'éloigner à Florence. Ils durent ou obéir à cet ordre dans les trois derniers jours de décembre ou le devancer de peu. D'après Villani (VII, 15) leur départ est antérieur à janvier.

pelain Elias Peleti[1], dépêchaient aux Orviétans des ambassadeurs chargés de leur demander des secours, un potestat et un capitaine du peuple[2]. De ces fidèles amis ils obtinrent cent cavaliers qui reçurent mission de faire bonne garde à Florence, sous les ordres de deux de leurs concitoyens, Pietro ou Paolo Bernardini, capitaine du peuple[3], et Ormanno Monaldeschi, potestat[4].

Dans ce premier mouvement de sa colère, le pape fulmina l'excommunication[5], et trois mois il la laissa peser sur les Florentins; mais ceux-ci n'en furent pas ébranlés. Ils avaient sous les yeux le triste spectacle des agitations extérieures, et ils ne voulaient pas, eux-mêmes, y retomber. En tous lieux, dans la Toscane, dans l'Italie, ils voyaient prodiguer l'outrage, précurseur de sanglantes hostilités. *Fetenti*, ou puants, tel était le nom dont les

---

[1] Cum cives Florentini post juramenta de nostris mandatis implendis præstita, fidem primam irritam facientes contra nostrum mandatum expressum per dilectum filium magistrum Eliam capellanum nostrum (Clem. IV ep. cccxlviii. Viterbe, 31 mars 1267. *Thes.* II, 454).

[2] Ces événements ont été jusqu'à présent mal connus et mal compris. M. P. Villari, un de ceux qui entendent le mieux l'histoire de Florence, dit pourtant « qu'assurés du secours d'un protecteur étranger, les Florentins remettent un potestat et un capitaine et procèdent à leur quatrième constitution (*Politecnico*, décembre 1866, p. 690). » Or, ils ne voulaient justement pas de ce secours étranger, et rétablir un potestat et un capitaine c'était revenir à l'ancienne constitution, non en faire une nouvelle.

[3] Villani, VII, 15. Stefani, II, 137.

[4] E un altro gentiluomo da Orvieto capitano del popolo (Villani, VII, 15). Ammirato ajoute à ces mots : « Benchè il nome suo sia oscuro (l. II, t. I, p. 154). » Ce nom est donné par une lettre de Clément IV : « P. Bernardini, civem Urbevetanensem in capitaneum nuper receperint (ep. cccclxviii, *Thes.* II, 454). On lit dans une note d'Ildefonso de San Luigi à Stefani (II, 137, *Delizie*, etc., VIII, 8) que ce capitaine s'appelait Amelio di Corbano ou Gottifredo della Torre. Le bon Père en était aux conjectures et nous avons la certitude.

[5] Ob quam causam excommunicationis sententiam incurrerunt (Clem. IV ep. cccclxviii. *Ibid.*).

guelfes flétrissaient les gibelins; *ferracani*, ou chiens ferrés, celui dont les gibelins stigmatisaient les guelfes[1]. Combien n'en paraissait pas plus précieuse la concorde renaissante qui faisait de Florence comme une oasis de paix! Il parut bon de cimenter la concorde par des mariages. En janvier 1267 un décret fut rendu qui « remettait à Florence les guelfes et les gibelins[2], » c'est-à-dire le petit nombre de gibelins qui étaient sortis avec Guido Novello, et le petit nombre de guelfes qui consentiraient à rentrer sous cette condition de s'allier à d'anciens ennemis[3]. Ainsi Guido Novello donna sa fille à Forese, fils de Bellincione des Adimari, Simone Donati la sienne à Nerozzo des Uberti[4]. Celle du grand Farinata épousa Guido, fils de Cavalcante des Cavalcanti, et Bindo des Adimari prit femme dans la maison des Uberti. Les âmes candides, les esprits à courte vue célébrèrent joyeusement par des fêtes ce passager retour à la concorde; mais la plupart des guelfes restaient sombres et défiants. Ils tenaient pour traîtres ceux d'entre eux qui condescendaient à ces alliances[5]. Ils se sentaient, comme par le passé, sous le joug des gibelins, qui ralliaient à eux, par de vains dehors de conciliation, les marchands et les tièdes, plus jaloux de continuer ou de reprendre leurs affaires que de dégaîner de nouveau. Le

---

[1] Sabas Malaspina, l. IV, c. 3. R. I. S., t. VIII, 838.
[2] Villani, VII, 15.
[3] C'est ainsi, pensons-nous, qu'il faut interpréter et concilier deux assertions de Villani dans la même page : « Rimisero i guelfi e ghibellini in Firenze e fecero tra loro molti matrimonii. — Poco durò la pace, che tornati in Firenze *tutti* li guelfi » (VII, 15).
[4] Villani, VII, 15. Ammirato (1267), au lieu d'Azzolino, dit Ugolino di Farinata.
[5] Per li quali parentadi gli altri guelfi di Firenze gli ebbono tutti a sospetto a parte (Villani, VII, 15).

jour viendrait bientôt où ces hypocrites lèveraient le masque et afficheraient leur tyrannie, si le pape et le roi de Sicile ne déjouaient leurs calculs.

L'un et l'autre, à vrai dire, ne s'y épargnaient pas. C'était entre eux et les Florentins retirés à Lucques un incessant échange de lettres et de messages. La conspiration se tramait activement, et Clément IV en tenait les fils. Le 18 janvier 1267, il écrivait au comte Guido Guerra, capitaine des bannis : « Répondez-nous, et nous leur enjoindrons aussitôt qu'ils chassent sur-le-champ leur capitaine et appellent une des trois personnes désignées pour exercer la charge de potestat. Mais comme il se trouve à Acquasparta cent bons et fidèles Teutons, bien fournis d'armes et de chevaux, nous croyons que si vous les aviez avec vous au moins pour un mois ou deux, vos ennemis en seraient très-effrayés et penseraient qu'on forme contre eux de plus grands desseins. Nous voulons que vous le sachiez, on nous a officieusement averti qu'avant peu il vous serait offert de rentrer à Florence. Mais il y aura tant de Siennois, de Teutons et de Pisans tout prêts avec vos adversaires, qu'au moment de votre retour ils vous envelopperaient tous, ou la plus grande partie d'entre vous, ce dont Dieu vous garde. C'est pourquoi nous voulons que, chez nos fils bien aimés, à la simplicité de la colombe s'ajoute la prudence du serpent[1]. »

Ainsi les guelfes et leur chef ne répugnaient pas plus que les gibelins au concours des Allemands. Ces mercenaires, on le savait bien, étaient à qui les payait le plus et le mieux. Mais, au nombre de cent, ils ne pouvaient

---

[1] Clem. IV ep. ccccxxvii. Viterbe, 18 janvier 1267. *Thes.* II, 440-441.

suffire ; il fallait encore des Français. Que Charles d'Anjou octroyât de ses chevaliers, on n'en faisait pas de doute : il payerait par là une dette de reconnaissance, et tout ensemble il marquerait sa soumission au pape, il servirait son propre intérêt. A ces raisons il parut sage, pourtant, d'ajouter un argument de poids. Le comte Guido Guerra partit pour Rome, muni de tout l'argent qu'avaient pu ramasser ses compagnons d'exil [1].

Dans le même temps, d'habiles efforts étaient faits pour dissoudre la ligue gibeline. S'ils échouaient à Sienne, ils réussissaient à Pise, où l'on craignait pour la marine marchande les attaques de la flotte sicilienne. Sur la proposition du pape, Pise entrait en arrangements avec Lucques [2]. Elle achetait les bonnes grâces du saint-siége par un dépôt de trente mille livres d'or [3] et par la promesse d'une expédition de dix galères au moins, qui partiraient pour la Palestine aux premiers jours de mars [4]. Entamées dans le cours de janvier, ces négociations se poursuivaient encore, que Clément IV, qui en tenait le succès pour certain, invitait Charles d'Anjou à « ne pas se détourner de ces Pisans qui visiblement lui seraient

---

[1] Mandato per li guelfi a Roma e con danari della parte a fare onore a Re Carlo, impetrò da lui grazia (Paolino, II, 28, 29). Villani dit bien que les guelfes ne firent cet appel à Charles d'Anjou qu'après être rentrés à Florence ; mais il connaît mal les faits et est en contradiction avec la correspondance pontificale.

[2] Mandatum Pisanis dedimus de captivis Lucanis quos detinent, pace inter eos vel saltem treuga ad quadriennium firmata reddendis. Quod si neutrum procedere contingat ; præcipimus eisdem ut illos restituant... (Clem. IV ep. cccсxxx. Viterbe, 5 février 1267. *Thes.* II, 442).

[3] Quia vero iidem Pisani Rom. Ecclesiam multipliciter offenderunt, volumus quod ex parte nostra injungas ut eisdem certum galearum numerum X ad minus paratas mittant instanti mense martii in subsidium Terræ Sanctæ (*Ibid.*).

[4] Grassi, p. 116. Inghirami, VI, 447.

utiles ainsi qu'à l'Église et à la malheureuse Terre Sainte, qu'ils soutenaient dans le présent et soutiendraient encore dans l'avenir[1]. » Le 31 mars tout était réglé, et les galères pisanes avaient sans doute pris la mer, car le pontife écrivait à Guido Guerra et aux exilés florentins ces lignes, où paraissent tout ensemble sa joie, son espoir, sa prudence : « Relevez la tête, parce que votre rédemption est proche, mais soyez hommes de paix et humbles d'esprit en attendant ce bienfait de la grâce divine[2]. »

Déjà, du reste, la grâce commençait à opérer. Huit cents chevaliers français[3] s'acheminaient vers la Toscane, sous la conduite du comte Guy de Montfort, digne rejeton d'une race sanguinaire autant qu'énergique, et que n'eussent désavoué ni son père, vainqueur d'Henry III d'Angleterre, ni son aïeul, le bourreau des Albigeois[4]. D'un tel chef, comme de ses rudes chevaliers, les gibelins avaient tout à craindre : ils n'attendirent pas son arrivée. Ils s'éloignèrent à l'approche de ces hommes du Nord, avides de butin, qu'accompagnaient les exilés guelfes, avides de vengeance[5]. Avec les gibelins ardents partirent

---

[1] Serenitatem tuam rogandam duximus et attentius exhortandam quatinus cives eosdem quos non solum nobis et tibi utiles fore perspicimus, nec non et miserae Terrae Sanctae quae ab ipsis sustentatur quotidie et speratur in posterum adjuvanda nec abhorreas nec abjicias (Clem. IV ep. cccxli. Viterbe, 29 janvier 1267. *Thes.* II, 441). — Cf. une autre lettre au même sur le même objet, à la date du lendemain, p. 441-442.

[2] Clem. IV ep. cccxlvi. Viterbe, 31 mars 1267. *Thes.* II, 454.

[3] Paolino (II, 29) dit trois cents, mais il est en contradiction avec tous les auteurs.

[4] Guy de Montfort était petit-fils de Simon de Montfort, chef de la croisade contre les Albigeois, fils de Simon de Montfort, fait comte de Leicester quand il commandait en Gascogne au nom du roi d'Angleterre, neveu d'Amaury de Montfort, comte de Toulouse, qui, après avoir cédé tous ses droits à Louis VIII, avait pris la croix et était devenu captif des Sarrasins (Voy. H. Martin, *Hist. de France*, IV, 354, 4ᵉ éd.).

[5] Dal popolo e dai guelfi erano forte odiati, perchè questi non potevano

ces gibelins modérés qui dominaient à Florence depuis le départ de Guido Novello. Poursuivis des mêmes haines que leurs violents devanciers, ils méritaient plus de justice. On a pu incriminer leurs intentions, mais non leurs actes. S'ils n'avaient rappelé qu'un petit nombre de bannis, ils marquaient le dessein de les rappeler tous, et Machiavel croit à leur sincérité[1]. Bien des guelfes étaient rentrés individuellement et sans bruit, parmi ceux que n'avait proscrits aucune sentence formelle. Ainsi pouvait s'éviter la brusque réaction de leur retour collectif, en même temps que des mariages eussent rapproché les deux partis, sans les rancunes intraitables qui virent des déserteurs et des traîtres dans ceux qui s'y prêtaient, et qui préférèrent attendre plus longtemps une revanche sans conditions. Personne ne crut à la bonne foi de ces gibelins raisonnables, de ces marchands enrichis qui, après avoir triomphé par la violence, essayaient, pour la première fois, de régner par la douceur. Personne ne sut démêler, parmi les clameurs des passions forcenées, la voix de l'intérêt bien compris, réclamant, au moyen de concessions réciproques, une paix durable, dont profitât le travail. Pour l'obtenir précaire, cette paix, il fallut rentrer dans les voies battues, et l'établir, comme précédemment, par l'oppression d'une moitié des citoyens.

Le 11 avril déjà, Florence était évacuée. Il semble que Clément IV ne l'espérât pas de sitôt. Irrité de menées qui tendaient à reconstituer le parti vaincu en lui donnant

---

cancellare dalla memoria l'esilio, e quello si ricordava troppo della tirannide loro, mentre che visse sotto il governo di quelli; il che faceva che nè l'una nè l'altra parte posava l'animo (Machiavel, *Ist. fior.*, II, 20).

[1] Si deliberò di riunire la città e richiamare tutti i cittadini così ghibellini come guelfi, i quali si trovassero fuori (Machiavel, *loc. cit.*).

pour chef Conradin, la veille même de ce jour décisif, il écrivait aux guelfes de Florence, pour leur signaler le danger et les informer des moyens pris en vue de le conjurer : « De la race du serpent est né un venimeux roitelet qui, de son souffle, empeste la Toscane. Des rejetons de vipères, des hommes de pestilence, traîtres envers nous, envers l'Empire vacant, envers notre cher fils le roi de Sicile, sont envoyés en diverses villes, exagèrent leurs forces par de raffinés mensonges, sollicitent les uns par des prières, les autres à prix d'or, de s'écarter des voies de la vérité. Guido Novello, Corrado Trincia, Corrado Capece, qui s'efforcent d'ériger en Toscane cette idole impie, ne cessent pas, dit-on, ouvertement et en secret, de stipendier des Teutons, de conclure des traités, d'ourdir des complots. Un d'eux porte même le titre de vicaire de celui que, dans leur folie, ils appellent publiquement roi, roi de Sicile, et qu'ils ont poussé à se servir du sceau royal. » Or, c'est plus que n'en peut supporter le « cher fils » de l'Église. Il envoie en Toscane une partie de ses chevaliers, pour en expulser les perturbateurs de la paix, pour réjouir la multitude des hommes sages et pacifiques. Il viendra bientôt après lui-même, « car nous avons décidé de le nommer pacificateur général, pour tout le temps que durera la vacance de l'Empire, qu'il lui appartient de protéger [1]. »

Le 17 avril, jour de Pâques [2], entrait à Florence Guy de Montfort, suivi de huit cents cavaliers français et des

---

[1] Clem. IV ep. ccccl. Dilectis filiis Potestati, Consilio et universis civibus Florentinensibus. Viterbe, 10 avril 1267. *Thes.* II, 456.

[2] Villani et Stefani disent seulement le jour de Pâques, sans donner la date. M. de Cherrier (III, 226) dit le 12 avril. Mais Pâques tombait, cette année-là, le 17 avril. Voy. le calendrier perpétuel dans l'*Art de vérifier les dates*, t. I. — Reumont dit la veille du jour de Pâques.

exilés florentins. Cinquante-deux ans auparavant, à pareil jour, le jeune Buondelmonte était tombé sous le poignard des Uberti. Déjà la légende l'avait transformé en chef des guelfes; aussi Villani voit-il dans cette coïncidence le doigt de Dieu, et la preuve « que jamais les gibelins ne reprendraient le dessus[1]. » Il est toujours facile, après coup, de porter sur le passé de semblables jugements; en fait, les guelfes, que l'intervention de Charles d'Anjou rendait maîtres du pouvoir, se croyaient si peu certains de le garder longtemps[2], qu'ils chargèrent des ambassadeurs de déférer au roi la seigneurie[3], avec le droit de désigner un vicaire royal et un potestat, qui dirigeraient en son nom les choses de la guerre et de la justice.

Cette offre était conforme aux vœux de Charles, car elle donnait à son nouveau royaume de solides avant-postes. Il lui plut, néanmoins, de jouer le désintéressement. « C'est le cœur des Florentins que je veux, dit-il, et non une autre seigneurie. Mais je leur enverrai un vicaire chaque année, pour les aider à se gouverner[4]. » Florence venait de se donner un maître. Aux documents de ses archives, Charles d'Anjou porte le titre de potestat[5]. Or, qu'est-ce qu'un potestat investi de sa charge

---

[1] Che bene parve fosse judicio di Dio che mai poi i detti ghibellini non tornarono in istato (Villani, VII, 15).

[2] M. Abel Desjardins ne nous paraît pas présenter les choses dans leur vrai jour, quand il écrit ce qui suit : « L'établissement d'une maison française sur le trône des Deux-Siciles avait déterminé l'affranchissement et garanti la liberté de Florence. Le peuple dans sa reconnaissance conféra, etc » (*Négociations*, etc. Introduction, p. 21.)

[3] Villani prétend que la seigneurie fut offerte à Charles pour dix ans. On verra au chapitre suivant qu'elle ne lui fut donnée que pour six ans et demi. Voy. plus bas, ch. III, p. 114, n. 1.

[4] Villani, VII, 15. Stefani, II, 138.

[5] Tempore dominatus excellentissimi Dom. Regis Caroli Potestatis Flo-

pour plusieurs années, et qui l'exerce par délégués ? Mais la sujétion était tolérable, car le maître résidait au loin, et, des deux parts, on avait mêmes intérêts, mêmes ennemis. Le protecteur ne gênait pas les protégés dans l'administration intérieure de leur ville, pour les réformes qu'ils méditaient. Il ne parut oppressif que par ses exigences pécuniaires, sans cesse renouvelées; encore se les fit-il pardonner : les Florentins ne croyaient pas payer trop cher la sécurité que leur donnait son appui.

C'est grâce à cet appui qu'ils purent librement affermir par quelques changements opportuns leur constitution de 1250. Ils n'en firent point alors, comme on l'a dit, une quatrième, car ils ne procédaient pas à la manière moderne. Aux rouages nouveaux ils préféraient les rouages anciens, habilement réparés : ils en jugeaient l'usage plus facile et plus sûr, parce qu'ils s'adaptaient bien, depuis longtemps, à l'ensemble de la machine[1]. On ne voit pas très-clair encore dans ce mécanisme savant et compliqué ; mais on commence à percer les ténèbres qui l'enveloppent, et le bon Ammirato, avec son esprit net, en pousse un soupir de soulagement[2]. Antérieures, sans aucun doute, à 1267, les institutions florentines n'apparaissent qu'à cette date avec leurs traits principaux.

Trois éléments s'y rencontrent, qu'il faut distinguer avec soin : le premier parasite et passager, le second

---

rentie et Dom. Giordani de Insola, Dei gratia vicarii ejus de anno 1267 (Serment que doivent prêter au roi Charles les gibelins pour rester à Florence, ap. Lami, *Memorab. Eccl. flor.*, I, 496, et *Delizie*, etc., VIII, 216.)

[1] Machiavel ne s'y est pas trompé : « Fermato questo governo, » dit-il à cette date. (*Ist. fior.*, II, 20.)

[2] A me par quasi dopo foltissime tenebre incominciare a scorger la luce... Per l'innanzi s'andrà camminando tuttavia per maggior luce, finchè di nuovo ricadremo in alcuna tenebra (Ammirato, 1267, l. III, t. I, part. I, p. 136).

ancien, légèrement modifié, le troisième plus récent. L'élément parasite, c'était le vicaire royal, très-puissant, car de lui dépendaient la paix ou la guerre, mais destiné à disparaître avant peu. L'élément ancien, c'étaient le potestat, le capitaine du peuple, le conseil des trente-six. Mais le potestat était nommé par le roi et ramené à ses attributions judiciaires primitives; le capitaine du peuple, placé comme lui sous la dépendance immédiate du vicaire, n'était plus que le chef des milices urbaines. Le conseil des trente-six, trop nombreux pour exercer un pouvoir exécutif plus encore que législatif, était réduit à douze membres, deux par *sesto* : c'est déjà le nombre et la répartition de cette fameuse seigneurie qui a été l'âme du gouvernement florentin pendant toute la période républicaine. A ces douze magistrats, les auteurs donnent le nom de *buoni uomini*, terme vague, ou d'*anziani*, terme précédemment employé[1], quoique déjà commençât à être en usage celui de *prieurs des arts*, qui devait bientôt les remplacer. Même avant le protectorat de Charles d'Anjou, on le trouve dans les lettres de Clément IV aux Florentins, pour désigner les chefs des métiers[2]. Après avoir formé le conseil des *frati gaudenti*, ils forment celui du vicaire : c'est Guy de Monfort qui les préside. A cela près, « ils

---

[1] Fatti 12 buoni uomini (Villani, VII, 17). E fecero i guelfi reggimento di 12 anziani (Stefani, II, 158). M. Reumont (*Tav. cron.*, p. 28) dit qu'ils étaient choisis parmi les nobles. Rien ne semble moins vraisemblable, et comme il ne cite pas ses autorités, on ne peut tenir compte de son assertion.

[2] « Dilectis filiis fratribus civitatis florentinæ regentibus vel eorum alter consilio prioribus artium et communi civitatis ejusdem. » (Clem. IV ep. cccxcv, sans date. *Thes.* II, 418. Cette lettre est entre deux du 18 et du 19 octobre 1266.) « Dilectis filiis, Rectoribus, Capitaneis, Prioribus artium et Populo florentino. » (*Ibid.*, n. ccccix, 20 novembre 1266, p. 427.)

gouvernaient la République de la même manière que faisaient précédemment les *anziani*[1]. »

L'élément le plus nouveau de cette constitution, c'était le pouvoir consultatif ou législatif. Il était d'une complication extrême, comme si l'esprit démocratique en progrès eût voulu marquer la défiance qui lui est habituelle, et tout ensemble assurer aux mesures à prendre la sage garantie d'une multiple délibération. Quand le conseil des *buoni uomini* ou prieurs des arts, qui assistait le vicaire, avait pris une résolution avec lui, elle était soumise à un conseil de cent membres, choisis dans le *popolo grasso*, c'est-à-dire parmi les riches marchands et les nobles qui, par la pratique d'un art, s'étaient abaissés au rang des *popolani*. Sans le vote de ce conseil, qui rappelle l'ancien sénat des cent *buoni uomini*, et que les auteurs continuent de désigner souvent sous ce nom, aucune dépense ne pouvait être faite, aucune mesure importante mise à exécution. C'était là une condition nécessaire, mais non suffisante. La dépense, la mesure votée, devait être, le même jour, soumise aux deux conseils du capitaine du peuple: Ces deux conseils étaient exclusivement composés de *popolani*. L'un, dit spécial ou *de credenza*, c'est-à-dire de confiance, et secret dans une certaine mesure, se composait de quatre-vingts membres. L'autre, dit général, n'en comptait pas moins de trois cents. D'ordinaire, aux séances du conseil spécial étaient appelés les chefs des arts majeurs, que l'on commençait à désigner sous le nom de *capitudini*[2]. Tout projet de loi approuvé par cette

---

[1] Al modo che anticamente faceano gli anziani, reggeano la repubblica. (Villani, VII, 17).

[2] M. P. Villari (*Politecnico*, décembre 1866, p. 692) dit que les *capitudini* des arts étaient *toujours* présents dans les quatre conseils. C'est une

assemblée était soumis au conseil général, auquel prenaient part, de droit, tous ceux qui avaient voté dans le conseil spécial. Afin que leur réunion fût plus facile, ils se réunissaient simultanément, d'ordinaire, dans la même église, mais chacun dans une partie différente, à moins qu'on ne les joignît ensemble, dès le début, pour une commune délibération. Mêmes formalités, le lendemain, dans les deux conseils du potestat, appelés aussi conseils de la commune, parce qu'au lieu d'être exclusivement composés de *popolani*, comme les précédents, les autres citoyens, c'est-à-dire les nobles, y avaient entrée. Le conseil spécial du potestat contenait quatre-vingt-dix membres, plus les *capitudini*, qui avaient droit d'y siéger, et le conseil général trois cent quatre-vingt-dix, en y comprenant les membres du conseil spécial, admis à prendre part aux délibérations.

Tous ces conseils « opportuns, » comme on les appelait [1], se réunissaient successivement, pour les affaires d'importance. Quelquefois ils ne formaient qu'une seule et commune assemblée, qu'on nommait alors conseil général, ou conseil du peuple, parce que le capitaine du peuple la présidait. Dans des cas très-rares, il y avait enfin l'assemblée générale de tous les citoyens, convoqués *à parlement*. Leur nombre étant à peine de deux mille, ils pouvaient tous y prendre part. Ils le devaient même, pour prononcer en dernier ressort, et décharger les magistrats, comme les autres conseils, d'une trop lourde res-

---

erreur que nous a démontrée le dépouillement minutieux des registres manuscrits intitulés *Provvisioni della Repubblica*. La présence de ces *capitudini* était ordinaire surtout dans les conseils du capitaine, mais elle n'était pas obligatoire.

[1] Consigli opportuni (Villani, VII, 17).

ponsabilité. Mais pour les affaires courantes, les statuts permettaient de ne consulter que telle ou telle de ces assemblées. D'autre part, ils permettaient d'en créer en quelque sorte de nouvelles, dont l'existence, vraiment éphémère, ne dépassait pas le jour et le cas particulier qui en avaient vu et provoqué la réunion. Ceux qu'on y appelait reçurent plus tard le nom de *richiesti*, requis, et même *savi*, sages ou hommes de loi, parce qu'on donnait la préférence aux juges, aux notaires, et, dans les autres arts, aux marchands, aux artisans renommés pour leur habileté et leur expérience.

Il y avait encore d'autres conseils, et en grand nombre, auxquels on suppose à tort des attributions politiques : par exemple, le conseil des *capitudini* des arts majeurs, créé, dit-on, en 1267[1], et qui, pris à part, n'avait de juridiction que sur les intérêts spéciaux des métiers. C'est faute d'avoir su distinguer les conseils politiques de tant d'autres qui ne le sont pas, qu'on a divagué comme à plaisir sur la constitution florentine. Réduite à ses lignes principales, elle paraît simple et claire, malgré ses nombreux rouages et ses apparentes complications[2].

Ce qui reste obscur, malgré les investigations de la critique, c'est la manière dont on formait, dont on renouvelait ces conseils. Mais le nombre était si considérable des gens qu'on appelait à y siéger, par rapport au nombre si faible des habitants qui exerçaient les droits civiques, que tous les citoyens y devaient entrer à leur

---

[1] Reumont, *Tav. Cron.*, Cenni, art. *Consiglio delle capitudini*.

[2] Sauf pour quelques détails, nous sommes d'accord sur cette importante question avec M. P. Villari (*Politecnico*, décembre 1866). Mais pour montrer à quel point l'erreur est facile, nous indiquerons ici la manière dont divers auteurs présentent l'organisation des conseils. Chez les plus anciens, les

tour, par la voie du sort plutôt que par l'élection [1]. Rien erreurs viennent de ce qu'ils réunissent des institutions de temps divers; chez les plus modernes, de ce qu'ils ne sont pas remontés aux sources.

Villani (VII, 17) :

1° Conseil des *buoni uomini*, 100 membres ;
2° Conseil des *capitudini*, de *credenza*, 80 membres ;
3° Conseil général, 300 membres ;
4° Conseil du potestat, 90 membres.

Ammirato (l. III, 137) :

1° Conseil du potestat, 80 membres, avec les *capitudini*;
2° Conseil général, 300 membres.

Machiavel (*Ist.* II, 20) :

1° Conseil de *credenza*, 80 membres ;
2° Conseil populaire, 180 membres (30 par *sesto*) ;
3° Conseil général (les deux précédents et les douze *buonuomini*) ;
4° Conseil du peuple et des nobles, 120 membres.

Sismondi (II, 447) :

1° Conseil du peuple, 100 membres ;
2° Conseil de *credenza*, 80 membres ; *capitudini* ;
3° Conseil du potestat, 90 membres ;
4° Conseil général, 300 membres.

Leo, (l. VII, c. I, t. II, 41) :

1° Conseil du *popolo grasso*, 100 membres ;
2° Conseil des consuls, capitaines, porte-bannières, de *credenza*, 80 membres
  L'ensemble de ces deux forme le *Consiglio delle capitudini e di credenza*.
3° Conseil du potestat, 90 membres ;
4° Conseil général, 300 membres, réunion des trois autres.

A. Desjardins (Introd. 48) :

1° Conseil de *credenza*, 100 membres ;
2° Conseil général, 300 membres ;
3° Conseil du potestat, 90 membres.

Reumont (p. 28) :

1° Conseil des *buonuomini*, 100 membres ;
2° Conseil des *capitudini*, di *credenza* ;
3° Conseil du peuple ;
4° Conseil du potestat, en troisième instance ;
5° Comité général, tous les conseils réunis.

On reconnaitra dans ces systèmes si divers quelques-uns des éléments du nôtre, mais dans une inextricable confusion. La lumière ne se fait qu'en relevant avec soin dans la minute des actes publics les conseils qui y ont pris part. Nous avons fait ce travail, mais il est trop minutieux et le détail en est de trop peu d'intérêt pour que nous songions à le publier.

[1] C'est l'opinion de M. P. Villari (*loc. cit.*, p. 691) et nous ne pouvons que la partager.

n'est plus conforme à l'esprit des institutions florentines, tel que nous aurons à le montrer plus tard. L'avantage était réel d'initier successivement aux affaires publiques tous ceux qui avaient qualité pour y intervenir, et le danger nul, vu le rôle que jouaient les conseils. L'initiative y était réservée aux principaux magistrats. Ils y faisaient soutenir leurs propositions par un notaire ou par quelque autre personne en leur nom. Nul n'avait le droit de les combattre que par de brèves paroles, le cas fût-il grave et imprévu. On se rappelle l'aventure de Cece Gherardini, menacé d'avoir la tête coupée, s'il ne consentait à se taire, dans les conseils où se préparait la campagne de Montaperti[1]. Ainsi l'on marquait une opposition antérieurement résolue, on ne la provoquait point par d'éloquents discours. Plus tard, tout en conservant la liberté du vote, on perdit, quand il était contraire, celle de le motiver.

Les réunions des citoyens, si fréquentes et quelquefois si nombreuses, ne purent donc favoriser l'essor de l'éloquence politique. L'esprit qui présidait aux institutions florentines n'aurait pas souffert qu'on ébranlât par un langage imprudent ou passionné le pouvoir des magistrats. La courte durée de leur charge était une garantie suffisante contre l'abus qu'il pourraient faire de leur pouvoir. Ce pouvoir subissait déjà assez d'entraves pour qu'on ne voulût pas l'amoindrir encore entre leurs mains. D'ailleurs, si heureusement née que fût cette race de marchands qui allait bientôt prendre un rang glorieux dans les lettres comme dans les arts, son génie positif connaissait trop le prix du temps pour en consacrer la moindre part à des discours, au détriment de l'action. Il semble s'être

---

[1] Voy. l. III, c. 2, t. I, p. 499-500.

étudié à décourager la manie et même le talent oratoire. Des deux premiers conseils appelés à délibérer, l'un, celui des cent, était secret; l'autre, celui des quatre-vingts, s'entourait aussi de mystère, comme l'indique son nom de *consiglio di credenza*. Ils délibéraient vite, car ils s'en voyaient sollicités par les principaux magistrats, qui avaient hâte d'agir avant d'être remplacés. L'éloquence eût apporté des retards ; elle aurait manqué, en outre, du retentissement auquel elle se complaît. Dans les autres conseils, comment l'idée serait-elle venue de débattre longuement des propositions déjà débattues et qu'on savait devoir ou pouvoir être l'objet d'un nouvel examen? Comment auraient-elles soulevé de nombreux opposants, quand elles ne venaient au grand jour qu'étudiées dans l'ombre par deux conseils auxquels s'adjoignaient le plus souvent les *capitudini* des arts, les *savi*, les *richiesti* spécialement désignés, pour donner leur avis sur l'affaire pendante, parmi les plus compétents? C'est ainsi que dans Florence, si différente d'Athènes malgré tant de qualités semblables, l'esprit pratique dominait l'esprit oratoire et étouffait l'esprit de liberté.

La démocratie, au contraire, quoique encore dans l'enfance, y faisait de continuels progrès. Ce conseil des cent, ce conseil des quatre-vingts, où résidait, après les douze *buoni uomini*, prieurs des arts, la véritable force du gouvernement, ne se composaient que de *popolani*. Il en était de même du premier des conseils vraiment publics, le conseil général du capitaine. L'avis de ces trois assemblées déterminait en quelque sorte, ou du moins préjugeait celui des conseils du potestat. Or c'est dans ces derniers seulement et dans la réunion assez rare de tous les conseils que les nobles avaient accès. Loin d'y être en majorité, ils y étaient comme noyés, uniquement appelés, d'ailleurs, à sanctionner de leur vote des mesures qu'ils n'avaient ni proposées, ni préparées, ni discutées, ni modifiées, comme l'avaient pu faire les *popolani* dans les premiers conseils. C'était l'incontestable règne d'une bourgeoisie dont les rangs s'ouvraient pour recevoir les grands qui voulaient descendre jusqu'à elle, et les petits qui parvenaient à s'y élever. Les mots de gibelins et de magnats deviennent synonymes, comme ceux de guelfes et de *popolani* ou *popolari*, et c'est ce qui donne leur signification essentiellement démocratique aux mesures rigoureuses, implacables, par lesquelles les guelfes vainqueurs affermissent leur domination sur les gibelins vaincus. La révolution de 1267 en reçoit son véritable caractère. Les rouages nombreux et compliqués des magistratures et des conseils ne pourraient, on va le voir, que donner le change sur sa terrible simplicité.

La tentative de conciliation, honneur des modérés, avait échoué devant des passions exaspérées : ce qui triomphait, c'était la revanche. A tout prendre, elle était naturelle, et, dans les idées du temps, légitime. On ne pouvait, en un jour, oublier de cruelles souffrances et des pertes matérielles qui, pour beaucoup, avaient été la ruine. Après la bataille de Montaperti, les gibelins avaient confisqué les biens des guelfes qui fuyaient devant eux. De retour à Florence, les guelfes voulaient non-seulement recouvrer leurs biens, mais encore rendre le mal pour le mal, châtier la défaite par la confiscation. Le principe ne pouvait être contesté ; c'est dans l'exécution que surgirent de nombreux embarras. Tandis que le gouvernement de la commune voulait retenir la plus forte part dans l'intérêt et pour les besoins du public, les particuliers se jetaient à la traverse et faisaient une estimation très-exagérée de leurs pertes. Faute de pouvoir s'entendre, il fallut recourir au pape et au roi. A l'instigation des magistrats florentins, ils décidèrent qu'on ferait trois parts des biens confisqués. La première devait être donnée en indemnité aux guelfes; la seconde, reconstituer le trésor communal; la troisième, former celui du parti guelfe.

On fit aussitôt des pertes privées une évaluation qui nous est parvenue : elles se montaient à 132,160 livres pour les six quartiers et leurs banlieues respectives[1]. Les plus éprouvés, parce qu'ils contenaient en plus grand nombre des guelfes riches, c'étaient Porta San Piero, Oltrarno et San Pier Scheraggio. Quant au quartier de Porta di Duomo, chose singulière ! il avait souffert deux fois moins que sa banlieue[2]. Ce sont les tours et les

---

[1] Sismondi (II, 448-449) dit que ce chiffre équivaut à un million et demi de nos francs. Il n'est pas trop loin de la vérité, car nous avons vu plus haut (l. III, ch. 1, t. I, p. 404), que son évaluation du florin n'est pas sensiblement différente de celle de M. Passerini. On ne saurait le blâmer de voir le florin ou le sequin dans la livre, puisque ce dernier mot n'indique aucune valeur fixe et est purement de convention.

[2] Voici le détail de l'évaluation pour les biens guelfes détruits de 1260 à 1266, tel que nous le trouvons dans le document officiel (ap. *Delizie*, etc., VII, 286) :

	LIB.
Sextus Ultrarni de civitate.	16.715
Dicti sextus comitatus.	9.018
Sextus S. Petri Scheradii de civitate.	16.645
Dicti sextus comitatus.	12.060
Sextus Burgi civitatis.	7.885
Dicti sextus Comitatus.	7.890
Sextus Porte S. Pancratii civitatis.	8.746.5
Dicti sextus comitatus.	5.765
Sextus Porte S. Petri de civitate.	17.900
Dicti sextus comitatus.	12.165
Sextus Porte Domus de civitate.	6.778
Dicti sextus comitatus.	12.593.3.4
Lib.	132.160.8.4

maisons détruites qui figurent au premier rang dans la liste dressée. Il y a des tours de dix livres et des maisons de quinze. Celles qui en valent cent cinquante sont qualifiées de palais, sans que ce mot donne à entendre une demeure seigneuriale. Aux palais se trouvent souvent joints des magasins, des boutiques, des ateliers, des greniers, des étuves ou séchoirs, des *tiratoi*, endroits disposés pour étendre des draps de laine [1]. Il est question de moulins, de cours murées avec des escaliers de pierre tout autour [2]. On sent qu'il s'agit d'une ville manufacturière et commerçante. Ce qu'on ne s'explique pas bien, c'est pour quel motif certaines propriétés de peu de valeur sont séparément désignées, par exemple la tour de dix livres qui appartenait à un certain Geppi [3], la tour, le palais, deux maisons des Ricasoli, valant ensemble cinq cents livres [4], tandis que d'autres, beaucoup plus importantes, sont évaluées en bloc. Probablement la possession en était indivise, et on laissait aux possesseurs le soin de faire entre eux la répartition. Ainsi les dommages soufferts par les Lapi, les Dini, les Machiavelli, sont appréciés ensemble à trois cents livres [5]; ceux des Stoldi, des Berlinghieri, des Fornari, des Rossi, des Barbadori, pour deux palais situés à Santa Felicita, dans le *sestiere* d'Oltrarno,

---

[1] Palatium cum fondaco et unam domum de tiratoriis, in qua erant de super 5 apothece et 3 domos in quibus tingebatur, et 4 domos in quibus recondebantur scope omnes in uno residuo... Unam stufam cum alia domo cum tiratoriis ad unum se tenentes (Doc. ap. *Deliz.*, p. 261).

[2] Unam turrim et duo palatia, et domos terrenas circum circa, et duo molendina pendula destructa (p. 263); unam curiam muratam circumcirca cum scalis lapideis (p. 262).

[3] *Ibid.*, p. 204.

[4] *Ibid.*, p. 250.

[5] *Ibid.*, p. 206.

à deux mille livres[1]. Cette estimation est une des plus fortes : au-dessus on ne trouve que les châteaux et les immeubles appartenant à Guido Guerra, dans la banlieue de Porta San Piero : ils sont notés comme valant ensemble cinq mille livres[2].

On ne dit pas quelle fut la part du trésor public dans les dépouilles des vaincus. Tout porte à croire qu'il n'en reçut pas le tiers qui lui revenait, d'après l'arbitrage de Clément IV et de Charles d'Anjou. Presque tout alla s'engouffrer dans le trésor particulier des guelfes, ce qu'on appela la *massa guelfa*. Comme cette *masse* était illimitée, en ce sens que les biens des nouveaux proscrits devaient être confisqués à son profit, l'ambition de l'augmenter fit exagérer les rigueurs et multiplier les ventes. Villani dit qu'on en faisait tous les jours davantage[3]. De ces biens on constitua un *monte*, c'est-à-dire, pour parler comme les financiers modernes, qu'on les « capitalisa ». Mesure inique au premier chef, mais efficace plus qu'aucune autre pour anéantir le parti gibelin. « Puisqu'on mobilise leurs biens, s'écriait judicieusement le cardinal Ottaviano des Ubaldini, jamais ils ne rentreront à Florence[4]. » Deux sortes d'hommes, en effet, étaient intéressés à s'y opposer de toutes leurs forces : ceux qui avaient en indemnité les terres, les immeubles des bannis,

---

[1] Doc. ap. *Delizie*, etc., p. 205.

[2] *Ibid.*, p. 262. — On peut voir cet état au t. VII des *Delizie degli cruditi toscani*, de la p. 203 à la p. 286.

[3] Onde cominciarono a fare mobile, e ogni dì il cresceano per avere di che ispendere per la parte quando bisognasse (Villani, VII, 16). Stefani dit : (II, 139) : « Feciono che niuno ghibellino potesse stare in Firenze. »

[4] Del quale mobile vedendo il card. Ottaviano degli Ubaldini, disse : Da poichè i guelfi di Firenze fanno mobile, giammai non vi ritorneranno i ghibellini (Villani, VII, 16).

et ceux qui les avaient achetés de leurs deniers. A titre onéreux ou gratuit, tous les acquéreurs redoutaient une revendication possible et poursuivaient ceux qu'ils soupçonnaient d'en avoir le désir, d'une égale animosité[1].

Bien résolus à défendre des intérêts qu'à tort ou à raison ils tenaient pour légitimes, les guelfes en cherchèrent les moyens dans une forte organisation de leur parti[2]. C'étaient trois d'entre eux, trois chevaliers, qui avaient eu la mission délicate d'opérer la répartition : ils les prirent pour chefs ou recteurs, sous le titre de consuls des chevaliers. Mais ce nom, qui indiquait des tendances aristocratiques, fit place bientôt à celui de capitaines du parti, *capitani di parte*, ou *della parte guelfa*, signe manifeste que les bases de la faction s'élargissaient, et qu'elle cherchait sa force où elle pouvait la trouver, dans la démocratie. Le nombre de ces capitaines varia de trois à neuf[3]. Ce qui ne varia point, c'est la durée de leur charge : elle fut de deux mois, comme celle des douze *buoni uomini*. Tant qu'ils ne furent que trois, les *sestieri* de la ville se divisaient en deux groupes, pour les nommer alternativement, un par *sestiere*. Au-dessous d'eux étaient six *priori di parte*, dont trois grands et trois

---

[1] Est-il besoin de rappeler que la vente des biens des émigrés en France, après la révolution de 1789, a été un des principaux obstacles au retour de l'ancien régime en 1815? Le milliard distribué aux émigrés n'a fait alors que consacrer une spoliation devenue irrémédiable.

[2] M. Trollope (I, 180) paraît croire que cette organisation du parti guelfe fut une institution de la République. « Concevrait-on, s'écrie-t-il, un lord chancelier des Tories? » Oui, sans doute, si c'est le parti qui emprunte ses institutions à l'État, et non l'État qui en donne au parti. Le parti guelfe finit par imposer souvent ses volontés aux pouvoirs réguliers, mais c'était lui qui s'était constitué à sa guise, et ses magistrats n'étaient pas, dans le principe, un rouage gouvernemental.

[3] Reumont, *Tav. cron.* Cenni, art. *Capitani di parte guelfa*. Desjardins, Introduction, p. 47.

popolani, chargés d'administrer les finances du parti ; un syndic pour les alimenter en accusant des gibelins [1], et un garde des sceaux. Tout ce que les guelfes avaient de précieux et de secret était conservé dans l'église des *Servi*, facile à défendre [2] ; mais les chefs tenaient leurs réunions dans celle de *Santa Maria sopra porta*. Ils avaient leur résidence tout à côté, dans la maison des Lamberti, au quartier populaire du *Mercato nuovo*, où les maisons guelfes abondaient [3].

A l'imitation du gouvernement de la République, la *parte guelfa* donna deux conseils à ses capitaines ; le premier secret, de quatorze personnes ; le second public, de soixante [4], qui nommait ces importants magistrats, ainsi que les autres de la faction. Avec le temps, ils devinrent un rouage complémentaire, et extrêmement actif, dans l'État. On leur commit le soin des forteresses, des murs, des édifices publics, l'administration des revenus assignés à ces édifices, la direction des préposés aux tours [5]. Déjà en 1273 ils interviennent avec voix délibérative dans les conseils [6]. S'ils conservent leur caractère

---

[1] Elessero un sindico a accusargli (Stefani, II, 139).

[2] *Ibid.*

[3] Villani, VII, 16. — Ammirato (l. III, t. I, p. 137) suppose que la magistrature des *capitani di parte* pouvait être antérieure de quelques années, mais il n'allègue aucune autorité, aucune raison. Ce n'eût été, en tout cas, qu'une magistrature d'exilés, en quelque sorte *in partibus*. Dans la maison des Lamberti, agrandie et embellie après l'incendie de l'église et du canonicat de S. Maria sopra Porta, a longtemps résidé la municipalité de Florence (Voy. Vahnucci, p. 146, n. 1).

[4] Villani, VII, 16. Stefani, (II, 139) dit 40. Le chiffre de 60 est plus probable, étant un des multiples de 6, c'est-à-dire du nombre des *sestieri*. Leo suit généralement Villani ; mais il entend si mal l'italien qu'à chaque instant il commet des erreurs, particulièrement sur ce point, où il brouille tout.

[5] Reumont, *loc. cit.* P. Villari, *loc. cit.*, p. 694.

[6] Voy. deux documents ap. *Delizie*, VIII, 129.

de magistrats particuliers, qui les subordonne aux pouvoirs publics, même pour les négociations où la *parte* semble seule intéressée[1], ces mots, qu'on rencontre si souvent, *la massa della parte guelfa di Firenze*, signifient maintes fois non pas *la parte guelfa*, mais l'universalité du peuple florentin[2]. Bien plus, au nombre des qualifications de sa charge, le capitaine du peuple compte celle de *capitano della massa della parte dei guelfi*[3], et ses deux conseils sont appelés dans divers documents *consigli della massa della parte guelfa*[4].

Mais cette faction redoutable se mêlait à la population florentine sans s'y confondre. Elle en restait comme le noyau, comme l'âme ; elle était un État dans l'État. Ce

---

[1] En 1274, Simone, frère de Guido Novello, s'étant séparé de lui et des gibelins pour se donner aux guelfes, les capitaines de *la parte*, au nombre de cinq, doivent obtenir, pour conclure avec ce transfuge, l'autorisation du conseil particulier des 90, du conseil général des 300, et celle des *capitudini* des sept arts majeurs. — Les conditions imposées à Simone sont : 1° d'aider l'Église, Charles et ses fils ; 2° de ne jamais s'accorder avec leurs ennemis ; 3° de payer à la commune, à *la parte* ou à tout membre de l'une ou de l'autre ce qui pourrait être dû pour injures, pour dommages antérieurs ; 4° d'accepter, en cas de querelle avec des guelfes, la décision des capitaines de *la parte*. La commune et *la parte* s'engagent en retour à soutenir Simone, à le maintenir dans ses juridictions et honneurs, à l'effacer des livres de condamnation, à lui accorder un délai pour le payement de ses dettes, à ne jamais traiter sans son assentiment avec Guido Novello, etc. Voy. Bonaïni, *loc. cit.*, p. 98.

[2] Villani (VI, 68) appelle ainsi la commune de Florence, par évident anachronisme d'expression, quand il parle du legs fait aux Florentins, par le comte Alessandro di Mangona. Sur ce fait, voy. plus haut, l. II, ch. 4, t. I, p. 464-465.

[3] En 1278, Guido de Corrigio, de Parme, capitaine du peuple (voy. *Lib. off. forens.*) s'intitule *capitano di massa di parte guelfa di Firenze* dans un document où il donne quittance de ce qui lui est dû pour son salaire (Arch. di stato, *Capitoli*, XXIX, f° 161 r°).

[4] In consilio generali et credentie masse partis guelfe (Doc. ap. *Delizie*, IX, 57). In conciliis masse guelforum civitatis Florentie (*Ibid.*, p. 62).

qu'elle décidait dans ses réunions privées était presque
invariablement sanctionné par les magistrats, par les
conseils publics. Aussi a-t-on pu dire que celui qui était
maître des *capitani di parte*, l'était de Florence même[1].
Légitime peut-être dans son principe, mais abusive dans
ses effets, la constitution du parti guelfe répondait à un
besoin si réel de la société florentine, elle y donna une
satisfaction si complète, qu'elle fut imitée ailleurs, à
Sienne par exemple[2], et qu'elle survécut à la République
même. Elle subsistait encore, avec le nom de ses capitaines, dans le seizième siècle, au temps d'Ammirato[3].

Au fond, cependant, l'institution de *la parte guelfa* et
des *capitani di parte* ne faisait qu'assurer le dernier mot
aux guelfes dans la guerre civile, mais elle ne la supprimait
pas. On pouvait tyranniser, exiler les gibelins, vexer, humilier les grands, on ne pouvait les supprimer. Ils trouvaient même dans l'organisation du gouvernement communal un point d'appui pour la résistance, et quelquefois
pour l'attaque; dans le potestat un chef, le représentant
de leurs intérêts, l'organe de leurs plaintes; dans les

---

[1] M. P. Villari, *loc. cit.* — C'est ce qui explique l'erreur, d'ailleurs inexcusable, de l'allemand Neumann, confondant le gouvernement de la ville avec celui du parti guelfe (Voy. ses notes à l'ouvrage déjà cité Περὶ Φλορεν-τινῶν, etc.) Il prend l'institution dans la suite des temps au lieu de remonter à l'origine. Les magistrats et les conseils du parti guelfe devinrent à la longue pour le gouvernement de Florence ce que le club des Jacobins était pour la Convention.

[2] *Consiglio della Campana*, XIII, 63. Doc. du 18 avril 1272.

[3] Nous verrons plus loin le statut spécial du parti guelfe. Il ne fut publié qu'en 1335, et il contient sans doute un mélange de prescriptions du XIII° et du XIV° siècle qu'il est impossible de démêler. Pour éviter les anachronismes, il convient donc d'ajourner le détail de cette institution. Le statut dont il s'agit a été publié par M. Bonaïni, dans le *Giornale storico degli archivi Toscani*, janvier-mars 1857. Il fut renouvelé en 1420. (Voy. même recueil, t. II, juillet-septembre 1858, p. 289.)

conseils du potestat leur citadelle, citadelle battue en brèche et où pénétrait l'ennemi, mais qui pouvait encore être défendue. Elle le fut avec autant d'énergie que de passion, quoique tout l'avantage fût visiblement pour les guelfes. Dans la lutte de ces deux armées ennemies, qui avaient pour chefs respectifs le potestat et le capitaine du peuple, incessamment grandis aux dépens du pouvoir central et neutre des douze *buonuomini*, les *capitani di parte* ne jetaient pas en vain les forces dont ils disposaient. Florence, grâce à eux, devient guelfe jusqu'aux moelles. Ce lis rouge, symbole du parti, par opposition au lis blanc des gibelins, impose sa couleur à toutes choses. On a la *postierla rossa* ou petite porte rouge de Santa Trinita [1]; on aura bientôt, en 1300, la *ruga rossa*, ou rue rouge, œuvre également du parti populaire [2]. Pour tenir bon contre les incessants progrès de leurs adversaires, il faudra que peu à peu les gibelins se transforment suivant la marche des idées et du temps.

L'heure n'était pas venue encore de ces évolutions instinctives et tout ensemble calculées. Selon les vaincus, il n'y avait que honte et ruine pour leur patrie dans l'état de choses violent, mais fort, qui allait en inaugurer la grandeur. Leur unique dessein était de recommencer à rebours l'histoire des précédentes années, pour préparer leur revanche par les moyens mêmes qui avaient assuré celle de leurs implacables ennemis. Fra Guittone d'Arezzo, après avoir abandonné le monde, sa femme et trois jeunes enfants [3] pour se faire *frate gaudente*, retraçait dans ce

---

[1] La *postierla* a disparu aujourd'hui, mais le souvenir en est conservé dans la rue de Porta Rossa.

[2] *Arch. stor.*, 1865, 3ᵉ série, t. II, part. I, p. 80.

[3] Il le dit lui-même dans une pièce de vers citée par Nannucci, *Manuale di letteratura*, I, 214.

temps-là, au point de vue gibelin, la situation de Florence :

« Regardez et voyez, écrivait-il aux Florentins, si votre ville est une cité et si vous, ses habitants, vous êtes des citoyens, si vous êtes des hommes. Non : votre cité est un désert, c'est une forêt, et vous en êtes les ours, vous larrons et non marchands. O reine des cités, qu'es-tu devenue? Une caverne de brigandage, d'extravagance et de fureur!... Tes enfants, qui furent des rois, ne sont plus que de misérables esclaves, bafoués, partout où ils vont, de tous les autres peuples. Oh! comme ils se sont rassurés à ton sujet! Pérouse ne craint plus maintenant que tu lui enlèves son lac, ni Bologne que tu passes ses montagnes. Pise ne tremble plus pour ses murailles ni pour son port. Oh!, Florentins, pauvres défleuris, qu'avez-vous fait de votre grandeur et de votre orgueil, vous qui sembliez un nouveau peuple romain, prêt à subjuguer le monde entier? Et, certes, les Romains n'eurent pas de si beaux commencements que vous. Ils ne firent pas tant en si peu de temps. Considérez un peu où vous en êtes et où vous en seriez si vous étiez restés unis, ne formant qu'un seul et même peuple. Et qui vous a fait tout ce mal? qui, sinon vous-mêmes? Mais peut-être est-ce là ce qui vous console, que ce ne soient point d'autres qui vous aient nui. Si vous le pensez, vous pensez follement. Votre honte est double, étant votre œuvre. — Et que dirai-je de vos femmes qui, les unes enceintes, les autres mollement élevées, accoutumées au repos et à une nourriture exquise, devaient rester en salle ou en chambre au milieu de leurs proches? Les voilà qui, mal vêtues et mal nourries, seules, comme des servantes, ou mal accompagnées, ont été réduites à se traîner souffrantes, de lieu en lieu, et à séjourner parfois avec des bandes de guerre ou avec des étrangers, dans d'étroites et hideuses maisons où les esclaves d'autrui sont leurs maîtresses[1]! »

Invectives éloquentes sans doute, mais où la rhétorique d'école et l'aveuglement de parti ont, ce semble, une part

---

[1] Lettre XII de Fra Guittone, traduction de Fauriel, *Dante*, etc., I, 350-351). On peut lire le texte dans Gargani, *Della lingua volgare*, etc., p. 75-79.

égale. Ce que pensait au fond de l'âme Fra Guittone, on ne saurait le dire; en tout cas, s'il était sincère, il dut avec le temps changer d'avis, car on le voit, en 1293, un an avant sa mort, choisir Florence de plus en plus « repaire d'ours guelfes », pour y fonder un monastère des Camaldules, et y finir ses jours en paix. S'il avait raison de reprocher aux Florentins la discorde, le reproche en est singulièrement placé dans la bouche d'un gibelin. Les gibelins ne l'avaient-ils pas souvent suscitée? n'allaient-ils pas la susciter encore plutôt que de se soumettre? Ce tableau, que trace le *frate gaudente* de la vie errante et misérable des femmes gibelines, n'est-il pas celui des femmes guelfes, obligées, on l'a vu, après avoir quitté Florence pour Lucques, de quitter Lucques pour Bologne? La vérité, c'est que les uns et les autres suivent la même politique, commettent les mêmes fautes, subissent les mêmes malheurs. Ces révolutions ont leur routine. L'expérience n'y sert de rien, et l'aveugle loi du talion y règle les rapports des factions adverses. La victoire ne sait pas être humaine et clémente : elle abuse de la force, jusqu'au jour où la force lui manque. C'est un duel où elle seule prononce, où l'on ne saurait dire de quel côté est la justice et le droit. Il se peut que le triomphe des gibelins eût assuré la grandeur de Florence ; mais il est certain que le triomphe des guelfes a eu ce résultat. La violence et l'injustice étant égales des deux parts, on ne saurait trouver ni surprenant ni mauvais que les plus nombreux l'aient emporté.

CHAPITRE III

DEUXIÈME GOUVERNEMENT DES GUELFES ET PROTECTORAT DE CHARLES D'ANJOU

— 1267-1278 —

Les ennemis de Charles d'Anjou à Pise. — Ambassade des gibelins à Conradin. — Charles d'Anjou en Toscane (mai 1267). — Charles y est nommé *paciarius* (4 juin 1267). — Il fait campagne contre les gibelins. — Révolution à Sienne — Siége et prise de Poggibonzi par les guelfes (mi-juillet-30 novembre). — Campagne contre Pise (février 1268). — Prise de Motrone. — Chants guerriers des troubadours. — Don Enrique de Castille, sénateur à Rome. — Conradin en Italie (octobre 1267). — Préparatifs et emprunts de Charles d'Anjou. — Son séjour à Viterbe (5-30 avril 1268). — Excommunication de Conradin et de ses fauteurs (8 avril). — Conradin à Pise. — Alarmes des guelfes. — Marche de Conradin à travers la Toscane. — Défaite des guelfes à Ponte a Valle (24 juin). — Clément IV relève le courage des vaincus. — Conradin à Rome (24 juillet-10 août). — Bataille de Tagliacozzo (22 août). — Captivité et supplice de Conradin (29 octobre). — Indépendance réelle de la Toscane sous le protectorat de Charles d'Anjou. — Guerre contre Sienne. — Défaite et mort de Provenzano Salvani (17 juin 1269). — Expédition contre Ostina et Asciano (septembre). — Malheurs publics. — Exigences des Florentins. — Charles d'Anjou conclut la paix avec Pise. — Son séjour en Barbarie (1270). — Guy de Montfort le remplace en Toscane. — Destruction de Poggibonzi (juin). — Paix avec Sienne (4 août). — Ligue guelfe de Toscane. — Gibelins suppliciés à Florence. — Guy de Montfort perd son autorité (1271). — Impuissance de Charles d'Anjou et du saint-siége (1272). — Grégoire X à Florence (18 juin 1273). — Pacification entre les guelfes et les gibelins (11 juillet). — Perfidie des guelfes et départ des gibelins. — Colère et départ du pape. — Discorde croissante dans l'Italie centrale. — Rodolphe de Habsbourg, reconnu roi des Romains (1274). — Grégoire X de nouveau à Florence (18 décembre 1275). — Sa mort (10 janvier 1276). — Les Pisans vaincus par les Florentins au fossé Rinonichi (juin 1276). — Paix entre Pise et la ligue (13 juin). — Progrès des Florentins par l'impuissance de Charles et du saint-siége.

Huit cents cavaliers français, accrus bientôt de cinq cents cavaliers de la *taglia*[1], pouvaient suffire pour

[1] Cette adjonction de 500 *milites* toscans aux 800 français est surabon-

asseoir dans la Toscane la domination des guelfes, déjà assise dans le royaume; ils ne suffisaient pas pour rejeter les gibelins au delà des frontières toscanes, ni même pour leur inspirer la terreur. Aux yeux des vaincus la revanche était assurée et prochaine. La puissante Pise venait de leur ouvrir ses portes. Récemment soumise au saint-siége, elle rompait de nouveau avec lui. Elle n'avait plus à ménager ni Clément IV, qui offrait l'investiture de la Sardaigne à Enrique de Castille, ce frère d'Alphonse X, ce royal aventurier, sénateur de Rome par un caprice de la fortune, candidat à toutes les couronnes, ni Charles d'Anjou, qui, sous prétexte d'une rixe entre marins pisans et provençaux, saisissait les marchandises pisanes et leur interdisait l'entrée des Deux-Siciles[1]. C'est à Pise que se réfugiaient les captifs échappés aux rudes prisons de Charles, Corrado et Marino Capece, Galvano Lancia, Galeotto son fils et Federico son frère[2]. Là plus encore qu'à Sienne, trop exposée au passage de l'ennemi, s'alimentait l'incandescent foyer des récriminations et des haines. Là on reprochait aux Français d'être rapaces, de manquer de foi, d'abolir les priviléges, de violer les immunités, de profaner les églises, de piller les monastères, de massacrer prêtres et moines, beaux exploits en vérité pour des gentilshommes, pour un prince qui venait au nom de la religion. Là on se sentait en force pour leur tenir tête, pour ourdir contre eux et contre les guelfes

---

damment prouvée par diverses lettres de Charles publiées dans le *Cod. dipl. del regno*, t. II, part. I, p. 124, et dont il sera question plus bas, p. 131, n. 5, et 132, n. 1. On y voit que chaque ville avait son contingent fixé, Florence 166 hommes, Pistoia 45, et qu'elle pourvoyait à leur solde.

[1] Grassi, p. 116. — Inghirami, VI, 453.
[2] Clem. IV ep. cccxlvi, 27 juillet 1266. *Thes.*, II, 377.

de Florence une conjuration fondée sur un appel nouveau à l'étranger.

Tandis que les guelfes hésitaient entre un empereur allemand peu à craindre et un tyran français prêt à accroître le pouvoir temporel de la papauté, les gibelins étaient donc pleins d'ardeur « au service du diable et de Conradin [1] ». Ils envoyaient de Pise plusieurs d'entre eux en Allemagne « éveiller l'aiglon endormi ». A leur tête étaient les échappés des prisons de Naples, Galvano et Federico Lancia, avec les deux frères Capece [2]. Des ambassadeurs de Pise et de Sienne, connaissant les moyens de mettre en mouvement les princes, apportaient cent mille florins pour lever un corps d'armée. Avec plus d'autorité que des Napolitains, ils promettaient l'appui d'une moitié de la Toscane, déjà en armes contre Charles d'Anjou. Les seigneurs dépossédés de la Lombardie avaient joint leurs envoyés à l'ambassade, et du royaume même de Charles accouraient d'anciens serviteurs de Manfred, déjà las de leur nouveau maître. Ils trouvèrent l'aiglon à Landshut, où il était né, dans son vieux manoir de Hohenschwangau, qui domine, d'un pic élevé, une contrée pittoresque entrecoupée de lacs et couverte de forêts [3]. Il leur parut ardent aux aventures, mais plus propre à les rêver avec son imagination de quinze ans, qu'à les courir et à voler de

---

[1] « Et bene vellemus quod Lombardi amici nostri ita facerent posse suum in servitio Dei et Ecclesie atque nostro et suo proprio sicut facimus posse nostrum et sicut faciunt inimici in servitio diabuli stando in excommunicatione et in servitio Conradini.... Nostri Lombardi nullam militiam extraneam tuis expensis habere voluerunt. » (Lettre de Charles, ap. *Chron. de rebus*, etc., p. 277.)

[2] « In Alamanniam ad suscitandum catulum dormientem et pullum aquilæ qui nondum ætate cœperat adulta pennescere, propere se convertunt. » (Sabas Malaspina, l. III, c. xvii, R. I. S., t. VIII, 832.)

[3] Saint-Priest, III, 29.

ses propres aîles. Des lettres pressantes furent pourtant mises sous ses yeux. De formelles et brillantes promesses l'éblouirent. Le comte Malecta, traître à Charles comme à Manfred, quoique maintenu dans sa fructueuse charge de trésorier[1], promettait seize mille onces d'or et mille lances soldées[2]. De toutes parts, disaient les ambassadeurs, on se préparait à la guerre, on en attendait le signal. Don Enrique de Castille, mal vu du pape qu'il gênait à Rome, ne pouvait qu'être favorable à l'entreprise. Des Alpes au Phare on ne rêvait que de rétablir sur le trône l'héritier légitime. Les Sarrasins de Lucera pleuraient d'attendrissement au seul nom de son aïeul, de son père, de son oncle, et se déclaraient prêts à tout sacrifier pour lui[3].

Malgré de si pressantes instances, la négociation traîna en longueur. Élisabeth, mère du jeune prince, s'opposait à l'expédition. Elle prévoyait les malheurs de loin. Elle ne comprenait pas qu'on opposât un enfant au redoutable Charles d'Anjou. Elle « demandait comment la ligue gibeline, réduite à quatre ou cinq villes, parviendrait à chasser d'Italie ces rudes Français. Avait-on pu seulement leur en fermer le chemin, lorsque la Toscane entière et plusieurs grandes communes lombardes, qui tenaient aujourd'hui pour les guelfes, faisaient partie de la confé-

---

[1] Archives de Naples, Arca F, fasc. 18, n° 13. Lettre du 24 février 1267, ap. Cherrier, III, 223.
[2] « Et licet olim Manfrido Malecte.... quia idem Manfridus XVI millia unciarum quas curie nostre promiserat pro stipendiis gentis nostre nobis non solvit in terminis constitutis, nec mille milites stipendiis propriis ad servitia nostra retinuit quos promiserat retinere. » (Lettre de Conradin, tirée de la Bibl. de l'Université de Leipsig, n° 1268, f° 75, ap. Cherrier, III, App., p. 517.)
[3] Sismondi, II, 450-452. — Saint-Priest, III, 29-31. — Cherrier, III, 221-223.

dération gibeline[1] ? » L'autorité de ces paroles était, il est vrai, amoindrie par le second mariage qui avait fait descendre la veuve de Conrad du rang de reine à celui de comtesse[2] ; mais l'éloquence passionnée d'une mère défendant l'avenir et peut-être la vie de son fils, balançait les conseils belliqueux des ducs Louis et Henri, oncles de Conradin, comme ceux du comte Meinhart, son beau-père. Si Conradin devait partir, il fallait gagner du temps. Nul ne pouvait nier qu'en prenant des années ou seulement des mois, il deviendrait plus apte à conduire son armée.

Cependant les chevaliers de Guy de Montfort, sans ennemis devant eux, se donnaient libre carrière en Toscane. Déjà s'élevaient contre eux de vives plaintes. Les Pisans leur reprochaient d'avoir « déformé ou désolé plusieurs de leurs terres. » Pour repousser ces attaques iniques, ils mettaient sur pied leur armée, sans vouloir, disaient-ils prudemment, manquer de respect au pape ni au roi[3]. Clément IV justifiait de son mieux les champions de l'Église :

« Hérode, écrivait-il, et avec lui Jérusalem tout entière furent bouleversés en apprenant la naissance du Sauveur[4]. Nous voulons vous avertir des dangers que fait courir à la Toscane

---

[1] Cherrier, III, 225.

[2] Au moyen âge, les reines remariées perdaient leur titre. Conradin, dans ses édits, n'appelle jamais sa mère que *comitissa* (Note de Saint-Priest, III, 12. Voy. à l'Append. J du même volume de cet auteur le texte des édits à l'appui).

[3] « Per quam dicitis terras aliquas deformatas vel verius desolatas..... Vos exinde justo timore concepto equis et armis et aliis necessariis gentem vestram instruitis.... non in nostri vel regis derogationem honoris. » (Clem. IV ep. cccli. Viterbe, 26 avril 1267. *Thes.*, II, 457.)

[4] « Sane perturbatum Herodem legimus et omnem Jerosolymam cum eodem, ortu salvatoris audito. » (*Ibid.*)

la perfide machination d'hommes perdus. Loin de la cacher, ils la montrent à tous les yeux[1]. Ils attendent leur nouvelle idole; ils donnent à Conradin le titre de roi[2]. S'ils sont vos amis, il est écrit, vous le savez, que l'ami des fous est semblable à eux... Fallait-il donc mander à Charles d'Anjou de se tenir en paix, de ne prendre aucune précaution, jusqu'à ce que les pieds de ses ennemis fussent dans son royaume? Vous-mêmes, ne prenez-vous pas vos mesures, sans avoir pourtant subi les attaques de personne[3]? Et lui, déjà si cruellement attaqué et atteint, alors qu'il voyait un autre usurper son titre, nous aurions dû l'empêcher d'énerver, dès le début, les forces des malicieux? Nous n'avons pas appris qu'aucune ville de Toscane revendique le privilége de ne pas recevoir de cavalerie dans cette province sans l'aveu de ses habitants. Si vous l'aviez, ce privilége, pourquoi l'avez-vous laissé supprimer naguère quand des forces ennemies de Dieu et de l'Église parcouraient ce pays? Si vous dites que c'était devotre consentement, vous avouez votre turpitude. Cessez donc de vous plaindre des excès d'un roi chrétien qui tient pour réformé ce que vous tenez pour déformé[4]. »

Ce roi chrétien mettait trop de prix à l'extermination de ses ennemis en Toscane pour y faire longtemps attendre sa présence. Dès les premiers jours de mai il passait la frontière, et faisait à Florence, puis à Prato, une solennelle entrée, aux acclamations des habitans[5]. Sincères ou de

---

[1] « Quam periculose fundabatur in Tuscia perfidissima machinatio, etc. » (Clem. IV ep. ccccli, 457.)

[2] « Novum idolum jam expectat, Corradinum nominans regem. » (Ibid.)

[3] « Ecce vobis providetis, ut scribitis, adhuc nemine vos tangente, et ipse tam crudeliter impetitus et tactus, in regni nomen et titulum alio jam intruso.... » (Ibid.)

[4] « Desinite igitur turbari de christiani regis excessibus qui reformatum extimat quod esse creditis deformatum. » (Ibid.)

[5] « Intravit Tusciam et Florentiam atque Pratum. » (Clem. IV ep. cccclxiv. Viterbe, 11 mai 1267. Thes., II, 466.) M. Bonaïni (Giorn. stor. degli archivi Toscani, t. III, avril–juin 1859, p. 77) met cette entrée au 11 mai. Cela est impossible, puisque ce jour même elle était connue à Viterbe et annoncée par le pape. Il faut l'avancer d'au moins deux ou trois jours. Villani dit que Charles ne vint à Florence qu'au mois d'août.

commande, elles eurent partout leur écho, sauf à Pise et à Sienne. Toutes les autres villes, en douze jours, avaient expulsé leurs gibelins, fait ligue entre elles, conféré au roi la dignité de potestat. Charles en était investi d'abord jusqu'au 1ᵉʳ janvier suivant, puis pour six années consécutives, à partir du 1ᵉʳ janvier 1268 [1]. Les communes liguées s'engageaient à l'aider ainsi que ses délégués, ou, si elles ne pouvaient mieux faire, à l'avertir du péril. Elles promettaient de traiter les gibelins en ennemis, sauf ceux qui auraient fait serment d'obéissance au pape, au roi, à ses vicaires, à la commune de Florence, de ne recevoir ni lettres ni ambassades de Conradin, ou de les remettre et dénoncer au vicaire royal, enfin de ne reconnaître empereur que l'élu du souverain pontife [2].

Il avait donc suffi d'une apparition du vainqueur de Manfred pour « déprimer beaucoup la puissance gibeline [3] ». Les villes, écrivait Clément IV, ne se gouvernent plus que par lui [4]. Un plus long séjour en Toscane n'était pas nécessaire, quand d'autres soins l'appelaient ailleurs. On rapporte qu'avant de quitter Florence, il s'y rendit

[1] « Assumserunt eumdem in Potestatem usque ad Kal. Januarii et inde ad sex annos. Idemque Pistorium faciet. » (*Ibid.*) « Potestariam Florentiæ et quarumdam aliarum terrarum in Tuscia usque ad Kal. Jan. et inde usque ad sex annos recepit. » (Clem. IV ep. cccclxii. Viterbe, 10 mai 1267. *Thes.*, II, 465.) — « Etiam Florentini, Lucani, Pistorienses et quædam alia loca celebria eamdem Potestatem.... elegerunt. » (Ep. cccclxxi. Viterbe, 25 mai 1267. *Thes.*, II, 472.) Villani (VII, 15) dit pour dix ans, mais il confond cette charge avec celle de vicaire impérial, qui fut, selon M. del Giudice (*Cod. dipl. del regno*, t. I, part. I, p. 29, note 3), donnée à Charles par le pape pour dix ans. Les lettres 625 et 626 de Clément IV ne fixent point la durée de cette charge.

[2] Voy. le doc. dans Lami, *Memorab. Eccles. flor.*, t. I, p. 496 sq., *Delizie*, t. VIII, p. 215-217, et le résumé dans Bonaïni (*loc. cit*).

[3] « Et jam multum depressa est potentia gibellina. » (Clem. IV ep. cccclxii, p. 465.)

[4] « Per cum hodie gubernantur. » (Clem. IV ep. cccclxxi, p. 472.)

populaire par une visite au peintre Cimabue, qui peignait alors cette fière et dure Madone, appendue encore aujourd'hui aux murailles de Santa Maria Novella¹. Le 23 mai, Charles était à Viterbe auprès du pape. Il lui venait demander le titre de capitaine de la Toscane durant la vacance de l'empire, et celui, plus passager mais plus noble, de *paciarius* ou pacificateur général², les seuls que le défiant pontife lui voulût accorder. Plus connu et mieux défini, le titre de vicaire impérial, qu'il désirait, lui eût donné trop de puissance, l'eût surtout trop rapproché de cette couronne des Césars que le saint-siége entendait séparer pour toujours de la couronne de Sicile. A la date du 4 juin, le « pacificateur » prêtait serment entre les mains du pape de ne pas conserver cette charge plus de trois ans³, et même de la déposer auparavant, comme d'abandonner, dans le délai d'un mois, toutes les places fortes de la Toscane⁴, si le siége apostolique venait à consacrer un empereur ou approuvait l'élection d'un roi des Romains. La peine, en cas de désobéissance, était l'excommunication et l'interdit⁵. Mais dans les limites où

¹ Voy. Saint-Priest, II, 296, 297.
² « Rex Siciliæ nobiscum est Viterbii, quem vacante imperio capitaneum Tusciæ proponimus constituere. » (Clem. IV ep. ccccLxxi. Viterbe, 23 mai 1267. *Thes.*, II, 472.) M. de Saint-Priest (II, 295) met ce séjour à Viterbe avant le voyage en Toscane. Les dates des lettres pontificales indiquées ci-dessus sont probantes à cet égard.
³ « Ea te lege volumus tantummodo usque ad triennium obtinere. » (*Breve Clem. IV*, 4 juin 1267, ap. Lünig, *Cod. dipl. ital.*, 1, 1074, et St-Priest, II, 294-295.) — L'acceptation de cette charge par Charles est contenue dans une lettre de lui à la même date (Voy. *Ann. eccl.*, 1267. — Rousset, Suppl. à Dumont, *Corps dipl. du droit des gens*, II, part. 1, p. 125, et *Cod. dipl. del regno*, t. II, part. I, p. 45).
⁴ « Novo Regi Romano ab sede apostolica confirmato omnes Tusciæ arces a se restitutum iri. » (*Annal. eccles.*, 1267, § 6, XXII, 205.)
⁵ « Quod si forsan imperatorem, vel Regem Romanorum a sede aposto-

Clément, IV renfermait ces pouvoirs nouveaux, il les voulait efficaces. Il donnait avis aux guelfes de se tenir à la disposition du roi, et autorisait deux frères prêcheurs à frapper d'anathème quiconque n'obéirait pas à ses commandements[1].

Ses commandements étaient de pousser la guerre avec énergie. C'est ainsi qu'il entendait son rôle de pacificateur. Tandis que Guy de Montfort, son vicaire général en Toscane, dirigeait dans leur ensemble les affaires de ce pays, Émile de Curbans, son vicaire particulier à Florence[2], sortait de cette ville, dans le même mois de juin, avec les milices de deux *sestieri* et les cavaliers français mis à sa disposition, pour donner la chasse aux gibelins établis dans le voisinage. Il conduisit l'expédition à la mode italienne, l'épée dans une main, la torche dans l'autre. Ceux qu'il traquait ainsi d'asile en asile se réfugièrent dans le château de Sant' Ellero ou Ilario. Il les y assiégea, les tua ou les fit prisonniers pour la plupart. L'impitoyable rudesse des gens du nord ne fit grâce ni aux femmes, ni aux enfants, ni aux vieillards, ni aux prêtres. Tout périt par le glaive ou dans les tourments[3]. Non moins implacables étaient les guelfes dans leurs ven-

---

lica approbatum, infra prædictum tempus regnare contigerit, aut per sedem eamdem prædictum tibi officium interdici, tu amplius eodem officio ultra mensem post interdictum hujusmodi non utaris. Et si contrarium feceris, eo ipso personam tuam excommunicationis, terram vero interdicti sententiis, quas propter hoc ex nunc ferimus, decernimus subjacere. » (*Breve Clem. IV*, etc., *loc. cit.*)

[1] Cherrier, III, 227.

[2] Il le fut, selon Paolino (II, 29), durant 2 mois et 17 jours, du 14 avril au 1ᵉʳ juillet 1267. Il ne figure pas sur la liste des potestats au ms. des *Officiales forenses*, quoique cette charge et celle de vicaire royal soient souvent confondues.

[3] *Chron. imp. et pontif.*, ms. de la Laurentiana, Cod. 5 et 7, Plut. XXI, ap. Cherrier, III, 228.

geances privées. Pour y échapper, on vit, à la prise de Gressa, qui suivit celle de Sant' Ellero, un jeune homme des Uberti, réfugié dans le clocher de l'église, se précipiter la tête en bas sur le sol, plutôt que de tomber aux mains des Buondelmonti, ses ennemis traditionnels[1].

Clément IV s'émut de ces horreurs. Tout d'abord il les voulut excuser en rappelant celles de la faction adverse[2], en montrant la nécessité d'une répression vigoureuse, pour rétablir la paix, « qui seule est un bien[3], » en frappant d'excommunication quiconque résisterait[4]. Mais huit jours plus tard, mieux informé sans doute, il écrivait à Charles lui-même : « Nous t'invitons et exhortons à éviter la cruauté dans tes actes et dans les actes des tiens, à pourvoir au repos de la province, à rechercher la victoire plutôt que la vengeance, l'amour plutôt que la crainte, en observant toujours cette juste mesure de ne pas se tromper quand on inspire l'effroi, et de ne pas engendrer le mépris quand on use de douceur[5]. »

Dépasser la juste mesure, c'était la tendance de tous, en ce temps de rudes mœurs et de passions violentes. Peut-être était-ce le seul moyen d'inspirer cette terreur

---

[1] Villani, VII, 19. — Paolino, II, 29. — Ammirato, l. III, t. I, p. 137-138.

[2] « Per quam (Tusciam), dum olim regeretur a perfidis, hostes ecclesiæ suæ fuerant roborati, multi fidelium bonis propriis spoliati, multi macerati carceribus, multi in exsilium dati, multi more bidentium cæsi gladiis, multi membris aliquibus mutilati. » (Clem. IV ep DXII. Viterbe, 28 juillet 1267. *Thes.*, II, 512.)

[3] « Attente considerans.... quod juxta sanctorum sententias pax tantum est bonum, ut per suum licite quæratur contrarium..., subegit aliquos manu valida et nonnullos obsidione vallerit. » (*Ibid.*)

[4] « In omnes qui in dictis Tusciæ finibus ei seu genti suæ se opposuerint, vel opponentibus consilium opemve præstiterint, excommunicationis sententiam promulgamus. » (*Ibid.*)

[5] Clem. IV ep. DXVII. Viterbe, 4 août 1267. *Thes.*, II, 515.

qui provoquait les soumissions. Trop souvent la clémence était réputée faiblesse. On ne passait pour fort que si l'on abusait de la force. Plus humains, Charles d'Anjou et ses lieutenants n'eussent pas atteint sitôt le but. Leur rudesse ne laissait de choix aux gibelins qu'entre la soumission ou l'exil. Hors de Toscane comme en Toscane, à Viterbe, Orvieto, Gênes, Vérone, comme à Lucques, Pistoia, Volterre, Colle, San Gemignano, ceux-là seuls levaient la tête qui méritaient l'appui du roi en lui prodiguant les hommes et l'argent. L'une après l'autre, toutes les villes de Toscane s'accordaient à faire la *taglia* avec les Florentins[1]. Pise et Sienne donnaient seules l'exemple d'une résistance obstinée, d'une fermeté inébranlable dans leur foi gibeline. Il les fallait donc réduire, car aux deux extrémités de la province elles étaient puissantes. La sécurité des guelfes était à ce prix.

Sienne, si redoutée jadis, parut des deux la plus vulnérable. Les agitations de ses citoyens, les révoltes de ses sujets l'avaient affaiblie. Bien loin étaient déjà les jours glorieux de Montaperti. Nul dans cette hautaine citadelle des gibelins ne pensait plus à empiéter sur les seigneurs voisins, Visconti de Campiglia et Manenti de Chianciano, ni même à châtier les communes rebelles, Grosseto et Rapolano, qui avaient ouvert leurs portes à l'ennemi. A rétablir la paix dans Sienne devaient se borner les efforts des magistrats. Une minorité faible de nombre, mais rendue forte par les circonstances, appelait de ses vœux les triomphateurs du dehors[2]. Elle se composait non de

---

[1] Villani, VII, 19. Paolino, II, 29. Ammirato, 1267, l. III, t. I, p. 138.
[2] Malavolti (part. II, l. II, f° 33 r°) ne sait pas si ces événements sont de 1266 ou 1267. Mais il tombe sous le sens que dans la plus gibeline des

guelfes, car il n'y en avait guère à Sienne, mais de bourgeois ou *populari*, que les intérêts sociaux de leur classe armaient contre les grands. Sans confiance dans une réforme faite à contre-cœur, elle mettait à mort ou jetait dans l'exil les réformateurs et leurs principaux partisans, impuissante, le lendemain comme la veille, à gouverner la commune.

En haine des proscripteurs, les proscrits s'étaient aussitôt alliés aux guelfes[1] pour porter à leur patrie un coup funeste, en lui enlevant Montepulciano, qui la couvrait au sud, comme Poggibonzi au nord. Montepulciano pris, la moitié des forces de Sienne se trouvaient détournées de ce côté, et le siége de Poggibonzi devenait possible. Un moment on avait cru qu'il ne serait pas nécessaire. Aux premiers jours de juillet, le maréchal de Charles, revenant de Sant' Ellero, avait dévasté le territoire de Sienne, dans l'espoir, partagé par le pape[2], mais dénué de tout fondement, qu'il suffirait d'une démonstration militaire pour amener à merci ces impénitents Siennois, que Clément IV accusait « de s'égarer au labyrinthe de l'erreur, de multiplier les maux, de dépouiller le clergé, d'opprimer les innocents, de s'affranchir de tout respect envers Dieu et les hommes[3]. »

---

villes, ils ne purent être que la conséquence des succès remportés par les guelfes au dehors.

[1] « In questa nuova seditione.... se bene non fu tra' guelfi e ghibellini, nè interamente tra nobili e populari, s'applicarên nondimeno quei che furon cacciati di Siena, e s'uniron con altri fuorusciti della parte guelfa. » (Malavolti, part. II, l. II, f° 35.) — Cf. Andrea Dei, R. I. S., t. XV, 35 ; Tommasi, etc.

[2] « Et quamvis Senenses hæsitent, missa tamen militia, procul dubio domabuntur. » (Clem. IV ep. CCCCLXXI. Viterbe, 23 mai 1267. *Thes.*, II, 472.)

[3] « Sane cum Senenses se penitus nescientes in erroris deciderint lab'-

Il fallait donc entreprendre des opérations plus sérieuses. Elles commencèrent au milieu de juillet[1]. Poggibonzi ne comptait pas, dit-on, moins de douze cents défenseurs, habitants de la forteresse, exilés de Florence, Allemands de Sienne et de Pise, sous les ordres du cardinal Ottaviano des Ubaldini[2]. Quoique privée de toutes communications avec le dehors par les tours et les édifices en bois des assiégeants, cette petite, mais forte place, leur tenait tête avec une inébranlable confiance, montrant ainsi, comme le remarque Sismondi, combien il était heureux pour Charles d'Anjou que Manfred eût hasardé une bataille, au lieu de l'arrêter à chaque château et de l'épuiser par une suite de siéges[3]. De tous les points de la Toscane arrivaient des renforts aux guelfes et aux Français[4]; néanmoins leur échec final était probable, et par suite, pour le roi, la perte de tout prestige, de toute autorité dans la province. Informé de l'état des choses, Charles accourut du fond de la Pouille. Reçu le 15 août à Florence avec les plus grands honneurs[5], après huit jours de repos, il se rendit avec ses chevaliers au camp de-

---

rinthum, et tot nostris ingrati gratiis mala malis accumulant, clerum spoliant, opprimunt innocentes.... Dati in sensum reprobum, ut videtur, Domini et hominum reverentiam abjecerunt. » (Clem. IV ep. DXIII. Viterbe, 30 juillet 1267. *Thes.*, II, 513.)

[1] « Castrum Podii Bonizi in Tuscia ossedebat cum parte guelforum de Tuscia, moram ibi faciendo a medio julii. » (*Chron. de rebus* etc., p. 273.)

[2] *Chron. de rebus in Italia gestis*, p. 273. Selon un autre contemporain, Pise n'avait pas envoyé moins de 800 cavaliers (*Minoritæ Florentini gesta Imperatorum*, ap. Böhmer, *Fontes Rer. germ.*, IV, 659.)

[3] Sismondi, II, 449, 450.

[4] « In via circa locum fratrum minorum proximum castro exercitum collocavit, et illuc Florentinos pariter et Lucenses, Pistoienses et Pratenses quantocius advocavit. » (*Minoritæ flor.*, etc., *ibid.*)

[5] Villani (VII, 21) dit le 1ᵉʳ août; mais Stefani, plus exact d'ordinaire pour les dates, dit : « Entrò in Firenze il dì di S. Maria mezzagosto. » (II, 141.)

vant Poggibonzi. Il était plein d'espérance. Il croyait tous les nobles toscans enfermés dans la forteresse, et il se flattait, en les prenant d'un seul coup de filet, de régner ensuite sans conteste sur tout le pays[1]. Mais impuissant comme son maréchal, il ne put que négocier, au lieu de combattre. Puisqu'il représentait la majesté impériale, pourquoi, disaient les assiégés, guerroyait-il contre des sujets dévoués de l'Empire? — Puisque je me présente au nom de l'Empire, répondait-il, pourquoi refusez-vous de m'ouvrir vos portes? — Elles ne s'ouvrirent pourtant que le 30 novembre[2], faute de vivres et sous condition que les personnes, que les biens mêmes seraient respectés[3]. Maître de Poggibonzi, le roi y demeura quinze jours. Il ordonna d'y construire, pour ses Français, une nouvelle forteresse aux frais des villes guelfes de Toscane. Florence dut donner 1992 livres, Pistoia 564, Arezzo 540, les guelfes de Sienne, qui formaient dans l'exil une « université, » 264; Prato, Volterre, San Gemignano chacune 216, Borgo San Sepolcro 168, Colle 120, Cortone 72, Montepulciano 36, Castro 24[4]. Cette contribution, où l'on voit l'importance proportionnelle des villes, paraissait d'autant plus vexatoire, que la forteresse ne fut pas continuée[5] et que l'argent ne fut pas rendu. Clé-

[1] « Obsidione firmata, quomodo in castro omnes nobiles ghibellinos de Tuscia inclusisset.... Credens castrum velocius capiendum et per consequens facile se posse totius Tuscie obtinere dominium. » (*Minoritæ*, etc., *ibid.*)

[2] Selon le *Chron. de rebus*, etc., à la saint André, 30 novembre (p. 273). Selon Simone della Tosa le 1er décembre. Villani dit à la mi-décembre; Ammirato dans les premiers jours de l'année.

[3] « Salvo castro pariter et personis. » (*Minoritæ*, etc., *ibid.*)

[4] Lettre de Charles confiant à Nicolas de Barrau et à Mercader de Grasse le soin d'exiger la taxe (Lucques, 11 février 1268. *Cod. dipl. del regno*, t. II, part. I, p. 115-118).

[5] Villani, VII, 21. *Chron. de rebus*, etc., p. 273-274. — Maran-

ment IV en excusait à sa manière Charles d'Anjou : « Il est pauvre, écrivait le pontife, et il dépense sans compter [1]. »

Contre Pise, la tactique fut la même : ravager le territoire sans s'attaquer à la ville. On était en janvier (1268) ; mais des gens du nord trouvaient cléments les frimats de l'Italie et n'avaient pas aux campagnes d'hiver la même répugnance que les Italiens. D'ailleurs, il fallait en finir ; il fallait châtier Pise d'avoir, par ses diversions et ses secours, prolongé la résistance de Poggibonzi. Charles dévasta le littoral, la vallée de l'Era. Par la force ou la ruse, il eut raison de divers châteaux. Les tours qui défendaient l'entrée de Porto-Pisano furent détruites et jetées à la mer [2], afin que les navires pisans perdissent leur plus sûr refuge contre les navires siciliens. La disette, pourtant, conseillait d'abréger. Si la rapine avait conduit en abondance des bestiaux au camp, on y manquait de pain : pour un pain, on donnait un mouton ; pour sept, un bœuf [3]. Mais le roi s'obstinait. En février, il mettait le siége devant Motrone, château qui incommodait les Lucquois. On rapporte que n'espérant point prendre d'assaut de si fortes murailles, il en fit

---

gone, R. I. S., Suppl., I, 540. — Ammirato, l. III, t. I, p. 138-140.

[1] « Regem Siciliæ pauperem esse noveris et inordinate consumere bona sua. » (Clem. IV ep. ccccLXXI. Viterbe, 23 décembre 1267. *Thes.*, II, 472.)

[2] Eorum portum succendit, turres evertit et in mare projecit (*Monachi Patavini Chron.* R. I. S., t. VIII, 727). — Disfè le torri del Porto (Villani, VII, 22). — Cf. Clem. IV ep. DLXXXII, Viterbe, 14 janvier 1268. *Thes.* II, 562. — Stefani, II, 142. *Breviar. hist. Pis.* R. I. S., t. VI, 198. *Minoritæ*, etc., ap. Böhmer, *Fontes*, etc., IV, 659.

[3] Et cum esset in exercitu panis penuria, tamen tanta carnium abundantia ibi erat ut unus aries pro uno pane daretur et bos unus pro septem panibus traderetur (*Minoritæ*, etc., *ibid.*).

déchausser une petite partie, remettant de nuit, dans les excavations, les pierres enlevées de jour, pour les enlever de nouveau ostensiblement le lendemain [1]. Réduits par la famine ou persuadés que leurs remparts allaient s'écrouler devant eux, les assiégés se rendirent le 2 mars, comme avait fait Poggibonzi [2].

Pas plus que Sienne, Pise n'était pour si peu en danger. Mais elle eut moins de hautaine fermeté que son alliée. Si elle continuait d'appeler Conradin, elle feignait la soumission, elle négociait pour gagner du temps [3]. La venue du jeune prince semblait désormais prochaine. Grâce à Charles d'Anjou, les guelfes n'en étaient point intimidés; quant aux gibelins, ils en concevaient les plus vives espérances. En attendant l'heure des combats décisifs, on s'y préparait de part et d'autre par des excès et des bravades. Sentences de confiscation et d'exil, anathèmes ecclésiastiques, chants de guerre et de défi se croisaient, se répondaient sans relâche. Chaque parti avait ses Tyrtées, ses *trovatori*, qui vouaient invariablement leurs ennemis à l'extermination :

« N'espérez pas, ô gibelins, écrivait un guelfe toscan, n'espérez pas secours de l'élection faite en Allemagne [4]. Ami, tiens pour

---

[1] Les auteurs attribuent ce stratagème au vicaire de Charles et ne disent pas que ce prince fût présent au siége; mais toutes ses lettres du 19 février au 2 mars sont datées du camp devant Motrone : *In castris in obsidione Motronis.* Voy. *Cod. dipl. del regno*, t. II, part. I, p. 122-132.

[2] Villani, VII, 22. Ammirato, 1268, l. III, t. I, p. 140. *Ptol. Luc. Brev. Ann.*, R. I. S., t. XI, 1285-86. Clem. IV ep. ncviii, 2 mars 1268. *Thes.* II, 577. — Voy. pour la date la note précédente.

[3] On trouve trace de négociations peu sincères de leur part dans une lettre du pape (*Thes.* II, 567) et une de Charles (*Cod. dipl. del regno*, t. II, part. I, p. 105 note).

[4] Celle d'Alphonse de Castille, parent de Conradin, qui était petit-fils de Constance, femme de Frédéric II, fille de Ferdinand III, sœur d'Al-

certain que je te verrai arriver à ta perte, ainsi que ceux qui sont avec toi. Tu te trompes, sois en sûr; toute la campagne appartiendra à l'Empire[1].

« On ne craint point la dent de l'agneau[2], car sa morsure n'est pas dangereuse; mais vous trouverez pire qu'un ours ou qu'un lion celui qui vous mordra, de telle sorte que votre sang ne pourra s'étancher. S'il faut que Charles vous ronge l'échine, on entendra vos cris plus loin qu'en Espagne. Certes, pour l'Empire, ce sera un jeu d'écraser ses ennemis.

« Troupe insensée, pour qui faites-vous des réjouissances? Ne savez-vous donc pas en quelle monnaie Charles paye et avec quelle promptitude il extermine quiconque s'oppose à lui? Ami, lie ceci à ton doigt : nos gens désirent ardemment en venir aux mains, mais ils ne verront des vôtres que les épaules.

« Le temps me durera mille années jusqu'à ce que nous vous rencontrions sur un champ de bataille. Vous y recevrez, ô gibelins, un si rude échec, que jamais vous ne vous en relèverez. La journée sera à nous. Ceux qui nous ont fait du mal seront payés au double[3]. »

Albizzo Pellavillani, *trovatore* gibelin, répond avec une égale assurance :

« Quelque habile que puisse être l'homme que le sort abandonne, son cœur sera en proie aux chagrins. Charles a été longtemps heureux à nos dépens. Mais aujourd'hui la fortune se tourne contre lui ; elle l'accablera. L'auteur de nos peines est tombé en démence, s'il croit nous résister, car il aura bientôt la mort pour compagne.

phonse X. Voy. l'arbre généalogique dans Malavolti, part. II, l. 2, f° 36 r°.

[1] L'empire, c'est ici Charles d'Anjou délégué ou vicaire en sa qualité de *paciarius*.

[2] Surnom donné à Conradin par les gibelins et repris ironiquement par les guelfes.

[3] Trad. de M. de Cherrier (III, 228) qui publie à l'appendice ce petit poëme (p. 517) qu'il a découvert à la Bibl. du Vatican et que lui ont expliqué des lettrés italiens. Nous croyons devoir le reproduire, ne fût-ce qu'à cause de la langue primitive. Voy. à l'appendice.

« Celui qui fut dit agneau fera couler en abondance le sang de quiconque il aura mordu. Le glaive devient sanglant quand l'agneau en frappe ses ennemis. Aucun pouvoir ne prévaudra sur le sien, parce que Dieu lui est favorable; nous sommes certains que l'Espagne en tressaillera de joie. Le juste triomphera, et l'Empire, qui l'a affligé, sera abattu.

« Nos cœurs vont droit à cette fête, sans que nulle crainte les en puisse détourner. Malheur à vous! Bientôt l'agneau apparaîtra sur le champ de bataille. Ce sera un coup de foudre qui consommera votre ruine. Vous n'échapperez point à sa puissance, et il sera fait une capture pour vous doublement douloureuse, car je vois Charles exposé à une cruelle mort[1]. »

Ces poëmes ne sont pas les seuls où les sentiments divers des factions trouvassent un vif écho[2]; mais nous n'en citerons plus que quelques vers où il est question de Florence. Le poëte, appelé Belindore dans un endroit du manuscrit et Palamidesse dans un autre, est sans doute un florentin et certainement un guelfe :

« Comme le nom que tu portes, écrit-il, remplit ton cœur d'orgueil et que tu es forcé d'attendre une grande guerre pour satisfaire ton ambition, tu te flattes qu'un nouveau roi étranger viendra au baptistère, avec une suite nombreuse de vassaux. Mais lis une autre page de ton Psautier; ce nouveau roi, s'il n'a pas perdu la raison, ne fera pas un tel voyage, et aucun de ses gens ne se présentera pour attaquer le champion de saint Pierre.

« S'il parait néanmoins sur le champ de bataille, jamais il ne goûtera de repos, lors même que Dieu permettrait qu'il vainquît Montjoie. Charles est bien assuré que son épée ne lui fera pas défaut, que Dieu lui donnera la victoire et qu'il accablera immédiatement quiconque oserait l'attaquer[3]. »

---

[1] Trad. du même, *ibid.*
[2] Voy. Cherrier, III, 518, 519, append.
[3] *Ibid.*, p. 519, append.

C'est l'usage, le rôle, et presque le devoir des belligérants, avant la lutte, d'affecter la confiance, alors même qu'ils ne l'éprouvent point. Mais le doute, l'inquiétude sur l'issue finale s'imposait également aux deux partis. Personne ne savait ce qui pouvait sortir des mystérieuses profondeurs de l'Allemagne, ce qu'il y avait de ressources dans l'esprit du nouveau roi de Sicile, et même d'énergie dans son caractère. Don Enrique de Castille, escomptant les futures victoires de Conradin, arborait ouvertement la bannière gibeline, demandait de l'argent aux églises, jetait les clercs en prison[1], bravait « ce glaive spirituel qui n'épargne, dit Clément IV, ni princes ni empereurs[2], » se faisait enfin élire pour cinq ans capitaine général des gibelins de Toscane, avec un traitement annuel de dix mille livres, sous condition de maintenir à sa solde deux cents lances espagnoles[3]. De Rome il menaçait le pape, qui, dans sa résidence de Viterbe, distante à peine de vingt lieues, pouvait être enlevé d'un coup de main. C'est pourquoi Clément IV, dès le 14 décembre 1267, avait rappelé le roi de Sicile dans ses provinces napolitaines, pour détourner vers le midi l'attention du turbulent sénateur[4], et sous prétexte que la révolte se propageait partout dans le royaume, en Sicile, en Pouille, aux Abruzzes. On a vu

---

[1] Spoliantur ecclesiæ, rapiuntur deposita, male tractantur clerici, carceri mancipantur (Clem. IV ep. DCXXXV. Viterbe, 3 mai 1268. *Thes.* II, 592). Cf. Sabas Malaspina, l. III, c. 20. R. I. S., t. VIII, 836.

[2] Spiritualem gladium exeremus qui nec imperatoribus nec principibus aliis parcere consuevit (Clem. IV ep. DLXXII. Viterbe, 28 décembre 1267. *Thes.* II, 556).

[3] 1ᵉʳ décembre 1267. Arch. di Stato, nᵒˢ 871, 872, 875. Citation de Cherrier, III, 238.

[4] In omnem casum tibi credimus expedire quod relicta ad præsens Tuscia... ad regni tui visitationem accedas (Clem. IV ep. DLXVI. Viterbe, 14 décembre 1267. *Thes.* II, 547).

que Charles, jugeant le danger peu grave, ne s'était pas pressé d'obéir, puisque, aux premiers jours de mars, il poursuivait encore sa campagne contre Pise.

Qu'il eût sur l'Italie du centre, et même sur l'Italie du nord, de secrets desseins, des convoitises personnelles, on pouvait le croire et Clément IV le croyait. De là, chez le pape et chez le roi une manière tout opposée d'envisager les mêmes événements. Depuis le mois d'octobre 1267, Conradin était à Vérone, où Mastino della Scala, seigneur de cette ville, l'avait reçu avec respect[1]. Clément IV affectait de le montrer peu redoutable, et Charles d'Anjou de le redouter extrêmement. Suivant le pontife, si la question entre « l'aigle et la fleur » devait être résolue sur le champ de bataille[2], la partie n'y pouvait être égale. Conradin n'était qu'un « sot enfant, traînant sa vie dans la douleur et la misère, déserté de sa famille et de tous, sauf d'un noble qui se disait duc d'Autriche, quoiqu'il ne possédât pas la place de son pied dans le duché[3], un adolescent insensé, qui n'avait avec lui qu'un

---

[1] Une lettre de lui, datée de Bolzano, près de Vérone, 4 octobre 1267, annonce à la commune de Pavie qu'il est arrivé en Italie pour combattre son ennemi (Voy. *Chron. de rebus*, etc., p. 274, et *Cod. dipl. del regno*, t. II, part. I, p. 89. Villani (VII, 23) dit donc à tort qu'il arriva en février 1268.

[2]
L'aigla, la flors a dreitz tant comunals
Que no i val leis ne i ten dan decretals,
Porque iran el camp lo plait contendre,
E lai er sors qui meills sabra defendre.
(Aicarts del Fossat, ap. Raynouard, *Choix de poésies*, etc. IV, 230).

[3] Conatus fatuos adolescentis stolidi Corradini (Clem. IV ep. DCVI. Viterbe, 27 février 1268. *Thes.* II, 576). In dolore et angustia transit vitam suam, desertus ab avunculo duce Bavariæ et a Vitrico comite Triburiensi, dimissus cuidam nobili qui ducem Austriæ se appellat licet nec passum pedis teneat in ducatu quem in solidum possidet filius noster in Christo carissimus Bohemiæ rex illustris (Clem. IV ep. DCVIII. Viterbe, 2 mars 1268, p. 577).

petit nombre d'hommes pauvres et mal équipés, qui ne pouvait avancer, parce qu'il n'osait, ni reculer, parce que la voie lui était fermée[1], qui sommeillait dans la détresse à Pavie, et qu'arrêteraient une poignée de cavaliers, car les châteaux de la route étaient déjà aux mains du roi[2]. »

Tout n'était pas inexact dans ces assertions et ces peintures : la plupart des chevaliers d'Allemagne venaient d'abandonner le jeune roi qui les avait amenés[3]; la conviction de tous, comme celle du pape, était qu'un simple prétendant[4], qui venait sans diplôme et sans titre disputer l'Italie à un rival pourvu de titres sacrés[5], ne menaçait pas sérieusement sa puissance. Mais qu'il en fût ainsi, c'est à la politique, à la désobéissance du roi que l'Italie et le saint-siége en étaient redevables. C'est malgré le saint-siége que Charles s'était emparé de ces châteaux de la route qui étaient le meilleur motif que pût avoir Clé-

[1] Corradinum noveris Papiæ cum gente non magna nec bene instructa multaque paupertate deprehensa; nec potest procedere quum non audeat, nec retrocedere, quum via sibi non pateat (Clem. IV ep. DCVIII. Viterbe, 2 mars 1268. *Thes.* II, 576, 577). — Conradin était parti de Vérone le 17 janvier avec 3000 cavaliers de toute nation, Allemands, Apuliens, Toscans, etc. (*Annales Placentini gibellini*, ap, Pertz, XVIII, 534). Cet ouvrage n'est qu'une édition avec variantes du *Chron. de rebus*, etc.

[2] Corradinus Papiæ somniat egestate depressus et gentem habens modicam, vilem etiam nec armis instructam, quem, si venire vellet, parva satis impediret militia, cum castra in via posita in manu regia jam sint data (Clem. IV ep. DCXIV. Viterbe, 16 mars 1268. *Thes.* II, 581).

[3] Selon Villani (VII, 23), il avait à sa suite 10,000 cavaliers, 3,000 ou 3,500 lui restèrent seuls fidèles. Les autres retournèrent en Allemagne.

[4] Conradus.., cum Karolo *rege* certando pro regno Siciliæ quod alter possidebat datum ab Ecclesia, alter *petebat* ut juris aviti et paterni (*Ricobaldi Ferrariensis compil. Chron.* R. I. S., t. IX, 250).

[5]   Car Conratz ven qu'es mogutz d'Alamagna,
    E' vol cobrar *ses libel* dat ni pres,
    So qu'a conquis Carles sobr' els Poilles.
        (Aicarts del Fossat, *loc. cit.*)

ment IV de ne plus craindre l'envahisseur. Justement inquiet de voir, dès le 18 novembre, le peuple romain se confédérer aux communes de Pise, de Sienne et autres villes gibelines de la Toscane[1], et dès l'arrivée de Conradin, la fameuse ligue lombarde ne lui opposer que la plus molle résistance[2], il avait jugé nécessaire de lui disputer le passage de l'Apennin. C'est pourquoi, avec quelque arrière-pensée peut-être, il s'était fait remettre par Alberto et Jacopo des Fieschi, comtes de Lavagna, l'importante forteresse de Pontremoli, située au cœur des montagnes, près des sources de la Magra. Puis, il la leur avait rendue à titre de fief, non sans y établir quatre cents hommes français, pour commander ainsi le passage de la vallée du Pô en Toscane[3]. Il gagnait à sa cause les marquis Malaspina et voulait occuper le pays de Luni[4]. Il songeait même à se transporter en Lombardie, à y prendre le comman-

---

[1] Document des arch. de Florence, n° 870 ap. Saint-Priest, IV, 241, Gregorovius, *Geschichte der Stadt Rom*, V, 415, et *Cod. dipl. del regno*, t. II, part. I, p. 95.

[2] Nemine sibi obviante, neque contradicente (*ibid.*). Cf. *Mon. Patav.* R. I. S., t. VIII, 728. *Memoriale potest. Regiens.* R. I. S., t. VIII, 1127.

[3] Son dessein de s'assurer les passages qui faisaient communiquer Lucques avec la Lombardie, résulte d'une lettre qu'il adresse à Guillaume L'Estendart, sénéchal de Provence et son lieutenant en Lombardie, et qui est publiée dans le *Chron. de Rebus*, etc., p. 277, et dans le *Cod. dipl. del regno*, t. II, part. I, p. 104-107.

[4] Facto pacto cum Ysnardo Malaspina et comitibus de Fisco qui tenebant Pontremullum, dederunt sibi fortiam Pontremulli, et dimissis 400 militibus in Pontremulo et Sarzana et Lunensi, cum suo exercitu intravit Lucam, volens et preparans se ire ad dominum papam (*Chron. de rebus*, etc., p. 276). Et habet Marchiones Malæspinæ et Pontremulum (Clem. IV ep. DCVIII. Viterbe, 2 mars 1268. *Thes.* II, 577). Le 5 mars il était à Pietrasanta et y restait jusqu'au 6. Par une lettre à cette dernière date, il donnait commission à quelques-uns de ses fidèles de recevoir le serment de fidélité des deux Fieschi pour le fief qu'il leur concédait, sans tenir compte de la concession faite aux mêmes par le marquis Pelavicino après Bénévent. (*Cod. dipl. del regno*, t. II, p. 1, p. 153. 6 mars 1268.)

dement des guelfes, honteux enfin de leur apparente connivence avec l'ennemi. Il comptait arrêter Conradin au passage des rivières ou peut-être l'assiéger dans Pavie et terminer la guerre d'un seul coup.

Clément IV craignait sa victoire autant que sa défaite. impuissant à le détourner de la guerre offensive, il se flattait de le voir arrêté par d'autres obstacles. « Le manque d'argent, écrivait-il, y fera plus que mes sages exhortations[1]. » En effet, c'est aux expédients financiers que le rival de Conradin consumait le temps des expéditions militaires. Le détail en est curieux et touche à l'histoire de Florence. Pour quinze mille livres il vendait Motrone aux Lucquois, pour vingt mille Poggibonzi aux Florentins. Les Florentins faisaient un marché de dupes[2], car au premier bruit de la venue de Conradin, ils devaient voir arborer sa bannière sur les remparts de la place vendue[3]. Le 13 février, des marchands de Florence comptaient au roi six mille livres, remboursables sur la dîme des biens ecclésiastiques en France, sur tous les revenus de son royaume et du comté d'Anjou[4]. Le 16, il recevait de

---

[1] Rex noster hactenus revocari non potuit a nobis requisitus, a Lombardis revocatus ut Papiam obsideat, quod ei quantum potuimus dissuasimus, et credimus quod plus eos retrahet defectus sumtuum quam nostra dissuasio, quamvis sana (Clem. IV ep. DCVIII. Viterbe, 2 mars 1268. *Thes.* II, 577).

[2] Nec illud habuerunt (*Chron. de rebus*, etc., p. 279).

[3] *Annal. Placent. Gibellini*, ap. Pertz, XVIII, 525. Cette chronique dit même : à peine Charles parti ; mais il est clair que des nouvelles de Conradin pouvaient seules inspirer cette audace à des vaincus.

[4] A Garnero, Garencio, Restaino et burgensi Meliorati, fratribus mercatoribus florentinis, quingentas libras bonorum et legalium turonensium mutuo nomine nostre camere accepisse et habuisse... nos et heredes nostros ac predictam cameram et specialiter decimam ecclesiasticorum proventuum nobis in regno Francie ab apostolica sede concessam, ac proventus comitatus nostri Andegavie, iisdem mercatoribus propter hoc obligantes (*Cod. dipl. del regno*, t. II, part. I, p. 122, note 1).

Lucques la même somme, et, le 22, cinq cents autres livres, aux mêmes conditions[1]. Le 24, il envoyait à Florence, et le 9 mars à Prato, Egidio des Forcari « docteur des docteurs [2], » chargé d'exiger « le reste des sommes tant empruntées que données à la chambre royale et la solde des cinq cents cavaliers de la *taglia*[3], » de fixer un terme extrême, et d'infliger un châtiment, si ce terme était dépassé[4]. Florence s'exécutait. Le 27 mars, elle comptait à Frère Arnulphe, de l'ordre du Temple, familier et trésorier du roi, cinq mille huit cent dix livres, pour la paye, pendant deux mois, des cent soixante-six cavaliers qui étaient son contingent sur les cinq cents de la *taglia*[5]. Englouti presque aussitôt que perçu, tout cet argent disparaissait comme dans le tonneau des Danaïdes. Il fallait recommencer sans relâche, engager à Niccolò Orlandini, marchand de Sienne, pour mille quarante onces d'or payables en deux mois, la couronne royale, garnie de pierres

---

[1] *Cod. dipl. del regno*, ibid., p. 120, 122, n°ˢ 30, 32.
[2] Doctori doctorum (*Ibid.*, p. 124, n° 33).
[3] Omnia residua quarumcunque pecuniarum tam mutuatarum quam donatarum camere nostre, nec non pecuniarum que comune ipsum de tallia 500 militum pro stipendiis ipsorum contingit exigas et recipias vice nostra (*Ibid.*).
[4] Prefixurus eidem comuni breve et peremptorium terminum ad solutiones hujusmodi faciendas, ac appositurus in hac parte penam quam videris expedire (*Ibid.*)
[5] Fratri Arnulpho « de ordine Templi familiarem et thesauriarum nostrum,... quinque millia octingentas et decem libras pisanorum parvorum pro paga centum sexaginta sex militum de duobus mensibus videlicet februario nuper preterito et toto presente martio (27 mars. Capitoli xxxv, f° 18 r°. *Cod. dipl. del regno*, t. II, p. I, p. 124). Pistoia payait au même, le 18 mars, 3,150 livres pour la solde de son contingent de 45 cavaliers (*Ibid.*). Les quittances du maréchal de Charles abondent au registre des *Capitoli* : t. XXIX, f°ˢ 354 v°, 355 r° v°, 17 juillet, 15 octobre, 12 décembre 1267, t. XXXV, f°ˢ 17 r° v°, 17 février, 14 mars 1268. Dans le *Cod. dipl. del regno*, t. II, part. 1, p. 122, 136, divers engagements à diverses dates.

précieuses¹, celle peut-être de Frédéric II, que le traître Malecta avait livrée à son nouveau maître². Il fallait emprunter à un autre marchand la modique somme de quatre-vingt-neuf onces³. Grâce à une gestion financière sans prévoyance et sans ordre, c'est à peine si Charles suffisait à payer l'arriéré de leurs gages aux commandants des forteresses, aux justiciers du royaume, et à gratifier des bourgeois, florentins et autres, qu'il faisait chevaliers et décorait du ceinturon militaire, en vue de se les concilier⁴.

Se tenir à la source du Pactole, et en faire couler des flots d'or, par la crainte ou par l'appât d'un gros intérêt, comme d'un remboursement prochain, n'était pas le moindre des motifs qui retenaient Charles d'Anjou en Toscane. Il y consacrait le reste de son temps à mettre le pays en état de défense, à ravitailler les forteresses de la ligue, à prendre mille mesures pour retarder la marche de l'ennemi. Il espérait lasser le pape, obtenir qu'il n'exigeât plus un prochain départ. Une dernière lettre dissipa péniblement cette politique illusion :

---

¹ Usque ad duos menses ex tunc apud sedem apostolicam dictis mercatoribus persolvendas, ac propter hoc predictis mercatoribus quandam coronam nostram de auro ornatam lapidibus pretiosis obligarunt (*Cod. dipl. del regno*, t. II, part. 1, p. 212, 213). Cette même couronne fut encore engagée avec quelques vases d'argent pesant 160 marcs, en 1272, à Girardini, marchand de Pistoia, pour prêt de 1,108 onces d'or (*Ibid.*, p. 213).

² Et die quinto intrante martio (1266) comes cammerlingus dedit dicto regi Carolo quatuor coronas aureas, inter quas erat una quondam Friderici imp. quæ inestimabilis erat (*Chron. Parmense*, R. I. S., t. IX, 781).

³ Noveritis Petrum Farinella dilectum clericum et familiarem nostrum a Petro Trincofolia de Juvenatio fideli nostro nonaginta novem uncias viginti duos tarenos auri et decem grana ad generale pondus regni nomine nostre camere mutuo recepisse (*Cod. dipl.* ibid., p. 137 note).

⁴ 22 mars 1268. *Reg. Caroli I*, Arch. Neap., f° 16, dipl. 1, 2, 3, ap. Cherrier, III, 246

« Pourquoi t'écririons-nous comme à un souverain, écrivait au roi Clément IV, à toi qui sembles mépriser ton royaume ? Il est sans cesse déchiré, comme un corps sans tête, par les Sarrasins et par des chrétiens perfides, épuisé par des voleurs. La chenille dévore ce qu'a laissé la sauterelle. Les dévastateurs ne manqueront pas, tant que manquera le défenseur. Si tu perds tes États, ne va pas croire que l'Église, pour te les rendre, recommencera ses travaux et ses dépenses. Tu pourras retourner dans ton comté, et n'ayant plus d'un roi que le titre, attendre l'issue des événements, un miracle de Dieu peut-être, si tu présumes assez de tes mérites pour te figurer qu'il est tenu de débrouiller tes affaires, quand tu ne suis que tes desseins, quand tu préfères à l'avis des autres ce que tu appelles ta sagesse[1]. »

L'amertume de ce langage avertissait Charles qu'il devait céder, s'il ne voulait rompre. Plein de douleur[2], il laissa en Toscane son maréchal Jehan de Braiselve[3], avec huit cents lances françaises, et arriva à Viterbe le 5 avril, jour du jeudi saint[4]. Il y reçut grand accueil.

[1] Sane si illud amittis, non credas quod Ecclesia labores repetat et expensas pro eo denuo acquirendo : sed ad tuos redire poteris comitatus, et regali contentus nomine, rerum exitum exspectare, vel divinum forte miraculum, si de tuis præsumis meritis, etc. (Viterbe, 28 mars 1268. *Ann. eccl.*, 1268, § 3, t. XXII, p. 233.)

[2] Karolus dolore tactus videns non posse facere quod optabat, neque posse in Tuscia regi Conrado resistere. (*Chron. de rebus*, etc.. p. 279.)

[3] Ce chevalier ne figure sur aucune liste des maréchaux de France. C'est donc à tort que Saint-Priest (III, 92) lui donne cette qualité. Il ne fut maréchal que du royaume de Sicile. On donne à son nom des formes diverses, Belselve, Béselve, Braiselva, Brasilda. La plus vraisemblable est celle de Braiselve ou Bresselve. Il est appelé Johannes de Braysilva dans le *Cod. dipl. del regno*, t. II, part. I, p. 123 note et ailleurs. Les recherches que M. Léopold Pannier a bien voulu faire, sur ma demande, au cabinet des titres (Bibl. nat., Dépôt des mss), sont restées infructueuses, ce qui n'est pas surprenant, vu l'ancienneté. Mais même dans les temps ultérieurs, on ne trouve aucune famille de ce nom ou d'un nom approchant.

[4] Divers auteurs mettent le jeudi-saint au 29 mars. Mais Pâques, en 1268, tombait le 8 avril, comme on peut le voir au calendrier perpétuel de l'*Art de vérifier les dates*, t. I. Cf. un doc. du 12 avril. Il y est dit : « Quarta feria ante festum pascalis hebdomade regem læti suscepimus, qui apud nos

Il s'y fit incontinent payer son obéissance, en arrachant au pontife, contre leurs adversaires communs, l'excommunication majeure qui les désarmait à moitié, parce qu'elle entraînait la déchéance de Conradin, et pour lui-même ce titre de vicaire impérial, objet de sa convoitise[1]. Le jour de Pâques, 8 avril, à Viterbe, éclatait solennellement l'anathème contre le dernier rejeton de la vieille souche souabe et contre ses fauteurs, nommément Guido Novello, Galvano et Fèderico Lancia, les habitants de Vérone, de Pavie, de Sienne, de Pise, et les gibelins de la Marche d'Ancône[2].

Mais à Pise, le jour même ou la veille, débarquait inopinément Conradin. Des galères pisanes l'y avaient amené avec cinq cents de ses chevaliers. Tout était concerté d'avance. Il avait reçu de Pavie douze mille onces d'or et de Pise dix-sept mille[3]. Vado, près de Savone,

---

adhuc moratur, regnum suum proxime intraturus. » (Clem. IV ep. dcxx. Viterbe, 12 avril 1268. *Thes.*, II, 584.) Le pape compte sans doute à la mode du calendrier romain, où la veille des calendes est dite le second jour avant les calendes. — Le 2 avril, Charles était encore à Cortone, comme le prouve un document de lui mentionné dans le *Cod. dipl. del regno*, t. II, part. I, p. 144, note 1.

[1] Ne officii commissi tenuitas nostrum possit propositum et tuum impedire processum, nos qui fluctuantis imperii curam gerimus, te vicarium ipsius imperii in dictis partibus constituimus generalem. (Clem. IV ep. dcxxv. 15 février 1268. *Thes.*, II, 587.) M. del Giudice (*Cod. dipl. del regno*, t. II, part. I, p. 188) veut que ce titre fût conféré pour dix ans. C'est probable, ce chiffre étant aussi celui qu'avait fixé le pape pour la charge de sénateur, mais il n'est pas dans les lettres relatives à la charge de vicaire.

[2] Voy. le texte de l'anathème dans les *Ann. eccl.*, 1268, §§ 4-16, t. XXII, p. 234.

[3] Corradinus in die cænæ Domini in Pisanorum navigiis Pisas intravit, quingentos, ut fertur, milites secum habens. (Clem. IV ep. dcxx. Viterbe, 12 avril 1268. *Thes.*, II, 584.) — Ubi intravit die sabbati sancti. (*Brev. Pis. hist.*, R. I. S., t. VI, 197.) — Die sabbati sancti qui fuit 7 mensis Aprilis civitatem Pisarum intravit. (*Chron. de rebus*, etc., p. 279.) — Le Minorite florentin (*loc. cit.*, p. 660) dit le 4 avril; M. de Cherrier, le 31

était le point fixé pour l'embarquement[1]. Il y était arrivé, en feignant une attaque contre l'abbaye de Morimont, à travers les domaines de ses cousins, fils du marquis del Carretto[2]. Le reste de l'armée avait ordre de s'avancer par les voies de terre, dès que le jeune roi aurait pris à revers la cavalerie de Charles, qui défendait le centre de l'Italie.

Cette brusque apparition fut un coup de foudre pour les guelfes. Clément IV en parut surpris plus encore qu'alarmé. Il avait prédit que Conradin ne trouverait pas le passage libre pour donner la main aux Pisans[3]. Ses lettres trahissent son anxiété :

« Où ira-t-il maintenant? Nous ne pouvons le savoir encore. Quelques-uns disent qu'il viendra par mer à Rome, d'autres qu'il pénètrera dans le royaume, ou qu'il passera en Sicile, pour y rejoindre ses adhérents. Mais Rome le recevrait-elle? Oserait-il entrer avec si peu de suite dans les provinces au delà du Phare, s'il ne peut compter sur une trahison dont nous n'avons aucun indice ? C'est en Sicile qu'il pourrait faire le plus de mal, à cause de la légèreté du peuple ; mais aussi c'est là qu'on pourrait le prendre. Au reste, en quelque lieu qu'il aille, il aura le roi sur les talons. [4] »

Charles, en effet, consentait enfin, le 30 avril[5], à quit-

mars, samedi saint. — Rien de mieux établi que cette date à un jour près.

[1] *Chron. de rebus*, etc., p. 278. Le marquis del Carretto avait épousé Catherine, fille naturelle de Frédéric II et sœur d'Enzio (Cherrier, III, 250).

[2] *Chron. de rebus*, etc., p. 275.

[3] Et sic Corradino non patet transitus ad Pisanos. (Clem. IV ep. DCVIII. Viterbe, 2 mars 1268. *Thes.*, II, 577.)

[4] Quo autem exinde idem Corradinus sit iturus, adhuc scire non possumus.... Quocumque tamen ibit, regem habebit ad talos. (Clem. IV ep. DCXX. Viterbe, 12 avril 1268. *Thes.*, II, 584.)

[5] Exivit heri Viterbio filius noster in regnum dirigens iter suum. (Clem. IV ep. DCXXX. Viterbe, 1er mai 1268. *Thes.*, II, 589.)

ter Viterbe et à retourner dans son royaume, pour y préparer sa défense, pour « y couper les cornes aux superbes[1] », pour y exterminer les Sarrasins révoltés de Lucera[2], mais surtout pour complaire à Clément IV. A vrai dire, il ne craignait guère les séditieux. Il les avait récemment terrifiés, en faisant transférer en lieu sûr, après leur avoir tranché un pied et une main, les comtes Giordano et Bartolommeo d'Anglano, Piero Asino des Uberti, frère de Farinata et d'autres prisonniers, coupables d'avoir voulu s'enfuir en tuant leurs gardiens[3]. Une fois dans les provinces méridionales, Charles inspirait par ses talents toute confiance au père des fidèles. « Ce jeune homme, disait Clément IV, parlant de Conradin, c'est le mouton que des méchants mènent à la boucherie[4] ».

Conradin, pourtant, était bien conseillé. Peut-être même avait-il l'instinct de la politique et de la guerre. Son séjour au centre de l'Italie le rendait redoutable :

---

[1] Locution fréquente dans les lettres de Clément IV : « Per quem inimicorum cornua confringentur (ep. DCXIV, p. 584). Ad peccatorum cornua confringenda. » (Ep. DCXLII, p. 598.)

[2] Ad Sarracenorum Luceriæ et aliorum perfidorum exterminium animatus. (Clem. IV ep. DCXXX. Viterbe, 1ᵉʳ mai 1268. Thes., II, 589.) — Le 7 mai, Charles était à Aquila, le 12 à Ortona, le 20 au siége de Lucera (Cod. dipl. del regno, t. II, part. I, p. 149 note).

[3] Qui Karolus ira motus misit in Provinciam et fecit comiti Jordano et comiti Bartholomeo, Petro Asino de Florentia, Aliprato et aliis quos in carceribus habebat cuilibet ipsorum amputare pedem et manum, propterea quod de carceribus evadere volebant, interficiendo custodes eorum. Quibus ita devastatis adhuc ipsos detinet carceratos apud Asiam civitatem Provincie. Erant enim primo in Rocha Castellanne. (Chron. de rebus, etc., p. 273-274.)

[4] D. Clemens papa, dum apud Viterbium in ecclesia fratrum prædicatorum in festo Pentecostes (27 mai) solemniter celebraret et prædicaret, et ego tunc prior provincialis fratrum prædicatorum Lombardiæ.... præsens essem, dixit publice, coram omnibus nobis : Ne timeremus, quia scimus quod iste juvenis a malis hominibus sicut ovis ducitur ad mortem. (Jacques de Vorage, Chron., R. I. S., t. IX, 50.)

par terre ou par mer, il pouvait, à sa volonté, se porter sur tous les points. A peine avait-on posé le pied en Toscane, on y semblait prendre des forces. Le gros de ses troupes l'y rejoignait bientôt par Sarzana et Lavenza, en évitant Pontremoli[1], et bien armées, habillées de neuf[2], elles l'aidaient à tenir en échec les guelfes que décourageait l'absence de Charles d'Anjou. Au moyen de concessions territoriales et mercantiles, il s'assurait le concours résolu des Pisans[3]. Il chargeait Corrado Capece de soulever la Sicile. Il pouvait, grâce à l'alliance de Sienne, s'avancer à travers toute la Toscane, jusqu'aux frontières napolitaines, d'où Charles aurait voulu surtout l'écarter. Il le coupait ainsi de ses communications avec les guelfes toscans et lombards, comme des secours qu'ils auraient pu lui fournir. Tout danger n'avait pas disparu sans doute, mais il semblait que la cause gibeline eût déjà triomphé des principaux.

Conradin suivait un plan tracé d'avance. Le 15 juin, au moment de quitter Pise[4], il chargeait Federico Lancia d'accomplir une forte diversion, en se faisant porter par trente galères pisanes et d'autres gros navires sur les côtes du Royaume, avec cinq cents hommes de débarquement. Lui-même, par la route de Sienne, il se mettait en marche sur Rome, pour opérer sa jonction avec le sénateur. Il évitait les engagements sans conséquence, où la plus brillante victoire l'eût affaibli. A Pontetetto, aux portes

---

[1] *Chron. de rebus*, etc., p. 279-280.

[2] Armatis omnibus et de novo vestitis. (*Minoritæ*, etc., *loc. cit.*, p. 660.)

[3] On peut voir le détail de ces concessions dans Cherrier, III, 250.

[4] En partant de Pise, il avait délivré des priviléges où Guido Novello est mentionné (publiés par Dal Borgo, *Diplomi pisani*, p. 201). Voy. pour la date, *Anonym. fragm. hist. pis.*, R. I. S., t. VI, 197.

de Lucques, son armée rencontrait celle de Jehan de Braiselve et de Gottifredo della Torre, vicaire de Charles et potestat de Florence[1]. Un filet d'eau, la Guscianella, les séparait à peine. Personne ne le franchit. Le maréchal avait ordre de temporiser en observant l'ennemi, et Conradin se ménageait[2].

A Poggibonzi, sur son passage, les habitants lui offrirent les clés de leur *rocca*. A Sienne, il était reçu, comme à Pise, avec des transports de joie[3]. Son dessein étant désormais manifeste, le maréchal de Braiselve, par inspiration personnelle ou par ordre, résolut d'y faire obstacle, en lui coupant le chemin. Le 24 juin, il sortit de Florence, et s'achemina vers Arezzo, par le val supérieur de l'Arno. Il comptait tourner l'armée gibeline et occuper un de ces défilés si faciles à défendre qu'on rencontre sur la route de Sienne à Rome. Les milices florentines l'accompagnaient. Dans leurs rangs on voyait Notto Salimbene, de cette grande famille siennoise dont les trésors avaient littéralement équipé les vainqueurs de Montaperti[4]. En arrivant à Montevarchi, on apprit que l'ennemi infestait la contrée, et qu'une embuscade était à craindre du côté d'Arezzo. Avec la pru-

---

[1] Entré en charge le 1ᵉʳ juillet 1267. Le 1ᵉʳ janvier suivant, Isnardo Ugolino lui fut adjoint (Voy. la liste des premiers vicaires de Charles publiée par Paolino, II, 29). Gottifredo figure sur la liste des potestats au ms. des *Officiales forenses*.

[2] Villani, VII, 23. — Ammirato, l. III, t. I, p. 141.

[3] *Chron. de rebus*, etc., 279-280.

[4] Cela résulte d'une lettre de Charles en faveur de ce Notto, qu'il félicite d'avoir bien combattu à Ponte a Valle : « Qualiter etiam et quam strenue nobis videntibus et scientibus te gesseris in prelio inter nos et quondam Corradinum commisso.... » (19 juillet 1268, au siége de Lucera.) Dans un autre acte, il est question de divers autres Siennois dévoués. Le 28 septembre suivant, Notto recevait, en récompense, le vicariat des châteaux de San Quirico et Orgia (*Cod. dipl. del regno*, t. II, part. I, p. 210, 211).

dence italienne, le chef florentin refusait d'aller plus avant ; mais avec la témérité française, Braiselve passa outre, attiré par le danger comme le papillon par le feu, et plus jaloux de sa renommée de preux chevalier que du salut de ses hommes d'armes. Guillaume de l'Estendart marchait en avant-garde, avec trois cents cavaliers bien armés, mais nullement précédés d'éclaireurs. Ils étaient parvenus à Ponte a Valle, où ils devaient traverser l'Arno, sur un pont étroit, resserré entre deux rochers. Non loin de là, dans un défilé que forment, près de Laterina, la montagne et la rive du fleuve, s'était embusqué, sur le conseil des exilés florentins, familiers avec les lieux, le duc d'Autriche, suivi ou pour mieux dire guidé par le principal des Uberti. Le 25, l'avant-garde passa sans encombre ; mais quand Braiselve parut avec ses cinq cents lances, dans un désordre qu'expliquait, sans le justifier, sa confiance au corps d'avant-garde, Allemands et gibelins s'élancèrent, « comme des lions affamés se précipitent sur leur proie, » et mirent leur ennemi dans une complète déroute. Sur le champ de bataille, jonché de cadavres, fut pris et pendu le maréchal [1]. Pendant qu'on emmenait à Sienne les prisonniers, plus nombreux encore que les morts, ceux des hommes d'armes qui cherchaient leur salut dans la fuite étaient capturés et maltraités par les paysans. « C'est leur coutume, dit Ammirato, étant outragés par leurs amis comme par leurs adversaires, d'user envers les uns et les autres d'une égale cruauté, quand ils en ont le pouvoir [2]. »

---

[1] *Cod. dipl. del regno*, t. II, part. 1, p. 215 note. Le minorite florentin, par patriotisme guelfe, atténue la défaite : « pluribus interfectis cum aliquibus illum cepit. » (*loc. cit.*, p. 660.)

[2] Essendo stati presi da contadini, i quali come indistintamente sogliono

L'humiliation était profonde pour des chevaliers français. Partout on parlait d'eux avec un dédain extrême[1]. Isnard Hugolin, chevalier provençal, vicaire du roi à Florence[2], Guido Guerra, « comte de la Toscane palatine, » et le gouvernement florentin envoyèrent en toute hâte au pape le sénéchal de Provence, pour implorer de prompts secours. Clément IV n'en pouvait donner qu'en paroles[3]; du moins, il ne s'y épargna pas. Il répondait par écrit, consolant les guelfes du « malheur déplorable », et les exhortant à une vigoureuse résistance[4]. Quelques jours plus tard, il les félicitait d'être restés unanimes dans leur dévouement à l'Église et au roi[5]. Il enjoignait au dominicain Guillaume de Tonneux, nonce apostolique, de lever l'excommunication dont quelques

---

esser oltraggiati dagli amici e da' nemici, cosi quando hanno il potere contra gli uni e gli altri parimente incrudeliscono. (Ammirato, 1268, l. III, t. I, p. 141-142.)

[1] È quasi aveano per niente i Francesi. (Villani, VII, 24.) Voy. en outre, pour le récit de ce combat, Ammirato, *loc. cit.*, Malavolti, part. II, l. II, f° 36, et une lettre de Conradin à ses fidèles de Lombardie, ap. *Chron. de rebus*, etc., p. 280-281.

[2] Il est ainsi nommé dans les lettres que lui adresse le pape (Voy. ep. DCLXXXIII. *Thes.*, II, 620), et figure dans la liste des premiers vicaires de Charles, donnée par Paolino (II, 29), comme adjoint le 1ᵉʳ janvier 1268 à Gottifredo della Torre. Il figure comme potestat sur la liste des *Officiales forenses*.

[3] Nos sane dilectum filium G. Senescallum Provinciæ quem ad vos cum militia remitti petitis ad præsens remittere non valemus, cum jam Viterbium venerit, ubi exspectat bene placitum dicti regis. (Clem. IV ep. DCLXIX. Viterbe, 4 juillet 1268. *Thes.*, II, 613. Lettre à Guido Guerra, Isnardo Ugolino, vicaire royal, au conseil et à la commune de Florence.)

[4] De casu flebili qui nuper in Tuscia contigit.... de quo accepimus vos tristari.... non tamen est doloribus sed contra hostes fortius et animosius insistendum, etc. (Clem. IV ep. DCLXXII. Viterbe, 4 juillet 1268. *Thes.*, II 613.)

[5] Vos nihilominus in fide et devotione Ecclesiæ ac regis ejusdem unanimiter permanetis. (Clem. IV ep. DCLXIX. Viterbe, 8 juillet 1268. *Thes.*, II, 615.)

Florentins étaient frappés pour trop de retard à payer Jacopo de Collemedio, ce potestat pontifical qui avait refusé d'exercer sa charge, mais qui ne refusait pas d'en toucher le salaire [1].

Cette unanimité pourtant et cette fermeté des guelfes, que faisait sonner si haut le rusé pontife, n'était pas à toute épreuve. Le succès de Conradin l'avait fort ébranlée [2]. Le jeune prince trônait à Sienne, battant monnaie, comme faisait ailleurs Charles d'Anjou. Pour prix des fiefs et priviléges qu'il prodiguait en véritable maître de l'Empire [3], il recevait soixante mille livres, solde de ses chevaliers pendant trois mois [4], plus une haute paye en faveur de ses Allemands [5]. « C'est l'opinion de beaucoup d'écrivains, dit Malavolti, que si Conradin n'avait pas quitté Sienne, il aurait réduit la Toscane tout entière à sa dévotion [6]. » A Florence même, foyer de la résistance, Is-

---

[1] Et super absolutione vestris civibus impendenda ab excommunicationis sententia qua tenentur pro salario quod dilecto filio nobili viro Jacobo de Collemedio debetur, dilecto filio fratri Guillelmo de Tonneux, ord. fr. præd. per nostras litteras sub certa forma committimus vices nostras. (Clem. IV ep. DCLXXII. Viterbe, 8 juillet 1268. *Thes.*, II, 615.) — Cf. l'ep. DCLXXIII à Guillaume pour qu'il absolve certains Florentins. Même date, p. 615.

[2] Diede la rotta data alle genti di Carlo e a guelfi di Toscana gran riputatione alle cose di Corradino. (Malavolti, part. II, l. II, f° 36 r°.)

[3] Priviléges pour les péages, les juridictions, les milices, les droits dus par les marchandises, la propriété de celles qui étaient jetées par un naufrage à la côte, et qu'il enlevait équitablement aux riverains, pour les rendre aux marchands, légitimes possesseurs. — Voy. ce privilége publié *in extenso* par Malavolti, part. II, l. II, f° 36 v°, 57 r°.

[4] Receptus fuit cum maximo honore a Senensibus qui ei donaverunt 60 m. libra illius monete ex quibus militibus suis soldum persolvit trium mensium. (*Chron. de rebus*, etc., p. 279-280.)

[5] Fu data una paga a' Tedeschi del re Corradino per rimunerarli in qualche parte del voler dimostrato in quella fattione. (Malavolti, part. II, l. II, f° 36.)

[6] Fu opinione di molti scrittori che se Corradino.... non si fusse partito

nard Hugolin, Guido Guerra, Guillaume de Tonneux se voyaient réduits à tolérer des pratiques contraires au roi Charles. Clément IV les en réprimandait avec amertume. Il leur enjoignait de ne rien faire, de ne rien permettre, jusqu'à ce qu'il eût donné verbalement à son nonce Guillaume de Tonneux, rappelé à Viterbe, des instructions précises. « C'est bien assez, disait-il, que nous laissions impunie la tolérance dont vous avez usé sans consulter ni nous, ni le roi [1]. »

Ainsi le désarroi était complet parmi les guelfes de Toscane, et quelque coup vigoureux pouvait les réduire à merci. Mais Conradin n'était pas maître de prolonger son séjour. Il n'aurait pu sans imprudence laisser à son adversaire le bénéfice du temps, et attendre, pour agir, que, l'argent lui faisant défaut, il se trouvât seul, sans Allemands, avec quelques gibelins. D'ailleurs, Galvano Lancia et don Enrique l'appelaient à Rome pour ceindre la couronne impériale, flattant ainsi la vanité de son âge, comme l'impétuosité de son tempérament. Le 19 juillet, il s'était donc remis en marche, accompagné de loin par

---

cosi presto di Siena, harebbe ridotta la provincia di Toscana tutta a sua devotione. (Malavolti, part. II, l. II, f° 36 r° v°.) Le jésuite Bzovius (*Ann. eccl.*, 1268) partage cette opinion.

[1] Ne quid novi facias fierive consentias circa Florentinæ statum aut regimen civitatis, donec ore ad os nobis locutus fueris. (Clem. IV ep. DCLXXIX à Guillaume de Tonneux. Sans date. *Thes.*, II, 618.) — Relationibus variis apud nos rumor increbuit quod tu cum nobili viro comite Guidone Guerræ, fratre Guillelmo de Tonneux, nuncio nostro et quibusdam aliis tractatus varios tolerasti super his quæ ad Florentinæ pertinent regimen civitatis sub boni specie in Caroli regis præjudicium et dispendium immutandis.... Mandamus quatenus in eisdem usque ad fratris ejusdem reditum nec procedas nec procedi per alios aliqua ratione permittas, cum sufficere tibi debeat si ipsa tolerantia quam nobis et eodem rege penitus inconsultis tractatibus talia præstitisti, transire valeat impunita. (Clem. IV ep. DCLXXXIII à Isnardo Ugolino, vicaire royal à Florence. Viterbe; 29 juillet 1268. *Thes.*, II, 620.)

la flotte pisane qui longeait la côte et s'avançait à la rencontre de la flotte provençale[1]. « Par une bravade de jeune homme, au lieu de gagner la route de Pérouse et de Spolète, au lieu d'éviter Viterbe, où Clément IV résidait, il passa, le 22, sous les murs de cette ville, avec toute son armée, couronnée, comme lui, de verdure et de fleurs[2]. » Pour punir son audace, l'excommunication majeure, déjà fulminée par le pape, fut portée à la connaissance de l'Italie par tous les évêques dans leurs cathédrales, cloches sonnantes et lumières éteintes[3].

Mais il lui importait peu. Son armée s'accroissait d'heure en heure, comme ces fleuves que viennent grossir de nombreux affluents. De la Marche d'Ancône, des États siciliens, de Lombardie non moins que de Toscane lui étaient envoyés des contingents nouveaux. A Rome, où il arriva le 24 juillet, il n'admit sous ses bannières que ceux-là seuls des nobles et du peuple qui avaient donné de sérieux gages au parti gibelin[4]. Il était assez fort pour pouvoir choisir. Le 10 août, il repartit[5], car une fatale ardeur l'entraînait vers ses destinées. Six mille cavaliers le suivaient, avec de l'infanterie, Allemands de son escorte ou

---

[1] Elle la battait le 11 août suivant à l'entrée du phare de Messine (Sabas Malaspina, l. IV, c. iv et v, R. I. S., t. VIII, 840).

[2] Saint-Priest, III, 93. Cet auteur rapporte à ce moment le mot de Clément IV sur le mouton qu'on mène à la boucherie. (Voy. plus haut p. 136.) Il ne remarque pas que Jacques de Vorage dit que ce propos fut tenu le jour de la Pentecôte. Or cette fête tombait, en 1268, le 27 mai, et Conradin ne partit de Sienne que le 19 juillet.

[3] *Reg. Clem. IV*, cur. N. 17, f° 256 ap. *Cod. dipl. del regno*, t. II, part. I, p. 185, note.

[4] Cherrier, III, 258.

[5] *Ann. génov.*, Villani. — Ptolémée de Lucques et un ms. du Vatican, suivis par Cherrier et Gregorovius, disent le 18 ; mais M. del Giudice montre très-bien que jamais Conradin n'aurait pu, en ce cas, être sur le champ de bataille le 22 (Voy. *Cod. dipl. del regno*, t. II, part. I, p. 186 note).

mercenaires, Espagnols de don Enrique, Lombards sous les ordres de Galvano Lancia, Toscans commandés par Gherardo Donoratico de Pise. Trouvant gardée la route de Cepperano, l'antique voie Latine, chemin ordinaire des invasions, il cherchait à gagner Sulmona par les Abruzzes, pour se joindre aux Sarrasins de Lucera[1]. Mais il se confiait dans la supériorité du nombre, et négligeait de surveiller les mouvements de son vigilant adversaire, qui connaissait tous les siens. Charles avait quitté Foggia et la Capitanate, centre de la rébellion, ne laissant devant Lucera qu'un simple corps d'armée. Il était à Scurcola quatre jours avant que Conradin sortît de Rome. Durant quatre jours et quatre nuits[2], il le suivit le long de la frontière, non pour l'empêcher de la franchir, mais pour le contraindre à accepter le combat le plus loin possible des Sarrasins[3]. Il l'y contraignit le 22 août, au pied de la colline d'Alba, dans une étroite et marécageuse vallée qu'arrosent les maigres eaux du Salto, et que traversait une route dont les deux moitiés, séparées par ce ruisseau, étaient réunies par un pont[4]. Aux six mille

---

[1] Nos eos de passu in passum per quatuor dies et noctes totidem insequentes et etiam persequentes, tandem percepto quod dicti hostes per Sculcule partes ingressi sperabant libere pertransiti via recta descendere et pervenire Sulmonam et exinde in Luceriam.... (Lettre de Charles, 24 août 1268, près d'Alba, à la commune de Padoue, sur le fait de la bataille, ap. *Chron. Patav.* Muratori, *Antiq. ital.*, IV, 1144 et *Cod. dipl. del regno*, t. II, part. I, p. 190, 191.)

[2] Corradinus ejusque sequaces regni mei finibus propinquarunt, foramina per quæ possent latenter ingredi seque conjungere Saracenis. (Lettre de Charles au pape pour lui annoncer sa victoire. *Thes.*, II, 624, n° DCXC, 23 août 1268.)

[3] Voy. sur toute cette stratégie une note excellente de M. del Giudice (*loc. cit.*) qui rectifie les chroniqueurs et les historiens.

[4] Ad quemdam collem prope Albam, qui per duo parva milliaria distabat ab hostibus, ex quo Pallentinus campus se explicat. (Lettre de Charles à la

chevaliers de Conradin, il n'en pouvait opposer que quatre mille [1]. Mais l'expérience militaire d'un vieux baron français rétablit l'équilibre. Il se nommait Erard, sire de Valery, connétable de Champagne, et revenait de Terre-Sainte avec cent lances [2]. Sur son conseil, l'armée fut divisée en trois corps, dont deux firent face à l'ennemi, tandis que le troisième, composé de huit cents cavaliers, que conduisaient Erard et le roi lui-même, se dissimulait dans le creux d'un vallon, pour ne donner qu'au moment décisif [3]. C'était vouer les deux premiers à une destruction presque certaine; mais qu'importe, si l'on achetait la victoire à ce prix? Conradin tomba dans le piége. Ne voyant devant lui que deux corps d'armée, il répartit également en deux toutes les forces dont il disposait, se croyant sûr ainsi d'avoir partout l'avantage du nombre [4]. Ni lui ni ses conseillers ne pensèrent à for-

---

commune de Padoue, *loc. cit.*) Cf. Saint-Priest, III, 103, 107. — Cherrier, III, 258-259. — Sismondi, II, 460.

[1] 4,000 suivant le *Chron. de rebus*, etc. 5,000 suivant Villani (VII, 26). Cf. Malavolti, part. II, l. II, f° 38.

[2] Dante (*Inf.*, XXVIII, 18) l'appelle Alard de Valery, et il a été suivi par tous les Italiens, même par quelques Français. G. de Nangis l'appelle Erars de Walleri. Voy. sur ce « chevalier preuz et renommez » des détails précis dans l'éd. des œuvres de Rutebeuf donnée par M. Jubinal, t. I, p. 360-370. On y trouve le récit de Guillaume de Nangis sur ce chevalier (*Historiens de la France*, XX, 435).

[3] Tertia fortassis octingentorum nobilium strenuorum qui totum regis, si expediret, exercitum poterant relevare ruentem. (Sabas Malaspina, l. IV, c. IX, R. I. S., t. VIII, 849.) M. del Giudice (*loc. cit.*, p. 187) conteste le fait d'Erard de Valery, parce que Charles n'avait pas besoin de ce secours pour vaincre et parce qu'il n'en est fait mention ni dans les archives de Naples ni dans la plupart des chroniqueurs. Mais Charles ne devait pas s'en vanter. Guillaume de Nangis est une autorité, et le langage de Dante prouve que l'intervention du chevalier était connue et admise généralement.

[4] Duas tantum militum suorum fecit alas. (Sabas Malaspina, l. IV, c. IX, R. I. S., t. VIII, 849.) Sismondi (II, 460) dit d'après d'autres chroniqueurs que Conradin partagea son armée en trois corps, selon les nations dont elle

mer une réserve, non plus qu'à explorer le pays, ce qui, en leur révélant la tactique ennemie, leur en eût suggéré l'équivalent.

Le but, des deux parts, était de passer sur la rive opposée, et, par conséquent, de s'emparer du pont. Les Provençaux et les guelfes italiens, placés sur la rive gauche, se tenaient sur une défensive menaçante, prêts à disputer le passage. Don Enrique, avec ses Espagnols, était chargé de le tenter et de conduire l'attaque. Repoussé avec énergie, ne pouvant traverser la rivière, dont les bords étaient trop escarpés, il en suivit le cours, jusqu'à ce qu'il trouvât, plus loin, un accès plus facile et un passage à gué. Ce mouvement, d'exécution trop rapide pour que les Français y pussent faire obstacle, porta l'infant sur la rive gauche, et lui permit de prendre à revers le corps d'armée qui lui était opposé. Il l'eût anéanti, si le maréchal Henri de Cousance ou de Cosenza [1] n'avait amené à la rescousse le second corps, qu'il commandait.

---

se composait ; mais Sabas Malaspina est un historien ; les autres ne sont que des chroniqueurs. Le moine de Padoue, notamment, n'écrit qu'un panégyrique déclamatoire.

[1] Viri nobilis Roberti Cusentini, dicti de Cusentia, militis. (Arch. de Naples, Reg. I, Karolus I, 1269, ap. Saint-Priest, III, 120.) Il est question de ce maréchal de Louis IX dans deux lettres du pape (1267, 1268, *Thes.*, II, 472, 696). Charles l'avait, à Naples, nommé son conseiller (anno eodem (1267) 9 februarii receptus fuit in consiliarium Dominus Henricus de Cousanciis Marescallus Francie. Reg. N, 4, Car. I, 1269, B, f° 176). — On remarquera qu'un document napolitain donne le nom de Robert ; mais celui d'Henri est confirmé par divers documents de 1255, 1265, 1267. Dans l'hiver de 1268, Mahaut, veuve d'Henri, transige avec ses exécuteurs testamentaires (Voy. Anselme, *Hist. généal.*, etc., VI, 622). Quant au nom de Cousance, il y a en France trois communes de ce nom, une dans le Jura, deux dans la Meuse, sans compter une petite rivière qui se jette dans l'Ain (Voy. Bescherelle, *Grand dict. de géogr. univ.*, II, 402), mais aucune de ces communes n'a jamais été un fief. On est donc porté à croire que ce seigneur, au service de Charles, en avait reçu le fief de Cosenza, que les auteurs du temps durent transformer en un nom français.

Contre lui s'avancèrent aussitôt les Allemands, et la mêlée, désormais générale, ne pouvait qu'être à l'avantage des plus nombreux. Guelfes et Provençaux désertaient le champ de bataille, entraînant Jacques Gantelme, leur chef[1]. Guillaume de l'Estendart s'enfuyait dans la plaine, avec les hommes d'armes qu'il avait sauvés du désastre de Ponte a Valle. Seul, Henri de Cousance tenait bon. Pour attirer sur lui tout l'effort des assaillants, il avait revêtu l'armure royale, et faisait déployer devant lui la bannière aux lis d'or. Bientôt atteint de mille traits, frappé de mille coups, il était, dit-on, coupé en morceaux par des vainqueurs sans pitié[2].

Le succès ne semblait plus douteux. Conradin, accablé par la chaleur, avait remis à ses écuyers son armure, et se reposait à l'ombre des grands peupliers au bord du Salto, tandis que les siens, répandus partout, poursuivaient les fuyards pour les capturer, faire du butin, s'assurer de riches rançons. Charles d'Anjou rongeait son frein, contenu à grand'peine par Erard de Valery de voler au secours des fidèles serviteurs égorgés presque sous ses yeux. Enfin, le vieux gentilhomme donna le signal de démasquer l'embuscade et de fondre sur des ennemis dispersés, uniquement attentifs au pillage des tentes ou à la poursuite des vaincus. Ceux-ci, en entendant leur cri de guerre, en voyant apparaître de nouveau la bannière royale, au mi-

---

[1] Nous avons vu plus haut (l. IV, ch. I, t. II, p. 26) Jacques Gantelme, officier provençal au service de Charles d'Anjou.

[2] Si le découpèrent pièce à pièce, ja soit que il se feust moult bien deffendus comme bons chevaliers. (Guillaume de Nangis, ap. *Hist. de la France*, t. XX, p. 433.) — Le fait de ce travestissement est confirmé par les documents des archives de Naples (Voy. *Cod. dipl. del regno*, t. II, part. I, p. 188 et notamment les paroles mêmes de Charles : « Nos esse mortuos per hoc credentes firmiter et altis vocibus acclamantes. » — Reg. N, 16; 1272, E, f° 93 v°. *Cod. dipl.*, ibid.)

lieu d'un corps compacte, frais, en bon ordre, reprirent courage et se rallièrent. Don Enrique, revenant sur ses pas, tenta en vain de les entamer. Les siens étaient frappés de terreur : ce roi qu'ils avaient cru mort, ils le voyaient vivant, ils le croyaient ressuscité par miracle. En feignant de les fuir, Erard et Charles achevèrent de les vaincre. Attirés au loin dans la plaine, l'infant et ses Castillans tombèrent aux mains des Français[1]. La revanche de ceux-ci fut décisive et complète. Après une nuit de repos, qu'ils passèrent par prudence sur le champ de bataille, ils commencèrent à leur tour la chasse dans les montagnes et les bois. Le massacre de Bénévent, écrit Charles lui-même, était peu de chose en comparaison[2].

Telle fut cette victoire décisive, improprement dite de Tagliacozzo, mais qui gardera ce nom, que Dante lui a donné[3]. Conradin en fuite et sans autre armée que cinq cents lances, revint à Rome, où il trouva les guelfes acclamés par une populace mobile; puis il s'alla cacher au

[1] Dum de prelio fugeret captus ad nostrum carcerem est adductus. (Lettre de Charles à Saint Louis, Genazzano, 12 septembre 1268, ap. Rymer, t. I, part. II, f° 110, et *Cod. dipl. del regno*, t. II, part. I, p. 199.)

[2] Illa strages quæ in campo Beneventano facta fuit, hujus respectu valde modica fuit. (Lettre de Charles au pape, *loc. cit.* — La lettre à Padoue répète la même assertion.) Voy. sur cette bataille, outre cette importante lettre et les auteurs cités, *Ann. eccl.*, 1268, § 32, 33, t. XXII. — *Ricobaldi Ferrariensis Hist. Imp.*, R. I. S., t. IX, 136.— *Pipini Chron.*, l. III, c. vii, R. I. S., t. IX, 682. — *Monarchi Patavini Chron.*, R. I. S., t. VIII, 730. — Villani, VII, 27.

[3] Inf. XXVII, 17. On a fait remarquer avec raison que le bourg de Tagliacozzo est à six milles de la plaine où fut livrée la bataille, que c'est de la position du vainqueur que les batailles prennent leur nom : M. de Saint-Priest en conséquence propose celui d'Alba ; M. Von Raumer, de Scurcola ; M. de Cherrier, du Salto ; M. del Giudice, de Ponte ou de Palenta. Mais ce dernier reconnait avec raison l'impossibilité de changer un nom que Dante a rendu immortel.

château d'Astura, sur la côte, où Giovanni Frangipani, soit lâcheté, soit trahison, le livra à l'amiral sicilien [1].

Charles aurait pu être clément : il fut inexorable. « Avec une férocité française, » dit le guelfe Sabas Malaspina [2], il faisait couper les pieds à ses prisonniers, pour qu'ils fussent hors d'état de marcher contre lui, et mettre le feu à leur prison, pour effacer jusqu'au souvenir de ces horreurs [3]. Il fit pendre ou décapiter ses principaux ennemis. « Une fois les têtes abattues, écrivait-il aux Lucquois, les membres ne résistent plus [4]. » Clément IV, de son côté, se plaignait qu'on épargnât les fugitifs [5]. Restait Conradin. Ses droits, que beaucoup tenaient pour légitimes, et qui longtemps avaient paru tels à Louis IX, allaient causer sa mort. Il était condamné sans procès, par le fait même de sa rébellion [6]. Anéantir dans son

---

[1] Sabas Malaspina, l. IV, c. ix-xvi (R. I. S., t. VIII, 845 sq.). — *Pipini Chron.*, l. III, c. xviii (R. I. S., t. IX, 658). — Villani, VII, 29. — Bartolommeo de Neocastro, *Historia sicula*, l. I, c. ix, R. I. S., t. XIII, 1023. — *Minoritæ*, etc., p. 661. — Sismondi, II, 462. — Saint-Priest, III, 133-139. — Cherrier, III, 267-270.

[2] Postquam in ferocitatem concitatam sæve gallicam inciderunt. (Sab. Malasp., l. IV, c. xiii, R. I. S., t. VIII, 849.)

[3] Fecit obtruncari pedibus.... Et tandem considerans quod ex hujus modi aspectione opprobrii Romani poterant provocari, usus consilio saniori, glomeratos reductosque infra septa cujusdam clausuræ murorum fabrica circumquaque vallatæ, incendio tradidit. (*Ibid.*)

[4] Contritis capitibus, nulla resistentia est in membris. (Ms. Bibl. Angelic. Rom. D, VIII, f° 17, ap. Cherrier, III, 272.)

[5] Ægre ferimus, si veritas suffragatur relatibus, quos inimicos Ecclesiæ capitales a filio nostro.... confusos per fines vestros, ut dicitur, libere transire permictitis. (Clem. IV ep. DCXCII. Viterbe, 26 août 1268. *Thes.*, II, 626.)

[6] Dans une lettre qu'il adresse de Rome aux Lucquois pour leur apprendre que ses principaux ennemis sont en son pouvoir, il les déclare « jam in capitali pena condemnatos. » Aucun procès encore ne pouvait avoir eu lieu. En l'absence de tout *jus belli*, la rébellion emportait la mort (Voy. *Cod. dipl. del regno*, t. II, part. I, p. 215 note).

dernier rejeton la maison de Souabe, c'était dissiper tout danger de contestations ultérieures. La tentation était trop forte : Charles y succomba. Il ne se souvint plus que ces Sarrasins, qu'il exécrait comme infidèles, l'ayant eu jadis en leur pouvoir, l'avaient, avec le roi son frère, rendu à la liberté[1].

On pensa communément alors que le souverain pontife autorisait cette rigueur inouïe. On prétendit qu'il avait, comme Tarquin, coupé dans son jardin les plus hautes têtes de pavots[2]. On lui prêta cette parole cruellement sentencieuse : *Vita Corradini, mors Caroli; mors Corradini, vita Caroli*[3]. Les Florentins affirment au contraire que « le pape avec ses cardinaux réprimanda vivement le roi, et qu'il était trop saint homme pour avoir consenti[4] ». Mais ce saint homme était avant tout un politique : il croyait l'effusion du sang quelquefois nécessaire. Dans sa volumineuse correspondance, on ne trouve pas trace d'une objection avant le supplice ou d'un reproche après. Bien plus, il permit d'arrêter dans ses États la victime désignée[5]. Les prélats, les sages, les doctes du

---

[1] C'est Malavolti qui fait non sans à-propos ce rapprochement (part. II, l. II, f° 38 r°).

[2] *Fiorita d'Italia*, ms. de la bibl. Barberina, n° 911, f° 116, ap. Cherrier, III, 276.

[3] Ce sont les historiens de Naples, Collenuccio, Fazello, Giannone, qui ont accrédité ce mot ; mais, ou ils ne citent pas d'autorités, ou, comme Giannone, ils allèguent Villani, qui dit justement le contraire. Voy. la note suivante.

[4] Della detta sententia data contra Curradino lo re Carlo ne fu molto ripreso dal papa, da' suoi cardinali e da chiunque fu savio.... E chi disse che 'l papa consentì, ma non ci diamo fede, pero che era tenuto santissimo huomo. (Villani, VII, 29.)

[5] MM. Gregorovius et del Giudice voient une preuve de l'assentiment du pape dans son silence et dans l'absence de documents d'où il résulte qu'il voulût sauver Conradin. M. del Giudice tient pour une fable tout le récit de Neocastro et même le fait d'un procès instruit. Il n'y en a pas trace

(An. 1268) SUPPLICE DE CONRADIN. 151

Royaume interprétaient judicieusement ce muet langage, quand ils donnaient au roi leur maître, par l'organe du protonotaire Robert de Bari, la « permission » de tuer son rival¹. Ainsi périt l'infortuné Conradin². « Peu de spectateurs contenaient leurs larmes, surtout les chevaliers français, qui détestaient la cruauté du roi Charles³. » On prétend même que son gendre, Robert de Flandre, n'osant rien contre lui, tua sous ses yeux le protonotaire qui avait lu la sentence, disant qu'il n'était pas permis de condamner à mort un si grand et si noble gentilhomme⁴. En Italie la désapprobation fut générale, sauf chez les plus ardents des guelfes⁵, et en Allemagne le retentissement profond : il y dure encore aujourd'hui.

Avec Conradin disparaissait, pour plus d'un demi-

---

dans les archives de Naples si pleines d'actes de Charles. — Conradin était un rebelle, cela justifiait une justice sommaire (Voy. *Cod. dipl. del regno*, t. II, part. I, p. 234 note).

¹ Permissione pontificum et sapientum ac scribarum consiliis in eos sententiam, tanquam prædones, providit præsentis judicii acriter promulgandam. (Neocastro, *Hist. sicul.*, c. x, R. I. S., t. XIII, 1024.) — M. de Cherrier (III, 279) traduit : « Avec la permission du souverain pontife », sans se souvenir qu'à la page 277 il a tenté de disculper Clément IV de toute connivence.

² Probablement le 29 octobre. Voy. sur cette date la discussion de M. del Giudice (*Cod. dipl. del regno*, t, II, part. I, p. 231 note).

³ Pauci spectatores lachrymas continebant, presertim equites Franci, qui regis Karuli detestabantur sævitiam. (*Ricobaldi Ferrariensis Pomarium*, R. I. S., t. IX, 138.) Ce mot montre combien Sabas Malaspina est injuste, en attribuant à tous les Français la cruauté d'un de leurs princes. Guillaume de Nangis constate froidement la désapprobation générale : « De la mort Conradin murmurèrent aucunes gens, et disoient que li roy Charles le deut avoir espargnié, pour ce qu'il estoit enfez encore et que il avoit esté déceus des traitours, dont moult de gens d'Allemaigne furent esmeu contre li (*Vie de Saint Louis*, ap. *Historiens de la France*, XX, 459).

⁴ Villani, VII, 29.

⁵ Quidam tanto rigore non moniti gaudebant in filium hostis tanti sævitiam sceleris audivisse. (Neocastro, *loc. cit.*) — Cf. Sabas Malaspina, l. IV, c. xvi, R. I. S., t. VIII, 851. — *Pipini Chron.*, l. II, c. ix, R. I. S., t. IX, 658.

siècle, ce saint empire romain, qui, selon Joseph de Maistre, n'était ni saint, ni empire, ni romain[1], et dont les atrocités, selon Voltaire, justifient toutes les entreprises du saint-siége contre lui[2]. Il n'avait guère rendu qu'un service à l'Italie, éternel objet des convoitises allemandes, et il le lui avait fait payer cher : pour résister aux envahisseurs, les envahis étaient devenus experts dans l'art des ligues, sans perdre leur goût pour la vie individuelle et l'isolement, fruit germanique de tant d'invasions[3].

Funeste en somme, la maison de Souabe n'avait montré le génie de la civilisation que chez Frédéric II et Manfred, devenus Italiens. Elle avait détourné l'Église de son œuvre civilisatrice, et les républiques des arts de la paix, source de leur prospérité. A tant de causes de discorde, aux rivalités de voisinage, d'industrie, de trafic, de domination, elle en avait ajouté une autre, plus nuisible parce qu'elle était moins naturelle, la nécessité de se prononcer pour le pape ou pour l'empereur, et de combattre quiconque ne suivait pas la même bannière, fallût-il déchirer son propre sein.

La cause supprimée, l'effet subsiste : quand il n'y a plus d'empereur, ni même de candidat à l'empire, il y a encore des gibelins, espérant un nouveau César, une constitution féodale, des républiques de magnats, s'appuyant sur la populace, ne laissant point de place, entre la masure et le palais, pour les boutiques des marchands.

---

[1] *Du pape*, p. 220.
[2] Voltaire va même jusqu'à dire que le seul sac de Milan par Barberousse suffirait à cette justification (*Essai sur les mœurs*, c. XLVIII, t. VII, p. 312, éd. Lahure in-12).
[3] Sur les bienfaits rendus à l'Italie par l'Allemagne, Leo dit les choses les plus étranges, parmi lesquelles la vérité lui échappe quelquefois (Voy. l. IV, c. IX, t. I, p. 495).

Rêve chimérique autant qu'égoïste! Quoique entravé, le trafic l'emporte et avec lui les guelfes, cette bourgeoisie laborieuse qui attire à soi et retient les humbles par le travail qu'elle leur donne et l'aisance qu'elle leur procure, qui a trop de biens et déjà trop de lumières pour supporter la suprématie de la force oisive, avide et brutale des grands, qui tient pour le pape et la démocratie, parce que les grands tiennent pour l'aristocratie et l'empereur. Ainsi se trouvent relégués au second plan l'empereur et l'Allemagne, sauf aux plaines lombardes, où la docilité à la tyrannie produit un précoce avilissement. En Toscane, la lutte a pour objet, non de se donner un maître, mais d'être maître soi-même, lutte pleine de grandeur et de noblesse, malgré ses misères de détail, et à laquelle il ne manque, pour être absolument glorieuse, que de respecter mieux la liberté des vaincus sous le pouvoir établi [1].

Maître absolu dans le midi par la défaite de Conradin, Charles d'Anjou l'était au nord, par celle d'Uberto Palavicino et de Buoso de Doara. Les villes de Lombardie et de Piémont le reconnaissaient pour protecteur, pour seigneur, lui payaient tribut, recevaient ses officiers [2]. Mais au centre, en Toscane, l'esprit indépendant et républi-

---

[1] On trouve au tome VIII des *Delizie*, p. 221, la reproduction d'un livre dit *del Chiodo* (du clou). C'est la liste des condamnés à Florence, par *sesti* et paroisses, en 1268 et 1269. On n'y compte pas moins de trois mille citoyens.

[2] Mediolanenses, Placentini, Cremonenses, Parmenses, Mutinenses, Vercellani, Cumanenses et alii plures de Lombardia publice juraverunt fidelitatem domino regi Karulo cum pluribus pactis et conventionibus inter eos initis. — Eodem tempore de mense decembris Astenses federati sunt cum vigerio. . . . . regis Karuli qui erat in Alba cum certa quantitate militum Provincie : cui ex pacto promiserunt sibi dare pro tribus annis et 4 diebus quibus treugam fecerunt 15 millia libra astensia. (*Chron. de rebus*, p. 304.)

cain n'aspirait, le danger passé, qu'à secouer le joug. Clément IV ne s'y trompait point. Aussi, recommandait-il au roi de déléguer ses pouvoirs sur cette province au comte Guido Guerra, qui y avait pris naissance, qu'on y jugeait apte à la gouverner en s'appuyant aux Florentins, et à exercer les plus hautes fonctions [1].

C'était le testament politique d'un pontife qui, après bien des anxiétés, avait connu de grandes joies. Il mourait au mois de novembre 1268. Le pouvoir de Charles s'en trouvait augmenté dans les États de l'Église, mais non en Toscane, où il n'avait d'autorité que pour nommer des potestats. Ces potestats, il est vrai, lui jurent fidélité comme à l'Église, et réservent toujours, par une sorte de fiction, les ordres royaux, les défenses royales; mais ils s'engagent à gouverner les villes selon leurs statuts, à faire vive guerre aux Pisans, aux Siennois, à Guido Novello et à Simone son frère, à leur refuser tout marché, tout tribut, et, s'ils sont faits prisonniers, à les détenir en prison jusqu'à ce qu'il en soit autrement ordonné par le roi [2].

---

[1] Comitem Tusciæ qui tibi tam fideliter quam utiliter multo servivit tempore.... Quod si forsitan in Florentia rectorem Italicum prout a te cito petetur, instituere proposueris, credunt multi quod eo non posses ponere meliorem. Quin etiam si majorem locum in Tuscia sibi committeres, creditur quod in illo melius se haberet. (Clem. IV ep. DCC. Viterbe, 22 septembre 1268. *Thes.*, II, 629.)

[2] Le 25 septembre 1268, Charles nommait Guido Attoldi Bardi des Bardi, potestat à Prato (*Cod. dipl. del regno*, t. II, part. I, p. 206). — Voici la forme du serment imposé aux potestats de Toscane : « Quod omnes vicarii nostri et alie potestates et rectores de parte Ecclesie in Tuscia ordinandi jurare debeant super sancta Dei Evangelia in manibus nostri vicarii vel sui nuncii specialis regere civitates et loca sibi commissa et homines eorundem ad honorem Dei et sancte Romane Ecclesie atque nostram, et civitatis et loci cujus regimen exercebunt, secundum jura et statuta et bonos usus civitatis et loci, salvis mandatis nostris, et quod Pisanis et Senensibus intrinsecis et Guidoni Novello et Symoni fratri ejus et terris corum et aliis adju-

Des guelfes seuls avaient pu dicter ce serment. L'observer, c'était gouverner dans leurs vues et leurs intérêts. Rien n'était donc changé en Toscane : il n'y avait qu'un protecteur de plus, un surcroît de force pour les plus forts. Aussi tout plie-t-il devant eux. Durant quelques mois leur fortune n'a pas d'histoire. Jusqu'en juin 1269, il n'est nulle part mention de Florence. Ils y ont tout loisir de mieux asseoir leur gouvernement, de réchauffer leurs haines, de préparer des expéditions. Désormais, ils sont en quelque sorte Florence même, et ils lui ouvrent de plus larges horizons. Ils ne se contentent plus d'assurer la libre circulation de ses marchandises, ou même d'étendre son territoire dans des proportions modestes, aux dépens des municipes voisins. Ils pensent à lui donner des sujets, à la transformer de commune en État.

Après avoir englouti les petites cités, il ne restait aux grandes qu'à s'entre-dévorer ; mais pour aucune, pas même pour Florence, ce n'était une facile entreprise. Malgré sa supériorité croissante, Florence ne pouvait encore attaquer de front ni Pise, ni même Sienne, où ses proscrits, et à leur tête Guido Novello, s'étaient réfugiés. Elle pouvait, du moins, attirer ses ennemis hors de leur repaire, et c'est ce qu'elle entreprit en attaquant Poggibonzi, dont la défection avait naguère blessé l'orgueil du peuple florentin.

A Sienne, depuis Montaperti, dominait l'énergique, l'altier Provenzano Salvani. Il y était, dit un témoin ocu-

---

toribus eorum facient vivam guerram, et quod non habebunt cum eis pacem vel treguam absque speciali nostra licentia vel mandato, nec permittent eis mercatum fieri vel apportum,... et captos in carcere detinebunt, nec eos dimittent absque nostra licentia et mandato. (Acte du 19 janvier 1272, à Capoue. *Ibid.*, p. 206 note.)

laire, comme le maître¹. Jamais il n'avait plié devant
Charles, même au lendemain de Bénévent et de Tagliacozzo. Bizarre autant que dévoué, on l'avait vu, pour sauver un ami condamné par ce prince à payer une rançon
de dix mille écus, ou à avoir la tête tranchée, étendre
un tapis sur la place publique et solliciter la charité de
ses concitoyens². Avec ses exilés, ses Pisans, ses Allemands, ses Espagnols, il disposait de quatorze cents cavaliers et de huit mille fantassins. Résolûment, il prit
l'offensive, dont il sentait les avantages. L'attaque que
les Florentins préparaient contre Poggibonzi, il la porta
contre Colle, où les bannis de Pise et de Sienne étaient
venus chercher un abri. Le vendredi soir, 14 juin, la
nouvelle en parvint à Florence. Dès le samedi matin,
ordre était envoyé à Neri Bardi, capitaine du Val d'Elsa,
de ne pas soutenir la lutte avec ses deux cents cavaliers,
mais d'attendre des renforts. En même temps, la cloche
de la commune appelait aux armes les habitants de trois
sestieri. Ils devaient se trouver réunis sous leurs bannières respectives, quand aurait cessé de brûler la chandelle qu'on avait placée en avant de la porte par où ils
devaient marcher à l'ennemi.

« Ils y marchèrent, dit Paolino, au pas de course. La
plupart portaient des guirlandes sur la tête. Jamais Florentins n'allèrent si joyeusement au combat³. » Ils étaient

---

[1] Qui erat *quasi* Senensium dominus. (*Minoritæ*, etc., *loc. cit.*, p. 663.)
Ce mot tranche la question du rôle de Provenzano, car le Minorite était
alors à Sienne, comme il le dit au même endroit. Provenzano n'avait donc
ni la dictature, ni la tyrannie, mais il était le premier citoyen de Sienne,
et il jouissait d'une grande autorité.

[2] Ammirato, l. II, t. I, p. 143-144.

[3] E puose la candela alla porta di Piazza, e fu bando il piede che neuno
di quelle tre sestora si lasciasse trovare dopo la candela arsa, avvegnachè non

pleins de confiance en eux-mêmes et dans les deux cents Français, leurs alliés, que conduisait le vicaire de Charles, Jehan Britauz ou Bertauld, seigneur d'Hangest, « un tout petit homme, mais de grand courage[1]. » Ensemble, ils formaient à peine quatre cents cavaliers[2]. Sans attendre les milices, qui suivaient de loin, ils poursuivirent leur route, et, le dimanche soir, ils arrivèrent à l'improviste devant Colle, où Provenzano n'avait pris aucune mesure pour empêcher leur jonction avec Neri Bardi.

Cette faute commise, il fallait à tout prix la réparer. Le chef siennois leva son camp, et se mit en mesure d'occuper une plus forte position. Mais, dès le lendemain, 17 juin[3], Jehan Britauz profitait du désordre où ce déplacement mettait les ennemis. Passant un pont qu'ils auraient dû couper derrière eux, il le coupa lui-même, afin d'ôter aux siens toute idée de retraite, témérité que les auteurs condamnent[4], et qui pourtant lui donna la

---

era bisogno bando, che mai non s'andò in oste più volentieri, che daddovero la più parte cominciavano a correre incontanente che li uscivano della porta, e i più vi portavano ghirlanda.... (Paolino, II, 31-32.)

[1] Villani (VII, 31) et Paolino (*loc. cit.*) l'appellent Giambertaldo ; Ammirato (l. III, p. 143), Brictaudi, signor d'Ilangeo. — Il ne figure ni dans la liste des *Officiales forenses*, ni dans celle de Paolino. — C'est le Minorite qui l'appelle « militia strenuus, corpore quidem parvus, sed mente magnanimus. » (*Loc. cit.*, p. 663.)

[2] Les chroniqueurs disent 800 hommes ; mais nous pensons que c'est déjà beaucoup que de supposer les Florentins égaux par le nombre aux Français, en présence de ces paroles d'un contemporain : « Cum ducentis militibus gallicis et *quibusdam* Florentinis militibus guelfis. » (*Minoritæ flor.*, etc., *loc. cit.*, p. 663.)

[3] La date et les jours sont par extraordinaire exactement indiqués par les chroniqueurs. En 1269, le jour de Pâques étant le 24 mars, le 17 juin était bien un lundi.

[4] E tutto che non fosse tenuta savia impresa nè proveduta capitaneria di guerra. (Villani, VII, 31.)

victoire. Sans pitié pour ces Allemands qui, l'année précédente, taillaient en pièces ses compagnons à Laterina, il avait ordonné de ne pas faire de prisonniers[1]. Guido Novello, toujours « prudent devant le danger[2], » parvint à s'enfuir. Moins jaloux de vivre, Provenzano trouva la mort sur le champ de bataille. Sa tête fut coupée et promenée dans tout le camp au bout d'une lance. Ainsi se vérifia, dit Tronci, la prédiction que le Démon lui avait faite, que, dans ce combat, sa tête serait la plus haute du camp[3]. »

Si les Florentins eussent attendu, pour combattre, l'arrivée de leurs milices, ce succès sans portée, prétendue revanche de Montaperti[4], aurait pu être un désastre pour les Siennois. Il ne fut qu'une humiliation. Jehan Britauz rentra dans Florence avec le potestat et les gens de pied qui l'avaient rejoint à Barberino. Traînant à terre les enseignes conquises, il emmenait captifs un certain nombre d'ennemis non Allemands, car aux Allemands seuls il refusait quartier[5], et il faisait trophée du *carroccio*

---

[1] Essendo tutti gli altri tagliati a fil di spada, perchè non s'attese a far prigioni. (Tronci, 1269, p. 227.) Le Minorite donne 1500 cavaliers à Provenzano, la plupart Allemands, dont 500 auraient été tués et autant blessés. C'est peu vraisemblable.

[2] Molto cauto ne' pericoli a ritirarsi in sicuro. (Ammirato, l. III, p. 144.) — Cautissimo cavaliere ne' pericoli per ritirarsi in sicuro. (Tronci, *ibid.*) Le témoignage de Tronci est accablant, parce que c'est celui d'un Pisan, d'un gibelin, d'un ami. — Par une singulière inadvertance, M. Bonaïni confond ici Guido Novello avec Guido Guerra (*Gion. stor. degli arch. tosc.*, t. III, p. 83).

[3] E si verificò in lui la predizione fattali dal Demonio, il quale mentitamente gli disse che la sua testa sarebbe stata la più alta del campo in quell' abbatimento. (Tronci, *ibid.*) Cf. *Minoritæ*, etc., p. 663.

[4] La città di Siena.... ricevette maggior danno.... in questa isconfitta che non fece Firenze a quella di Montaperti. (Villani, VII, 31.)

[5] Avec une précision suspecte, Paolino (II, 32) dit 1644 prisonniers.

de Sienne, que protégeait contre les outrages accoutumés l'image peinte de la Vierge, son principal ornement[1].

Selon un témoignage contemporain, le sire d'Hangest aurait pu profiter mieux de la victoire. « J'étais alors à Sienne, écrit un frère mineur florentin, dont les brefs mais expressifs récits sont si précieux pour ce temps-là. Un tel effroi avait saisi les fuyards, qu'ils cherchèrent un refuge, non dans la ville, mais en d'autres lieux, de divers côtés. Si Jehan Britauz, en les poursuivant, eût paru devant les murailles, il ne se fût trouvé personne pour les défendre. Cette victoire abattit à ce point les gibelins, qu'ils ne s'en relevèrent jamais[2]. » Le chroniqueur, ici, est dupe de ses premières impressions. De faute commise, il n'y en eut qu'une, celle d'attaquer sans attendre les milices. Le reste en était la conséquence forcée. La victoire n'avait été qu'une surprise, et la surprise avait produit une panique. Mais les paniques ne durent point, surtout quand ceux qui s'y abandonnent peuvent se rallier derrière de forts remparts. Rentrer à Florence fut donc un acte prudent, peut-être nécessaire. Il fallait, en effet, reprendre des forces, épier l'occasion de fondre à l'improviste sur d'autres ennemis.

Elle se présenta au mois de septembre suivant. Une expédition fut dirigée contre le château d'Ostina, que les Pazzi du val d'Arno, gibelins impénitents, avaient poussé à la rébellion. Il fut pris et rasé selon l'usage[3]. De là, le vicaire de Charles courut défendre les Lucquois contre

---

[1] Salvo che la carroccia non si strascicò, che v'era entro dipinta la nostra donna: Quella si recò a San Giovanni. (Paolino, II, 32.) — Cf. Villani; VII, 31. — Ammirato, l. III, t. I, p. 143. — Andrea Dei, R. I. S., t. XV, 36. — Muratori, Ann. d'Ital., 1269.
[2] Minoritæ, etc., loc. cit., p. 663.
[3] Villani, VII, 33. — Paolino, II, 32. — Ammirato, l. III, t. I, p. 144.

les Pisans, qui n'osèrent point sortir de derrière leurs murailles. Il dévasta tout le pays et s'empara du château d'Asciano[1]. Les malheurs d'une année exceptionnelle furent un insurmontable obstacle à de plus sérieuses entreprises.

En avril, la neige, la gelée avaient brûlé les vignes, et des vents impétueux déraciné les arbres. Des myriades d'oiseaux et d'insectes, passant sur l'Italie, y avaient ravagé les champs. Arrachée du sol par un tremblement de terre sans pareil, la montagne d'Ancône s'était abîmée dans la mer[2]. Depuis l'automne, des pluies diluviennes noyaient le pays. La moitié de Florence était dans l'eau. Les bois qu'entraînait l'Arno dans sa course furibonde, brisaient, emportaient les ponts de la Trinité et de la Carraja. La disette, conséquence obligée de ces catastrophes, achevait de ruiner la Toscane. Volterre envoyait des ambassadeurs exposer au sire d'Hangest qu'elle ne pouvait plus payer leur solde aux hommes de la *taglia*, et qu'elle lui laissait la garde de ses remparts[3]. Les magistrats florentins se déclaraient par écrit prêts à entretenir une nouvelle milice de cent cavaliers, mais résolus à ne plus payer l'ancienne, à ne plus fournir le même nombre d'hommes que par le passé[4]. Allant plus loin, ils exprimaient hardiment le vœu que le vicaire du roi fût Italien de naissance, prévoyant, discret, probe, fidèle, et surtout qu'il sût se contenter, pour ses dépenses et dommages, des gages et

---

[1] Minorita, Villani, Paolino, Ammirato, *loc. cit.*

[2] Villani, VII, 33. — Ammirato, l. III, t. I, p. 144. — Sigonio, *Opera omnia*, t. II. *De regno Italiæ*, l. XX, ann. 1269. — Muratori, *Ann. d'Italia*, 1269.

[3] Cecina, *Notizie di Volterra*, p. 64, ann. 1269.

[4] 20 décembre 1269. Arch. di stato, *Capitoli*, XXXV, 7 r°. Doc. publié par Saint-Priest, III, 389, Append.

des allocations supplémentaires que fixaient les statuts[1].
Le royal orgueil de Charles en saignait; mais, « potestat
de Florence[2], » il accédait politiquement à cette demande,
« pour conserver le droit et l'honneur de la commune
contre les Pisans, les Siennois envahisseurs, les gibelins,
les exilés, les infidèles et traîtres habitants de Poggibonzi.
Avec l'aide de Dieu et de Florence, écrivait-il, nous nous
proposons de leur faire une vive guerre, jusqu'à ce qu'ils
se repentent de leurs actes, et que les Florentins tirent
des leurs honneur et avantage. Tant que vous ferez contre
eux ce que vous pouvez et devez faire, ils n'obtiendront
jamais une paix qui ne soit honorable pour nous, accep-
table et agréable pour vous[3]. »

C'était bien de l'humilité pour le plus fier sire des
fleurs de lis. Mais il mesurait son langage à ses forces et
à ses desseins. S'il voulait combattre les villes gibelines,
il ne pouvait s'aliéner les villes guelfes. Il ne pensait
d'ailleurs qu'à tenir, sans danger pour son pouvoir, sa
promesse de rejoindre le roi de France sur la plage de
Tunis. Avant tout, il devait donc garantir sa flotte, à l'aller et au retour, d'une agression des flottes pisanes. Il
s'avança vers le nord avec un grand appareil militaire.
C'était pour lui le vrai chemin de l'Afrique. A Rome, il
reprit la dignité de sénateur, qu'avait dû abandonner
le Castillan. En d'autres temps il eût jeté son épée dans

[1] Vicarium ytalicum, virum providum, discretum et fidelem, cujus de-
votionem, fidem et probitatem in magnis factis nostris cognovimus firmiter
ab experto vobis concessimus secundum quod vestra postulatio continebat,
et volumus quod sit contentus salario et expensis et emendis prout in ipsius
civitatis statutis plenius continetur. (Lettre de Charles, Naples, 4 janvier 1270. *Cod. dipl. del regno*, t. II, part. I, p. 117.)

[2] « Potestas Florentie, » lit-on en tête de la lettre avec ses autres titres.
(*Ibid.*, p. 116.)

[3] *Ibid.*, p. 116.

les balances du conclave, qui s'attardait à peser les mérites, pour donner un successeur à Clément IV. Mais il passa outre. Déjà l'imagination des guelfes de Toscane voyait en ruines la cité puissante qui les tenait en échec. Pise para le coup qui la menaçait. Ses ambassadeurs se vinrent humblement jeter aux pieds du roi, et le roi, qui savait calculer, fit fléchir, cette fois, les conseils de la rigueur. Avec les Pisans, il conclut une alliance qui les obligeait à le soutenir dans son entreprise de Barbarie[1], à tenir deux mois par an cinq galères à sa disposition, enfin à ne plus exercer leur domination sur San Miniato[2].

Ces conditions étaient trop douces pour n'être pas acceptées avec empressement, observées avec scrupule. Charles put gagner sans crainte cette plaine empestée de Carthage qui avait déjà tué par ses tourbillons de sable embrasé, par la putréfaction des nombreux cadavres dont elle restait couverte, le légat apostolique, le comte de Nevers, fils de Louis IX, et Louis IX lui-même. Il trouva son vertueux frère « tout chaud, car l'esprit s'en étoit tout maintenant issu[3]. » Par son arrivée, par ses rares talents, il sauva peut-être les croisés, il rétablit du moins leur supériorité compromise, se montrant toujours, malgré bien des défauts et des torts, digne de ce titre de roi qu'il ne tenait pas de sa naissance, mais que la politique pontificale lui avait donné.

Durant son expédition, Guy de Montfort le remplaçait

---

[1] Malavolti, part. II, l. II, f° 39.
[2] Guido de Corvaria, *Historiæ Pisanæ fragmenta* (R. I. S., t. XXIV, 676). — Tronci, *Annali pisani*, 1269, p. 226.
[3] Guillaume de Nangis, *Histoire de Philippe III*, ap. *Hist. de la France*, XX, 467.

en Toscane, avec le titre de vicaire général et la mission d'enlever aux gibelins leurs derniers points d'appui. Les Florentins s'y prêtaient de leur mieux. Sur l'ordre de Montfort, ils détruisaient les châteaux de Piandimezzo et de Ristuccioli[1], où la puissante famille des Pazzi renouvelait, en juin 1270, la rébellion tentée et réprimée à Ostina l'année précédente[2]. Lui-même il marchait contre Poggibonzi, « pierre de scandale en Toscane, » par l'asile obstinément donné aux proscrits. En partant, le roi avait laissé l'ordre de détruire cet odieux nid de rebelles, si, dans le délai de quinze jours, les habitants ne l'avaient détruit de leurs propres mains[3]. Après avoir pris la place d'assaut, Montfort dut faire accomplir sous ses yeux cette tâche, se bornant, du reste, selon l'usage, à démanteler les remparts, à y ouvrir une brèche. Le mal était bientôt réparé sans doute; car, trois ans plus tard, en 1273, Poggibonzi, toujours debout, refusait encore d'ouvrir ses portes à ses exilés guelfes, et plutôt que de recommencer un siége, le roi, si puissant dans son royaume, autorisait ceux-ci à construire des maisons dans la plaine, au pied de la colline, si toutefois le parti guelfe à Florence le permettait[4].

Quoi qu'il en soit, Pise réconciliée et Poggibonzi pour

---

[1] Pian di Mezzo et Pian tra Vigne, même localité, deux châteaux, val d'Arno supérieur, pays d'Arezzo (Repetti, IV, 183). — Ristuccioli, même contrée (ibid., p. 779).
[2] Villani, VII, 37. — Ammirato, l. III, t. I, p. 145.
[3] Coppi, *Annali e memorie d'uomini illustri di San Gemignano*, p. 130. Inghirami, VI, 467.
[4] Le diplôme est daté de Sienne, 16 août 1273. Voy. *Cod. dipl. del regno*, t. II, part. I, p. 117 note. — C'est sans doute ce fait mal interprété qui fait dire aux chroniqueurs que Montfort contraignit les habitants qui ne voulaient pas émigrer dans d'autres villes, à s'établir au pied de la colline.

le moment abattue, Sienne ne pouvait différer longtemps sa soumission. Montfort sut la lui rendre facile[1]. Les nouvelles de Tunis lui commandaient de hâter le dénoûment, sans l'imposer par la force. Que le roi vînt à mourir après tant d'autres, qu'il subît seulement un grave échec, tout pouvait être changé en Toscane. Le 4 août 1270, malgré quelques fanatiques, ardents à faire de Sienne une nouvelle Sagonte, furent conclus les accords de la paix[2]. Ils contenaient une clause singulière. Le roi et son vicaire ne devaient entrer ni résider avec leurs gens dans la ville, avant qu'elle eût réformé son gouvernement, rappelé ses exilés, rétabli la concorde, à moins que cette réforme ne se fît attendre plus de trois mois[3]. On ne l'attendit pas douze jours. Le 15 août, les guelfes siennois rentraient dans leur patrie ; la magistrature des vingt-quatre et celle des douze *buoni uomini* n'en formaient plus qu'une seule, mi-partie de nobles et de bourgeois, sous ce titre désormais consacré : les trente-six gouverneurs de la ville et de la commune de Sienne[4]. Des deux parts on se ruait à la paix avec un égal empressement.

Reçu avec autant de reconnaissance que de pompe

---

[1] S'interpose prudentemente a trattar quella pace, et havendola con singular destrezza conchiusa. (Malavolti, part. II, l. II, f° 39 v°.)

[2] Voy. le doc. dans Saint-Priest, IV, 246, Append. Cf. Malavolti.

[3] Che il re e suo vicario non possano entrare e stare liberamente colla loro gente nella città di Siena, finchè la città predetta non sia riformata di potestà e capitano di popolo, e gli usciti, e quelli di dentro non saranno in concordia, che sia riformata. — S'intenda che la detta riforma sia fatta di qui a tre mesi, passati i quali, fatta o non fatta questa riforma, possa il re ed il suo vicario entrare nella detta città. (4 agosto 1270. — *Copia fatta in Viterbo nel 1271, il 29 di marzo, da Giovanni di Paganello notaro.* — Ap. Saint-Priest, IV, 247, Append.)

[4] Triginta sex gubernatores civitatis et communis senesis. (Malavolti, part. II, l. II, f° 40 r°.)

dans une ville qu'il avait ménagée, quoique l'isolement la mît à sa merci, récompensé de ses bons offices par un don de seize cent vingt-cinq livres valant mille florins d'or et par les riches présents prodigués à sa suite [1], le vicaire royal complétait son œuvre en formant une ligue guelfe où entrèrent Florence, Sienne, Pise, Pistoia, Volterre, San Miniato, d'autres villes encore. Cette ligue eut plus de durée que les précédentes : c'est que par terre ou par mer, les rois de la maison d'Anjou pouvaient à l'improviste et rapidement s'élancer, de Naples, contre qui violerait la foi jurée, pour le mettre à la raison [2]. Les guelfes forcenés auraient voulu que les villes si longtemps gibelines fussent soumises, non alliées : exempt de leurs passions locales, le violent Montfort eut plus de modération [3]. Être ramenés parfois à l'équité, malgré eux, c'était le plus clair bénéfice que les Toscans trouvassent à vivre sous des chefs étrangers.

Mais la paix, en ces temps-là, n'était jamais qu'une apparence. Contre d'implacables rancunes, contre des rivalités ou des ambitions sans trêve, le vicaire royal se voyait impuissant. Lucques guerroie contre les gibelins de Montecatini. San Gemignano, une bourgade à peine

---

[1] Les députés chargés de bien recevoir à Sienne le vicaire Guy de Montfort sont autorisés à dépenser 600 florins d'or (*Cons. della Campana*, XIII, 74, 28 novembre 1270). — Nouvelle autorisation de ce genre pour régaler les magnats et barons de la cour du roi, et, en même temps, démarches auprès de Charles pour obtenir de lui des priviléges (30 décembre 1270. *Ibid.*, p. 111). A ce moment, tous les actes de Sienne montrent une soumission absolue.

[2] Malavolti, *loc. cit.* Cet auteur, étant siennois, mérite créance quand il affirme la gratitude de sa patrie.

[3] Carlo provò non piccol disturbo dai capi di parte guelfa, poichè avendo questi in testa di domar la alterigia de' Pisani, si dolsero fortemente di quella unione. (Fioravanti, p. 231. — Inghirami, VI, 470.)

fortifiée, respire la révolte[1]. Sienne est agitée depuis le retour de ses guelfes[2]. Montfort commandait à Florence, quand on y tranchait la tête à cinq notables gibelins, dont Azzolino des Uberti, fils du grand Farinata, et ces rigueurs ne surprenaient personne, pas même les victimes. « Nous allons payer une dette que nous ont laissée nos pères, » disait philosophiquement Azzolino[3]. S'il était un gibelin, pourtant, qui pût croire ses dettes payées, c'était bien celui dont le père avait sauvé Florence d'une ruine certaine ; mais ces marchands, si experts à balancer le doit et l'avoir sur leurs livres de comptes, ne sentirent jamais qu'il fût monstrueux, dans la vie politique, de réclamer deux fois le payement.

Ce fut bien pis encore quand, par leurs imprudences et leurs fautes, Montfort et son roi eurent compromis leur autorité. A Viterbe où il s'était rendu pour baiser la main de son maître, un jour, dans l'église, pendant la messe, au moment où le prêtre élevait l'hostie, Montfort avait « percé au sein de Dieu, comme dit Dante, le cœur qui saigne encore sur la Tamise[4], » celui d'un prince anglais, fils de Richard de Cornouailles et neveu d'Henry III. Pour venger son père Simon, comte de Leicester, tué à la bataille d'Evesham, le 1ᵉʳ août 1265,

---

[1] Coppi, *Annali di San Gemignano*, l. III, p. 133.
[2] Malavolti, part. II, l. III, fᵒˢ 41, 42.
[3] Villani, VII, 35. — Paolino, II, 29. — La date de cet incident n'est pas bien fixée. Paolino le met au 8 mai 1268 ; Villani en mai 1270 ; mais il brouille toute la chronologie de cette année, et Paolino lui-même avoue qu'il n'est pas sûr de son fait. Trois gibelins furent décapités ; un quatrième, nommé Conticino, obtint grâce de la vie, à cause de son jeune âge et parce que Ruggieri Rosso des Adimari voulait faire de lui son gendre ; mais il alla languir et mourir dans la tour de Capoue (voy. Paolino, II, 29, 30).
[4] Colui fesse in grembo a Dio
   Lo cor ch' in Tamigi ancor si cola.
           (*Inf.*, XII, 119.)

et traîné dans la boue par les royalistes[1], pour se venger lui-même, car ce champ de bataille l'avait vu aussi tomber percé de coups, il frappait un simple cousin du vainqueur, moins responsable encore que le vainqueur lui-même d'accidents qui sont le destin des combats. L'avoir renversé mort suffisait à sa vengeance, conforme aux idées d'un temps qui étendait à tout membre de la famille ennemie l'odieuse peine du talion ; mais ses amis lui rappelant que « son père avait été traîné, » il rentrait aussitôt dans l'église, prenait par les cheveux le cadavre, et le traînait sur les dalles jusqu'au dehors. « Sacrilége, homicide, dit Villani, il s'en alla sain et sauf dans la Maremme, sur les terres du comte Rosso dell'Anguillara, son beau-père[2]. »

Du coup son autorité était perdue, même pour son maréchal, qui le remplaçait. Charles d'Anjou, de son côté, avait compromis la sienne, en le laissant s'éloigner, sans donner seulement ordre de le saisir ou de le poursuivre. Édouard d'Angleterre et Philippe le Hardi, revenant de la croisade pour prendre possession de leurs trônes respectifs, quittaient précipitamment Viterbe et la sanglante cour qu'y tenait le roi de Sicile. Sa connivence criminelle avec le sacrilége avait déterminé, après trois ans de conclave, l'exaltation d'un pape qui n'était point sa créature, Tebaldo Visconti, archidiacre de Plaisance, qui prit le nom de Grégoire X.

Ce saint mais faible vieillard était alors en Palestine. Forcé d'en revenir, il ne rêvait que d'y envoyer l'Europe.

---

[1] Guy était le quatrième fils de Simon, qui appartenait à l'aristocratie anglaise par sa mère et en défendait les priviléges.

[2] Villani, VII, 39. — Paolino, II, 32. — Malavolti, part. II, l. III, f° 41 v°. — Sismondi, II, 478. — Henri Martin, IV, 354.

Tous ses efforts tendaient à rendre la croisade possible, à en accélérer les préparatifs. Dès l'année 1272, il convoquait à Lyon, pour 1274, un concile général[1]. Dans l'intervalle, il se flattait de réfréner les ambitions particulières, notamment celle de Charles d'Anjou, qui voulait reconstituer à son profit le royaume d'Italie, et celle des Florentins, qui entendaient, avec l'aide de ce prince, dominer sur la Toscane. Il se proposait de donner à la commune de Florence assez de force pour tenir le roi en échec, mais non pour se passer de lui. Il résolut donc de faire dans cette ville un séjour qu'il présentait comme un sacrifice[2], et « d'unir avec l'aide du roi, qui était la pierre angulaire, les cœurs discordants par le bitume d'une charité indissoluble[3]. »

Ce dessein ne pouvait rencontrer d'opposition nulle part. Les marchands de Florence avaient des raisons sérieuses d'applaudir au rappel des gibelins. Comme le pape et plus que lui, ils voyaient avec inquiétude Charles d'Anjou ouvrir aux gens des métiers les rangs de la noblesse guelfe, en conférant à bon nombre d'entre eux le ceinturon de chevalerie. Ces roturiers, ivres de leur dignité d'emprunt, prenaient le nom de grands, et, pour s'en montrer dignes, s'alliaient à la vieille aristocratie, combattaient avec elle un gouvernement de bourgeois. Le retour des nobles gibelins, ennemis avant tout des

---

[1] *Ann. eccl.*, 1272, § 21, t. XXII, p. 301.

[2] « Licet grandium negotiorum moles ingrueret, licet pro illorum prosecutione ad assumpti continuationem itineris nos qualitas ipsorum urgeret, nihilominus tamen illis ad tempus omissis.... una cum ipso Rege ad civitatem divertentes eamdem. (*Ordo pacis*, etc., *Ann. eccl.*, 1273, § 28, t. XXII, p. 333.)

[3] Quatenus illo favente, qui est lapis angularis.... dissidentium corda indissolubilis charitatis bitumine unirentur. (*Ibid.*).

nobles guelfes, ne pouvait qu'affaiblir ceux-ci, en leur opposant une nouvelle sorte d'adversaires, et contraindre le roi de Sicile à se renfermer dans son rôle de protecteur.

Charles était trop clairvoyant pour ne pas prévoir le coup dont il était menacé. Par avance, il avait voulu le conjurer. Le 18 août de l'année précédente, il ordonnait aux Siennois de détruire chez eux jusqu'aux fondements toutes les maisons des gibelins impénitents, de les dépouiller de leurs biens et possessions, de bannir leurs familles hors de la ville et du district[1]. A son instigation ou à son exemple, le 10 octobre de la même année, les guelfes siennois, maîtres du pouvoir dans leur patrie, signalaient aux Florentins, comme funeste, toute alliance avec Pise et la faction gibeline[2]. Ayant échoué dans ces efforts, n'imaginant aucun prétexte plausible pour détourner le pape de ses projets, il feignit d'y acquiescer; il ne protesta pas même contre celui dont il était déjà question, de nommer, pour circonscrire le champ de ses convoitises, Rodolphe de Habsbourg, roi des Romains. Avec l'empereur Baudouin, son beau-père[3], il devança de quatre jours à Florence le chef de l'Église, comme pour lui faire honneur[4].

Le 18 juin 1273, Grégoire X y fit son entrée. Il alla

---

[1] *Consiglio della Campana*, XIII, 74.

[2] *Ibid.*, p. 88 v°.

[3] Charles avait épousé en secondes noces la fille de Baudouin, empereur de Constantinople. Voy. Malavolti, part. II, l. III, f° 46 v°, et Villani, VII, 42. Cf. Anselme (*Hist. généal.*, etc., t. I, p. 597) qui renvoie inexactement à Villani, une de ses deux autorités.

[4] Guido de Corvaria, *Fragm. hist. pis.* (R. I. S., t. XXIV, 681.) Cet auteur dit le 14. Comme il est contemporain, son autorité doit être préférée à celle des chroniqueurs florentins, Villani, Stefani, qui les font arriver tous ensemble le 18.

loger chez les Mozzi, riches marchands, banquiers du saint-siége, qui recevaient à ce titre les prélats de la cour pontificale, dans leur maison surmontée d'une tour et précédée d'une place qui portait leur nom, à l'extrémité du pont Rubaconte, sur la rive gauche de l'Arno [1]. Il prit goût à cette résidence, à l'air pur qu'il y respirait, à l'eau limpide et murmurante qui coulait sous ses yeux [2], et sans doute aussi à ce délicieux amphithéâtre de montagnes qui limitent l'horizon par leurs nobles et purs contours. Il résolut de séjourner tout l'été à Florence, et il y ouvrit aussitôt des négociations pour l'accord projeté. Il y appela Carlo Ruberto des Ruberti de Reggio, potestat de Florence et vicaire royal, ainsi que Jehan de Busson, « préfet d'Étrurie [3]. » Il fit comparaître devant lui les syndics et procurateurs des gibelins, et ordonna que le parti guelfe tînt une assemblée générale. Mécontent des dispositions qu'il y rencontrait, il appela en sa présence les vingt-quatre personnes que le conseil général avait élues pour cette affaire, puis le conseil lui-même [4]. Devant eux il dut plaider la cause de leurs adversaires. « Ils sont gibelins? s'écria-t-il. Soit; mais ils sont chrétiens, ils sont citoyens, ils sont votre prochain. Gibelins ! c'est là un vain nom, dont personne ne connaît plus le sens. Si donc vous avez fait pour nous

---

[1] Monaldi, *Delle famiglie fiorentine*, p. 392, ap. *Osserv. fior.*, VIII, 54, 3ᵉ éd. — Charles logeait au « jardin » des Frescobaldi, et Baudouin à l'évêché (Villani, VII, 42).

[2] Villani, VII, 42.

[3] Carlo Ruberto figure sur la liste des *Officiales forenses* et sur celle de Paolino. Il n'en est pas de même de Jehan de Busson, qui est donné sous le titre de *præfectus Etruriæ* par les Ann. eccl., 1273, § 30, t. XXII, p. 334.

[4] *Ann. eccl.*, 1273, § 28, 29, t. XXII, p. 333.

la guerre, eh bien ! pour nous aussi faites la paix[1]. »

Un pape parler ainsi des gibelins, au lieu de fulminer contre eux l'anathème[2] ! Les vieux guelfes en étaient confondus. Mais ils durent plier, momentanément du moins, devant sa ferme volonté. Le 11 juillet, la réconciliation fut consentie[3]. A vrai dire, les bannis en faisaient les frais : ils devaient remettre aux mains des officiers royaux toutes les forteresses en leur possession, et ne recouvrer que ceux de leurs biens qui étaient encore disponibles. Dépouiller des autres les détenteurs, c'eût été raviver leurs colères et rendre inévitable une nouvelle lutte, une nouvelle expulsion[4]. A ce prix, Guido No-

---

[1] Gibellinus est, at christianus, at civis, at proximus. Inane nomen quod quid significet nemo intelligit. Quare si bellum pro nobis suscepistis, pro nobis etiam pacem suscipiatis. (*Ann. eccl.*, 1273, § 27, t. XXII, p. 333, d'après saint Antonin et Leon. Bruni, l. III, 6.) Ce noble langage est peut-être une réminiscence de Sénèque parlant des esclaves : « Servi sunt? imo homines, etc. » (*Ep. ad Lucil.*, 47.)

[2] Saint Antonin (*Chron.*, part. III, titre 20. *De Gregorio X*, cap. 2, § 2, p. 201) prête à un député des magistrats un langage de son invention, mais qui exprime les sentiments des vieux guelfes (Voy. Bonaïni, *Giorn. stor. degli arch. tosc.*, t. III, p. 87).

[3] Villani (VII, 42) dit le 11, et Simone della Tosa (p. 207) le 2. Mais ce qui rend très-probable la date du 12, c'est que Grégoire X fonda en commémoration l'église de San Gregorio, comme l'atteste l'inscription qui y était gravée, où on lit ce vers :

Luce duodena julii radiante serena.

Voy. l'inscription entière ap. *Delizie* (IX, 64), Bonaïni (*loc. cit.*, p. 90) et Manni (Annotations à Simone della Tosa). Or Villani dit que l'église fut fondée le jour même où fut conclue la paix. On ne concevrait pas une erreur de dix jours, le chroniqueur ayant sous les yeux un si positif témoignage.

[4] *Ann. eccl.*, 1273, § 29, t. XXII, p. 334. Richa, *Notizie istoriche delle chiese fiorentine*, t. X, p. 275. — Bonucci, *Storia del pont. Gregorio X*, p. 101. Rome, 1711. — Sismondi (II, 480) dit que les gibelins recouvrèrent leurs biens. Il n'y a rien de pareil dans les *Ann. eccl.*, dans Villani, ni dans Pignotti (l. III, c. v, t. III, p. 127), un des meilleurs historiens de la Toscane.

vello, son frère Simone et les autres du parti furent déchargés des sentences ecclésiastiques ; une amende de vingt mille marcs « sterling » fut infligée à qui violerait le traité, moitié au profit du pape, moitié au profit du roi[1]. Pour frapper fortement les esprits par une solennelle cérémonie, on construisit sur la place des Mozzi, sous les fenêtres pontificales, des estrades en bois où les citoyens prirent place. Grégoire X menaça d'excommunication quiconque violerait la paix. Il exigea des garanties, des otages. Les syndics des deux factions, au nombre de cent cinquante pour chacune, se baisèrent sur la bouche sous ses yeux et en présence de tout le peuple, puis, pour conclure, il posa la première pierre d'une église qui fut construite aux frais des Mozzi et appelée *San Gregorio della pace*[2].

De naïfs applaudissements éclatèrent ; mais chacun devait bientôt retrouver chez soi ses passions. Cette paix dura juste quatre jours[3]. Un matin, les syndics gibelins, qui étaient restés à Florence pour mener à bonne fin les traités de paix, furent abordés, en rentrant au gîte, chez les Tedaldini leurs hôtes[4], par des émissaires secrets qui les avertirent, comme en confidence, que le maréchal du roi, sur la demande des grands guelfes, les mettrait à mort, s'ils ne se hâtaient de quitter la ville. Les chro-

---

[1] Sub pœna viginti millium marcharum sterlingorum pro medietate nobis, pro reliqua vero medietate dicto Regi solvenda. (*Ordo pacis*, etc., *Ann. eccl.*, 1273, § 29, t. XXII, p. 333.)

[2] Cette église était à l'angle oriental de la place où aboutissent la via de' Renai et le fondaccio di San Niccolò, en face du palais del Nero, aujourd'hui Torrigiani. Elle n'existe plus. Sur son emplacement, en 1810, on érigea une fontaine (*Oss. fior.*, VIII, 67, 72, 3ᵉ éd., et Vannucci, p. 151 note). Voy. la description de la cérémonie ap. *Delizie*, IX, 64.

[3] Non passarono quattro giorni. (Ammirato, 1273, l. III, t. I, p. 148.)

[4] Cette maison était située près d'Or San Michele (Villani, VII, 42).

niqueurs doutent que ce dessein fût réel[1]; mais la seule menace, dont ils ne doutent point, servait la politique du roi en déjouant celle du pape. Alarmés, les syndics s'éloignèrent, non sans se plaindre hautement de tant de perfidie et sans laisser dans l'âme de leurs amis de nouveaux ferments de haine[2].

Grégoire X en ressentit un déplaisir extrême. Quelque goût qu'il eût pour Florence, il n'y voulut pas séjourner. Il partit, la laissant sous l'interdit, et presque brouillé avec le roi[3]. Il se retira dans le Mugello, avec le cardinal Ottaviano, sur les terres des puissants Ubaldini. Ce court voyage, par un temps chaud, dans une heure d'émotion et de courroux, le rendit malade. D'une plume irritée, il reprocha au roi d'en être la cause[4], comme d'avoir fait échouer les négociations, pour sa plus grande honte et pour celle du saint-siége. Il s'emporta jusqu'à l'appeler parjure (*fedifrago*), et les nouveaux griefs réveillant les anciens, il l'accusa de nuire aux projets de croisade, par ses hostilités contre Gênes,

---

[1] Les chroniqueurs doutent à cet égard : « O vero o non vero che fosse, » dit Villani, VII, 42. Cf. Paolino, II, 34. Selon M. Bonaïni (*loc. cit.*, p. 88), Charles avait intérêt à l'accord, parce qu'une moitié des sommes qu'auraient à payer ceux qui le violeraient devait lui revenir; mais il avait bien plus d'intérêt à pêcher en eau trouble, à diviser pour régner.

[2] Andaronsene e fu rotta la pace. (Villani, VII, 42.) — Nè ciò senza averne conceputo odio contro il Re Carlo, per opera del quale si credeva che quel disordine fusse seguito; perchè andatone poscia a concilio, la città rimase negli humori soliti. (Ammirato, 1272-1273, l. III, t. I, p. 147-148.)

[3] Villani, *loc. cit.* Paolino (II, 34) dit que le pape resta en tout, à Florence, 2 mois et 5 jours; mais on ne peut qu'être en défiance contre cet excès de précision chez un auteur si peu exact sur les dates, particulièrement quand il est en contradiction avec les autres autorités, et que son témoignage est contraire à toute vraisemblance.

[4] Ex itinere gravem se contraxisse morbum. (*Ann. eccl.*, 1273, § 30, t. XXII, p. 334.)

dont les flottes étaient si nécessaires pour conduire les croisés aux saints rivages[1]. Mais, en même temps, s'accrochant à l'espérance, qui aurait dû modérer son langage, il semblait croire que Charles ne refuserait pas de réparer le mal : il l'invitait à se contenter de cinquante otages, à rendre leurs possessions aux gibelins, prêts, disait-il, à une respectueuse soumission. Il annonçait, en terminant, l'envoi prochain d'un *paciere*, pour les accords définitifs[2]. Vaines espérances, vaines supplications! Charles resta inébranlable, et Grégoire dut lui rendre ses bonnes grâces. La communauté des intérêts les rapprocha. Aux derniers jours de l'été, le roi avait rejoint le pape, et, de compagnie, ils partaient pour Lyon[3].

Les Florentins, cependant, persistaient dans l'impénitence, aussi obstinés à braver l'interdit que le saint-siége à le maintenir[4]. Durant trois années, ils vécurent et agirent librement, comme s'ils eussent été en paix avec l'Église. Ce fût un temps de guerre et d'anarchie : durant le concile, le champ restait ouvert à toutes les rivalités locales, aux plus contraires prétentions. Sienne qui, par obéissance, avait rouvert ses portes à ses

---

[1] Charles avait confisqué les biens de naufragés génois. De là, dès 1272, des hostilités où Gênes se trouvait forcée de s'appuyer aux villes gibelines ; tandis que les villes guelfes, Lucques, Pistoia, Florence, Arezzo, soutenaient la cause royale dans une guerre qui menaçait de s'éterniser (Voy. *Ann. gen.*; l. IX, R. I. S., t. VI; 550-556. — Uberti Foliota, *Hist. genuens.*, l. V; p. 375-377, ap. Grævius. — Sismondi, II, 477-485).

[2] *Ann. eccl.*, 1273; § 30, t. XXII, p. 334.

[3] Villani, VII, 42. — Ammirato, l. III, t. I, p. 147-148.

[4] Nec facile dixerim major obstinatio in pontifice an contumacia fuerit in civibus. Neque pontifex, quamvis multum rogatus, interdictum substulit, neque præstantes in republica cives eo conterriti mutaverunt sententiam. (*S. Antonini Chron.*, part. III, tit. 20. *De Greg. X*, c. II, § 2, p. 201.)

exilés, retombait dans les mêmes maux qu'auparavant[1]. Bologne, à la suite d'une aventure romanesque, qui divisait les familles déjà ennemies des Gieremiei et des Lambertazzi, chassait tous ses gibelins[2], mais, chose étrange! elle refusait contre eux les secours de Florence, « afin que les Florentins ne gâtassent pas la cité de Bologne comme ils avaient fait la leur[3]. » Ses milices allaient même à leur rencontre, dans l'Apennin, sur les bords du Reno, et tuaient vilainement le chevalier du potestat qui conduisait ces renforts peu goûtés[4]. C'est qu'après avoir chassé une moitié de ses citoyens, Bologne négociait avec eux. Les négociations rompues, elle dut accepter, solliciter même l'appui de Florence, et aussi de Parme, de Crémone, de Reggio, de Modène, de Ferrare[5].

La nouvelle de ces désordres allait jusqu'à Lyon réveiller le courroux du souverain pontife. De loin comme de près il frappait d'interdit toutes les villes récalcitrantes[6]. Il leur cherchait un nouveau maître, plus puissant que le roi de Sicile, ou plus libre de se faire obéir. C'est alors qu'il confirma l'élection de Rodolphe de Habsbourg comme roi des Romains, juste au moment où Rodolphe

---

[1] Malavolti, part. II, 1. III, f° 42 r° v°.

[2] *Pipini Chron.*, l. IV, c. vii, R. I. S., t. IX, 716. — *Mathæi de Griffonibus Memoriale historicum*, R. I. S., t. XVIII, 123. — Fra Bartolommeo della Pugliola, *Chron. di Bologna*, R. I. S., t. XVIII, 285. — Ghirardacci, *Hist. di Bologna*, l. VII, p. 224-226. — Villani, VII, 44. — Ammirato, 1274, l. III, p. 148. — Malavolti, part. II, 1. III, f° 42 v°, 43 r°.

[3] Dicendo che non voleano che' Fiorentini guastassono la loro città, come aveano fatta la città del Fiore. (Villani, VII, 44.)

[4] Villani, VII, 44. — Ammirato, 1274, l. III, t. I, p. 148.

[5] Muratori, *Ann. d'Italia*, 1274.

[6] Malavolti, part. II, 1. III, f° 43 r°. — Coppi, *Ann. di S. Gemignano*, l. III, p. 133.

allait être retenu dans ses États, où Alphonse X, sortant enfin de sa torpeur espagnole, s'apprêtait à se rendre en Allemagne, pour défendre ses droits[1]. Politique intempestive au premier chef, qui transformait en ennemi Charles d'Anjou, qui lui ôtait ce titre de vicaire impérial par lequel seul il avait autorité sur la Toscane et la Lombardie, qui donnait en outre une tête au parti gibelin. Les Pisans ne s'y trompaient point : sans retard ils imploraient le secours de Rodolphe. « Les lois affirment, disaient-ils, l'usage confirmé, l'antiquité proteste, que le pays des Toscans, pour ne pas parler des autres contrées, est soumis au roi des Romains et lui doit tribut. La cité de Pise pleure blessée par le glaive ennemi du souverain pontife et de la majesté royale[2]. » Nul ne pouvait savoir alors que Rodolphe, par reconnaissance envers l'Église ou par calcul d'intérêt allemand, se bornerait à recommander au saint-siége ceux qui se recommandaient ainsi à lui-même[3]. Nul ne pouvait savoir que le pape, après avoir suscité ce prince, hésiterait à lui faire appel, et que le conclave, à la première vacance du siége aposto-

---

[1] Ardia el Rey Don Alonso en desir de ir a Alemaña a tomar la corona y insignias del imperio.... porque de años atras era muerto Ricardo el otro competidor, se aparejaban para hacer nueva eleccion sin tener cuenta con el Rey don Alonso.... Alterado el con esta nueva..., pretendia recompensar la tardanza pasada con abreviar. (Mariana, *Historia general de España*, l. XIII, c. XXII, t. V, p. 114. Valencia, 1789, in-4°.)

[2] Lettre des Pisans à Rodolphe, ap. Cenni, *Monumenta dominationis pontificiæ*, t. II, p. 330 sq. Rome, 1760. Citation de Bonaïni, *loc. cit.*, p. 169.

[3] Nuncium nostrum una cum nuncio vestro ad curiam Domini papæ dirigimus ut de suo beneplacito et consensu finalibus desideriis vestris plene satisfieri valeat super his quæ vestra petitio continebat. Parati enim sumus experiemur a vobis ultronei ad quæcumque que juxta favoris apostolici gratiam vobis honoris et commodi cedere valeant incrementum. (Réponse de Rodolphe aux Pisans, *loc. cit.*)

lique, l'inviterait à ne pas venir en Italie avant de s'être entendu avec le roi de Sicile et avec le futur pape[1]. En tout cas, l'apparition de ce fantôme impérial à l'horizon n'apaisa point les querelles de l'Italie. Bologne poursuit la guerre contre ses gibelins[2], Volterre l'engage contre les comtes de Segalari et de Siserno, ses voisins[3], Pise voit pour la première fois ses guelfes relever la tête, s'enhardir à une querelle célèbre, où paraissent avec éclat les Visconti de Gallura[4] et la puissante famille des comtes de la Gherardesca[5]. » Cette querelle, ces familles devaient toucher bientôt de trop près à l'histoire de Florence pour qu'on puisse passer ici sans en dire un mot.

A Pise comme en Sardaigne, où il était juge de Gallura, Giovanni Visconti vivait entouré d'hommes d'armes, sorte de sauvages ou de barbares qu'on n'avait pas voulu admettre à résidence dans la ville, mais qui y ve-

---

[1] Voy. la lettre des cardinaux et les faits, ap. *Ann. eccl.*, 1277, n°° 48-52, t. XXII, p. 433.

[2] Villani, VII, 47.

[3] Leo, l. VII, c. i, t. II, p. 45.

[4] La judicature de Gallura en Sardaigne, qui appartenait à Adelasie, puis à son mari Michel Zanche, était devenue la proie du Pisan Giovanni des Visconti, qui aspirait à s'y rendre indépendant de sa patrie, et en avait fait hommage au saint-siége, afin d'y être protégé. Voy. Sismondi, II, 493.

[5] Tronci, 1274, p. 230. — Sismondi, II, 492. — Sur les Gherardeschi, voy. *Arch. stor.*, nuova serie, t. IV, et Zobi, *Considerazioni storico-critiche sulla catastrofe di Ugolino della Gherardesca*, Flor., 1865, in-4°. — Les Gherardeschi étaient une ancienne famille, tirant son origine d'une souche commune avec les Ildebrandeschi de Sovana. Ils avaient de nombreuses, de vastes terres près de la mer, qui baigne, ainsi que la Cecina, les fécondes plaines de leur fief impérial de Donoratico. Les terres appartiennent encore à la famille, mais le château de Donoratico n'est plus qu'un monceau de ruines. Le palais dit Gherardesca, à Florence, près de la porte Pinti, n'est dans cette famille que depuis le temps de Cosimo I. Des Scali, propriétaires primitifs, il était passé aux Medici, et de là, par un mariage, aux Gherardeschi.

naient des châteaux environnants. On le voyait, renouvelant les mœurs féodales, faire tuer les gibelins ses ennemis, arracher ses sicaires des mains de la justice, ne comparaître lui-même devant les juges qu'entouré de ses clients et pour avouer hautement ses crimes. Exilé à Rosignano, tandis que le fameux Ugolino de la Gherardesca, son allié, l'était à Montopoli, il obtenait quinze jours plus tard que la sentence fût révoquée, et il en profitait pour armer de nouveau le bras des assassins.

Cette fois, la mesure était comble. Banni de Pise et même du territoire pisan, avec toute sa meute de guelfes[1], tandis qu'Ugolino restait captif dans le palais du peuple[2], il se retirait à Florence, se liguait avec la *taglia* de Toscane (29 septembre 1274), et faisait à sa patrie une guerre sans merci[3]. En vain Pise envoie-t-elle à Charles d'Anjou des ambassadeurs ; en vain obtient-elle qu'il interdise cette guerre sacrilége contre une ville réconciliée à l'Église : on ne tient aucun compte des défenses royales. Le 5 novembre, Visconti s'empare de Montopoli ; il s'y établit, et quoiqu'il y meure au mois de mai suivant, il y laisse les siens solidement retranchés[4].

---

[1] Con suo seguito d'alquanti guelfi. (Villani, VII, 46.) — Guido de Corvaria, *Fragmenta historiæ pisanæ* (R. I. S., t. XXIV, 682).

[2] Guido de Corvaria, *ibid*. Sismondi (II, 493) prétend qu'on ne voulut pas exiler Ugolino, parce que toutes les villes toscanes étant gouvernées par les guelfes, c'eût été le livrer à ses ennemis. Il oublie qu'Ugolino, par son alliance avec Visconti, était plus qu'à moitié guelfe, et que l'exil l'eût rendu guelfe tout à fait, même aux yeux des plus ardents du parti.

[3] Villani, VII, 46. — Guido de Corvaria, *ibid*. — Marangone, R. I. S., Suppl., I, 552. — Simone della Tosa, p. 208. — Ammirato, 1275, l. III, t. I, p. 149. — Ptolémée de Lucques, *Brev. ann.*, 1274. — Bulle de Grégoire X, publiée par Fioravanti, p. 44-46, et plus correctement par Dal Borgo, p. 266-269.

[4] Les mêmes.

D'ailleurs il ne mourait pas tout entier. Il laissait un fils, comme lui nommé Giovanni, mais plus connu dans l'histoire sous le nom abrégé de Nino de Gallura. Fils d'une sœur d'Ugolino, ce jeune homme rapprochait, réunissait en lui les deux plus grandes familles de Pise, et devenait le chef incontesté du parti guelfe dans sa patrie. Il en était hors, et se tenait à l'affût, derrière les murailles de Lucques. Ugolino l'y vint rejoindre. En renonçant à sa judicature de Cagliari, qu'on déclarait périmée, il avait reconquis, le 8 juin 1275, sa liberté dont il n'usait que pour adhérer à la ligue guelfe et reprendre activement la guerre [1]. Tandis que Guglielmo des Pazzi du Val d'Arno, à la tête d'exilés gibelins, repousse vigoureusement en Romagne les assauts des Bolonais contre Forlì et Faenza, les Pisans sont battus à Bolgheri, en Maremme, voient leur territoire envahi, dès le 24 juin, par Ugolino et le maréchal de Charles. Bientina et Montecchio sont rasés, Vico Pisano et les lieux voisins dévastés [2].

Immobiles derrière leurs remparts, selon l'invariable tactique des faibles, les Pisans invoquaient inutilement les accords conclus par eux avec le roi ; mais ils comptaient encore sur l'intervention pontificale. Loin de se réjouir des succès de leurs adversaires, comme eussent fait ses prédécesseurs, Grégoire X avait favorablement accueilli l'ambassade pisane. Constant dans son dessein de ramener la paix, il avait donné mission au franciscain

---

[1] Pompeo Litta, continué par Luigi Passerini, *Famiglie celebri italiane. Conti della Gherardesca di Pisa*. Tavola V, t, VII, A-L. — Guido de Corvaria, *loc. cit.*, p. 684. — Villani dit en mai. On doit préférer l'autorité de Guido, à la fois contemporain et Pisan.

[2] Guido de Corvaria, *loc. cit.*, p. 684.

Bonaventure du Mugello, aux dominicains Aldobrandino de Sienne et Giovanni de Viterbe, de la rétablir sans retard. Depuis le 6 mai, ce dernier était à Pise, en qualité de légat apostolique, et fort contrarié dans ses démarches par celles des Florentins. Placés entre l'enclume et le marteau, les malheureux alliés de Florence ne savaient à qui faire face. Sienne décidait d'abord de ne pas réunir d'armée en carême[1]. Puis elle consultait son évêque Bernardo, qui déclarait avec ses théologiens qu'il fallait observer la neutralité[2]. Mais c'était chose plus facile à dire qu'à faire. Si l'interdit était redoutable, combien plus ne l'était pas la puissance florentine, armée surtout des serments et engagements pris par la commune de Sienne à son entrée dans la ligue toscane ! Pour tout concilier, « pour qu'Ugolino et les autres fussent contents, » les Siennois accordaient un subside mensuel de cent livres, qu'il fallait bientôt augmenter[3]. Le 3 juillet, Giovanni de Viterbe, hors des gonds, faisait lire solennellement, dans la cathédrale de Pise, la sentence d'excommunication contre les guelfes alliés[4].

Ce trait débile et sans portée n'empêchait ni les Lucquois de ravager insolemment le pays, durant une semaine, aux environs de Montecastello (8 juillet)[5], ni Ugolino et le vicaire royal de conduire Lucquois, exilés pisans, mercenaires de Florence et de Pistoia à l'attaque du château d'Asciano, de s'en emparer, après en avoir battu les défenseurs, de porter la dévastation dans le

---

[1] 14 mars 1275. *Consiglio della Campana*, XX, 31.
[2] *Ibid.*, p. 70. 2 juillet 1275.
[3] *Ibid.*, 35, 94, 103. — 22 mars, 22 août, 28 septembre 1275.
[4] Voy. la bulle dans Fioravanti, p. 44-46, et dans Dal Borgo, p. 266-269. Cf. Villani, VII, 45-46. — G. de Corvaria, *loc. cit.*
[5] G. de Corvaria, p. 684-685.

Val de Serchio, et de livrer aux flammes la *rocca* de Ripafratta (9-12 septembre)[1].

Grégoire X savait à quoi s'en tenir sur l'effet de ses foudres sacrées. Rentrant dans les voies de la clémence, le 8 octobre il se faisait précéder en Toscane, où il allait revenir, par deux religieux, Benvenuto de Sarzane et Gherardo de Prato, avec mission de ramener les excommuniés dans le giron de l'Église[2]. Lui-même, il arrivait à Florence le 15 décembre[3]. Il n'y demeura, cette fois, que peu de jours, peut-être même qu'un seul, — c'était du moins son dessein[4], — mais il eut le temps d'inviter par lettres le roi de Sicile à rejoindre la cour pontificale. L'interdit se trouvait levé, par le fait de sa présence dans cette ville; mais y voyant les esprits plus que jamais rebelles, il le fulmina de nouveau, à peine hors des portes, en murmurant ces mots du psalmiste : « Il faut dompter avec le mors les mâchoires de ceux qui s'éloignent du Seigneur[5]. » Sur le chemin de Viterbe, se sentant re-

---

[1] Villani dit le 2, au lieu du 9 ; mais l'autorité de Guido de Corvaria est toujours plus sûre.

[2] Voy. la bulle citée plus haut.

[3] La date est donnée par le pape lui-même dans une lettre au roi : « 18 Kal januarii prospere ad locum qui dicitur sancta crux, diœcesis florentinæ, pervenimus. » (*Ann. eccl.*, 1275, § 47, t. XXII, p. 389.) — Villani (VII, 49) dit le 18 septembre. Simone delle Tosa (p. 209), le 14ᵉ jour avant janvier (18 décembre). Villani prétend que Grégoire ne voulait pas entrer à Florence, mais qu'il y fut contraint par une crue de l'Arno et ne fit que traverser le pont Rubaconte, puis le faubourg San Niccolò. C'est une fable, comme le prouve la lettre dont il vient d'être question. Dal Borgo (p. 206), Bonucci (p. 234) et M. Bonaïni (p. 96) ont judicieusement refusé d'y ajouter foi.

[4] Ubi die una solito itineris intermisso labore, deinde versus Aretium procedentes, festum nativitatis Dominicæ ibi proponimus celebrare. (*Ann. eccl.*, ibid.) Mais rien ne prouve qu'en effet il ne soit resté qu'un jour à Florence.

[5] In camo et freno maxillas eorum constringe qui non approximant ad te. (*Psalm.*, XXXI, ẏ 9.) Cf. Paolino, II, 35. — Nous croyons que cette

pris par la maladie, il alla mourir dans Arezzo, le 12 janvier 1276, à la grande joie des Florentins [1]. Pontife honnête et bien intentionné, mais sans aucune des qualités qui font les grands règnes, il ne s'était proposé qu'un but, la croisade, et n'avait conçu qu'un moyen de l'atteindre, la réconciliation des guelfes avec les gibelins. Or il ne put envoyer personne aux rivages de la Terre Sainte, et jamais les haines, les guerres intestines, n'avaient sévi avec plus de fureur [2].

La saison d'hiver n'y apportait qu'une trêve momentanée. Le successeur de Grégoire X, Innocent V, put en profiter, avec le zèle et les illusions des premiers jours, pour de nouvelles tentatives en faveur de la paix. Mais il ne tarda pas à reconnaître l'inanité de ses efforts. Le 27 mai 1276, Ugolino et ses exilés, le maréchal de Charles et ses Français, les Lucquois et autres guelfes toscans, formant une armée de quinze cents cavaliers, et « beaucoup de peuple [3], » partaient de Pontedera et de Montopoli, puis s'avançaient dans le *contado* de Pise, pour rouvrir leur patrie aux guelfes pisans et conquérir définitivement à la cause commune cette ville importante. Tout à coup l'armée dut s'arrêter devant un obstacle imprévu. A huit milles de leurs murailles, entre Pontedera

partie du récit des chroniqueurs florentins peut être tenue pour vraie, puisqu'on voit dans tous les auteurs que Florence resta trois ans sous l'interdit.

[1] Villani, VII, 49. Ammirato, 1275, l. III, t. I, p. 149.

[2] C'est le sentiment de Malavolti : « Si rinnovarono le guerre civili con più odio che fussero state, poichè guelfi ripreser gli stati di Firenze e di Siena, e spesse volte occorreva l'haver a combattere per la difesa o per la recuperatione di qualche luogo occupato da' ghibellini, o per riscattar prede fatte.... con danno sempre de' sudditi.... (Malavolti, part. II, l. II, f° 42 v°, 43 r°).

[3] E popolo assai. (Villani, VII, 50.)

et Cascina, les gibelins, défenseurs de Pise, avaient creusé un large fossé, qu'ils appelaient Rinonichi, du nom d'un château voisin [1], et qu'ils avaient muni, sur une longueur de dix milles ou plus, de palissades et de mantelets. Les guelfes durent camper devant cette rivière faite de main d'hommes, et que les gibelins qu'on voyait sur la rive opposée étaient prêts à défendre. Profitant de ce temps d'arrêt pour renouer les négociations, le légat apostolique Velasco et les ambassadeurs du roi se rendaient à Pise. Le 6 juin, ils y concluaient une trêve [2], mais trois jours plus tard elle était violée. Des hommes de pied avaient trouvé, vers l'embouchure du canal dans l'Arno, un passage non gardé, parce que les difficultés y étaient plus grandes qu'ailleurs. Grâce aux chaleurs de l'été les eaux étaient basses, et une portion de l'armée guelfe pouvait passer à gué, tandis que l'autre occuperait l'ennemi. Prises de flanc, malgré ce fossé profond dont elles se croyaient protégées, les milices pisanes s'enfuirent, poursuivies par les Florentins [3].

L'échec ne semblait pas grand, mais il fut de conséquence. Si la captivité de quelques paysans, si l'abandon de cette première ligne [4] n'étaient qu'un accident répa-

---

[1] Dal Borgo, Diss. VIII. — Marangone, p. 554. — Pignotti, l. III, t. III, p. 130. — C'est par erreur que le nom d'Arnonico a remplacé, dans divers historiens, celui de Rinonichi.

[2] Guido de Corvaria, *loc. cit.*, p. 685.

[3] Villani, VII, 50. — Ammirato, 1276, l. III, t. I, p. 150. — Tronci, p. 235.

[4] Introiverunt citra fossum de Renonico in vallem Arni et Pisanos aliquos stantes ad defensionem dicti fossi sconfigerunt, et aliquos rusticos ceperunt, et parum damnum tunc in dicta contrada fecerunt, et eadem die ad campum reversi fuerunt. (G. de Corvaria, R. I. S., t. XXIV, 686.) — Marangone (R. I. S., Suppl., I, 554) avoue la grandeur de l'échec; mais il en juge, comme les Florentins, par les conséquences. Il est clair que ce n'était point là une grande bataille.

rable pour une ville puissante, Pise déçue y vit l'irrévocable arrêt du destin. Le 13 juin, la paix fut conclue au camp des vainqueurs, sous le pavillon du commandement, que désignait aux yeux un lion d'or, en présence du brescian Corrado de Palazzo, vicaire général à Florence [1], et de son juge le piémontais Guglielmo d'Alba, des potestats de Lucques, de Pistoia, de Prato et de San Miniato. Le traité renouvelait toutes les stipulations des précédents ; il y ajoutait pour les Pisans l'obligation de rétablir les exilés dans leurs biens, juridictions et honneurs, et de restituer aux Lucquois divers châteaux ; pour les Lucquois l'obligation de remettre au nonce apostolique tous leurs prisonniers ; pour les Florentins et autres guelfes, celle de payer dix mille marcs d'argent, en cas d'infraction au pacte conclu [2]. Les exilés rentrèrent à Pise la tête haute et maîtres effectifs du pouvoir, car, d'après le traité, c'est à leur requête que le pape devait désigner le potestat et les autres officiers publics [3].

Mais, au fond, ce qui triomphait, c'était la politique, c'étaient les intérêts des Florentins. Le grand port de la Toscane était ouvert à leur trafic, et les guelfes qu'ils venaient de rétablir n'avaient pas les moyens, ne pouvaient avoir le dessein de le leur fermer. En butte à d'implacables inimitiés, ces bannis de la veille n'avaient, au sein

---

[1] Sur la liste des *Officiales forenses* et sur celle de Paolino, il est porté comme étant de Brescia. En 1278, le vicaire royal s'appelle Scorte della Porta, et en 1279 Baglione di San Giovanni (*Cartapec. Strozz. Uguccioni*, doc. des 20 mars et 5 septembre 1279). On voit donc que Charles avait fait droit à la demande des Florentins, et prenait désormais des Italiens pour vicaires.

[2] Villani, VII, 50. — Ammirato, l. III, t. I, p. 150-151. — Tronci, p. 233. — Marangone, p. 555.

[3] Che in Pisa, a richiesta de' fuorusciti guelfi, il pontefice provedesse di podestà e ufficiali. (Ammirato, *loc. cit.*, p. 151.)

d'une population gibeline, qu'une puissance d'emprunt. De puissance propre et réelle en Toscane, il n'y avait alors que celle de Florence. Charles d'Anjou, malgré tous ses titres de potestat ou de vicaire impérial, de roi de Sicile et de sénateur de Rome, de gouverneur de Bologne et de seigneur en Romagne, de protecteur du marquis d'Este et de la Marche Trévisane, n'avait d'action sur la province que si les Florentins joignaient leur cavalerie à la sienne et la soutenaient de leurs milices à pied, si surtout ils continuaient de lui ouvrir leurs caisses publiques ou privées. Encore, pour acheter cette faveur, devait-il donner à ces marchands, à ces banquiers toute facilité de les remplir dans les ports de son royaume, en y vendant les draps et les soies dont les barons et la cour étaient avides, en y renouvelant sans cesse avec eux ces opérations financières à courte échéance, où l'on vit s'enrichir les Frescobaldi, les Ardinghelli, les Peruzzi, les Bardi, et plus tard les Acciajuoli, les Alberti, les Villani, les Pazzi, les Bonaccorsi, les Valori [1].

Pas plus que Charles d'Anjou le saint-siége n'était en mesure de rabaisser l'orgueil croissant de ces opulents bourgeois [2]. L'interrègne après la mort de Grégoire X [3], une succession de papes éphémères après celle d'Innocent V, qui, lui-même avait à peine eu le temps de présider à la paix de Pise [4], déshabituaient les Toscans

---

[1] Voy. Peruzzi, *Storia del commercio*, etc., qui donne à l'Appendice, p. 11 sq., les documents d'après le *Grande archivio di Napoli, Sala diplomatica*.

[2] Mentre in questo modo cresceva la città di fuori in riputazione e in continue vittorie sopra de' loro nemici, molto più montava dentro tra loro, come nella felicità suole avvenire, la superbia e l'orgoglio. (Ammirato, *loc. cit.*, p. 151.)

[3] Simone della Tosa, p. 209.

[4] Le 13 juin 1277, les communes de la ligue toscane concluaient la

d'écouter la voix de l'Église, de se plier à ses volontés. Nicolas III, en 1277, ceint-il la tiare pour plus de temps que ses prédécesseurs ? Il nuit à son pouvoir par son antagonisme avec Charles d'Anjou. Issu des Orsini, grande famille de Rome, et chef de la chrétienté, il ne croyait pas trop prétendre en mariant un de ses neveux à la nièce du roi. Mais le roi, « avec une superbe non moins royale que française » dit Ammirato [1], osait répondre que, quoique chaussé de rouge, un pape n'ayant pas reçu son pouvoir en héritage, était indigne de mêler son sang au sang de France [2].

Dès lors, pour Nicolas, c'est Charles qui est l'ennemi. Déjà suspect par sa rapacité sans égale, par ses intrigues contre la réunion désirée des Églises grecque et latine, menacé des foudres pontificales qui eussent fait de lui comme un réprouvé, comme un proscrit dans son propre royaume, où chacun haïssait sa main de fer, il doit résigner sa charge de sénateur de Rome [3] et son titre de vicaire impérial en Toscane [4]. Le sacrifice consommé, il n'en voit pas moins se dresser devant ses yeux le fantôme de Rodolphe de Habsbourg. C'est la rancune d'un pape qui appelle l'Allemand en Italie contre le rude conquérant qui,

---

paix et s'engageaient à remettre à Innocent V la décision sur leurs différends avec Pise (Arch. di Stato, *Capitoli*, XXIX, f°ˢ 282 r°, 284 v°).

[1] Con superbia non meno reale che franzese. (Ammirato, *loc. cit.*, p. 153.)

[2] Perchè egli abbia il calsiamento rosso, il suo lignaggio non è degno di mischiarsi col nostro e sua signoria non era retaggio. (Villani, VII, 53.)

[3] En 1278, le 30 août, ses dix ans étant expirés, Nicolas III le força à remettre les forteresses au peuple romain, à rappeler de Rome ses officiers.

[4] Villani, VII, 53. — Ammirato, *loc. cit.*, p. 153. — *Ann. eccl.*, 1278, § 65 sq. — Muratori, *Ann. d'Ital.*, 1278. — Michele Amari, *Guerra del vespro siciliano*, c. v. — Bonaïni, *loc. cit.*, p. 169.

maître dans le Midi, porte vers le Nord des regards allumés par la convoitise. Gagné par l'abandon de l'exarchat de Ravenne et des biens allodiaux de Mathilde, Nicolas III invite le roi des Romains à se hâter de rétablir la paix en Toscane; il ordonne aux banquiers de Florence et de Pistoia de lui compter, pour sa route, deux cent mille florins[1]. Avec Florence, placée encore sous le protectorat de son rival, Rodolphe noue et entretient des relations amicales. A « ses chers et fidèles Florentins » il annonce lui-même sa grande victoire sur Ottocar de Bohême, tandis que les marchands, les chevaliers qui avaient assisté à la bataille, rapportaient déjà, par toute l'Italie, qu'ils avaient vu périr le tiers des vaincus, les uns sous le glaive, les autres dans les eaux de la March[2].

Mais quoique appelé et annoncé par le souverain pontife, quoique rendu redoutable à l'avance par les retentissantes trompettes de la renommée, Rodolphe de Habsbourg ne passera point les Alpes. Les eût-il passées, ce n'est pas lui qui eût réussi dans la titanique entreprise où avaient échoué Frédéric Barberousse, Henri VI, Frédéric II, Manfred, Charles d'Anjou. Les choses suivent et suivront leur invincible cours. L'indépendance municipale et républicaine est désormais si bien assurée, que nul ne s'inquiète plus des dangers qui la peuvent menacer du dehors. Ce sont les discordes du dedans qu'il faut craindre. Les princes y pourront encore jouer leur rôle,

---

[1] Fioravanti, c. xv, p. 235. — Inghirami, VI, 482.

[2] Hec predicta retuli sicut ex quorumdam mercatorum litteris de Vienna missis in Tusciam didici, vel a magnis viris qui prelio interfuerant, venientibus ad curiam Romanam narrata percepi. (*Minoritœ*, etc., p. 668.) Les lettres de Rodolphe étaient adressées : « Prudentibus viris, Potestati, comuni ac universis civibus civitatis Florentie, dilectis suis fidelibus. » (*Ibid.*)

mais un rôle secondaire, qui aurait pu disparaître de la pièce sans en altérer beaucoup le caractère ni le dénoûment. Au torrent troublé qui entraîne les populations toscanes et qui prive le saint-siége du point d'appui qu'il voulait trouver, qu'il avait besoin de trouver en elles, c'est un autre genre de digues qu'il fallait opposer. Les Florentins le sentaient comme le pape ; on allait les voir, de concert avec lui, en élever la rapide mais résistante construction.

LIVRE V

CHAPITRE PREMIER

CONSTITUTION DÉFINITIVE DE LA REPUBLIQUE

— 1278-1284 —

Discordes croissantes entre les guelfes et les gibelins. — Le cardinal Latino, légat et médiateur (8 octobre 1279). — Pouvoirs qui lui sont conférés. — Paix entre les partis (18 janvier 1280). — Réforme du gouvernement. — Le saint-siége protecteur. — Les quatorze. — Les mille de la milice civique. — Révision des statuts. — Réforme semblable à Sienne, Volterre, Pistoia. — Départ du cardinal Latino. — Impuissance du vicaire impérial. — Prospérité à Florence. — Ses relations avec le saint-siége. — Martin IV, fauteur des guelfes (1281). — Reconstitution de la ligue toscane (8 février 1282). — Les vêpres siciliennes. — Les Florentins en Sicile. — Leurs délibérations financières. — Nouvelles discordes. — Les gibelins proscrits. — Commission pour réformer le gouvernement. — Les prieurs. — Le potestat, le capitaine, le proconsul. — Leurs attributions : le gouvernement, la justice, la police, l'armée. — Les conseils : leur rôle dans l'État. — Magistrats subalternes. — Les ambassadeurs. — Caractère de cette Constitution. — Satisfaction des Florentins. — Fêtes et réjouissances.

Depuis longtemps déjà la population laborieuse était l'âme même de Florence. Par le travail elle conquérait la richesse, et par la richesse des loisirs, condition première de cette culture intellectuelle qui est l'honneur des peuples comme des hommes, et qui les met hors de pair aux yeux des contemporains comme de la postérité. Le sentiment de ce double progrès développait chaque jour l'esprit d'émancipation et d'indépendance, si menaçant pour les anciens maîtres ; mais ils ne semblaient pas soupçonner le danger. L'insolence des grands guelfes était sans bornes. Ils ne respectaient plus les magistrats qu'ils avaient nommés eux-mêmes. Ils s'abandonnaient aux violences, ils commettaient les homicides que, dans un État mal réglé, provoque la passion ou le caprice. Leurs crimes restaient impunis, car ils trouvaient, pour les protéger, l'appui de leurs pareils, qui achetaient à ce prix la réciprocité[1]. Contre ces hommes si considérables, si bien soutenus, en rapports constants et familiers avec les chefs de la commune, toute condamnation devenait difficile. Était-elle prononcée ? ils en obtenaient sans peine la révocation. Envoyés en exil, ils ne s'y rendaient point[2]. Pouvant tout faire impunément, ils recommençaient le lendemain, pleins de mépris pour les victimes de leur arbitraire, pour les marchands et les artisans, leurs anciens compagnons de combat. La diversité d'origine réveillait leur morgue primitive ; la diversité d'intérêts rouvrait l'abîme qu'avait un moment fermé la communauté des périls.

Le pis était qu'on ne pouvait exiger des magnats guelfes plus de modération et d'égards. Au dehors, en effet, aux portes mêmes de Florence, se tenait en éveil l'ennemi héréditaire, la noblesse gibeline, guettant l'occasion de rentrer dans sa patrie, par des pratiques secrètes ou par la force ouverte. On la redoutait trop pour se brouiller avec des nobles qui ne demandaient qu'à la combattre. C'est contre elle qu'étaient prises toutes les mesures rigoureuses. En 1278, les grands gibelins qui

---

[1] Machiavel, *Ist. fior.*, II, 20 B.
[2] Ammirato, 1281, l. III, t. I, p. 159.

n'avaient pas quitté Florence y étaient exclus, par le statut en vigueur, de tout office public[1]. Si l'on faisait la guerre au dehors, c'était pour les vaincre, eux et leurs alliés, et de ces expéditions l'on revenait parfois la tête basse, avec une ardente soif de vengeance qui refoulait toute autre préoccupation, tout autre sentiment. Ainsi, le 4 octobre 1278, partait le comte Guido Salvatico de Dovadola, avec la cavalerie florentine. Sa mission était de s'unir aux *cavalcate* de Bologne, de Parme, de Reggio, de Modène, contre les seuls gibelins de Forlì, que commandait Guido de Montefeltro, assisté de Guido Novello. Le 14 novembre, les Florentins se voyant enlever Civitella qu'ils avaient prise, cédaient à la panique ; ils abandonnaient armes, chevaux, équipages, munitions, et repassaient en toute hâte l'Apennin, tandis que, de leur côté, les Bolonais rentraient chez eux[2].

Le moment n'était donc pas venu d'une rupture avec les nobles guelfes. Leur puissance militaire ne semblait pas de trop, à peine même la jugeait-on suffisante, pour tenir tête aux gibelins. On déplorait qu'ils l'affaiblissent par des rivalités insensées entre gens de la même caste et du même parti. Ce mal séculaire empirait tous les jours. Au sein du parti guelfe, deux familles puissantes,

---

[1] Le statut manque, mais le fait est prouvé par un document de l'*Arch. di Stato* qu'a publié M. Bonaïni : « Statuimus et firmamus quod nullus ghibellinus possit esse in aliquo officio in civitate vel comitatu Florentie, et si quis eum elegerit, puniatur in libris 25.. Item quod nullus ghibellinus possit esse consul, vel rector, seu prior alicujus artis civitatis. Et si esset positus ad eligendum et electus (condemnetur) in libris 50 et cassetur de officio et sit precisum... sub annis D. 1277, die 17 februaris (vieux style). » *Giornale storico degli archivi toscani*, t. I, p. 170. Janvier-mars 1857.

[2] *Annal. Foroliv.* R. I. S. t. XXII, 139-141. — Muratori, *Ann. d'Italia*, 1277. — Les *Annales de Forlì* donnent la date du jour, non celle de l'année, car elles n'en mentionnent aucune entre 1276 et 1279.

les Adimari et les Donati, formaient comme deux factions ennemies. Moins forts en soi, les Donati étaient soutenus par les Pazzi et les Tosinghi, qui rétablissaient un équilibre funeste. Les clients accouraient se ranger derrière leurs patrons. Des rixes continuelles devenaient facilement des mêlées générales. Il était rare que, de part et d'autre, on ne laissât quelqu'un des siens sur le carreau. Ces divisions gagnant de proche en proche, avaient fini par s'étendre aux marchands, au menu peuple, à toute la ville[1].

A la fin, elles parurent intolérables à quiconque vivait de son travail. Résolus à vouloir, les *popolani* imposèrent aux nobles guelfes une trêve de deux mois[2]. Mais une trêve, c'était pour eux le loisir de reprendre des forces, d'organiser mieux la défense ou l'attaque, et il semblait à craindre qu'à la reprise des hostilités l'une des deux factions ne poussât l'autre dans l'exil, renfort inespéré pour les gibelins[3]. Rappeler ces derniers, introduire l'ennemi dans la place, parut le plus sûr moyen d'en réconcilier les défenseurs, de cimenter à nouveau leur ancienne union[4]. Moyen hardi plus encore qu'ingénieux, et qui ne pouvait réussir que par l'intervention d'une autorité respectée. Or celle de l'Église était la seule devant qui tout Florentin s'inclinât.

---

[1] Per modo che quasi tutta la città n'era partita (Villani, VII, 55.) Stefani, II, 15. Ammirato, 1278. L. III, t. I, p. 152.

[2] Stefani, II, 15.

[3] Se non parte guelfa si dividea e cacciava l'uno l'altro (Villani, VII, 55.)

[4] Pensarono i capi del popolo per frenare questa insolenza ch'e fusse bene rimettere i fuorusciti (Machiavel, *Ist.* II, 20 B.) M. Hillebrand (p. 292) semble croire que ce rappel fut le fait des nobles, et ajoute que la bourgeoisie commença à comprendre que c'était contre elle que se faisait la réconciliation. Ainsi entendu, ce rappel ne s'expliquerait plus. Villani, au reste, n'en parle pas.

C'est ainsi que ces subtils politiques dépêchèrent sans retard une ambassade à Nicolas III. Gherardo des Buondelmonti, Fortebraccio des Bostichi, Cardinale des Tornaquinci[1], chevaliers, et Oddone Altoviti, jurisconsulte, s'allèrent jeter à ses pieds au nom de leur commune, le priant de lui rendre le bienfait de la paix, et promettant de payer cinquante mille marcs d'argent, si, les décisions pontificales prises, ils y contrevenaient[2]. Dans le même temps, soit par hasard, soit pour balancer l'effet de cette démarche, arrivaient plusieurs bannis gibelins. Ils venaient supplier le pape de faire en sorte que la sentence pacificatrice rendue naguère par Grégoire X fût enfin observée par les guelfes de Florence, et rouvrît aux exilés les portes de leur patrie[3].

Rappelé si à propos, ce souvenir de désobéissance flagrante était de nature à faire réfléchir le pontife sur le danger de compromettre une fois de plus l'autorité du saint-siége. Mais, à y regarder de près, les circonstances étaient changées. Les guelfes imploraient maintenant cette médiation suprême que Grégoire X avait voulu leur imposer. D'ailleurs le père des fidèles remplissait un devoir en réconciliant les citoyens d'une ville ordinairement dévouée, et le souverain temporel trouvait son compte à exercer sur la Toscane cette suprématie que prétendait Charles d'Anjou. Nicolas III n'hésita donc point à envoyer sur les bords de l'Arno le propre fils de

---

[1] Cardinale est son nom, comme on le voit dans un doc. de l'Arch. di Stato (*Capitoli*, XXI, 176), dont un fragment est rapporté dans les *Delizie*, IX, 69. Un autre des *Consulte della Repubblica* (I, C. p. 59) le montre potestat d'une petite localité en 1282. C'était là une fonction de citoyen, non de cardinal.

Delizie, IX, 69. — Ammirato, 1279. l. III, t. I, p. 152.

[3] Villani, VII, 55. Stefani, II, 15.

sa sœur, Latino Frangipani des Brancaleoni, dominicain, cardinal, évêque d'Ostie et de Velletri[1]. C'était un homme réputé pour son savoir[2], mais surtout pour son éloquence[3]. Il se trouvait alors dans les Romagnes en qualité de légat. Il en partit sans retard, et le 8 octobre 1279, il arrivait aux portes de Florence, escorté de trois cents cavaliers de l'Église, pour faire respecter, dans une ville si troublée, sa personne et ses décisions[4]. Les cavaliers de Charles d'Anjou ne le rassuraient point. Leur présence n'avait pu rien empêcher. Ils n'étaient plus qu'une poignée de mercenaires, payés par la commune et employés à son gré, le plus souvent au dehors. Le vicaire royal vivait grassement de ses gages, sans commander à personne, dans une inaction sans dignité. L'autorité de son maître n'étant plus qu'un fantôme, on laissait le fantôme errer par les rues, sans prendre la peine de porter le décret qui l'eût légalement dissipé[5].

L'attention était toute à ce cardinal évêque, à ce légat,

[1] Latinus Frangipanis vel Malabranca quem J. Villanus Brancaleonum familia satum dicit, Romanus, Nicolai III ex sorore nepos. (*Vitæ et res gestæ pontificum romanorum et cardinalium Alph. Ciaconii ord. præd. et aliorum opera descriptæ*. Rome 1677, in f°, t. II, col. 221.) Ce cardinal est appelé simplement « Dom. Fr. Latinus Hostiensis et Velletrensis episcopus » dans les documents originaux (Arch. di Stato, *Capitoli*, XXIX, 324, et *Delizie*, IX, 69). Dans un autre document des *Delizie* (*ibid.*, p. 107), il est appelé « D. Raynaldus de Ursinis, cardinalis Latinus. » C'est bien du même qu'il s'agit, quoique Ciaconio (*ibid*, t. II, col. 512), à l'année 1342, parle d'un autre cardinal du même nom, mort en 1369. En fait, le cardinal Latino ne tenait aux Orsini que par sa mère. Ammirato (l. III, t. I, p. 153) l'appelle Fra Latino Fregapane.

[2] Di grande autoritade e scienza. (Villani, VII, 55.)

[3] Hic cum concionator eximius esset, maximaque polleret facundia. (Ciaconio, *ibid*. col. 221.)

[4] Villani, VII, 55.

[5] Fauriel (*Hist. litt. de la France*, XX, 282) dit, en parlant du pouvoir de Charles à Florence, qu'on ne voit pas bien clairement dans l'histoire quand ni comment il finit. C'est qu'en fait il ne finit point. Il s'éteignit in-

à ce parent du pape, dépositaire sans doute de ses plus secrètes pensées, et en qui une population crédule, toujours prête à espérer, saluait l'homme providentiel, seul capable de résoudre d'inextricables difficultés. Le clergé, les ordres religieux, allèrent en grande pompe le recevoir. Les magistrats envoyèrent au devant de lui le *carroccio*, les bannières des vingt et un arts, des députations nombreuses de citoyens, une foule de jeunes gens nobles à cheval, parés comme pour des joutes (*armeggiatori*), uniformément vêtus d'habits de taffetas à bandes de diverses couleurs (*sudazzi*). Autour du légat ils caracolaient avec l'aisance de leur race et l'agilité de leur âge ; ils se dressaient sur leurs courts étriers, à la mode des Maures, comme pour rompre une lance. Toute la ville était sur pied, encombrait les rues, les fenêtres et jusqu'aux toits, sur le passage du cortége. Aux portes, le cardinal sur sa haquenée fut placé sous un dais, comme on faisait pour le pape ou pour l'empereur, et conduit à la maison de messer Tommaso Spigliati des Mozzi, qui, selon la coutume, avait l'honneur de lui offrir l'hospitalité [1].

Il ne procéda qu'avec une prudente circonspection. En politique avisé, il étudiait le terrain. Comme il pouvait ne pas réussir dans sa mission, comme il risquait d'y compromettre sa dignité de légat et celle du pape média-

---

sensiblement, par la discorde entre le pape et le roi, par l'impossibilité où se trouvait celui-ci de venir en Toscane. Fauriel ajoute qu'il n'y avait plus dans la ville ni guelfes, ni gibelins, ni liberté. De liberté, au sens moderne du mot, il n'y en avait jamais eu ; il y en avait de plus en plus par rapport aux relations des protégés avec le protecteur. Quant aux guelfes et aux gibelins, s'ils étaient sur le point de se transformer, la transformation n'était pas accomplie.

[1] Paolino, II, 36. — Ammirato, l. III, t. I, p. 152.

teur, il n'était venu en apparence que pour poser la première pierre de Santa Maria Novella, église projetée du couvent qu'habitait son ordre des frères prêcheurs, depuis les temps héroïques où Pierre Martyr terrassait les Patarins. Le 18 octobre[1] eut lieu cette cérémonie. Déjà étaient commencées par-dessous main les pratiques pour sonder les cœurs, pour connaître, pour modifier, au besoin, les intentions des magistrats et des principaux citoyens de chaque parti. Le dimanche 19 novembre seulement, on crut pouvoir rendre publics des desseins qui n'étaient, comme on dit, que le secret de la comédie.

Par l'ordre du potestat se réunirent, sur la place de Santa Maria Novella[2], Scurta della Porta, vicaire royal, Adenolfo del Conto, capitaine de la *parte guelfa*, les magistrats, les conseils et le peuple. Le cardinal prit alors la parole et annonça son projet de supprimer, avec l'aide de Dieu, les dissentiments entre guelfes et guelfes, entre guelfes et gibelins, et même entre gibelins et gibelins[3].

---

[1] Cette date est constatée par une inscription du temps, qui existe encore aujourd'hui. Aux années suivantes, se succèdent les achats de maisons « ad faciendam plateam ante ecclesiam S. M. Novellæ. » 1283, 1284 (*Capitoli*, XXX, 101). 3 février 1287 (*ibid.*, XLI). — Voy. Gaye, *Carteggio inedito d'artisti*, I, 416, 417.

[2] Il s'agit de la *piazza vecchia* de ce nom, située sur le flanc de l'église, et non de la place nouvelle, tracée depuis devant la façade. (Voy. Villani, VII, 55).

[3] Sue intentionis erat super specialibus discordiis que sunt inter guelphos ad invicem et etiam inter gibellinos ad invicem, et etiam que sunt inter guelfos et gibellinos civitatis et districtus Florentie, de quibus sibi videtur pacem auxiliante Domino reformare (Doc. de l'Arch. di Stato, *Capitoli*, XXIX, 346-347. Des fragments en ont été publiés par Ildefonso de San Luigi (*Delizie*, IX, 69) et par M. Bonaïni (*Giorn. stor. degli archivi toscani*, t. III, p. 174. Avril-juin 1859). Ammirato (l. III, t. I, p. 153) a évidemment connu ce précieux document.

Puis il demanda une *balia*[1], non générale, mais spéciale, c'est à dire de pleins pouvoirs sur les points suivants : 1° Contraindre les habitants de la ville et du territoire à exécuter ce qu'il aurait décidé, à exiler, à frapper d'amende les récalcitrants. 2° S'emparer de leurs maisons, palais, tours et biens, pour les confisquer, vendre ou détruire, s'il le jugeait à propos. 3° Prendre des otages, se faire remettre en garantie les forteresses qu'il demanderait. 4° Donner à ses sentences la même force que si elles émanaient du peuple entier. 5° Exécuter ses ordres sur tous ces points, sans objecter statut, coutume, règlement, réforme ou serment contraire. 6° Reconnaître son droit, s'ils manquaient à ces engagements, de les contraindre, et s'ils s'obstinaient, de fulminer les peines spirituelles à son gré. Aussitôt tout le peuple et tous les personnages présents, sans aucune opposition, accordèrent libéralement tous ces pouvoirs, en s'écriant d'une voix unanime : « Ainsi soit! Ainsi soit[2]! »

Tout semblait donc convenu ; mais pour qu'il n'y eût pas d'équivoque, le cardinal reprit d'une voix forte : « Comme il arrive souvent, dit-il, que beaucoup crient dans le peuple, et cependant ne savent pas pourquoi ils crient, je veux que tous comprennent bien ce qui se fait[3]. » Il récapitula alors toutes ses conditions, et il

---

[1] *Balia*, du latin *valeo*, pouvoir, puissance. Selon d'autres, de *baiulo*, qui dans l'ancienne langue signifie gardien, gouverneur, et dans la langue courante faquin, portefaix (voy. le vocab. de la *Crusca* et Del Lungo, notes à Dino Compagni, p. 95, n. 1. Milan, 1870).

[2] Et incontinenti totus populus et omnes suprascripti, nemine discordante..., liberaliter concesserunt, una voce clamantes : Ita sit! ita sit! ita sit! (Document cité.)

[3] Quia sepe contingit quod multi clamant in populo et tamen nesciunt quid clametur, volo quod omnes intelligant que aguntur. (Doc. cité).

ajouta : « Si quelqu'un parmi vous y contredit, ne les trouve pas bonnes et utiles, et veut donner ses motifs, qu'il se lève sans crainte et exprime sa volonté[1]. » Comme la première fois, l'assentiment fut unanime. Fra Latino, aussitôt, fit tout écrire par le notaire Bonamore, et conclut en disant que puisqu'il était muni du droit de *lodare*, c'est-à-dire de rendre une sentence arbitrale, de rétablir l'accord, quiconque y contreviendrait serait puni, resterait en exil s'il y était déjà, y serait envoyé, s'il était encore dans la ville[2], perdrait la protection de la commune pour ses biens, serait puni, au besoin, dans sa personne, corporellement et spirituellement[3].

Certain dès lors de l'efficacité de ses pouvoirs, le légat entreprit sans retard d'actives négociations. Remontant à l'origine des querelles de parti, il pensa que s'il réconciliait les Buondelmonti avec les Uberti, tout le reste viendrait par surcroît. Comme les fils de Rinieri Buondelmonte, le bohémien, le diseur de bonne aventure[4], restaient implacables dans leurs haines héréditaires, il fit sur eux un exemple : il les frappa d'excommunication et les envoya en exil[5]. On n'avait pas cru d'abord à ces rigueurs. Quand on vit des citoyens si considérables courber la tête et quitter leur patrie, chacun sentit qu'il

---

[1] Et iterato omnia premissa recapitulavit et dixit : Quod si quis esset inter eos qui in suprascriptis in aliquo contradicere vellet, vel cui predicta non viderentur bona vel utilia, et vellet aliquam causam assignare, secure surgeret et suam exprimat voluntatem. (Doc. cité.)

[2] Populus florentinus vocatus ad parlamentum prestitit licentiam et auctoritatem D. Legato Fra Latino cogendi quoscumque particulares ad pacem et eosdem condemnandi et relegandi. (Doc. cité.)

[3] Doc. cité. Voy. Bonaïni, *loc.*, *cit.* p. 175.

[4] Il a été question plus haut de cette victime de Frédéric II. Voy. l. II, ch II, t. I, p. 319.

[5] Villani, VII, 55.

fallait plier. Uberti et Buondelmonti, Adimari et Donati consentirent à la paix. Tout ce qui semblait impossible cessa de l'être. Le 13 janvier 1280, furent convoqués dans le palais public, le conseil général des trois cents, le conseil spécial des quatre-vingt-dix, la *parte guelfa* de la ville et du territoire, avec les quatorze *buoni uomini* députés à la garde de la commune et de la *parte*. Sous la présidence du potestat, Pietro Ranieri, proconsul romain[1], il fut décidé que les deux légistes Bardo d'Ammirato et Jacopo d'Angelotto iraient, comme syndics de la commune et de la *parte*, engager au légat l'obéissance de l'une et de l'autre, sous peine de cinquante mille marcs d'argent[2].

La paix était virtuellement conclue. Elle le fut solennellement cinq jours plus tard, le 18 janvier, sur la place de Santa Maria Novella, dans une seconde assemblée à parlement. Sur un échafaudage en bois, recouvert de tentures et dressé au milieu de la place, monta le cardinal Latino, accompagné de l'archevêque de Bari, des évêques de Pistoia, de Lucques et d'Arezzo, ainsi que d'autres prélats, clercs et religieux. Il prononça « une belle harangue, fournie de grandes et nombreuses autorités, comme il convenait, sur une telle matière, à un si savant et si brillant prédicateur[3]. » Il parla noblement du fléau des factions, du bienfait de la paix, de ses efforts et de ses actes pour accomplir les volontés du saint-siége. Il fixa

---

[1] *Lib. off. forens.*
[2] Arch. di Stato, *Capitoli*, XXI, 171. La partie principale de ce document a été publiée par M. Bonaïni, *loc. cit.*, p. 176. Un petit extrait s'en trouve dans les *Delizie*, IX, 68-69.
[3] Usando di grandi e molto belle autoritadi, come alla materia si conveniа, siccome quegli che era savio e bello predicatore. (Villani, VII, 55.)

les conditions de l'accord entre les partis, renouvela ses menaces de peines graves contre quiconque le romprait, voulut que les gibelins fussent rappelés et remis en possession de leurs biens, et que les syndics des deux partis, nommés sur sa demande, se baisassent sur la bouche[1]. Les immeubles devaient être restitués réciproquement. Quant aux biens meubles, on pourrait, au lieu de les rendre, en payer la valeur évaluée par un sage, à condition, toutefois, que ce fût sans retard. Les aliénations faites par les parents des exilés, sans l'aveu de ceux-ci, étaient déclarées non valables[2]. Les restitutions devaient être accomplies dans le délai d'un mois, sur le jugement sommaire du capitaine du peuple. Les gibelins exilés obtenaient quatre mois pour payer leurs dettes. Une compensation était accordée pour les immeubles détruits par la commune en vue d'élever des églises ou des canonicats, d'ouvrir des rues ou des places. Un guelfe avait-il bâti sur le sol d'un gibelin? Ce sol faisait retour à son légitime propriétaire, sous réserve des arrangements à prendre pour la valeur des constructions. Enfin l'amnistie était accordée pour tous les délits politiques. En étaient exclus les faussaires, les voleurs, les assassins, les meurtriers de clercs, les violateurs d'églises, qu'ils fussent d'ailleurs guelfes ou gibelins[3]. Pour tous les au-

---

[1] Ces syndics étaient pour les guelfes Bardo d'Ammirato et Jacopo d'Angelotto, légistes; pour les gibelins de la ville Filippo Spinelli et Jacopo de Cingnano, juges; pour les gibelins du dehors Bonzolino de Bonzolo et Lottieri de Vallungo, jurisprudents (Arch. di Stato, *Capitoli*, XXIX, 330-331). Plusieurs passages de ce document se trouvent dans les *Delizie*, IX, 71, 89, sous ce titre : Actes officiels de la paix du cardinal Latino.

[2] Si consors bona consortis exsulis alienaverit, alienatio non teneat. (Doc. cit. ap. *Delizie*, IX, 71).

[3] Exceptis guelfis et gibellinis qui non occasione partis sed privatim deliquerunt (*ibid.*)

tres elle était si large et si sincèrement voulue, qu'on détruisit les livres où se lisaient inscrites les précédentes condamnations.

Ces conditions étaient équitables, mais surtout nécessaires. A quoi eût servi de rappeler les gibelins, si, pour trouver des moyens d'existence, il leur fallait recourir à la force et troubler la paix ? Les personnes, les familles suspectes de desseins violents, restèrent seules dans l'exil. Cinquante-cinq citoyens furent nominalement proscrits[1] avec les Uberti, les Fifanti, les Gangalandi, les Amidei, les Caponsacchi, les Scolari, les Guidi, les Lamberti, les Ubbriachi, les Pazzi du Val d'Arno. Confinés en certains lieux du patrimoine de saint Pierre, entre Rome et Orvieto, ils devaient s'y trouver dans un mois, s'y présenter aux magistrats, pour constater leur présence. Ils fournissaient d'ailleurs caution de ne pas s'éloigner[2]. C'était là un châtiment tout autre que l'exil ordinaire, car ils restaient tenus de répondre aux officiers florentins qui les appelleraient pour des causes civiles ou criminelles; ils jouissaient de leurs biens et recevaient même des subsides de la commune[3]; ils pouvaient toujours, avec l'agré-

---

[1] Le *sesto* de San Pier Scheraggio eut 20 exilés ; le Borgo, 9 ; Por S. Maria, 5 ; Porta del Duomo, 3 ; San Pancrazio, 7 ; Oltrarno 11. Dans le nombre se trouvent des noms obscurs encore, mais destinés à la célébrité, ceux de Monte d'Andrea d'Ugo des Medici et de Guglielmino des Ricasoli, tous deux du *sesto* d'Oltrarno (*Delizie*, IX, 72, 73.)

[2] Hic infra mensem in partem Patrimonii S. Petri se conferant singuli, ad ea loca que inter Urbem Veterem et Romam de nostra licencia duxerit eligenda, ibidem in confinibus moraturi. Insuper debent infra mensem se ad confinia representare et dare cautionem de non recedendo. (*Delizie*, IX, 74.)

[3] Cette assertion qu'on ne trouve que dans la chronique faussement attribuée à Dino Compagni (l. I. éd. Del Lungo p. 14), est confirmée par deux documents des *Consulte della Repubblica*, (14 et 19 février 1282, I C., p. 50 r° v°), où il est dit qu'il fallait de l'argent pour payer les confinés, selon la sentence rendue par le cardinal Latino.

ment du pape, rentrer dans leur patrie en contractant avec leurs ennemis une paix sérieuse, par des mariages ou autrement. En tout cas, ils ne devaient rester hors de Florence que le temps dont auraient besoin le potestat et le capitaine pour réunir le nombre de cavaliers et de fantassins jugés suffisants, d'après les statuts, à réprimer efficacement toute tentative de désordre[1]. Une limite extrême de six mois se trouvait dès lors fixée. Ces six mois écoulés, les portes de la ville seraient ouvertes pour tous, à moins que le pape n'en décidât autrement[2]. Seul, Guido Novello était véritablement exilé : il pouvait aller où il voudrait hors du territoire florentin[3]. Aucune mention n'était faite encore de son retour, même éventuel[4].

Quant aux citoyens qui continuaient de résider à Florence, diverses mesures étaient prises contre les perturbateurs de la paix rétablie. Ils devaient perdre les fiefs qu'ils tenaient de l'Église et la moitié de leurs biens propres, être déclarés inhabiles à tout office et privés du droit de cité. Tout laïque qui se refuserait aux restitutions ordonnées, serait condamné au double par le capitaine du peuple; tout ecclésiastique, frappé d'excommunication et dépouillé de son bénéfice. La commune elle-

---

[1] Illis exceptis quos certis ex causis extra civitatem ipsam *ad tempus* videlicet juxta bene placitum summi pontificis remanere censemus... Omnes alii de dictis domibus extra civitatem remaneant donec potestas et equites et pedites, etc. (*Delizie*, IX, 72, 74).

[2] Bonaïni, *loc. cit.* t. III, p. 184.

[3] Comes Guido Novellus maneat extra territorium florentinum ubi velit. (*Delizie*, IX, 74.)

[4] Ammirato (l. III, t. I, p. 159) affirme, mais on n'en voit pas trace dans les documents, que les gens sans métier ou sans patrimoine pour vivre, que les pauvres et les oisifs, tenus pour fauteurs de troubles, furent en même temps expulsés.

même, si la faute venait d'elle, encourrait ces diverses peines et retomberait sous l'interdit, dont, après trois années, le cardinal Latino la relevait. Tout était prévu : dédit, réparation des dommages, payement des dépenses, responsabilité de l'État et des particuliers, insertion de la sentence aux statuts communaux, otages et châteaux remis en garantie par les deux partis, obligation pour la commune de fournir la garnison de ces châteaux et la subsistance de ces otages, soit cinquante sous par mois pour chacun[1]. Trois cent soixante-deux personnes pour les gibelins et trois cent quatre-vingt-quatre pour les guelfes s'engagèrent personnellement à payer le dédit de cinquante mille marcs d'argent auquel était condamné d'avance le parti qui violerait la paix. Il y avait dans le nombre dix jurisconsultes et quatre-vingt-dix-sept chevaliers à ceinturon d'or, citoyens de Florence[2]. Parmi les répondants guelfes figurait Brunetto Latini[3].

En ce temps-là les confirmations, les ratifications étaient sans fin, vaines précautions d'une prudence que

---

[1] Arch. di Stato, *Capitoli*, XXIX, 330, 334, 338, 340, 341, 342 aux dates des 18 janvier, 7, 18, 22, 27 février, 7 mars 1280.

[2] Voy. outre les sources indiquées, Villani, VII, 55; Paolino, II, 36; Leonardo Bruni, l. III, trad. de Donato Acciajuoli, ap. *Delizie*, IX, 65 sq. Ammirato, 1280, l. III, t. I, p. 153-158. Bonaïni, *loc. cit.* p. 183.

[3] Brunetto Latini était rentré à Florence, selon Fraticelli, en 1266 ou 1267; selon Fauriel (*Hist. litt. de la France*, xx, 282), en 1269. Il avait repris ses fonctions de secrétaire des conseils de la République dès 1273. Dans un acte de cette année rédigé par lui, il est désigné comme suit : « Ego Brunectus de Latinis notarius nec non scriba consiliorum communis Florentie (Zannoni, p. 19). Fauriel ajoute que peu après il dut se démettre ou que du moins il n'est plus question de lui. C'est une erreur, comme on peut le voir dans Zannoni, p. 210, Ciaconio, II, 188, 221, *Delizie*, IX, 84, 102. En 1280, il est au nombre des « expromissores » guelfes de Porta di Duomo pour la paix du card. Latino (*Delizie*, IX, 84). Son nom est encore parmi les « mallevadori » pour la ratification du 7 février 1280 (*ibid.* p. 102).

maintes fois déjouaient les événements. Le 7 février, au palais Mozzi, les gibelins vinrent en personne ou par procureurs jurer la paix, donner caution [1]. Le 18, sur la place de Santa Maria Novella, ornée comme au mois précédent, le notaire Bonamore donna lecture, devant les magistrats et officiers de la ville, des noms des puissants guelfes et gibelins qui s'obligeaient à observer la sentence du légat [2]. Le 22, d'autres personnes des deux partis viennent faire leurs accords, s'engager à un dédit qui varie selon leur importance ou leur fortune : il est de cent marcs d'argent pour les Galigai comme pour Lamberto dell' Antella, et de deux cents pour Gherardino, Consiglio, Gentile et Ricovero des Cerchi, quatre membres d'une famille qu'élevait le commerce et qui allait jouer bientôt un grand rôle dans l'État [3]. Le 27, comparaissaient à leur tour au palais Mozzi les comtes Guidi, les Pazzi du Val d'Arno et jusqu'à Guido Novello, relevé de l'exception rigoureuse dont il était l'objet. Gibelins au fond du cœur, ils juraient du bout des lèvres, pour eux et pour leurs fils, d'être guelfes à l'avenir [4]. Leur sincérité suspectée était garantie par des répondants, qui comparaissaient à leur tour devant le cardinal [5]. Le 7 mars, les arts, âme et nerf de Florence, promirent, eux aussi, par procureurs et syndics, une entière obéissance, un

---

[1] Fidei jussores de pace servanda. (Doc. ap. *Delizie*, IX, 89.)

[2] On peut voir les noms dans les *Capitoli*, XXIX, 338 v°, et dans les *Delizie*, IX, 90. — Villani (VII, 55) confond et Stefani (II, 153) semble confondre l'acte du 18 février avec celui du 18 janvier précédent. En suivant l'autorité des manuscrits on évite cette erreur. L'exact M. Bonaïni s'est bien gardé d'y tomber.

[3] *Capitoli*, XXIX, 340. — *Delizie*, IX, 92. Ce dernier recueil donne par erreur la date du 17 février.

[4] *Capitoli*, XXIX, 341 v°. — *Delizie*, IX, 92, 93.

[5] *Capitoli*, XXIX, 342 v°. — *Delizie*, IX, 93-96.

respect absolu de la paix¹. Enfin, le 20 du même mois, sur la proposition du potestat et le conseil de Manetti Tignosi, de Tignoso des Soldanieri, avec le consentement du capitaine et des quatorze, on décidait que les dits potestat, capitaine, quatorze et autres sages choisis par eux, détermineraient quels magnats de la ville et du territoire devraient donner des garanties, selon le *capitolo* de la commune y relatif ².

Jamais pacificateur n'avait pris si fort au sérieux sa tâche : le cardinal Latino faisait honte à Charles d'Anjou. Mais pour minutieuses que fussent les mesures adoptées, lui-même il les sentait insuffisantes, tant que les Florentins n'auraient pas un gouvernement mieux établi. Ce qu'il entendait par là, s'il ne le dit point, on le devine. Le pape était le chef politique des guelfes; il ne pouvait s'appuyer que sur les guelfes pour faire observer la paix. Par la force des choses les gibelins devaient donc vivre dans la dépendance de leurs adversaires, et tolérés dans leur patrie plutôt que réintégrés dans leurs droits.

A cette réforme du gouvernement parut toutefois présider un esprit de conciliation qui n'était pas dans le génie des guelfes. On n'en peut faire honneur qu'au cardinal-légat. Sans doute il était partial dans leur querelle; mais il y apportait moins de passion qu'eux. Il n'avait pas reçu *balia* pour cette importante entreprise; mais on peut croire qu'il n'y épargna pas ses conseils³. En tout

---

¹ *Capitoli*, XXIX, 345. — *Delizie*, IX, 96. Dans le nombre des arts qui s'engagent, on ne voit figurer ni le change ni la soie. Le motif n'en peut être, selon toute apparence, qu'une omission du copiste sur le manuscrit original.

² Arch. di Stato, *Consulte della Repubblica*, t. I, quad. B, p. 13.

³ Villani (VIII, 55), Leonardo Bruni (L. III, p. 53), disent que Fra Latino imposa lui-même à Florence la réforme de son gouvernement. Les textes

cas, c'est lui, ou, si l'on veut, le saint-siége, qui en devait diriger l'exécution. L'œuvre de la paix et celle de la réforme furent simultanément conduites [1]. En peu de jours l'habile cardinal avait considéré et jugé sous toutes ses faces une si complexe situation.

La première innovation ne portait que sur un mot, mais elle était bien entendue. Le nom de capitaine de la *parte*, odieux aux gibelins, fut remplacé par celui de « capitaine florentin, conservateur de la paix [2] ». Ainsi le chef d'une faction violente devenait un officier vraiment communal, commis à la garde de la ville, avec les *capitudini* des arts ou métiers. L'autorité du potestat n'en était point diminuée, et moins encore celle du saint-siége, car il se faisait accorder le droit, durant deux années, de nommer lui-même potestat et capitaine, et durant dix de s'opposer à ce qu'on élût à ces charges des personnes ennemies de la sainte Église [3].

Pietro Ranieri, proconsul romain, était potestat depuis le 1ᵉʳ janvier 1280. Le cardinal Latino le maintint dans

---

manuscrits prouvent qu'elle fut l'œuvre des citoyens. M. Schéffer-Boichorst l'a bien vu, mais il reste muet sur les conseils que dut à cet égard donner le cardinal. Si on ne les peut trouver dans les documents, il tombe sous le sens qu'ils ne durent pas être épargnés aux Florentins.

[1] Nous en trouvons la preuve dans ce fait indiqué quelques lignes plus haut, que le 20 mars 1281, alors qu'on en était encore aux accords de la paix, il est question des quatorze, qui ne furent institués que par la réforme du cardinal Latino (*Consulte*, t. I, quad. B, p. 13).

[2] Ammirato, 1281. L. III, t. I, p. 156. La liste des *officiales forenses* conserve à ce magistrat le titre de capitaine du peuple et ne mentionne pas les mots qui y furent ajoutés.

[3] Ce fait ne se trouve pas dans les contemporains, mais il est affirmé par Machiavel (*Ist.* II, 20 B), par Leon. Bruni (trad. d'Acciajuoli, qui a ajouté une phrase sur ce point au texte latin, ap. *Delizie*, IX, 68), et par Ammirato (l. III, t. I, p. 154, 155). Or il ne faut pas oublier qu'Ammirato a eu sous les yeux bien des documents officiels que n'ont pas connus les contemporains. Voyez d'ailleurs Bonaïni, *loc cit.*, p. 181.

sa place pour une autre année, et lui adjoignit, en qualité de capitaine, Giovanni di Sant' Eustachio, comme lui Romain et proconsul[1]. Il comptait sans doute qu'étant de même ville et de même dignité, ces deux hommes s'entendraient plus aisément, pour accomplir dans tous les détails les réformes, conjointement avec six guelfes et six gibelins, élus à cet effet parmi les citoyens de vingt et un à soixante-dix ans. Un mois leur était accordé pour mener leur tâche à bonne fin.

Leur idée dominante paraît avoir été d'effacer les traces, les souvenirs des anciennes dissensions. Ils supprimèrent les solennités par lesquelles guelfes et gibelins célébraient tour à tour leurs insolentes victoires. Ils allèrent jusqu'à déclarer qu'on était dans son droit de n'être ni l'un ni l'autre, et qu'on ne devenait point, pour ce fait, incapable des emplois publics ; mais, d'esprit médiocre sans doute, ils n'agirent qu'avec incohérence : ils désignèrent ceux qui devaient être tenus pour guelfes et pour gibelins. Ils ne virent pas qu'ils donnaient ainsi une consécration nouvelle aux deux partis. Dans la charge des *buonuomini*, portés par eux de douze à quatorze, pour une durée de deux mois[2], ils résolurent d'introduire des guelfes, des gibelins et des neutres en proportion de leur nombre[3]; mais, en fait, pour donner satisfaction aux guelfes qui n'entendaient pas plus être dupes que

---

[1] Ammirato, *loc. cit.*, p. 156. La liste des *officiales forenses* donne Pietro Raniéri comme entré en charge le 1ᵉʳ janvier 1280, c'est-à-dire 1281, et n'indique aucun autre potestat jusqu'en 1282. Il est donc probable que ce magistrat fut maintenu par le légat.

[2] Villani, VII, 55. Machiavel dit à tort un an (*Ist.* II, 20 B), et une chronique *auctore incerto* (ap. *Delizie*, IX, 260) un mois.

[3] Il supremo magistrato de' 14 era composto di guelfi, ghibellini et neutrali, ciascuna parte per rata del suo numero. (Chron. *auctore incerto*, ap. *Delizie*, IX, 260.)

victimes, ils n'attribuèrent aux neutres, suspects à tout le monde, aucune place dans ce collége, et ils y introduisirent huit guelfes avec six gibelins[1], dont deux grands seulement pour chaque faction. C'était, par toutes les combinaisons possibles, assurer la prépondérance aux guelfes et aux *popolani*[2]. Entre les *sesti* seulement on sut établir une proportion exacte, qui supprimait de l'un à l'autre, à cet égard, toute compétition. Au *sesto* d'Oltrarno on attribuait trois *buonuomini*, à San Pier Scheraggio autant, et deux à chacun des quatre autres[3].

L'embarras devait être réel de concilier tant d'exigences diverses. Ce qui le rendait moindre, c'est que cette magistrature étant de courte durée, tous ceux qui pouvaient y prétendre conservaient l'espoir d'y arriver à leur tour et se montraient, par suite, moins ardents aux compétitions[4]. Une fois la faute commise d'écarter les neutres et de déroger au principe qu'on venait d'établir, il était prudent de ne pas donner part égale, dans le collège, aux deux factions militantes : leur équilibre y eût produit l'immobilité. Mieux valait y assurer la prépondérance en droit à celle qui, en fait, dominait à Florence, et y donner à l'autre des représentants assez nombreux pour faire entendre et même écouter leur voix.

[1] Ainsi disent Villani (VII, 55), Ammirato (l. III, t. I, p. 156), Pignotti (l. III, c. V, t. III, p. 133), A. Vannucci (p. 153), Bonaïni (*loc. cit.*, p. 181). Seul, Machiavel (*loc. cit.*) dit sept de chaque parti ; mais il a manifestement voulu mettre la réalité du fait d'accord avec la décision prise. Il parle en philosophe plus qu'en historien, et il oublie trop que les passions sont un terrible obstacle à la logique. Les arrangements pris par les autres villes ne montrent nulle part les gibelins sur le pied d'égalité avec les guelfes.

[2] Stefani, II, 154.

[3] Chron. *auctore incerto*, ap. *Delizie*, IX, 260.

[4] Villani (VII, 55) dit en effet qu'ils étaient élus « con certo ordine di loro elezione ».

Ces quatorze *buoni uomini* se réunissaient dans la vieille église de la *Badia* ou dans la maison du capitaine[1], quelquefois dans des demeures particulières[2]; mais ils prenaient leurs repas chez eux et ils y passaient la nuit[3], tolérance qui ne devait pas tarder à leur être retirée. Assistés d'un certain nombre de sages de leur choix, ils élisaient leurs successeurs[4]. A peine institués et installés, ils reçurent du potestat et du capitaine la mission de réorganiser sur de nouvelles bases la force publique. Ils y procédèrent aussitôt, conjointement avec des sages qu'ils avaient appelés. Ils désignèrent mille citoyens, amis du bien public, dont deux cents pour chacun des deux grands quartiers d'Oltrarno et de San Pier Scheraggio, et cent cinquante pour chacun des quatre autres. Ces six compagnies étaient reconnaissables aux gonfalons rouges et blancs, comme celui du *Carroccio*, que portaient les gonfaloniers, leurs chefs respectifs. Elles formaient deux groupes : Oltrarno, San Pancrazio, le Borgo, d'une part, et de l'autre, San Pier Scheraggio, Porta San Piero, Porta di Duomo. Les trois compagnies d'un groupe avaient un gonfalon semblable par les couleurs, différent par les insignes de leur *sesto*. Blanc dessus et rouge

---

[1] In ecclesia abbacie. (*Consulte della Rep.*, t. I, quad. E, p. 18 v°. 20 mai 1281.) In palatio sue mansionis (du capitaine) (*Ibid.* t. I, quad. E, p. 21. Décembre 1281).

[2] On ne peut nier qu'il en fût ainsi en 1281, puisque cette irrégularité de résidence persiste encore en 1289 et 1290. En août 1289, on voit les prieurs tenir leurs réunions dans la maison de Gano di Forese (*Provvisioni*, t. I, n° 2, p. 24 v°). Le 26 janvier 1290 « In domo Pele ». (*Consulte*, II, 8.) Le 26 février suivant chez Gherardini des Cerchi. (*Consulte*, II, 16.) Le 4 mars, à la *Badia*. (*Consulte*, II, 17 v°.) Le 22 août, dans l'église San Procolo. (*Provvisioni*, t. I, n° 2, p. 136.)

[3] Villani, VII, 55.

[4] Auct. incerto, ap. *Delizie*, IX, 260.

dessous était le gonfalon du premier groupe ; mais on reconnaissait la compagnie d'Oltrarno à un petit pont rouge figuré sur le blanc ; celle de San Pancrazio à une griffe de lion rouge ; celle du Borgo à une petite chèvre noire. L'autre groupe avait un gonfalon rouge dessus, blanc dessous. Sur le rouge on voyait : pour San Pier Scheraggio, un petit chariot bleu de ciel ; pour Porta San Piero, les clefs apostoliques peintes en jaune ; pour Porta di Duomo, l'image de saint Jean. Les trois premières compagnies devaient se réunir et servir sous les ordres du capitaine du peuple, les trois autres sous ceux du potestat. C'est dans l'assemblée à parlement que ces deux officiers remettaient les gonfalons chacun aux gonfaloniers qui dépendaient de lui[1]. La charge de ces gonfaloniers durait un an. Ils étaient remplacés au mois de mars. Ils convoquaient leurs hommes à l'église du quartier. Tous devaient s'y rendre sous peine de cinquante livres d'amende, sauf les médecins, les docteurs ou juristes et les sexagénaires qui avaient le privilége de se faire remplacer. Sur son bouclier, sur ses armes, chacun des mille portait les insignes de son *sesto*. Quand ils étaient appelés, les autres citoyens n'avaient pas le droit de faire des réunions armées, surtout les grands[2].

Indépendamment de cette milice, qui était celle des circonstances graves et dont l'emploi supposait un parfait accord entre le potestat et le capitaine, cent cavaliers et autant de *berrovieri*, ou sbires à pied, tous étrangers, étaient mis à la disposition de chacun de ces deux magistrats, pour assurer, dans les circonstances ordinaires, le res-

---

[1] Ammirato, 1281. L. III, t. I, p. 159.
[2] Auctore incerto, ap. *Delizie*, IX, p. 261-262.

pect de leur autorité. Tenus d'agir dans l'intérêt des deux partis, il leur était enjoint d'effacer au livre de la commune les choses iniques ou préjudiciables, et permis, en attendant, de n'en pas exiger l'observation. La révision des statuts devait être faite par des délégués spéciaux dans les huit jours qui suivraient la réforme des conseils et des offices. Avant un mois, on devait faire le recensement des habitants sujets aux tailles dans la ville ou sur le territoire. Toute ligue était annulée, toute société prohibée entre nobles et *popolani*. Restaient seules permises celles des arts; encore y fallait-il l'autorisation du potestat et du capitaine, l'expérience ayant démontré qu'elles devenaient souvent cause de divisions et de scandales. Chacun des deux partis dut fournir cent cautions de son obéissance à la réforme, sous peine d'un dédit de cinquante mille marcs d'argent. Au capitaine, chargé d'assurer l'exécution de ces clauses, tout habitant de Florence était tenu de prêter main forte en cas de besoin [1].

Telle était l'organisation nouvelle que, sous les auspices du cardinal Latino, les Florentins donnaient à leur gouvernement. Quels qu'en fussent les mérites et les défauts, c'était bâtir sur le sable, si les gibelins, établis à Sienne, aux portes mêmes de Florence, continuaient à miner le sol sous ses pieds. Située au cœur d'une contrée montagneuse et volcanique, défendue par de puissants remparts, et presque invincible, même quand on les avait forcés, grâce à son étrange structure, à cette sorte de réduit que formait sa belle place du *Campo*, où l'on ne pénétrait que par onze rues étroites et tortueuses comme les sentiers d'une forteresse, peuplée de citoyens

---

[1] Mêmes autorités. Voy. Bonaïni, *loc. cit.*, 181-183.

fantasques, qui déjouaient toutes les prévisions, qui éclataient comme la foudre alors qu'on les croyait endormis, Sienne devenait pour ses voisins, quand elle n'était pas leur alliée, un danger de tous les instants. Contre eux, elle se plaisait aux insultantes bravades. On l'avait vue, après Montaperti, élever la tour de San Giorgio et la percer de trente-huit fenêtres, en commémoration des trente-huit cohortes qui avaient remporté cette éclatante victoire ; on avait vu en mars 1266, à l'approche de Charles d'Anjou, les *castellani*, guelfes par haine d'un peuple gibelin, tenter un mouvement féodal, vaincus tant qu'ils étaient seuls, mais vainqueurs dès qu'ils pouvaient s'appuyer à l'étranger, rappelant leurs bannis, chassant les chefs de leurs adversaires, remplaçant les vingt-quatre, magistrature gibeline, par les trente-six, magistrature guelfe où les bourgeois, comme les nobles, obtenaient accès[1], et si impuissants toutefois à maintenir la paix publique, qu'ils devaient, par décret, interdire les combats des rues, au moins le jour de Pâques[2].

Tout à coup, en 1273, le peuple siennois, par un brusque soubresaut, était devenu guelfe à outrance. Il changeait d'armoiries et de bannières, se plaçait, plus encore qu'auparavant, sous le patronage de la Vierge, entrait plus qu'aucune ville dans les voies démocratiques, faisait la guerre aux grands des deux partis. La guerre, en effet, continuait à être le fond de son existence. Ses milices tenaient la campagne, mais elles la tenaient mal contre les gibelins exilés : elles voyaient leur chef déca-

---

[1] Cette réforme avait eu lieu sous les auspices de Montfort, tandis que Charles d'Anjou était à Tunis (1270). Voyez Andrea Déi, R. I. S., t. XV, 34. — Ferrari, II, 495.

[2] Décret du 6 décembre 1270 (*Consulte della Campana*, XIII, 84 v°).

pité dans la défaite, elles échappaient à grand peine aux poursuites de l'ennemi. Excédé de ces alertes, las de passer les nuits en armes sur les remparts, d'exposer incessamment ses biens et sa vie, le peuple siennois signifia qu'il ne voulait plus ni exilés ni factions, et fit prier le cardinal Latino d'en user avec Sienne comme avec Florence[1].

Le légat médiateur ne pouvait refuser ses bons offices. La famille des Incontri s'y opposant, ses palais furent détruits[2]. Les trente-six, jugés trop nombreux, devinrent, avec le consentement des magnats, « les quinze gouverneurs et défenseurs de la commune et du peuple de Sienne, » exclusivement pris désormais parmi les *popolani*[3]. Le 12 septembre 1280, des syndics furent élus pour conclure la paix avec les gibelins[4]. Le 24, Ciampolo des Salvani, chef des exilés, s'engageait, ainsi que le conseil général et le conseil spécial dont il était assisté dans l'exil, à exécuter, sous peine de dix mille marcs d'argent, toutes les décisions des consuls[5]. Le 29, la paix était conclue dans la cathédrale de Sienne, en présence des ordres religieux et du clergé[6]. Le 23 octobre suivant, avait lieu la promulgation, par les soins du potestat et des quinze.

Là, comme à Florence, les gibelins passaient sous les fourches caudines. Il leur était interdit d'amener et de

---

[1] Malavolti, part. II, l. III, f° 44 v°, 45 r°.

[2] Nè alcuno di detti scrittori riferisce qual si fusse la cagione. (Malavolti *ibid.* 45 v°.) Cette cause, on peut la deviner.

[3] Per lo male stato ch'era nella città e per lo male reggimento de' grandi guelfi si fu fatto l'ofizio de' 15 del popolo di mezzo, di volontà de' grandi. (Andrea Dei, R. I. S., t. XV, 37.)

[4] *Caleffo vecchio*, p. 518

[5] *Ibid.*, p 521.

[6] *Ibid.*, p. 525.

garder avec eux aucun magnat, baron ou étranger de la Maremme autre que leurs serviteurs[1], de porter aucunes bannières, aucuns signes de ralliement, aucunes armes, excepté leurs couteaux et leurs épées. Dans les trois jours, ils devaient prêter serment au peuple de Sienne, obligation dont personne n'était exempt[2]. Les grandes familles, Tolomei, Guinigi, Salvani, Incontri, Forteguerra, Piccolomini donneraient chacune deux bonnes cautions et contracteraient des mariages à la volonté du potestat et des quinze. Un délégué des Salvani et un des Tolomei recevraient les dénonciations qu'on serait tenu, sous la foi du serment, de leur faire contre quiconque dirait des choses propres à réveiller entre ces deux maisons des querelles mal assoupies, et les transmettraient au potestat, qui punirait les coupables de cinq cents livres d'amende ou même, selon le cas, en leur faisant couper la langue. Les possesseurs des biens vendus après confiscation ne devaient pas être inquiétés. Les partis guelfe et gibelin, leur nom même, furent abolis[3]. Sous peine de confiscation ou de mort, il fut défendu de parler pour ou contre. Tous les statuts où il en était fait mention furent abrogés[4]. Les capitaines de parti disparurent, et il fut interdit formellement d'en créer de nouveaux[5].

D'autres villes, suivant l'impulsion donnée, accomplis-

[1] Exceptis famulis et servientibus et familiaribus. (*Caleffo vecchio*, p. 531 v°.)
[2] Jurare ad populum senensem, sicuti alii qui sunt de populo senense et per omnia juraverunt. (*Caleffo vecchio*, p. 531 v°.)
[3] Quod ipsa pars guelfa et ghibellina que actenus exitit et regnavit in civitate et comitatu senensi sint rupte et casse et irrite et inanes ; ipsarum nomen et memoriam de civitate et comitatu senense penitus abolemus. (*Caleffo vecchio*, p. 531 v°.)
[4] *Caleffo vecchio*, ibid.
[5] Malavolti, part. II, l. III, f° 45 v°.

saient leur réforme sans même recourir au cardinal.
L'esprit d'imitation, leur intérêt manifeste, y suffisaient.
L'année 1279 n'était pas terminée, que Volterre, pour
mettre fin à l'incendie de ses palais, de ses maisons et de
ses tours, œuvre alternative des deux partis, chargeait
son évêque, Ranieri des Ubertini, et son potestat, Schiatta
des Cancellieri, de rétablir l'accord parmi eux. Ainsi fut
publié le *lodo* ou traité de paix qui ordonnait de relever
aux frais de la commune les palais détruits par les gibelins rebelles, « attendu, était-il dit, que ne pas pécher
est le propre de la divinité plutôt que de l'humanité, et
que s'amender est plus louable que faire le bien du premier coup[1]. » Quant aux palais des gibelins détruits par
les guelfes, il ne fut point question de les reconstruire :
le soin en fut laissé aux propriétaires. Leur rouvrir les
portes de la ville, c'était sans doute assez faire pour eux.

A Pistoia, dans le même temps, les gibelins sont également rappelés ; mais la tendance démocratique y
prévaut, indice certain de la domination des *popolani*,
effet manifeste du voisinage de Florence. Soit défiance
des longues magistratures, soit désir de contenter plus
d'ambitions privées, Pistoia réduisait à un mois l'office
des *anziani*[2]. Selon sa coutume d'exagérer toutes choses,
elle faisait plus que Florence n'avait fait.

Un mouvement si général assurait l'avenir de la

---

[1] Quod omnium habere memoriam et penitus in nullo peccare potius
est divinitatis quam humanitatis, et qui subtiliter factum emendat, lauda-
bilior est eo qui prius invenerit. (Doc. ap. Cecina, *Notizie istoriche della
città di Volterra*, p. 67, 68.) Cf. ces deux vers de Marmontel :

> Du devoir il est beau de ne jamais sortir,
> Mais plus beau d'y rentrer avec le repentir.

[2] Fioravanti, *Mem. stor. di Pistoia*, c. XV, p. 238. — Inghirami, VI, 486.

réforme. Le cardinal Latino n'avait plus rien, dès lors, qui le retînt en Toscane. Il consacra l'église de *San Gregorio della pace*, dont Grégoire X avait, en 1273, posé la première pierre[1], puis, avec beaucoup d'honneur, il retourna en Romagne, dans sa légation[2]. « La cité de Florence, dit Villani, demeura longtemps en pacifique, heureux et tranquille état[3]. » Ce temps, que le chroniqueur juge long, n'excéda pourtant point une ou deux années[4], et combien traversé encore d'incidents, de difficultés que notre tempérament plus nerveux tiendrait pour intolérables! Mais après tant d'agitations violentes, passionnées, frénétiques, Florence se trouvait comme en paradis, aux premiers jours de cette paix que ses citoyens venaient de jurer « corporellement, en touchant de la main les saints Évangiles de Dieu[5], » et que le roi Charles, en froid avec le pape, n'osait, ne pouvait troubler[6]. Elle se sentait enfin, comme toutes les autres cités, et bien plus encore, en libre possession d'ellemême. Les quatorze la gouvernaient sans rencontrer de résistance[7]. Un vicaire impérial pouvait bien venir d'Al-

[1] *Osservatore fiorentino*, VIII, 67.
[2] Villani, VII, 55.
[3] E di ciò la città di Firenze ne dimorò buon tempo in pacifico e buono e tranquillo stato. (Villani, VII, 55.)
[4] Les auteurs disent en général deux ans ; mais Leonardo Bruni distingue très-judicieusement la première année, qui fut pacifique, de la seconde qui le fut beaucoup moins : « Primo quidem anno quieta omnia domi forisque fuerunt, nec quicquam memoria dignum per id tempus accidit. Secundo quoque anno quies domi viguit, foris autem multa futuræ tempestatis formidinem incussere. (*Hist. Flor.* l. III, p. 53.)
[5] Corporaliter ad sancta Dei evangelia tacto libro. (*Consulte della Rep.*, I, D, p. 15.)
[6] Ex hac providentia legati... Rex dominationem Florentie omnino dimisit. (Leon. Bruni, l. III, p. 53.) Malavolti (part. II, l. 3, f° 45) veut, bien à tort, que la venue du vicaire impérial y fût pour quelque chose.
[7] Liberaque jam civitas et sui juris facta, a quatuordecim viris guber-

lemagne, avec une escorte de trois cents cavaliers : on l'accueillait partout avec déférence[1] ; mais quant au serment de fidélité, qu'il réclamait, Pise, San Miniato al Tedesco et San Gemignano le prêtaient seuls, parce que seuls, dès 1278, ils avaient appelé cette intervention[2]. Bien plus, l'impuissant vicaire voyait Pescia, qui s'était donnée à lui, mise à feu et à sang avec le concours des Florentins, si courtois envers lui (20 août 1280)[3]. Il s'en allait donc, en 1281, comme il était venu, ne laissant au chancelier aulique, son successeur, d'autre moyen d'obtenir de l'argent pour la guerre d'Allemagne, que de l'emprunter, comme dans le commerce, ou de vendre à beaux deniers comptants la confirmation d'anciens priviléges, qu'on achetait uniquement pour hâter le départ de ces intrus[4]. Encore n'était-ce pas eux qui signaient les reconnaissances : c'était Rodolphe de Habsbourg, leur maître, qui s'obligeait, pour les emprunts, à payer intérêts et capital[5].

Les chroniqueurs ne soufflent mot de ces deux années, parce qu'ils n'y voient pas ce qui pour eux fait tout l'intérêt de l'histoire, les campagnes ravagées, les villes incendiées, le sang coulant à flots. Pourtant elles ne furent point perdues et elles méritent bien qu'on s'y

nabatur..(Leon. Bruni, l. III, p. 53.) Pareva loro essere usciti di non piccola servitù. (Malavolti, *loc. cit.*)

[1] Le 20 mai 1281, les quatorze et leurs sages proposent et font décider que le potestat, le capitaine, les chevaliers et les maîtres (magistri) iront au-devant de lui (*Cons. della Rep.*, t. I, quad. B, p. 18 v°).

[2] Villani, VII, 77. — Stefani, II, 155. — Pecori, *Storia di San Gemignano*, p. 109. — Bonaïni, *loc. cit.*, IV, 8.

[3] Villani, VII, 77. — Ammirato, l. III, t. I, p. 157. — Mazzarosa, I, 110. — Bonaïni, *loc. cit.*, IV, 8.

[4] Ammirato, l. III, t. I, p. 157-158.

[5] 1281. *Cartapecore Strozziane-Uguccioni*, sans autre date ni indication.

arrête un instant. En paix avec leurs voisins et avec leurs nobles, les marchands florentins s'étudiaient à maintenir leur indépendance contre le pape, comme ils l'avaient maintenue contre le roi des Romains. Le 26 mars 1281, les conseils du potestat, délibérant avec les *capitudini* des sept arts majeurs « sur le fait des clercs[1], » décidaient que le potestat, le capitaine, les quatorze et leurs sages prendraient toutes les mesures par eux jugées utiles à la commune, quand même elles seraient contraires aux statuts dont lesdits clercs invoquaient la protection[2]. A vrai dire, l'opposition avait été vive et les avis fort divers. Adimaro des Adimari demandait hautement que rien ne fût changé. Simone del Salto proposait de nommer une commission de trois sages, qui trouvât les bases d'un compromis. Licinio Bonaccorsi insistait pour qu'on envoyât des ambassadeurs au pape, *pro jure communis custodiendo*[3], et son sentiment, quoique fort combattu, finissait par prévaloir. Les quatorze durent élire un syndic qui partirait pour Rome sans retard. Le 31 mars, dans les conseils du capitaine, Lapo Rinuccini faisait approuver cette résolution[4].

Ce n'est pas tout. Florence marchandait ses secours au saint-siège que ses besoins rendaient coulant et malléable, et qui, dépourvu de forces effectives, ne pouvait tourner contre ses ennemis qu'une épée d'emprunt. Dans la Romandiole ou Romagne de Ravenne, il avait de graves

---

[1] Super facto clericorum. (*Cons. della Rep.*, t. I, quad. B, p. 15 v°.)

[2] Ces statuts étaient les suivants : — Quod reddatur jus clericis. — De expensis et exequis pro defunctis. — De non faciendo coadunationem pro cereis portandis ad aliquem. (*Ibid.*) C'était attaquer l'Église par la bourse.

[3] *Ibid.* Tolomeo Aldobrandi, Arrighi del Beccaio, Lotto des Agli, Riccomanni, avaient soutenu la proposition des quatorze.

[4] *Consulte della Rep.*, ibid., p. 14.

embarras. Il y tenait pour rebelle la puissante famille Della Polenta, qui, depuis 1275, y dominait. Le 5, le 8, le 10 avril 1281, les conseils florentins votent l'engagement de deux cents cavaliers mercenaires, le double de ceux que déjà ils avaient sur pied. Ils laissaient au potestat, au capitaine, aux quatorze, le soin d'en fixer la paye, comme la date du jour où elle commencerait à courir[1]. Le 17 mai suivant, une assemblée de sages décidait, sous la présidence du potestat et sur l'avis de Cardinale des Tornaquinci, de mettre pour deux mois aux ordres de l'Église deux cents cavaliers, dont cent cinquante mercenaires et cinquante nobles florentins[2]. Mais l'opposition était vive et grandissante. Les prudents auraient voulu ne rien décider avant d'avoir reçu des nouvelles plus précises de la Romagne. Tout au plus consentaient-ils à y envoyer deux sages, pour être plus tôt et plus précisément informés[3]. Les nobles de la *cavalcata* refusaient de partir. Le 28 mai, il en fallait réduire à vingt-quatre le nombre, quatre par *sesto*; les quatorze devaient les désigner ou confier ce soin à des gens de leur choix, accorder une solde de quarante sous par jour, le premier mois payé d'avance, ordonner que chacun des vingt-quatre nobles serait accompagné d'un homme d'armes et de quatre chevaux. Malgré tout, le moment venu, personne ne veut partir. On ne triomphe de leur résistance qu'en leur comptant d'avance la solde des deux mois, qu'en l'augmentant de dix sous par jour, qu'en décidant qu'ils pourront être contraints à l'obéissance[4].

[1] Pro novitatibus et rumoribus illius contrate explanandis. (*Cons. della Rep.*, t. I, quad. B, p. 14, 15.)
[2] *Ibid.*, p. 18.
[3] *Ibid.*, p. 15.
[4] *Ibid.*, p. 19.

L'année suivante, au mois d'avril, comme les troubles de Romagne duraient encore, on votait un nouvel envoi de cent cavaliers florentins pour un mois, non compris le temps de l'aller et du retour. Quarante citoyens étaient chargés de désigner les partants; mais leurs désignations, plus ou moins arbitraires, suscitant les plus vives plaintes, force était d'élever encore le chiffre de la paye et de laisser à chacun le droit de partir ou de rester[1].

Un dégoût d'ailleurs croissant pour l'exercice des armes n'explique pas seul cette tiédeur; il y faut voir aussi, dans la plus guelfe des villes, l'instinctif dessein de ne plus reconnaître pour chef des guelfes le chef de l'Église. Demande-t-il qu'on lui tienne en garde certains otages? Les plus sages Florentins, assemblés en grand nombre par le potestat, refusent d'y consentir, sous prétexte que ce serait troubler la paix faite avec les Pisans « sur l'ordre de l'Église romaine[2]. » En vain Rosso des Buondelmonti propose d'assigner une maison pour la garde desdits otages[3], ou du moins de les accueillir provisoirement, pour marquer de la déférence, sauf à prier par ambassade le souverain pontife de les mettre ailleurs : Talano de la Tosa, Nerli des Nerli, Ghino des Frescobaldi, tous guelfes et jusqu'alors dévoués au saint-siège, font décider d'avertir le chapelain du pape que la commune oppose à sa demande un formel refus[4]. Juste sujet d'amères réflexions pour le nouveau pontife, si, par aventure, il faisait quelque état de la reconnaissance des peuples.

A un pape pacifique, ennemi de Charles d'Anjou, et

---

[1] *Cons. della Rep.*, t. I, quad. C, p. 61.
[2] Mandato Ecclesie Romane.
[3] 15 mai 1281. *Cons. della Rep.*, t. I, quad. B, p. 17.
[4] 17 mai 1281. *Ibid.*, p. 18.

sans autre ambition que de tailler en Lombardie et en Toscane des royaumes pour ses neveux[1], venait tout récemment, après un conclave de six mois, de succéder un pape belliqueux, créature de ce même Charles, qui, lui ayant à la sueur de son front donné la tiare, entendait bien se payer de ses peines. On avait vu ce prince, impatient comme un Français, accourir à Viterbe, y soulever le peuple, incarcérer deux cardinaux des Orsini[2], mettre les autres au pain et à l'eau[3], extorquer ainsi leur vote pour un chanoine roturier de Tours, Simon de Brion, cardinal de Sainte-Cécile, jadis légat en France[4], et s'établir auprès de son pape, pour le mieux surveiller. Guelfe par force comme par goût, Martin IV frappait donc de ses foudres les gibelins qui, s'obstinant à voir en lui le père commun des fidèles, venaient au pied de son trône se plaindre d'être proscrits en tous lieux. Il se faisait élire sénateur de Rome, pour déléguer aussitôt le roi dans cette dignité dont une constitution de Nicolas III excluait les princes puissants. Dans tous les pays qui, directement ou indirectement, dépendaient de lui, Romagne, patrimoine de saint Pierre, Marche d'Ancône, Campanie, duché de Spolète, il envoyait des hommes d'armes français. Dans toutes les villes de ces provinces, il établissait des gouverneurs empruntés à la famille même de Charles d'Anjou[5].

[1] Il avait demandé aux Lucquois de lui céder le vicariat du val de Nievole et du val d'Arno. Les Lucquois s'étaient dérobés par un moyen terme : ils avaient pris pour préteur à Lucques et pour vicaire dans le val de Nievole, Giovanni et Angiolo Cenci, qui, étant des Orsini, se trouvaient parents de Nicolas III (voy. Mazzarosa, t. I, p. 109).

[2] *Ptolemæi Lucensis Hist. eccl.*, l. XXIV, c. 1, R. I. S., t. XI, 1185. — *Ann. eccl.*, 1281, § 1, 2, t. XXII, p. 519. — Villani, VII, 57.

[3] Sabas Malaspina, VI, 6, R. I. S., t. VIII, 872. — Villani, VII, 57.

[4] Celui-là même dont le saint-siége stimulait le zèle pour procurer dans le royaume de France des ressources financières à Charles d'Anjou.

[5] *Ann. eccl.*, 1281, § 14, t. XXII, p. 523. — Sismondi, II, 507-508.

Un vent de guerre, dès lors, souffla de nouveau sur la Toscane, et fit présager de prochaines tempêtes[1]. Ayant retrouvé leurs chefs, les guelfes reconstituaient leur ligue. Le 8 février 1282, Florence, Prato, Pistoia, Lucques, Sienne s'y étaient engagées pour dix ans. Elles la tenaient ouverte, afin que d'autres villes y pussent adhérer. On comptait à ce point sur l'adhésion de Colle, de San Gemignano, de Poggibonzi, qu'avant de l'avoir obtenue on fixait leur contingent. Pour un an était votée une *taglia* de cinq cents cavaliers de langue française ou ultramontaine, munis chacun d'un cheval bardé de fer[2]. Florence en devait enrôler cent soixante-six, Lucques cent dix-huit, Sienne cent trois, Pistoia quarante-sept, Prato dix-huit, Volterre huit. Les vingt autres devaient être répartis entre San Gemignano, Colle et Poggibonzi. Leur solde était de quinze livres par mois, payables tous les deux mois. Leur cheval devait valoir quarante livres et être âgé d'au moins trois ans. Tout prisonnier à cheval amené par un cavalier à la commune dont il relevait, et accepté par elle, vaudrait à ce cavalier vingt-cinq livres ; tout homme de pied, dix livres de gratification. Le capitaine, un « grand et puissant guerrier[3], » fidèle à l'Église, serait élu par les syndics des communes alliées, et toucherait pour lui, pour les dix cavaliers de son escorte, son notaire et ses deux trompettes, deux mille livres tous les six mois. De chaque commune il recevrait pour conseiller un sage ou juriscon-

---

[1] Voy. plus haut, même chap., p. 216, n. 4. Selon Leon. Bruni, c'est bien la mort de Nicolas III qui est la cause du mal : « Nec dubitatur, si is pontifex vixisset diutius, quin longe magis ea forma reipublicæ fuerit duratura. » (*Hist. Flor.*, l. III, p. 53.)

[2] De ferro vel malglis seu chlothone. (*Capitoli*, XXX, n° 44, f° 69 v°.)

[3] Magnum et potentem virum. (*Ibid.*)

sulte, payé le double des cavaliers et tenu de résider auprès de lui[1]. Aucune des villes alliées ne pouvait faire la guerre ou la paix sans le consentement des autres. En toute occasion, tant qu'elles resteraient fidèles à l'Église romaine, elles se devaient assistance réciproque, soit dans les combats, soit même dans la réforme de leur gouvernement. Elles ne devaient percevoir les unes sur les autres ni gabelles ni droits. Florence qui fournissait, on l'a vu, le plus grand nombre de cavaliers à la ligue, en avait si incontestablement la direction, que dans ses murs, et non plus, comme par le passé, à San Miniato al Tedesco ou à Empoli, devaient se réunir les syndics, pour délibérer sur les affaires communes[2]. Elle ne se bornait pas à remplir ses obligations rigoureuses : étendant ses regards au dehors, elle y envoyait, même au loin, ses hommes d'armes, quand un allié, quand un ancien protecteur réclamait ses secours.

Charles d'Anjou était alors aux prises avec ses sujets de Sicile. Son ambition, son despotisme, sa cruauté les avaient poussés du désespoir à la révolte. Protégés par la mer contre une répression soudaine, ils avaient pu oser ce que n'osaient pas les sujets de terre ferme. Nous n'avons pas

---

[1] Le 7 novembre 1282, Guido Salvatico « Dei gratia comes in Tuscia palatinus », était nommé pour six mois capitaine de la *taglia* de 300 cavaliers. Chacun des dix qu'il devait amener avec lui devait être pourvu d'un destrier bien harnaché (armigerum copertum), d'un roussin ou bidet, et des armes convenables à sa condition. Il devait en outre avoir avec lui dix autres chevaux (*Consulte della Rep.*, t. I, quad. D, p. 8 v°). — En 1290, le « sage » assesseur du capitaine pour Florence était un marchand, Simone des Bardi. Il recevait 30 sous par jour, soit 45 livres par mois (5 juillet 1290. *Provvisioni*, t. I, n° 2, p. 71).

[2] *Capitoli*, XXX, n° 44, f° 69 r°. — *Caleffo vecchio*, p. 571-574. — Ammirato le jeune a connu ce document comme tant d'autres. Il en donne une analyse très-exacte (l. III, t. I, p. 159), sauf qu'il dit le 12 février, au lieu du 8. Ses additions, on le sait, sont entre guillemets.

à raconter ici comment Giovanni de Procida provoqua ce soulèvement, ce massacre célèbre que l'histoire a nommé les vêpres siciliennes[1]. La perte de la Sicile, concentrant toutes les pensées du roi sur le dessein de la reconquérir, le détournait des affaires du nord ; mais le nord ne se détourna point de lui. Quoique peu affligés d'un désastre qui les garantissait contre l'esprit de domination[2], les guelfes florentins comprenaient que la ruine de Charles serait funeste à leur prépondérance, et s'ils se laissèrent demander des secours[3], ils n'eurent garde de les refuser. A Catena, en face de Messine, ils envoyèrent, conduits par Guido de Battifolle des comtes Guidi, cinquante cavaliers *di corredo*, c'est-à-dire bien équipés, et cinquante *donzelli* des plus nobles et principales familles de Florence, désignés pour être faits chevaliers[4], qu'accompagnaient quatre cents autres hommes d'armes à cheval[5]. Charles conféra aux *donzelli* le ceinturon de chevalerie, qu'ils venaient chercher auprès de lui, et, traversant le Phare, alla avec ces précieux auxiliaires mettre le siége devant Messine. Le grand pavillon de la commune de Florence ne flotta devant

---

[1] 30 mars 1282. Voy. Villani, VII, 60. — Neocastro, c. xiv, R. I. S., t. XIII, 1027. — Amari, *Guerra del vespro siciliano*, p. 63 sq., Palerme, 1842. — Saint-Priest, IV, 21 sq., et dans Cherrier (III, 500) quelques mots seulement. On sait que G. B. Niccolini a fait sur Giov. de Procida une tragédie fort renommée.

[2] Ammirato, 1283, l. III, t. I, p. 163.

[3] Une correspondance suivie s'établit à ce sujet. Le 20 juin 1281, dans un conseil de quelques « sapientes juris », d'autres « sages magnats (*sic*) » et des *capitudini* des sept arts majeurs « in choro, » l'on désignait pour lui répondre, trois « sapientes juris » et trois *capitudini* (*Cons. della Rep.*, t. I, quad. B, p. 20).

[4] Cosi si chiamavano coloro che erano designati cavalieri. (Ammirato, 1281, l. III, t. I, p. 158.)

[5] Bonaïni, *loc. cit.*, IV, 9, dit 500 autres. Il y a là, sans doute, double emploi avec les 100 précédents, par inadvertance ou faute d'impression.

les murailles ennemies que pour tomber au pouvoir des assiégés et orner leur cathédrale, comme un trophée de leur victoire[1]. C'est à peine si ceux qui ne l'avaient pas su défendre purent retourner sains et saufs dans leur patrie[2].

Aux envois d'hommes s'ajoutaient les envois d'argent, non moins nécessaires et non moins demandés. Il en fallait beaucoup pour fermer la bouche à Charles d'Anjou, que la dignité de son rang n'empêchait pas de tendre la main. Fins politiques, les Florentins ne les refusaient pas, mais, marchands économes, ils en gémissaient. Dans des accès de mauvaise humeur, ils allaient parfois jusqu'à ne pas voter les plus obligatoires comme les plus insignifiantes dépenses; mais ils ne tardaient pas, la réflexion aidant, à revenir sur de telles résolutions. On les voit, le 5 février 1282, rejeter une modeste allocation de vingt-cinq livres pour restaurer la maison où devait habiter le futur capitaine, et un fort emprunt de trois mille livres ou la ferme annuelle des recettes d'octroi sur le vin, qu'on proposait pour payer la solde des mercenaires[3]. Mais neuf jours plus tard, le 14, on revenait sur les voies et moyens rejetés, faute d'en trouver de meilleurs. On proposait des emprunts non plus de trois mille, mais de huit mille livres, *per soldum et libram*, des emprunts forcés à raison de dix sous, de vingt sous pour cent. On finissait par désigner dans la ville quarante *buoni uomini* qui prêteraient à la commune cinquante livres chacun, sauf à demander à l'impôt ce

---

[1] 27 septembre 1282. Villani, VII, 63.
[2] « Incolumes » dit Leon. Bruni (*Hist. Flor.*, l. III, p. 56).
[3] *Consulte della Rep.*, t. I, quad. C, p. 48 v°.

qui manquerait encore[1]. Le 19, de nouveaux expédients sont même nécessaires. On fera un emprunt au plus bas taux qu'il sera possible ; on frappera un « impôt d'emprunt » ; on vendra le sel six sous la mesure au lieu de cinq, on demandera le reste à l'octroi sur les vins et aux bénéfices que donne la frappe de monnaies d'or[2]. Le 21, on se ravise. Les conseils du potestat modifient ce que venaient de décider les conseils du capitaine : ces revenus de la commune seront donnés en garantie aux prêteurs[3]. Le 3 mars, nouvel expédient, suggéré par Lapo Rinuccini. Comptant sur les lumières des boutiquiers, il demande que le potestat, le capitaine et les quatorze élisent quatre hommes par *sesto* qui aviseront entre eux aux plus économiques moyens pour se procurer de l'argent[4]. Les sources, sans doute, en étaient momentanément taries, car cette assemblée n'imagine qu'une banqueroute partielle, une réduction de la dette aux mercenaires. A ceux-ci il était dû encore quinze cents livres. Après force protestations, ils en acceptent six cent vingt-cinq, et donnent quittance du tout. Le 24 mars, les conseils, comme on peut le penser, approuvaient cette opération financière[5]. On pourrait croire qu'elle devait nuire aux futurs enrôlements ; il n'en fut rien : deux jours après, le 26, d'autres mercenaires, ou peut-être les mêmes, s'engageaient encore au service de la commune, soit que leur solde, fût-ce avec le risque d'être réduite, leur parût suffisante, soit plutôt qu'ils nourrissent la se-

---

[1] 14 février 1282. *Consulte della Rep.*, I, C, p. 48 v°
[2] *Ibid.*, p. 50 v°.
[3] *Ibid.*, p. 51 v°, 52.
[4] *Ibid.*, p. 54.
[5] *Ibid.*, p. 57 v°.

crète pensée d'y proportionner leurs services, et, comme on dit, de n'en donner que pour l'argent [1].

Quoi qu'il en soit, expéditions et dépenses, impôts et banqueroutes, provoquaient des mécontentements dont profitaient les gibelins [2]. Les revers de Charles d'Anjou en Sicile, les succès de Guido de Montefeltro en Romagne, la venue d'un vicaire impérial, le règne d'un pape indifférent aux institutions établies sous les auspices de son prédécesseur, tout concourait à stimuler leur audace. Ils faisaient échec aux magistrats, ressuscitaient la discorde, l'introduisaient dans les offices mêmes [3], surtout dans celui des quatorze, où, grâce à eux, régnait la confusion [4]. Les guelfes s'irritaient d'y coudoyer des ennemis [5]. Les marchands de Calimala, « les plus sages et les plus puissants citoyens de Florence », tinrent les premiers des conciliabules [6]. Ils y appelèrent les gens des autres arts, ils condamnèrent d'un commun accord cette magistrature nullement tutélaire. Le peuple, provoqué par les gibelins, soutenu par les guelfes, « commença à rugir [7] », et les soutint à son tour. Forts de son appui, ils osèrent porter la main sur l'œuvre du cardinal Latino, qui, après avoir

---

[1] *Consulte della Rep.*, t. I, quad. C, p. 58.
[2] Da che si vedeva molto la parte ghibellina andar riprendendo forza e potere. (Ammirato, l. III, t. I, p. 158.)
[3] Per la perdita di Sicilia che fece Carlo e per la venuta che fece lo vicario di Ridolfo, i ghibellini presono baldanza, e sempre tencionavano negli ufici, e rado erano di concordia. (Stefani, II, 156.)
[4] Parendo a' cittadini il detto ufficio de' quattordici d'una grande confusione e volume di accordare tanti divisati animi ad uno. (Villani, VII, 78.)
[5] A' guelfi non piaceva il consorzio de' ghibellini in detto ufficio. (Villani, VII, 78.)
[6] Villani (VII, 78) et Stefani (II, 156) sont d'accord sur ce point.
[7] I ghibellini cominciarono a dibattere il popolo, ed il popolo cominciò a ruggere, ed i guelfi l'appoggiarono. (Stefani, II, 156.)

un instant ramené la paix, se montrait impuissante à la maintenir.

Aux confinés ils retirèrent leurs exceptionnels priviléges, et, en les déclarant rebelles, ils rendirent leurs biens saisissables, leurs personnes passibles de châtiments personnels. Aux gibelins de la ville ils fermèrent l'accès des emplois publics. Ne pouvant, comme l'auraient voulu les *popolani*, étendre cette incapacité à tous les nobles, parce qu'on en comptait beaucoup dans le parti dominant, ils exigèrent du moins que le nom exécré de magnats disparût et qu'il n'y eût plus à Florence que de simples citoyens[1]. Pour contraindre les plus rétifs, on leur imposa l'obligation de se faire inscrire aux registres matricules d'un des arts, humiliante condition qu'en d'autres villes, comme à Florence, devait bientôt subir la noblesse[2]. Elle n'était point tenue à travailler de ses mains ; on lui laissait l'énervant privilége de l'oisiveté, dont elle était fière, comme d'un souvenir et d'un signe de sa supériorité native. Au prix de l'humiliation d'un moment, promptement oubliée des autres citoyens, elle achetait le droit de prétendre aux plus hautes fonctions. Quant à ceux qu'un reste d'orgueil féodal poussait à défendre leur nom d'une inscription si roturière, ils ne vivaient plus dans leur patrie qu'à titre d'étrangers et, pis encore, de parias[3].

[1] Si come non stimavano cosa conveniente il levar in tutto il governo di mano de' nobili, così giudicavano esser necessario che almeno col nome che prendevano, deponessero parte dell' alterigia che porgea loro quella boriosa voce della nobiltà. (Ammirato, 1282, l. III, t. I, p. 130.)

[2] Ainsi à Milan on immatricule les Adda, les Archintri, les Castiglioni, les Crivelli, les Lamprugnani, les Melzi, les Visconti, les Vimercati et bien d'autres (Sitoni, *Collectanea de legibus nobilitatis*, ap. Cibrario, *Dell' economia politica*, p. 372).

[3] On rapporte ordinairement cette grande innovation au temps un peu

Cinquante ans plus tôt, ils eussent préféré tous recourir aux armes, s'exposer à la mort, se condamner à l'exil, dernier refuge de leur dignité. Mais ils n'étaient plus, comme jadis les grands des châteaux et de la campagne, citadins pour deux ou trois mois chaque année, et assurés, à la première vexation, d'un refuge derrière leurs murailles, d'une vengeance par leur épée. Pleins de mépris encore pour ces *popolani* qui, mal armés et à pied, ne tenaient guère, sur les champs de bataille, contre les chevaliers, nouveaux centaures tout bardés de fer, ils s'étaient accoutumés à les coudoyer dans les rues, où s'écoulait désormais, pour les uns comme pour les autres, presque toute l'existence. Ils aimaient Florence comme leur patrie. La plupart y étaient nés et ne connaissaient guère d'autre horizon. Le sang qu'ils versaient pour elle redoublait leur amour et rendait plus dure à leurs yeux la condition mise à l'exercice de leurs droits[1]. Dans la colère des premiers jours, ils ne voyaient pas que leur supériorité militaire, dont personne ne pouvait les dépouiller, leur assurait une position considérable, et, jusqu'à un certain point, prépondérante dans l'État. Leur résistance augmentait l'oppression, et l'oppression, leurs plaintes. Or, pour les motiver, comme pour couvrir leurs ressentiments, ils avaient sous la main un spécieux prétexte: n'enfreignait-on pas contre eux un pacte sacro-

---

postérieur où furent rédigés les *Ordinamenta justitiæ*, mais par suite de l'erreur qui la suppose inséparable de la rédaction. Ammirato ne s'y est pas trompé, non plus que M. Reumont (*Tav. cron.*, p. 51, art. *Signoria*, et M. Villari (*Nuova Antologia*, juillet 1869, t. XI, p. 446). — M. Hillebrand (p. 51) entend très-mal tout cela. La noblesse, dit-il, ne considérait pas *encore* le commerce comme déshonorant.

[1] Ces choses ont été très-bien vues et mises en lumière par M. Villari (*Nuova Antol.*, loc. cit.).

saint, conclu sous les auspices de l'Église, garanti par elle contre quiconque l'oserait violer ?

Mais le salut public faisait loi. Une commission de six membres, nommée pour proposer des remèdes, n'aboutit et ne pouvait aboutir qu'à une plus forte concentration des pouvoirs battus en brèche par les grands[1]. De supprimer leur inscription aux registres matricules, il n'en fut pas même parlé. Les quatorze, réputés trop nombreux pour bien gouverner, furent remplacés par une magistrature de trois personnes, dont deux au moins devaient être guelfes. Les grands y pouvaient prétendre, comme les *popolani*, mais à condition d'être de bonne vie et renommée et d'être inscrits aux registres de Calimala, du change ou de la laine, c'est-à-dire d'un des trois arts principaux[2]. C'était un pas vers la démocratie que de tirer exclusivement des arts les membres du gouvernement, mais un pas d'une prudence incontestable, puisqu'on excluait les métiers où prenaient rang les plébéiens[3].

[1] Au nombre de ces six commissaires était Dino Compagni, qui méritait une mention à part tant qu'on l'a pu croire auteur de la chronique publiée sous son nom. Aujourd'hui il n'est plus pour nous qu'un homme comme les autres, mais mieux connu que beaucoup d'autres, grâce à l'attention qui s'est si longtemps portée sur lui. Ceux qui seraient encore curieux de détails à son sujet pourront lire un article de M. Saltini, *Documenti inediti intorno Dino Compagni*, dans l'*Arch. stor.*, 3ᵉ série, t. XVI, 1872, 4ᵉ dispensa, et aussi l'ouvrage de M. Hillebrand, quoiqu'il ne soit pas exempt d'erreurs et surtout d'indications inexactes. — En 1854, quand on construisit aux Archives de Florence la salle dite *delle carte*, parce qu'on y recueille tous les papiers appartenant aux corporations supprimées, M. Passerini a pu s'assurer que Dino Compagni avait été immatriculé aux registres de l'art de la soie, dont il était consul en 1282. Le portrait plus ou moins imaginaire de ce personnage fut alors placé dans cette salle, dont il passait pour être un des principaux ornements.

[2] Eranvi cosi grandi come popolani uomini, grandi di buona fama e di buone opere, e che fossono artefici o mercatanti. (Villani, VII, 78.)

[3] Le prime due (grandi e popolani) avevano parte nel governo, l'ultime

Le 15 juin 1282, furent établis pour deux mois dans cette charge Bartolo des Bardi, de l'art de Calimala et du sestiere d'Oltrarno, Rosso Bacherelli, du change et de San Pier Scheraggio, Salvi Girolami, de la laine et de San Pancrazio. Ils reçurent le nom déjà ancien, mais tombé en désuétude, de prieurs des arts[1], auquel on substituait quelquefois le terme générique de *rettori*, indistinctement applicable aux principaux magistrats. Un peu plus tard, sans renoncer au nom de prieurs, on employa celui de *signori*, aussi célèbre et plus expressif, qui montrait en eux les seigneurs, les maîtres temporaires de Florence. Réunis au capitaine du peuple dans la *Badia*, ils s'engageaient à y rester jour et nuit, à la disposition de leurs administrés. Ils ne pouvaient être réélus avant deux ans, sage moyen de déconcerter les ambitions immodérées, et tout ensemble de ne pas décourager les ambitions légitimes, utiles dans un État autant que les autres y sont funestes[2].

Deux mois n'étaient pas écoulés qu'on reconnut la nouvelle magistrature bonne dans son principe, mais susceptible d'améliorations. Trois arts sur sept étant seuls appelés à en faire partie, on créait une aristocratie parmi les arts majeurs; trois *sestieri* sur six fournissant un prieur, une moitié de la ville commandait à l'autre, ou avait du moins sur elle un avantage fort envié[3]. Si les

---

(plebei) no. (Auctore incerto, ap. *Delizie*, IX, 256.) Cet écrit confus mais important a été réimprimé par M. G. Capponi, t. I, p. 551, Append., n° 2.

[1] Nec tamen hujus magistratus nomen tunc primo in Republica repertum est. Constat enim annalibus octoginta ferme annis ante id tempus priores artium in Republica fuisse, sed postea omissum ac pene obliteratum, tandem hoc tempore amplificata potestate resumtum est. (Leon. Bruni, III, 54.)

[2] Villani, VII, 78. — Stefani, III, 157.

[3] La cosa procedea molto bene, se non che essendo tre priori solamente

choses restaient en l'état, il fallait restreindre les attributions pour éviter la tyrannie, et l'on sentait le besoin de les étendre[1]. On imagina donc de doubler le nombre des prieurs, ce qui permettrait d'en donner un à chaque *sestiere* et en même temps à chaque art majeur, sauf à celui des juges et des notaires. Que des marchands prononçassent avec plaisir cette exclusion contre un art qui les dominait par la supériorité de ses connaissances, par son aptitude exclusive à rendre la justice selon le droit si embrouillé du temps, et qui partageait avec les chevaliers le titre honorifique de *messere*, on peut le croire; mais l'exclusion avait sa raison d'être. Les juges et les notaires tenaient déjà tant de place dans les tribunaux, dans les administrations, dans le gouvernement, où ils assistaient le capitaine, le potestat, les *buoni uomini*, les quatorze, les prieurs eux-mêmes, qu'on pouvait sans inconvénient déclarer inhabiles aux fonctions de prieurs les doctes qui exerçaient partout celles de juges ou de greffiers. C'est ainsi que les médecins et apothicaires, les marchands de soie et merciers, les peaussiers enfin, partagèrent désormais avec Calimala, le change et la laine, le privilége d'avoir dans la principale magistrature un représentant, et méritèrent bien, dès lors, ce nom d'arts majeurs qu'on ne leur contesta plus.

Restait, pour assurer leur règne, à le garantir contre toute surprise, principalement contre l'élection d'un collége de nobles. De 1282 à 1286, les six prieurs,

e di tre sesti per volta, parea che in ogni priorato hora l'una metà e hora l'altra della città reggesse la repubblica e non tutta insieme (Ammirato, 1282, l. III, t. I, p. 160.)

[1] Un anno avanti essendo stati eletti con certa autorità, fu di poi nel mese di maggio data loro tutta la medesima che aveano i XIV. (Auct. incert. ap. *Delizie*, IX, 260.)

comme auparavant les quatorze *buoni uomini*, furent élus par ceux qui sortaient de charge avec l'assistance de *richiesti* ou requis, en nombre laissé à leur volonté, et des *capitudini* ou chefs des sept arts majeurs[1]. De 1286 à 1292, s'introduisit l'usage d'adjoindre à ces adjoints les *capitudini* des cinq arts les plus considérables, dans la hiérarchie officielle, après les sept premiers, et d'appeler chaque fois deux *richiesti* ou *arruoti* par *sestiere*[2]. Si de telles élections n'étaient pas encore fort démocratiques, elles donnaient cependant satisfaction aux marchands. Ils restaient maîtres d'exclure les nobles, de maintenir au timon les sept premiers arts, et d'admettre les cinq suivants à se mêler des affaires publiques, dans une mesure bien étroite encore, mais qui tendait à s'élargir[3].

Moins redoutables parce qu'ils étaient plus nombreux, les six prieurs obtinrent ce qu'on avait refusé aux trois primitifs, toutes les attributions des quatorze *buoni uomini*[4], et en outre l'autorisation de marcher en armes, d'entretenir aux frais de la commune six *berrovieri* ou *sbires*, en même temps que six *messi* ou messagers pour mander les citoyens[5]. Ces concessions, ces priviléges coû-

---

[1] Voy. plus haut, même chap., p. 209.
[2] I quali furono con grandi e popolani purchè fossero mercatanti. (Stefani, III, 158).
[3] Auct. incert. ap. *Delizie*, IX, 260, 261. — Villani, VII, 78. — Stefani, III, 158. — Ammirato, 1282, l. III, t. I, p. 160. — P. Villari. (*Il Politecnico*, novembre 1867, p. 493.) — Fraticelli, *Storia della vita di Dante*, p. 118, 119. — Pignotti, l. III, c. V, t. III, p. 135. — Sismondi, II, 36-37. — Hillebrand, 51, 52. — Stefani donne les noms des deux premières séries de prieurs, celles du 15 août et du 15 octobre 1282. On peut voir dans Atto Vannucci, p. 158, le texte même des *ordinamenti* sur l'élection des prieurs (*Ordinamenti di giustizia del popolo e comune di Firenze*, cap. III).
[4] Voy. la note 1 de la page précédente.
[5] Auct. incert., *ibid.* Villani, VII, 78.

taient peu à l'esprit de défiance et de soupçon inhérent aux démocraties. Il avait pris ses garanties contre les magistrats de son choix : courte durée de leur pouvoir, qui leur ôtait les moyens de s'y perpétuer; obligation de résider, de manger, de coucher dans la tour de la *Castagna* près de la *Badia*[1], qui leur ôtait jusqu'au désir d'une immédiate réélection; défense de parler à personne, sauf dans leurs audiences du lundi, du mercredi, du vendredi, et dans des entretiens exclusivement consacrés aux affaires publiques, en présence des deux tiers d'entre eux[2]; assistance imposée surtout d'un certain nombre de *savi* ou sages dans toutes leurs délibérations, trait caractéristique, s'il en fut, des institutions florentines. Par ce nom de sages, on désignait les hommes habiles, habiles principalement dans la science du droit, *sapientes juris*, disent les documents, quand ils veulent parler net[3]. Ces juristes étaient en grande estime. Chaque maison de banque avait le sien, comme on a aujourd'hui son avocat, son avoué, son notaire. On leur demandait la solution possible des difficultés, d'après les lois si nombreuses, si variées, si souvent contradictoires de tant de régimes successifs. Il était donc naturel que le plus considérable des pouvoirs publics en eût plusieurs, conseillers et sur-

---

[1] Cette tour existe encore sur la place de San Martino, en face de la maison heureusement retrouvée où Dante est né. Voy. la gravure insérée en regard du frontispice de l'ouvrage intitulé : *Della casa di Dante*, etc., par M. Gargani, Florence, 1865.

[2] Auctore incerto, ap. *Delizie*, IX, 261. — Sismondi (II, 56) dit que si on réunissait et renfermait ainsi les prieurs, c'était pour réunir leurs esprits et leur inspirer de la bienveillance les uns envers les autres. Le moyen, il faut l'avouer, eût été singulièrement choisi.

[3] *Consulte della Rep.*, t. I, quad. B, p. 20 v°. A cette page on trouve ce nom en deux documents différents. Les exemples sont d'ailleurs très-nombreux.

veillants tout ensemble, sans le concours desquels l'usage n'admettait guère qu'on prît de graves décisions.

Ils différaient essentiellement des hommes qui n'apportaient aux conseils que les lumières de leur bon sens et de leur expérience. A ceux-ci, convoqués maintes fois avec eux, on donnait le nom si commode de *buoni uomini*, qui désigne tantôt divers magistrats, tantôt ce qu'en notre vieille langue on appelait des prud'hommes[1]. L'élasticité de ce conseil, dit des *richiesti* ou des *savi*, permettait d'y convoquer en nombre illimité les capacités spéciales, suivant les cas : pour les armées et tout ce qui s'y rapportait, les capitaines de la guerre; pour les affaires d'impôt ou de trafic, les *capitudini*, les notables des arts. Leur office expirait après la « session », c'est-à-dire qu'il se limitait aux points sur lesquels on avait voulu avoir leur avis[2]. Mobilité excellente, et qui l'eût été plus encore si l'on avait su donner aux pouvoirs publics plus de stabilité. Ces délibérations en commun étaient soumises aux mêmes règles que dans les autres assemblées; mais de plus elles étaient secrètes, comme il convient au pouvoir exécutif. Que le secret fût réel et longtemps gardé par un si grand nombre de personnes, c'est ce qu'on ne saurait dire. Des indiscrétions étaient inévitables, elles devaient même être fréquentes; mais on y verrait volontiers comme un rouage des institutions démocratiques : on sait trop de quel prix l'aristocratique conseil des

---

[1] Le 21 mars 1287, les prieurs convoquent 12 *savi* et *buonuomini*. Les six premiers sont tous *legum doctores*; des six autres, un est changeur, deux fabricants de laine, trois « marchands, » c'est-à-dire de l'art de Calimala (*Consulte della Rep.*, PP, I, 43). — Le 3 janvier 1297, les prieurs s'adjoignent 12 *buonuomini* et 12 *sapientes* (*Provvisioni*, VII, 23 v°).

[2] Quello de' richiesti o savi non durava più d'una sessione. (Auct. inc. ap. *Delizie*, IX, 262.)

Dix achetait, à Venise, le mystère de ses délibérations.

Quoique destinée à subordonner bientôt les autres magistratures, à durer autant que la République et même à lui survivre [1], l'institution des prieurs ne supprimait ni le potestat ni le capitaine. Les officiers étrangers étaient toujours en faveur. Pour une chose aussi simple que de contrôler (*sindacare*) les comptes d'un officier indigène, on appelait quelquefois du dehors un jurisconsulte; on lui donnait deux notaires et quatre *berrovieri*; on faisait, en un mot, de lui un potestat au petit pied [2]. A vrai dire, le potestat, chef des nobles, perdait du terrain : de plus en plus on tendait à le reléguer dans ses fonctions judiciaires [3]; mais le capitaine, chef des *popolani*, croissait en importance. L'un, hiérarchiquement supérieur, touchait six mille livres [4], et marchait couvert d'une barrette rouge, d'une robe aux couleurs éclatantes, blanche, jaune ou de brocart d'or [5]; l'autre, avec son sombre costume de velours noir, avec ses deux mille cinq cents livres de gages, pour lui et sa maison, n'était qu'au second rang et semblait loin du premier; mais, commandant aux *popolani*, il commandait au gros des guelfes [6]. Les différents titres qu'il recevait mar-

[1] Supprimée par Alessandro des Medici, le 27 avril 1532, elle fut rétablie par Pierre Léopold, à la fin du dix-huitième siècle. Voy. Sismondi, III, 35.
[2] 21 juillet 1300. *Provvisioni*, n° X, p. 268 v°.
[3] On peut voir les *ordinamenta* primitifs du potestat en 56 articles, approuvés par le conseil spécial des quatre-vingt-dix, auquel s'étaient joints les *capitudini* des arts majeurs convoqués par le potestat (15 janvier 1284. *Provvisioni*, t. I).
[4] Tels sont les chiffres de 1282 à 1292. Les *berrovieri* de ces deux magistrats avaient indifféremment trois livres de gages par mois. (Auct. inc. ap. *Delizie*, IX, 258. — *Consulte*, 13 fév. 1282, t. I, quad. C, p. 49 v°.)
[5] G. Capponi, *Stor. di Fir.*, I, 21.
[6] Auct. inc. ap. *Delizie*, IX, 258. Est-il besoin de rappeler que le potestat entrait en charge au 1er janvier, et le capitaine au 1er mai?

quaient les progrès de sa puissance. Capitaine du peuple en 1250, capitaine de la masse des guelfes en 1275, capitaine de Florence et conseiller de paix en 1279, il reprenait, en 1282, son premier nom, sans perdre les suivants [1]. Le 1ᵉʳ février 1283, Paolo Malatesta de Verrucchio, qui exerçait cette charge, ayant obtenu de retourner chez lui avant que le terme en fût expiré, on élut, pour le temps qui restait à courir, Bernardino della Porta, de Parme, qui remplissait alors, à Florence, les fonctions de défenseur des arts et des artisans [2], c'est-à-dire de chef des *capitudini* ou consuls des arts [3]. Il réunit les deux titres, qui ne furent plus séparés [4]. L'usage s'établit alors de prendre dans l'art des juges un magistrat qui, sous le titre de *proconsolo* ou proconsul, suppléa le capitaine à la tête des arts, devint le chef de leurs *capitudini*, prit rang après les prieurs, et occupa bientôt un palais dans la rue qu'on nomme, aujourd'hui encore, *via del Proconsolo* [5].

Donner un successeur au potestat et au capitaine était, dans une certaine mesure, le privilége de leurs conseils respectifs. C'est eux qui désignaient les citoyens chargés de l'élection. Les électeurs désignés se réunissaient aussitôt. Chacun mettait en avant le nom de ses préférences, pourvu que ce fût celui d'un noble guelfe, chevalier ou

---

[1] Auct. inc. ap. *Delizie*, IX, 257.
[2] Ammirato, 1283, l. III, t. I, p. 162.
[3] Auct. inc. ap. *Delizie*, IX, 265.
[4] Le 7 juin 1285, Baldovino des Ugoni, capitaine du peuple (voy. la liste des *officiales forenses*) est appelé « défenseur des artisans et des arts, capitaine et conservateur de la paix dans la ville et commune de Florence. » (*Provvisioni*, t. I, p. 17.)
[5] Reumont, *Tav. cron.*, Cenni, etc., article *Arti*. Ce palais est encore debout; il a été reconstruit à l'imitation des anciens édifices, mais sans unité ni pureté de goût.

docteur, âgé d'au moins trente-six ans, étranger au *dominio*, c'est-à-dire au territoire de Florence, venant d'un pays éloigné de cinquante milles au plus, et n'étant sujet d'aucun prince. On votait sur chaque nom séparément, et l'on formait une liste des quatre qui avaient obtenu le plus de voix, dans l'ordre qu'indiquait la pluralité des suffrages. Puis on élisait un ambassadeur, qui allait communiquer ce résultat et offrir la dignité de potestat ou de capitaine au premier inscrit sur la liste. S'il acceptait, l'élection des trois autres était sans effet. S'il refusait ou différait seulement de deux jours sa réponse, l'ambassadeur se rendait auprès du second élu, au besoin près du troisième et du quatrième. Dans le cas fort rare d'un quadruple refus, on recommençait une quadruple élection [1].

Tout potestat, tout capitaine acceptant devait être à Florence quatre jours avant son entrée en charge, pour prendre connaissance des statuts communaux, et de celui notamment qui réglait ses attributions. A peine arrivé, il se rendait dans le conseil de la commune, le plus nombreux de tous, où dans l'assemblée à parlement, qui l'était plus encore. Il y jurait sur le livre même des statuts, de les observer et de les faire observer à ses serviteurs, aux juges, chevaliers, notaires qu'il amenait avec lui et qu'on appelait sa *famiglia* [2]. Le capitaine

[1] Auct. inc. ap. *Delizie*, IX, 258 sq.
[2] Le potestat amenait 7 juges, 3 chevaliers, 18 notaires, 10 chevaux, 20 *berrovieri*; le capitaine, 5 juges, 2 chevaliers, 4 notaires, 8 chevaux, 9 *berrovieri*. Un détail digne de remarque, c'est que le potestat, entré en charge le 1er janvier, devait changer ses *famigli* et les renvoyer hors de la ville le 1er juillet; le capitaine, entré en charge le 1er mai, devait faire de même le 1er novembre. (*Ibid.*, p. 258.) C'était sans doute une de ces mille précautions ombrageuses dont les démocraties aiment à s'entourer, et qui préparaient la réduction de ces deux charges d'un an à six mois.

prenait les mêmes engagements que le potestat, mais il jurait « en outre [1], » de défendre les arts et de procurer le maintien de la paix.

A la présidence de leurs conseils, ces deux officiers joignaient l'administration de la justice. Ils y avaient chacun sa part. Le potestat jugeait les causes criminelles. Il y déléguait trois de ses juges, dont la juridiction s'étendait à deux *sestieri*, mais qui ne pouvaient instruire, comme dans l'ancienne Rome, que sur une plainte privée. Dans les causes légères, la plainte ne devait provenir que de la personne outragée ou de quelqu'un de ses parents; dans les causes graves, elle était le droit de tout citoyen. Au criminel, le capitaine ne connaissait que des violences, extorsions, tromperies ou faussetés et méfaits commis dans sa curie ou dans son palais; encore fallait-il que le potestat n'en eût pas été saisi, ou qu'il eût négligé de rendre sa sentence dans les trente jours. Mais au civil, les contestations si nombreuses sur la gabelle et *l'estimo* étaient portées à son tribunal. Il préposait un de ses juges aux évaluations de la fortune (*estimo delle sostanze*), qui servaient de base à la répartition de l'impôt, un autre à la perception des taxes communales et des amendes infligées. L'appel, interjeté dans les deux jours de la sentence, présenté dans les huit, poursuivi dans les vingt, venait devant un juge spécial des appels, étranger et docteur, élu pour un an, qui devait prononcer son arrêt dans le délai de quinze jours, à moins que les parties, d'un commun accord, ne l'autorisassent à différer plus longtemps. S'il annulait la sentence rendue, l'affaire était soumise au potestat, juge de cassation;

---

[1] Di più. (Auc. inc. ap. *Delizie, ibid.*)

quatre de ses assesseurs, saisis par lui, prononçaient en dernier ressort. Malgré ce partage des attributions judiciaires, capitaine et potestat eussent succombé à la tâche, dans une ville très-peuplée et d'humeur querelleuse, si l'on n'eût établi en chaque *sestiere*, pour les contestations privées, une cour ou tribunal, et un juge docteur, mais indigène, remplacé tous les six mois [1].

A leurs multiples fonctions ils joignaient, en effet, la surveillance de police. Ils l'exerçaient par l'intermédiaire de leurs cavaliers, qui, suivis de *berrovieri*, faisaient des rondes dans la ville, recherchaient les contraventions aux statuts, arrêtaient les contrevenants. Étaient-ils insuffisants à maintenir l'ordre? On faisait appel aux mille de la garde urbaine, ou à un certain nombre d'entre eux. Le capitaine du peuple étant leur chef, c'était donc lui qui avait la haute main sur la police : dans les cas graves, le potestat ne pouvait rien sans son concours. Au contraire pour les expéditions au dehors, il ne prenait le commandement qu'à défaut du potestat ou du capitaine général de la guerre, élu, si l'entreprise projetée devait être considérable, avec les mêmes formalités et dans les mêmes conditions qu'eux [2]. Il pouvait, à son tour, être remplacé dans ces fonctions de chef d'armée par un des

---

[1] Auct. inc. ap. *Delizie*, IX, 259, 260. — Si la répartition des pouvoirs judiciaires manque un peu de netteté, c'est que le potestat, ayant été supprimé quelque temps, le capitaine en avait rempli toutes les fonctions. Quand il eut été rétabli en 1251, le capitaine ne fut pas entièrement dépouillé des attributions qui primitivement ne lui appartenaient pas. Voy. Reumont, *Tav. cron.*, Cenni, art. *Potestà*.

[2] Ce seigneur, toujours étranger, n'avait pas toujours des aptitudes militaires, et, à vrai dire, c'est de quoi l'on ne s'inquiétait pas assez. Il paraissait suffisant qu'il conduisît à sa solde un certain nombre de cavaliers et de fantassins. Ricotti, Fauriel n'ont pas remarqué sans raison que ce fut l'origine des funestes *condottieri*.

vingt-quatre capitaines de la guerre, officiers d'administration militaire dont deux seulement faisaient campagne comme conseillers du chef suprême, ou, au besoin, par un des prieurs [1].

En somme, « gouverner les choses de la commune de Florence, réunir les conseils, faire les provisions, » c'est-à-dire prendre les mesures nécessaires, tels étaient les principaux devoirs « des prieurs avec le capitaine du peuple [2]. » Villani, en tenant ce langage, laisse trop dans l'ombre le potestat, qui, lui aussi, on l'a vu, avait ses conseils à présider. Or les conseils du potestat, quoique moins mêlés que ceux du capitaine à l'administration active, étaient incessamment consultés, même pour les questions les plus simples, les moins susceptibles de contestation. S'agit-il de voter une somme de quarante-cinq florins d'or pour amener à Florence des bois achetés à Pistoia ? Cette simple formalité est l'objet de six délibérations : 1° des prieurs ; 2° du conseil des cent ; 3° et 4° des conseils spécial et général du capitaine ; 5° et 6° des conseils spécial et général du potestat, tous assistés des *capitudini* des arts majeurs [3]. Le conseil des

---

[1] Avec les deux capitaines de la guerre partait un des juges du potestat, pour administrer la justice dans le camp. (Ammirato, l. II, t. I, p. 112.)

[2] E questi priori col capitano del popolo aveano a governare le grandi e gravi cose del comune, e ragunare e fare consigli e le provvisioni. (Villani, VII, 78.) — Questi tre uffizi maggiori, priori, podestà e capitano governavano quasi il tutto insieme con i consigli. (Auct. inc. ap. *Delizie*, IX, 262.)

[3] 13 mars 1290. *Provvisioni*, t. I, n° 2, p. 67. — L'usage commence à s'établir, dans les résumés des *Provvisioni*, de ne plus mentionner que les conseils du potestat, qui décident en dernier ressort, en se bornant à dire : « Previa deliberazione degli altri consigli. » Mais ces autres conseils continuent à être énumérés dans les provisions mêmes : « Per dominos priores artium et post modum subsequenter et successive per consilium centum virorum comm. Flor. et per consilia speciale et generale domini defensoris et capitudinum 12 majorum artium... » (*Ibid.*, 10 avril 1290.)

cent pouvait sans formalités allouer aux prieurs cinquante livres, et le conseil général du potestat cent ; mais au delà, il fallait un vote régulier, par boules et scrutins [1].

Tous les jours se réunissaient les conseils, tantôt ensemble, tantôt séparés, parfois avec l'adjonction de *richiesti* ou *arruoti*, le plus souvent avec celle des seuls *capitudini*. Il fallait leur intervention pour donner les *imbreviature*, c'est-à-dire pour transférer à un nouveau notaire les papiers d'un notaire mort ou déchu ; pour décider qu'un malade mourant serait envoyé à l'hôpital de San-Gallo [2], pour nommer des trompettes, un joueur de cymbales et un de *cennamella* [3], pour payer des copistes, des sonneurs, des balayeurs, des maréchaux, pour réparer des armoires, approuver des comptes, accorder des ports d'armes, des indemnités, très-souvent à l'occasion de chevaux tués ou blessés à la guerre [4], faire des aumônes, louer une maison ou même une boutique, fixer et affermer le péage des portes [5], échanger ou

---

[1] *Provvisioni*, passim. — « Videlicet de summa librarum centum quæ juxta formam status dicti communis expendi possunt auctoritate et reformatione dicti consilii generalis, absque solempnitate pissid. et balloct. in ipso generali consilio observanda. » (13 juin 1290. *Provvisioni*, t. I, n° 2, p. 68 v°.)

[2] « Infirmus ad mortem, » traduit depuis par l'expression italienne « malato a morte. » (27 juillet 1290. *Provvisioni*, t. I, n° 2, p. 130.)

[3] Chalumeau ou fifre (8 février 1292. *Provvisioni*, t. I, n° 3, p. 50.)

[4] C'est ce qu'on appelait « mende di cavalli. » (Voy. les *Consulte della Repubblica*, passim.)

[5] Les portes étaient affermées pour deux ans à 2,000 l. ; les boutiques du Ponte Vecchio à 1,000 ; celles du pont et de la place Rubaconte à 39 seulement. Ce dernier chiffre, si petit qu'il semble provenir d'une erreur, est réel pourtant : il se trouve dans deux pièces différentes. On voit par là que le Ponte Vecchio était un quartier marchand et le ponte Rubaconte infiniment moins. Il en est encore ainsi aujourd'hui (26 avril 1284. *Consulte della Rep.*, t. I, quad. B, p. 15 v°, 16.)

délivrer des prisonniers¹, autoriser tel citoyen à accepter au dehors la charge de potestat. C'est dans les conseils qu'on prenait des mesures contre les boulangers ou les bouchers qui avaient agi « au déshonneur de la commune et du potestat, » par la mauvaise qualité de la farine ou du mouton qu'ils vendaient². C'est en conseil qu'on décidait d'envoyer à Prato ou à Pistoia pour obtenir, à charge de revanche, l'expulsion des malfaiteurs qui, après s'y être assuré un refuge, en repartaient pour pénétrer sur le territoire, dans la ville même de Florence, et désoler l'une comme l'autre de nouveaux vols, de nouveaux homicides ³. On procédait aux élections soit des magistrats, soit des électeurs qui les devaient élire, opération incessante sous un régime qui n'accordait que deux mois à la plupart des magistratures, et six aux plus longues, éternel sujet de débats nouveaux et de combinaisons nouvelles, puisque le mode d'élection était déterminé chaque fois, pour cette fois seulement. Quand il n'y avait rien d'urgent à l'ordre du jour, et tout au moins une fois par mois ⁴, on lisait tel ou tel statut pour le réformer ou l'abroger, statuts sur le salaire des officiers étrangers ou indigènes, sur les voleurs de pigeons ⁵, et sur mille autres points de grande, de

---

¹ *Provvisioni*, t. I, passim. 1284-1296.
² Super facto bechariorum (10 mai 1281. *Ibid.*, p. 16 v°). Dans cette affaire on voit Brunetto Latini proposer que les quatorze élisent secrètement des *legales*, qui, sans être connus pour en avoir l'ordre, achèteront des moutons et s'assureront qu'il n'y a point dol de la part des vendeurs.
³ 10 septembre 1282. *Consulte della Rep.*, t. I, quad. D, p. 2.
⁴ Cette obligation se trouve indiquée dans un document du 15 mars 1281. (*Cons. della Rep.*, t. I, quad. B, p. 13.)
⁵ De puniendo qui ceperit columbos. — De puniendo qui dixerit quod potestas habeat ultra salarium in constituto contentum (21 avril 1281. *Cons. della Rep.*, t. I, quad. B, p. 15 r° v°). — De salario potestatis non au-

médiocre, de minime importance. Contre des mesures proposées par les magistrats, élaborées par leurs conseils secrets, l'opposition, dans les conseils publics, était peu nombreuse et peu bruyante[1]. Le plus souvent, elle se bornait à demander qu'au lieu de prendre une décision immédiate, on ouvrît des enquêtes, ou qu'on s'en rapportât à la décision des prieurs et de leurs sages. Au premier rang de ceux qui réclamaient ces atermoiements, figure toujours le vieux Brunetto Latini, qui paraît avoir eu peu de goût pour les décisions prises dans les grandes assemblées.

Convoquer tous les conseils n'était pas toujours obligatoire ; mais l'ordre était invariable dans lequel on les convoquait. Les prieurs, après avoir délibéré avec les cent, et, s'ils le jugeaient à propos, avec des *richiesti*, invitaient le capitaine, puis le potestat à soumettre les

---

gendo. — Ce statut est abrogé le 19 juin 1281. (*Ibid.*, p. 20 v°.) — De inventione et electione, salario et juramento capitanei. — L'initiative, pour la réforme de ce dernier statut, était prise en conseil des quatorze. Le capitaine soumettait ensuite la proposition à ses conseils en présence de ces magistrats. Trois citoyens appuient ; quelques-uns contredisent. Finalement on décide que ledit chapitre sera « absolutum, mutatum et correctum » entièrement, et que tout le monde sera exempté de l'oberver. (*Ibid.*, t. I, quad. D, p. 9 v°.) Autre cas : Matteo des Maggi, potestat sortant au 1er janvier 1282, devait se rendre à Pistoia, où il était appelé à exercer la même charge. Mais à Pistoia, comme à Florence, le statut exigeait qu'il fût rendu à son nouveau poste quelques jours avant de l'occuper. Cette ville fait donc demander pour lui « licentiam et parabolam. » Le statut florentin s'y opposant, il faut, si l'on veut être agréable à des voisins, le corriger pour devancer le temps où Matteo devra être *sindacato*, et autoriser son successeur à Florence à entrer en charge au 1er janvier. C'est ce qui fut fait. (*Cons. della Rep.*, t. I, quad. E, p. 21. — Décembre 1281.)

[1] On relève cependant divers exemples du rejet des propositions. Le 7 octobre 1282, on repoussait la proposition des quatorze « super exactione condempnationum facienda ; » le 6 novembre suivant, on refusait d'abroger le statut sur le *divieto* des essayeurs des monnaies. (*Cons. della Rep.*, t. I, quad. D, p. 4 v°, 8.)

mesures débattues à leurs conseils respectifs, sauf pour celles qui rentraient dans les attributions exclusives de l'un de ces deux magistrats. Ainsi c'étaient les conseils du potestat qui accordaient aux notaires leurs protocoles ou *imbreviature*, et les conseils du capitaine qui nommaient à la plupart des offices publics[1]. Mais il fallait l'intervention des uns et des autres pour les principales mesures, notamment pour imposer au peuple quelque charge pécuniaire[2].

De sévères règlements entouraient ces délibérations si nombreuses. Toute personne appelée à un conseil, y devait être rendue avant que le magistrat qui en avait la présidence, potestat, capitaine ou un de leurs juges, délégué en leur lieu et place, se fût levé pour faire ses propositions. Nul, sans son expresse permission, ne devait sortir avant la fin, sauf pour quelque nécessité corporelle, et à condition de rentrer aussitôt[3] ; nul se lever ou rester debout en présence du président, sauf pour opiner ou faire honneur à quelqu'un[4] ; nul appro-

---

[1] Auct. inc. ap. *Delizie*, IX, p. 263.

[2] Tutti gli altri stanziamenti, provvisioni e riforme dovevano vincersi per tutti i consigli, passando per ordine dell' uno e dell' altro, ed ancora quelle cose che si trattavano per il consiglio de' savi o richiesti, per gli quali il popolo dovesse essere aggravato con ispesa o con altro. (*Ibid.*, p. 264.)

[3] Statutum et ordinatum est quod omnes et singuli de concilio generali et congregatione et quilibet alii qui ad aliquid concilium de mandato Potestatis aut alicujus de sua familia fuerint convocati, venire et esse debent ad ipsum concilium, antequam dictus dominus potestas aut alius in loco ipsius surrexit ad proponendum inter eos de consilio sub pena sold. II f. p. pro quolibet eorum, nec de ipso consilio discedere debeat aliquis eorum sine licencia domini potestatis vel alterius proponentis ante reformationem lectam sub pena et banno 5 sold. f. p. pro quolibet, nisi recessit propter necessitatem corporis, et qui propterea recessit, incontinenti redire debeat. (Statut du potestat, 15 janvier 1284. *Provvisioni*, t. I, f° 12-16. Ozanam (*OEuvres*, II, 428) a publié une grande partie de ce statut.

[4] Item quod nullus audeat stare in pedibus in loco ubi congregatur ali-

chef du siége présidentiel[1], dire des paroles injurieuses, commettre des offenses, engager des rixes[2], interrompre l'orateur[3], prendre la parole avant qu'il eût terminé, et, en aucun cas, sans l'autorisation du président. On parlait debout à la tribune[4]. Sur une même question quatre orateurs au plus pouvaient être entendus[5]. Toute infraction à ces règlements était punie d'une amende variant de deux sous de petits florins jusqu'à soixante. Encourait le maximum de l'amende quiconque troublait ou interrompait un orateur parlant sur une proposition du potestat ou du jugé, son suppléant à la présidence ; le minimum quiconque sortait de sa place sans motif[6]. Quant aux injures et aux violences, il n'avait point paru nécessaire d'édicter des peines spéciales, car cette sorte de délit rentrait dans le droit commun ; mais la peine

quod consilium communis Florentiæ et sedere debeat postquam D. Potestas aut aliquis loco ipsius fuerit in dicto loco consilii, nec surgere nisi causa consulendi vel alterius necessitatis, et contra faciens in soldos 50 f. p. puniatur, nisi surgeret causa faciendi honorem alicui. (Ibid.)

[1] Quod nulla persona debeat accedere ad stangam sive bancum D. Potestatis. (Ibid.)

[2] Quod nullus.... præsumat dicere aliqua verba injuriosa contra aliquem in ipso concilio existentem, nec aliquam rixam seu mesclantiam.... facere, nec aliquem percutere vel offendere modo aliquo vel ingenio. (Ibid.)

[3] Quod nullus.... præsumat turbare aut inquietare sive impedire aliquem arrengantem seu consulentem in aliquo consilio super aliqua propositione facta per D. Potestatem aut aliquem alium loco sui. Contra faciens vice qualibet puniatur in sold. 60 f. p. (Ibid.)

[4] Quod nullus.... consulere et arrengare super aliquo quod non sit principaliter propositum per D. Potestatem aut aliquem alium loco sui.... Item quod nullus... surgere debeat ad arrengandum, donec prior arrengator finierit dictum suum, et ire inceperit ad sedem suam. (Ibid.) Le 30 octobre 1335, on voit, dans le conseil général, Giovanni Cini « surgens in pedibus ad arengheriam. » (Doc. degli arch. tosc. I capitoli di Firenze, recueillis par C. Guasti, I, 45. Flor. 1866, in-4°.)

[5] Quod aliquis non arrenget... ultra quam quatuor consiliarii absque parabola et licentia D. Potestatis. (Ibid.)

[6] Voy. page précédente, note 3, et cette page même, note 3.

commune était doublée, parce que le lieu en augmentait la gravité[1].

Public dans tous les conseils, à la réserve de certains cas déterminés, le vote était rigoureusement secret dans le conseil des cent. Par une singularité inexplicable pour nous, il était successivement public et secret dans le conseil spécial du capitaine[2]. Le plus souvent, surtout dans les conseils généraux, on votait par assis et levé, sans compter le nombre des suffrages. Le président restait maître d'exiger le scrutin. Il y avait dans chaque conseil une boîte double à deux compartiments, l'un blanc, l'autre rouge; sur l'un était écrit *sic*, sur l'autre *non*. C'est là qu'on déposait les boules, blanches pour l'adoption, rouges pour le rejet[3]. On décidait à la moitié plus un des suffrages exprimés, sauf pour déroger aux statuts : le vote, en pareil cas, n'était valable que s'il réunissait les quatre cinquièmes des votants[4]. Ne pouvait-on les obtenir? on déférait l'affaire tantôt à un

---

[1] Et qui contra fecerit puniatur pena duplici quam puniretur si alibi dixisset vel fecisset predicta. (*ibid.*) — Ozanam prétend (*loc. cit.*, p. 74) que les discours, dans ces conseils, étaient prononcés en latin. Il n'y a d'autre prétexte à le croire que l'habitude des auteurs de rédiger en latin les discours dont ils voulaient transmettre à la postérité le souvenir; mais puisqu'il avait fallu limiter à quatre le nombre des orateurs sur chaque question, un grand nombre, la plupart marchands ou artisans, voulaient donc prendre la parole, ce qui exclut absolument le latin. — C'est du reste une question vidée pour la France comme pour l'Italie.

[2] Auct. inc. ap. *Delizie*, IX, 265.

[3] *Provvisioni*, t. I, p. 17. Le texte a été publié par Ozanam, *Des écoles en Italie*, Œuvres, II, 431. — En 1302, après le triomphe des Noirs, on remplaça les boules blanches par des noires, et les rouges par des blanches. — C'est ainsi qu'on vote encore aujourd'hui à la municipalité de Florence. — Il paraît y avoir eu des variations sur ces points de détail. Ainsi, le document déjà cité du 30 octobre 1335 nous montre la boîte rouge pour le *sic*, blanche pour le *non*. (*Doc. degli arch. tosc. I capitoli di Firenze*, I, 45).

[4] Auct. inc. ap. *Delizie*, IX, 265.

conseil de *richiesti*, tantôt au potestat, au capitaine, aux prieurs, sans l'assistance d'aucun conseil[1].

Rarement convoquée jusqu'alors, l'assemblée à parlement, qui réunissait tous les citoyens, devint d'un usage plus fréquent. D'après le statut du capitaine, elle devait être tenue en l'église de Santa Reparata, la plus grande de toutes, sous la présidence du potestat, dans les quinze premiers jours de chaque *seigneurie*, et par conséquent une fois tous les deux mois; mais les magistrats, d'accord avec les conseils, avaient le droit de décider que cette assemblée n'aurait point lieu pendant toute la durée de leur charge[2]. Ce n'était en effet ni le nombre ni la nature des affaires qui rendaient la réunion opportune et désirable; c'était leur importance. On n'y préparait rien, mais on y donnait aux mesures adoptées par les conseils une sanction qui en couvrait ou dégageait la responsabilité, comme celle des magistrats. Y pouvaient assister tous les citoyens immatriculés au registre d'un art, payant les impôts, guelfes reconnus et âgés d'au moins trente ans[3]. C'est ce qui fait qu'à cette assemblée on donnait parfois le nom de conseil public. Quand on avait statué sans discussion sur les mesures soumises à cette sanction suprême, les *capitudini* des arts avaient le droit de

---

[1] O ne' tre uffizi maggiori solamente, secondo che si vincerà (Auct. inc. ap. *Delizie*, IX, 262). — Fauriel n'a pas ignoré ce précieux document; mais faute de connaissances suffisantes sur la matière, il n'a pas su débrouiller le désordre qui y règne. C'est là qu'il a pris son étrange classification des conseils, où il ne distingue pas les conseils de gouvernement des conseils administratifs (t. I. p. 126-132). M. Hillebrand (p. 52) n'a pas de ces choses une vue plus nette : il renvoie à Fauriel comme autorité.

[2] 26 juin 1292. *Provvisioni*, t. I. n° 3, p. 80 v°.

[3] Fraticelli, *Storia della vita di Dante*, p. 117. — « Alla presenza di tutto il popolo, » dit sommairement le texte le plus explicite sur cet ordre de faits (Auct. inc. ap. *Delizie*, IX, 264).

proposer ce qu'ils jugeaient utile, soit comme délégués de leur art, soit en leur nom personnel. C'était la part faite à l'initiative privée, car, dans les autres conseils, on se bornait à délibérer sur les propositions des magistrats. Si quelque motion sérieuse sortait de cette initiative, elle revenait devant les prieurs, puis subissait, devant les conseils du capitaine et du potestat, les épreuves ordinaires, dans l'ordre accoutumé[1]. Si elle en triomphait, si elle était partout successivement adoptée, on la renvoyait, de même que les mesures votées sur l'initiative des magistrats, aux officiers publics qui avaient charge d'en assurer l'exécution.

Ces officiers, c'étaient le potestat, le capitaine et même d'autres, car, dans un rang inférieur, il y en avait de nombreux dont il est impossible de ne pas dire un mot.

Les prieurs avaient une sorte de secrétaire ou de greffier, nécessairement homme de loi, élu pour un an et rééligible, personnage fort important. On l'appelait *notaio delle riformagioni*, notaire des réformes, ou, pour mieux dire, des décisions. Il devait être Lombard de naissance, mais point de la même ville que le potestat ou le capitaine[2]. Trois *camerlinghi della camera* géraient les

---

[1] Auct. inc. ap. *Delizie*, IX, 265. Voy. à l'Appendice n° 2, un exemple curieux d'assemblée à parlement.

[2] *Ibid.* Le 6 avril 1299, on détermina avec plus de précision les devoirs du notaire. Élu par les prieurs et le gonfalonier, il ne devait recevoir ni argent ni présents. Il devait enregistrer tous les actes relatifs à la seigneurie dans les trois jours, et, avant de quitter le palais, remettre tout ce qu'il avait écrit au nouveau gonfalonier. Ces papiers étaient gardés dans une armoire construite à cet effet et dont les prieurs avec le gonfalonier avaient seuls la clef. Son *divieto* était d'un an. Toute contravention de sa part était punie de 25 livres d'amende, et de la restitution du quadruple à quiconque lui aurait donné de l'argent. Pour en faire la preuve, il suffisait d'un témoin et du bruit public. Une copie des actes était faite sans retard, pour

finances communales. Ils étaient assistés aussi d'un notaire qui tenait leurs comptes et, en outre, de deux docteurs florentins, élus comme eux pour deux mois, et qu'on nommait avocats de la commune. L'argent des recettes et des dépenses passait par les mains des camerlingues. C'est eux qui proposaient dans les conseils l'emploi qu'on en devait faire. La fabrication des monnaies était dirigée par deux *signori della zecca*, élus tous les six mois par les *capitudini* des arts, l'un dans l'art de Calimala, l'autre dans l'art du change. Deux essayeurs de l'or et de l'argent leur étaient adjoints. Ces mêmes *capitudini*, réunis cette fois aux prieurs, élisaient six citoyens et un officier pour être préposés aux approvisionnements. L'officier restait six mois en charge et portait le titre de juge. Ses assesseurs, *i sei della biada*, les six du blé, étaient remplacés tous les deux mois. Les ambassadeurs, toujours désignés pour une mission spéciale et de courte durée, étaient à la nomination des prieurs qui, pour les nommer, dans les circonstances graves, s'adjoignaient les *richiesti*. Aux grandes ambassades, on envoyait des chevaliers, des docteurs, de riches et notables marchands assistés d'un notaire, quelquefois même le potestat; aux petites, un simple citoyen ou un notaire. Les ambassadeurs prêtaient entre les mains du potestat serment de remplir leur office en conscience, sous peine de mille livres d'amende. Leur salaire dépassait rarement cinquante sous par jour [1]; encore fallait-il, pour l'avoir si considérable, conduire avec

que les intéressés en pussent prendre connaissance sans frais (*Provvisioni*, n° X, p. 6).

[1] Si peu considérable que paraisse ce chiffre, il faut se rappeler qu'on allouait cinquante sous *par mois* pour l'entretien d'un otage (Voy. même chapitre, p. 203).

soi quatre chevaux. Un ambassadeur n'en pouvait emmener moins de deux. Les lettres dont on le chargeait étaient écrites en latin, au nom du potestat, du capitaine et des prieurs. Tous les six mois, on élisait un notaire pour l'unique fonction de les rédiger. Dix-huit citoyens, élus syndics par les *capitudini* des sept arts majeurs, vérifiaient la gestion des principaux officiers dont expiraient les pouvoirs : six pour les prieurs, autant pour le potestat, autant pour le capitaine. Quant aux officiers moins considérables, ils étaient soumis à ce même contrôle, mais le juge des appels avait seul le droit de l'exercer[1].

Cette constitution, œuvre du temps, comme celle de l'ancienne Rome, faite pièce à pièce avec les modifications de détail que suggérait l'expérience, paraît très-compliquée par la multiplicité des rouages et la variété des attributions ; mais, en somme, il n'y avait que deux fonctions principales, très-nettement distinctes : d'une part, la discussion, la délibération, l'action, privilége des plus notables citoyens, naturellement en fort petit nombre ; de l'autre, l'approbation ou le rejet, droit laissé aux plus nombreux, qu'on réputait moins entendus aux affaires et plus jaloux de leur liberté.

Plusieurs ont jugé qu'il y avait trop de conseils et qu'on les employait à trop de choses ; mais ce système n'était pas sans avantages. Quand de tels corps sont indépendants, quand ils ne constituent pas une charge pour le trésor, ils contribuent puissamment à donner des lois meilleures et à les rendre stables. Qu'on se représente, par exemple, le conseil spécial du capitaine délibérant et votant dans un coin de San Pier Scheraggio, tandis que

---

[1] Auct. inc. ap. *Delizie*, IX, 261, 265, 269.

d'autres Florentins attendent, dans une autre partie de l'église, pour former avec les précédents le conseil général, et recommencer aussitôt la délibération. La majorité en peut être déplacée, mais le plus souvent un débat nouveau la confirme et l'augmente, parce que les propositions agitées ont déjà subi le triple examen des prieurs, du conseil des cent et du conseil spécial. Le lendemain, délibèrent en cinquième et sixième instance les deux conseils du potestat. L'examen devient de plus en plus rapide ; toutefois, les nobles y intervenant, des intérêts différents y obtiennent la parole, intérêts suspects, à vrai dire, mais qui, par la force de la raison ou même par un appel aux passions, peuvent rallier à eux la pluralité des voix, soit dans ces deux assemblées, soit, au besoin, dans l'assemblée à parlement.

Ainsi chaque opinion, chaque groupe, pouvait se faire entendre, défendre sa propre cause, comme la cause publique. Le sentiment commun un instant dévoyé ne manquait pas d'occasions pour rentrer dans le bon chemin. Plusieurs délibérations successives lui permettaient, sans fausse honte, de venir à résipiscence et préservaient la République des mesures irréfléchies qu'inspirait un soudain courroux, une passagère émotion. Et ces sûretés contre elle-même, Florence les prenait sans s'attarder à de funestes lenteurs : en deux jours, et tout au plus en dix, quand rien ne pressait ou quand on ne voulait pas se presser, les cinq conseils avaient donné leur avis. Pour plus de rapidité encore, l'usage ou la loi laissait les magistrats libres, en bien des cas, de ne consulter que tels ou tels de ces conseils[1].

---

[1] Si l'on en jugeait par les documents qui nous ont été conservés, le nombre serait très-grand des cas où l'on ne consultait que certains conseils

On ne saurait sans injustice accuser cette constitution d'avoir exagéré la démocratie[1]. La multitude n'y obtenait aucun droit, et ceux des nobles, quoique restreints, y étaient consacrés. Ce fut leur faute s'ils les amoindrirent encore. La passion de parti l'emporta chez eux sur les intérêts de caste. Les familles « grandes et puissantes, » comme on les appelait, s'entre-déchiraient dans Florence et sur le territoire, entraînant à leur suite leur nombreuse clientèle. Elles descendirent jusqu'à flatter le peuple, jusqu'à lui parler des injures reçues et de la liberté, jusqu'à se faire guelfes par amour du pouvoir, jusqu'à changer de nom. Les Tornaquinci se firent appeler Popoleschi ; les Importuni, Cambi ; les Cavalcanti, Malatesti, Ciampoli ; les Tornabuoni, Giachinotti, Cardinali, Marabottini[2]. Mais l'aristocratie que détruisaient si imprudemment les magnats, se recrutait sans cesse de familles que mettaient hors de pair la richesse, la dignité de prieur, conférée à plusieurs de leurs membres, le ceinturon de chevalerie, donné facilement par les rois et les princes de passage à Florence[3]. Avec la vanité dont les démocraties sont loin d'être exemptes, ces familles recherchaient les distinctions, pour se séparer des profondes couches populaires où plongeaient leurs racines. C'était une aristocratie

---

et non les autres. Mais il ne faut pas oublier que beaucoup de délibérations sont perdues. Il tombe d'ailleurs sous le sens que si l'on faisait intervenir tous les conseils dans des affaires de nulle importance, à plus forte raison en devait-il être de même pour celles qui avaient de la gravité.

[1] C'est ce qu'a fait Fauriel, disant (I, 138) qu'elle « tendit à assurer au plus grand nombre possible de citoyens le plus grand nombre possible de droits et de pouvoirs politiques. »

[2] Villani, VII, 79. Ammirato, 1282, l. III, t. I, p. 161.

[3] En 1282, notamment, le prince de Salerne, fils de Charles d'Anjou, faisait chevaliers trois membres de la seule famille des Buondelmonti (Villani, VII, 84).

bourgeoise, mais mêlée de nobles, et portée par intérêt à retenir l'État sur la pente de la démagogie.

Le danger eût été plutôt de refuser tout droit politique à la multitude ; mais les bourgeois florentins y obviaient par de sages tempéraments. C'était peu de s'attacher par des bienfaits les déshérités ; on savait, de plus, en diminuer le nombre. On laissait aux arts mineurs l'espérance de prendre rang, un jour, parmi les arts majeurs, et l'on n'attendait pas, pour la réaliser, d'avoir la main forcée. Déjà dans la paix du cardinal Latino, on avait vu les syndics des bouchers, des forgerons, des cordonniers, s'engager comme cautions[1], preuve que ces métiers, quoique non admis aux honneurs, comptaient, à l'occasion, pour quelque chose dans l'État. Quelquefois, on appelait aux conseils du gouvernement les *capitudini* des cinq arts intermédiaires qui suivaient immédiatement les sept arts majeurs. On allait même, pour abréger, jusqu'à les confondre sous le même nom, et à dire « les douze arts majeurs, » quoique une telle dénomination ne fût pas conforme encore à la légalité[2]. On ne voit pas que cette

---

[1] Lapus Pratesis sindicus artis beccariorum,
Orlandinus marescalchus Baldovini, sindicus artis fabrorum,
Cervus del Forese, sind. artis calzolariorum.
(Actes de la paix du cardinal Latino, ap. *Delizie*, IX, 96.)

[2] Dès les 6 et 22 avril 1285, on trouve une mention des *capitudini* des douze arts majeurs (*Consulte*, t. I, quad. II). Le 10 avril de même (*ibid.*, p. 97). Le 30, il n'est plus question que des sept arts majeurs (*ibid.*, p. 98). Ces fluctuations continuent jusqu'en 1297, où il y a encore une mention du même genre : « Convocatis et congregatis capitudinibus septem majorum artium. » (3 janvier 1297. — *Provvisioni*, t. I, n° 7, p. 25 v°.) Nous avions cru d'abord que l'explication de ce fait singulier, dont nous ne voyons mention nulle part, était dans la succession alternative de prieurs favorables à l'extension des arts majeurs, et d'autres qui s'y montraient opposés ; mais nous avons trouvé dans une même affaire, et sous les mêmes prieurs, les *capitudini* des 7 arts majeurs convoqués le 9 mars 1285 ; et le lendemain 10, ceux des 12 arts majeurs (*Consulte,*

nouveauté, alternativement abandonnée et reprise, ait provoqué dans Florence le moindre trouble, la moindre plainte. Ce que cinq arts obtenaient, ceux qui venaient derrière eux pouvaient, avec le temps, l'espérer à leur tour. Les faibles savaient attendre et les forts ne pas décourager, faire les concessions désirées avant qu'on les exigeât, double et singulière marque d'esprit politique, dans une cité violente et passionnée, où les uns savaient prévoir les concessions qui leur pouvaient être demandées, et les autres ne pas les demander prématurément.

Florence avait donc enfin une constitution dont elle était satisfaite, et qu'elle tenait, non à tort, pour définitive; car, sauf les modifications qu'elle s'était réservé le droit d'y apporter et qu'elle y apporta successivement, elle s'y tint comme au système qui répondait le mieux à ses besoins et à ses goûts. Peut-être convient-il d'en rassembler ici les traits généraux, épars dans tout ce qui précède.

Le principal pouvoir, celui de la seigneurie ou des six prieurs, est aussi le plus ancien. Méconnaissable sous ce nouveau titre, et après plusieurs transformations, il n'est autre pourtant que celui des consuls primitifs, à nombre variable, devenus successivement les douze *anziani*, les douze, puis les quatorze *buonuomini*, les trois et enfin les six prieurs des arts. La prépondérance acquise par les arts majeurs mettait au premier rang ces magistrats élus parmi les *popolani*, à raison d'un par *sestiere*, et pour deux mois seulement. Ils délibèrent sur les mesures à

. I, quad. E, p. 75 r° v°). Il faut donc croire que c'est là un temps de transition, où l'on convoquait à volonté sept ou douze arts, et où l'on donnait par anticipation aux cinq arts intermédiaires le nom d'arts majeurs, quand leurs consuls réciproques étaient simultanément convoqués.

prendre, assistés d'un notaire ou greffier de leurs actes, du conseil des cent, d'un nombre indéfini de sages, de *richiesti*, d'*arruoti*, c'est-à-dire de jurisconsultes ou de marchands, et le plus souvent des *capitudini* ou consuls des arts. Ainsi préparées dans des délibérations toujours secrètes, les lois, les propositions des prieurs sont apportées successivement aux deux conseils du capitaine du peuple, exclusivement composés de *popolani*, et aux deux conseils du potestat, où, à côté des *popolani*, les nobles ont accès. Le conseil spécial d'abord, le conseil général ensuite, auquel s'est joint le conseil spécial, délibèrent sommairement, approuvent ou rejettent, avec le concours presque obligatoire des *capitudini*, et sous la présidence du magistrat dont ils portent le nom. En certains cas, lorsqu'ils ne sont pas d'accord, ou lorsque les prieurs veulent dégager leur responsabilité, ils réunissent, ils invitent à prononcer en dernier ressort l'assemblée à parlement, qui se compose de tous les conseils précédents, et, en outre, de tous les habitants en possession de leurs droits civiques. A défaut d'affaires graves, l'assemblée à parlement est convoquée une fois tous les deux mois, c'est-à-dire une fois durant chaque seigneurie[1], pour donner à la souveraineté populaire et à l'initiative privée le moyen de s'exercer.

Cette période des délibérations terminées, et elle ne dure ordinairement que deux jours, jamais plus de dix, on entre dans la période d'exécution. L'exécution est

---

[1] Très-souvent, en effet, on voit le capitaine, le potestat, proposer à leurs conseils de supprimer la réunion de l'assemblée à parlement pendant la seigneurie en exercice. Hors ce cas, elle devait être de droit ; on ne voit jamais, dans les documents, les magistrats ou les vaincus d'un scrutin la réclamer. C'est, au reste, un des points les plus obscurs des institutions florentines.

commise sous la direction, ou plutôt sous la surveillance des prieurs, au potestat et au capitaine du peuple, magistrats fort anciens, qui étaient jadis la tête et qui ne sont plus que les bras, qui avaient les *anziani* pour conseillers, et qui, sauf la présidence de leurs conseils respectifs, sauf leur supériorité hiérarchique maintenue[1], ne sont plus que l'instrument des prieurs, au nom de qui, dans les réunions publiques, ils portent le plus souvent la parole. Le potestat rend la justice, et, ordinairement, commande les armées au dehors; le capitaine est juge en quelques cas spéciaux, tant au criminel qu'au civil, et commande les milices au dedans, soit pour assurer l'exécution des arrêts de justice, quand il y a résistance, soit pour rétablir l'ordre troublé. Un peu plus tard, ses vieux souvenirs d'action indépendante et même de supériorité l'empêchant d'être un instrument docile, les prieurs demanderont, se feront donner un autre officier, un autre instrument, qui dédoublera, en quelque sorte, la charge du capitaine, sans rien changer à l'économie générale des institutions.

Tel était ce gouvernement, où l'initiative et l'exécution appartenaient aux magistrats, l'approbation et le contrôle aux citoyens. En droit, ceux-ci avaient le dernier mot; ils étaient les maîtres. En fait, presque toujours, ils cédaient à l'impulsion des prieurs. Ils le pouvaient sans danger, puisqu'ils les nommaient eux-mêmes, et pour une durée si courte qu'elle ne permettait pas de préparer ni seulement de rêver une usurpation. Mais moins ce pouvoir était durable, plus il devait être fort : une sorte de dicta-

---

[1] Dans les documents, l'ordre invariable est : le potestat, le capitaine, les prieurs.

ture devenait le correctif de l'instabilité. Sans abdiquer jamais, le peuple à tout instant donnait, pour un temps déterminé, pleine *balìa* aux prieurs, ou bien, dans les conseils, sur telle ou telle affaire, il proposait, avec ceux qui portaient la parole en son nom, de s'en remettre à ces seigneurs d'un jour ; et telle était souvent la fin pacifique des plus orageuses discussions.

Par malheur, à côté de ce gouvernement public, dont le défaut capital était, avec l'instabilité, l'indivision des pouvoirs, vivait et s'agitait le gouvernement particulier de la *parte guelfa*, qui en faisait la faiblesse au dedans, en même temps que la force au dehors. C'était une sorte d'État dans l'État, avec ses officiers, ses conseils, ses domaines, ses finances, monstruosité politique qui révolte nos idées d'unité, mais dont les Florentins du moyen âge avaient pris l'habitude et ne demandaient point la suppression. Leurs écrivains en parlent à peine, et ne voient que les institutions officielles, objet de leur unanime admiration : ils en louent à l'envi et le système et les effets. Brunetto Latini le propose à l'admiration comme le modèle des gouvernements libres[1]. Selon Villani, une telle tranquillité régnait à Florence qu'on n'y fermait plus les portes, même de nuit, et une telle prospérité, une telle douceur, qu'on n'y percevait plus d'impôts ; pour n'en pas grever les citoyens, on se procurait l'argent nécessaire en vendant les vieux murs et des terrains, soit dans la ville, soit au dehors[2]. Si l'on maintenait encore

---

[1] Voy. plus haut, l. I, ch. iv, t. I, p. 236.

[2] Era tanto il tranquillo stato di Firenze che di notte non si serravano le porte della città, nè havea gabelle in Firenze, e per bisogno ch'el comune hebbe di moneta, per non fare libre, si venderono le mura vecchie e terreni dentro e di fuori (Villani, VIII, 2).

par prudence l'ancienne provision des quatorze, qui interdisait de porter dans la ville épée ni carreau [1], il ne manquait pas dans les conseils d'esprits optimistes pour demander la levée de cette interdiction [2].

C'est qu'à un sentiment juste sur la bonne économie des statuts se mêlait une aveugle illusion sur la durée d'une concorde si nouvelle, l'ardent désir d'oublier, de ne voir que le présent, de s'abandonner à ce goût des fêtes et des plaisirs si profondément ancré dans toute âme florentine. L'active Florence ne négligeait aucune occasion de célébrer des fêtes et de les prolonger. Sobres et parcimonieux dans leur vie, ces marchands remplissaient avec un somptueux éclat les devoirs de l'hospitalité. Ils savaient que l'argent qu'on y dépense est placé à gros intérêts. En 1282, durant le second priorat, ils recevaient avec de grands honneurs le prince de Salerne, fils de Charles d'Anjou; bientôt après, son oncle, le comte d'Alençon, frère du roi de France, qui conduisait vers la Sicile de nombreux cavaliers. Humiliés récemment par la prise de leur pavillon sous les murs de Messine [3], les Florentins ne gardaient pas rancune au souverain malheureux qui les avait entraînés dans sa défaite. Loin de là, tandis qu'ils honoraient son frère, et malgré l'accidentelle cherté des vivres, résultat d'inondations qui met-

---

[1] 7 octobre 1282 (*Consulte della Rep.*, t. I, quad. D, p 4 v°).

[2] Notamment Manetto Benincasa, le 15 octobre 1282, huit jours, par conséquent, après qu'on eut pris la résolution contraire. Il voulait que citoyens et campagnards pussent, en retournant « a villa, » ou en y allant, porter « spatam seu quadrellectum.... quod eam portent in manu altam, tenendo eam ex latere porte et portando pomum spate aut quadrellecti ex parte superiori et circa t.... spate differant corigias avoltas et codum capelli. » (*Ibid.* p. 5.)

[3] Voy. plus haut, même chapitre, p. 224.

taient sous l'eau une partie de leur ville[1]; ils lui votaient à lui-même de nouveaux secours[2]; ils l'accueillaient avec un fastueux empressement, le 14 mars 1283, alors qu'il s'acheminait vers Bordeaux, pour y soutenir le défi qu'il avait porté à don Pedro d'Aragon, et que devait décliner ce monarque, habile politique plutôt que preux chevalier[3].

Les Florentins se rendirent en si grande foule à la rencontre du roi de Sicile, qu'on ne pouvait avancer ni à cheval ni à pied. « J'ai vu, j'ai entendu, j'atteste, écrit le chroniqueur Paolino, qu'étant en dehors de la porte San Niccolò, les chevaliers lui présentèrent le dais ; mais il ne voulut pas qu'on le plaçât sur sa tête ; et comme on criait : Vive le roi Charles ! il fit signe de la main qu'on se tût, et je l'entendis prier dans sa langue qu'on criât : Vivent les victorieux[4] ! » C'était rappeler aux oublieux Florentins le souvenir de leur affront, mais ne pas se rendre compte des conditions et des sentiments qui le leur faisaient juger supportable : peu chevaleresques de nature, ils souffraient médiocrement d'une humiliation endurée si loin, et qui n'amoindrissait en rien leur puissance ; bons calculateurs, ils prenaient aisément leur parti des défaites et des embarras de Charles, qui,

---

[1] Le 6 et le 7 octobre 1282, les conseils votaient l'envoi de ces cavaliers, et prenaient sur les sommes mises en réserve pour l'achat du grain, à charge pour le potestat, les quatorze et les prieurs, d'aviser aux moyens et au temps de la restitution (*Consulte*, t. I, quad. D, p. 4 r° v°).

[2] Villani, VII, 87. Ammirato, 1282, l. III, t. I, p. 161.

[3] Charles cheminait à petites journées, car son défi était fixé au 24 juin, jour de la Saint-Jean (Paolino, II, 39).

[4] E gridando viva il Re Carlo, che egli amottò con la mano, ch' elli stettero cheti. La gente incontanente ristette di gridare, ed allora l'udii io in sua lingua che pregò che si gridasse : Viva chi vince ! (Paolino, II, 39.)

grâce à ces heureux malheurs, ne pourrait plus de longtemps dominer chez eux [1].

Quand ils n'eurent plus de princes à fêter, ils firent des fêtes pour leur propre compte. On en célébrait chaque année pour l'anniversaire de saint Jean, patron de la ville. En 1283, elles ne durèrent pas moins de deux mois. Sur la rive droite de l'Arno, dans ce quartier de Santa Felicita qui avait vu succomber jadis les Patarins, l'opulente famille des Rossi, avec ses voisins, forma une compagnie dite de l'Amour ou des blanc-vêtus. Plus de mille personnes en firent partie. Ils portaient de belles robes d'une éclatante blancheur; ils parcouraient les rues au son des trompettes et autres instruments. Leur exemple fut suivi. Ce n'était partout que danses, festins, divertissements et jeux de toute sorte, où se mêlaient amicalement dames, princes, chevaliers, *popolani* et « autres gens honorables. » On recevait, on appelait, on retenait les étrangers; on les accompagnait à pied ou à cheval dans la ville et dans les campagnes environnantes. On parait de robes fourrées les « hommes de cour, » les bouffons, les jongleurs. Il y avait alors dans Florence plus de trois cents chevaliers *di corredo*, c'est-à-dire de bourgeois qui s'équipaient en chevaliers, se flattant de faire oublier ainsi leur origine roturière. Dans une cité où montait incessamment le flot de la démocratie, on prisait de la chevalerie jusqu'à la plus vaine apparence : chevaliers féodaux ou d'institution récente coudoyaient familièrement et sans marquer leur dédain ces chevaliers d'emprunt. Les uns et les autres ne marchaient que suivis de leurs valets; ils avaient, matin et

---

[1] Ammirato, 1283, l. III, t. I, p. 162.

soir, table ouverte; ils variaient les plaisirs du repas par les facéties des bouffons, par les tours d'adresse des jongleurs[1]. Jamais en Toscane on n'avait eu le spectacle de fêtes si splendides. « A en voir les magnificences, écrit Ammirato, qui eût pu croire que les Florentins étaient accoutumés à une vie simple et modeste? On eût dit que depuis longtemps ils fréquentaient les palais des rois. Quelques-uns craignaient déjà d'y trouver un symptôme de mollesse ; mais un argent dépensé en fêtes publiques, non en plaisirs privés, n'était propre qu'à accroître la gloire de Florence parmi les autres villes d'Italie, et à détruire l'âpre renom de la parcimonie florentine[2]. »

Ainsi, jusqu'en ces brillants plaisirs se cachait un calcul. Heureuse d'une trêve qu'elle prenait pour la paix, et qui semblait ouvrir une ère nouvelle de prospérité, Florence voulait que l'on connût, que l'on admirât au loin sa richesse et sa puissance. C'était un moyen de bien établir son crédit, d'inspirer le respect pour ses marchands voyageurs, qu'elle ne pouvait défendre au loin par la force de ses armes, mais qu'on ménageait partout, sauf en de rares moments de colère, afin de puiser dans leur bourse, quand on avait vidé celle des Juifs. Avoir fondé un gouvernement stable, c'était, elle ne s'y trompait pas, établir sa fortune sur de solides fondements. Désormais la République florentine existe telle que nous la verrons dans la suite de son existence agitée. Les modifications qu'elle subira encore seront sociales

---

[1] Villani, VII, 88. — Simone della Tosa, p. 212. — Ammirato, 1283, l. III, t. I, p. 163.

[2] Anzi doversi sommamente commendare che con quella opportuna liberalità mitigassero l'acerba fama della fiorentina parsimonia. (Ammirato, *loc. cit.*)

bien plus que politiques. Elles auront pour objet de soumettre aux classes laborieuses une classe turbulente, d'arracher leur dard aux frelons, pour que les abeilles ne soient plus, dans la ruche, détournées de leur incessant travail.

CHAPITRE II

GUERRES POUR L'HÉGÉMONIE CONTRE AREZZO ET PISE
BATAILLE DE CAMPALDINO

— 1284-1292 —

Politique commerciale de Florence. — Ses relations avec les villes voisines. — Réforme du gouvernement à Sienne, Arezzo, Pistoia. — Discordes à Pise après la bataille de la Meloria (1284-1285). — Reconstitution de la ligue guelfe (15 octobre 1284). — Le comte Ugolino : ses négociations avec les guelfes. — Hostilités ouvertes contre Pise (10 novembre 1284). — Ugolino, seigneur à Pise (janvier 1285). — Ses propositions à Florence et délibérations des conseils. — Difficultés avec Lucques, et médiation d'Honorius IV. — Ugolino à Florence. — Traité conclu avec lui. — Sa tyrannie. — Hostilités provoquées par l'évêque d'Arezzo (1285-1287): — Prinzivalle des Fieschi, délégué impérial (1287). — Expédition des Florentins contre Arezzo (23 mai 1288). — Chute d'Ugolino (juillet 1288). — Florence assiste Nino Visconti, son petit fils. — Guido de Montefeltro, seigneur à Pise (1289). — Charles II d'Anjou à Florence (mai 1289). — Nouvelle campagne contre Arezzo (2 juin 1289). — Forces guelfes. — Elles campent dans la plaine de Campaldino. — Forces gibelines. — Bataille de Campaldino (11 juin 1289). — Lente marche des vainqueurs sur Arezzo. — Leur échec devant Arezzo. — Leur retour à Florence (23 juillet). — Résultats de la campagne. — Expédition au pays pisan (16 août). — Nouvelle tentative contre Arezzo (novembre). — Tactique de Guido de Montefeltro. — Délibération des conseils florentins sur la guerre contre Pise. — Prise de Porto Pisano (septembre 1290). — Campagne de 1291. — Prise de Pontedera par Montefeltro. — Campagne de 1292. — Hégémonie de Florence en Toscane. — Sa prospérité.

Pour couronner l'édifice si patiemment construit de sa fortune, Florence devait encore réduire à l'impuissance, puis à la soumission les gibelins de l'extérieur et les grands guelfes de l'intérieur, parce qu'ils y faisaient obstacle, et transformer de plus en plus la commune en État pour agrandir sa sphère d'action. Cette tâche, elle la poursuivra, au travers des plus effroyables discordes, sans se détourner du trafic et de l'industrie, sans découragement et presque sans interruption. Mais pour exercer librement son industrie et son négoce, pour attirer à bas prix les matières premières, pour écouler à un prix élevé les marchandises manufacturées, pour multiplier ces affaires de banque qui donnaient un lucratif emploi à tant de capitaux acquis et accumulés, Florence devait compter avec ses voisins et même avec des puissances lointaines, s'appuyer alternativement à toutes, ou rompre avec celles qui étaient à sa portée, quand, par rivalité ou par jalousie, elles gênaient sa libre expansion. On la voyait prêter à l'empereur des sommes importantes et acquérir en garantie l'usufruit de terres considérables, qui, en l'établissant pour de longues années au pays de Fucecchio et de San Miniato, lui permettaient de pénétrer comme un coin dans le territoire de Pise et de se tenir en armes presque aux portes de cette ennemie séculaire[1]. Elle se servait tour à tour de ce monarque besogneux contre le pape, quand le pape prétendait trop

---

[1] On a déjà vu des prêts de ce genre en 1281 (chap. précéd. p. 217). — Le 5 mai 1283, Rodolphe, nonce général et procurateur de l'empire, empruntait, au nom de Rodolphe, roi des Romains, à Jacopino, fils de Vermiglio Alfani, 3400 fl. d'or, en engageant les terres et possessions de l'empire dans la curie de San Miniato et Fucecchio. Il reconnaissait à l'évêque de San Miniato le droit de prononcer l'excommunication, si les clauses de ce contrat n'étaient pas observées. Pour les intérêts, il abandonnait tous les revenus de ces terres (*Cartapecore Strozziane-Uguccioni*). Le 25 novembre 1286, le roi des Romains concédait encore à Jacopino ce même usufruit, faute sans doute de pouvoir payer. (*ibid.*) Le 28 novembre 1292, Adolphe de Nassau, pour la même raison, confirmait ce privilége déjà ancien de neuf ans (*ibid.*).

à être souverain temporel[1]; du pape contre Charles d'Anjou, quand Charles devenait trop exigeant ou trop ambitieux; de Charles et de ses cavaliers contre les magnats et contre les villes gibelines, qu'à tout prix il fallait réfréner. Le parti guelfe n'a établi sa prépondérance qu'en prenant en main la cause des arts; mais il l'a si bien établie, que c'est à la *parte* et non à la commune que le prince de Salerne s'adresse pour contraindre Pise à soutenir de ses galères, comme elle s'y était engagée, l'expédition de Sicile[2]. De plus en plus les guelfes se confondent avec leur patrie : ils en assurent la grandeur en même temps que la leur propre, quand l'indépendance succombe partout ailleurs. D'une ville de cent mille habitants à peine, ils allaient faire un État respecté de l'Italie et de l'Europe, maître par conséquent d'y étendre son rayon d'activité, d'y écouler ses produits.

On ne dira jamais assez que la politique florentine est essentiellement commerciale. Si Florence est guelfe, c'est parce que les guelfes ne sont pas, comme les gibelins, dédaigneux du travail, c'est parce que les guelfes seuls

---

[1] Le 27 octobre 1282, dans les conseils, Rogerino des Pilli émet l'avis de rappeler d'auprès du pape les ambassadeurs, s'ils ne peuvent obtenir de lui ce qu'ils sont chargés de lui demander. Cet avis ne prévaut pas. Baldovino Rainucci, Neri Bordelli, Buondelmonte des Buondelmonti conseillent de les laisser encore l'un pendant un mois, le second jusqu'en janvier, le troisième jusqu'à ce qu'ils aient obtenu une réponse quelconque. Sur l'avis de Bandino des Falconieri, on prend ce moyen terme de laisser au potestat, au capitaine, aux quatorze et aux prieurs le soin de décider si les ambassadeurs doivent revenir ou rester (*Consulte*, t. I, quad. D, p. 7).

[2] Libenter vobis incumbimus a vobis habere suffragia qui nescitis a consuetis recedere et absque sollicitudinis interjectione consurgitis ad illa que dicti domini patris nostri fastigia nostrique honoris augmentum respiciunt. (Lettre de Charles, prince de Salerne, à la *parte guelfa*, conservée aux archives de Naples et publiée par Amari, *La guerra del vespro siciliano*, t. II, p. 327, append. n° 16 ; 2ᵉ éd., Paris, 1843.)

peuvent être les changeurs, les banquiers du saint-siége et faire ainsi passer par leurs mains tous les deniers de la chrétienté. Si elle est en lutte avec les autres villes de la Toscane, c'est qu'elles sont aussi, en quelque sorte, des maisons de commerce, gibelines par les nécessités de la concurrence et l'antagonisme des intérêts. Nul ne connaissait, au moyen âge, les lois de l'équité, de ce qu'on appelle aujourd'hui le droit international. Rien ne semblait plus légitime que de fermer tout passage à un voisin ou de lui imposer des taxes prohibitives, intolérables. De là des haines croissantes, des querelles sans fin, que peut seule vider la raison du plus fort. Tandis que Sienne, Volterre et Pise sont invariablement hostiles, pourquoi Arezzo oscille-t-elle entre Florence et Sienne? C'est qu'elle en est à égale distance. Pourquoi finit-elle par se prononcer contre Florence? C'est qu'elle ne peut empêcher Sienne de communiquer avec le sud, tandis qu'au passage elle écrase de droits les marchands florentins qui suivent la même direction et qui ne peuvent éviter Sienne qu'en traversant Arezzo. Les mêmes motifs qui déchaînent la guerre nouent les alliances. Lucques est trop jalouse de Pise pour n'être pas alliée des Florentins. Gênes, n'ayant de grands intérêts que sur mer, n'a qu'inimitié pour la ville qui lui en dispute la domination, et qu'amitié pour un peuple perdu au loin dans les terres, qui contraint Pise à diviser son attention comme ses forces, pour se défendre sur le continent. Quand Gênes rompra avec Florence, ce sera un signe certain que Florence commande à Pise et n'a plus qu'intérêt à la défendre, à la relever. Bologne est une alliée non moins fidèle? C'est que séparée des marchands de l'Arno par le massif de l'Apennin, animée d'ambitions semblables mais parallèles, guelfe par haine des villes voisines et peu commerçante, elle devait ouvrir ses portes aux marchandises florentines, ne les point écraser sous le poids de ses taxes et de ses tarifs.

Ainsi Florence cherchait des chemins vers le nord par Bologne et par Lucques, vers la mer par Pise, vers Rome et le sud par l'Ombrie, par Sienne ou Arezzo [1]. Alors même qu'on lui opposait des refus, qu'on marchait en armes contre elle, il lui restait toujours l'espoir d'une révolution dans ces villes gibelines où elle entretenait des intelligences avec les guelfes, où les guelfes, après comme avant la victoire, devaient acheter son appui.

La guerre, à vrai dire, malgré toutes ses cruautés, n'interrompait pas beaucoup plus les relations privées que les alliances n'empêchaient les querelles de péage et les plaintes des marchands [2]. Il en était d'une ville à l'autre comme jadis d'un parti à l'autre dans Florence, quand on y buvait ensemble le soir, après s'être, dans un périodique accès de fureur, entr'égorgés le matin. On admettait au droit de cité des citoyens d'une ville ennemie [3]. On trafiquait avec eux comme avec des amis [4]. Pour le

---

[1] Nous sommes heureux de nous rencontrer dans ces vues avec M. P. Villari, un des meilleurs juges de ces questions. Voy. des articles de lui dans la *Nuova Antologia*, juillet 1869, t. XI, p. 445-446, et dans le *Politecnico*, juillet 1867, p. 6-8.

[2] Le 4 janvier 1284, on délibérait sur l'envoi d'ambassadeurs à Lucques, pour se plaindre des péages exorbitants qui y étaient exigés des Florentins et de leurs marchandises, contrairement aux conventions entre Lucques, Gênes et Florence (*Provvisioni*, t. I, n° 1, p. 10).

[3] Le 23 mars 1272, Donato, Lapo et Goro, « maestri d'intaglio, » fils de feu Ciuccio de Cinto, Florentins, recevaient à Sienne le droit de cité (*Cons. della Campana*, XV, 56 v°).

[4] Le 25 avril 1279, Rosso Bazzaccarino, de Pise, patron d'un navire appelé *San Pietro*, en partance de Palerme « ad portum Termarum, » nolise ce navire à Nasico Nassi, marchand de Florence, pour transporter à

moment, régnait entre les communes de la Toscane un accord depuis longtemps inconnu. Ensemble elles faisaient la *taglia*[1], tour à tour elles marchaient au secours de l'Église en Romagne[2]. Florence inspirant cette sorte de respect que la faiblesse ne refuse pas à la force, on était, de toutes parts, plus disposé à l'imiter qu'à la combattre : ses mouvements, ses transformations politiques en déterminaient d'analogues, qui donnaient aux institutions florentines plus de stabilité.

Sienne, on l'a vu, s'était déjà donnée aux guelfes[3]. En 1285, elle chassait ses principaux gibelins, et, avec l'aide de Florence[4], les battait sur son propre territoire, où les avait ramenés la mort encourageante de Charles d'Anjou[5]. Puis, à l'imitation de sa voisine, elle concentrait le pouvoir dans un moins grand nombre de mains. Il n'y eut plus que « neuf gouverneurs et défenseurs de la communauté et du peuple de Sienne, » tous pris,

---

Porto Pisano et à Pise, entre les deux ponts, 200 charges de froment, au prix de 2 *tareni* 1/2 de bon et pur or pour chaque charge (Arch. de Pise, *Pergamene, atti pubblici*, acquisto Cappelli).

[1] Le 3 octobre 1282, les Florentins nommaient deux syndics pour faire avec les autres villes « talliam militum » pour un temps qu'ils détermineront, mais qui devra être moindre d'un an (*Consulte*, t. I, quad. D, p. 3-4).

[2] On a vu plus haut (même livre, ch. I, p. 218-219) ce que faisaient à cet égard les Florentins en mai 1281. Le 1er octobre 1282, les Siennois envoyaient, à la demande du pape, 50 cavaliers dans les mêmes contrées (*Consiglio della Campana*, XXVI, 14 v°).

[3] Voy. chap. précédent, p. 212.

[4] Andrea Dei, R. I. S., t. XV, 37-39, Malavolti, part. II, l. III, f° 50 v°. Divers documents nous montrent les délibérations des Florentins pour envoyer des secours aux Siennois, 400 *pedoni* à Sienne et 50 cavaliers dans le val d'Arno pour vingt jours (5, 13, 14, 21 novembre 1285, *Consulte*, t. I, p. 139 v°, 142 v°, 144-147). Mais que Sienne guelfe ait un différend avec Colle, les Florentins des conseils se prononcent unanimement contre Sienne pour Colle, contre leur ancienne ennemie pour leur plus fidèle alliée (21 février 1285. *Ibid.*, t. I, quad. E, p. 70-72).

[5] 6 janvier 1285.

comme à Florence, parmi les gens de la classe moyenne et parmi les marchands[1]. Institués pour deux mois, ils vivaient ensemble, aux frais de la République, dans le palais qu'on leur avait affecté. Mais entourés d'une population foncièrement gibeline, ils en étaient réduits à lui disputer les séditieux, et, pour couper court aux réclamations comme aux révoltes, à faire tomber leur tête sur le billot[2]. Moins menacés, les guelfes florentins pouvaient commander l'obéissance par des moyens plus doux.

Vers le même temps, Arezzo, ville féodale de seigneurs puissants dans la campagne, cédait aussi à la contagion de l'exemple et se donnait un gouvernement populaire[3]. « Une longue expérience, écrit Ammirato, lui avait appris que la liberté est mieux défendue par le peuple que par les nobles[4]. » La charge de prieur du peuple,

---

[1] De numero dominorum novem vel ipsius officii offitialis esse non possit aliquis de aliquo casato civitatis senensis, nec aliquis nobilis de civitate vel jurisdictione senensi. Domini novem qui sunt et esse debent defensores communis et populi civitatis senensis et districtus ac jurisdictionis ejusdem sint, et esse debeant de mercatoribus et de numero mercatorum civitatis prædictæ vel de media gente. (Doc. ap. Malavolti, part. II, l. III, f° 50.) — La plupart des auteurs, et Sismondi (III, 37) d'après eux, mettent cette révolution en l'année 1283. Mais Malavolti montre très-bien que le gouvernement des quinze fonctionnait encore dans les premiers mois de 1285. Celui des neuf est tout au plus de la fin de cette année, et peut-être du commencement de 1286, si l'on considère que la lutte durait encore en novembre 1285. Voy. la note 4, à la page précédente. Dans le document des *Consulte* du 21 novembre, il est dit que la lutte entre les Siennois et leurs exilés est considérée comme prochaine. Or c'est après la lutte que le gouvernement fut réformé.

[2] Andrea Dei, R. I. S., t. XV, 39.

[3] Essendo nella città d'Arezzo creato certo popolo. (Villani, VII, 114.)

[4] Essendosi accorti per lunga isperienza che la libertà è meglio difesa dal popolo che da' nobili. (Ammirato, 1287, l. III, t. I, p. 169.) Ammirato parle de ces faits rétrospectivement, à la date de 1287; Villani de même (VII, 114).

créée par les guelfes devenus maîtres, était conférée à un Lucquois, très-ennemi de la noblesse[1], tandis qu'ils appelaient un de ses compatriotes à la dignité de potestat[2], pensant, non sans raison, que ces deux citoyens d'une ville guelfe seraient aisément d'accord sur le gouvernement. En effet, le potestat pliait les grands à la rigueur des lois, et le prieur, avec le peuple en armes, s'emparant de leurs châteaux, les rasait au niveau du sol[3]. Sans avoir recours aux violences, la violente Pistoia parvenait, de son côté, à instituer huit prieurs, deux par porte ou quartier, des gonfaloniers, des conseillers, des compagnies toujours prêtes à réprimer la sédition[4].

C'est à Pise seulement que l'exemple des Florentins restait sans influence, soit qu'enivrée de sa grandeur, Pise dédaignât de les suivre, soit qu'elle en fût détournée par des soins plus pressants. Elle traversait la plus grave crise de son existence. Montée sur le faîte, il ne lui restait plus qu'à descendre. Parmi ses citoyens elle comptait des personnages qui tenaient dans ses murs un somptueux état de maison et même une « grande cour[5], » qui exerçaient au dehors les droits de la souve-

---

[1] Guelfo Falconi, de Lombrici, bourgade voisine de Camaiore, au pays de Lucques. « Nobilitati maxime infestum. » (Leon. Bruni Aretino, III, 58.)

[2] Bernardo Lanfredi. Voy. Del Lungo, notes à son édition de la chronique attribuée à Dino Compagni, l. I, p. 20, note 4.

[3] Is armata multitudine castella quædam Aretinorum per nobilitatem prius occupata repetere : mox quia dicto non parebatur, obsidere cœpit. Nonnulla vero ex his pertinacius resistentia tandem vi capta ,expugnataque ad solum æquavit. (Leon. Bruni, III, 58.)

[4] Statuts de Pistoia, p. 49, cités par Sozomène, *Pistoriensis historia*, R. I. S., Suppl. I, 194. — M. Hillebrand (p. 57) renvoie pour ces faits aux *Annales Pistorienses*, titre donné par Muratori aux *Istorie pistolesi*, chronique rédigée en italien, et insérée au t. XI des R. I. S. Or cette chronique ne contient rien sur ce dont il s'agit ici.

[5] E ciascuno per se tenea gran corte. (Villani, VII, 85.)

raineté, par exemple les juges d'Arborea et de Gallura en Sardaigne. Ses trafiquants avaient d'importantes factoreries, contractaient de riches alliances à Saint-Jean d'Acre et à Constantinople[1]. Elle dominait sur les grandes îles de la Méditerranée, les disputait à Gênes, ou s'y enrichissait, comme en Sicile, par d'incessants transports. Elle équipait d'un coup des flottes de soixante ou soixante-dix galères. Habile dans la gestion de ses finances, ménagère de ses ressources, elle n'en manquait jamais pour remédier aux maux de la guerre[2]. Pleine de franchise dans ses actes, comme de confiance dans sa force, elle accueillait dans son sein un notaire et quatre « observateurs » de Gênes[3], dont la mission avouée était de noter et de signaler à leur patrie tous les préparatifs belliqueux[4]. C'est le même sentiment qui, à Florence, mettait en branle la Martinella, un mois de suite, quand il était possible, avant l'ouverture des hostilités.

Mais l'heure avait sonné où l'exaspération des haines, l'approche de la crise décisive, la crainte d'y succomber, devaient inspirer des mesures de défiance. Les Pisans prirent l'initiative d'abandonner cette chevaleresque coutume, quoiqu'elle fût réciproque, et de chasser les observateurs[5]. Ils commirent la faute plus grave d'avoir

---

[1] Nella città d'Acri erano molto grandi, e grandi parentadi aveano con grandi borghesi d'Acri. (Villani, VII, 83.)

[2] Voy. Sismondi, III, 9-12.

[3] Marangoni (R. I. S., Suppl, I, 538) les appelle des espions, mais vraiment ce nom n'est pas mérité.

[4] Per ea tempora uterque populus.... raro ac nunquam audito exemplo scribam alter ab altero cum quatuor speculatoribus publice missum mutuo in suam urbem recipiebat, qui certa et explorata de consiliis et conatibus hostilibus ad suos perscriberet. (Ubertus Folieta, *Genuensium Historia*, l. V, ap. Grævius, *Thes. antiq. et hist. Ital.*, t. I, part. I, col. 384.)

[5] Folieta (*loc. cit.*) les en accuse, ainsi qu'un autre chroniqueur génois

deux ennem~~is~~ à la fois. Ils ne surent pas désintéresser Florence de la lutte, en offrant leur port à son commerce, en modérant les péages pour qu'ils fussent productifs. Ils ne comprirent pas que leur ville, s'ils la réduisaient à n'être qu'un lieu de dépôt, d'embarquement et de débarquement, ne donnerait plus d'ombrage aux villes de l'intérieur et pourrait compter sur leur concours, ou tout au moins sur leur neutralité. Des esprits avisés conseillaient cette politique, qui eût préservé Pise d'une forte diversion sur ses derrières en faveur de Gênes. On ne suivit point leur sage conseil, parce qu'il émanait des guelfes, suspects autant que des ennemis, et trop peu nombreux pour l'imposer [1]; mais après un désastre maritime, il fallut bien compter avec eux.

Le 6 août 1284, dans les eaux de la petite île de Meloria, en face du littoral toscan, la flotte de Gênes avait battu celle de Pise, grâce au stratagème, renouvelé de Charles d'Anjou, de dissimuler des réserves derrière des rochers. Jamais, au moyen âge, les Italiens n'ont livré sur mer une bataille si considérable. Sur les quatre-vingts navires que les Pisans avaient mis en ligne, sept étaient détruits, vingt-huit capturés [2]. Onze mille prisonniers, conduits à Gênes, devaient y demeurer longtemps et, pour la plupart, y mourir. L'on disait communément que pour voir Pise, c'est à Gênes qu'il fallait aller [3].

(*Ann. gen.* l. X, R. I. S., t. VI, 580), et Marangoni, quoique Pisan, confirme leur témoignage, par l'ordre dans lequel il présente les faits (*loc. cit.*).

[1] Qui quidem erat de parte Guelforum (il s'agit d'Ugolino), quamvis de eis paucissimi tunc temporis in civitate pisana reperirentur (*Ann. gen.*, l. X, R. I. S., t. VI, 588).

[2] Villani (VII, 91) dit 40.

[3] Chi vuol veder Pisa vada a Genova. — Voy. pour la bataille, Ub. Folieta,

Une politique sensée, cependant, pouvait encore sauver les vaincus. Mais ils étaient en proie à cet esprit d'imprudence et d'erreur qui perd les peuples non moins que les rois. Rebelles aux conseils de la raison, ils n'écoutaient pas même ceux de la superstition, qui quelquefois, de leur temps, en tenaient lieu. Au moment où, sur le vieux pont de la ville, l'archevêque, entouré de son clergé, donnait sa bénédiction à la flotte, ils avaient vu tomber la boule et la croix qui surmontaient l'étendard de la commune ; leur désastre avait eu lieu dans les eaux mêmes où leurs galères capturaient jadis et noyaient en partie les prélats de la sainte Église[1] : nonobstant, ils s'étaient raidis, ils se raidissaient encore contre ces avertissements du ciel. Tandis que les Génois triomphaient avec modestie, se bornant à dire des messes pour les morts, à faire des processions, à rendre des actions de grâces au Dieu des armées[2], les Pisans aggravaient leur malheur par la discorde : ils accusaient la trahison, ils se reprochaient d'avoir permis à leurs guelfes de combattre parmi eux. Ils disaient que le comte Ugolino avait donné le signal de la fuite pour affaiblir sa patrie et la réduire plus aisément en servitude. Ils affectaient de voir en lui le capi-

---

1. V (Grævius, t. I, p. 390-395). — *Ann. gen.*, l. X (R. I. S., t. VI, 587). Marangoni, R. I. S., Suppl., I, 564-569. — Guidone de Corvaria, R. I. S., t. XXIV, 692. — *Anonimo Pisano*, R. I. S., t. XXIV, 648. — *Cronica di Pisa*, R. I. S., t. XV, 979. — *Pipini Chronicon*, l. IV, c. 34 (R. I. S., t. IX, 734). — Paolino, R. I. S., Suppl., II, 39.

[1] In quel luogo che... aveano presi e parte annegati i prelati della chiesa santa, furono annegati e presi i Pisani, a causa che nel medesimo luogo facessino la penitenza dove avevano fatto il peccato (Marangoni, R. I. S., Suppl., I, 568). Il s'agit des prélats qui se rendaient au concile à Rome, et dont une partie furent conduits à Naples, auprès de Frédéric II. Voy. plus haut, t. I, p. 304. Cf. Villani (VII, 91) qui dit les mêmes choses.

[2] Villani, VII, 91.

taine de l'armée¹, quoique le commandement appartînt au potestat Morosini, homme de mer renommé. Ugolino n'avait voulu qu'arracher au vainqueur quelques galères et leurs équipages² : il portait la peine d'avoir, le premier, annoncé la catastrophe³. En haine de lui et de ses guelfes, Pise devint, à la male heure, plus gibeline que jamais. Elle fournit à ses ennemis de terre ferme les armes qu'elle aurait dû leur retirer. De là vint, plus encore que de sa défaite, son irrémédiable décadence. « Désormais, dit Villani, elle ne devait plus recouvrer son ancien état, sa seigneurie, ses possessions⁴. »

Avertis par un déluge de malédictions et de menaces, les guelfes toscans se mirent sur leurs gardes. Des réunions préparatoires de leurs syndics eurent lieu à Rapallo, pour resserrer les liens un peu détendus de leur ligue⁵. Un congrès fut tenu dans l'antique *Badia* : Brunetto Latini et Manetto de Benincasa y représentaient Florence⁶. Le 13 octobre 1284, les principales villes de

---

¹ Essendone capitano il conte Ugolino delle genti ed armata pisana. (Marangoni, *loc. cit.*) Marangoni n'a d'autre autorité, pour accuser Ugolino de trahison, que celle de Dante, toujours douteuse quand il s'agit d'un guelfe. Dante, d'ailleurs, est loin d'être affirmatif :

> Che s' el conte Ugolino *aveva voce*
> D'aver tradita te delle castella.
> (*Inf.* XXXIII, 85.)

² C'est ce qu'a très-bien vu un moderne historien de la Toscane, Pignotti, l. III, c. 6, t. III, p. 158.

³ Grassi, *Descrizione di Pisa*, parte storica, p. 134. Pise, 1836.

⁴ Villani, VII, 91.

⁵ Bonaïni, *loc. cit.* t. IV, p. 15.

⁶ Les chroniqueurs disent à tort que la ligue fut conclue en septembre. La date est aux *Capitoli*, XXX, f° 54 r°. — Fauriel (*Hist. Litt. de la Fr.*, XX, 283), dit, d'après les *Notizie storiche premesse al Pataffio* (Naples, 1788), que Brunetto Latini eut la présidence et la direction du congrès. La direction morale peut-être ; la présidence certainement non ;

Toscane, sans en excepter celles qui jadis étaient gibelines, adhérèrent à la ligue guelfe pour vingt-cinq années[1]. La porte resta ouverte aux hésitants et aux retardataires, même aux prisonniers pisans, s'ils se faisaient citoyens génois[2]. Dans le délai de quinze jours les Toscans s'engageaient à attaquer Pise par terre, tandis que Gênes l'attaquerait par mer, à ne lui accorder la paix sous aucune condition, à raser ses murailles et ses forteresses, à disperser ses habitants dans des bourgades[3].

A cette funeste nouvelle, Pise courba la tête en frémissant. Six jours après la conclusion du traité fatal, le 18 octobre 1284, elle appelait aux fonctions de potestat le comte Ugolino[4]. Que ce magnat fût vindicatif et ambitieux, qu'il voulût être seigneur, on peut le croire ; mais

puisqu'il avait un collègue au même titre que lui, puisque surtout le potestat était présent. Rentré à Florence en 1266 ou 1267, il y mourut en 1294 (Fraticelli, *Stor. della vita di Dante*, p. 96), après avoir été prieur au moins une fois, en 1287 (*Priorista fiorentino*, ms. de la Bibl. nat., n° 9971).

[1] Ammirato (1284, l. III, t. I, p. 164) donne ce chiffre. Les *Ann. gen.* (l. X, R. I. S., t. VI, 588) disent trente ans.

[2] Prato adhéra à la ligue le 14 octobre, Pistoia le 15, Sienne le 18, San-Miniato, Poggibonzi, San-Gemignano le 20. (*Capitoli*, XXX, f° 88 v°. — Documents ap. *Monumenta historiæ patriæ ad jussa regis Caroli Alberti*, t. II, p. 68-76. *Liber jurium Reip. Gen.*) — Cf. Villani (VII, 98) et Stefani (III, 162) qui ajoutent Lucques, Colle, Volterre.

[3] Le traité, pris dans les *Capitoli*, XXX, f° 84, a été publié par Dal Borgo, *Diplomi pisani*, p. 4-12, et dans *Mon. hist. patriæ*, t. II, p. 60-68, t. I, p. 1560-1568. Cf. Villani, VII, 97.

[4] Die mercurii suprascripta comes Ugolinus juravit officium potestariæ communis Pisarum, et officium cœpit exercere (Guido de Corvaria, R. I. S., t. XXIV, 693). Cet auteur fixe très-précisément la date par les mots suivants, qui se trouvent à la page 692 : « Sub annis a Nativitate Domini 1284 et die martis 17 octubris. » — Une autre chronique pisane n'est pas d'accord avec la précédente pour la date : « Messere Ugolino, conte di Donoratico, podestà anno uno 1285, e cominciò lo suo officio lo dì de la festa di S. Luca (*Fragm. hist. Pis.* R. I. S., t. XXIV, 648). ». Mais comme la fête de Saint-Luc tombe bien le 18 octobre, l'un des deux auteurs se trompe d'un an. La concordance des faits nous semble donner raison au premier.

son intérêt privé se confondait alors avec l'intérêt public. Les chroniqueurs qui peignent sous les couleurs les plus noires ce chef altier des Gherardeschi, confessent qu'il était « très-sagace, » précieux mérite aux heures d'angoisse où la mort, où la captivité avaient privé Pise de ses « meilleures têtes[1]. » Résolu à dire son sentiment, dût-il froisser celui de la ville entière, Ugolino réunit dans la cathédrale l'assemblée du peuple. Il y montra sans peine qu'il fallait diviser pour vivre, s'allier aux Toscans ou se soumettre aux Génois. Or se soumettre au vainqueur de la veille, à l'ennemi héréditaire, c'était la pire des humiliations. S'allier à des cités voisines, dont plusieurs naguère encore étaient amies, c'était prendre parmi elles la première place, ou du moins une place à part, celle qui appartenait au port de la Toscane. Florence avait-elle jamais prétendu à rivaliser sur mer avec Pise, à lui disputer les îles, ou même son territoire de terre ferme? N'avait-elle pas, au contraire, rendu aux Pisans un signalé service, lors de leur guerre contre les Sarrasins des Baléares[2]? Quant à lui, il avait refusé d'entrer dans la ligue, qu'on lui ouvrait ainsi qu'à ses fils et à son petit-fils, le juge de Gallura[3] ; mais si de pleins pouvoirs lui étaient donnés, il conclurait avec Florence un traité,

---

[1] Huomo sagacissimo.... delle migliori teste (Tronci, 1286, p. 248). Il est superflu de faire remarquer qu'il n'y a pas lieu de tenir compte de la chronologie de Tronci.

[2] En 1113. — C'était un service trop ancien pour peser beaucoup dans la balance. Voy. plus haut, l. I, ch. III, t. I, p. 124.

[3] In qua confederatione requisitus comes Ugolinus noluit consentire. Studuit tamen parti Thusciæ placere, ut ex effectu probatur pro pactis servandis. (*Ptolemæi Lucensis Breves Annales*, 1285, R. I. S., t. XI, 1295.) Ugolino était tuteur et curateur de Nino (abréviation d'Ugolino), chef de la famille des Visconti et fils de sa fille. Voy. Villani, VII, 120, et *Arch. stor.* nuova serie, t. VI, part. I, p. 3.

en lui reconnaissant la possession des châteaux que déjà elle détenait¹. Les autres alliés céderaient à l'impulsion du principal d'entre eux, ou, s'ils y résistaient, ils ne seraient plus à redouter.

C'était le langage de la raison même. Pour le tenir, Ugolino refoulait au fond de son cœur les ressentiments de sa race, et on lui en fit un crime. On ne vit pas, on ne voulut pas voir qu'il s'agissait, non d'expulser les gibelins, mais de tirer Pise d'un isolement funeste, en la gouvernant au gré de la faction dominante. On eût approuvé le comte Ugolino de donner les mains à l'étranger contre sa patrie; on le blâmait de les tendre à des guelfes, Toscans comme lui. A ses paroles clairvoyantes répondit la passion aveugle, par la voix d'un vieux jurisconsulte, Giovanni Faseolo, qui se répandit en lieux communs sur l'audace d'ajouter à tant de maux la guerre civile. Forcé d'aboutir à des conclusions précises, ce vieillard déclara que le nerf de la puissance pisane étant au pouvoir des Génois, c'était avec les Génois qu'il fallait négocier, pour en obtenir la délivrance des onze mille captifs².

Ce misérable avis devait prévaloir. Plutôt que de s'allier à des guelfes, les gibelins pisans s'humilièrent devant le vainqueur. Deux frères-prêcheurs lui furent envoyés en ambassade : ils demandaient la paix, ils offraient une entière soumission à ses volontés³. Le

---

¹ Quei castelli già occupati dai Fiorentini (Tronci, p. 249). Selon cet auteur, l'unique but d'Ugolino, en faisant cette proposition, était de « poter godere del resto dello stato, senza contradizione alcuna (*Ibid.*). » Sismondi (II, 492) s'associe à ce reproche.

² Grassi, *Descrizione di Pisa*, parte storica, p. 157.

³ Miserunt in Januam duos fratres prædicatores, asserentes se facturos in totum quod communi Januæ placeret (*Ann. gen.*, l. X, R. I. S., t. VI, 588).

dégoût prit les Génois et l'indignation leurs prisonniers. Ceux-ci obtinrent que des commissaires iraient en leur nom déclarer à Pise qu'ils n'acceptaient pas la liberté à un tel prix, et que si elle leur était rendue, ils seraient, quoique gibelins, d'implacables ennemis pour les auteurs d'un si lâche traité. Ceux-là ne firent d'autre réponse que d'envoyer quatre ambassadeurs en Toscane et d'adhérer définitivement à la ligue[1]. Seize ans encore ils détinrent les captifs, afin que leurs femmes ne pouvant se remarier, la population de Pise ne se renouvelât point. Quand cette cruelle guerre prit fin, les blessures, l'âge, la maladie avaient emporté dix mille de ces infortunés mais généreux citoyens[2].

Le 10 novembre 1284, moins d'un mois après la reconstitution de la ligue, Florence donna le signal des hostilités. Les Florentins qui se trouvaient à Pise reçurent l'ordre d'en sortir, et de se mettre à l'abri de toutes vengeances ou représailles possibles. Bientôt par la route de Volterre, Nello della Pietra[3], avec six cents chevaux à la solde de Florence, s'avançait dans le val d'Elsa[4]. Rejoint par divers contigents de la *taglia*, il y faisait une campagne, il y prenait aux Pisans leurs forteresses, tandis que les Lucquois dans le val de Serchio et les Génois sur le littoral concouraient de leur mieux à la ruine de l'ennemi commun. Monte-Cuccari faisait sa soumission, Porto-Pisano succombait[5]. L'évêque de Volterre livrait

---

[1] Januenses autem Florentinis et Lucensibus confidentes et verba Pisanorum falsa esse credentes.... (*Ann. gen.*, l. X, R. I. S., t. VI, 588).
[2] Marangoni, R. I. S., Suppl., I, 571. — *Fragm. hist. Pis.*, R. I. S., t. XXIV, 651. — Grassi, p. 138. — Sismondi, III, 17.
[3] Colui che ebbe inanellata Pia dei Tolomei (Ammirato, 1284, l. III, t. I, p. 164).
[4] Stefani dit à tort dans le val d'Arno.
[5] Villani, VII, 97. — Guido de Corvaria, R. I. S., t. XXIV, 695.

aux Florentins, pour un certain temps, vingt-sept châteaux en remboursement des frais de la guerre, et il leur
accordait le droit de créer un port de mer sur le territoire de son diocèse[1]. Comme on était déjà au 21 décembre, chacun rentra chez soi ; une nouvelle campagne fut
annoncée pour le printemps.

Pise sentit qu'il fallait aviser. Jusqu'alors, Ugolino,
qui n'était que potestat, s'était renfermé, par nécessité ou
par prudence, dans ses fonctions de judicature. En janvier 1285, se sentant le vent en pouppe, il renouvela ses
pratiques avec la ligue guelfe, sans dissimuler son dessein d'exiler la faction gibeline et de devenir seigneur[2].
Les événements lui donnaient le pouvoir d'exécuter sa
menace, et il était seul capable de sauver sa patrie : par
crainte de l'exil, par désir du salut, les Pisans courbèrent
la tête sous un maître dont, d'avance, ils exécraient le
joug. Nommé pour deux ans capitaine des *masnade* ou
milices[3], Ugolino obtint pour dix, aux premiers jours de
février, cette dictature qu'il convoitait. Il marqua aussitôt ce progrès de son pouvoir en déléguant un vicaire
pour le remplacer dans ses fonctions de potestat[4], en re-
nouant avec les Florentins des négociations dont l'urgence
lui ralliait un certain nombre de ses anciens ennemis[5].

[1] Ammirato, *loc. cit.*, p. 165-166.
[2] Villani, VII, 97.
[3] Messer lo conte Ugolino predicto del soprascritto regiemento X anni fu podestà, e capitano anni 2 (*Fragm. hist. Pis.*, R. I. S., t. XXIV, 649).
[4] Poi lo dicto anno, del mese di febrajo, lo conte Ugolino si fecie chia-mare podestà e capitano in termine di dieci anni.... Infra quel tempo M. Guiglielmo de' Lambertini da Bolognia fu suo vicario in offizio della podestaria uno anno (*Fragm. hist. Pis.*, R. I. S., t. XXIV, 649).
[5] Cum una salus videretur si Florentini a societate Genuensium averte-rentur, Ugolino comiti, quod is Florentinorum sociorumque amicus et studio partiùm similis habebatur, adhæserunt. Ille ubi mentes civium ad se

Après avoir rétabli les communications entre Pise et les villes voisines [1], puis imposé aux Pisans une taxe de vingt mille livres, pour venir en aide à sa diplomatie, il envoya aux Florentins des ambassadeurs, chargés, dit-on, de flacons d'un vin blanc qu'on nommait *vernaccia*, et qu'ils devaient offrir aux principaux personnages avec qui ils entreraient en pourparlers. Les flancs opaques des flacons contenaient, au lieu de liquide, des florins d'or [2]. Le but du dictateur, c'était de rendre Florence infidèle à ses engagements envers la ligue guelfe, quoique Lucques, comme Gênes, en réclamât presque impérieusement l'exécution [3]. Désintéresser Gênes était impossible, puisque c'est pour continuer contre elle une guerre patriotique qu'Ugolino recherchait l'alliance des Florentins. Gagner Lucques semblait plus facile : les châteaux de Ripafratta et de Viareggio lui furent offerts. Une offre semblable fut faite à Florence pour apaiser sa jalousie ou pour ne pas l'exciter [4].

---

traductas videt, diversæ factionis capita deturbat (Leon. Bruni, l. III, p. 57).

[1] Lucenses vero, Florentini et alii de Thuscia qui Pisanos diffidaverant, secure Pisas ire cœperunt et e converso (*Ann. gen.*, l. X, R. I. S., t. VI, 588).

[2] Villani, VII, 97. — Marangoni, R. I. S., Suppl., I, 570. — Ammirato, 1285, l. III, t. I, p. 165. — M. Bonaïni (*loc. cit.*) veut que cette tentative de corruption soit antérieure à la dictature d'Ugolino ; mais son seul motif est qu'il suit Villani, trop sommaire sur tous ces points pour marquer les différences de temps. Rien n'indique des négociations avant les pleins pouvoirs.

[3] Acciò che assentissero al detto accordo senza la richiesta de' Genovesi e de' Lucchesi.... Al detto accordo non furono richiesti i Genovesi, nè Lucchesi nol sentirono (Villani, VII, 97). Cette dernière assertion de Villani est une erreur. Les pratiques avec Ugolino ne purent être ignorées de personne, puisqu'on les discuta dans les conseils florentins, comme on peut le voir aux documents des *Consulte*.

[4] *Consulte*, ibid., p. 85 v°. — Lo stesso anno diede a li Lucchesi del mese di febbrajo.... (*Fragm. hist. Pis.*, R. I. S., t. XXIV, 649. — *Ptolem.*

Le 3 février 1285, la seigneurie florentine réunissait un conseil de sages pour délibérer sur ces propositions. Elles rencontrèrent d'abord peu de faveur. Il répugnait à la plupart de violer la parole jurée, de trahir d'anciens amis. Un magnat qui devait montrer plus tard moins de scrupules, Corso Donati, repoussait bien loin toute idée de traiter avec Pise sans le concours ou l'assentiment de Gênes, et comme ni l'un ni l'autre ne se pouvait espérer, il demandait, d'accord avec Brunetto Latini, que Florence répondît à l'appel de Gênes et de Lucques, en envoyant à Sarzane ses ambassadeurs[1]. Ces deux villes voulaient réunir dans cette localité de Lunigiane le parlement de la ligue guelfe, qui se réunissait d'ordinaire à Empoli, et les statuts de la ligue obligeaient toute cité qui en faisait partie à se rendre aux convocations d'une quelconque d'entre elles. N'y point manquer c'était donc faire preuve de bonne foi, et peut-être aussi, aux yeux des habiles, éviter une résolution prématurée, donner temps aux négociations[2].

Imprudemment les Lucquois fournirent un prétexte à

Luc. Ann., 1285, R. I. S., t. XI, 1295). — Ces deux auteurs ajoutent aux deux châteaux de Viareggio et de Ripafratta celui de Bientina ; mais il nous paraît plus sûr de nous en tenir à l'assertion des documents. Marangoni parle des châteaux que les Lucquois obtinrent *per forza*, et les Florentins *per amore* (R. I. S., Suppl., I, 571), mais cette assertion tombe devant un document des *Consulte* où l'on décide de répondre à la commune de Lucques *super acceptatione* des châteaux susdits, que les Florentins l'approuvent (31 mars 1285. *Consulte*, t. I, quad. E, p. 83 v°).

[1] *Consulte*, t. I, quad. E, p. 66. — On trouvera, à l'appendice de ce volume (n° 3), un résumé des conseils tenus à Florence sur cette interminable affaire. Non seulement on en suivra ainsi toutes les phases, mais encore on verra la marche générale des discussions politiques dans cette République. Peu de détails sont plus propres à nous faire pénétrer profondément dans savie.

[2] 17 février 1285. *Consulte*, ibid., p. 68.

ceux qui étaient d'avis d'atermoyer. Ils avaient confisqué certaines salines[1], acheté au vicaire du roi des Romains un péage dans le val de Nievole[2], et ils le percevaient sur les Florentins comme sur les autres Toscans. Cette vexation était antérieure à la ligue[3], et on l'avait jusqu'alors supportée; mais au moment où Lucques réclamait l'exécution des traités, on pouvait bien lui demander la remise et la suppression des péages[4]. S'échauffant à cette idée, le violent Corso Donati voulait même que, de Rome à Pise, on signifiât à toutes les communes de n'en percevoir aucun sur les Florentins, faute de quoi, dans le délai de quinze jours, ils évacueraient leur territoire, et ne paraîtraient même plus sur les routes qui y conduisent, en attendant que, la guerre de Pise finie, on pût marcher contre ces voisins malveillants. De telles nouveautés avaient fait reculer les hommes sages, même sous les voûtes de Santa-Reparata, dans cette assemblée à parlement où se produisaient les hardiesses irréfléchies, chères à la multitude[5]; mais la seigneurie avait dû demander à Lucques la réciprocité des bons offices, et Lucques n'ayant rien voulu supprimer ni remettre, le vœu public réclama l'ajournement de toute expédition contre Pise.

En conséquence, les négociations continuèrent ou reprirent avec Ugolino ; les ambassadeurs florentins, déjà partis pour la Lunigiane, y restaient sans instructions, sans pouvoir même assister aux assemblées des autres; les conseils se multipliaient : on y prenait l'avis consul-

---

[1] 21 février 1285. *Consulte*, ibid., p. 70-72.
[2] In valle Nebulle (16 mars 1285. *Consulte*, ibid., p. 79 v°)
[3] Ils avaient molesté notamment Uberto des Pulci. (*Ibid.*)
[4] 21 février 1285. *Ibid.*, p. 72.
[5] 26 février 1285. *Ibid.*

tatif des marchands intéressés dans les vexations lucquoises[1]; on y proposait d'examiner les statuts de la ligue, pour savoir jusqu'où l'on pouvait aller sans sortir de la légalité, et de procéder à cet examen non-seulement avec des *popolani* et des artisans, mais aussi avec des magnats, « attendu, disait Albizzo Corbinelli, que ce qui touche tout le monde doit être approuvé de tout le monde[2]. »

Mais les négociations rencontraient des obstacles, car on surprend dans ce gouvernement populaire ces fluctuations que dissimulent mieux les gouvernements absolus. On reparlait alors de la guerre contre Pise, on en annonçait les préparatifs, on se déclarait prêt à donner satisfaction aux Génois, à condition cependant que l'armée florentine ne se confondrait point avec l'armée lucquoise, que l'une opérerait dans le val d'Era, l'autre dans le val de Serchio, et qu'elles auraient chacune son capitaine, Guido de Polenta et Ormanno de Sassoferrato[3]. Le potestat de Florence reçoit mission de conférer avec le potestat de Lucques; des arbitres sont nommés pour étudier la question des péages et traiter efficacement, si faire se peut[4]. Puis on se rapproche d'Ugolino, mais, cette fois, d'accord avec Lucques, qu'on autorise à recevoir les châteaux de Viareggio et de Ripafratta. On en donne avis aux autres communes de la ligue « prudemment, avec sagesse et en secret[5], » jusqu'à ce que des ambassadeurs de Florence et de Lucques, joints à ceux de Sienne et de Pistoia, qu'on

---

[1] Dummodo non possint firmare aliquid (16 mars 1285. *Consulte*, ibid., p. 79 v°).

[2] Cum que tangunt omnes debent ab omnibus approbari (9 mars 1285. *Consulte*, ibid., p. 74).

[3] 10 et 17 mars 1285. *Consulte*, ibid., p. 75 v°, 80.

[4] Cum effectu, si fieri poterit (27 mars 1285. *Consulte*, ibid., p. 82 v°).

[5] Caute, sapienter et secrete (3 avril 1285. *Consulte*, ibid.).

forcera, s'il le faut, à en envoyer, soient allés à Gênes, sonder sur ce point les intentions de ce puissant allié[1].

Ces intentions furent sans doute bien nettement exprimées, car on voit aussitôt Lucques et Florence rompre avec Ugolino. L'une défend à qui que ce soit de se diriger vers Pise à pied ou à cheval; l'autre, tout en protestant contre cette entrave mise à ses communications et à son trafic[2], décide de lever une armée, d'en nommer le capitaine, de signifier au comte la prochaine reprise des hostilités[3]. C'était donc Gênes qu'il fallait gagner à la cause des Pisans : l'habile politique le comprit et n'hésita point. Il offrait de lui céder le château de Castro en Sardaigne, c'est-à-dire, en l'état de faiblesse où se trouvait Pise, la Sardaigne même, cette île splendide qu'elle avait enrichie de ses trésors, arrosée de son sang. Florence approuve hautement, après discussion, ce que, peut-être, elle avait conseillé[4].

Tel est le courant qui emporte, dans les assemblées du 14 et du 15 mai, tous ceux qui y prennent la parole. Le lendemain, sans qu'on puisse découvrir quel vent a soufflé dans la nuit, les flots remontent vers leur source. Il n'est plus question que de guerre, que de nommer le capitaine de l'armée, de fixer le contingent, de le répartir entre les *sestieri*, d'assigner d'avance un terme de dix à quinze jours aux hostilités, de déterminer les salaires, de se procurer de l'argent en imposant ceux qui ne partent pas[5]. Quelque

---

[1] 3 avril 1285. *Consulte*, ibid.
[2] 9 avril 1285. *Ibid.*, p. 87.
[3] 8 mai 1285. *Ibid.*, p. 91 v°.
[4] Giamberto des Cavalcanti, dans un conseil, veut qu'on fasse savoir aux Lucquois que le comte Ugolino n'a agi que sur les exhortations des Florentins (14 mai 1285. *Consulte*, ibid., p. 92).
[5] 16 mai, 5 juin 1285. *Consulte*, ibid., p. 93, 100, 101.

nouvelle exigence de Gênes ou quelques tergiversations de Pise avaient sans doute rendu une prépondérance momentanée au parti belliqueux des magnats. Mais les marchands ne peuvent renoncer à l'espoir si longtemps nourri de la paix. Le 31 mai, Lapo Guglielmi demande dans les conseils qu'on entende ceux de Calimala et autres *habentes facere*, qui devront mettre leur sentiment par écrit; Gualterio de Ganghereto, que l'on convoque l'assemblée à parlement; Corso Deodati, qu'on s'en rapporte au potestat, au capitaine du peuple, aux capitaines de guerre et à six sages par *sestiere*. Arrigo del Boccaccio réclame tout sec un ajournement, et Simone Angelotti, plus net encore, que « pour beaucoup de raisons et de causes on ne fasse pas d'armée[1]. » L'avis des marchands l'emporte, et l'ajournement est adopté.

Cinq jours plus tard (5 juin), des lettres d'Honorius IV leur venaient en aide : le nouveau pape[2] qui n'entendait qu'une cloche et qu'un son, la voix des changeurs, ses banquiers, si assidus à sa cour, invitait ses fidèles florentins à lui envoyer des ambassadeurs, syndics et procurateurs, pour traiter de la paix avec Pise, pour promettre et accepter tout ce qu'il jugerait à propos d'ordonner à ce sujet, et, en attendant, de suspendre toute agression contre cette commune et son territoire. A plusieurs reprises il leur faisait renouveler ces objurgations

---

[1] Quod exercitus non fiat multis rationibus et causis (31 mai 1285, *Consulte*, ibid., p. 102-105).

[2] Le 2 avril 1285, Jacopo Savelli, noble Romain, impotent par la goutte et qui n'avait de libres que la langue et l'esprit pour combler de biens sa famille, venait de succéder à Martin IV, mort d'une indigestion d'anguilles, d'après F. Pipino (R. I. S., t. IX), et placé par Dante au purgatoire parmi les gourmands, pour avoir abusé de ce poisson et du vin appelé Vernaccia (*Purg.*, XXIV, 22-24).

par l'évêque de Ferentino, car en ce moment l'église de Florence était vacante[1], et il les citait à comparaître devant lui le premier jour non férié après la Saint-Jean[2]. Les débats reprennent aussitôt de plus belle : fidèle aux traditions de sa famille, Buondelmonte des Buondelmonti veut qu'on fasse la volonté du saint-siége; Neri des Pigli, que des sages examinent les lettres pontificales, pour savoir s'il y a lieu de différer l'expédition; Ugo Altoviti, qu'on en hâte les préparatifs, mais que le potestat ne porte point les enseignes hors de la ville, et qu'on envoie des députés à Pise, pour s'enquérir des conditions d'arrangement qu'offrent cette commune et le comte Ugolino. Les conseils ordonnent que les lettres apostoliques seront examinées par des sages en droit civil et canonique, et que

---

[1] Pro prima, secunda et tertia peremptoria monitione (*Consulte*, t. I, quad. G, p. 103 v°, 104. 12 juin 1285). Ammirato et Marangoni, au lieu de Jacopo, évêque de Ferentino, disent Jacopo Castelbuoni, évêque de Florence. Mais on voit dans Ughelli (*Ital. sacr.*, III, 166) que le siége de Florence était vacant depuis 1274, et qu'il n'y fut pourvu qu'en 1286. La confusion vient de ce que l'évêque de Ferentino (1276-1297) s'appelait aussi Jacopo (Ughelli, I, 727). Ughelli, à vrai dire, ne parle point d'une mission de ce prélat à Florence ; mais un des documents que nous citons dit formellement : « Per D. Jacobum episcopum Ferentinum. » (*Consulte*, t. I, quad. G, p. 103, 8 juin 1285.) — Il n'est peut être pas sans intérêt de rapporter ici ce que dit Ughelli de cette vacance prolongée du siége de Florence : « Post cujus (Giovanni des Mangiadori de S. Miniato al Tedesco) excessum, florentina sedes per duodecim ipsos annos vacua mansit. Florentini enim per id tempus, ghibellini scilicet et guelphi invicem rupere fœdus, quod Gregorius X paulo ante sanctissime junxerat.... Tametsi autem capituli senatores multoties ivissent ad urnam, nullum tamen ob diversa adversaque studia partium evexerunt ad sedem ; altera enim pars Schiattam Ubaldinum selegerat, altera Lotharium della Tosa, sed in utrumque paria effusa suffragia effecerunt, ut nemini illorum fuerit dignitas adjudicata. » (Ughelli, III, 166.)

[2] Ad primam diem non feriatam (*Consulte*, t. I, quad. G, p. 104, 12 juin 1285). C'est dans le document du 12 juin qu'on trouve le plus de détails sur ces lettres, mais il en est déjà fait mention dans ceux des 5 et 8 juin (*Consulte*, t. I, p. 107 et quad. G, p. 103).

si lesdits sages sont d'avis qu'on puisse légitimement et juridiquement s'excuser de faire l'armée, on gagnera du temps, sans interrompre les préparatifs[1].

Gagner du temps, telle était donc la politique qui prévalait à Florence. C'était, en somme, montrer clairement qu'on souhaitait d'obéir au pape et de s'accorder avec Pise, car les ambassadeurs génois sollicitaient une résolution immédiate et conforme à leurs désirs : déjà Gênes et Lucques avaient ouvert la campagne ; mais à eux seuls ils s'y trouvaient impuissants, et il avait suffi d'une démonstration de Sienne pour dégager Pise que leurs armes menaçaient[2]. A ces sollicitations pressantes on opposait mille moyens dilatoires : on voulait attendre la venue de nouveaux ambassadeurs, le retour de ceux que Florence avait envoyés à Gênes, les lettres des marchands florentins qui résidaient ou étaient de passage dans cette ville ; on proposait d'envoyer de l'argent pour la solde des hommes d'armes génois et lucquois, sans y joindre ni *cavallate* ni milices, le tout prudemment, de manière à ce que Florence restât excusée auprès de Gênes[3].

C'était trop peu encore pour l'ardeur pacifique des marchands. Ils veulent une solution prompte et définitive; ils envoient aux prieurs une pétition en ce sens. Manetti Benincasa, leur organe dans le conseil des sages, y conclut

---

[1] *Consulte*, t. I, 107-108, et quad. G, p. 103.

[2] I Lucchesi non vennero nell' accordo (d'Ugolino avec les Florentins), ma alla primavera con li Genovesi assediarono Pisa, e se non fosse il soccorso di Siena, forse erano signori di disfar Pisa (Stefani, III, 164). Cet auteur, croyable pour les faits de guerre, n'a connu ni le détail des négociations, ni le moment précis où elles aboutirent. Il met au mois de janvier 1285 l'expulsion des gibelins par Ugolino, quoiqu'elle soit le résultat du traité conclu par lui au mois d'août suivant. —Cf. Malavolti, part. II, l. III, f° 52 v°.

[3] *Consulte*, t. I, quad. G, p. 103, 104 ; quad. E, p. 104 v°.

à ce que le capitaine avise en tout cas à ne point faire l'armée, « laquelle ne peut être faite en aucune façon[1]. » Gherardo Buondelmonti répond impatiemment aux belliqueux : « Veut-on, s'écrie-t-il, tenir compte des lettres du pape? En ce cas, il n'y a plus lieu d'assembler des conseils. Ne le veut-on pas? alors, il faut lever l'armée. » Pour faire prévaloir encore l'ajournement, que propose le cordonnier Bolegnino, on sent bien qu'il faut donner une satisfaction aux partisans de la paix : ser Rainuccio de la Panicra et Micco del Velluto, qu'une grande richesse acquise dans l'industrie avait fait gentillâtre, proposent qu'on en réfère aux nobles et aux puissants de Florence, pour fixer l'indemnité due aux marchands[2].

Cet expédient pécuniaire parut un moment mettre tout le monde d'accord. Les prieurs et les sages de leur confidence y résistaient seuls[3], soit pour ménager le trésor, soit par désir de poursuivre les négociations avec Ugolino. Ils cèdent pourtant en partie; ils proposent ou font proposer des envois particuliers de cavaliers et de *pedoni*, une proclamation invitant les hommes de bonne volonté à se faire inscrire[4]; encore leur nombre devra-t-il être le plus faible possible, sans compromettre leur sûreté[5]. Les conseils accèdent, fixent le contingent, les salaires, les moyens d'y pourvoir[6]. Mais en même temps les prieurs

---

[1] Cum fieri non possit aliquo modo (18 juin 1285. *Consulte*, t. I, p. 111 v°).

[2] Quod predicta reducantur ad magnos et nobiles et potentes civitatis Florentie, ita quod provideant super indempnitate mercatorum (*Consulte*, t. I, p. 112, 18 et 20 juin 1285).

[3] Cela résulte de l'avis de Neri Burbassi, qui veut qu'on diffère, « à la volonté des prieurs. » (*Ibid.*)

[4] Quod volentes ire faciant se scribi. (*Ibid.*)

[5] Cum salvamento et securitate euntium. (*Ibid.*)

[6] 20 juin, 5 juillet 1285 (*Ibid.*, p. 112, 115).

écrivaient en secret au comte Ugolino de venir personnellement à Florence, ce qui rendrait l'entente facile[1].

Près d'un mois s'écoula ainsi, pendant lequel l'armée de Lucques dévastait le val de Serchio et les galères de Gênes attaquaient Porto-Pisano. Que Florence se fût mise de la partie, ce n'était pas seulement le fort de la Lanterne, c'était Porto-Pisano tout entier qui succombait[2]. Furieux d'un succès partiel où ils ne voyaient qu'un échec, les Génois mirent Lucques en avant, pour renouveler auprès des Florentins les réclamations dont ils n'avaient par eux-mêmes rien obtenu. Le 1er août, Lucques demandait par ambassadeurs, à sa puissante voisine, un secours de cavaliers contre Pise, et une formelle interdiction à leurs nationaux d'aller ou de séjourner dans cette ville pour éviter les scandales[3]. Mais le temps a fait son œuvre. Les pratiques avec Ugolino sont en bonne voie. Les conseils le savent, car ils ne forment plus qu'un concert unanime, d'où la note belliqueuse a complétement disparu. Le 2 août, les demandes de Lucques sont repoussées avec toutes les formes de la courtoisie et de la bonne amitié. Si Fantoni des Rossi propose un peu brutalement de renvoyer chez eux les Lucquois, en leur disant qu'il sera répondu à leur demande par une ambassade, Teghia Tedaldi veut qu'on leur notifie « le plus habilement possible[4], » que Flo-

---

[1] Scrissero al conte che sarebbe stato molto opportuno ch' egli si trasferisse personalmente a Fiorenza, perchè al sicuro sarebbe seguito l'accordo (Tronci, p. 249).

[2] *Fragm. hist. Pis.*, R. I. S., t. XXIV, 649. Villani, VII, 97. — Ces deux auteurs croient et le chroniqueur pisan dit expressément que l'accord des Florentins avec Ugolino fut cause du demi-échec des Génois. — Ils ne savent pas que l'accord n'était pas conclu encore, mais que Florence, qui le négociait, hésitait à s'engager.

[3] *Consulte*, t. I, p. 119 v°.

[4] Cum abilioribus verbis que dici potuerint (*Consulte*, t. I, p. 120).

rence est soumise à l'Église et au pape, que le pape lui a défendu de procéder contre Pise et qu'elle doit lui obéir. Forese des Adimari ajoute que si l'on peut obtenir du pape la levée de ses défenses, Florence est prête à mettre au service de Lucques, non-seulement une petite, mais même une grande quantité d'hommes d'armes[1]. Enfin, le 10 août, dans un conseil de sages, il est ouvertement donné lecture des conditions offertes par le comte Ugolino et la commune de Pise. Des ambassadeurs sont envoyés au pape, pour qu'il annule le traité entre les Florentins et les Génois[2]. La ligue toscane adhère, dans un nouveau parlement de ses délégués, et les conseils du capitaine à Florence sont appelés, le 28 août, à ratifier cette adhésion[3].

Qu'avait donc promis Ugolino pour lever ainsi tous les obstacles ? Il s'engageait à chasser les gibelins de Pise, dès qu'il y serait de retour, à gouverner avec les guelfes, à céder aux Florentins Fucecchio, Santa-Croce, Monte Calvoli, Santa-Maria a Monte, châteaux que déjà ils occupaient. A ce prix, il obtenait que l'expédition de la ligue n'aurait pas lieu[4]. Si dur que pût paraître ce traité, il l'était moins que l'inévitable défaite d'une ville réduite à ses propres forces, n'ayant autour d'elle que des ennemis.

Ugolino, d'ailleurs, adoucit l'exécution. Par son ordre,

---

[1] *Consulte*, t. I, p. 120.
[2] *Ibid.*
[3] *Ibid.*, p. 125.
[4] Si messe in pensiero di spogliarli di quei castelli già occupati dai Fiorentini e concederglieli d'accordo (Tronci, p. 249). — In detto accordo dette a' Fiorentini molte castella,... promettendo di cacciar di Pisa tutti quelli che fussino di parte ghibellina (Marangoni, R. I. S., Suppl., I, 570-571). — E se co' guelfi farne signore, acciò che l'hoste ordinata a taglia non procedesse sopra Pisa (Villani, VII, 97). — Cf. Grassi, p. 138. — Pignotti, l. III, c. VI, t. III, p. 150.

« dix maisons de dix grands furent seules détruites, et seulement en partie[1]. » Il marquait ainsi une modération que l'histoire a méconnue. Elle met au compte de sa trahison ce que firent malgré lui des alliés, des parents devenus ses adversaires, l'abandon à la ligue du château de Pontedera, crime du juge de Gallura, qui en avait la garde[2]. Cette banale accusation ne fut pas épargnée non plus aux prieurs florentins. La destruction d'une ville ennemie, disaient les mécontents, n'eût-elle pas été plus profitable que l'acquisition de quelques châteaux? Il était pourtant d'une sage politique chez Ugolino d'acheter le salut de sa patrie épuisée, chez les prieurs d'aimer mieux Pise florissante sous la protection de Florence, que transformée en un désert, où il faudrait tout refaire à nouveau.

Le malheur du vieux comte, c'est qu'exécré comme il l'était, il n'avait plus qu'à résigner son pouvoir ou à en user despotiquement. Il n'hésita point : son patriotisme et son penchant se trouvaient d'accord avec son intérêt. Ayant en vain réclamé l'élargissement d'un Gherardesca prisonnier, il marcha en armes contre l'étranger récalcitrant qui exerçait à sa place les fonctions de potestat, il lui enjoignit de quitter la ville dans les vingt-quatre heures,

---

[1] Case dieci di dieci grandi cittadini di Pisa si disfecciono per parte, per la promessione e confederatione che fecieno con la parte guelfa di Fiorensa (*Frag. hist. Pis.*, R. I. S., t. XXIV, 649). Cet auteur met cet événement à l'année 1286. Il est clair pourtant qu'il doit suivre de près le traité, dont les documents nous donnent la date à quelques jours près. — Cf. Dal Borgo, t. I, part. II, p. 360. Marangoni, R. I. S., Suppl., I, 572.

[2] In del cui tempo Judici di Gallura e li Visconti a dispecto e a onta del conte Ugolino e degli Upessinghi, fecieno venire li guelfi di Fiorensa e intrare nel castello di Ponte ad Era e pigliarlo a inganno e a tradimento, e caccionno delli homini de la terra per forsa, e tennenolo per la parte guelfa di Fiorensa (*Frag. hist. Pis.*, loc. cit.).

s'empara de son palais, arbora ses enseignes aux fenêtres, et redevint potestat lui-même, sans cesser d'être capitaine du peuple[1]. « Où il gouvernait en personnage public, écrit Marangoni, il commença dès lors à gouverner en son propre nom[2]. »

Ce fut son tort, mais non un tort sans excuse. Tyran de ses concitoyens, il sut rester bon serviteur de sa patrie. Il cherchait des ennemis aux Génois jusque dans les lagunes de l'Adriatique. Le 14 décembre 1285, il renouvelait avec Venise une ligue conclue en 1257[3]. Il nouait plus étroitement que jamais ses liens avec la ligue toscane. Mais tandis que grondait sourdement la colère des gibelins, ses adversaires, la division s'introduisait parmi les guelfes, son point d'appui. Le jeune juge de Gallura, Nino Visconti, ce petit fils, ce pupille, dont il avait fait son secrétaire et qu'il nourrissait comme un serpent dans son sein, se lassa d'être traité en enfant, et, à la tête des guelfes dissidents, réclama sa part dans l'autorité. Il fallut la lui faire et former avec lui une sorte de duumvirat[4].

[1] Tronci, p. 256.
[2] Marangoni, R. I. S., Suppl., I, 570.
[3] Le 15 juillet 1257 et le 1ᵉʳ août 1258 cette ligue avait été conclue pour dix ans sous les auspices d'Ugolino, comte de Donoratico, alors potestat à Pise, et prorogé quatre fois, chaque fois pour cinq ans. Elle fut renouvelée une cinquième fois par Bustichino Benintendi, nonce du doge Giovanni Dandolo, à Pise, le 14 décembre 1286 (Archives de Venise, *Atti diplomatici*, 1ʳᵉ série, 15 janvier 1286). Flaminio dal Borgo, le grand accusateur d'Ugolino, suivi par Sismondi un peu trop aveuglément, n'en publie pas moins une pièce qui témoigne du patriotisme d'Ugolino : « In qua confederatione requisitibus (requisitus) comes Ugolinus noluit consentire. » (*Diplomi Pisani*.) — Pignotti est juste, en général, pour Ugolino. Voy. l. III, c. vi.
[4] Que l'initiative de ce déchirement vînt de Nino et non d'Ugolino, c'est ce qu'on voit dans Ptolémée de Lucques : « Inter judicem Galluriæ et comitem Ugolinum discordia oritur supra dominio pisano.... Publicatum fuit quod familia comitis Ugolini civitatem incipit lacerare in regimine (*Ptol. Luc. Ann.*, R. I. S., t. XI, 1296).

Même avec un petit-fils ce partage irritait Ugolino. S'il signala cette courte période par une œuvre utile, la réduction en un seul code de tous les statuts pisans[1], il ne sut pas préserver sa famille de ces haines plus que fraternelles qui ne reculent, pour se venger et pour nuire, devant aucune imprudence. Maltraités et irrités à leur tour, les guelfes de Nino se rapprochèrent des gibelins, au risque d'en relever la fortune abattue. Le chef de ces derniers était l'archevêque Ruggiero, issu des Ubaldini et d'humeur violente, comme tous ces hobereaux du Mugello. Par sa dignité non moins que par son âge, il devait prendre la première place dans cette alliance hybride. Pour redevenir maîtres de Pise, les gibelins n'avaient donc plus qu'à épier l'occasion[2].

Elle ne tarda pas à se présenter. Ceux d'Arezzo avaient pour chef leur évêque, Guglielmino des Ubertini[3]. Ce prélat versatile et brouillon, « plus homme d'armes, dit Villani, que d'honnêteté et de clergie[4], » avait soutenu

---

[1] Ce code conservé dans la Bibliothèque de l'Université de Pise, sous ce titre : *Breve communis Pisani*, a été publié avec les autres par M. Bonaïni (*Statuti inediti della città di Pisa*, 3 vol. in 4°. — Le tome II, publié postérieurement aux deux autres, en 1870, à Florence.)

[2] Pars ghibellina assumit audaciam, sicut rei postea probavit eventus (*Ptol. Luc. Ann.*, R. I. S., t. XI, 1296).

[3] La prétendue autorité de Dino Compagni, qui le dit des Pazzi, a laissé longtemps les auteurs incertains : mais la question est tranchée par deux lettres de M. Passerini et de M. Gamurrini, dans l'ouvrage déjà cité de M. Fanfani, et par les commentaires qu'y ajoute ce dernier, p. 101 sq. — Il est clair au surplus que l'évêque appartenait aux deux familles des Ubertini et des Pazzi, comme le prouve le langage de Bruni : « Cum Ubertinis et Pactiis, ex quibus oriundus erat (III, 58). » — Le neveu de l'évêque, qui figure dans la bataille de Campaldino, était d'ailleurs un des Pazzi.

[4] Più uomo d'arme che d'honestà e di chericia (Villani, VII, 109). — Ammirato, très-dévôt, est plus indulgent : « Huomo stimato, dit-il, valoroso e grandissimo partigiano. » (L. III, p. 169.)

jadis la cause guelfe[1], et donné en garde aux exilés guelfes de Florence les châteaux de son évêché, moyennant une pension de cinq mille florins d'or que lui garantissait la riche maison des Cerchi[2]. Mais bientôt, aussi mécontent de ses nouveaux amis qu'il l'avait été des anciens, et toujours ardent à pêcher en eau trouble, il prenait à sa solde les bannis gibelins des villes guelfes, avec des Allemands et d'autres mercenaires. Aux derniers jours d'octobre 1285, il poussait à se révolter contre Sienne le château de Poggio a Santa Cecilia[3], et lui donnait pour sa défense cinq cents exilés de Florence, de Sienne et d'Arezzo. On voyait alors Sienne réclamer, selon son droit, les secours de la *taglia*, et Florence, prise au dépourvu, envoyer quatre cents *pedoni*, chercher partout des mercenaires, « surtout français[4], » en trouver cinquante quand elle en voulait cent[5], engager à la *parte guelfa* les gabelles du vin, du sel, des monnaies d'or, en garantie d'un prêt de trois mille livres, sur les cinq mille deux cents auxquelles se montait la solde pour deux

---

[1] Peu après 1266, parce qu'il était mécontent de ses ouailles et de Guido Novello, vicaire de Manfred, qui ne respectaient pas les terres de son évêché. Il jurait de suivre les guelfes (Andrea Dei, R. I. S., t. XV, 55). Même auparavant il s'était déjà mis secrètement d'accord avec eux, car dans une lettre de l'année précédente, Clément IV le félicitait de sa nouvelle amitié avec le roi de Sicile (Clem IV ep. cxxi, ap. *Thes. anecd.*, II, 180).

[2] Le fait semble postérieur, si l'on en juge par la place qu'il occupe dans Villani (VII, 130). Mais Villani, quand il en parle, semble le donner comme antérieur de quelque temps à la bataille de Campaldino.

[3] Villani, VII, 109. — Simone della Tosa, p. 215. — Malavolti, part. II, l. III, f° 53 r°. — Del Lungo, notes à Dino Compagni, l. I, p. 21, n. 17.

[4] Le 16 novembre 1285, on proposait dans les conseils d'engager au moins 100 mercenaires français, s'il était possible (*Consulte*, t. I, p. 144). Le 13 avait été voté l'envoi de 400 *pedoni*, et de nombreux vicaires dans les places fortes (*Ibid.*, p. 142).

[5] 26 novembre 1285 (*Ibid.*, p. 147).

mois[1]. Après un long siége, dirigé par Guy de Montfort, en avril 1286, la veille du dimanche des Rameaux, une sortie malheureuse des assiégés, une porte ouverte aux assiégeants, mettaient fin à l'énergique résistance.

Pendre ses prisonniers ou leur couper la tête était pour Sienne une douce vengeance[2]; mais les gibelins d'Arezzo, qu'elle aurait dû décourager, en prirent un nouveau ressort. Les dissensions seules les faisaient faibles : ils se rapprochèrent de leurs ennemis. Tarlato Tarlati, au nom des grands gibelins, et Rinaldo Bostoli, au nom des grands guelfes, provoquent une sédition dans l'armée[3]. En juin 1287, ils s'emparent du prieur du peuple, « qui trébuchait dans les péchés de la popularité, par ses persécutions contre les grands et les puissants[4]; » ils lui crèvent les yeux, et ainsi défiguré le renvoient à ses concitoyens[5].

C'était brûler ses vaisseaux et déchaîner la guerre. Pour un moment, le centre de gravité se déplaçait en Toscane. Arezzo y attirait tous les regards; vers Arezzo convergeaient tous les efforts. Ses exilés, plébéiens partisans du prieur et des nobles que chassaient d'implacables rivaux[6], étaient venus à Florence demander asile et se-

---

[1] 14 janvier 1286. *Provvisioni*, n° 1, p. 39, 42 v°. 3000 livres avaient d'abord été votées le 26 novembre 1285 (*Consulte*, t. I, p. 147).

[2] Paolino, R. I. S., Suppl., II, 41-42. — Villani, VII, 109. — Simone della Tosa, p. 215. — Stefani, III, 172. — Ser Gorello, R. I. S., t. XV, 825.

[3] Veriti ne in nimiam plebs evaderet potentiam, simul invidia plebis commoti, reconciliatis inter se animis, ac seditione in exercitu facta, duce Rainaldo Bostole, ad hostes transfugerunt (Leon. Bruni, III, 58).

[4] « Il priore incominciò a traboccare ne' peccati della popolarità, perseguitando i grandi e possenti. » (Ammirato, 1287, l. III, t. I, p. 109).

[5] Villani, VII, 114. Leon. Bruni, III, 58. — La tradition s'établit à la longue qu'on l'avait jeté dans une citerne où il trouva la mort. (Chron. attribuée à Dino Compagni, I, 6. L'autorité de cette chronique, nulle pour les faits, peut être invoquée pour constater une tradition.)

[6] Erant duæ factiones Aretio pulsæ : una ex plebeis qui Priorem artium

cours. Pour les ramener dans leur patrie, Florence épuisait en vain supplications et menaces. Les circonstances du moment remplissaient d'espoir les gibelins. Battu et fait prisonnier en Sicile, malgré l'argent et les hommes que lui envoyait la Toscane [1], Charles II d'Anjou n'échappait à la mort que grâce à Constance, fille de Manfred, qui l'expédiait, pour sauver ses jours, dans les prisons lointaines de l'Aragon. Robert, comte d'Artois, gouverneur au nom du captif dans les provinces de terre ferme, venait à son tour d'être battu par les Aragonais. En accourant de France au service de cette monarchie française, le comte de Brainne et le fils du comte de Flandre emmenaient avec eux Guy de Montfort et des guelfes nombreux de la ligue, dégarnissant ainsi la Toscane de ses défenseurs. Ces guelfes ne croyaient pas sans raison que le sort de leur cause allait peut-être se jouer sur les champs de bataille du pays napolitain ; mais leur absence préparait à leurs amis des jours difficiles. La mort d'Honorius IV (3 avril 1287) compliquait encore ces embarras, car on devait craindre que le nouveau pape ne fût élu sous une influence ennemie de la maison d'Anjou [2]. Le parti manquait à la fois de chef spirituel et de chef militaire. Dé-

secuti fuerant; altera ex nobilitate per fraudem postmodum ejecta (Leon. Bruni, III, 58).

[1] Le 11 janvier 1285, les conseils florentins délibéraient sur une demande d'hommes à pied, *cum balistis et lanceriis*, faite au nom de Charles II. Le 13, le 14 on proposait de lui en envoyer 300 ou 400, payés pour deux ou six mois, avec un marchand chargé d'effectuer la paye, deux ou quatre capitaines *non juvenes*, *milites*, *vel filii militum* (*Consulte*, t. I, quad. E, p. 62-63). — Le 2, le 4 avril, il s'agit encore de lui envoyer des fantassins et 6000 florins (*Ibid.*, p. 84). Le 6, pour se procurer cet argent, on frappait un impôt, d'après l'*estimo*, à raison de 20 pour 100 (*Ibid.*, p. 86-87).

[2] La parte ghibellina prese in Toscana molta baldanza perchè non v'era papa in sedia (Villani, VII, 114). Cf. Paolino, II, 41.

fiant des Italiens et même des étrangers déjà mis à l'épreuve, il cherchait un capitaine « de langue française et n'ayant été à la solde d'aucune des villes de la ligue[1]. » Il ne cessait d'envoyer de l'argent à Naples[2]; mais de Naples, il ne lui venait que d'incessantes requêtes, au lieu du prince ou du seigneur qu'il en attendait.

Plus heureux, les gibelins n'avaient que l'embarras du choix. A côté de l'évêque d'Arezzo commandait Buonconte de Montefeltro, fils du vieux guerrier que les Pisans avaient mis à leur tête[3]. Tous les deux reconnaissaient passagèrement l'autorité d'un chapelain pontifical. Ce chapelain, aventurier de noble famille, Percivalle des Fieschi de Lavagna, au risque de contrarier la politique de Gênes, sa patrie, était allé jadis mendier de l'empereur élu le titre de vicaire impérial. Se croyant dès lors le droit de commander la *taglia* de la ligue toscane[4], on l'avait vu s'installer insolemment à Florence dans la maison des Mozzi, où descendaient les légats apostoliques, puis dans Arezzo, où les gibelins goûtaient peu son origine guelfe, et les guelfes

---

[1] De lingua francigena aut ultramontana, qui hactenus non sint soliti esse aut stare ad stipendia alicujus ex civitatibus societatis Tusciæ (*Provvisioni*, t. I, n° 1, p. 67-69). Cette demande était adressée, le 4 janvier 1287, aux frères du roi captif. On voulait que le chef demandé vînt avec 100 cavaliers. On en désignait quatre, en marquant des préférences pour Messer Giovanni Novello, fils de Messer Giovanni de Appia. Si les frères du roi refusaient de désigner personne, les ambassadeurs avaient de pleins pouvoirs pour faire un choix eux-mêmes dans les conditions dites plus haut (*Ibid.*).

[2] Le 13 août 1287, Charles ou ses ayant droit donnaient quittance d'une somme de 5000 florins d'or envoyée par Florence pour la répression des rebelles de Sicile (*Capitoli*, n° XXX, f° 212).

[3] Voy. Litta, *Famiglie celebri italiane*.

[4] En juin 1286, il obtenait en effet de Sienne la *taglia*, à condition toutefois que Florence et les autres villes de la ligue fissent de même (*Cartapecore di Siena*, n° 1070).

ses proscriptions. N'obtenant nulle part, sauf à Pise et à San-Miniato, le serment de fidélité[1], il avait piteusement repassé les Alpes, non sans lancer la flèche du Parthe, sous forme d'une grosse amende, qui était pour les seuls Florentins de soixante mille marcs d'argent. Mais bientôt de retour, et cette fois avec des hommes d'armes de Rodolphe, il s'était fait reconnaître vicaire royal par les gibelins de toute la Toscane[2].

C'est le moment où la lutte prenait un sérieux caractère. Les guelfes exilés d'Arezzo s'essayaient à la vengeance par la prise des châteaux de Rondine et de San-Savino[3]. Déjà aidés de cinq cents cavaliers de la *taglia*, ils avaient la promesse de voir bientôt auprès d'eux les quinze cents dont elle disposait, et ils s'engageaient, en retour, alors même qu'ils rentreraient dans leur patrie, à ne rien faire que d'accord avec leurs alliés (17 octobre 1287)[4]. Dès les premiers jours de 1288, commençait, sous la direction du belliqueux chapelain, une série de campagnes dévastatrices contre le territoire des villes guelfes. Partis d'Arezzo, son quartier général, ses gibelins s'avançaient par le val d'Arno jusqu'aux environs de Florence, par le val d'Arbia jusqu'aux environs de Sienne, s'emparant de

---

[1] Le 13 octobre 1286, Sienne le refusait, disant que par privilége de Rodolphe, roi des Romains, elle n'y était pas tenue jusqu'à ce que ce prince vînt en personne (*Cartap. di Siena* n° 1077). Percivalle condamnait pour ce fait Sienne à trois mille marcs d'argent, mais Sienne en appelait à Rodolphe, au pape, et le vicaire, effrayé du bruit, se déclarait prêt à retirer sa sentence, s'il voyait qu'elle fût injuste. Il était alors à Arezzo (*Id.*, n° 1078).
[2] Villani, VII, 111, 114. Stefani, III, 169.
[3] Rondine, sur une hauteur, dans le val d'Arno arétin, à 5 milles au nord ouest d'Arezzo, appartenait aux Ubertini (Repetti, IV, 816). Monte San Savino, dans le val de Chiana, au sommet d'une colline qui fait partie du mont Palazzuolo, sur la route d'Arezzo à Sienne (Repetti, III, 519).
[4] Villani, VII, 114. Stefani, III, 172. Ammirato, 1288, l. III, t. I, p. 169.

Chiusi, menaçant Montepulciano, plus forts de jour en jour, parce que les tièdes se portaient en foule vers ce qu'ils croyaient être le soleil levant[1].

Florence ne pouvait tarder plus longtemps de marcher à l'ennemi. Elle en était détournée par les gibelins honteux qui, dans cette cité guelfe, dissimulaient leurs secrètes espérances sous un apparent amour de la paix. Mais devant les déprédations et la hardiesse croissante des Arétins, les grands guelfes l'emportèrent. Ils imposèrent la ville de huit cents *cavallate*[2]. Ils firent appel à Bologne, à Pistoia, à Lucques, à Sienne, même à San-Miniato. Ils n'oublièrent point Mainardo de Susinana, leur pupille, que son père mourant avait confié à leur tutelle, contre les Guidi, les Ubaldini et autres seigneurs de ces contrées. Gibelin d'origine et de mœurs, ce Mainardo était donc guelfe par intérêt et par reconnaissance. Ses domaines au pays montagneux qui conduit du Casentino en Romagne, lui rendaient précieux l'appui des Florentins, et les Florentins, de leur côté, tenaient à son concours, car il était un si redouté capitaine qu'on l'appelait le Diable[3].

Le 23 mai, les bannières remises aux gonfaloniers se déployaient pour huit jours, selon l'usage, aux portes de la Badia a Ripoli[4]. Le 1er juin, l'*oste* se mettait en marche et le contingent de Sienne recevait l'ordre de s'y joindre[5]. Depuis le retour des guelfes au pouvoir, on

---

[1] Paolino, II, 41. — Villani, VII, 114. — Ammirato, *loc. cit.*, p. 170.

[2] Ce chiffre semble exagéré, surtout si on le double, comme fait Villani, de 880 autres cavaliers mercenaires, qui font sans doute double emploi avec les premiers.

[3] *Purg.*, XIV, 118. Villani, VII, 148. Cf. Del Lungo, notes à la Chron. attribuée à Dino Compagni, l. I, p. 23, n. 11.

[4] Villani, VII, 119. Ammirato, 1288, l. III, t. I, p. 171-174.

[5] *Consiglio della Campana*, XXXV, 81.

n'avait pas vu encore une armée si nombreuse, si richement équipée. Le val d'Ambra et le territoire d'Arezzo envahis, durant vingt-deux jours les alliés y abattirent les oliviers, y arrachèrent les vignes, s'y emparèrent de trente à quarante châteaux[1]. Après une semaine de résistance, et quoi qu'elle eût pour trois mois de vivres, Laterina se rendait, sous prétexte, disait Lapo ou Lupo des Uberti, chargé de défendre cette place, que les loups n'ont pas coutume de se tenir enfermés[2]. Devant les murs d'Arezzo fut injurieusement coupé l'orme séculaire, et célébrée dans le camp qu'avaient inondé les pluies, la fête patronale de saint Jean-Baptiste. Nul de la place ne vint troubler ces réjouissances insolentes, et pourtant, dès le lendemain, les guelfes pliaient prudemment leurs tentes encore humides, et retournaient sans autre gloire chacun chez soi. Alors commença de se montrer l'ennemi. Les milices siennoises avaient voulu suivre le plus court chemin, par Montegrossoli, au lieu de faire un détour, comme le conseillaient les Florentins : elles tombèrent, le 25 juin, dans une embuscade que leur tendaient, au défilé de la Pieve al Toppo, Buonconte de Montefeltro et Guglielmino des Pazzi. Leur chef, Ranuccio Farnese, y trouva la mort[3].

Cet incident, par le bruit qu'on en fit, devint comme le signal de cruelles représailles. Partout, en un instant, les gibelins furent debout. A Florence, du haut des tours, on vit bientôt la fumée des villages qu'ils livraient aux flammes[4]. A Pise, le 1er juillet, éclatait un soulèvement

---

[1] Villani, Ammirato, *loc. cit.*, disent quarante ; Stefani (III, 75) trente seulement.
[2] Villani, Ammirato, *loc. cit.*
[3] Agostino Patrizi, ap. Malavolti, part. II, l. III, f° 54. Stefani, III, 175.
[4] Paolino, II, 41. Villani, VII, 119-126. Stefani, III, 178.

depuis longtemps préparé. Pour renverser son aïeul, Nino de Gallura s'était fait le champion de la paix avec Gênes. — A mort quiconque ne la veut pas! — s'écriaient dans les rues ses partisans[1]. Ceux qui ne la voulaient pas, c'étaient, avec Ugolino, tous les hommes de sens[2]; mais Gênes venait d'offrir aux captifs leur liberté à prix d'argent, sans cession de châteaux, ni de territoire, et la multitude gibeline, ravie de retrouver sans trop de sacrifices ses plus vaillants défenseurs, imposait au comte l'acceptation d'un traité qui lui mettait dix mille adversaires nouveaux sur les bras. N'osant tenir tête à l'orage qui grondait, il plia, mais seulement en apparence : son fils, qui résidait à Cagliari, reçut l'ordre secret de provoquer une rupture en assaillant les galères génoises[3].

Le but fut atteint : Gênes indignée déchira le traité; victimes d'une défiance trop naturelle, les prisonniers ne purent plus ouvrir de négociations : un à un ils moururent tristement dans leurs fers[4]. Quant au comte Ugolino, il n'y gagna que de redevenir seigneur pour peu de jours : l'archevêque, qu'il avait chassé du palais communal, y rentra pour le condamner à vingt mille livres d'amende, et l'enfermer, parce qu'il ne la pouvait payer entière-

---

[1] Muoja chi non vuole pacie con i Genovesi (*Fragm. hist. Pis.* R. I. S., XXIV, 650).

[2] E voleala per confondere e disfare lo conte Ugolino, che non la volea elli nè anco tutti quelli che savi erano a Pisa, perchè parea loro impossibile a poterla fare (*Ibid.*, p. 651).

[3] *Ann. gen.*, l. X, R. I. S., t. VI, 594.

[4] Lotto, fils d'Ugolino, pour ravoir sa liberté, quand, seize ans après la Meloria, Pise conclut la paix avec Gênes, dut prendre l'engagement d'y acheter, dans le délai de dix ans, des maisons et des terres. Florence se porta caution pour lui jusqu'à concurrence de quinze mille florins, et, à cet effet, envoya un syndic à Gênes (17 juillet 1292. *Provvisioni*, t. I, n° 3, p. 84).

ment, dans cette tour célèbre de la faim dont la clé fut jetée dans l'Arno. C'est au fond de cette tour qu'en traits ineffaçables Dante l'a peint mourant un peu plus tard, en proie aux plus atroces souffrances, avec ses petits-fils innocents[1].

Maîtres ainsi du côté de Pise comme du côté d'Arezzo, les gibelins s'enhardissaient encore au bruit des victoires que remportaient Don Jayme d'Aragon et les Siciliens contre les fils de Charles d'Anjou[2]. C'est à ces heures critiques que Florence étonnait l'Italie par sa ferme attitude. On la voyait, fidèle à ses engagements envers d'anciens ennemis[3], soutenir avec constance ses amis anciens et nouveaux. Elle expédiait aux Lucquois et à Nino Visconti redevenu guelfe depuis que les gibelins dominaient à Pise, cent cavaliers et trois cents *pedoni*[4].

---

[1] *Inferno*, XXXIII. — Nous passons ici sur les détails de cette lutte mémorable. Ils ne sont pas de notre sujet et ils manquent de certitude. On doit souhaiter que ce récit soit repris avec toute l'attention qu'y peut apporter la critique moderne. Les contradictions y abondent d'un auteur à l'autre, et quelquefois dans le même auteur. M. Zobi, dans son ouvrage déjà cité (voy. plus haut même volume, p. 177, n. 5), en a relevé un grand nombre, mais avec le zèle d'un panégyriste, plutôt qu'avec la clairvoyance et l'impartialité d'un historien. On peut consulter sur ces faits, outre les autorités déjà indiquées, Benvenuto Rambaldi d'Imola, *Comm. Div. Com.* ap. *Antiq. Ital.*, I, 1140, Marangoni, R. I. S., Suppl., I, 557, Tronci, p. 261-262, Dal Borgo, *Diss.*, II, 401. M. Zobi cite en outre Fra Jacopo della Lana et le Pisan Da Buti, qui expliquait Dante à Pise dans la seconde moitié du XIVe siècle (ch. I, p. 16). Parmi les modernes, Grassi, p. 145-151, Inghirami, VI, 531, Arrivabene, *Secolo di Dante*, l. III, part. I, p. 410, Giudici, *Storia dei municipi italiani*, I, 881, Ferrari, III, 18, Leo, l. VII, c. I, t. II, p. 49, Sismondi, III, 20 sq.

[2] Villani, VII, 120.

[3] Le 6 juillet 1288, elle relâchait un familier des Ubaldini, aux termes du traité conclu avec ces seigneurs (*Provvisioni*, t. I, n° 1, p. 79).

[4] 12 juillet 1288. *Provvisioni*, t. I, n° 1, p. 81 v°. Il n'y a pas moins de trois Greti dans le seul val d'Arno inférieur : la paroisse, donnée en 1255, par Frédéric II, aux comtes Guidi, S. Ansano et S. Donato in Greti, ce dernier donné en 1249 par le même à Guido Novello (Repetti, II, 507).

Elle défendait à ses marchands et autres sujets d'aller à Pise ou d'y rester plus longtemps [1]. Elle levait deux mille chevaux de ses *cavallate*, et se procurait quarante mille florins d'or [2]. Elle votait des récompenses à quiconque se distinguait dans les escarmouches de cette guerre [3]. Elle chassait, ainsi que Sienne, ses principaux gibelins, sans craindre de grossir au dehors les rangs de ses adversaires [4]. En août, elle envoyait douze cavaliers de *corredo* et deux cents autres soldés à l'attaque d'Asciano, place bientôt emportée par les Lucquois, par Nino Visconti et les exilés de Pise [5]. En septembre, elle battait dans la maremme de cette ville des renforts venus de Rome aux Pisans, et célébrait par de grandes fêtes la prise des enseignes [6]. Il ne s'agissait là que d'un facile triomphe sur deux cents hommes à peine ; quand un grand nombre se trouvait en face d'eux, les Florentins n'avaient garde d'engager le combat. C'était un spectacle peu héroïque de voir, le 28 septembre, mille de leurs cavaliers et quatre mille de leurs *pedoni* rangés en bataille, mais immobiles, près de Laterina, sur la rive gauche de l'Arno,

---

[1] 20 juillet 1288. *Ibid.*, p. 87.

[2] 28 juillet, 26 août 1288. *Ibid.*, p. 91 v°, 95 v°.

[3] 500 fl. d'or à Bernardo de Rieti, connétable de la commune, qui doit être fait chevalier pour la victoire remportée dans le *contado* de Pise (28 septembre 1288. *Ibid.*, p. 101). — 40 fl. d'or par an sont alloués à quiconque a une *cavallata*. Récompense pour tout citoyen ou *contadino* qui, ayant *cavallata* ou non, se sera trouvé avec un cheval de guerre à la *cavalcata* contre Montevarchi et Laterina. 10 sous par jour à quiconque est venu à l'armée avec un cheval ; 15 sous si avec deux, etc., à condition que le service militaire ait duré plus de deux semaines (29 septembre 1288. — *Ibid.*, p. 109 v°).

[4] Malavolti, part. II, l. III, f° 54 v°. Stefani, III, 178.

[5] Villani, VII, 121.

[6] C'est à cette occasion que fut fait chevalier Bernardo de Rieti. — Voy. même page, n. 3. Cf. Villani, VII, 122, et Ammirato, l. III, t. I, p. 173.

quoique quelques gouttes d'eau qui y coulaient encore, malgré la sécheresse, n'empêchassent de le traverser ni à cheval, ni même à pied. Sur la rive droite se déployaient mille cavaliers et huit mille *pedoni* d'Arezzo, qui offraient la bataille : elle ne fut point acceptée [1], et les Arétins, plutôt que d'y contraindre l'armée florentine, se contentèrent d'occuper le val de Sieve, laissant attaquer et détruire à loisir les châteaux des Ubertini [2]. Le 7 octobre suivant, les syndics de Sienne, Pistoia, Prato, Poggibonzi, Volterre, San-Gemignano, San-Miniato et Florence, réunis dans cette dernière ville, en l'église de San-Giovanni, ouvraient la ligue toscane aux guelfes exilés d'Arezzo, à condition de ne pas faire la paix avec leurs compatriotes gibelins sans la permission desdites communes, et d'entretenir cent cavaliers dans leur patrie, quand ils y seraient les maîtres [3]. Se nuire réciproquement, mais éviter les coups, telle était donc l'ordinaire tactique de ces peuples, sauf en quelques moments décisifs.

Un de ces moments approchait, et Florence le sentait bien. Jusqu'à sept milles de ses murailles, jusqu'à San-Donato in Collina s'avançaient, en mars 1289, les gibelins d'Arezzo et de Romagne [4]. Contre eux le potestat, le capitaine, les prieurs recevaient *balia*, c'est-à-dire de pleins pouvoirs, jusqu'au 15 juin [5]. L'archevêque de Pise, impuissant et exécré comme ne l'avait jamais été

---

[1] E così stette ciascuna parte alla gara (Villani, VII, 123).

[2] Stefani, III, 176. — Villani, VII, 123.

[3] *Cartapecore di Siena*, n° 1093.

[4] Villani, VII, 126. Stefani, III, 178. C'est à cette occasion que Florence et Sienne expulsaient leurs *caporali* gibelins. Voy. page précédente.

[5] 16 avril 1289. *Provvisioni*, t. I, n° 2, p. 1. — Le 12 juillet suivant on donnait aux prieurs le droit de frapper un impôt spécial pour les besoins de cette guerre (*Ibid.*, p. 13 v°).

Ugolino, cité à comparaître devant le pape Nicolas IV, et, sur son refus, déclaré rebelle à la sainte Église, venait d'appeler comme capitaine le vieux comte de Montefeltro, chef des gibelins dans l'Italie centrale, tyran d'Urbino, vainqueur des Français à Forlì, habile et vaillant guerrier, qui triomphait, disait-on, d'armées entières avec une poignée d'hommes[1]. Pour l'attirer, pour le retenir dans une ville sans armes, sans soldats, sans argent, il avait fallu mettre à son service trois cents hommes de cavalerie, lui promettre un salaire annuel de dix mille florins d'or, lui assurer trois ans de seigneurie. Frappé, comme l'étaient les Pisans, des foudres pontificales, pour avoir quitté Asti de Piémont où l'avait confiné la haine du saint-siège[2], il était d'autant plus redoutable qu'il ne voyait plus rien à ménager. Contre un tel chef, Florence comptait peu sur son potestat, sur son capitaine du peuple; elle cherchait des talents militaires et des forces nouvelles : le hasard se chargea de les lui procurer.

Au mois de novembre précédent (1288), Charles II d'Anjou était sorti de la prison où il languissait en Catalogne. Édouard d'Angleterre, Nicolas IV avaient obtenu pour lui, de Don Jayme d'Aragon, la paix et la liberté. Laissant deux de ses fils en otage, il s'acheminait vers

---

[1] Montefeltro est la partie de la province d'Urbino la plus rapprochée de montagnes. Urbino est appelée capitale du Montefeltro (Voy. Fraticelli, *Storia della vita di Dante*, p. 193). — A partir de ce moment l'archevêque Ruggieri ne compte plus dans l'histoire. Dante l'envoie rejoindre dans le cercle infernal aux glaces éternelles sa lamentable victime et met son crâne sous la dent implacable de celui qu'il avait fait mourir de faim sans pitié (*Inf.*, XXXII, 35).

[2] Voy. Paolino, II, 43. — Giudici, I, 884. — Leo, l. VII, c. I, t. II, p. 50. — Ferrari, III, 20. — Sismondi, III, 39.

son royaume à petites journées. Les villes toscanes s'étaient mises en frais pour le bien recevoir. Sienne lui votait un présent de deux mille livres[1]. Le 5 mai 1289, Florence autorisait son camerlingue, Don Angelo, moine de l'ordre de Cîteaux et du couvent de Settimo, à dépenser douze cents florins en son honneur[2]. Depuis trois jours déjà il se trouvait dans cette ville. On l'y avait reçu en roi, en allié des guelfes, avec toutes les fêtes où brillaient tant de fils de marchands devenus chevaliers[3]. On voulait de lui un capitaine rompu au métier des armes, et qui, portant la bannière royale au milieu des milices florentines, ne permît pas à son maître de rester indifférent à leurs revers[4]. Charles d'Anjou leur laissa un de ses barons, fort jeune encore, mais « grand, preux et sage gentilhomme[5], » qu'on nommait Aymeric de Narbonne, et qu'il fit chevalier à cette occasion[6]. Peut-être cette sagesse dont parle Villani était-elle plutôt le fait d'un vieux guerrier, Guillaume Bérard, jadis précepteur d'Aymeric, et qui resta auprès de lui avec cent cavaliers bien équipés, bien payés[7]. L'Angevin, revenant d'Es-

---

[1] *Consiglio della Campana*, XXXVII, 97.
[2] *Provvisioni*, t. I, n° 1, p. 111.
[3] Villani, VII, 129. — Malavolti, part. II, l. III, f° 54 v°.
[4] In quella hoste e cavalcata si diede di prima l'insegna regale de l'arme del re Carlo, e ebbela messer Berto Frescobaldi, che mai non si era più data nè usata, e poi sempre l'usarono in detta hoste loro (Villani, VII, 123).
[5] Grande gentiluomo e prò e saggio in arme e in guerra (Villani, VII, 129).
[6] Simone della Tosa, p. 217. Stefani, III, 180.
[7] Ce qui permet de croire qu'Aymeric était encore fort inexpérimenté, c'est que Simone della Tosa ne lui accorde pas les mêmes éloges que Villani. La chronique attribuée à Dino Compagni dit même qu'il était « non molto sperto in fatto d'armi (I, 7). » Si cette chronique est sans autorité pour les faits, ce jugement prouve au moins l'opinion que les Florentins, avec le temps, s'étaient formée d'Aymeric.

pagne, s'était ravitaillé d'hommes et même d'argent à la cour de Philippe le Bel.

Après trois jours passés en fête à Florence, il poursuivit sa route. Nicolas IV l'attendait à Rieti, pour le couronner roi de Sicile et de Pouille[1], comme pour le délier de son serment de ne pas attaquer le roi d'Aragon. La Sicile n'en restait pas moins séparée de Naples, et le droit de lui faire la guerre ne donnait pas les moyens de la soumettre. Depuis les sinistres Vêpres, l'astre si récent encore de la maison d'Anjou était déjà sur son déclin. Sans respect pour un roi sans puissance, les Arétins se disposaient à l'attaquer au passage, à disperser sa faible escorte, à s'emparer de sa personne. Mais Florence en eut vent. Elle envoya aussitôt huit cents cavaliers, « la fleur de ses bonnes gens, » et un certain nombre de *pedoni* qui le conduisirent[2]; les gibelins en embuscade ayant rebroussé chemin à leur approche, jusqu'aux confins des territoires de Sienne et d'Orvieto[3].

La surprise fut grande, à Florence, de cette attaque imprévue. On s'y croyait en garde contre les Arétins par la riche pension promise et déjà peut-être payée à leur évêque[4]. Mais Guglielmino des Pazzi, son neveu, avait

[1] Le couronnement eut lieu à Rieti (et non à Rome, comme le dit Villani), le 29 mai. Voy. Muratori, *Ann. d'Ital.*, année 1289.

[2] Ce certain nombre est fort incertain. — Il est, selon Villani (VII, 129) de 3000 ; selon Stefani (III, 180) de 400. — De part et d'autre il peut y avoir un zéro ajouté ou supprimé. En tout cas, le moindre nombre est le plus probable. Il ne s'agit que d'une escorte.

[3] Villani, Stefani, *loc. cit.* — Stefani dit positivement et Villani laisse entendre par l'ordre dans lequel il expose les faits, que c'est après cette conduite, par reconnaissance, que Charles laissa aux Florentins Aymeric avec la bannière royale, le 11 mai. Il n'est guère croyable qu'on eût attendu pour lui faire cette demande qu'il fût déjà parti, car on ne pouvait savoir alors qu'il y aurait sitôt lieu de le rejoindre.

[4] Voy. même chapitre, p. 295.

ramené aux desseins belliqueux cette âme versatile, en lui faisant peur des poignards qu'aiguisaient contre lui les vindicatifs gibelins[1]. Les Florentins, dans leur animation extrême, ne parlaient plus, ne délibéraient plus que sur les moyens de réduire une bonne fois ces intraitables ennemis. Comme jadis pour Montaperti, ils firent des préparatifs considérables. Depuis quelque temps déjà, ils avaient réuni des vivres à Montecchi[2], pour la somme, considérable alors, de deux mille livres, et déclaré la vacance des tribunaux du potestat et du capitaine, afin de garantir contre toute action civile et criminelle, durant leur absence, ceux qui supportaient les dépenses et les fatigues de la guerre[3]. Pour qu'ils fussent en plus grand nombre, on appelait à garder la ville des hommes d'autres communes, qui s'y relayaient tous les deux ou trois jours[4]. Ceux des campagnards qui, après avoir touché leur solde, envoyaient un parent à leur place, étaient pour cette fraude frappés d'amende par le potestat Rosso des Gabbrielli[5]. Aux six cents chevaux des *cavallate*, aux

---

[1] Il quale trattato M. Guiglielmo Pazzo, suo nipote, isturbò, perchè 'l vescovo non fosse morto da' caporali ghibellini (Villani, VII, 130). — La prétendue Chronique de D. Compagni rapporte les choses tout autrement.

[2] Il y a au moins six localités de ce nom, une au val d'Arno pisan, une au val d'Era, une au val d'Arbia, une au val de Sieve, deux au val de Chiana, une au val d'Arno florentin. Ici probablement il s'agit de Montecchi du val de Sieve qui avait été désignée pour servir de magasin militaire, car cette terre était à trois milles au nord de la Sieve, au pied de l'Apennin (Voy. Repetti, III, 364-368).

[3] 19 avril 1289. *Provvisioni*, t. I, n° 2, p. 3.

[4] Le 20 février 1290, en faveur de « l'Université » de Gangalandi, on votait 180 livres de petits florins pour 200 soldats qui gardèrent Florence deux jours quand l'armée arétine s'avança dans le val d'Arno, 100 hommes venus en ville quand s'y trouvait le roi Charles et qui l'accompagnèrent jusqu'au territoire de Sienne, enfin 100 autres, appelés à garder Florence pendant trois jours, quand la victorieuse armée se mit en marche contre les Arétins (*Provvisioni*, t. I, n° 2, p. 55).

Plusieurs pièces parlent de ces condamnations prononcées par Rosso au

quatre cents cavaliers mercenaires, aux cent qui formaient la suite d'Aymeric[1] les villes de la ligue adjoignirent les leurs, Lucques cent cinquante, Sienne cent vingt, Bologne cent, Pistoia soixante, Volterre quarante, San-Gemignano, Colle, San-Miniato un nombre sensiblement moindre, puisqu'il reste indéterminé. Divers seigneurs, aussi, prenaient part à l'expédition, entre autres Mainardo de Susinana avec ses Romagnols. L'armée comptait environ dix-sept cents cavaliers[2], et dix mille fantassins[3].

Dès le 13 mai, Gherardo Ventroja des Tornaquinci avait reçu l'ordre de planter l'étendard de la commune à la Pieve ou abbaye de Ripoli, par où l'on entrait dans le val d'Arno. Le 2 juin, les cloches sonnant à toutes volées, l'armée déploya ses bannières et se mit en marche. Aymeric de Narbonne la conduisait. A ses côtés étaient son vieux conseiller, Guillaume Bérard, le potestat Ugolino des Rossi, de Parme, Vieri des Cerchi, ce riche marchand qui avait de l'or non-seulement pour reconstruire ses maisons, au lendemain d'un incendie, plus splendides qu'elles n'étaient auparavant[4], mais encore pour subvenir en toute occasion aux besoins publics ; Corso Donati, enfin, ce noble orgueilleux qui avait le verbe si haut dans les conseils, et qui pour lors potestat de Pistoia, en commandait le contingent. Corso Donati

camp devant Arezzo. Diverses furent remises après la victoire (*Provvisioni*, 10 et 27 juillet 1290, t. I, n° 2, p. 111, 130).

[1] Villani, VII, 130.

[2] Ce chiffre paraît certain. Il est donné par Villani (VII, 130) et par Andrea Dei (R. I. S., t. XV, 41). Stefani (III, 181) ne s'éloigne guère d'eux il dit 9500.

[3] Villani dit 1600, mais il oublie les 100 d'Aymeric. Andrea Dei, 2000 ; Stefani, 2500. Villani, décomposant seul ce total, semble le plus digne de confiance.

[4] Villani, VII, 117.

était l'idole de la foule et de l'armée. Il jouissait de cette popularité malsaine qui est, auprès des multitudes, le privilége des violents. Il l'avait méritée, deux ans plus tôt, en entreprenant d'arracher au potestat un des siens, condamné à avoir la tête coupée[1]. Son échec ne l'avait ni humilié ni même amoindri : on savait ce que de pareils hommes valent dans les combats.

L'armée remonta le cours de l'Arno par la route qui conduit à Pontassieve et qui s'y bifurque, pour mener au sud par le val d'Arno vers Arezzo, au nord-est par Stia dans le Casentino. Marcher sur Arezzo, c'était couvrir contre les incursions des Arétins la plus riche partie du territoire et s'assurer un facile ravitaillement. S'enfoncer dans le Casentino ne pouvait profiter qu'à des intérêts privés, qu'à de mesquines vengeances. C'est pourtant l'itinéraire qu'avaient fait prévaloir, dans les conseils, des châtelains jaloux de couvrir leurs châteaux et de dévaster les terres de Guido Novello, le vieil ennemi des guelfes, alors potestat d'Arezzo. Le chemin, rocailleux, escarpé, grimpait à l'ouverture de la boucle que décrit l'Arno, quand, après avoir descendu du nord au sud vers Arezzo, il remonte du sud au nord vers Florence. On gravissait les plateaux découverts du Prato Magno, qui limitent à l'ouest le bassin de l'Arno supérieur, c'est-à-dire le froid Casentino[2], limité lui-même à l'est par l'Apennin plus haut et plus boisé. Dans ce fertile et charmant massif du Prato Magno s'élève sur une hauteur

---

[1] Villani, VII, 113, ann. 1287.

[2] Le Casentino s'étend sur une longueur de 24 milles et une largeur de 21. Les montagnes y sont couvertes de hêtres au sommet, de châtaigniers plus bas. C'est dans ces solitudes qu'étaient venus chercher tour à tour une retraite saint Romuald à Camaldoli, saint Jean Gualbert à Vallombreuse, saint François d'Assise à l'Alvernia (Voy. Repetti).

isolée, comme en une île aérienne, la petite ville de Poppi, point stratégique d'où l'on peut se porter à l'est sur Bibbiena, qui commande la route d'Arezzo à Stia, et même, avec un peu plus d'effort, au sud sur Laterina, par où l'on va d'Arezzo à Florence. C'est là, aux pieds de Poppi, sur la rive gauche de l'Arno, dans la plaine de Campaldino ou de Certomondo[1], que l'armée florentine, s'adossant à la montagne, dressa ses tentes pour rayonner tout à l'entour et attendre les événements.

Moins incapable, Guido Novello aurait pu défendre cette position importante et infliger aux guelfes en marche un grand désastre. Ni le temps ni les forces ne lui avaient manqué. A Poppi, il était chez lui[2]. Il commandait une armée où les Arétins étaient comme noyés dans le flot chaque jour croissant des gibelins de Toscane, des exilés de tant de villes, des habitants de la Marche, de la Romagne, du duché de Spolète. Pour conseillers, il avait de subtils florentins, les Uberti, les Lamberti, les Abati. C'était l'armée de la faction bien plus que celle d'Arezzo[3]. Inférieure par le nombre, car elle ne comptait pas huit cents cavaliers et huit mille *pedoni*[4], elle l'emportait de beaucoup par l'affluence des nobles, qui avaient seuls, on

---

[1] Le nom ordinaire c'est Campaldino. Certomondo paraît être une petite localité de cette plaine. Pourtant on lit dans Stefani (III, 181) : « Appiè di Poppi, dove era un piano che si chiamava Certomondo. » On peut voir sur Campaldino et Certomondo les notes géographiques qui se trouvent à l'appendice (t. I, 317 et t. II, 289) de l'ouvrage intitulé *la Battaglia di Campaldino*, par le P. Antonio Bartolini. Flor. 1876. Cet écrit n'a du reste aucune portée historique. Il n'y faut voir qu'un *racconto* où l'auteur, de son aveu, s'est donné toute liberté avec les faits et la chronologie.

[2] Villani, VII, 139.

[3] Leon. Bruni fait remarquer que l'inscription qui se trouve au palais public porte que les gibelins (et non pas les Arétins) ont été défaits à Certomondo (*Vita di Dante*, en tête de l'édition de la *Divine Comédie*. Florence, 1771, p. 4).

[4] Andrea Dei (R. I. S., t. XV, 47) dit 600 cavaliers et 5000 fantassins.—

le sait, la pratique des armes et le goût des combats. Pleins de mépris pour les Florentins, pour ces « hommes de rien qui peignaient comme des femmes leurs longues chevelures[1], » ces nobles n'avaient pas cru nécessaire de les gagner de vitesse : ils comptaient sur la valeur et les talents de Buonconte de Montefeltro pour réparer les fautes de Guido Novello. Le moment venu de se mettre en marche, ils trouvèrent piquant de placer à leur tête ce belliqueux mais versatile évêque qui, un moment, avait négocié avec l'ennemi[2].

L'armée guelfe les attendait de pied ferme. Satisfaite de ses positions défensives, elle était résolue à s'y tenir. Le samedi 11 juin[3] elle fut répartie, selon l'usage, en quatre *schiere* ou « batailles, » comme disaient nos aïeux. En première ligne étaient les *feditori* ou tirailleurs, chargés d'engager le combat. Sur leurs flancs, d'un côté les *pavesari*, armés de pavois et de piques, de l'autre les *balestrieri*, avec leurs arbalètes qui lançaient des carreaux ou flèches à quatre pans. Ces deux ailes formaient avec le centre une demi-lune à la manière antique, où se trouvaient alternés cavaliers et *pedoni*. Les *feditori*, au nombre de cent cinquante, avaient pour chef Vieri des Cerchi. Élu par son quartier capitaine de guerre et chargé, à ce titre, de désigner ceux de ses voisins qui feraient partie de ce corps, ce brave marchand, quoique malade

---

Villani (VII, 130) 800 cavaliers et 8000 fantassins. — Stefani (III, 181) 1700 cavaliers, 9900 fantassins.

[1] Che si lisciavano come donne e pettinavansi le zazzere, e aveanli molto a schifo e per niente (Villani, VII, 130).

[2] Avacciarono la battaglia e menarvi il detto vescovo (Villani, VII, 130). — M. Atto Vannucci (p. 164) dit qu'il était le capitaine général de l'armée. De même M. Fanfani (p. 99).

[3] Cette date, donnée par Villani, est exacte. Les pâques tombèrent en 1289 le 10 avril. Voy. l'*Art de vérifier les dates*.

de la jambe, s'était inscrit le premier, avec ses fils et ses neveux. Son exemple avait entraîné beaucoup de nobles, de riches trafiquants et jusqu'à des lettrés. De ce nombre était Durante ou Dante Alighieri, âgé de vingt-quatre ans, inscrit au registre des apothicaires. Il faisait, ce jour-là, ses premières armes; et il avoue avec franchise ce sentiment de crainte dont les plus courageux, en pareil cas, ne sont pas exempts[1]. A côté de lui ses deux amis les plus chers, Cavalcante des Cavalcanti, le poëte philosophe, et Bernardino de Polenta, le frère de cette touchante Francesca de Rimini, que devait immortaliser bientôt la *Divine Comédie*[2]. En seconde ligne, prêt à secourir la première, se tenait le gros des milices et de l'armée. En troisième, un corps de *pedoni*, chargé de garder les bagages, et, au besoin, de soutenir ceux qui plieraient. En quatrième, enfin, la réserve, reléguée à l'écart et composée de deux cents cavaliers, avec les milices de Lucques et de Pistoia, sous les ordres de Corso Donati. Corso ne devait donner qu'à la dernière extrémité. Vu son caractère bouillant, on lui avait fait défense, sous peine de la tête, de se mettre en mouvement sans l'ordre du capitaine. Avec ces restrictions, un pareil choix était une faute, mais faute heureuse entre toutes, et qui fut, au moins en partie, cause du succès[3].

[1] La battaglia di Campaldino.... dove mi trovai non fanciullo nell' armi, e dove ebbi temenza grande, e nella fine grandissima allegrezza per li vari casi di quella battaglia (Extrait d'une lettre de Dante, rapportée par Leon. Bruni, *Vita di Dante*, loc. cit., p. 7). Cela est plus noble et surtout plus sérieux que le *relicta non bene parmula* d'Horace.

[2] Guido de Polenta, père de Bernardino et de Francesca, devait, l'année suivante, après la mort de sa fille, venir à Florence en qualité de potestat (Voy. la liste des *Officiales forenses*, et Carlo Troya, *Del veltro allegorico di Dante*, p. 32. Flor., 1826).

[3] Villani, VII, 130. — Ammirato, l. III, t. I, p. 177-181. — Quelques

Pour les gibelins, l'ordre de bataille était le même, avec un nombre double de *feditori*, précaution nécessaire à qui prenait l'offensive. Parmi eux, on distinguait douze chevaliers renommés pour leur vaillance, et qu'on appelait, lointain souvenir de Charlemagne, les douze paladins. Pleins de confiance, ils ouvrirent l'attaque au cri de *San Donato cavaliere*. On leur répondit fièrement *Narbona cavaliere*, mais on ne put soutenir leur furieuse attaque. Ceux des *feditori* florentins qu'ils n'avaient pas démontés serraient leurs rangs, pour donner aux deux ailes le temps d'opérer un mouvement concentrique et d'envelopper les assaillants. Refoulés par les longues lances des gibelins et par le choc de leurs chevaux bardés de fer, ils portèrent le désordre dans la seconde ligne et l'entraînèrent dans leur mouvement de recul jusque sur la troisième. Cette masse d'hommes agglomérés ne pouvait être facilement entamée ; mais moins facilement encore elle pouvait se mouvoir. Coupées du centre, les ailes, de leur côté, se voyaient réduites à l'impuissance. Déjà les cavaliers arétins se croyaient sûrs de la victoire : ils poussaient en avant, sans se garder en arrière, sans penser qu'en cas de péril les *pedoni*, de leur pas le plus rapide, ne rattraperaient jamais l'avance qu'avaient prise les chevaux.

Un moyen restait donc aux guelfes d'éviter la défaite ; c'était de lancer leurs réserves. Mais Aymeric n'y pensait point. Il avait la tête perdue. Inconsidéré comme on l'est

---

auteurs prétendent que cette affaire fut la première bataille rangée en Italie. Ils invoquent l'autorité de Villani, mais ils exagèrent ses paroles. Le chroniqueur se borne à dire : « Più ordinatamente che mai. » On peut admettre qu'il y eut plus de méthode à Campaldino qu'à Montaperti, en 1289 qu'en 1260 ; mais nous avons vu que Montaperti fut loin d'être un pêle-mêle barbare et confus.

à son âge, privé des lumières de son mentor, qui venait de succomber glorieusement[1], il ne donnait aucun ordre. L'impétueux Corso Donati tournait vers lui d'anxieux regards et rongeait son frein. Enfin, à bout de patience, il courut, entraînant les siens, au plus fort de la mêlée. — Si nous sommes vaincus, dit-il, je mourrai sur le champ de bataille; si nous sommes vainqueurs, eh bien! vienne qui voudra nous condamner à Pistoia[2]. — De flanc, il attaqua les gibelins sous une nuée de flèches. Les flèches manquant bientôt contre lui, l'évêque d'Arezzo donne ordre à Guido Novello de porter en avant les cent cinquante cavaliers de réserve qu'il commandait. Le vieux comte, « qui avait toujours eu, dit Ammirato, moins de souci de son honneur que de sa vie[3], » imagina mille prétextes pour traîner en longueur. Il en trouvait un trop plausible dans le vent de tempête qui, soulevant l'épaisse poussière du combat, aveuglait hommes et chevaux. Du Prato Magno à l'Apennin s'élevaient dans le ciel de gros et noirs nuages qui ne tardèrent pas à inonder le sol d'une pluie diluvienne[4]. « Ne voulant pas mourir, » écrit

---

[1] Là est, nous le pensons, la principale cause du danger que courut l'armée guelfe. Nous sommes surpris que les auteurs aient tenu de ce fait si peu de compte. — On voit encore aujourd'hui dans le cloître de l'Annunziata, à Florence, la sépulture en marbre de Guillaume Bérard. Il y est représenté l'épée en main, sur un cheval au galop. Au-dessous, on lit cette inscription : « An. Domini 1289. Hic jacet Dominus Guillelmus balius olim Domini Amerighi de Nerbona. » (Voy. les notes de M. Del Lungo à son édition de D. Compagni, l. I, p. 30, n. 19.)

[2] Villani, VII, 130.

[3] Ammirato, l, III, t. III, p. 179.

[4]
    Indi la valle, come il dì fu spento,
     Da Pratomagno al gran giogo coperse
     Di nebbia, e il ciel di sopra fece intento
    Si ch'el pregno aere in acqua si converse.
    La pioggia cadde, ed a' fossati venne

Stefani[1], Guido Novello s'enfuit avec ses cavaliers vers ses châteaux, désertant sa cause et son devoir, comme il avait fait deux fois, à Florence et à Colle, indigne favori d'une faction aristocratique indulgente à sa lâcheté par égard pour sa naissance, mais inexcusable d'avoir remis, une troisième fois, son salut en de telles mains.

Ainsi abandonnés, il ne restait aux braves qu'à vendre chèrement leur vie. Guiderello d'Orvieto, qui portait la bannière impériale, Buonconte de Montefeltro, Guglielmino des Pazzi et son oncle, l'évêque d'Arezzo, recevaient sur le champ de bataille cette mort honorable qu'on y trouve toujours, quand on l'y cherche résolûment[2]. Aux fuyards on donna la chasse : impitoyablement occis par les mercenaires, ils ne trouvaient grâce qu'auprès des Florentins. Ceux-ci laissaient même échapper leurs prisonniers, à titre gratuit ou à prix d'argent : sur seize cents qu'ils avaient faits, ils n'en ramenèrent que sept cent cinquante[3]. Près de deux mille cadavres gisaient, dit-on, sur le sol inondé[4].

Ce qu'avait été pour les Pisans le désastre de la Melo-

Di lei ciò che la terra non sofferse.
(*Purg.* V, 115 *sq.*)

La Chronique attribuée à Dino Compagni dit formellement : « L'aria era coperta di nugoli. » (I, 10). Il est possible que le faussaire n'ait, comme nous, d'autre autorité que celle de Dante pour affirmer ce fait dont ne parle point Villani ; mais Dante suffit, puisqu'il était présent à la bataille.

[1] Il conte Guido Novello non vi volle morire, perocchè si fuggì (Stefani, III, 181).

[2] Cecidit etiam episcopus, qui captus ut per coronam clericatus cognitus est, qui esset denuntians, a captore cæsus est gladio (*Fr. Pipini Chron.*, l. IV, c. xxxiv, R. I. S., t. IX, 733). — La mort de Buonconte fournit à Dante le sujet d'un de ses plus beaux épisodes (*Purg.*, V). On peut voir dans Villani (VII, 130) le nom de plusieurs autres morts notables.

[3] Villani, VII, 130. — Paolino, II, 44.

[4] Simone della Tosa (p. 218) parle en bloc de 5000 morts ou prisonniers du côté des Arétins.

ria, celui de Certomondo l'était pour les Arétins, ou plutôt pour la cause gibeline, qui n'en avait jamais éprouvé de plus grand[1]. « La nouvelle en vint à Florence, écrit Villani, à l'heure même où se décidait la victoire. Les prieurs, après leur repas, faisaient la sieste, pour se reposer de leurs fatigues et de leur veille de la nuit précédente. Tout à coup on frappe à l'huis de leur chambre : — Levez-vous, les Arétins sont battus. — Ils se levèrent, ils ouvrirent, mais ils ne trouvèrent, ni ne virent personne ; leurs familiers au dehors n'avaient rien vu, rien entendu. On réputa le fait pour un grand et notable miracle, car personne n'était venu de l'armée. C'est la vérité ; moi qui écris j'ai entendu, j'ai vu ces choses. Les Florentins émerveillés se demandaient d'où elles pouvaient venir ; ils en étaient tout en émoi. Quand la nouvelle arriva du camp, on en fit grande fête et allégresse. On en avait bien sujet, car on voyait abattu l'orgueil et la superbe, non-seulement des Arétins, mais de tout le parti gibelin et de l'empire[2]. »

On pouvait l'abattre plus encore, en profitant mieux de la victoire. Si, après avoir fait sonner les trompes, pour arrêter la chasse aux fugitifs, on eût résolûment marché sur Arezzo[3], la stupeur du premier moment eût

---

[1] E credesi che i ghibellini infino allora mai ad una volta non perdero tanta buona gente (Paolino, II, 44). — On ne comprend guère comment Leo ne parle de cette importante bataille que dans une note, lui qui transcrit quelquefois les plus oiseux détails d'après Villani (Voy. l. VII, c. I, t. II, p. 50).

[2] Villani, VII, 130. Et voilà comment s'accréditent certains miracles. Ici, le miracle, c'est la voix d'un être invisible. Or Villani ne l'a point entendue, n'étant pas prieur. Il ne sait que ce qu'on lui a dit, et pourtant il écrit qu'il a vu.

M. Del Lungo dans ses notes à la Chronique dite de Dino Compagni (l. I, p. 33 ; n. 40) prétend que l'armée était restée dans le *contado*

rendu vaine toute résistance. Les prieurs en exercice le désiraient vivement : leurs pouvoirs expirant le 15 juin, quatre jours après la bataille, ils auraient voulu que la prise de la ville ennemie achevât d'honorer leur magistrature ; mais ils ne purent l'obtenir. Les vainqueurs avaient besoin de repos. L'orage de la soirée avait rempli le lit à sec des torrents, dont le cours furieux vers le « fleuve royal » eût arrêté à tout pas une armée[1]. Quand les vainqueurs purent se mettre en marche, ils ne s'avancèrent vers Arezzo qu'après avoir pris Bibbiena, et consacré plus de temps à la piller qu'à la prendre. Huit jours de répit suffirent aux vaincus dispersés pour se rallier dans leur place d'armes menacée, y barricader avec des poutres une large brèche, béante aux murailles, y recevoir, y appeler les *contadini* qui fuyaient devant l'ennemi.

C'était l'indice d'une résistance sérieuse. Pour en triompher, il fallait de nouveaux efforts. Le 20 juin, Florence donnait *balia* au potestat, au capitaine, aux prieurs, de poursuivre l'expédition, de recueillir de l'argent par tous les moyens, et de ne ramener ou licencier l'armée qu'au bout d'un mois[2]. Le lendemain 21, par une innovation

---

d'Arezzo et presque sous les murs de cette ville. Il ne parle ainsi que pour expliquer son auteur qui met une attaque contre Arezzo avant l'attaque de Bibbiena ; mais il ne remarque pas que si l'armée guelfe eût été près d'Arezzo, la bataille de Campaldino ne pouvait avoir lieu. Les gibelins ne se seraient pas exposés à être pris à revers par un second corps d'armée. Quant à l'ordre des faits tel que le donne le prétendu D. Compagni, il est contraire non-seulement aux assertions de Villani (VII, 131), mais encore au plus simple bon sens.

[1] Nous ne trouvons dans aucun auteur l'explication du retard par la crue des eaux ; mais elle nous paraît fort probable, puisque l'orage est attesté par Dante, témoin oculaire.

[2] *Provvisioni*, t. I, n° 2, p. 9. — La lecture des documents prouve qu'on

remarquable, les prieurs décidèrent que deux d'entre eux iraient au camp avec la même autorité que s'ils y étaient tous, pour surveiller, soutenir les combattants et leur donner du cœur[1]. Les nobles virent de mauvais œil cette délégation démocratique de deux magistrats marchands. Céder la direction suprême de l'armée ou se soumettre à une inquisition jalouse leur était également odieux. Ils auraient dû, puisqu'ils prétendaient toujours dominer aux camps, justifier leurs prétentions par l'esprit d'initiative; ils ne surent que se traîner dans l'ornière creusée, dévaster le *contado*, courir le *palio* sous les murs d'Arezzo, jeter à l'intérieur trente ânes mitrés[2]. C'est à peine s'ils consentirent, sur l'énergique injonction des deux prieurs, à mettre le feu aux poutres qui fermaient mal la brèche. Ils les laissèrent remplacer par d'autres et victorieusement défendre contre leurs molles attaques. Prompts à sonner la retraite et négligents à se garder, leur inaction, leur incurie provoquèrent les assiégés à intervertir les rôles, et, par de vigoureuses sorties, à incendier les tours, les machines des assiégeants.

Ce fut le coup de grâce. Démoralisés, « abominant certains conseillers du capitaine, » qu'ils accusaient d'avoir reçu l'or des Arétins, les *popolani* des milices lâchèrent

---

ne donnait jamais la *balia* ou pleins pouvoirs que pour peu de temps, mais que pour toute la durée de la guerre c'était une pure formalité d'en obtenir la prorogation. Ces prorogations, en général, avaient pour limite le 15 du mois où de nouveaux prieurs entraient en charge, sans doute pour ne pas engager leur liberté d'action.

[1] Quello che altre volte non avevano costumato.... due ne andassero all' esercito, perchè con l'autorità che fu la stessa che se vi fossero tutti, e con la maestà del magistrato, desser animo a coloro che combattevano, e aggiungessero con ogni industria, caldo e favore all' opera (Ammirato, l. III, t. I, p. 180).

[2] Stefani, III, 181. — Villani, VII, 131.

pied, renoncèrent à la lutte, entraînèrent toute l'armée sur la route de Florence[1]. Ils mirent dix jours, du 12 juillet au 22, à la parcourir, à ravager le pays sur leur passage, à établir des garnisons dans les châteaux. Un mois entier avait donc été perdu en vaines démonstrations[2].

Le 23 juillet, ces pitoyables gens de guerre rentraient dans leur patrie, n'y rapportant que des lauriers déjà flétris. On leur accorda néanmoins les honneurs du triomphe. Le capitaine Aymeric de Narbonne, le potestat Ugolino des Rossi furent reçus sous un dais en drap d'or qu'au bout de leurs piques portaient des cavaliers. Au devant d'eux allèrent le clergé avec la population en habits de fête, les arts au complet sous leurs gonfalons déployés, la noblesse équipée comme pour ses brillants tournois[3]. L'écu et le heaume de l'évêque d'Arezzo, trophée principal de Certomondo, furent suspendus sous la coupole de San-Giovanni, et, devant ces dépouilles d'un prélat guerrier, l'évêque de Florence rendit au Dieu des armées de solennelles actions de grâces[4].

A tout prendre, ce n'était pas sans raison. La victoire restait incomplète, mais les Florentins avaient l'habitude

---

[1] Onde furono abbominati, che 'l fecero per moneta, per la quel cosa il popolo e combattitori s'ammollarono (Villani, VII, 131). — Dicesi che se vi fossero voluti stare e fare quello doveano, erano signori d'Arezzo ; ma si partirono e furne abominati certi consiglieri del capitano (Stefani, III, 181).

[2] Villani, VII, 131. — Stefani, III, 181. — Paolino, II, 44. — Ammirato, l. III, t. I, p. 180. — Muratori, *Ann. d'Ital.*, 1289.

[3] Villani, VII, 151. — Ammirato, *loc. cit.*

[4] Villani, VII, 131. — Pelli, *Memorie per servire alla storia di Dante*, p. 91, note 50, éd. de Florence, 1823 (la première fut publiée à Venise, en 1759). — L'écu et le heaume furent enlevés par Cosimo III pour ôter à ses sujets le souvenir de cet abus des armes par un ecclésiastique (Guazzesi, *Dissert. dell' antico dominio del vescovo d'Arezzo in Cortona*, p. 167, Pise, 1760. — Bonaïni, *loc. cit.*, IV, 31. — Pignotti, l. III, c. VII, t. III).

de ces sièges levés faute d'art ou de moyens pour les poursuivre. Elle coûtait cher, mais ils étaient riches : ils pouvaient aisément s'imposer de 6 livres 5 sous pour 100, et solder ainsi des dépenses qui se montaient tout au moins à trente-six mille florins d'or[1]. En somme le placement était bon : cette courte campagne avait pour longtemps abattu les gibelins, pour toujours assuré l'hégémonie de Florence sur la Toscane. L'alliance des guelfes en fut cimentée, leur territoire comme leur audace s'en accrut[2]. Tandis que ceux de Sienne et de Montepulciano chassaient de Chiusi Lapo des Uberti, fils du grand Farinata (16 août)[3], Lucques, avec quatre cents cavaliers et deux mille *pedoni* florentins, enlevait à Pise le château de Caprona, point stratégique au confluent du torrent Zambra et de l'Arno. Parmi les cavaliers florentins était Dante. Il vit les défenseurs pisans de cette place endurer le supplice de Tantale, manquer d'eau au bord d'un fleuve, où on ne leur permettait pas d'en faire leur provision. Il les vit se soumettre pour ne pas mourir de soif, et défiler tremblants au milieu de l'armée guelfe, d'où s'élevait, quoiqu'on leur eût promis la vie sauve, ce cri menaçant : *Impicca, impicca!* il faut les pendre[4].

Déjà recommençait cette guerre d'escarmouches qui ne

---

[1] Villani, VII, 131. — Cette somme ne suffisant pas, le 22 février 1290, on empruntait à la *parte guelfa* 20 mille florins d'or pour payer les dettes contractées en vue de cette expédition (*Provvisioni*, t. I, n° 2, p. 66).

[2] C'est le témoignage même de l'historien siennois Malavolti (Part. II, l. III, f° 55).

[3] Villani, VII, 135. — Ammirato, Malavolti, *loc. cit.*

[4] *Inf.*, XXI, 94. — Benvenuto da Imola, *Comm. ad. Div. Com.*, ap. Muratori, *Antiq. ital.*, I, 1086. — M. Fraticelli, dans son excellente édition de la *Divine Comédie*, rapporte à tort ce fait au mois d'août 1290: Voy. Villani (VII, 136) et Stefani (III, 183).

coûtait pas cher, mais qui ne menait pas loin. Faute de pouvoir pousser plus avant contre Pise, on marchait de nouveau contre Arezzo. Florence était comme un homme qui tiendrait tête à deux adversaires, se retournant tour à tour contre celui qui le serrerait de plus près. Des intelligences entretenues avec les guelfes arétins donnaient l'espoir que devant une démonstration armée s'ouvriraient les portes de leur ville. En conséquence, le 8 novembre, après l'heure des vêpres, les cloches florentines furent mises en branle; on alluma la chandelle d'usage, qui limitait aux gens des *cavallate* le temps à eux laissé pour s'armer. Quand elle fut éteinte, ils partirent au galop pour Civitella. En chevauchant toute la nuit, ils y furent rendus sur le matin. Là, ils attendaient le signal, prêts à fondre sur leur proie; un incident imprévu déjoua la conjuration. Un des conjurés, s'étant laissé choir d'une galerie, et se voyant en danger de mort, révéla tout à un moine, qui rapporta sa confession à Messer Tarlato, principal dépositaire de l'autorité. Justice fut faite de tous les traîtres, et, le 19 novembre, les cavaliers florentins, trop peu nombreux pour une campagne ouverte, rentraient la tête basse à Florence[1].

Ce coup manqué, l'on pouvait bien prendre à Guido Novello ses châteaux du Casentino[2], mais il fallait faire face à Pise et à Guido de Montefeltro. Adversaire bien autrement redoutable, le vieux guerrier avait pris au sérieux sa tâche de relever la ville qui s'était livrée à lui. Il y montrait la volonté d'un dictateur et les talents

---

[1] Villani, VII, 137. — Stefani, III, 184. — Ammirato, *loc. cit.* — Il est incroyable à quel point Leo (l. VII, c. 1) brouille les temps et les choses.

[2] Villani, VII, 139.

d'un capitaine. Il voulait des recettes et point de dépenses. Il proscrivait les bouches inutiles et faisait tuer les chiens. Par son ordre, l'entrée et la sortie des marchandises aux douanes était lue chaque semaine au coin des rues. Rigoureux sur la discipline, il coupait la tête aux insubordonnés comme aux traîtres[1], et jusqu'à son neveu, qui avait remporté une victoire malgré sa défense[2]. Trop faible encore pour les grandes expéditions, il en faisait de petites, toujours prêt, dès que l'ennemi tournait le dos. La variété de ses ruses, la rapidité de ses mouvements déconcertaient les Florentins. Quand il sortait dans la campagne, « Voilà le renard, » disaient-ils ; et ils prenaient la fuite. Quand on s'avançait contre lui en force, il disparaissait comme par enchantement derrière les murailles de Pise[3]. A ce jeu, il reprenait un à un tous les châteaux perdus depuis la Meloria[4].

Impuissants à le tuer ou à le museler, les Florentins s'épuisaient en efforts contre lui. Les délibérations de leurs conseils en ce temps-là sont curieuses à suivre : on y voit une préoccupation constante dont ils se détournent à peine pour prendre, dans l'occasion, quelques mesures contre les Arétins.

[1] A Calcinaia, qu'occupaient des exilés pisans, il s'introduit par escalade dans la forteresse, et trouve sur le cadavre du chef, Gualtieri des Upezzinghi, une lettre non ouverte qui l'avertissait de ce hardi coup de main. Pour savoir qui était le traître, il amena les *anziani* de Pise, sous un prétexte quelconque, à écrire quelques lignes en sa présence. Le coupable reconnu fut décapité. De même un Pisan qui avertissait les Florentins des sorties projetées, en plaçant à sa fenêtre un drap blanc le jour, une lumière la nuit (Grassi, *Parte storica*, p. 153. — Pignotti, l. III, c. vii, t. III, p. 182. — Inghirami, VI, 577-579).
[2] Ferrari, III, 21.
[3] Villani, VII, 140.
[4] Voy. le détail de ses succès dans Paolino (II, 42-43) et Tronci (1289, p. 264).

Le 26 janvier 1290, on assignait aux divers châteaux de la République une garnison qui variait de cent à deux cents *pedoni*, selon qu'ils étaient plus ou moins importants, plus ou moins menacés[1]. Le 10 février, on invitait les Upezzinghi et ceux qui occupaient Pontedera à ne plus laisser passer de vivres aux Pisans[2]. On délibérait sur les pratiques dénoncées par le juge de Gallura entre eux et les Lucquois ; mais tout en s'abouchant avec lui[3], on lui laissait le soin de décider s'il convenait à son honneur de continuer la guerre ou de conclure la paix[4]. Le 22, on donnait *balia* aux prieurs de trouver de l'argent par voie d'emprunt ou d'impôt[5]. Le 25 et le 26, sur l'avis envoyé par le vice-vicaire du val d'Era que les Pisans venaient d'occuper le château de Lajatico[6] et se

---

[1] Laterina 100 *pedoni*, avec un châtelain payé 15 livres par mois. Montecchio 10 *pedoni* à 2 florins, le châtelain à 10 livres. Monteluce de la Berardenga 4 *pedoni* à 5 livres et le châtelain à 7. Caposelvoli de même, à moins que les habitants ne veuillent faire eux-mêmes bonne garde et élever une tour, auquel cas Florence affecterait à la construction la somme qu'eussent coûtée les salaires. Pietrasanta, 1 châtelain et 2 *pedoni* ; Montetignosi, 1 châtelain à 6 livres par mois, sans *pedoni* (*Consulte*, t. II, p. 8). Les 11 et 14 mars, on donnait *balia* aux prieurs présents et futurs d'envoyer dans les châteaux du district « balistas, sagittamenta, pavenses, helmos, corazas », le conseil des 100 par 65 voix contre 10, et le conseil spécial du capitaine par 51 contre 5 (*Ibid.*, p. 20).

[2] *Ibid.*, p. 12.

[3] Habeant consilium judicis et aliorum de Luca de quibus videbitur ipsi judici (Conseil de sages, assemblés à San Giovanni. *Consulte*, t. II, p. 12).

[4] *Ibid.* — Dans cette discussion, comme en toutes, il y a des partisans de l'ajournement, tout au moins du renvoi au lendemain « ita quod salubre consilium in hiis melius capi possit ».

[5] Pacino Peruzzi veut que l'emprunt soit volontaire ; mais Brunetto Latini l'accepte même forcé, parce que, à tout prix, il faut de l'argent, et son avis prévaut par 55 voix contre 17 (Conseil des cent. *Ibid.*, p. 15).

[6] Castrum Ajatici ou Lajatici, diocèse de Volterre, arrondissement de Pise, sur une hauteur entre les torrents Sterza et Ragone, à la gauche de l'Era. Il existait dès 891 et appartenait aux Pannochieschi d'Elci. En 1285, l'évêque de Volterre, Ranieri, le livre aux Florentins. Le 12 juillet 1293, ceux-ci le rendent à Pise (Repetti, II, 628).

préparaient à en enlever d'autres, on décidait, aux trois
quarts des voix, que les châteaux du val d'Era seraient
gardés aux frais du vicariat, mais qu'on y enverrait, au
moment jugé opportun par les prieurs, quinze cents *pedoni* et un bon capitaine, le comte Manente de Sarteano,
avec ses quarante-neuf cavaliers, ou Stefano de Bibbiena
avec ses vingt-neuf[1]. Le 4 et le 5 mars on accueille
avec empressement la nouvelle que les guelfes et les gibelins d'Arezzo sont en pourparlers sous les auspices du
pape. On approuve qu'ils fassent la paix, pourvu qu'elle
soit honorable au parti guelfe, qu'elle ne viole pas les
pactes conclus avec Florence, et qu'elle agrée aux autres
communes de la Ligue[2]. Le 9, des ambassadeurs de
Lucques et du juge de Gallura viennent exposer que trois
cents cavaliers soldés se sont réunis près de Pérouse,
d'Orvieto, de Viterbe, et s'acheminent vers Pise par la
Maremme, sûrs de trouver bon accueil à Volterre, qui
fait mine de se donner à Pise, sa redoutée voisine[3]. Ils
demandent que Florence s'oppose à leur passage, et promettent d'envoyer de leur côté des hommes d'armes[4]. Du

---

[1] Enrôlé le 22 février 1291 pour 2 mois, il recevait 25 florins d'or par mois pour lui. C'était une double paye, où se trouvait comprise celle de son porte-bannière et de son trompette. Ses cavaliers avaient 10 florins chacun (*Provvisioni*, t. I, n° 2, p. 191). Stefano de Bibbiena en avait 29. Le 6 juillet 1290 on réglait leur paye pour 2 mois : 567 florins d'or, à raison de 9 florins pour chacun et de 22 1/2 pour lui, sa bannière, son trompette (*Provvisioni*, t. I, n° 2, p. 72 v°). — Conseil de sages, tenu le 25 à San Pier Scheraggio, le 26 dans la maison de Gherardini des Cerchi. — C'est l'opinion moyenne d'Ugo Altoviti qui prévaut. Les extrêmes étaient celles de Baldovino de Gherardini qui voulait qu'on ne fît rien pour la garde du val d'Era, et d'Adimaro des Albizzi, qui proposait d'envoyer en outre des renforts dans le val d'Elsa (*Consulte*, ibid., p. 16).

[2] 4 mars, conseil des *capitudini* des douze arts majeurs et autres sages à la *Badia*. — 5 mars, conseil de sages (*Ibid.*, p. 17 v°, 18).

[3] Sur le fait de Volterre, 6 mars 1290 (*Consulte*, II, 18).

[4] *Ibid.*, p. 18 v°.

11 au 14, on délibère chaque jour sur la création d'une armée : le conseil des cent la vote par cinquante-trois voix contre vingt-trois ; le conseil spécial du capitaine, par quarante-quatre contre douze, et les conseils du potestat confirment cette double décision[1].

Aussitôt le juge de Gallura se transportait de sa personne à Florence[2], pour être plus certain que cavaliers et milices viendraient dans le val d'Era défendre ses propres châteaux. L'intérêt privé se mêlait trop visiblement, dans son esprit, à l'intérêt général. C'est pourquoi les marchands florentins marquaient leur intention d'envoyer la nouvelle armée « où elle pourrait faire le plus de mal aux ennemis. » Ils écrivaient à Aymeric de se mettre à la disposition des guelfes d'Arezzo, et de surprendre, s'il était possible, le camp ennemi[3]. Ils invitaient le juge à leur remettre une liste exacte[4] des terres qu'il voulait confier à la garde de la Ligue, et le compte des dépenses qui en résulteraient. Ils consentaient bien à placer sous sa protection intéressée le château de Pontedera, mais non avant d'y avoir pris leurs sûretés en y construisant une forteresse. Cette motion de Corso Donati emportait l'assentiment général, malgré l'opposition de son frère Simone, malgré le boucher Dino Pecora, qui demandait qu'on mît à la raison, avant toute autre chose, les gibelins d'Arezzo. D'autres réserves furent faites : Albizo Corbinelli demandait que Lucques s'engageât à une part proportionnelle dans les dépenses, et Lapo Salterelli, que rien ne fût défi-

---

[1] *Consulte*, II, p. 20.
[2] 15 mars 1290. *Ibid.*, p. 26.
[3] 20 mars 1290. Conseil des cent, par 65 voix contre 7. Avis conforme de Brunetto Latini (*Ibid.*, p. 27).
[4] Sicut melius et curialius fieri poterit (18 mars 1290, *ibid.*, p. 26).

nitif avant le parlement des ambassadeurs de la Ligue à Empoli[1]. Mais, à la date du 20 mars, le capitaine du peuple ayant proposé d'affecter trois mille livres à la construction de la forteresse projetée et de détourner le cours de l'Era, pour en faire un fossé au château, soixante-huit voix contre quatre, au conseil des cent, approuvaient ces mesures, que sanctionnaient, deux jours plus tard, les autres conseils[2]. En même temps, on accordait au juge de Gallura, pour six mois à partir du 1er mai suivant, trois cents cavaliers des communes de la Ligue et soixante-trois *pedoni* de Florence[3].

Prodigue du sang d'autrui, Florence était vraiment trop économe du sien ; les alliés guelfes regimbèrent. Guido de Montefeltro les effrayait. Volterre n'envoya pas ses délégués au parlement d'Empoli. Pistoia refusa tout secours au petit-fils d'Ugolino. La seigneurie florentine dut sommer par écrit ces deux villes de se soumettre aux décisions du parlement[4]. Avec une liberté douteuse, on y avait acquiescé à tout ce que voulait Florence. Le 6 avril, Rosso des Gabbrielli, d'Agobbio, potestat, Folco des Buzzaccherini, de Padoue, capitaine du peuple, les prieurs et les sages, recevaient donc *balia* pour tous les préparatifs militaires, sauf l'imposition des chevaux[5] ;

[1] 15 mars, conseil de sages à la *Badia*. — 16 mars, conseil des *capitudini* dans la maison des prieurs. — Conseil spécial du capitaine dans la maison des prieurs. — 18 mars, conseil de sages à la *Badia* (*Consulte*, II, p. 26 r° v°).

[2] *Ibid.*, p. 27.

[3] Le conseil des cent votait les 300 cavaliers par 53 voix contre 23, et les 63 *pedoni* par 50 contre 26. Les autres conseils approuvent, le 22, ceux du potestat presque à l'unanimité (*Ibid.*, p. 27, 28). — Cf. *Provvisioni*, t. I, n° 2, p. 76 v°, 77, où l'on voit la nomination de syndics pour s'entendre à ce sujet avec Lucques.

[4] 24 mars 1290. *Ibid.*, p. 28 v°.

[5] *Provvisioni*, t. I, n° 2, p. 69 v°, et n° 3, p. 30.

mais Sienne ne suivait cet exemple que pour envoyer son contingent contre Arezzo (27 mai)[1]. Le 5 juillet, l'expédition florentine n'était point partie encore, et l'on délibérait toujours. Un marchand de Calimala, Dino Compagni, proposait au conseil des cent de faire, selon la demande des Lucquois, une armée contre Pise, et le capitaine du peuple, conformément à l'avis des sages[2], faisait décider par le conseil général du potestat que le jour en serait fixé sans consulter l'assemblée à parlement[3]. Il indiquait le 3 septembre ; on préféra, sur ce point, laisser la décision aux Lucquois[4]. Un mois plus tard (16 août), on arrêtait d'envoyer quatre cents cavaliers et mille *pedoni* à la commune de Lucques et au juge de Gallura pour une expédition contre Porto-Pisano[5]. Le potestat, le capitaine, les prieurs et divers sages, réunis dans l'église de San Procolo (22 août), convenaient d'emprunter à cet effet dix mille florins d'or à la *parte guelfa*, remboursables dans les six mois, avec intérêt de 30 pour 100[6].

Après tant de lenteurs calculées, Florence se hâtait à la fin. C'est que las de l'attendre, ses alliés étaient entrés en campagne : il fallait les rejoindre au plus tôt ou leur laisser tous les fruits de la victoire. Dès le 17 juin, Gênes avait envoyé sur les côtes de Toscane quatre galions et

---

[1] *Consiglio della Campana*, XXXIX, 64.
[2] Secundum provisionem sapientum.
[3] Placuit 85 quod dies non dicatur sine parlamento faciendo. Nolentes fuerunt 116, et sic obtinuit quod dies dicatur sine parlamento faciendo.
[4] Le capitaine avait appelé du dehors les absents qu'il savait favorables à sa proposition, ou ils étaient venus spontanément, car, dans ce second vote, ses tenants sont au nombre de 88, au lieu de 85 (5 et 10 juillet 1290. *Consulte*, doc. A, III, Reg. III, p. 13, ap. *Arch. stor.*, 3ᵉ série, t. XVI, 4ᵉ disp., p. 11, 1872).
[5] *Consulte*, t. I, n° 2, p. 135.
[6] *Ibid.*, p. 136.

dix-huit galères dont l'équipage était soldé pour six mois. Le 25 août, vingt autres avaient renforcé l'escadre, sans compter les petits navires, porteurs des engins nécessaires pour prendre et défendre les tours de Porto-Pisano[1]. En septembre, avec le concours de Lucques et de Florence, les Génois livraient aux flammes la principale de ces tours : elle s'écroulait sur ses défenseurs, dont quatre seulement échappaient à l'incendie, à l'effondrement ou à l'ennemi. Des navires chargés de pierres étaient coulés à l'entrée du port, afin qu'il ne pût plus être d'aucun usage ; ses chaînes brisées devinrent des trophées de victoire. Cela fait, il ne fut point question de poursuivre contre Pise même cet avantage. Elle semblait trop redoutable et la saison avançait. Chacun retournant chez soi, les Florentins reprirent triomphalement la route du val d'Era[2].

Ce peuple de marchands aurait bien voulu mettre fin à de si longues hostilités. Dans ses conseils, il émettait l'avis de restituer les captifs, d'ouvrir les routes, et d'en assurer la sécurité, tout en gardant les châteaux conquis[3].

---

[1] Et aliis necessariis pro turribus dicti portus capiendis et diruendis (*Ann. gen.*, l. X, R. I, S., t. VI, 598).

[2] Paolino, II, 45. — Villani, VII, 140. — Stefani, III, 117. — *Ann. gen.*, loc. cit. — Tronci, 1290, p. 267.

[3] Placuit quasi omnibus quod guerra non fiat. Item quod strata et strate aperiantur et securentur. Item quod de castris restituendis nichil fiat. Item quod carcerati restituantur et relaxentur, si Aretini relaxabunt captivos senenses quos habent (22 novembre 1290. *Consulte*, II, 87. — Il y a une autre délibération sur le même sujet à la date du 1ᵉʳ décembre, p. 90. *Arch. stor.*, loc. cit., p. 13, 14.) — Les prisonniers étaient une grande préoccupation du temps. Les prisons n'y suffisant pas, le 20 février 1289, on louait plusieurs boutiques pour les garder dans la via Bellauda, près de S. Pier Scheraggio (*Consulte*, II, 53, 54, 74). — Le 11 février 1290, on payait 5 livres de petits florins pour la location d'une boutique où avaient été enfermés des prisonniers arétins du 1ᵉʳ août 1289 au 24 janvier 1290 (*Ibid.*, p. 59).

Mais la force des choses, la pression des alliés, le contraignaient, l'hiver durant encore, à reprendre de plus belle les préparatifs belliqueux. Enrôler des mercenaires[1], voter des sommes suffisantes pour leur solde, comme pour celle des cinq cents cavaliers que Florence devait fournir à la Ligue, nommer de nouveau Aymeric de Narbonne capitaine de la *taglia*[2], affecter quatre cents livres à la confection de nouvelles bannières pour l'armée qui devait marcher contre les Pisans[3], tels furent, de décembre à avril, les principaux soins des conseils pour préparer la guerre. Guerre obscure, dont les détails sont ignorés ou toujours les mêmes, mais où Pise s'affaiblissait de jour en jour, car elle ne pouvait renouveler ses forces perdues, tandis que Florence trouvait dans la Toscane, dans la Romagne guelfes, et jusqu'au pays napolitain, d'inépuisables ressources.

Seule, l'ardente habileté du vieux Montefeltro balançait encore les rigueurs de la fortune, et, par des succès inattendus, faisait illusion sur l'inévitable résultat. Les Florentins se croyaient maîtres assurés de Pontedera, le plus fort château de plaine qu'il y eût en Italie[4]. Ils avaient consacré trois mille livres à le fortifier encore, à y construire des habitations, des écuries, des moulins, afin que la garnison y trouvant ses commodités, fût moins prompte, le cas échéant, à en déserter la défense[5]. Elle

---

[1] 31 décembre 1290. *Provvisioni*, t. I, n° 2, p. 157.

[2] *Ibid.* — Le 9 février suivant, les conseils approuvaient le payement de 2000 florins d'or à Aymeric, pour la solde de janvier et de février (*Ibid.*, p. 182 v°).

[3] 11 avril 1291. *Provvisioni*, t. I, n° 3, p. 10 v°.

[4] Che era il più forte castello d'Italia che fosse in piano (Villani, VII, 47).

[5] Nec non ad mansionem et moram et pro mansione mora militum et peditum in dicto castro commode facienda (19 juillet 1291. *Provvisioni*, n° 3, p. 43 v°).

devait se composer de cent cinquante *pedoni*. Deux châtelains avaient mission de les enrôler, de les bien fournir de vivres et d'approvisionnements. De fait, ils n'en entretenaient que cinquante, et s'appropriaient la solde des cent autres.

A la prévarication ils ajoutaient la négligence. Cette poignée d'hommes aurait dû, pour compenser son petit nombre, être toujours sur le qui vive; plusieurs d'entre eux recevaient l'autorisation d'aller à Florence célébrer la fête de Noël[1]. Montefeltro en eut vent : prompt comme l'éclair, il s'élance de Pise avec des cavaliers, met pied à terre à la faveur d'une nuit noire, traverse dans des barques les larges fossés, escalade au moyen de cordes les hautes murailles, éveille en sursaut, tue ou soumet les rares défenseurs, et remet au pouvoir de Pise cette place imprenable, ce précieux avant-poste des Florentins[2].

Florence n'était pas, pour lors, en veine de succès. « Dans le même temps, écrit Villani, les Pisans firent révolter contre San Miniato le château de Vignale en Camporena[3]; trois *sesti* de Florence, peuple et cavaliers, y allèrent donc *a oste*, renversant beaucoup d'édifices. A la fin, les défenseurs ne pouvant plus résister, et ne recevant point de secours, profitèrent d'une nuit noire pour sortir du château sains et saufs à travers le camp

---

[1] Villani (VII, 147) dit la nuit du dimanche des Rameaux, pour faire leurs pâques; mais Muratori relève l'erreur (R. I. S., t. XIII, 339). Stefani (III, 189) dit de son côté : le 24 décembre 1291.

[2] Villani, VII, 147. — Stefani, III, 189.

[3] Il y a beaucoup de Vignale en Italie, notamment deux voisins l'un de l'autre, dans le val de Serchio et dans le val d'Arno inférieur. Vignale de Camporena (*Campus arenæ*, Villani dit à tort Camponera) est sans doute ce dernier, puisque Camporena est dans le val d'Era (Voy. Repetti, I, 433, V, 770).

des Florentins, pour qui ce fut une grande honte. En conséquence on ordonna dans Florence une *oste* générale sur Pise ; on donna les enseignes, et messer Corso Donati eut l'enseigne royale ; mais pour quelque raison que ce fût, le projet n'eut pas de suites, de quoi les Florentins furent très-courroucés, disant que certains grands avaient reçu de l'or des Pisans[1]. Pour laquelle chose, et par les soins de messer Vieri des Cerchi, alors capitaine de la *parte guelfa*, on refit ladite *oste* et l'on alla jusqu'à Castello del Bosco[2]. Mais là, quand ils eurent dressé leurs tentes, il tomba tant de pluie durant huit jours pleins, qu'ils durent rebrousser chemin. A peine leur chef les put-il reconduire en bon ordre[3]. »

Sans fondement, on peut le croire, ces accusations de vénalité trouvaient néanmoins créance : les nobles et les plus intelligents *popolani* suivaient en ce moment l'impopulaire politique de la paix. Sur la proposition du marchand Dino Compagni, les conseils, le 22 novembre et le 1er décembre précédent, s'étaient ouvertement prononcés en ce sens[4]. Ils comprenaient que par les armes seulement Montefeltro pouvait rendre à Pise le terrain perdu. Qu'on le réduisît à l'inaction, et Florence n'aurait plus à défendre ce qui lui restait de ses conquêtes sur le territoire pisan. Tel est le motif qui avait conduit aux pieds de

---

[1] Selon Stefani, ils étaient hostiles à l'expédition que voulait le peuple : « Ma tanto fu lo sforzo de' grandi (e chi disse che toccarono da canto), che si tornarono addietro e nulla fecero da fare menzione. » (III, 190.)

[2] Dans le val d'Arno inférieur, à gauche de l'Arno, au milieu d'une plaine marécageuse. Non loin de là est la belle villa de Varramista, propriété de M. Gino Capponi (Repetti, I, 355).

[3] Villani, VII, 147.

[4] Dinus Compagni consuluit quod procedant ad pacem eorum, etc. — Voy. p. 525 v°, note 3, le texte des résolutions prises sur sa proposition.

Nicolas IV des ambassadeurs florentins : ils le suppliaient de mettre fin aux hostilités[1]. La mort imprévue de ce pontife (1292) coupa court à ces négociations et à ces espérances. Il ne restait plus qu'à venger l'échec de Pontedera, la honte de Vignale. La vengeance de l'honneur n'était qu'un pis-aller.

Au mois de juillet, sous la conduite du Romain Gentile des Orsini, potestat[2], entra en campagne « une des plus riches et grandes armées que Florence eût faites jusqu'alors. » Elle comptait, avec le contingent des alliés, deux mille cinq cents cavaliers et huit mille *pedoni*. Nonobstant, après vingt-trois jours de dévastations et de bravades, dans cette charmante campagne, toute de maisons de plaisance et de jardins, qui s'étendait du fossé Rinonichi jusque sous les murs de Pise, on la voyait rentrer à Florence, sans avoir même rencontré l'ennemi. Le fougueux Montefeltro s'était habilement dérobé à la poursuite. N'ayant que huit cents cavaliers, se défiant « de la lâcheté qu'il sentait chez les Pisans, » il n'avait pas voulu risquer, sur le hasard d'une rencontre inégale, le salut de l'infortunée ville qui n'espérait qu'en lui[3]. Déjà il avait ce dégoût des hommes et des choses, fruit amer de l'expérience, qui lui fit terminer ses jours sous la bure et dans la retraite des mineurs de Saint-François.

Ainsi le but fuyait devant les Florentins, et Pise restait insaisissable ; mais ces hostilités sans gloire n'étaient pas

---

[1] Les 11 et 12 avril 1292, tous les conseils délibèrent d'envoyer des ambassadeurs à Rome, pour négocier la paix avec les Pisans. Mais en même temps, ils prenaient les mesures nécessaires pour mettre l'armée sur pied : *si vis pacem, para bellum* (*Provvisioni*, I, n° 3, p. 57).

[2] Villani (VII, 153) dit en juin ; mais Gentile n'entre en charge que le 1ᵉʳ juillet. Voy. la liste des *Officiales forenses*.

[3] Villani, VII, 155.

sans avantages : elles entretenaient à Florence, sinon l'esprit belliqueux qu'avaient banni le trafic et l'industrie, du moins ce qui restait des habitudes militaires ; elles lui assuraient la prépondérance, pour la politique sur les gibelins, pour le commerce sur tous les autres marchands de Toscane. D'aigres rancunes contre ceux qui lui résistaient encore[1], un vif désir de tout soumettre à la ronde, la tenaient en éveil ; ses forces toujours debout, presque toujours en campagne, lui assuraient une hégémonie qu'on subissait sans la reconnaître, quelquefois même en la reconnaissant. C'est Florence qui, presque en toutes choses, prend l'initiative[2] ; c'est à elle que les communes demandent leurs potestats[3]. La papauté avait renoncé à son rôle d'arbitre. Après avoir renversé l'empire et constitué un royaume, elle se repentait presque de son œuvre, elle flottait de l'un à l'autre, n'ayant de puissance que ce qu'elle leur en empruntait, d'asile sûr qu'Assise et Viterbe. Sans autorité comme sans action[4], elle laissait partout une place vide : Florence la prit en Toscane comme les tyranneaux en Lombardie, mais mieux préparée qu'eux à la bien remplir.

Guelfe dans l'âme, elle sait s'affranchir du joug spirituel de l'Église[5]. Protectrice des cités voisines, elle y appe-

---

[1] Le 29 octobre 1292, en accordant aux bannis, pour offenses à un particulier ou à la commune, le droit de se racheter à prix d'argent, les conseils exceptaient ceux qui auraient pris les armes contre Florence ou simplement demeuré soit à Arezzo, soit à Pise (*Provvisioni*, I, n° 3, p. 116).

[2] Voy. passim les registres du *Consiglio della Campana*.

[3] Ainsi Montevarchi, le 5 juillet 1290 (*Provvisioni*, I, n° 2, p. 109). On a vu Corso Donati potestat de Pistoia. On pourrait multiplier les exemples.

[4] Voy. Zeller, *Hist. d'Italie*, p. 221-222.

[5] Voy. à l'Append. n° 4 les résumés de quelques conseils relativement à des débats sur les clercs, d'après les *Consulté*, I, 125-139, du 28 août 1285 au 5 novembre de la même année.

santit une main de fer, elle leur impose des charges sans leur donner de droits, et, à ce prix, elle leur assure une sécurité inconnue, inespérée. Si elle gouverne étroitement dans l'intérêt d'un parti, c'est que nul ne conçoit encore qu'on puisse gouverner dans l'intérêt de tous ; c'est qu'on ne connaît pas d'autre moyen de vaincre, de décourager la résistance [1]. En somme, et malgré bien des injustices, elle a de la justice un sentiment plus net qu'aucune autre puissance de ce temps, et elle le doit aux habitudes d'équité calculée qu'elle a prises dans le trafic [2]. Elle ressentait de ses progrès constants une joie et une confiance qui éclatent dans tous ses actes, et dont témoignent ses historiens. Malgré tant de guerres au dehors, Villani, témoin oculaire, nous la montre, après son triomphe de Campaldino, « en bon et heureux état, croissant en population et en richesse, tout homme gagnant par le trafic, les arts et les métiers, la ville montant chaque jour par la paix intérieure, l'allégresse publique multipliant les fêtes et les jeux, les jeunes gens parcourant la ville vêtus d'habits neufs de drap et de soie, les femmes avec des guirlandes de fleurs sur la tête, partout des danses, des festins, des divertissements [3]. » Mais sous ces fleurs cou-

---

[1] M. P. Villari est si frappé de ce défaut qu'il va jusqu'à dire que mieux valait être conquis par un prince, parce que les princes traitaient également tous les sujets. Nous ne pouvons le suivre jusque-là. On sait ce que vaut l'égalité dans la servitude (Voy. *Il Politecnico*, mars 1866, p. 16).

[2] On peut voir au chapitre suivant diverses lois rendues pour donner la liberté aux serfs et ramener les délinquants devant leurs juges naturels (p. 537).

[3] Villani, VII, 131. — Qu'il fût témoin oculaire pour ce temps-là, c'est ce qu'a très bien montré M. Fanfani. Si, en 1300, il était en Orient, dans un comptoir des Peruzzi, puis à Rome pour le jubilé, à supposer qu'il n'eût pas plus de trente ans, il serait né en 1270 (Voy. *Dino Compagni vendicato dalla calunnia di scrittore*, etc., p. 46). Nous avons d'ailleurs cité plus

vaient les vieilles haines ravivées et grosses d'une prochaine, d'une capitale révolution. Florence en sentait sans trembler les approches, semblable à ces plantes vivaces qu'une atmosphère agitée n'empêche pas de grandir et de prospérer.

haut (p. 318) un passage où Villani dit, en parlant de la nouvelle apportée à Florence du triomphe de Campaldino : « Io scrittore l'udì e viddi queste cose. » (VII, 130.)

CHAPITRE III

LES ORDONNANCES DE JUSTICE

— 1292-1294 —

Puissance persistante des grands. — Leur alliance avec les *popolani grassi*. — Constitution des *consorterie*. — Troubles qui en résultaient. — Efforts infructueux pour y remédier. — Solidarité entre parents. — Abolition de la servitude. — Divisions dans les arts. — Perturbations du trafic. — Divisions entre les grands guelfes. — Giano della Bella. — Réforme votée par les conseils (18 janvier 1293). — Seigneurie réformatrice du 15 février 1293. — Le gonfalonier de justice. — Adjonction de cinq arts aux sept arts majeurs. — Rédaction des ordonnances de justice. — Adoption définitive des *ordinamenta justitiæ* (12 août 1294). — Économie de ces ordonnances. — Partie politique : élection des prieurs. — Leurs prérogatives et attributions. — Élection du gonfalonier. — Force armée à ses ordres. — Nouvelle organisation des arts. — Leurs syndics. — Partie sociale : mesures contre les grands. — Cautions exigées des familles nobles. — Pénalités édictées contre elles. — Dénonciations et preuves à l'appui. — Expéditions du gonfalonier. — Droit permanent de reviser les ordonnances. — Paix et alliance avec les villes toscanes (12 juillet 1294).

Malgré la condition inférieure où les précédentes réformes l'avaient réduite, la noblesse florentine n'avait jamais perdu l'espoir d'en sortir et de se relever. On voyait encore debout à Florence des débris de l'ère féodale, des grands qui se rappelaient les temps antérieurs à 1250, âge d'or où leur caste n'avait ni égaux ni rivaux. Embellis par l'éloignement et l'exagération, les récits de ces vieillards versaient dans les jeunes âmes le regret du passé, le désir d'y conformer le présent. L'aristocratie était assez forte encore pour s'opposer aux progrès de l'égalité civile[1], pour disputer aux *popolani* le pouvoir[2]. Elle trouvait un point d'appui dans diverses communes où les nobles dominaient encore, quoique fort menacés[3]. Ses exploits, ses succès à la guerre, où elle éclipsait les marchands, augmentaient son crédit, sa hardiesse, sa confiance. La victoire de Certomondo lui avait valu un regain de popularité. Toujours maîtresse dans les conseils de la *parte guelfa*, elle en tirait une puissance effective qui tenait en échec la seigneurie. La *parte*, ayant l'administration de toutes les propriétés, de tous les trésors confisqués aux gibelins, les avait « capitalisés, » et se trouvait en possession de richesses considérables, disponibles, employées avec un rare discernement. C'est à la *parte*, on l'a vu, que s'adressaient les prieurs pour se procurer l'argent nécessaire à d'incessantes expéditions. Dans ses conseils on avait bien essayé d'introduire des *popolani;* mais les magnats défendaient énergiquement leur citadelle. Leurs personnes, comme leur esprit, continuaient d'y prévaloir[4].

---

[1] Nobilitas quæ ad eam princeps in civitate fuerat non satis æquam societatem cum populo exercebat (Leon. Bruni, l. IV, p. 67).

[2] L'ambizione degli ufizi e del regimento in Firenze era ed ora è intanto cresciuta che ogni uomo volea e procurava il reggimento. — E quasi più era questo vizio e sdegno ne' grandi che negli altri (Stefani, III, 196).

[3] Repetti, art. *Montopoli*. — Capponi, I, 81.

[4] Même en 1335, c'est-à-dire après le triomphe définitif du parti *popolano*, dans le statut de la *parte* qui fut alors rédigé et qui est le plus ancien non certes de ceux qui ont existé, mais de ceux qu'on a conservés, on provoque, on encourage par des récompenses en argent la nomination de nouveaux chevaliers, jusqu'à concurrence de 6 par an. On donnait à chacun d'eux la somme de 50 florins d'or. « Conciosiacosaché a così magnifica città si confaccia risplendere per quantità di cavalieri. » (*Statuto della parte guelfa*, cap. XXXIX, ap. *Arch. stor.*, nuova serie, t. V, disp. I, ann. 1857. — Cf. P. Villari, *Nuova Antologia*, t. XI, p. 447-449, juillet 1869.)

Si c'est un principe de l'art militaire qu'on vient à bout de toute citadelle en la coupant de ses communications, l'on était loin d'avoir réduit la *parte guelfa* à cette extrémité : elle conservait des intelligences jusque dans le camp ennemi. Les *popolani grassi* se rapprochaient des grands. Par désir de décrasser leur roture, d'anoblir leur opulence, ils contractaient dans la caste réprouvée des mariages nombreux ; ils désertaient les intérêts de la leur. « A peine sortis du peuple, ils réagissaient avec fureur contre lui, mélange surprenant de traditions féodales et d'instincts mercantiles[1]. » Le menu peuple, trop humble encore et trop éloigné des magnats pour en pouvoir être jaloux, se montrait docile à leurs perfides excitations contre le gros des *popolani* toujours défiant et hostile. Passionné pour les fêtes, il admirait les nobles qui en étaient l'ornement, et il tendait une main avide à l'or que répandait leur prodigalité.

Il suffirait de ces causes pour expliquer la puissance persistante de l'aristocratie florentine ; mais elles sont communes à tous les pays où les classes sociales se trouvent en conflit. On en doit ajouter une plus particulière à Florence, si l'on veut bien comprendre à quel point était difficile le triomphe des marchands.

Comme ces animaux qui, battus en plaine par le vent de la tempête, se serrent les uns aux autres pour n'en pas être emportés, les grands, dès les premiers jours de la persécution, avaient resserré les liens de la famille, et

[1] M. Edgar Quinet, de qui est cette expression, ajoute : « d'enthousiasme pour la science. » Mais ce dernier mot ne peut se rapporter qu'à des temps postérieurs. Voy. *Révolutions d'Italie*, I, 200-202, ce bel ouvrage où l'auteur, malgré une méthode défectueuse et trop dépourvue de critique exacte, porte des jugements dignes de remarque sur des faits qu'il comprend bien, alors même qu'il ne les connaît qu'à moitié.

fait d'elle une vaste association qui centuplait ses forces. L'on y agissait en commun. Le conseil des parents réunis délibérait sur toutes les questions de quelque gravité; il nommait, pour les résoudre, des arbitres dont les décisions avaient toute la valeur des jugements légaux. L'organisation des arts avait servi de modèle. Sous le nom de *consortes*, étaient compris dans la famille « tous ceux qui provenaient en ligne masculine de la même souche jusqu'à l'infini[1]. » Œuvre de la coutume et non de la loi, cette *consorteria* n'en avait poussé dans le sol que de plus profondes racines. Les nobles y puisaient une vigueur nouvelle, pour compenser la perte de leurs droits féodaux[2]. C'est en vain qu'au-dessous d'eux on avait tenté de suivre leur exemple[3]. Seuls ils savaient habiter porte à porte, palais contre palais, grouper autour d'eux leurs *consorti* et clients, leurs *famigli* ou serviteurs, appeler à la rescousse, au moment du danger, la population campagnarde qui vivait au dehors dans leur dépendance, sur leurs propriétés[4].

L'État, ce semble, aurait dû s'y opposer; mais il ne le

---

[1] Qui consortes sint de eadem stirpe per lineam masculinam usque ad infinitum. — Cette phrase, dit M. P. Villari, est souvent répétée et montre comment se formaient les *consorterie* (Voy. *Il Politecnico*, juillet-août 1868, p. 208-219). — Nous avons dit plus haut (l. I, c. IV, t. I, p. 190) le sens de ce mot. Il apparaîtra plus clair encore par ce que nous disons ici.

[2] Voy. M. P. Villari, *Nuova Antologia*, t. XI, p. 449, juillet 1869. — Sur ce point important, nous prenons le plus souvent pour guide ce professeur, ce publiciste distingué, qui en a excellemment disserté dans les deux recueils sus-indiqués.

[3] Il en est question dans les *Ordinamenta justitiæ*, Rub. 11 du texte de Fineschi et de M. Giudici, Rub. 16 du texte de M. Bonaïni. — Nous expliquerons plus bas, dans ce même chapitre, ce que sont ces *Ordinamenta* et ces trois rédactions.

[4] Voy. sur ces faits M. P. Villari, *Nuova Antologia*, loc. cit., p. 447.

pouvait. La direction changeant de main tous les deux mois, les gibelins succédaient aux guelfes, et les nobles aux *popolani*. Ce qu'on filait en octobre, dit Dante, était défait en novembre [1]. A la stabilité politique suppléait de son mieux l'esprit de gouvernement : il favorisait la formation et les progrès des forces particulières qui se tenaient debout sans être soutenues, qui maintenaient un équilibre toujours menacé, qui servaient de frein aux tyrannies de hasard, et de contre-poids au pouvoir central. C'est ainsi que le pouvoir central, faute de notions justes sur l'État, ne le distinguait pas de la société; c'est ainsi qu'il devait souhaiter le développement de puissances qui gênaient son action, et se mêler d'affaires privées où, en des conditions moins singulières, il n'aurait pas dû mettre la main. Nul n'avait le droit, sans son autorisation, de passer d'une rue ou d'un quartier dans un autre, car tout changement de ce genre pouvait pousser un citoyen à changer de parti ou d'alliances, et devenait par là question politique ; mais les magistrats pratiquaient eux-mêmes ce qu'ils défendaient à autrui : sans cesse ils remaniaient les *sestieri*, soit pour fortifier leurs amis où ils les trouvaient faibles, soit dans des vues moins intéressées et moins étroites, pour maintenir cette juste balance des quartiers et des familles qui donnait seule quelque stabilité à l'État [2].

Aucun d'eux, pas même les plus clairvoyants, ne pressentait les conséquences. Elles étaient graves pourtant,

---

Verso di te, che fai tanto sottili
Provvedimenti, ch' a mezzo novembre
Non giunge quel che tu d'ottobre fili.
(*Purg.* VI, 142.)

[2] Voy. M. P. Villari, *Il Politecnico*, juillet-août 1868, p. 222.

et à peu près inévitables. Comme on ne constitue pas de forces sans qu'elles usurpent des attributions politiques, l'esprit de caste reconquérait en partie ce que les précédentes réformes lui avaient enlevé. Comme l'équilibre où on les maintient dégénère aisément en antagonisme, les *consorterie* se jalousaient réciproquement. De là des troubles que Villani, observateur exact des faits, mais investigateur superficiel des causes, attribuait « à l'excès de prospérité et de tranquillité qui engendre naturellement les nouveautés avec l'orgueil[1]. » — « Les outrages, poursuit cet auteur, les blessures, les homicides, se multipliaient. Les nobles surtout, qu'on appelait grands et puissants, se déchaînaient contre les *popolani* impuissants, dans la ville et sur le territoire, contre les personnes par la violence armée, contre les biens en les occupant[2]. » Qu'un souffle passager de la faveur publique les portât encore au pouvoir, ou qu'ils y fussent représentés, ce qui était l'ordinaire, par les *popolani grassi* de leur bord, ils en usaient pour violer les lois existantes, pour en substituer de plus favorables à leurs prétentions, pour opprimer leurs ennemis et assurer l'impunité à leurs amis, pour se saisir des biens de la commune, sous prétexte de récompenser ceux qui l'avaient vaillamment servie. Dans le *contado*, ils obligeaient les *contadini* libres de toute servitude, à signer de faux contrats qui les assimilaient aux fidèles, aux serfs, aux autres hommes privés de leur liberté. Toute résistance eût été inutile devant des cavaliers et des *pedoni* qui s'avançaient la menace à la bouche, la dague et la torche dans les mains[3].

[1] Villani, VIII, 1.
[2] *Ibid.* Cf. Leon. Bruni, IV, 67.
[3] On peut voir dans les *Delizie*, à la fin du t. VIII, p. 282, une pétition

Accoutumée à ces désordres, Florence n'y voyait rien de bien nouveau. Ce qui l'était pourtant, c'est que soutenus par leur *consorteria*, les nobles ne se contentaient plus de se faire justice à eux-mêmes; ils refusaient en outre de se soumettre aux juges. Après avoir délibéré en commun sur telle ou telle vengeance, ils leur arrachaient ou ils dérobaient à leurs poursuites celui d'entre eux ou de leurs familiers qu'ils avaient chargé de l'exécution. Quelquefois même ils le rachetaient à prix d'argent. Y échouaient-ils? Le coupable était-il traîné devant la justice? Personne ne voulait témoigner contre lui. Ainsi l'on trouvait, le matin, des cadavres déjà froids sur les dalles des rues; on apprenait qu'un citoyen avait disparu, et son cadavre même était perdu à jamais. Les meurtriers restaient inconnus; les maisons de la *consorteria* suspecte ne livraient point leur secret. Pas plus que les parents de la victime, le potestat n'y pouvait pénétrer. Des preuves ou des présomptions assez fortes permettaient-elles de condamner un grand à l'amende? il se trouvait ne posséder rien en propre. Le juge et avec lui l'État demeuraient désarmés[1].

La plupart des seigneuries luttaient obstinément pour remédier à ces désordres, où pouvait sombrer la République. Le 7 juin 1285, « considérant les énormes crimes qui se commettent et l'impunité dont s'enorgueillissent beaucoup de coupables, par l'impuissance des victimes, » les conseils, à la demande des prieurs, donnaient *balia*

de quelques hommes de Castelnuovo qui, étant libres de toute servitude, furent contraints par les Pazzi et d'autres « armata manu cum militibus et peditibus », les armes et les torches aux mains, à signer un contrat, feignant d'avoir un procès qu'ils n'avaient pas : « et scribi faciendo litem contra eos esse super revocationem servitorum. »

[1] Voy. M. P. Villari, *Nuova Antologia*, loc. cit., p. 452.

jusqu'au 1ᵉʳ septembre suivant à messer Baldovino des Ugoni, capitaine du peuple, « d'enquérir, juger, condamner pour tout crime, méfait ou excès, et appliquer la peine selon les statuts ou à son gré, quand le cas n'est pas prévu[1]. » Mais ces pleins pouvoirs, d'ailleurs limités quant à leur objet et à leur durée, étaient devenus la monnaie courante de la politique, et avaient cessé d'être un épouvantail. On les donnait aussi pour punir les marchands qui, en temps de disette, accaparaient la viande et le vin[2], pour les contraindre à fournir du sel de bonne qualité, pour en interdire la vente à tout citoyen qui n'en aurait pas reçu le privilége[3]. Le 2 octobre 1286, les conseils autorisaient le potestat, le capitaine et leurs juges, jusqu'au 1ᵉʳ janvier suivant, à contraindre « réellement et personnellement[4] » tout magnat qui molesterait un *popolano*, en l'empêchant d'habiter ses maisons ou de cultiver ses terres, à les acheter à un prix équitable ou même excessif, selon la décision des prieurs. La voix publique, un seul témoin, la simple dénonciation de l'offensé suffisait à établir l'offense, pourvu qu'il l'affirmât sous la foi du serment.

Le même jour, les mêmes conseils, « voulant refréner l'effrénée et audacieuse présomption des magnats et puissants de la ville et du *contado*, » décrétaient que tous les mâles âgés de plus de quinze ans, dans les familles qui seraient désignées, s'obligeraient sous caution de deux

---

[1] *Provvisioni*, n° I, p. 17 v°.
[2] 18 juillet 1285. *Provvisioni*, n° I, p. 17 v°.
[3] 5 novembre 1285. *Provvisioni*, n° I, p. 21.
[4] Realiter et personaliter (Doc. du 12 octobre 1286, *Consulte*, PP., I, 32, *Frammenti di provvisioni e riforme*). — Dans ce document se trouve résumé celui du 2 octobre dont nous parlons ici.

mille livres, pour eux-mêmes, leurs fils et leurs frères, à ne contrevenir en aucune façon aux règlements et lois de la commune. Diverses peines étaient portées contre quiconque n'y obéirait pas, ou, par fraude, les éluderait[1]. Dix jours plus tard, le 12 octobre, on étendait ces mesures des délits contre la commune aux délits contre les particuliers, notamment pour protéger les propriétés indûment occupées par des hommes puissants, et tout ensemble celles dont ils empêcheraient la vente. On déclarait abrogés les statuts contraires à ces dispositions. Le conseil spécial du capitaine, réuni dans San Pier Scheraggio aux *capitudini* des douze arts principaux, approuvait par assis et levé ces propositions, à l'unanimité des quarante-sept conseillers présents. Le conseil général sanctionnait aussitôt[2], et les mesures votées étaient dès lors exécutoires, sans qu'il les fallût soumettre aux conseils du potestat, dont faisaient partie ces grands qu'on voulait réprimer.

Vive et durable fut l'émotion parmi eux. Elle grandit de jour en jour, se répandit en rumeurs sur la voie publique, éclata, le 30 octobre, en excès contre le potestat, le capitaine et leurs familiers[3]. Sans perdre un instant, ces deux magistrats, avec une résolution rare, attaquèrent le taureau par les cornes. Le même jour, ils convoquent les deux conseils du potestat, où les grands avaient droit de siéger et de se faire entendre[4]. Là, en présence du po-

[1] *Provvisioni*, n° I, p. 27-32. *Consulte*, loc. cit.

[2] *Consulte*, loc. cit. — Rien n'est plus rare, dans les conseils florentins, que l'unanimité des suffrages. Les personnes qui connaissent le mieux cette histoire croient même volontiers qu'il n'y en a pas d'exemples. Nous en avons relevé quelques-uns. Ainsi, le 15 décembre 1296 « placuit omnibus in dicto presenti consilio existentibus. » (*Provvisioni*, n° VII, p. 17 v°.)

[3] Excessuum et rumorum (*Consulte*, PP., I, 34 v°).

[4] On cherche les motifs de cette interversion de l'ordre accoutumé. Il est

testat, Bertoldo de Stefani, Romain, qui présidait selon l'usage, le capitaine du peuple, Monaldo des Monaldeschi, d'Orvieto, expose qu'on ne peut faire pleine inquisition, procès et punition de ces excès et rumeurs, si l'on ne change quelques-uns des statuts du potestat et du capitaine, ceux-là surtout qui enchaînent trop leur liberté, et il demande qu'il y soit procédé sur-le-champ, sans même donner l'ordinaire lecture de ces statuts. Intimidés ou absents, les grands n'y mirent aucun obstacle, et la proposition fut approuvée par assis et levé. Les deux magistrats se rendirent incontinent dans les conseils du capitaine, dont l'approbation nullement douteuse n'était que pure formalité. Le potestat y prit la parole, pour mieux marquer sans doute ce dont témoignait déjà sa présence, qu'il était avec son collègue en parfaite communauté de sentiments. Il fit les mêmes demandes que le capitaine avait faites dans les précédents conseils ; il réclama toute licence de punir sans exception de droit ni de statut, et sans qu'ils pussent, ni lui ni le capitaine, être soumis, leur charge expirée, au redouté contrôle du *sindacato*, pour leurs actes contre les grands. Portée enfin devant le parlement général du peuple, réuni à Santa Reparata, la proposition y fut agréée, et les statuts promptement réformés purent être appliqués sans retard [1].

Ce n'était qu'un essai, limité au 1er janvier 1287 ; mais on pouvait renouveler les mesures édictées, si elles avaient réussi. On ne les renouvela point, ou, du moins,

---

probable qu'on voulut brusquer les choses, en avertissant seulement les *popolani* qui faisaient partie des conseils du potestat de se rendre à la réunion, ce qui assurerait aux mesures projetées une majorité. Nous ne nous souvenons pas d'avoir vu un autre exemple de ce renversement.

[1] *Consulte*, PP., I, 34 v°, 35. *Frammenti di provvisioni e riforme.*

on les modifia, le 18 janvier, comme trop dures en certaines parties et d'une impossible application. Il fut stipulé ainsi que le père donnant sa garantie pour le fils, ou le fils pour le père, ou un frère pour l'autre, cette garantie ne serait exigée double en aucun cas[1].

Ce qui domine dans ces premiers tâtonnements d'une législation draconienne, c'est le dessein d'introduire dans le châtiment la solidarité qu'on trouvait dans la faute. Rien n'était plus naturel et même plus légitime. A Florence, la responsabilité collective était partout, dans le patrimoine domestique, en grande partie indivis puisque les mâles possédaient presque tout[2], comme dans le commerce, où le père, les fils, les frères étaient responsables solidairement. Ainsi ancrée dans la société civile, la solidarité devait pénétrer dans la société politique. Comment n'eût-on pas étendu la condamnation du coupable à ses complices, aux protecteurs qui le dérobaient ou l'arrachaient au juge? C'était le fond même des législations germaniques. En Italie, où elles étaient connues, personne ne pouvait donc trouver surprenant qu'on les imitât. L'amende était-elle la seule peine encourue? La propriété restant indivise, c'est la famille qui devait payer. Même très-riche, le condamné pouvait n'avoir pas de biens

---

[1] *Provvisioni*, n° I, p. 41. Cette modification ne dut pas avoir pour cause un changement dans les principales magistratures, car si un nouveau potestat était entré en charge le 1ᵉʳ janvier, le capitaine conservait la sienne jusqu'au 1ᵉʳ mai. — Il y avait des accommodements, soit quand les nobles étaient démontrés pauvres, soit à la demande d'une ville alliée. Le 12 avril 1287, on réduisait à 50 livres par personne la caution des Rinaldini « cives et comitatini » de Sienne qui réclamait pour eux en cette qualité et à cause de leur pauvreté constatée (*Frammenti di provvisioni e riforme*).

[2] Les auteurs de nouvelles, chez qui l'on rencontre de précieuses traces des mœurs, parlent de frères qui dépensent mal leur avoir, deviennent pauvres et redeviennent riches ensemble.

propres. La somme à verser ne dépassait jamais deux mille livres; ce n'était donc pas une charge que des familles opulentes pussent trouver excessive et repousser à tout prix[1].

Si elles la repoussaient, c'est qu'elles trouvaient dans leurs serfs et tenanciers des campagnes comme une armée toujours prête à les soutenir aveuglément. Pour leur ôter ce point d'appui et tout ensemble pour attacher les *contadini* à la cause commune, on facilitait à ceux-ci la liberté. Depuis longtemps déjà elle était acquise, en vertu d'un vieux statut, à tout esclave qui venait sur le territoire florentin habiter, en qualité d'homme libre, une maison libre, et rien n'avait contribué davantage à la destruction des liens personnels[2]. Le 6 août 1289, la servitude fut abolie. Pour la première fois peut-être dans la péninsule étaient énoncées et appliquées les nouvelles maximes de droit public qui commençaient à se faire jour[3], et qui eurent jusqu'en France un écho dont retentissent les or-

---

[1] Voy. M. P. Villari, *Nuova Antologia*, loc. cit., p. 451.
[2] *Statuta*, II, 74. Villari, *Il Politecnico*, juillet-août 1868, p. 220.
[3] Cum libertas, quia cujusque voluntas non ex alieno sed ex proprio dependet arbitrio, jure naturali multipliciter decoretur, qua etiam civitates et populi ab oppressionibus defenduntur, et ipsorum jura tuentur et augentur in melius, volentes ipsam et ejus species non solum manutenere, sed etiam augmentare per Dominos priores artium, etc.... provisum.... extitit salubriter et firmatum quod nullus undecumque sit et cujuscumque conditionis.... existat, possit.... vel per alium tacite vel expresse emere, vel.... adquirere in perpetuum, vel ad tempus aliquos fideles, colonos perpetuos, vel conditionales, adscriptitios, vel censitos, vel aliquos alios cujuscumque conditionis existant, vel aliqua alia jura scilicet angharia, vel pro angharia, vel quevis alia contra libertatem et conditionem persone alicujus in civitate vel comitatu vel districtu Florentie..., etc. (*Provvisioni*, n° II, p. 24 v°.) — M. Villari a émis des doutes sur l'authenticité de ce texte, parce qu'il ne l'a connu que d'après l'*Osservatore fiorentino*, qui le rapporte (T. IV, p. 179, 5ᵉ éd). Ne fût-il pas dans un document positif, on pourrait encore y ajouter foi, tant il est conforme aux ordonnances de nos rois rendues quelques années plus tard.

donnances de Philippe le Bel, de Louis le Hutin, de Philippe le Long[1].

L'expérience montra bientôt que les nobles trouvaient encore des échappatoires. Divers priviléges obtenus en divers temps des papes, des empereurs, du roi Charles ou de leurs vicaires, permettaient de recourir à d'autres magistrats que le potestat, le capitaine et les prieurs, pour faire valoir les droits féodaux. Des peines sévères furent édictées contre quiconque recourrait à ces tribunaux ou à ces juges, contre les notaires qui transcriraient les actes, contre les jurisprudents qui les soutiendraient. Les parents du condamné de ce chef étaient rendus rigoureusement responsables[2]. Enfin, pour mieux assurer la paix publique contre les réclamations armées, défense était faite à tous de porter des armes dans la ville, et c'est à peine si, par occasion, l'on exceptait les ambassadeurs étrangers[3].

[1] Ordonnances de 1311, 1315, 1318. — Voy. *Ordonnances des rois de France*, t. I, p. 583, 653, et notre ouvrage, *La démocratie en France au moyen âge*, 1, 65, 66.

[2] Aliquas litteras impetrare vel impetrari facere, aut privilegium vel rescriptum, per quas vel quod aliquis, vel aliqui de civitate vel districtu Florentie citentur vel trahantur ad causam, quistionem, vel litigium aut examen alicujus judicis, nisi coram D. Potestate, capitaneo et aliis officialibus comunis Florentie et qui contrafaceret.... teneantur potestas et capitaneus qui de predictis requisitus esset, condemnare patrem, vel filium, vel fratrem carnalem, vel cuginum ex parte patris, vel patruum et nepotes ejus in dicta pena, et dictam condemnationem exigere cum effectu, et etiam in majori pena ad arbitrium eorum cujuscumque eorum, si eis vel alteri eorum videtur expedire. Et nihilominus compellat eos et quemlibet eorum dare et facere tali contra quem dicerentur tales littere vel privilegium vel rescriptum impetrata, omnes expensas quas faceret vel fecisset occasione predicta, credendo de predictis expensis juramento hujusmodi contra quem dicerentur predicta vel aliquod ipsorum impetrata (*Provvisioni*, L, p. 175. Texte publié par M. Villari, dans *Il Politecnico*, novembre 1867, p. 610).

[3] Ces ambassadeurs obtenaient quelquefois le privilége de conserver leurs armes, mais pour un temps limité. Le 10 juillet 1290, on le leur accordait jusqu'au mois de janvier suivant (*Provvisioni*, n° II, p. 111 v°).

Au reste, à la condition de se soumettre aux statuts anciens et nouveaux, les grands cessaient d'être considérés comme ennemis. On multipliait les efforts pour rétablir la concorde entre ceux qui avaient des querelles privées. On récompensait les personnes qui s'y étaient entremises. On célébrait l'heureux événement par des réjouissances que payait le trésor public. C'est ainsi que, le 11 avril 1290, tous les conseils votaient deux mille livres pour fêter l'accord rétabli entre les Lamberti et les Tosinghi ou Della Tosa, que divisait un misérable débat sur la possession de certaines terres [1].

Mais combien d'autres familles n'aurait-il pas fallu réconcilier encore, pour que Florence jouît de la paix! Leur exemple était contagieux. Les arts, soutien naturel et nécessaire de la seigneurie, se laissaient gagner à l'insubordination et se déchiraient entre eux. Les marchands, les artisans, ne se conformaient plus aux règles de leurs corporations. Y étaient-ils appelés à la dignité de consuls, ils en profitaient pour fixer le prix comme la forme des marchandises, pour remplacer la concurrence par le mo-

---

[1] Libr. duorum milium f. p. de ipsius communis inter nobiles viros illos scilicet de La Tosa et illos de Lambertis, et etiam in iis que videbuntur expedire et utilia fore ad ipsam pacem faciendam (*Provvisioni*, n° II, p. 84 v°). — Le 14 avril, les prieurs réunis avec le capitaine dans le chœur de San Pier Scheraggio, faisaient la répartition de ces 2000 livres : 1° 1400 à M. Scolaio des Pulci, pour être consacrées à deux dots. — 2° 570 à M. Fornaio des Pulci pour être données aux Lamberti. — 3° les 30 livres restant à répartir entre Ottavante Rigaletti, Andrea de Cerreto, Chiaro des Gottoli, Niccolò Acciajuoli, jurisconsultes qui s'étaient donné beaucoup de mal pour conduire à bonne fin ladite paix (*Provvisioni*, n° II, p. 87). — Le 4 août suivant, à la demande de M. Ceffo des Lamberti et de M. Enrico della Tosa, comparaissant au nom de leurs familles, les conseils du capitaine et les *capitudini* des douze arts principaux, réunis dans San Pier Scheraggio, ratifiaient le *lodo* des prieurs qui mettait fin à ces discordes privées (*Provvisioni*, n° II, p. 131).

nopole. Le 30 juin 1290, une provision des prieurs rétablissait la liberté du trafic en prohibant toute « douane ou composition [1], » et décidait que « quelques explorateurs secrets seraient élus [2], pour s'assurer s'il n'était point commis d'infraction à ces nouveaux règlements [3]. » Cette provision devait être lue une fois par mois dans les conseils du capitaine et aussi dans les rues [4]. En vain avait-on cru qu'il suffirait d'une menace : le 27 juillet, les conseils, frappés du persistant état des choses, invitaient la seigneurie à nommer les explorateurs [5]. Le 21 octobre 1292, c'étaient les consuls des arts eux-mêmes qui réclamaient des pouvoirs publics l'autorité de punir d'amende, d'effacer de leurs registres matricules les artisans qui commettaient vols ou falsifications, leurs complices et les recéleurs [6].

Le pis, c'était le désaccord entre les arts. Attaqués en haut par la noblesse, les arts majeurs étaient jalousés en bas et mal secondés par les arts mineurs. Entre ces aînés et ces cadets d'une même famille, il n'y avait pas seulement inégalité de richesse : leurs vues, leurs intérêts étaient différents, sinon opposés. Les uns auraient sacrifié leur dernier florin pour prendre Livourne ou Porto-Pisano. Ils faisaient la guerre au luxe, afin d'avoir plus d'argent pour les entreprises militaires. Ils tenaient par-dessus tout à l'alliance des Lucquois. Ils ne voulaient pas que Gênes, Venise et les Lombards prissent trop d'avantages. Les autres, indifférents aux entreprises, aux

---

[1] Ne dogana vel compositio fiat.
[2] Exploratores secreti aliquot.
[3] *Provvisioni*, n° IV, p. 29.
[4] 3 juillet 1290. *Provvisioni*, n° IV, p. 29.
[5] Ordinamenta firmata contra artes et artifices facientes vel servantes inlicita ordinamenta, compositiones et posturas (*Provvisioni*, n° II, p. 130 v°).
[6] *Provvisioni*, n° III, p. 112 v°.

négociations lointaines du trafic et de la politique, souhaitaient le luxe pour en vivre et les fêtes pour s'en divertir. Ces palais, ces villas, ces églises monumentales qu'une riche aristocratie faisait construire et orner somptueusement, c'est eux qui les construisaient et les ornaient. La guerre suspendant fêtes et travaux, ils avaient en haine la guerre. Ils maugréaient contre ces marchands qui, roulant sur l'or, vivaient avec une parcimonie sordide, contre ces *popolani grassi* qu'ils avaient poussés au pouvoir et qui les en excluaient en même temps que les nobles. Ils trouvaient un puissant appui auprès des femmes, indifférentes comme eux à la gloire de Florence, comme eux ennemies des combats, « que détestent les mères, » amies du luxe qui les passionne à tout âge, constamment prêtes, par tous les artifices, à éluder les lois tyranniques qui prétendaient régler et réduire outre mesure leurs ajustements[1].

Un jour ou l'autre, les grands devaient tirer profit de ces rancunes, de ces jalousies, de ces haines ; mais l'heure n'en était pas venue encore. Tout favorisait alors l'irrésistible progrès de l'esprit démocratique. Les associations étaient libres et fortes. En s'enrichissant, le plus humble Florentin pouvait passer d'un art mineur à un art majeur, et s'ouvrir accès à la vie publique, aux plus hautes fonctions. Ainsi les déshérités du sort s'en tenaient à une lutte sourde contre ces riches marchands qui les dédaignaient sans leur ôter tout espoir. Ainsi aux jours de trêve, ils se rapprochaient des nobles, comme l'enfant de tout ce qui brille ; mais aux jours de combat, ils se re-

---

[1] Voy. Sacchetti, Nouvelle 15, et plus bas un chapitre spécial sur la vie à Florence (t. III, liv. VII, ch. III).

trouvaient aux côtés des *popolani*, dont le triomphe, ils le sentaient bien, devait préparer le leur.

Quoi qu'il en soit, les arts majeurs étaient mécontents. Ils voyaient les magistrats user du plus révoltant arbitraire[1]; ils s'irritaient de tant d'excès impunément commis au-dessous comme au-dessus d'eux, et dont, le plus souvent, ils étaient victimes. Leonardo Bruni les montre, quoique marchands, « plus sensibles à la puissance des familles, aux meurtres et aux blessures qu'à la perte de leur patrimoine[2]. » Mais les embarras de leur trafic accrurent encore ce malaise, précurseur ordinaire des grandes crises.

A l'orient, la perte de Ptolémaïs[3] leur avait causé des dommages considérables[4]. A l'occident, leurs regards émus se tournaient vers la France. Depuis longtemps, les Français y abandonnaient le haut négoce aux Lombards, comme on appelait les marchands natifs d'Italie. De Montpellier, fief du roi de Majorque, centre primitif de leurs opérations, Philippe le Hardi avait appelé les Florentins à Nîmes, sur les domaines de sa couronne[5], puis dans les

---

[1] Le 22 et le 23 février 1291, il fallait décider que nul ne pourrait être contraint par aucun *rettore* à payer plus de la somme à laquelle il était taxé, la commune se réservant de fixer elle-même celles qu'auraient à verser les personnes qui se montreraient récalcitrantes à acquitter leurs impôts (*Provvisioni*, n° II, p. 190 v°).

[2] Veriti potentiam familiarum et cædes ac vulnera plus quam jacturam patrimonii formidantes (Leon. Bruni, IV, 67).

[3] Saint Jean d'Acre, au moyen âge Acre, en latin Accon, Acconis.

[4] Villani, VII, 146. *Pipini Chron.*, l. IV, c. xxxvii (R. I. S., t. XI, 733). — Cet événement fut le dernier soupir du génie des Croisades. « Les choses, s'il plaît à Dieu, écrit un chroniqueur musulman, resteront ainsi jusqu'au dernier jugement. » (Voy. Michaud, *Hist. des Croisades*, t. III, p. 321-336, 7° éd.)

[5] Voy. un record de cour de 1288. *Trésor des Chartes*, Reg. XXIV; f° 33. — En vertu de cette transaction, toutes les marchandises venant d'Italie devaient aborder au port d'Aigues-Mortes, fondé par saint Louis et

autres parties de son royaume ; une grande route permettait au roulage de faire en trente-cinq jours, par la Savoie et la Bourgogne, le trajet de Gênes à Paris[1]. Ces marchands ne se contentaient pas de fréquenter les foires, en Champagne et ailleurs ; ils avaient partout établi des comptoirs que protégeait la royauté. Philippe le Bel veillait à ce que les conventions conclues entre les Italiens et son père fussent ponctuellement exécutées[2]. L'âpreté de deux Florentins le poussa à une véritable persécution. C'étaient deux frères, Biccio et Musciatta Franzesi. Lui ayant, à plusieurs reprises, fait de fortes avances, ils avaient reçu, en remboursement, les tailles et autres impôts de plusieurs provinces. Autorisés même à en exercer directement la perception, ils se trouvaient tout ensemble administrateurs des finances, banquiers et fermiers généraux du roi : redoutable pouvoir dans une société dont les ressources étaient si faibles et le désordre si grand. Sous l'aiguillon de l'intérêt personnel, ils firent un rigoureux usage de leur privilége : ils écrasèrent d'exactions les Français, et plus encore les Italiens, qui naturellement criaient moins haut. Même pour en éviter la concurrence, ils persuadèrent au roi de les arrêter tous, honnêtes ou déshonnêtes, comme accusés de prêter à usure, au mépris des ordonnances de saint Louis.

Contre les Lombards comme contre les Juifs il y avait par malheur des précédents. En 1277 on arrêtait

---

amélioré par son successeur. Le roi tirait de grands revenus de ce monopole (*Ordonn. des rois de France*, IV, 668. Dom Vaissète, *Hist. de Languedoc*, IV, 26, ap. Boutaric, *La France sous Philippe le Bel*, l. XI, c. III, p. 356).

[1] Les *Olim*, t. III, p. 661, ap. Boutaric, *loc. cit.*
[2] 1288. *Ordonn. des rois de France*, XII, 420. Boutaric, *loc. cit.*

des Siennois[1]. En 1282, des Florentins refusant de payer certaines redevances[2], le potestat de leur patrie, les quatorze, les *capitudini* et un très-grand nombre de sages s'ingéniaient, par crainte de mesures sévères, à calmer Philippe le Hardi[3]. Le sentiment public était hostile à ces marchands d'outre monts. Dans la nuit du 1er janvier 1291, sur tous les points du royaume à la fois, ils furent appréhendés au corps et jetés dans des cachots. Ils connaissaient le moyen d'en sortir, et ils se rachetèrent à prix d'or. Le plus grand nombre quitta la France sans retard ; quelques-uns y restèrent, retenus par de graves intérêts[4]. « Nous avons été et nous sommes fort tourmentés, écrivaient Messer Consiglio des Cerchi et compagnie (*e compagni*), à leurs correspondants en Angleterre, quand nous pensons aux embarras, aux dommages qui peuvent résulter de cet événement pour nos marchandises, nos capitaux, notre avoir dans les Flandres et la Champagne. De la Cour nous espérons, avec l'aide de Dieu, qu'elle ne nous fera aucun mal, parce que nous

---

[1] Le 20 mai 1277, Sienne envoyait à ce sujet des ambassadeurs à Philippe le Hardi (*Consiglio della Campana*, XXI, 85).

[2] De predicta talia.

[3] Sur l'avis de Bonaccurso Lisei, on décide que quelques *sapientes juris* écriront de suite au roi que la commune, conformément à ses statuts, lui fera la justice qu'elle pourra, et qu'on verra s'il y a lieu d'envoyer des ambassadeurs. Lapo Aimeri aurait voulu qu'on protestât contre ceux *ad quorum instantiam predicta facta fuerunt*, et qu'on envoyât sur le champ un ambassadeur dire au roi que la commune était prête à contraindre selon la justice ceux qui étaient obligés à payer *de predicta talia*. Bindo des Canigiani voulait qu'on écrivît au roi de contraindre ceux qu'il avait dans son royaume, et que la commune en ferait autant de ceux qui étaient en son pouvoir. Ser Carradore, notaire, demandait que les sages élus se fissent dans les quinze jours montrer, par les intéressés, leurs titres et droits. Un certain Maffeo proposait de remettre la solution aux consuls des quatre arts principaux (*Consulte*, t. I, quad. C, p. 55 v°, 56).

[4] Voy. H. Martin, *Hist. de France*, IV, 395-396.

n'avons aucun tort envers le roi. Nous croyons que maintenant nos associés et nos marchandises ont été remis en liberté, de manière que nos affaires puissent continuer comme par le passé [1]. »

Ainsi l'on ne savait au juste, le 23 juin, date de cette lettre, ce qui était advenu des marchands incarcérés, des marchandises confisquées le 1er mai. Quelle perturbation dans les affaires du négoce, dans la fortune des trafiquants [2]! Si ce ne fut qu'une bourrasque passagère, si les Lombards, intéressés à fournir d'or la couronne, recommencèrent bientôt à en acheter fort cher le privilége, à solliciter et à payer les précieuses lettres de naturalité qui les assimilaient aux régnicoles et les exemptaient des taxes dont on accablait les étrangers [3],

[1] Della quale cosa ne siamo stati e siamo molto crucciosi, pensando lo sconcio e la briga e'l damaggio che intervenire ne puote, si della nostra mercatanzia e si della moneta e avere dovemo in Fiandra e in Campagna. Che quanto del fatto della corte, noi avemo speranza di non avere danno, a l'aiuto di Dio, perchè non avemo misfatto contra di lui. Or credem noi che ora i nostri compagni e la nostra mercatanzia siano tutti diliveri, in tal modo che i nostri fatti si possano fare come di prima e come dovemo. E così piaccia a Dio che sia (Florence, 23 juin 1291, ap. Giudici, *Storia dei municipi italiani*, t. II, Append., p. 237).

[2] I mercatanti di Firenze ricevettono gran danno e ruina del loro avere (Villani, VII, 146).

[3] Non sustinebimus quod ipsi tanquam Lombardi tractentur; imo precipimus ex nunc sicut burgenses nostros reputari, tractari, et censeri (Lettres accordées à Antonio Scarampi et Antonio de Quarto, le 3 septembre 1291. Voy. *Bibl. de l'École des Chartes*, 4e série, t. IX, p. 265). — On a de fort rares exemples de concessions de ce genre. Voy. *Trésor des Chartes*, Reg. XLVI, n° 219, ann. 1312. — Ce retour de faveur s'accentue : en 1294, les agents royaux protégeaient les Lombards contre les seigneurs leurs débiteurs (Mesnard, *Histoire de Nismes*, t. I, preuves, p. 117). En 1295, Philippe le Bel les affranchit de toutes tailles, collectes, emprunts, droits d'ost et de chevauchée, et de tout autre impôt, à condition de payer un denier, obole et pite par livre de toutes marchandises. Il les autorise à demeurer dans toutes les villes du royaume après y avoir acquis le droit de bourgeoisie (*Ordonn. des rois de Fr.*, I, 326, ann. 1295. — Boutaric, *loc. cit.*, p. 356-357).

l'ébranlement fut de durée à Florence. Toute foi dans l'avenir y avait disparu. Le malaise universel inspirait la haine : on devait bientôt voir avec joie la France accablée de malheurs[1]. Une irritation mal contenue accrut encore l'inquiet désir de réformes intérieures, de répression efficace contre ces grands que le peuple florentin, dit le vieux Paolino, avait en horreur[2].

Il n'était, pour atteindre le but, nul besoin de violence ni de révolution. L'usage voulait que, chaque mois, un ou plusieurs statuts de la commune fussent lus dans les conseils, pour y être corrigés, suspendus ou abrogés[3]. Quand les corrections devaient être considérables, les sages chargés de les accomplir étaient tenus, comme les prieurs, de vivre ensemble jusqu'à la fin de leur travail[4]. Le tout était de s'entendre sur ce qu'il convenait de leur demander.

Or parmi les réformes dont les Florentins s'entretenaient à la veillée ou sur la place publique, il y en avait une fort importante et qui semblait préparée : c'était de donner plus de force aux métiers et à la classe moyenne contre les *popolani grassi* et les magistrats. Pour y parvenir, il suffisait d'adjoindre aux sept arts principaux,

---

[1] Onde molto fu ripreso e in grande abbominazione venne, e d'allora innanzi, lo reame di Francia sempre andò abbassando (Villani, VII, 146).

[2] Il popolo di Firenze, per orrore ch' egli aveano de' grandi, fecero certi ordinamenti (Paolino, II, 47).

[3] Voy. par exemple *Provvisioni*, n° II, p. 69, 19 juin 1290 ; p. 182 v°, 9 février 1291 ; n° III, p. 10, 11 avril 1291. — Dans un grand nombre de *provvisioni*, on accorde un salaire à des scribes chargés de transcrire les statuts nouveaux ou modifiés.

[4] Le 19 juin 1290, 14 arbitres assistés d'un notaire étaient ainsi renfermés, et l'on assignait 4 livres par jour « pro eorum expensis quas ibidem in eorum et familie sue cibo et potu fecerunt et facient ». (*Provvisioni*, n° II, p. 69.)

dans la vie publique, les cinq qui les suivaient de plus près. Déjà, en plus d'une occasion, l'on convoquait, pour éclairer les prieurs de leurs lumières, les *capitudini* des douze premiers arts, appelés ensemble pour plus de commodité dans le langage, les douze arts majeurs[1]. C'était un premier pas des cinq arts intermédiaires; le second ne pouvait se faire attendre. Puisque leurs chefs étaient jugés dignes d'intervenir souvent aux affaires publiques, pourquoi les marchands, les artisans qu'ils représentaient n'auraient-ils pas les mêmes droits que ceux des sept arts légalement majeurs? C'était le moyen de désarmer leur mécontentement et de les séparer des magnats, qui l'exploitaient avec tant d'adresse. On ne voyait que trop, dans diverses villes d'Italie, et l'on commençait déjà de voir à Florence les déplorables effets de cet accord monstrueux.

De même qu'un léger souffle détache de l'arbre le fruit mûr qui résistait vert à la rage des vents, de même le moindre incident fait passer de l'esprit dans la vie et transforme en acte l'idée parvenue à maturité. Une faute des grands guelfes enhardit ceux qui rêvaient de réformes ; confiantes dans l'appui des *popolani grassi*, les familles nobles se crurent invincibles et se divisèrent[2].

---

[1] Il nous paraît impossible de dire s'il y avait à cet égard des règles, ou si l'on s'en rapportait à la volonté des magistrats. Le plus probable est que ce fut une application variable de ce principe des institutions florentines en vertu duquel on appelait auprès des prieurs, pour toute affaire, un nombre plus ou moins grand de sages. On dut faire de même pour les *capitudini* ; seulement on n'alla jamais, dans ces dernières années du treizième siècle, au delà du douzième art. Il est facile, dans tous les cas, de comprendre que c'était un pas de plus vers la démocratie, et qui en présageait d'autres.

[2] Nec sane plenam ad servitutem plebis quicquam aliud obstare videbatur, quam quod nobilitas ipsa, inter sese, varie divisa, æmulatione et invidia concertabat (Leon. Bruni, IV, 67).

Adimari contre Tosinghi, Rossi contre Tornaquinci, Bardi et Mozzi, Bisdomini et Falconieri, Bostichi et Foraboschi formaient autant de groupes ennemis. Les Frescobaldi se déchiraient entre eux, et les Donati suivaient leur exemple. Les Buondelmonti se partageaient en deux camps, pour faire face les uns aux Cavalcanti, les autres aux Giandonati. Bien des maisons encore, dit Villani, montraient le même aveuglement[1]. Ces luttes fraternelles dénouaient le faisceau laborieusement lié, détournaient les regards des intérêts communs, et, par surcroît d'aberration, n'empêchaient pas les violences contre les humbles, quand il devenait plus facile de les réprimer.

Aux mécontents enhardis il fallait un chef. Deux citoyens, alors, étaient surtout en vue : Corso Donati et Vieri des Cerchi. Mais l'un, le bouillant vainqueur de Certomondo, était le plus hautain personnage de ces hautaines familles qu'il s'agissait de terrasser ; l'autre, froid et courageux organisateur des *feditori* à la même bataille, riche marchand et *popolano*, était modéré de caractère, dépourvu de ce talent ou de cette initiative qui porte un homme à la tête d'un peuple soulevé. Giano della Bella parut mieux propre à ce rôle. Il descendait d'une race authentiquement ancienne, jadis anoblie, avec les Pulci, les Nerli, les Gangalandi, les Giandonati, par Hugues, « le grand baron[2], » vicaire d'Otton III[3]. Le temps n'avait

---

[1] E tra più altri nobili assai e più altri casati (Villani, VIII, 1).

[2] *Paradiso*, XVI, 128.

[3] Les familles que Hugues avait anoblies portaient ses armes dans les leurs. Il avait reçu, en 1006, les honneurs de la sépulture dans la vieille *Badia*, et tous les ans des honneurs funèbres lui étaient rendus le jour de la fête de saint Thomas (Voy. *Paradiso*, XVI, 127, 128, et les notes des éditeurs Fraticelli, Costa et Bianchi, etc.).

point ôté leur notoriété aux Della Bella, comme à tant d'autres : souvent ils figurent aux actes publics, et en 1197 un d'eux était consul[1]. Ils semblent néanmoins avoir été de ces nobles primitivement gibelins qui préférèrent la richesse dans le travail à l'indigence dans l'oisiveté : Giano della Bella est appelé par Villani, son contemporain, « ancien et capable homme noble *popolano*, riche et puissant, du peuple de San Martino[2]. » Les auteurs disent de lui qu'il était « loyal, franc, de bon conseil, en ce temps-là le plus grand citoyen de Florence pour le sens et la vertu[3], ami du bien public, mettant du sien pour la commune sans en retirer rien[4], mais présomptueux et vindicatif[5], trop amoureux du bruit[6]. » Ses actes nous le montrent homme d'action sans les qualités de l'homme d'action, imprudent et irréfléchi, prompt à prendre feu au contact de qui l'excitait, naïf autant qu'honnête, législateur nul et politique médiocre, très-propre, en un mot, par ses défauts comme par ses qualités, à devenir l'idole de ces

---

[1] Voy. le doc. dans Cantini, II, 5-23. Parmi les signataires se trouve au deuxième rang Giani Bella (*Capitoli*, XXIX, 49).

[2] Uno antico e valente uomo nobile popolano ricco e possente.... del popolo di San Martino (Villani, VIII, 1). — M. Reumont n'est donc pas complet quand il l'appelle « antico e ricco popolano » (*Tav. chron.*, ann. 1293), et Pignotti encore moins, quand il dit, d'après Ammirato : « Di condizione popolare. » (L. III, c. vii, t. III, p. 184.)

[3] Uomo di buono consiglio e leale al suo comune e franco, e in questo tempo era lo maggior cittadino di Firenze, sì per senno e per virtù.... (Stefani, III, 204.)

[4] Egli era il più leale uomo e diritto popolano di Firenze, amatore del bene comune, e quelli che mettea in comune e non ne traeva (Villani, VIII, 8).

[5] Era presontuoso e volea le sue vendette fare (Villani, VIII, 8).

[6] Veramente questi fu il maggiore popolano che mai fosse in Firenze stato infino a lui, e maggiore sarebbe advenuto, se quello che fece e volea fare avesse fatto per senno e non con romore (Paolino, II, 49).

classes populaires qui aiment partout à trouver leur chef hors de leurs rangs[1]. Contre quelques nobles il nourrissait des ressentiments personnels, et il les étendait à leur caste entière. On rapportait qu'il avait été « vilainement insulté, dans San Pier Scheraggio, par Berto Frescobaldi, grand et chevalier, qui lui avait mis la main sur le nez, disant qu'il le lui couperait[2] ». Potestat à Pistoia, il n'y avait pu remplir sa charge jusqu'au bout : il en était revenu excommunié par l'évêque de cette ville, pour avoir procédé criminellement contre un grand nombre d'ecclésiastiques[3]. On le savait donc décidé à poursuivre le crime ou le mal, de quelque titre, de quelque robe qu'il se couvrît.

En effet, d'humeur frondeuse et mécontent par situation, Giano critiquait à tout propos les institutions de sa patrie, se courrouçait à la pensée des maux dont elle souffrait, se plaignait de l'audace des nobles et de la lâcheté du peuple. Ne voyait-on pas que tolérer les injures privées, c'était marcher rapidement vers la servitude publique? Si le juge tremblait sur son siége ou s'y voyait comme au désert, accusés et témoins refusant de comparaître devant lui, quelle garantie restait-il aux opprimés? Étant les plus faibles, ils ne pouvaient même se faire justice de leurs mains. A cette extrémité les réduisait la connivence des *popolani grassi* avec les grands.

---

[1] Machiavel (*Ist. fior.*, II, 21 B) est très-favorable à Giano. — M. Giudici (*Stor. dei mun. ital.*, I, 886) exagère l'éloge et fait trop de lui un paladin populaire. Sismondi (III, 42) l'accuse d'ambition, nous ne voyons pas sur quel fondement.

[2] Ammirato, l. IV, t. I, p. 187. — Villani, VIII, 8.

[3] *Provvisione* du 5 octobre 1294, où l'on décide d'obliger Pistoia à lever l'excommunication. Les ecclésiastiques frappés par Giano sont nommés dans ce document (N° IV, p. 76).

Supporterait-on toujours la cupidité, la concussion, la dilapidation chez les recteurs? L'heure était venue d'endiguer le torrent, si l'on ne voulait qu'il inondât la ville, de réformer les statuts, comme le permettait l'antique coutume, de remettre en vigueur les plus durs et d'en édicter de plus durs encore, qui inspirassent aux injustes et aux violents une salutaire terreur[1].

Les esprits ainsi préparés, on n'attendit point une nouvelle seigneurie. Il aurait fallu différer jusqu'au 15 février 1293. Dès le 10 janvier de cette année, le potestat Tebaldo Brugiati, de Brescia, et le capitaine du peuple, Currado de Sorecina, Milanais[2], cédaient, avec les prieurs

---

[1] E facendo in Firenze ordine e arbitrio a correggere li statuti e le nostre leggi, siccome per li nostri ordini consueto era di fare per antico (Villani, VIII, 1). De ces propos, les historiens de la renaissance ont fait une harangue à la mode antique, qu'ont reproduite ou résumée les historiens modernes. On y voit dans Leon. Bruni (IV, 67) des phrases textuellement empruntées aux Latins. Ammirato l'a refaite (L. IV, t. I, p. 188), Sismondi (III, 47), Giudici (I, 887) de même, et ils semblent croire qu'il y eut ainsi un discours unique, solennel, qui décida les événements. L'*Osservatore fiorentino* a même prétendu qu'il fut prononcé au Scheraggio, aux bords de l'égout de ce nom, derrière l'église où se réunissaient les conseils. Il ajoute que c'est là qu'on fit les nouveaux règlements contre les grands. A vrai dire, dès la page suivante, c'est dans l'église qu'aurait parlé Giano, ce qui serait du moins plus vraisemblable et plus conforme aux usages (V, 205, 206, 3ᵉ éd.). Le fait n'étant rien moins qu'avéré, chacun le place au moment qu'il veut, Bruni avant, et Sismondi après l'élection de Giano comme prieur. Sismondi dit même que « étant l'un des prieurs des arts, il saisit l'occasion d'une assemblée du peuple ou parlement pour haranguer ses concitoyens sur la place publique ». Or nous avons vu que le parlement se tenait à l'intérieur de Santa Reparata. De plus, Giano prieur eût fait ses propositions à ses collègues, non au peuple. Enfin les dates et les documents, comme on va le voir, prouvent qu'il n'était pas prieur quand la réforme fut décidée.

[2] Ce potestat est appelé Taddeo par la plupart des auteurs; mais la liste des *Officiales forenses* et Paolino (ann. 1293) disent Tebaldo. Cet officier, entré en charge le 1ᵉʳ janvier 1292, y resta jusqu'au 1ᵉʳ juillet 1293. Quant au capitaine, il exerça la sienne un an, de novembre 1292 à novembre 1293, ayant été, en mai 1293, maintenu pour six mois. M. P. Villari (*N. Antol.*, juillet 1869, p. 453) dit qu'à la date du 10 janvier, la loi était déjà prête.

du 15 décembre, aux instigations de Giano et à la pression publique, en proposant au conseil des cent de demander *balia* aux autres conseils d'arrêter les bases d'une réforme qu'auraient d'abord approuvée la seigneurie et ses sages. Deux membres voulaient qu'on y lût, qu'on y discutât ces bases, ce qui eût éternisé le débat et compromis le succès : soixante-douze voix contre deux accordèrent incontinent la *balia* demandée. Dans le conseil spécial du capitaine, le scrutin, succédant au vote par assis et levé, dont il paraissait alors une confirmation nécessaire, donnait soixante-trois voix pour et vingt contre. Le conseil général ayant approuvé à son tour, la réforme triomphait, car, dans les deux conseils du potestat les nobles n'étaient pas en nombre suffisant pour infirmer ces trois délibérations[1]. Après avoir entendu encore quelques sages et les *capitudini* des vingt-et-un arts, — on consultait donc, pour cette affaire si grave, les chefs des plus humbles métiers, — les résolutions prises furent

---

C'est une erreur contraire à toutes les vraisemblances et que rien ne justifie dans le document. (Proposuit D. Capitaneus si videtur consilio utile fore.... teneri consilia opportuna super bailia, licentia et auctoritate *danda* et *concedenda* D. Potestati, capitaneo et prioribus presentibus et sapientibus quos habere voluerint, providendi super artibus et artificibus uniendis et super provisionibus et ordinamentis faciendis.... — 10 janvier 1293. *Arch. stor.*, nuova serie, t. I, p. 78, doc. B).

[1] Voy. le sommaire de la délibération publié par M. Bonaïni, dans l'*Arch. stor.*, nuova serie, t. I, part. I, p. 78, doc. B. — On ne saurait admettre de nombreuses abstentions, forme de protestation moderne. Un autre vote ayant eu lieu pour la provision ou salaire des prieurs, on retrouve les mêmes chiffres. Il y avait donc 26 absents. — Ces sommaires sont probants pour les dates comme pour tout le reste. Or Giano ne figure pas sur la liste des prieurs de décembre 1292, tandis qu'on lit son nom sur celle des prieurs de février 1293 (Voy. Stefani, III, 195, 201). Ainsi, le principe de la réforme fut adopté avant qu'il eût qualité pour la demander officiellement. Les prieurs durent donc céder, de très-bon gré d'ailleurs, à la pression du dehors.

promulguées. Huit jours avaient suffi pour les prendre : on était au 18 janvier[1].

Voici la teneur de ces résolutions :

1° Le nombre des arts majeurs serait accru, l'esprit en serait renouvelé par l'adjonction des cinq arts qui les suivaient dans l'ordre hiérarchique, sans avoir comme eux de coupables connivences avec les grands.

2° Aux six prieurs on en ajouterait un septième qui, sous le nom de gonfalonier de justice, exécuterait les décisions de la seigneurie, avec l'assistance de mille serviteurs armés. On voulait affranchir les prieurs, magistrats démocratiques, du potestat et du capitaine, qui n'étaient pas dans leur dépendance, et que les statuts obligeaient à prendre parmi les nobles étrangers[2].

---

[1] *Arch. stor.*, loc. cit., p. 84-89. Parmi ceux qui prennent la parole, on relève les noms de Dino Compagni, Rogerio Albizzi, Pacino Peruzzi.

[2] Tous les auteurs, sans en excepter M. Villari, un des plus nouveaux et de beaucoup le plus clairvoyant, ont commis la faute de voir un chef de gouvernement dans le gonfalonier dès son institution. Un Florentin du dix-septième siècle, dont nous avons un manuscrit, avait mieux compris les choses ; il dit ce qui suit du gonfalonier : « Da principio non poteva essere nobile, e era uficio di poca riputazione. » (Bibl. nat., ms. 743, p. 35.) — Ce langage est conforme aux bases mêmes de la réforme telles que M. Bonaini les a publiées : il y est dit que le gonfalonier sera « de majoribus popularibus artificibus civitatis Florentie.... et qui non sit de magnatibus civitatis predicte. » (*Abbozzo*, Rub. 4, ap. *Arch. stor.*, nuova serie, t. I, part. I, p. 46 sq.) C'est seulement en 1306 que cette charge devint importante au point de changer de caractère, et qu'au lieu d'être un simple exécuteur de justice, le gonfalonier fut le procurateur de la république, sans être encore, tant s'en faut, le chef du gouvernement. Alors les nobles commencèrent à obtenir et surtout à désirer cette charge, qui ne fut plus accordée qu'à ceux des citoyens qui comptaient parmi les plus considérables. (Bibl. nat., *ibid.*) — M. P. Villari tombe donc dans l'erreur commune quand il écrit : « La creazione di questo magistrato viene chiaramente a provare che si sentiva il bisogno di dare unità e capo al governo, ma la gelosia repubblicana non permise d'andar oltre una semplice apparenza. » (*N. Antol.*, juillet 1869, p. 460.) Le gonfalonier n'est pas le chef, même en apparence; sur les listes de prieurs il est toujours le

3° *Balia* serait donnée à trois jurisprudents de réviser à loisir les statuts, et d'y accomplir les transformations, d'y introduire les mesures propres à imposer le respect des lois, à rendre les grands inoffensifs. Un projet sommaire serait remis à ces trois doctes, conforme aux principes et aux usages du droit[1].

Les Florentins procédèrent ensuite, avec un soin tout particulier, à l'élection des nouveaux prieurs. C'était la coutume que, la veille ou l'avant-veille, on décidât sous quelles formes elle aurait lieu, et chaque fois ces formes subissaient de sensibles modifications. Le 14 février, après une discussion où se rencontrent les noms connus de Peruzzi, d'Albizzi, de Gualterotti, du boucher Dino Pecora et du juge Lapo Salterelli, on décidait presque à l'unanimité, sur la proposition de Rosso Strozzi, que le capitaine et les prieurs, à l'exclusion du potestat, éliraient trois ou quatre personnes par *sesto*, et que celui qui obtiendrait le plus de voix serait prieur pour son *sesto*, les *capitudini* et les sages de chacun des six quartiers s'abstenant, s'éloignant même, tant qu'on ferait l'élection de leur quartier[2].

A peine entrés en charge, les nouveaux prieurs, dont était Giano della Bella, élurent gonfalonier de justice Baldo Ruffoli, du *sesto* de Porta di Duomo, qui arbora,

---

dernier, c'est-à-dire le neuvième. Il n'a après lui que le notaire. — Stefani donnait déjà l'exemple de confondre les temps : « Ed era onorato più innanzi ad ogni cosa che gli altri priori. » (III, 196.) Quant à Ammirato, il commence beaucoup trop tôt à désigner les temps par les noms des gonfaloniers.

[1] Ce projet est celui qu'a publié M. Bonaïni dans l'*Arch. stor.*, nuova serie, t. I, part. I, p. 57 sq.

[2] Salvo quod capitudines et sapientes illius sextus in quo fiet scruptinium non sint presentes (14 février 1293. Doc. de l'*Arch. stor.*, nuova serie, t. I, part. I, p. 84).

le même jour (15 février)[1], aux fenêtres de sa propre maison[2] un gonfalon blanc à croix rouge, signe de ralliement pour les mille *pedoni* artisans qu'on voulait placer sous ses ordres[3]. Non moins facilement se fit l'adjonction des cinq arts intermédiaires aux sept arts majeurs : le sentiment public, on l'a vu, y était préparé. Ce furent ceux des bouchers (*beccari*), des cordonniers (*calzolai*), des forgerons (*fabbri*), des charpentiers et maçons (*maestri di pietra et legname*), enfin des fripiers (*rigattieri*), gens nombreux, de condition inférieure et de manières rudes, très-propres à fortifier, à raviver l'élément populaire parmi ces riches marchands qui jouaient à l'aristocratie sans renoncer à leur trafic. Les nouveaux arts majeurs eurent désormais, comme les anciens, des armes, des pavois, tous les insignes nécessaires pour marquer la place qu'ils commençaient à occuper dans l'État[4]. Les pouvoirs publics reposaient

---

[1] Villani (VIII, 1) ne dit pas à quel moment fut élu le premier gonfalonier ; mais Ammirato est très-précis : « Il quale entrando primo di quella dignità nel nuovo magistrato a 15 di febbraio doveva finirlo alla metà d'aprile. » (L. III, t. I, p. 189.)

[2] Bibl. nat., ms. ital., *loc. cit.* Admis bientôt à loger avec les prieurs, sa réputation s'en trouva augmentée.

[3] Quoddam magnum vexillum de bono et solito zendado albo cum una cruce magna rubea in medio per totum vexillum extenta.... m. pedites ex popularibus seu artificibus civitatis Florentie (*Ordinamenta justitiæ*, Rub. 4. — Bonaïni, *Arch. stor.*, loc. cit., p. 47-48. — Cf. Stefani, III, 196).

[4] Que cette adjonction ait eu lieu dès lors, c'est ce que prouve la promulgation des *Ordinamenta justitiæ*, qui eut lieu en présence des *capitudini* des douze arts majeurs. Villani, par une erreur assez inexplicable, rapporte même ce fait à l'année précédente : « Le sette arti maggiori s'allegarono con le cinque arti conseguenti, e imposono tra loro arme e pavesi e certe insegne, e fu quasi cominciamento di popolo, onde poi si prese la forma del popolo, che si cominciò nelli anni di Cristo 1292. » (VII, 131.) Il est probable que Villani voit l'accomplissement du fait dans quelques-

donc sur une base plus solide, parce qu'elle était plus large; ils devenaient un instrument plus sûr.

Restaient les mesures à prendre contre les grands. Le soin de réformer les statuts à leur égard avait été commis par les prieurs de décembre à Dino Ristori, Ubertino della Strozza et Baldo d'Aguglione, jurisconsultes renommés, guelfes résolus et partisans du peuple, quoique membres de cet art des juges et des notaires qui se rapprochait insensiblement de l'aristocratie de naissance, parce qu'il formait l'aristocratie de savoir[1]. On leur laissa tout loisir d'étudier les projets soumis à leurs délibérations, d'en préparer et d'en arrêter les termes définitifs. A mesure qu'un statut était rédigé, ils le soumettaient aux magistrats, qui en donnaient lecture aux conseils, et, s'ils étaient approuvés, en procuraient aussitôt l'exécution[2]. Le 12 août 1294, tous les

---

unes des tentatives antérieures, dont nous avons parlé, de joindre à l'occasion les cinq arts moyens aux sept majeurs, en attendant qu'on pût introduire cette adjonction dans les statuts. Mais, en ce cas, ce n'est pas à 1292, c'est à 1285 tout au moins qu'il faudrait remonter.

[1] Un peu plus tard « i grandi s'accostarono col consiglio del collegio de' giudici e notari. » (Villani, VIII, 8.)

[2] *Ordinamenti di giustizia*, Rub. 80, ap. Giudici, t. II, App., p. 385. Ces trois commissaires ont un mauvais renom dans l'histoire, surtout auprès de Dante et des gibelins, moins pour leurs méfaits que pour les maux subséquents dont on les rendit responsables, parce qu'on en voulut voir la cause dans les statuts qu'ils avaient rédigés. Ubaldo ou Baldo d'Aguglione surtout a été cloué au pilori par Dante et son commentateur, qui l'appellent l'un « le villain d'Aguglione », parce qu'il était né dans le *castello* de ce nom au val de Pesa (*Parad.*, XVI, 56), l'autre « un grand chien » (qui fuit m.-gnus canis. — Benvenuto da Imola, Comment. à ce vers, ap. Murat., *Ant. ital.*, I). — On lui attribue, entre autres méfaits, d'avoir, en 1299, aidé Niccola Acciajuoli à déchirer une feuille d'un livre public où ce dernier se trouvait compromis (Voy. note de Costa et Bianchi au *Purgat.*, XII, 104).
— On trouve bien, en août 1293, que lecture était faite aux conseils de statuts déjà rédigés (lecto ordinamento justitie de hoc loquente. — *Arch. stor.*, doc. Bonaïni, *loc. cit.*, p. 86, 87); c'est sans doute que les rédacteurs les

statuts ou *ordinamenta justitiæ* ayant été successivement adoptés par les conseils, le potestat Maffeo des Maggi, de Brescia, soumit dans leur ensemble les nouveaux règlements à l'approbation de son conseil général. Le notaire Bene de Vaglia se leva pour recommander l'adoption; Neri Atiglianti après lui pour conseiller le rejet, puis le juge Boninsegna de Becchinugi et le boucher Dino Pecora pour appuyer la motion du notaire. Sans plus de paroles, on vota par assis et levé. Dans cette assemblée où les nobles avaient accès, les *ordinamenta* furent adoptés presque à l'unanimité[1]. Le peuple florentin connut alors dans leur ensemble ces lois draconiennes, objet pour les uns de confiance et d'espoir, pour les autres de colère et d'effroi[2].

Elles formaient une ordonnance en quatre-vingts paragraphes ou rubriques, dans le style diffus de la judicature et le désordre propre, durant les siècles du moyen âge, aux documents législatifs de tout pays. Comme leur titre l'indique, leur principal objet était la justice; mais elles touchaient aussi à la politique, notamment pour l'élection des magistrats. Rédigées d'abord en latin, selon l'usage, elles furent bientôt traduites en

---

livraient au fur et à mesure de leur travail. On les approuvait aussitôt (Voy. *Provvisioni*, 10 avril 1293, 12 janvier 1294, n° III, p. 131, 154 v°). — Au reste, on employait le mot *ordinamenti* dès lors, à propos de toute mesure à prendre. Le 22 octobre 1293, les prieurs étaient autorisés à faire des *ordinamenti* pour forcer personnellement les condamnés à payer les amendes (*Provvisioni*; n° III, p. 143). Le préambule des *ordinamenta* porte la date du 18 janvier 1292, c'est-à-dire 1293 (Voy. Giudici, Append., t. II, p. 308).

[1] Placuit quasi omnibus secundum propositionem (*Lib. di Cons.*, Arch. stor., nuova serie, t. I, part. I, p. 82).

[2] On a peine à comprendre que Muratori ait passé sous silence un fait si considérable ; mais c'est ainsi que, de son temps, on comprenait l'histoire. Les institutions paraissaient prêter à une dissertation critique, non pouvoir entrer dans un récit historique.

langue vulgaire, pour que tous les pussent comprendre, ceux qui étaient tenus de les observer, comme ceux qui avaient à les appliquer[1]. Dans cette République si mo-

[1] Sur les différents textes des *Ordinamenta justitiæ*, nous ne pouvons mieux faire que de rapporter ce qu'en dit M. P. Villari : « Les anciennes rédactions des *Ordinamenti* sont si diverses qu'il y en a qui n'ont que 22 rubriques, d'autres plus de 100. Il y a 6 rédactions, 4 imprimées, 2 inédites. Celle qui est du dix-huitième siècle peut dès l'abord être rejetée. C'est une compilation générale des statuts florentins faite en 1415 par Bartolommeo Volpi et Paolo de Castro (*Statuta populi et communis Florentiæ, collecta ann.* 1415. Friburgi, 1778-1781). On y a réuni, sans ordre historique, des lois de temps très-divers. Les *Ordinamenti* y sont altérés par toutes les modifications postérieures, pêle-mêle et sans date. De même un ms. inédit de l'*Archivio di stato*, déjà condamné par M. Bonaïni pour un semblable motif. Des quatre autres, celle de M. Bonaïni n'a que 22 rubriques et est incomplète. Mais il est aisé de voir que dans les autres, à partir de la 29ᵉ rubrique, il y a des additions, des lois postérieures qui souvent portent leur date et sont unies aux *Ordinamenti*, parce qu'elles les modifient, les développent ou traitent de matières y relatives. Donc les 28 premières sont seules de 1293. Malheureusement, il y a des divergences entre ces 28 rubriques et les 22 de M. Bonaïni, qui sont manifestement les plus anciennes. Mais M. Hegel a prouvé (*Die Ordnungen der Gerechtigkeit*, etc., Erlangen, 1867, discours d'ouverture où il examine la publication de M. Bonaïni) que ce n'est là qu'une première ébauche, comme l'appelle M. Bonaïni lui-même, non encore discutée et approuvée. Ce ms. porte la date de 1292, *de mense januarii*, c'est-à-dire 1293, mais pas de formules officielles, beaucoup de ratures, de blancs, une contradiction au sujet des témoins contre les grands (*per testes probantes de publica fama*); car on sait par Villani (au nom de Villani, M. P. Villari ajoute ici celui de Dino Compagni) qu'il suffisait de deux. Or c'est là un fait grave sur lequel il ne peut se tromper. En juillet de l'année suivante, nous voyons en effet une révolution, et tout l'avantage que les nobles en retirent, c'est qu'au lieu de 2 témoins, il en faudra 3 (Villani, VIII, 12). Le mérite de cette ébauche est d'être un peu antérieure à la promulgation, tandis que les autres rédactions sont postérieures. La comparaison du texte latin publié par le P. Fineschi en 1790 (*Memorie storiche di S. Maria Novella*, p. 186, 253) et du texte italien publié par M. Giudici en 1853 (*Storia dei Municipi italiani*, t. II, App.) y montre tous les caractères d'une loi légalement sanctionnée, et l'examen des mss. qui sont anciens et authentiques le démontre. Tous les deux portent la date, commencent par les formules. En se tenant aux 28 premières rubriques, on remarque peu d'additions, aucune au delà de 1295, et en comparant avec les 22 de l'ébauche de M. Bonaïni, on ne voit que des différences de forme.

bile, elles étaient destinées à durer autant que la République même. Dante vécut assez pour les voir en vigueur pendant près de trente années, pour remarquer, si son humeur sombre le lui permit, que Florence savait, au besoin, ne pas détruire en novembre ce qu'elle avait filé en octobre. Aussi a-t-on pu dire que les ordonnances de justice furent pour les Florentins ce qu'est la Grande Charte pour les Anglais[1].

La partie politique de la réforme portait principalement, nous l'avons dit, sur l'élection des magistrats populaires, c'est à dire des prieurs et du gonfalonier, et aussi sur les formalités apportées à l'exercice de leur charge. Il faut suivre dans ses détails cette organisation compliquée, telle que la firent les *ordinamenta*, et les modifications que l'expérience y devait bientôt apporter.

Peu de jours avant la date fixée pour l'installation d'une nouvelle seigneurie, le capitaine du peuple, d'accord avec les prieurs sortants, désignait le lieu où se réuniraient les *capitudini* des douze arts majeurs avec des *sapientes juris* et des *buonuomini* des métiers, au nombre que fixeraient les dits prieurs. Là, en leur présence, le capitaine demandait aux personnes convoquées sous quelle forme elles voulaient procéder à l'élection[2]. Ces formes souvent

---

Donc, quand les trois rédactions sont d'accord, nous pouvons être certains d'avoir le texte de 1293. Quand elles sont en désaccord, il faut s'aider des chroniqueurs. » (Suit une bibliographie précise de toute ces rédactions. — P. Villari, *La Repubblica fiorentina al tempo di Dante, Nuova Antologia*, juillet 1869, t. XI, p. 455-458). Il est à peine utile d'ajouter que ce qu'on trouve des *Ordinamenta* au t. IX des *Delizie degli eruditi Toscani* est très-incomplet et ne doit pas être confondu avec le travail d'auteur inconnu où se trouvent résumées les institutions de 1280 à 1292 (p. 256 sq).

[1] M. Bonaïni (*Arch. stor.*, nuova serie, t. I, part. I, p. 4).

[2] Si singulier que soit ce manque de fixité dans une constitution qui fixe tant de menus détails, il est hors de doute. Le rédacteur des *Ordinamenti*

modifiées montrent par quelles fluctuations passait l'esprit démocratique en ses progrès. Ainsi, le 13 avril 1293, il est décidé que chacun des six quartiers désignera six personnes choisies dans son sein, sur le nom desquelles voteront immédiatement les prieurs sortants, chargés de l'élection[1]. Le 13 juin, ce ne sont plus les quartiers, ce sont les sages de chaque art, qui, sous la présidence de leurs consuls, désigneront un éligible par quartier[2]. Le 14 août, la lecture étant donnée de la rubrique des *ordinamenta*, déjà rédigée[3], on en revient aux six élus des quartiers, dont un au moins, innovation digne de remarque, sera pris dans les arts mineurs[4]. Le 14 octobre, retour aux errements du 13 juin, sauf que l'éligible de chaque art devra être choisi dans l'art même, afin que chaque corporation en ait un dans chaque quartier[5]. Le

---

s'y reprend à deux fois : « Et in presentia ipsorum dominorum Priorum, predictus Dominus defensor et capitaneus, coram ipsis capitudinibus et sapientibus proponat et consilium petat quo modo et qua forma electio futurorum Priorum artium.... Sicque quolibet anno, singulis duobus mensibus, predicto tempore, super electione priorum facienda, proponendo semper quo modo et forma in ipsa electione procedendum sit.... » (*Ord. just.*, Rub. 3. Bonaïni; Cf. Giudici, p. 314, 315). — En général, quand les deux textes sont conformes, nous préférerons citer l'original latin, plutôt que la traduction italienne, même officielle. Quand nous descendons aux rubriques absentes dans le texte de Bonaïni, c'est qu'elles ne sont pas postérieures à 1295.

[1] Quod sex per sextum eligantur per illos de suo sextu ; et postea fiat scruptinium, ut dictum est (*Lib. di Cons.*, Arch. stor., nuova serie, t. I, part. I, p. 85).

[2] Pacinus Peruczi consulit quod sapientes se conveniant cum consulibus sue artis et eligant unum per sextum. Postea fiat scruptinium more solito (*Ibid.*, p. 86, 87).

[3] Lecto ordinamento justitie de hoc loquente. (*Ibid.*)

[4] Et sit ad minus unus ex minoribus artibus. (*Ibid.*)

[5] Quod quelibet capitudo cum sapientes sue artis eligant unum per sextum.... quod quelibet capitudo det in scriptis solummodo de illis de arte sua, et postea fiat scruptinium more solito (*Ibid.*, p. 88). Cette délibéra-

14 décembre, aux prieurs conjointement avec le gonfalonier est rendu le ,,droit de choisir les éligibles au nombre de deux ou quatre par quartier, puis l'élection définitive est faite par eux, par les *capitudini*, par les sages dont se compose avec eux le collége électoral, toujours à raison d'un prieur par quartier[1].

Une seule chose ne variait pas parmi tant de variations : le serment que prêtaient sages, *capitudini* et prieurs sortants de faire bonne élection sans céder aux prières, c'est-à-dire de choisir parmi les plus loyales et meilleures gens qui exercent un art ou figurent du moins sur ses registres matricules et ne sont pas chevaliers ou magnats[2]. « Pour qu'une convenable égalité soit ob-

---

tion a été en outre publiée dans une collection de documents relatifs à Dino Compagni (Voy. *Arch. stor.*, 3ᵉ série, t. XVI, 1872, p. 14, 15).

[1] Quod priores et vexillifer presentes eligant duo vel quatuor per sextum, quibus per omnes indicto consilio existentes dentur voces, et illi sex, scilicet unus per sextum, qui plures voces habuerint, sint priores per duobus mensibus venturis (*Ibid.*, p. 89). — M. G. Capponi (I, 84) et M. Del Lungo (notes à la Chron. dite de D. Compagni, l. I, p. 37, n. 18) commencent dès lors à appeler *arruoti* (participe d'*arrogere*) ceux qui sont adjoints aux prieurs en exercice pour nommer les nouveaux prieurs, et qu'on nommait auparavant *savi* ou *richiesti*. Peut-être est-ce devancer un peu le temps où ce nouveau mot fut en honneur.

[2] De prudentioribus, melioribus et legalioribus artificibus civitatis Florentie, dummodo non sint milites (Rub. 3, texte de Bonaïni). — Che nullo de' priori potesse essere di casa de' nobili detti grandi, che prima ve n'avea sovente chiamati : ciò erano certi de' grandi i quali erano mercatanti e buoni uomini (Villani, VIII, 1). — D'après l'ébauche des *Ordinamenta* publiée par M. Bonaïni, il aurait fallu exercer effectivement un art (continue artem exercentibus) ; mais le texte de Fineschi est contraire, ainsi que celui de M. Giudici (Li quali facciano continuamente arte, ovvero siano scritti in libro ovvero matricola d'alcuna arte). Cela prouve que le projet primitif ne fut pas adopté ou qu'on renonça très-promptement à en assurer l'exécution. Giano della Bella est nommé prieur, quoique n'exerçant aucun art. Comme il avait en France quelques intérêts commerciaux, peut-être aurait-il pu, à la rigueur, être censé remplir les conditions de la loi ; mais il n'en est pas ainsi de Dante, dont on sait que, s'il était inscrit aux

servée[1], » ne peuvent être élues les personnes appelées à prendre part au vote, ni aucune de leur famille (*casa*) ou de leurs alliés (*casato*), non plus qu'aucun des prieurs des années précédentes. Les votants devaient déclarer pour quel art ils élisaient tel ou tel prieur, car il n'y en pouvait avoir deux pour le même art. C'est pourquoi, avant de commencer, on tirait au sort l'ordre des *sestieri* sur lesquels porteraient tour à tour la désignation des éligibles et l'élection ou le tirage au sort qui déjà tendait à la remplacer[2]. Aucun élu ne pouvait décliner l'honneur que le choix ou le hasard lui imposait : contrainte nécessaire pour ne pas recommencer incessamment le double scrutin que compliquaient tant de conditions et d'exclusions.

L'élection des prieurs avait lieu la veille ou l'avant-veille du jour où ils devaient entrer en charge, et ils y entraient le 15 des mois de février, avril, juin, août, octobre, décembre. Dans la matinée même, ils se rendaient au conseil du capitaine ou dans l'assemblée à parlement, afin d'y prêter, entre les mains de ce magistrat, le serment obligatoire. Ils désignaient eux-mêmes la maison où

---

registres des médecins et apothicaires, il n'exerça jamais leur profession (Voy. M. P. Villari, *Nuova Antologia*, p. 458). — Cantini (IV, 4) publie aussi un texte conforme à celui de M. Bonaïni (admittatur pro artifice qui continue artem exerceat) ; mais la date de ce document est le 18 janvier 1293 ; il ne s'agit donc que des ébauches ou projets bientôt modifiés par la rédaction définitive.

[1] Et ut in electionibus futurorum priorum debita convenientia et condecens equalitas observetur (*Ord. just.*, Rub. 3 ; Bonaïni, p. 45 ; Cf. Giudici, p. 316.)

[2] Primo in qualibet electione ipsorum futurorum priorum, antequam super ea aliquid proponatur vel fiat, sorte dirempto et terminato in quo sextu primo et in quo sextu secundo, et sic de ceteris sextibus (*Ord. just.*, Rub. 3 ; Bonaïni, p. 44 ; Cf. Giudici, p. 315). L'élection au sort, *a tratta*, ne devint de règle qu'en 1328 (Voy. Cantini, IV, 1).

ils devaient vivre, manger, et, comme disent les Italiens, dormir ensemble[1]. Ils n'en pouvaient sortir que pour les affaires publiques; quant à leurs affaires privées, ils devaient obtenir, pour y vaquer, la licence de leur chef qui était, non le gonfalonier, comme on l'a cru longtemps, mais un d'eux, élu par eux sous le nom de *proposto*, seulement pour deux jours[2]. Cette licence ne leur était accordée que rarement et de nuit. Se rendaient-ils dans leurs propriétés du *contado*, on leur confiait une des clefs de la ville. Ils n'assistaient ni au baptême de leurs enfants, ni aux funérailles de leurs amis ou de leurs proches : celles de leurs collègues étaient seules exceptées. A personne il n'était permis de leur parler, sauf en audience publique, le lundi, le mercredi, le vendredi, toujours en présence de quatre d'entre eux et d'un de leurs notaires ou greffiers.

Leur office était presque gratuit, car ils ne recevaient que dix sous par jour. Leur table et leur entretien coûtaient, à vrai dire, journellement dix florins d'or; mais pour cette somme ils devaient nourrir eux, leurs notaires, les neuf *donzelli* et les cinq religieux attachés à leur service, ainsi que leurs divers domestiques, le *spenditore*, qui présidait à la dépense et à l'achat des comestibles, un cuisinier-maître, deux aides, deux massiers, deux trompettes, deux fifres, quatre sonneurs et le clerc qui servait leur messe, à laquelle ils assistaient seuls. Encore juraient-ils de ne pas faire un autre emploi de ces dix flo-

---

[1] In una domo ubi voluerint (*Ord. just.*, Rub. 3; Bonaïni, p. 46 ; Cf. Giudici, p. 517).

[2] Cantini, IV, 24. — La seule prérogative du *proposto*, dit cet auteur, était d'avoir le pas sur ses collègues, après le gonfalonier et le potestat. Pour ce qui est du gonfalonier, il se trompe, parce qu'il confond les temps.

rins, et, s'ils avaient du surplus, de le restituer à la *camera* ou trésor public. On porta bientôt à trois le nombre des fifres, à sept celui des trompettes, pour donner plus de corps à leur musique criarde qui se faisait entendre pendant le dîner et le souper. On donnait à ces musiciens quatre florins d'or par mois, plus deux habits neufs par an, du prix de vingt livres, l'un à la Saint-Jean, l'autre à la Noël[1]. Quarante *berrovieri* et douze messagers ou *banditori* complétaient la *famiglia* des prieurs[2].

Tant que durait leur charge et même une année pleine après qu'ils en étaient sortis, nul ne pouvait inquiéter ces magistrats dans leurs biens ou leurs personnes, pour cause de dettes ou de trafic, ni même leur intenter procès de ce chef et les condamner. Rentrés dans la vie privée, la seule distinction qui perpétuât le souvenir de leur dignité, c'était le privilége de porter jusqu'à leur mort toute sorte d'armes sur le territoire florentin[3]. Comme on nommait trente-six prieurs par an, comme ils ne pouvaient être de sitôt réélus, il dut y avoir, à la longue, beaucoup d'hommes armés dans cette ville où il était interdit de porter des armes. Maigre récompense, au demeurant, d'un labeur assidu. Durant deux mois, la seigneurie devait vaquer aux fonctions les plus diverses : préparer les lois, convoquer les conseils, procurer l'exécution de la justice, destituer au besoin les juges du potestat et du capitaine, assurer la tranquillité publique, la

---

[1] Cantini, IV, 22, 23.

[2] Les *berrovieri* étaient d'abord au nombre de 32. Le 29 mars 1294 on en porta le nombre à 40, recevant 5 livres de petits florins par mois (*Consulte*, I, p. 2 v°).

[3] Cantini, IV, 22-23.

liberté, la sûreté des rues, afin que les marchands y pussent faire étalage de leurs marchandises, veiller à l'approvisionnement des forteresses, les démolir ou les réparer, en édifier de nouvelles, sans même attendre, dans les cas d'urgence, l'approbation d'aucun conseil, y faire la *rassegna*, c'est-à-dire vérifier l'état des lieux et en recevoir la remise, quand expiraient les pouvoirs d'un châtelain, nommer son remplaçant, fixer le chiffre de ses gages, créer des capitaines de guerre à pied et à cheval [1].

Quoique faisant partie du collége des prieurs [2], le gonfalonier de justice n'était élu qu'après eux et selon un mode particulier, ce qui est une marque de son infériorité primitive. Le jour même où l'on procédait à l'élection de la nouvelle seigneurie, les prieurs sortants désignaient deux hommes capables (*valenti uomini*) de chaque *sestiere*, et le capitaine du peuple les convoquait aussitôt avec les *capitudini* des arts. Après avoir prêté serment, les membres de ce corps électoral tiraient au sort le *sestiere* où serait pris le gonfalonier, puis, dans ce *sestiere*, six des principaux *popolani* [3], gens des métiers et bons guelfes, amis de la paix et du repos de l'État [4], ni parents ni alliés d'aucun des prieurs nommés ou en exercice. On votait alors au scrutin secret sur le nom de ces six

---

[1] Cantini, IV, 16-20.

[2] Et habeat dictus vexillifer offitium et vocem inter priores, sicut unus ex prioribus (*Ord. just.*, Rub. 4 ; Bonaïni, p. 47 ; Cf. Giudici, p. 318).

[3] Quo sextu nominato eligant sex probos viros populares artifices de sextu predicto.... Et sit talis vexillifer de majoribus popularibus artificibus civitatis Florentie, et qui pacificum et tranquillum statum diligat puro corde, et qui non sit de magnatibus civitatis predicte (*Ord. just.*, Rub. 4 ; Bonaïni, p. 47 ; Cf. Giudici, p. 318).

[4] Voy. la note précédente

popolani, les sages et les *capitudini* du quartier sur lequel portait l'élection s'abstenant, comme on l'a vu, d'y prendre part. La première fois, le tirage au sort des *sestieri* avait porté sur tous les six; la deuxième il ne porta plus que sur cinq, et la cinquième que sur deux, en sorte que, la sixième, celui qui devait fournir le gonfalonier, se trouvait, sans tirage, indiqué naturellement. Toute candidature posée à l'avance, toute réunion préparatoire était interdite sous peine de cent livres d'amende[1]. Pendant une année, le gonfalonier n'était point rééligible, non plus que le notaire. C'est ce qu'on appelait le *divieto*[2]. Il était de deux ans pour les prieurs, preuve nouvelle que les prieurs, dans le principe, avaient le pas sur le gonfalonier. Mais celui-ci ayant bientôt pris plus d'importance, grâce surtout à la force armée qu'il commandait, on le voit déjà, en 1295, avant le mois de juillet, assimilé aux prieurs pour le *divieto* comme pour tout le reste[3]. Il vivait et délibérait avec

---

[1] Porgere prieghi, convenirsi in alcuno luogo a procurare d'eleggere (*Ordin. di giust.*, Rub. 5; Giudici, p. 320-321). — Cette rubrique manque dans le texte de Bonaïni.

[2] Ce mot signifie défense, du latin *vetare*; italien, *vietare*, même sens.

[3] La question est obscure. Le premier texte de Bonaïni dit un an pour le gonfalonier; Fineschi et Giudici deux. Il nous paraît certain que le chiffre d'un an est exact, mais pour un temps très-court. Dans la loi du dix avril 1293 publiée par Bonaïni (Doc. A, *Arch. stor.*, loc. cit., p. 75) on lit que les prieurs et le gonfalonier auront les mêmes priviléges : « *Salvo et excepto* quod que in ordinamento justitie loquente de electione vexilliferi continentur *circa devetum et tempus deveti ipsius vexilliferi....* » Ces paroles se trouvent dans la 31ᵉ rubrique de Fineschi et de Giudici, qui est au nombre des additions postérieures à juillet 1295. Comme elles s'y trouvent en contradiction avec leur assertion précédente, il est probable qu'après l'assimilation, l'on oublia d'effacer cette phrase désormais sans objet, chose peu étonnante dans ces *Ordinamenta* faits de pièces et de morceaux. Tout porte à croire que l'assimilation eut lieu avant juillet 1295. I ne fallait pas plus de temps pour constater que le chef de la force armée

eux[1]. Pourtant le législateur n'avait pas permis que sa voix, en cas de partage, fît pencher la balance, car trop souvent il eût été l'arbitre unique des délibérations. Dans ce collége de sept personnes la majorité légale était de cinq voix[2].

Un peu plus tard il fut enjoint au gonfalonier de se donner, d'accord avec les prieurs, six conseillers *popolani* et artisans par *sestiere*, élus comme lui pour deux mois[3]. Mais ce conseil de trente-six membres lui fut une gêne plutôt qu'une force. Sa force était dans la petite armée dont il avait le commandement.

Le jour même où il entrait en charge, en l'église de San Pier Scheraggio, alors qu'il y venait prêter serment avec les prieurs, le capitaine du peuple lui remettait le gonfalon de justice à longue croix rouge sur champ blanc. Cette bannière était ensuite déposée dans la maison des prieurs avec des armures qui en portaient les insignes, savoir cent heaumes, cent boucliers, cent lances, vingt cinq arbalètes, réserve des cas urgents, pour les hommes du gonfalon qui ne pourraient, faute de temps ou de libre circulation dans les rues, rentrer chez eux et y

---

ne pouvait occuper un rang subalterne dans le collége dont il était membre. Voy. sur ce point M. P. Villari, *loc. cit.*, p. 459. — Nous ne voyons pas que gonfalonier ni prieurs éludassent le *divieto ;* mais pour d'autres magistratures on l'éludait quelquefois. Ainsi, en 1295, Guglielmo des Maggi, de Brescia, était capitaine du peuple. Comme il ne pouvait être immédiatement réélu en cette qualité, on le fait potestat et, au bout des six mois de cette charge, on le renommait capitaine. Il mourait dans l'exercice de ses fonctions, et on le remplaçait par un de ses parents, Matteo des Maggi, qui avait déjà été capitaine en 1281 (Paolino, II, 49, 50).

[1] Et cum eis moretur et comedat et dormiat prout et sicut priores morantur et faciunt (*Ord. just.*, Rub. 4 ; Bonaïni, p. 47 ; Cf. Giudici, p. 318).

[2] Et valeat et teneat id quod fiat per quinque ex eis, computata persona vexilliferi inter priores predictos. (*Ibid.*)

[3] *Ord. just.*, Rub. 35 ; Giudici, p. 358.

prendre ces mêmes armes dont ils étaient tenus de se fournir à leurs frais. Chaque année, en février, le capitaine du peuple, les prieurs et le gonfalonier faisaient la *chiamata*[1] : ils appelaient mille *pedoni* des métiers, tous amis de la concorde et de la paix[2], qui juraient de se rendre auprès de leur chef au moindre tumulte, spontanément et toutes les fois qu'ils en seraient requis par messager, par édit ou au son de la cloche.

Suffisante dans les temps ordinaires, cette garde civique pouvait ne plus l'être aux heures d'agitation et de trouble. C'est pourquoi le 10 avril 1293, cinq jours avant de cesser d'être prieur, Giano della Bella faisait lire, discuter, approuver dans tous les conseils un nouveau statut qui l'augmentait de mille autres *pedoni*, de cent cinquante maçons et charpentiers, de cinquante pionniers « forts et gaillards, » armés de bons pics[3]. Les deux mille *pedoni* formèrent dès lors vingt compagnies, chacune de cent hommes, ayant deux bannières, l'une blanche à croix rouge, comme celle du gonfalonier, mais de moindres

---

[1] Appel, de *chiamare*, appeler.

[2] *Ord. just.*, Rub. 4, *De electione et offitio vexilliferi justitie, et mille peditum.*

[3] 150 magistri de lapide et lignamine, 50 piconarii fortes et robusti cum bonis piconibus.— Quant aux 1000 nouveaux *pedoni*, Oltrarno et S. Pier Scheraggio en fournirent chacun 400, les autres sesti chacun 300 (Documents publiés par M. Bonaïni, à la suite des *Ordinamenta* de 1293, doc. A). M. Giudici donne la date, et Fineschi le fait, sans la date. Seulement ces deux derniers, au lieu de 1000 hommes disent 12200. C'eût été presque toute la ville et le *contado*. Si le fait était exact, les chroniqueurs en auraient parlé ; or Villani (VIII, 1) parle de 1000, puis 2000, puis 4000. Les textes de Giudici et Fineschi prouvent que cette force armée alla toujours en augmentant, mais on y voit aussi une preuve de la nécessité, si l'on ne veut pas faire d'anachronisme, de les confronter constamment avec le texte primitif de M. Bonaïni (Voy. à ce sujet M. P. Villari, *N. Ant.*, XI, p. 465, juillet 1869).

dimensions ¹, pour marquer leur commune dépendance de ce magistrat, l'autre, portant des emblèmes particuliers, pour les désigner entre elles². Les trois ou quatre compagnies de chaque *sestiere* formaient un groupe qui avait en outre un gonfalon commun, aux emblèmes du *sestiere*³. Quand ces différents groupes devaient se réunir, le gonfalonier se rendait au lieu de leur réunion, et assisté de trois notaires du capitaine, il condamnait tout absent à une amende que ces notaires enregistraient⁴.

Qu'espéraient les Florentins de ce nouveau déploiement de forces urbaines ? Ce n'était pas d'assurer le triomphe

---

¹ *Ord. di giust.*, Rub. 32 ; Giudici, p. 355, 356. Ce n'est qu'un peu plus tard qu'on réduisit à 50 l'unité tactique (Villani, VIII, 1). C'est ce que Fauriel (I, 134) et M. Hillebrand (p. 67) appellent les cinquantaines, unité qu'on trouve aussi adoptée par Étienne Marcel pour l'organisation des forces municipales de Paris en 1357 (Voy. notre *Étienne Marcel, prévôt des marchands*, p. 150, 2ᵉ édit. in 4°, Paris 1874, dans la grande collection de l'*Histoire de Paris*, publiée par la préfecture de la Seine). Fauriel a le tort de rapporter les cinquantaines à l'année 1282, et M. Hillebrand celui de croire que toute la bourgeoisie fut armée. En 1306 seulement, on porta les compagnies à 200 hommes, ce qui fit les 4000 hommes dont parle Villani (VIII, 1). Voy. Giudici, I, 889.

² Les quatre compagnies d'Oltrarno avaient pour enseignes spéciales : la 1ʳᵉ une échelle blanche sur champ rouge ; la 2ᵉ un carré blanc semé de coquilles rouges sur champ azur ; la 3ᵉ un fouet noir sur champ blanc ; la 4ᵉ un dragon vert sur champ rouge. San Pier Scheraggio : 1° une roue de char couleur d'or sur champ azur ; 2° un taureau noir sur champ d'or ; 3° un lion noir rampant sur champ blanc ; 4° des bandes noires et blanches alternées. Borgo Sant' Apostolo : 1° une vipère verte sur champ d'or ; 2° une aigle noire sur champ blanc ; 3° un cheval en liberté couvert de blanc, avec croix rouge sur champ vert. San Pancrazio : 1° un lion rouge rampant sur champ vert ; 2° un lion rouge rampant sur champ blanc ; 3° un lion blanc rampant sur champ azur. Porta di Duomo : 1° un lion d'or sur champ azur ; 2° un dragon vert sur champ d'or ; 3° un lion azur rampant sur champ blanc. Porta San Piero : 1° des roues blanches et noires ; 2° des clefs rouges croisées sur champ d'or ; 3° champ mi-parti rouge et gris. (*Osserv. fior.*, VI, 142, 3ᵉ éd.)

³ *Ord. di giust.*, Rub. 38 ; Giudici, p. 359.

⁴ *Ibid.*, Rub. 32, p. 356.

du droit, de la justice égale pour tous : la justice, en ces temps-là, se faisait représailles. C'était de procurer une revanche aux opprimés. On vit donc, chose rare dans l'histoire, prendre contre les grands les mesures qu'on prend d'ordinaire contre les petits. Cette partie sociale des *ordinamenta* en est sans contredit la plus importante; mais pour qu'elle fût efficace, il fallait qu'au préalable la seigneurie et la force publique à ses ordres fussent constituées vigoureusement.

Le premier point à régler, c'était de fixer, du haut en bas de l'échelle, la hiérarchie des arts. Il ne suffisait pas d'avoir donné satisfaction aux arts intermédiaires; on devait encore faire quelque chose pour les plus infimes, si l'on ne voulait, dans la lutte contre les grands, les avoir contre soi. Tandis qu'on assignait le premier rang à l'art des juges et des notaires, honoré par un peuple de marchands pour son savoir, pour les services qu'il rendait en administrant la justice et en assistant les magistrats dans les affaires du gouvernement, peut-être aussi parce qu'il ne pouvait s'enrichir, les arts mineurs reçurent pour la première fois un rang déterminé. C'était leur faire officiellement une place dans la société, en attendant qu'on leur donnât ou qu'ils prissent un rôle dans l'État. Depuis cinq ans déjà, chacun de ces arts, au nombre de neuf, avait obtenu le droit d'arborer un gonfalon autour duquel ses membres se pussent rassembler[1]. Nouveau progrès, le classement hiérarchique fut fait comme suit : 1° les cabaretiers (*vinattieri*); 2° les aubergistes principaux (*albergatori maggiori*); 3° les marchands de sel, d'huile,

---

[1] Que vexilla habent et habere solent a communi Florentie a quinque annis citra (*Ord. just.*, Rub. 1; Bonaïni, p. 59; Cf. Giudici, p. 308).

de fromage (*coloro che vendono olio e sale e cascio*) ; 4° les tanneurs (*arte de' galigai grossi*[1] ou *conciatori*) ; 5° les armuriers (*corazzai* et *spadai*) ; 6° les serruriers et forgerons nouveaux (*chiavajuoli* et *ferrajuoli nuovi*) ; 7° les charretiers (*carreggiai*) ; 8° les tabletiers et faiseurs de boucliers (*scudai*) ; 9° les menuisiers ou charpentiers (*legnajuoli grossi*)[2] ; 10° les boulangers (*fornai*).

Il n'est pas facile d'expliquer cette hiérarchie des arts. On voit bien qu'à la réserve des juges et notaires, objet d'une exception honorable, ils étaient classés moins d'après leur utilité journalière que d'après leurs richesses, l'étendue de leurs affaires et de leurs relations. On comprend même à la rigueur que dans un pays où les riches seuls mangeaient de la viande, les bouchers, fournisseurs des riches, soient au premier rang des arts intermédiaires : avec leur coutelas en main et l'habitude de verser le sang, ils avaient la force et le sentiment de la force; leur importance sociale est un fait commun au moyen âge : personne n'ignore le rôle qu'ils jouèrent en France sous le règne de Charles VI. Mais pourquoi les boulangers sont-ils au dernier rang des arts mineurs[3]? pourquoi des débitants,

---

[1] De *caliga* (d'où Caligula) chaussure. Il y avait une ancienne famille Galigai ou Galisgai ; mais plusieurs autres depuis prirent ce nom de leur art, étant très-roturières et sans aucun lien avec la précédente. — Nous devons ce renseignement à l'inépuisable obligeance de M. L. Passerini, dictionnaire vivant pour tout ce qui touche à l'histoire de Florence.

[2] Il faut remarquer ici les *legnajuoli* distingués des *maestri di pietra e legname*, architectes, maçons et menuisiers.

[3] Nous voyons pourtant, le 30 janvier 1282, Bernardo Rossi, *fornarius*, prendre la parole dans les conseils du capitaine (*Consulte*, t. I, quad. C, p. 48). Ce fait ne peut s'expliquer que d'une manière : c'est qu'il y avait des personnages riches qui possédaient un fonds de boulangerie, sans exercer eux-mêmes, à peu près comme aujourd'hui des duchesses sont quelquefois titulaires de bureaux de tabac. A plus forte raison, probablement, en était-il ainsi pour la boucherie. Resterait à savoir si les valets, les manœu-

tels que le marchand de vin, l'aubergiste, l'épicier, prennent-ils le pas sur des fabricants tels que le tabletier, le charpentier, le menuisier? pourquoi réunissait-on plusieurs industries pour former un art? Il semble malaisé de croire qu'il y eût plus de banquiers ou de marchands de drap que de serruriers, de charpentiers ou de boulangers. Les Florentins agissaient sans doute en vertu d'idées préconçues, qui ne sont pas toujours les nôtres, et qui, pourtant, s'en rapprochent quelquefois. N'y a-t-il pas dans nos sociétés modernes des métiers essentiellement utiles auxquels on refuse la considération et qu'on relègue au dernier rang?

Quoi qu'il en soit, cette classification formait la première rubrique des ordonnances de justice[1]. On ne pouvait mieux marquer de quel prix paraissait alors une forte, stable et complète organisation des arts. Mais ce qui montre bien le but poursuivi, c'est ce qui suit dans la même rubrique. Tous les ans, au mois de janvier, chacun de ces arts devait se donner un syndic, et ces syndics venaient jurer devant le capitaine du peuple, en présence de ses deux conseils et des *capitudini* des douze arts majeurs, de faire observer aux gens de leur corporation bonne, pure, fidèle compagnie et concorde, de les maintenir dans l'obéissance aux magistrats et de prêter à ceux-ci main-forte s'il en était

---

vres, en ce cas, suivaient la condition de leur patron. Cela ne semble guère probable. — Dans Florence moderne, la boulangerie, par une tradition persistante, est encore en butte à une sorte de défaveur.

[1] Après quelques années, les statuts des arts étaient soumis encore à une complète révision. Le 4 avril 1300, à une commission de sept membres, déjà nommée, on en adjoignait sept autres. La présidence en était donnée à Neri Berri, car le règlement des dépenses est fait « en faveur de Neri Berri et de ses treize compagnons. » Ces quatorze commissaires furent enfermés quelques jours au couvent des *Servi*. Pour leur nourriture et leurs écritures on leur allouait trente-deux livres (*Provvisioni*, X, 216, 226 v°).

besoin. Toutes les compagnies, ligues, promesses, conventions, obligations, serments, tous accords entre *popolani* non prévus par la loi, contraires ou étrangers aux constitutions de l'art, étaient annulés et prohibés sévèrement. L'art où ils seraient constatés payerait mille livres d'amende et ses consuls cinq cents, ainsi que le notaire qui aurait rédigé l'acte. Quiconque l'aurait conclu ou provoqué encourait la peine capitale[1]. Pouvait-on mieux montrer que, sans donner de droits aux arts mineurs, on entendait leur imposer des devoirs, et faire d'eux comme une milice de réserve aux ordres de la seigneurie?

Ces syndics, dont l'institution s'étendit aussitôt à toutes les paroisses, à tous les « peuples du territoire », devaient être élus dans la ville quinze jours, dans le *contado* un mois au plus après la promulgation des ordonnances[2]. Ils devaient assister ou suppléer les consuls de l'art dans leurs rapports avec la justice, exiger le payement des amendes prononcées, prêter main forte à tout offensé sur sa réquisition ou sur celle de toute autre personne, en requérir jusqu'à huit, dans leur propre syndicat, pour les accompagner, ainsi que l'offensé, auprès du potestat ou du capitaine, sous peine, en cas de refus, de vingt-cinq

---

[1] *Ord. just.*, Rub. 1 ; Bonaïni, p. 38, 42 ; Fineschi ; Giudici. *De societate, unione, promissione et juramentis artium in infrascripto ordinamento expressis.* — Rub. 2. *Quod promissiones, conventiones, posture et monopolia, obligationes et juramenta per artes non fiant vel observentur.*

[2] *Artifices ipsarum artium.... debeant sindicos ydoneos et sufficientes, instructos ad omnia et singula infrascripta constituere legiptime,... quod facere teneantur de presenti mense januario in quo sumus.... et promictant facere et curare quod artes.... facient et observabunt aliis artibus predictis.... bonam, puram et fidelem societatem et compagniam...., obedient Dominis Potestati, Capitaneo, Prioribus et Vexillifero justitie* (*Ord. just.*, Rub. 1 ; Bonaïni, p. 39 ; Giudici, p. 309. Cf. *Ordin. di giust.*, Rub. 59 ; Giudici, p. 374).

livres d'amende en ville et de cent sous à la campagne[1]. Or tout *popolano* de dix-huit à soixante-dix ans était inscrit sur les registres des syndicats, et les engagements des syndics restaient consignés sur des livres que gardaient par devers eux les prieurs et le gonfalonier[2].

Les *capitudini* ou consuls des arts étaient tenus, de leur côté, d'appuyer personnellement les plaintes des artisans de leurs corporations, quand un grand ou un puissant les avait molestés ; d'aller, soutenus au besoin par leurs collègues des autres arts, « autant de fois qu'il serait nécessaire, » devant la seigneurie, le capitaine ou le potestat[3].

Ainsi en mesure d'accuser et de poursuivre les grands, il ne restait plus à la bourgeoisie florentine que de confirmer et de coordonner un grand nombre de rigueurs précédemment édictées contre eux. Ces rigueurs remontaient loin : dès l'année 1285 ou 1286, Pistoia, qui prenait exemple de Florence, avait déclaré les nobles inhabiles au gouvernement, et inscrit sur le registre des nobles quiconque troublait l'ordre public[4]. Florence même les avait exclus du conseil des cent, des deux conseils du capitaine, des milices populaires ; elle leur avait interdit, avant de l'interdire aux autres citoyens, le port d'armes, même défensives, à moins d'une caution

---

[1] *Ord. di giust.*, Rub. 59 ; Giudici, p. 374.

[2] *Ibid.*, Rub. 57, 58, 59 ; Giudici, p. 371-374.

[3] Teneantur et debeant ad requisitionem et voluntatem talis gravati vel injuriati, seu alterius pro eo predicta petentis et requirentis, et etiam, si expedierit, rectores et consules omnium ipsarum artium, accedere quando et quotiens opus fuerit.... (*Ord. just.*, Rub. 1 ; Bonaïni, p. 40 ; Giudici, p. 310.)

[4] Fioravanti, *Mem. stor. della città di Pistoia*, c. xvi, p. 239. — Sismondi, III, 65.

de cinq cents livres[1]. Il n'y eut donc qu'à rendre ces
défenses plus formelles[2], qu'à aggraver contre les grands
les peines de droit commun[3]. C'était peu de les avoir
contraints à se faire inscrire au registre matricule d'un
des arts : il ne leur fut pas permis d'y devenir consuls,
capitudini ou recteurs. Toute élection portant sur un
grand était annulée, et l'art qui l'avait faite privé, pour
deux années, de chefs élus[4]. Il n'y avait guère de fonctions
publiques dont ils ne fussent exclus, et on les excluait
implicitement des autres, en stipulant qu'il y fallait être
honnête homme[5], car qu'ils pussent mériter ce nom, c'est
ce qu'on n'admettait point. Le registre de leur classe était
toujours ouvert. Les *popolani* mêmes y étaient inscrits
pour vol, homicide, inceste, pour suspicion de les aider
dans leurs méfaits, ou simplement d'adhérer à leur cause[6].
Contre les nobles exilés ou fugitifs, on avait d'autres
armes. A les ruiner, à les tuer, nul n'encourait aucune
peine : ils étaient hors la loi[7]. Juste châtiment de la

---

[1] Un doc. du 3 août 1294 prouve que cette mesure était antérieure (*Consulte*, t. I, p. 13 ; *Provvisioni*, n° IV, p. 55).

[2] La Rub. 14 de Bonaïni (p. 62) et 15 de Giudici (p. 336) excluent de nouveau les grands du conseil du capitaine.

[3] Radoppiando le pene comuni diversamente (Villani, VIII, 1). — Item pro multis fraudis evitandis que per quamplures magnates et nobiles civitatis et comitatus Florentie conmictuntur cotidie circa satisdationes et sodamenta que per eos fiunt per formam capituli constituti com. Flor. positi sub rub. De securitatibus prestandis a magnatibus civ. Flor. (*Ord. just.*, Rub. 18 ; Bonaïni, p. 65, 66 ; Giudici, Rub. 17, p. 338.)

[4] *Ord. di giust.*, Rub. 34 ; Giudici, p. 358.

[5] Probus homo, valente uomo.

[6] *Stat. Flor.*, I, 429, ap. Cibrario, *Dell' economia politica*, etc., p. 47. Cf. Giudici, I, 888.

[7] Alcuno isbandito.... che quello cotale che offendesse.... possa essere impedito, inquietato, overo gravato in persona overo cose (*Ord. di giust.*, Rub. 52 ; Giudici, p. 367). — En 1408, il parut nécessaire de dire ce qu'on entendait par magnats : « Qui intelligantur magnates :.... in quorum do-

guerre, de la dévastation qu'ils portaient dans le *contado*.

Dans la ville, la peine la plus commune étant toujours l'amende, il importait d'empêcher qu'elle ne devînt illusoire. On y réussit en resserrant les liens de la solidarité entre grands. On savait de longue date à quoi s'en tenir sur l'excellence du système[1]. Un vieux statut portait ce titre : *De securitatibus præstandis a magnatibus civitatis Florentiæ*. Les familles des grands y étaient désignées. Le maximum de la caution y était porté à deux mille livres, sauf les cas de confiscation. La fournir solidairement, c'était ce qu'on appelait *sodare*, un des mots qui reviennent le plus souvent dans la vieille langue florentine. Y contraindre les familles nobles, déjouer toutes les échappatoires était peut-être le nœud de la question, le point capital de la réforme[2]. Tout condamné, en effet, se déclarait insolvable[3], et il cessait de l'être, si l'amende était à la charge de toute sa famille. Aussi ne fit-on point d'exception, même pour les magistrats qui figuraient au registre d'un des arts, car on savait qu'en général ils n'exerçaient aucun métier. Pour être affranchi de *sodare*,

---

nibus vel casato sunt vel fuerunt a viginti annis citra, vel erunt in posterum, milites (Voy. Del Lungo, notes à la Chron. de Dino Compagni, l. I, p. 36, n. 15).

[1] Dans un document du 28 août 1286, nous trouvons cette déclaration de l'expérience que les cautions imposées aux grands sont reconnues très-utiles à réprimer la malice des méchants (*Frammenti di provvisioni e riforme*, p. 9, 10).

[2] Che cotale il quale peccò e non sodò, overo meno idoneamente sodò, hae uno figliuolo o più.... e per la detta cagione i più prossimani i quali fossono tenuti per vertude del detto ordinamento sieno richiesti, fuggono la pena la quale si contiene nel detto ordinamento (*Ordin. di giust.*, Rub. 82, ap. Giudici, p. 392 ; 65, ap. Fineschi).

[3] Quod si.... essent insufficientes et impotentes propter paupertatem ad securandum et satisdandum.... ipsi domini priores, non obstantibus antedictis, possint.... deliberare quantitatem.... sodare et satisdare teneantur.... (Rub. 18, Bonaïni, p. 67 ; Cf. Giudici, Rub. 17, p. 340.)

il fallait être reconnu *popolano*, et pour être reconnu *popolano*, il fallait appartenir à une famille qui en fût affranchie elle-même, au moins depuis cinq ans. Tout autre issu de magnat devait, comme les magnats eux-mêmes, fournir sa caution en février au plus tard, sous peine d'être banni, s'il refusait ou hésitait[1]. En ce cas, les parents les plus proches, dans la ligne masculine, lui étaient substitués. S'agissait-il d'un crime capital? Si le coupable se dérobait au châtiment par la fuite, la famille perdait ses deux mille livres de caution et payait encore mille livres de supplément. Toutefois, lorsque entre gens de même famille il y avait des inimitiés de sang, l'obligation de *sodare* l'un pour l'autre cessait aussitôt[2], preuve manifeste que la loi poursuivait seulement la solidarité des haines et des passions[3]. Faire plus eût été contraire à la civilisation de ce temps et aux principes du droit qu'on enseignait[4].

Ce qui donnait à cette législation raisonnable un réel caractère de férocité, c'est un grand étalage de pénalités effrayantes pour réprimer les violences si fréquentes des grands contre les *popolani*. A tout grand qui tue ou fait tuer, qui blesse ou fait blesser un *popolano* de manière que mort s'en suive, on coupera la tête, ainsi qu'à la

---

[1] La Rub. 18, ap. Bonaïni, p. 67 et les Rub. 17, 18, 19, ap. Giudici, p. 338-343, disent comment devront être fixées et même quel sera le montant de ces cautions.

[2] Se apparisse inimistà di morte overo di fedita intra le delte parti per l· quali l'uno per l'altro è tenuto di sodare e pagare la condannagione.... non siano costretti (*Ord. di giust.*, Rub. 19, Giudici, p. 343).

[3] C'est ainsi qu'il faut entendre le mot de Villani : « L'un consorte en tenuto per l'altro. » (VIII, 1.) — Machiavel se trompe donc ou, si l'on veut, il manque d'exactitude ou de clarté quand il dit : « Obbligaronsi i consorti del reo alla medesima pena che quello. » (*Ist. fior.*, II, 21 B.)

[4] Voy. M. P. Villari, *N. Antol.*, t. XI, p. 461, 462, juillet 1869.

personne qui lui a servi ou qu'il fait passer pour lui avoir servi d'instrument. Le meurtre par procuration étant le cas le plus ordinaire, les ordonnances de justice parlent toujours de « deux capitaines du méfait, » les autres étant considérés comme complices. Les biens des « deux capitaines » sont détruits ou confisqués. S'ils ont pris la fuite, on les condamne de manière à n'avoir qu'à exécuter la sentence, le jour où ils tomberaient aux mains de la justice. Deux mille livres d'amende punissent ceux qui ont aidé à la perpétration du crime[1], mille ceux qui n'y ont trempé qu'indirectement[2]. Ces sommes sont prises sur leurs biens et sur les cautions fournies par les magnats[3]. Ignore-t-on quel est le principal coupable ? la loi exige qu'on en désigne un, qu'on « fasse un capitaine, » et ce soin est commis aux parents de la victime, à leur défaut au capitaine du peuple ou au potestat[4].

Pour une simple blessure, le coupable n'était puni que de deux mille livres d'amende ; mais faute de les payer dans les dix jours, on lui coupait la main droite ou le pied, à son choix. Sa fuite est prévue : en pareil cas

---

[1] Tutti gli altri grandi li quali fossono al detto micidio ed avessono percosso cotale popolano, siano condannati in lire do' milia per ciascheduno (*Ord. di giust.*, Rub. 6 ; Giudici, p. 322). — La Rub. 5 de Bonaïni, qui correspond à celle-ci, est moins développée, et ne contient ni ce détail, ni plusieurs autres.

[2] Gli altri grandi li quali in altro modo fossono colpevoli del detto micidio. (*Ibid.*)

[3] Bona devastentur et destruantur, et eis devastatis perveniant in communi Florentie. Et nihilominus fideijussores talis magnatis et malefactoris compellantur solvere illam quantitatem pecunie pro qua fideijussissent (*Ord. just.*, Rub. 5, Bonaïni, p. 49, 50 ; Cf. Giudici, Rub. 6, p. 322).

[4] E per lo detto micidio possa essere fatto uno capitano solamente di quelli che facessono e uno di quelli che facessono fare. E sia fatto dal congiunto di colui de l'ucciso, e se quelli congiunti non facessero, allora la podestà ovvero il capitano (*Ord. di giust.*, Rub. 6 ; Giudici, p. 322-323).

tous ses biens sont détruits[1]. Si le sang a coulé sans attaquer le visage, sans causer de faiblesse à aucun membre[2], l'amende n'est que de mille livres, mais elle est de cette somme pour chaque blessure ou chaque coup. Si le sang n'a pas jailli, cinq cents livres; si la main qui a frappé n'était pas armée, trois cents. Simultanément condamnés, l'auteur et l'instigateur de l'agression sont en même temps exclus pour cinq ans de tout office, bénéfice, honneur dans la commune[3]. Si un grand occupe injustement les biens d'un *popolano*, s'il l'empêche de percevoir ses revenus, s'il moleste ses locataires, le délit, établi par deux témoins, qui peuvent être le *popolano* lui-même et son subordonné[4], est puni de cinq cents livres chaque fois[5]. Si ladite offense atteint le gonfalonier, un des prieurs, leur notaire, ou les pères, fils, petits-fils, frères, aïeuls, oncles, cousins, ou autres parents de ce magistrat du côté paternel, la peine est portée au double[6]. Pour toute insulte envers un officier public, l'exil, dont cet officier même fixe la durée[7]. Aucune de ces sentences n'est susceptible d'appel[8]. C'est que les ordonnances de justice étaient tenues pour supérieures à toute loi, à tout statut. Aussi ne les

---

[1] Amputetur ei manus dextra ita quòd separetur a brachio (*Ord. just.*, Rub. 5, Bonaïni, p. 50; Giudici, Rub. 6, p. 323). — Le choix entre la main ou le pied se trouve dans un *Provvisione*, 3 août 1294, n° IV, p. 57.

[2] Nec etiam vulnus fuerit illatum in vultu, nec membri debilitatio inde fuerit subsecuta (*Ord. just.* ibid., Bonaïni, p. 51 ; Giudici, p. 324).

[3] *Ibid.*, Bonaïni, p. 52.

[4] Et credatur et stetur in quolibet predictorum casuum sacramento injuriati et sui laboratoris (*Ord. just.*, Rub. 6, Bonaïni, p. 55 ; Cf. Giudici, Rub. 9, p. 330).

[5] *Ibid.*

[6] *Ibid.*, Rub. 15, Bonaïni, p. 62 ; Giudici, Rub. 20, p. 343.

[7] *Ibid.*, Giudici, Rub. 14, p. 336.

[8] Ne alicujus exceptionis sive protelationis obstaculum valeat interponi (Rub. 21, Bonaïni, p. 69 ; Giudici, Rub. 26, p. 350).

pouvait-on proroger, suspendre, altérer sans de graves châtiments[1].

Contre les grands seuls, et seulement dans leurs rapports avec les *popolani*, était édictée cette farouche législation. Qu'aucun *popolano* ne fût mêlé dans l'affaire, qu'il s'agît, par exemple, d'une querelle entre un maître noble et son serviteur, entre deux nobles, parents ou non, la loi exceptionnelle des ordonnances cessait d'être appliquée; on en revenait à la loi commune, aux anciens statuts[2]. Ces statuts étaient rigoureux pour tout le monde, et les ordonnances l'étaient deux fois plus pour les grands, puisqu'on y avait, en général, doublé les peines; toutefois, s'ils se fussent, comme précédemment, flattés d'y échapper, à leurs murmures eût bientôt succédé la résignation; mais ce qui les exaspérait, c'est qu'on prétendît empêcher que la loi ne fût, comme auparavant, lettre morte. Par là surtout les mesures prises contre cette hautaine et tumultueuse aristocratie prenaient un caractère original et nouveau.

Tout crime ou délit doit être dénoncé, et c'est à peine si le dénonciateur a des preuves à fournir; le jugement est sommaire, sans aucune des formalités, des lenteurs protectrices dont la justice moderne aime à s'entourer. L'offensé a trois jours pour déclarer l'offense, s'il l'a soufferte en ville; dix, si c'est au dehors. Ses proches, ses serviteurs, à défaut de lui, ont la même obligation, sous peine d'amende[3]. Tout *popolano* qui nie faussement avoir

[1] Provisum.... quod omnia et singula predicta ordinamenta et provisiones debeant observari et prevaleant omnibus aliis statutis (Rub. 22, Bonaïni, p. 70).

[2] Rimangano a la ragione comune ed agli statuti del comune (*Ordin. di giust.*, Rub. 7, Giudici, p. 329).

[3] *Ord. iust.*, Rub. 8, Bonaïni, p. 56; Giudici, Rub. 12, p. 334.

été témoin du fait incriminé, est puni de deux cents livres, et même de l'exil, s'il ne comparaît point[1]. Il fallait combattre l'habitude de se taire, naturel effet de la terreur chez les faibles. Comme preuve on admet le serment de l'offensé, ou, s'il est mort, de son plus proche parent, et même l'affirmation de deux témoins qui attestent, non le fait, qu'ils n'ont pas vu de leurs yeux, mais le bruit public, guide peu sûr en ces temps de passion[2]. Le capitaine et le potestat étaient autorisés, en outre, à entretenir des espions ou dénonciateurs secrets. A la porte de ces deux officiers, en un lieu public et ouvert, on établit même deux boîtes ou *tamburi* où le premier venu pouvait déposer toute dénonciation relative aux pratiques des condamnés pour faire l'*accatto*, c'est-à-dire pour recevoir d'autrui le montant des amendes à payer[3]. Déjà cet expédient qui divisait la somme par fractions presque infinitésimales et rendait la peine illusoire, était puni de cinq cents livres pour le condamné qui recherchait l'*accatto*, de cent pour les amis qui lui donnaient l'argent ou le recueillaient pour lui[4]. Les *tamburi* facilitèrent la connaissance de ce délit; mais la loi ne put empêcher qu'on n'y glissât d'autres dénonciations plus graves. Insensiblement les magistrats prirent l'habitude d'en tenir compte,

---

[1] *Ord. di giust.*, Rub. 49, Giudici, p. 365.

[2] Sufficiat probatio per publicam famam (*Ord. just.*, Rub. 9, Bonaïni. p. 57 ; Giudici, Rub. 16, p. 337). — Cf. Villani.: « E si potessono provare i malefici per due testimoni di publica boce e fama. » (VIII, 1.)

[3] Petere vel peti facere ab aliquo cive vel comitatino Florentie aliquam pecuniam vel aliquod accattum pro ipsa condempnatione.... Et fiant duo tambura.... in quibus sit licitum cuilibet mictere cedulam continentem illos tales qui fecerunt contra predicta.... Et si alie cedule de aliis factis in dictis tamburis micterentur, pro nichilo habeantur (*Ord. di giust.*, p. 57, 58 ; Giudici, p. 337, 338).

[4] *Ibid.*

et ainsi encouragée, se propagea dans les mœurs la hideuse délation.

A peine la faute était-elle connue, qu'elle recevait son châtiment. Le potestat devait rendre sa sentence dans les cinq jours, sinon il perdait cinq cents livres de son salaire, ou, suivant le cas, était privé de ses fonctions [1]. En son lieu et place le capitaine du peuple devait alors instruire, juger et condamner. Si lui-même n'avait pas accompli son devoir, le potestat se trouvait chargé de l'affaire, car ils devaient en toute occasion se contrôler l'un l'autre, et par rivalité naturelle c'est en conscience, d'ordinaire, qu'ils le faisaient [2]. S'agissait-il d'un crime ou délit commis hors de la ville, sur le territoire, le potestat de la localité était par eux mis en demeure de poursuivre nuit et jour [3].

Venait enfin l'heure de l'exécution. Saisi par une dénonciation secrète dans les *tamburi* ou par une démarche publique des syndics de quartier, lui amenant soit l'offensé, soit un de ses proches, qu'ils protégeaient contre ses propres défaillances, non moins que contre ses ennemis, le gonfalonier suspendait à une fenêtre du palais le gonfalon de justice, et faisait sonner par trois fois la *campana a martello*, ou tocsin [4]. Aux premiers coups,

---

[1] Et in predictis omnibus et singulis dominus potestas habeat liberum arbitrium inquirendi, et teneatur ipsa malleficia investigare et condempnare infra quintum diem post commissum malleficium et postquam denuntiatum ei fuerit vel ad ejus notitiam pervenerit. Quod si non faceret, cadat et privatus sit a regimine sue potestarie. Alia vero maleficia.... infra octo dies.... Quod si non faceret, perdat de suo salario libras 500 (*Ord. just.*, Rub. 5, Bonaïni, p. 52 ; Giudici, Rub. 6, p. 325-326.)

[2] *Ibid.*

[3] 3 août 1294. *Provvisioni*, approbation de divers *Ordinamenta*, n° IV, p. 57.

[4] Ex quo malleficio mors sequatur, vel faciei vituperatio ex enormi vulnere, seu membri abscissio, ita quod ipsum membrum a reliquo corpore separetur.... D. Potestas teneatur.... de conscientia Vexilliferi justitie, facere

tandis qu'il délibérait avec ses conseillers et d'autres sages sur le nombre d'hommes qu'il emmènerait, sur les postes qu'il occuperait, sur les cas, les lieux, l'ordre de la retraite[1], tous ses *pedoni* se hâtaient de s'armer, de manger et de boire[2]. Quand sonnait pour la seconde fois la cloche, ils devaient, sous peine de vingt sous d'amende, être réunis auprès de leurs porte-bannières respectifs. A la troisième, ils étaient tenus de se trouver à la maison des prieurs, et leurs *banderai*, qui les y avaient conduits, de remettre au capitaine la liste des absents, faute de quoi, ils payaient cent sous d'amende[3]. Le gonfalonier déclarait alors quel nombre d'hommes il entendait emmener dans son expédition. Le minimum en était, d'après les ordonnances, de vingt *berrovieri* des prieurs avec heaumes, boucliers et autres grosses armes, vingt des meilleurs arbalétriers, vingt des meilleurs *pedoni* armés de lances. Tout était prévu : la longueur des lances, qui était de dix pieds au moins ; le nombre d'hommes de chaque corps que devait fournir chaque *sestiere*, savoir : Oltrarno et San Pier Scheraggio quatre, les autres trois ; enfin l'ordre de marche des quartiers[4]. Aucun grand, dès que sonnait la cloche, ne devait, sous peine de cinq cents livres, se trouver à la maison du coupable, ni sur

---

pulsare ad martellum campanam suam,... et m. pedites electi armati concurrant et ire sine mora festinent ad domum dicti Vexilliferi. Et incontinenti ipse vexillifer justitiæ, una cum predictis peditibus armatus et cum vexillo justitiæ, ad domum D. Potestatis vadat (*Ord. just.*, Bonaïni, Rub. 5, p. 53, 54).

[1] *Ord. di giust.*, Rub. 64, Giudici, p. 378.
[2] *Ibid.*, Rub. 69, 70, p. 381.
[3] *Ibid.*, Rub. 69, p. 381.
[4] Cet ordre était le suivant : Oltrarno, San Pier Scheraggio, Borgo, Porta San Brancazio, Porta del Duomo, Porta San Piero.

les lieux où était le gonfalonier; sous peine de mille; se réunir à ceux de sa caste, en un endroit public ou même privé[1]. Le gonfalonier déterminait avec le « juge des méfaits » ce qu'on devait détruire des biens du condamné[2], afin de ne pas retenir ses hommes loin de leurs affaires plus longtemps qu'il ne convenait[3]. C'est seulement dans les cas sans gravité qu'on laissait au coupable dix jours pour payer intégralement l'amende, avant de procurer la destruction de ses biens[4].

L'expédition se mettait alors en marche. Chaque *banderaio* était précédé de quatre hommes de chaque arme. Avant ou après la bannière des arbalétriers, au gré du gonfalonier de justice, venait son redoutable gonfalon[5]. Sur le lieu de l'exécution, les groupes se reformaient, les hommes de chaque arme se réunissaient sous leurs bannières respectives[6]. Aucun d'eux n'y devait manger ou boire, par crainte de désordre, de tumulte et de querelles[7]. Personne ne pouvait se mêler à eux. Quiconque contrevenait à cette défense, était saisi par les *berrovieri* et conduit aussitôt au palais du potestat[8]. Ce magistrat,

---

[1] *Ord. di giust.*, Rub. 47, Giudici, p. 363, 364.

[2] Nous avons déjà dit que rarement les destructions étaient complètes. On voit dans les chroniqueurs que les coupables obtinrent quelquefois des indemnités, parce que la démolition avait été poussée trop loin (Voy. M. P. Villari, *N. Antol.*, loc. cit., p. 463).

[3] Si che per quella cagione dimoranza più lunga che si convenga non facciano i pedoni de la giustizia (*Ord. di giust.*, Rub. 74, Giudici, p. 382).

[4] Nisi infra decem dies predictos dicta condempnatio fuerit communi Flor. integraliter exsoluta (*Ord. just.*, Rub. 5, Bonaïni, p. 54; Giudici, p. 328).

[5] *Ibid.*, Rub. 65, 66, Giudici, p. 379.

[6] *Ibid.*, Rub. 67, Giudici, p. 380.

[7] Acciò che quelli pedoni senza zuffa e romore vadano e tornino e steano (*Ibid.*, Rub. 70, p. 381).

[8] *Ibid.*, Rub. 72, Giudici, p. 382.

quoique ne prenant point part, personnellement, à l'expédition, n'y restait pas étranger. Il y était représenté par six de ses juges, six notaires, douze *berrovieri*, c'est-à-dire un juge, un notaire et un *berroviere* par *sesto*, pour prendre note de ceux qui ne se présentaient pas ou qui se comportaient mal, empêcher les départs isolés avant l'ordre, contraindre les délinquants à l'obéissance, ou les remettre à l'autorité judiciaire[1]. Le gonfalonier n'en conservait pas moins, durant l'expédition et sur tous ceux qui en faisaient partie, une autorité presque dictatoriale[2]. Sur son refus de partir, il était suppléé par le potestat ou par le capitaine. Si la crainte, la corruption ou quelque autre motif les détournait tous les trois de leur office, aussitôt toutes les boutiques devaient se fermer, tout travail être suspendu, tout artisan, sous peine de vingt-cinq livres, prendre les armes, tous les juges civils s'abstenir de paraître à leur tribunal, jusqu'à ce que la loi eût reçu pleine satisfaction[3]. Bientôt même, quand on vit s'organiser contre les mesures nouvelles la résistance des grands, on en vint à ordonner cette suspension de toutes les fonctions sociales, dès que les sinistres sons de la cloche appelaient aux armes les hommes du gonfalonier[4].

---

[1] *Ordin. di giust.*, Rub. 75, Giudici, p. 383.

[2] Possa fare comandamenti e pene e bandi imporre si a banderai come agli altri pedoni (*Ibid.*, Rub. 77, p. 384).

[3] Et si dicta maleficia punita non fuerint per D. Potestatem, apotece omnes artificum stare et teneri debeant clause. Et quod interim nullum laborerium fiat, sed ipsi artifices armati et muniti stent et permaneant, donec predicta omnia effectui demandentur sub pena l. 25 (*Ord. just.*, Rub. 5, Bonaïni, p. 52, Rub. 6, Giudici, p. 326). I giudici alle civili non seggano a rendere ragione (Rub. 75, Giudici, p. 583).

[4] *Ord. di giust.*, Rub. 46, Giudici, p. 362, et les statuts de Pise, § 18, publiés par M. Bonaïni (*Statuti inediti della città di Pisa*, t. II, Flor., 1870,

Telles sont ces terribles ordonnances de justice dont parlent tous les chroniqueurs et qu'ils nous font si mal connaître. L'humanité en paraît absente, mais elle l'était tout autant des statuts calqués sur ceux de Florence ou s'inspirant du même esprit[1]. La crainte était le ressort des gouvernements italiens. Quiconque y voulut renoncer se perdit, tomba dans la servitude des républiques princières ou des principautés absolues. Venise ne resta si longtemps prospère que parce qu'elle reconnut dans la terreur la source de sa force et qu'elle n'eut garde d'y renoncer[2]. Maîtresse pour la première fois, quels moyens de gouvernement la bourgeoisie florentine pouvait-elle employer et même connaître, sinon ceux dont elle avait souffert si longtemps? De même que le *popolo vecchio*, composé de grands et de *popolani grassi*, avait, en 1282, fait contre les gibelins une loi de suspects, de même, en 1293, le *popolo nuovo* en faisait une contre le *popolo vecchio*, ou, pour mieux dire, contre les grands, qui en étaient l'âme et le nerf. Nulle effusion de sang à ces deux

---

in 4°. Le t. III a été publié antérieurement au t. II). — Nous avons cru pouvoir joindre aux premiers *Ordinamenta*, tels qu'ils résultent de la concordance entre les divers textes diverses rubriques additionnelles sur l'ordre que devait suivre le gonfalonier dans ses expéditions. Elles furent débattues à partir du 31 mars 1295, et adoptées le 7 avril suivant (Voy. *Provvisioni*, n° V, p. 75 v°).

[1] On peut voir ceux de Pise, dont il est question dans la note précédente, sans compter ceux de Lucques dont nous avons déjà parlé. Le législateur pisan est même plus féroce : Se lo figliuolo u vero li figliuoli del delinquente avere non potrò, puniroe lo padre del delinquente, così in persona come in avere, ad mio arbitrio.... Li loro beni siano distructi sicchè poi non si rifacciano, nè rifare li permetterò, nè abitare u lavorare u vendere u alienare (§ 12). Che nullo nobile possa rendere testimonianza (§ 162).

[2] M. Edg. Quinet a très-bien mis cette vérité en lumière (*Révolutions d'Italie*, II, 5-14).

dates : c'est l'honneur commun des deux partis. Le privilége de la bourgeoisie fut d'assurer la durée à sa victoire. Convaincue qu'en négligeant « les solennelles subtilités du droit, » elle restait « dans la justice et la vérité[1], » elle eut le mérite rare de bien savoir ce qu'elle voulait et de le vouloir fortement. Tous les actes des conseils en ce temps-là montrent dans leurs idées une suite et une rancune dont rien ne les put détourner[2]. Les ordonnances, les provisions nouvelles furent placées sur des tables, dans le palais des prieurs, non loin du lieu où ils siégeaient[3]. Ainsi personne n'avait le droit d'exciper de son ignorance ; nul n'était censé ignorer la loi. Les noms et prénoms des bannis, leurs crimes et condamnations furent inscrits sur un registre relié, séparé de tout autre, attaché avec des chaînes de fer et qui contenait toutes les sentences rendues

---

[1] Cum ad honorem et exaltationem Florentini populi et ad conservationem felicis status ejusdem populi et communis florentini pertinere et spectare noscatur quod questiones mote seu movende contra magnates et potentes civitatis et comitatus Florentie summarie et sine strepitu et figura juditii, et potius sequendo veritatem et equitatem quam sequendo formam et solempnitatem stricti juris et cavillationum et exceptionum et defensionum que in questionibus opponi et uti solent.... (21 juin 1294. *Provvisioni*, n° IV, p. 20).

[2] Voy. diverses provisions : Défense de recevoir en témoignage les parents d'un magnat (26 juin 1294, *Provvisioni*, n° IV, p. 22). Les magnats condamnés depuis le 18 janvier 1292, seront exclus de la chance d'être parmi les prisonniers offerts à saint Jean ou à la Madone, c'est-à-dire rendus à la liberté (21 juillet 1294, n° IV, p. 45). Si la condamnation dépasse la somme donnée en garantie, le surplus devra être exigé des plus proches parents. Un magnat dont la caution est moindre de 500 l. ne pourra porter d'armes défensives (3 août 1294, n° IV, p. 55). Le même jour, on approuvait les *Ordinamenta* contre les condamnés et bannis, la récompense de 1000 florins à quiconque en remettait un aux mains de la justice. (*Ibid.*)

[3] Voy. *Provvisioni*, X, 6. Cette provision est datée du 6 avril 1299, mais elle constate un usage antérieur.

depuis l'année 1280, du temps que Pietro des Stefaneschi, de Rome, était potestat [1].

D'ailleurs, loin d'être immuables, les ordonnances de justice étaient, comme les autres statuts, la mobilité même. La porte restait ouverte aux révisions plus ou moins partielles que le capitaine du peuple estimait nécessaires et qu'il soumettait ou faisait soumettre par son juge au conseil des cent, puis à ses deux propres conseils. Le 9 décembre 1294, on révisait les statuts du potestat et du capitaine, pour les mettre en harmonie avec la législation nouvelle, car ils étaient jugés « en grand nombre superflus et obscurs, contraires ou semblables, d'où résultaient beaucoup de lenteurs dommageables à la commune et aux particuliers, surtout aux pauvres et aux impuissants, beaucoup de plaintes dont la clameur s'augmentait chaque jour [2]. » On se proposait donc « de les réduire à un moindre volume, de les rendre clairs et intelligibles, de les classer surtout par ordre de matières [3]. » On y réussit peu, nous le voyons par le désordre où sont

[1] 3 août 1294. *Provvisioni*, n° IV, p. 57. La date de ce potestat n'est pas donnée par le document ; mais on la trouve dans la liste des *Officiales forenses*.

[2] Cum multa capitula reperiantur et sint in capitulis dominorum potestatis et capitanei et defensoris, quorum aliqua imo multa superflua sunt, quedam obscura, quedam contraria, quedam similia, propter que varietates et ambiguitates emergunt quotidie in questionibus et offitiis, ex quibus proveniunt comuni et spetialibus personis et maxime pauperibus et impotentibus pericula et dampna, et etiam questiones de facili decidi non possunt, immo ex una questione plures resurgunt et questiones terminari non possunt, imo in infinitum extenduntur (*Provvisioni*, n° IV, p. 130). — Ce texte a été publié parmi les documents relatifs à Dino Compagni dans l'*Arch. stor.*, 3ᵉ série, 1872, t. XVI, 4ᵉ disp., p. 19-20.

[3] Ut dicta statuta ad consonantiam redigantur, et multitudo eorum superflua tollatur, et in minori volumine et clara et aperta sint, et similia et de eadem re et materia loquentia eodem loco et in eodem confinio ponantur secundum debitum ordinem, ut facilius patere possint ea investigare volentibus, quod hucusque factum non extitit. (*Ibid.*)

encore les textes après ces remaniements. Les contemporains eux-mêmes n'en devaient pas être satisfaits, car ils s'y reprirent à plusieurs fois[1].

D'une condition encore dépendait l'exécution et l'avenir des ordonnances : il fallait assurer la paix au dehors[2]. La guerre, en effet, n'eût pas seulement détourné l'attention des réformes intérieures; elle eût permis aux nobles de se croire, de se rendre indispensables et de mettre à prix leur concours. Des concessions arrachées ils auraient profité hardiment pour redevenir maîtres de Florence et pour tendre la main aux ennemis. Cette nécessité de la paix était vivement sentie; elle donnait lieu à d'assidues négociations, qui s'étendaient au loin jusqu'à Venise, où les marchands florentins souhaitaient de ne rencontrer ni hostilités ni embarras[3]. Elles étaient surtout actives avec les diverses communautés de Toscane. Le 29 juin 1293, les prieurs, réunis « dans la maison des Cerchi avec beaucoup de grands et de *popolani*, » examinaient un traité entre la ligue toscane, la commune de Pise et les exilés, dont Lucques leur soumettait les bases[4]. Le 12 juillet sui-

---

[1] Notamment dès le 30 mars 1295. *Provvisioni*, n° V, p. 73, 79 v°. Ces délibérations prennent du 31 mars au 7 avril.

[2] Per fortificare lo stato del popolo e indebolire il podere de' grandi, i quali molte volte accrescono e vivono delle guerre,... assentirono alla pace (Villani, VIII, 2).

[3] Lettres de la commune de Florence au doge et à la commune de Venise, 8 janvier 1293 (Archivio di Venezia, *Atti diplomatici*, 1ᵉ serie). En 1295, on trouve dans ces mêmes archives un registre de lettres et ambassades de Florence à Venise et réciproquement, Galli de Spolète étant potestat à Venise (*Ibid.*, n° 34 A). De 1287 à 1292, on ne rencontre que neuf documents où Florence soit intéressée. Ils ont trait à des affaires privées de marchands.

[4] Inter quos fuerunt milites et populares in magna quantitate in domo Circlorum.... Super tractatu pacis facto per Franciscum de ordine S. Augustini priorem provincialem et per decem sapientes comunis Luce ad hoc per

vant, cette paix était conclue¹. Pise promettait de détruire le château de Pontedera, d'accorder franchise des gabelles à tous les membres de la ligue, de restituer leurs biens à Nino Visconti et aux autres exilés, de choisir, durant quelques années, son potestat dans les villes du territoire de Florence, ou tout au moins des autres villes de la confédération². C'était implicitement congédier Guido de Montefeltro. Blessé dans son orgueil, mais impuissant à se venger, quoiqu'il prétendît le pouvoir faire, le vieux renard se bornait à réclamer ses gages, et les gibelins pisans, la mort dans le cœur, l'accompagnaient à plusieurs milles, avec les plus vifs témoignages de tendresse et d'estime³. De son côté, le trop célèbre juge de Gallura se retirait dans ses domaines de Sardaigne, s'y faisait recevoir citoyen de Gênes, et, avec les Génois, continuait de nuire à sa patrie, qui continuait de l'exécrer⁴. Même rouverte aux guelfes, Pise vomissait de son sein le chef des guelfes; elle oubliait qu'il avait combattu le comte Ugolino, pour se souvenir seulement qu'il était son petit-fils.

Quand Pise se soumettait, quand Sienne restait une fidèle alliée, qui donc en Toscane aurait pu résister à

---

comune Luce deputatos (Doc. publié par M. Paoli, ap. *Arch. stor.*, 3ᵉ serie, 1874, t. XIX, 1ᵉ dispensa, p. 51). Ainsi, même en ce moment de crise, il n'eût pas semblé possible d'exclure les nobles des délibérations relatives aux questions extérieures et militaires.

¹ *Capitoli*, XXX, n° 41, f° 35 r°.

² Le 5 juillet, Guido de Montefeltro, potestat de Pise, avait reçu *balia* de conclure ce traité. Le 8 juillet, des syndics étaient nommés des deux parts et se rendaient en congrès à Fucecchio (*Ibid.*, n° 41, f°ˢ 38 v°, 39 v°, et n° 44, f°ˢ 113, 115, 118; Villani, VIII, 2; Tronci, p. 276; Muratori, Ann. d'Ital., 1293).

³ *Ibid.*

⁴ *Arch. stor.*, nuova serie, part. I, p. 3-4.

Florence? Arezzo elle-même cède au destin, elle offre son amitié, elle ouvre la route d'Orvieto, de Pérouse et de Rome. La forte Poggibonzi s'engage à payer un tribut[1]. Si les comtes Guidi, les Ubaldini et d'autres seigneurs féodaux tiennent encore dans le Mugello, il suffit d'une expédition conduite par Carruccio del Verre, « habile et loyal *popolano* d'Oltrarno, » pour reprendre les biens qu'ils avaient jadis enlevés à Florence, ou sur lesquels Florence prétendait un droit de suzeraineté. On en formait aussitôt une *masse*, sous l'administration d'un capitaine spécial, pris dans les rangs des *popolani*[2]. Aucune indépendance n'était plus tolérée chez les voisins. Sans être rebelle, Prato se croyait libre encore de faire respecter son droit d'asile : elle refusait de rendre un meurtrier. Elle le rendra pourtant dans les trois jours, ou elle payera dix mille livres d'amende, telle est l'alternative qui lui est laissée. Comme elle tente encore de s'y dérober, le troisième jour les enseignes florentines se déploient au dehors, les milices reçoivent l'ordre de marcher *a oste*. Cette fois, l'avis est entendu : Prato effrayée envoie les dix mille livres et tout ensemble le coupable, dont la tête tombe sous la hache du bourreau[3]. Bientôt on devait voir Pistoia, voulant à son tour réformer ses statuts, les soumettre à l'examen, à l'approbation de la commune de Florence[4]. La sécurité est complète désormais, si complète qu'on ne prend plus de mercenaires qu'au rabais : au lieu de florins d'or on ne paye plus leur solde qu'avec le même

---

[1] 13 et 16 décembre 1293. *Capitoli*, XXX, n° 41, f°° 60, 61.
[2] Villani, VIII, 2.
[3] 1293. Villani, VIII, 2 ; Stefani, III, 199.
[4] Voy. au livre suivant, ch. I.

nombre de petits florins[1]. Libre à eux, s'ils se trouvent lésés, de quitter le service; mais ils y restent tout en grondant. Florence, à tout prendre, était une bonne maison de banque : on y payait régulièrement aux échéances, et tout portait à croire que des hommes de guerre allaient y gagner leur argent dans les douceurs de la paix.

Alors, en effet, les inévitables conséquences des réformes accomplies n'apparaissent pas encore à tous les yeux. Les plus clairvoyants pressentaient peut-être de prochains orages, de sérieux dangers; mais les autres se laissaient bercer mollement par le décevant espoir d'un avenir plus heureux. Même quand l'orage a éclaté, quand le danger est devenu catastrophe, les appréciations des contemporains diffèrent quelquefois. Si Paolino voit dans le règne commençant de la bourgeoisie celui du menu peuple, la démagogie pure[2], Villani n'est pas moins frappé du bien que du mal[3]. Le bien semble même l'éblouir : ici comme précédemment, il se complaît au brillant tableau des splendeurs florentines et d'une prospérité sans égale[4].

---

[1] 25 octobre 1294. *Provvisioni*, n° IV, p. 89. — Paolino explique comme suit la différence du florin d'or au petit florin : « En 1271, le florin d'or valait 50 sous, et il semblait devoir monter. Les cinq arts de marchandise donnèrent au florin le cours de 29 sous; c'est ce qu'on appela le petit florin. » (II, 33.) Cette différence donna lieu à des spéculations, en conséquence de quoi il fut stipulé par lesdits cinq arts que tout trafic devait être fait en petits florins : « Ed incominciaro a mercatare a fiorini, ed ordinaro di non fare mercato se non a quella moneta, e cosi da allora innanzi mercataro a fiorini, e cosi ebbe corso. » (*Ibid.*)

[2] E reggeasi per lo minuto popolo e molto fiero era allora, specialmente contro a' grandi (Paolino, II, 47).

[3] Et hebbe poi molte e diverse sequele in male e in bene (Villani, VIII, 1).

[4] Villani, VIII, 2. — Machiavel confond un peu les temps, quand il montre (*Ist. fior.*, l. II, p. 22 B). Florence en plus grand et plus heureux état alors que jamais, pleine d'hommes, de richesses, de gloire, toute la Toscane obéissante et alliée d'une ville capable de tenir tête à toutes les autres villes, à tous les princes en Italie.

Pour lui, des événements logiques ne sont que des accidents imprévus. Il ne sent pas, même après l'avoir vu, que d'orgueilleux magnats, si longtemps maîtres, ne pouvaient obéir et s'humilier avant d'avoir brisé leurs forces dans de vains essais de résistance ; qu'un grand nombre de *popolani* puissants devaient eux-mêmes se prêter de mauvaise grâce aux ordonnances de justice, car « il leur plaisait mieux, dit un récent historien, de figurer dans les conseils en qualité de nobles qu'en qualité de marchands [1] ; » que des magistrats accoutumés à laisser dormir la loi, ne se décideraient pas volontiers à l'éveiller, tant qu'ils y courraient risque de la vie ; que les opprimés, enfin, manqueraient plus d'une fois de la patience nécessaire pour rentrer par les voies légales, toujours si lentes, dans les biens que la violence leur avait enlevés [2]. C'est ainsi pourtant que le maintien ou le renversement, l'aggravation ou l'atténuation des ordonnances récemment rendues devint, durant quelques années, le point sur lequel, de part et d'autre, se portèrent tous les efforts.

---

[1] G. Capponi, I, 87.

[2] A lui (au peuple) si richiamaro molti popolari di certi grandi di certe case e possessioni che erano loro state per li grandi tolte e per la forza di quel popolo li riebbero (Paolino, II, 47). Villani (VIII, 2) mentionne aussi le fait, mais il ne parle pas de violences populaires.

CHAPITRE IV

ÉTABLISSEMENT DÉFINITIF DES ORDONNANCES DE JUSTICE

— 1294-1300 —

Les grands soulevés contre Giano della Bella. — Complicité du *popolo grasso*, du pape, des juges, des bouchers. — Dino Pecora et Corso Donati. — Procès et absolution de Corso Donati (20 janvier 1295). — Soulèvement populaire contre le potestat. — Conjuration contre Giano. — Bulle de Boniface VIII (23 janvier 1295). — Procès de Giano (17 février). — Son départ (5 mars). — Sa condamnation. — Affermissement de la révolution des ordonnances. — Elle se propage dans les autres villes de Toscane. — Jehan de Châlon éloigné de la province par la médiation du pape. — Aggravation des ordonnances (13 mai 1295). — Réclamation des grands et tentative d'émeute (6 juillet). — Triomphe pacifique des marchands. — Mesures d'apaisement prises par les vainqueurs (1295-1300). — Soumission d'une partie des grands. — Derniers efforts des autres : le potestat Monfiorito (janvier-mai 1299). — Poursuites contre les prieurs du 15 août (19 octobre). — Autorité croissante de Florence sur la ligue toscane. — Ses relations avec Charles II d'Anjou. — Avec Bologne (1296-1298). — Avec Boniface VIII (1297). — Croisade contre les Colonna. — Ambassade des Florentins au jubilé (1300). — Travaux publics à Florence pendant cette période (1293-1300). — Les édifices religieux : San Giovanni, Santa Reparata, Santa-Croce, Santo-Spirito, Santa Maria Novella. — Travaux d'édilité. — Les prisons. — Le palais de la seigneurie. — La troisième enceinte de murs. — Travaux sur le territoire et au delà : routes, ponts, châteaux — Jugement contradictoire de Dante et de Machiavel sur cette période.

Étourdis du coup qui les frappait, les nobles florentins avaient besoin de temps pour se reconnaître. Jusqu'où irait l'audace de leurs ennemis ? Se maintiendrait-elle seulement dans les limites de cette nouvelle et odieuse légalité ? C'est ce que personne ne pouvait savoir encore. Il fallait donc s'entendre, étouffer tout dissentiment privé, mettre ses forces au service du ressentiment commun. Antérieurement au 15 avril 1293, un an encore avant que les ordonnances de justice fussent rédigées en entier et promulguées, le premier gonfalonier de justice avait accompli contre les grands la première expédition[1]. Un membre de la famille des Galli[2] s'étant rendu coupable, en France, d'homicide contre un *popolano* florentin, les maisons que ses parents possédaient au *sestiere* de Porta Santa Maria, avaient été détruites, après quoi Baldo des Ruffoli, le gonfalonier, était rentré chez lui, ordonnant à tous de poser les armes[3].

D'autres expéditions durent suivre, peu éclatantes sans doute, puisqu'il n'en est pas fait mention dans les auteurs, mais assez nombreuses et assez sévères, car le menu peuple, qui avait toujours pour les grands de secrètes faiblesses, accusait de barbarie les gonfaloniers successifs. Les marchands, au contraire, leur faisaient un crime de ne détruire qu'à moitié les maisons, selon l'ancien usage, et de laisser ainsi le moyen de les reconstruire. Hautement ils insultaient à leur lâcheté.

C'est ce partage des esprits qui enhardit les oppresseurs de la veille, opprimés du lendemain. Leurs sourds murmures se tranformèrent en étourdissantes clameurs. Loin d'attribuer leur mauvaise fortune à la force inéluctable des choses, ils l'incarnaient dans quelques personnes qu'ils accusaient de leur ruine et poursuivaient de leur haine,

---

[1] Les chroniqueurs ne donnent pas la date, mais le nom du gonfalonier, qui se trouve dans la liste des prieurs en exercice du 15 février au 15 avril 1293, la donne à quelques jours près.

[2] Machiavel dit à tort Galletti et le faux D. Compagni Galigaï. Villani (VIII, 1), Stefani, III, 198, Simone della Tosa (an. 1293) sont d'accord sur le nom de Galli.

[3] Les mêmes.

les trois jurisconsultes rédacteurs des ordonnances, et surtout Giano della Bella. Giano n'était plus prieur et ne l'avait été que deux mois ; mais l'intempérance ordinaire de son langage lui faisait attribuer l'initiative et l'impulsion. Soutenu par la petite bourgeoisie, chef de la plèbe des arts mineurs[1], qu'il détachait de plus en plus des grands, c'était lui, disait-on, qui venait de porter le trouble dans les intérêts et la propriété, en déterminant la commune à réclamer toutes les terres qu'elle jugerait injustement acquises, si ancienne qu'en fût l'acquisition. C'était lui qui dépouillait la *parte guelfa*, pour mieux écraser les grands qui y dominaient. Plus ardent à tout ramener vers la légalité qu'habile à choisir le moment opportun, il ne pouvait endurer le scandale de tant de biens confisqués aux gibelins par la *parte*, à qui un tiers seulement en avait été reconnu. Il proposait de la contraindre à rendre gorge, d'appliquer au service de la commune toutes les propriétés aliénables de cet état implanté au cœur de l'État[2]. Certes, on ne pouvait raisonnablement l'accuser de n'être pas guelfe : il l'était comme toute sa famille[3] ; il le prouvait par mainte mesure que prenaient des prieurs dociles à ses conseils[4]. Il faisait notamment rapporter le

---

[1] Villani (VIII, 8) dit expressément qu'il était le *caporale del popolo minuto*.

[2] Volle torre a' capitani di parte guelfa il suggello e 'l mobile della parte, ch'era in gran quantitade, e recarlo in comune (Villani, VIII, 8). — Cf. Stefani, III, 204. L'histoire ne dit pas si Giano réussit dans ce dessein.

[3] Non perchè non fosse guelfo e di nazione guelfa, ma per abbassare la potenza de' grandi (Villani, VIII, 8).

[4] Ainsi une loi formelle expulsait de la ville les aveugles, parce qu'ils n'y vivaient d'ordinaire que de mendicité ; par exception se voyaient rappelés des malheureux à qui les gibelins, en haine du parti guelfe, avaient crevé les yeux (9-11 décembre 1294). — On rouvre ainsi les portes à Naio di Artiglio, à Capo di Gherardo et à sa femme, ces deux derniers gardes du

chapitre des statuts qui exigeait que le potestat fût chevalier [1]. Il soutenait les arts mineurs dans leur prétention naissante d'obtenir comme les arts moyens d'être comptés pour quelque chose dans la vie publique [2]. Mais il était à l'apogée de sa puissance : il contraignait Pistoia, sous peine de cinq cents marcs d'argent et de représailles jusqu'à concurrence de cette somme, à l'absoudre de sa condamnation, de son excommunication, et à le déclarer indemne des conséquences [3]. C'est à son instigation que les prieurs donnaient *balia* à quatorze arbitres, dont il était, de réformer les statuts du potestat et du capitaine, pour les mettre en parfaite harmonie avec les ordonnances de justice [4]. C'en fut assez pour qu'on le craignît, pour qu'on l'accusât de favoriser les gibelins et de préparer leur retour au pouvoir, accusation toujours meurtrière, même quand les faits en démontraient l'inanité. Les

---

château de Molezzano et victimes du comte Simone Guidi (*Provvisioni*, n° IV, p. 103 v°, 104).

[1] Septembre 1294. (*Consulte*, t. I, p. 17).

[2] Les auteurs jugent fort diversement la conduite de Giano. Sismondi (III, 45) l'appelle dédaigneusement un « gentilhomme démagogue » ; M. Gino Capponi (I, 88) le montre sévère envers le *popolo minuto* pour le contenir. Machiavel dit que les *popolani ricchi* attaquaient en lui « l'excès de son autorité » : Perchè pareva loro che la sua autorità fusse troppa. (*Ist. fior.*, II, 21 B.)

[3] 5 octobre 1294. *Provvisioni*, n° IV, p. 76. Voy. sur cette condamnation, le chapitre précédent, p. 362.

[4] 9 décembre 1294. Les arbitres étaient les suivants :

Oltrarno : Noffo Guidi, Gherardino des Velluti, Piero Compagni.
S. P. Scheraggio : Alberto del Giudice, Lapo Talenti, Tancredo Bencivenni.
Borgo : Palmerio Altoviti, juge ; Dino Compagni.
Porta S. Pancrazio : Albizzo Orlandini, Neri Berra.
Porta di Duomo : Piero Borghi, Arrigo Arrighi.
Porta S. Piero : Baldo d'Aguglione, juge ; Giano della Bella.

(*Provvisioni*, n° IV, p. 129-130.) — Doc. publié dans l'*Arch. stor.*, 3ᵉ série, 1872, t. XVI, 4ᵉ disp., p. 17, doc. B.

grands guelfes n'avaient pas le choix des armes. L'institution de la *parte* étant leur dernière citadelle, s'y voir assiégés c'était la ruine totale après l'incapacité civique : plutôt que de s'y soumettre, ils résolurent de tout risquer.

Ils pouvaient encore être redoutables : le danger avait mis fin à leurs discordes; la défiance de la populace avait rapproché d'eux la riche bourgeoisie; dans la populace même on pouvait espérer d'introduire la division, car si un grand nombre s'attachaient aux pas de Giano, d'autres pouvaient rester ou redevenir fidèles aux nobles dont les prodigalités étaient pour eux comme la manne tombant du ciel, et qui alimentaient les petites industries comme les grandes, le plus restreint comme le plus vaste trafic. Au dehors, la cause menacée trouvait dans Boniface VIII, le nouveau pape, un précieux appui[1]. Ce pontife, ambitieux mais sans pouvoir, était en quête d'alliés et voulait dominer à Florence. Quoique gibelin d'origine[2], il était guelfe passionné, comme Innocent IV et tant d'autres papes qui rachetaient ainsi leur péché d'origine. On rapporte que, donnant un jour les cendres à Porchetto Spinola, archevêque de Gênes, il les lui jetait violemment aux yeux avec ces paroles : « Gibelin, rappelle-toi que tu es cendre, et qu'avec les gibelins, tes pareils, tu retourneras en cendres[3]. » Un moment, les ennemis de Giano, jadis si prompts à enfourcher leurs étriers et à

---

[1] Boniface VIII avait été élu en décembre 1294.

[2] Assai gentile huomo di sua terra, figliuolo di M. Lifredi Guatani e di sua natione ghibellino (Villani, VIII, 6).

[3] *Præfatio Muratorii in chron. Jacobi de Voragine* (R. I. S., t. IX, 3). — Dal Borgo, *Diss. II*, p. 95. — Sismondi, III, 88. — En même temps, comme on sait, il prétendait être empereur et césar : « Ego sum cæsar, ego sum imperator. » (*Pipini Chron.*, IV, 47, R. I. S., t. IX, 745.)

courir au combat, crurent trouver la force militaire, qui leur faisait défaut, dans un gentilhomme attaché à la maison de Bourgogne. Cet étranger se nommait Jehan de Châlon[1]. Les gibelins de Toscane l'avaient appelé[2], et le roi des Romains, Albert, duc d'Autriche, venait de lui conférer le titre de vicaire dans cette province. Il y arrivait avec cinq cents cavaliers tant bourguignons qu'allemands[3]. N'ayant pu, sans doute, rien obtenir de Charles II d'Anjou, qui, en 1294, passait pourtant par Florence[4], les grands guelfes, de concert avec le pape, demandèrent à ce champion des gibelins d'abandonner ceux qui le payaient et de soutenir ceux qu'il devait attaquer. La proposition n'avait en soi rien d'étrange : c'était une question d'argent. Mais il eût fallu verser aux mains de l'aventurier plus d'or que ne faisaient les bannis. Faute de s'y pouvoir résoudre, les tentateurs manquèrent l'occasion propice. On reconnaît bien là l'influence prépondérante sur les nobles appauvris des riches marchands qui s'étaient faufilés parmi eux.

Le danger qu'il venait de courir aurait dû être pour Giano della Bella un avertissement. Il n'en tint pas compte. Il se croyait invulnérable. Au lieu de se borner pour le

---

[1] Ce Jehan de Châlon (sur Saône) et non de Châlons (sur Marne), comme le prétend le faux Dino Compagni, était le quatrième du nom, prince d'Orange et seigneur d'autres lieux. Voy. Anselme, *Hist. généal.*, etc., t. VIII, p. 409. — Villani (VIII, 10) l'appelle « vaillant et courtois ». Son nom devient « Jean de Cabillon » dans un document (*Provvisioni*, n° V, p. 132 v°, 23 septembre 1295).

[2] A sommossa della parte ghibellina di Toscana (Villani, VIII, 10).

[3] *Ibid.*

[4] Le 29 mars 1294, les conseils florentins ordonnaient d'acheter six draps d'or pour leur faire honneur (*Consulte*, t. I, p. 2 v°, 3). Ces voyages obscurs de Charles en Toscane paraissent avoir été fréquents. Le 25 mars 1293, il était attendu à Sienne, et l'on y décidait de lui accorder l'argent qu'il demandait (*Consiglio della Campana*, XLV, 65).

moment aux réformes accomplies, il ne rêvait que d'en procurer sans retard de nouvelles. Plus que jamais il se complaisait au rôle séduisant de redresseur des torts. Il ne craignit pas de s'attaquer à l'art redouté des juges, coupable de traîner les procès en longueur et accusé de ne les terminer qu'à prix d'argent[1]. Il lui reprochait, en outre, de dicter ses volontés aux magistrats, en les menaçant d'une sévérité extrême dans l'enquête ou syndicat dont leurs actes étaient l'objet à l'expiration de leur charge. Ainsi se dressa contre le réformateur cet ordre puissant et hautain de la judicature, inestimable recrue pour une faction composite qui rejoignait avec tant de peine ses hybrides tronçons[2].

Ce fut encore un coup de la fortune que d'y rallier Dino Pecora, le grand boucher, comme on l'appelait, et grâce à lui, la corporation d'hommes brutaux, sanguinaires dont il était le chef. *Popolano* considérable, il n'exerçait l'art que par des subordonnés; mais il avait au marché plusieurs étaux, sans compter un cabaret, dont la propriété lui était commune avec ses deux frères[3].

---

[1] Varietates et ambiguitates emergunt quotidie in questionibus et offitiis, ex quibus proveniunt communi et spetialibus personis et maxime pauperibus et impotentibus pericula et dampna, et etiam quæstiones facile decidi non possunt, imo ex una quæstione plures resurgunt et quæstiones terminari non possunt, imo in infinitum extenduntur (9 décembre 1294. *Provvisioni*, n° IV, p. 129-130). — I quali per haver havuto alcun freno alle lor ruberie, si teneano fortemente gravati da lui (Ammirato, 1295, l. IV, t. I, p. 193).

[2] Villani, VIII, 8.

[3] Les Pecori étaient originaires du territoire de Pistoia. Leur nom ne paraît pas un sobriquet, comme on l'a cru. C'est par hasard ou peut être parce qu'il portait ce nom, que Dino ou Ildebrandino Pecora se fit inscrire à l'art des bouchers. Il mourut en 1301. Son fils était inscrit aux registres de l'art des apothicaires. Sa descendance directe s'éteignit dans une des pestes du quatorzième siècle (L. Passerini, *Memorie genealogico-storiche*

D'élocution facile et orateur ordinaire des conseils[1], prompt à se mettre en avant et auteur en partie des réformes de 1282, il avait été trois fois prieur ; il devait l'être une fois encore, et, dans l'intervalle, consul de son art[2]. Chéri de la multitude, qu'entraînent toujours les hommes d'action doués de faconde, on l'avait vu jusqu'alors ennemi acharné des nobles ; mais comme il ne pouvait voir sans ombrage la popularité de Giano, on le poussa sans trop de peine à s'unir aux ennemis de son rival. Dans le même temps, pour les rendre irréconciliables, on excitait Giano par dessous main à s'élever contre les violences des bouchers et à en demander la répression.

Ainsi les deux chefs du menu peuple suivaient une voie opposée ; entre eux il fallait choisir. Un incident imprévu, comme il en survient toujours pour dénouer les crises, fit pencher la balance et acheva ce qu'avait commencé la perfidie. Non moins populaire que Giano della Bella et Dino Pecora était Corso Donati. Beau parleur, d'esprit pratique et de résolution hardie, il faisait, depuis 1285, figure dans les conseils[3]. La victoire de Certomondo, dont Florence lui était redevable, l'avait mis encore plus en vue, et son grand nom, qui remontait aux querelles légendaires de 1215, sa magnifique pres-

---

della famiglia Pecori di Firenze, p. 8, 9, Flor. 1868 in-8°). — Cf. *Cartapecore Strozziane-Uguccioni*, 18 octobre 1302.

[1] Voy. les résumés des délibérations publiés par M. Bonaïni dans l'*Arch. stor.*, nuova serie, t. I, part. I. — Le nom de Dino Pecora y revient souvent.

[2] Il fut prieur en 1284, 1289, 1294, 1298, et consul des bouchers en 1296 (Passerini, *loc. cit.*, et *Tavola I* à la suite de son excellent ouvrage).

[3] Voy. les recueils des *Consulte*, où se rencontre souvent son nom parmi ceux qui donnent leur avis. — Fu il più savio, il più valente cavaliere e 'l più bello parlatore e meglio pratico, e di maggiore nominanza, di grande ardire e impresa che al suo tempo fosse in Italia (Villani, VIII, 96).

tance, la grâce toute mondaine de ses manières[1] étaient cause qu'on le suivait avec admiration dans les rues, qu'on l'y saluait, sur son passage, au cri de *viva il barone!* On lui pardonnait tout, son féroce orgueil de magnat, l'empoisonnement présumé de sa femme, qui était des Cerchi[2], la violence faite à sa sœur Piccarda, pour la contraindre à épouser un Della Tosa[3]. On avait presque applaudi en le voyant la relancer jusque dans le couvent de Santa Chiara où elle avait pris le voile, escalader avec douze sicaires les murs du saint asile, enlever sa proie de vive force et la traîner à l'autel pour cette union odieuse, cause de sa mort prématurée et de sa poétique immortalité[4]. En toutes choses les Florentins aimaient l'énergie, même sous ces formes mauvaises dont était coutumière la famille des Donati[5].

---

[1] Fu bello della persona e di grazioso aspetto, ma molto fu mondano (Villani, VIII, 96).

[2] Ubi thori sociam quam ex prosapia Circlorum duxerat ægritudine consumptam amisit, sed fama retulit illam, marito potum ministrante, veneno mixtum, extinctam periisse (*Ferreti Vicentini Historia*, l. II, R. I. S.; t. IX, 974).

[3] Dante parle de Piccarda comme d'une amie, presque d'une parente. On sait en effet que sa femme Gemma était des Donati. (Voy. Leon. Bruni, *Vita di Dante*, p. 5, et un travail de M. Passerini dans l'ouvrage intitulé *Dante e il suo secolo*, publié en 1865, à Florence, à l'occasion du centenaire de Dante.)

[4] Voy. *Purg.*, XXIV, 13, *Parad.*, III, 106, les notes des diverses éditions de la Divine Comédie, et la *Vita di Beata Piccarda Donati* dans les *Vite de' santi fiorentini*, par Brocchi.

[5] En 1295, Messer Simone, fils de Vinciguerra des Donati, ayant tué Puccio, du peuple de San Michele Visdomini, était condamné par le potestat à 2000 livres d'amende et voyait ses biens dévastés ou détruits. Ses garants, tous des Donati, payèrent pour lui, mais réclamèrent recours sur lesdits biens. Sur la proposition de Dino Pecora, les conseils du potestat délibèrent, le 11 février, d'accorder ce recours jusqu'à concurrence de cette somme, en nommant six personnes compétentes pour estimer ce que valent encore les propriétés dévastées (*Provvisioni*, n° IV, p. 159 v°, 160). — On

C'est l'impétueux Corso qui provoqua l'incident, occasion de la crise. Il était pour lors en querelle avec un *popolano* de ses parents, nommé Simone Galastrone[1]. Quelques-uns de ses serviteurs rencontrent dans la rue ce Galastrone, qui marchait entouré des siens ; une rixe s'engage ; un de ceux-ci tombe mort, plusieurs blessés. Le hasard avait peut-être tout fait ; mais Corso passa pour avoir ordonné l'agression[2]. Préméditée ou non, c'est de son côté qu'elle était venue ; c'est de l'autre qu'étaient les victimes. Lui seul et ses agents devaient donc être poursuivis. Ainsi l'exigeaient les *Ordinamenta*. Ainsi le voulait le peuple même, indulgent aux violences envers une fille noble et un couvent, mais infiniment plus sourcilleux, quand un grand, quel qu'il fût, causait la mort d'un homme de moindre condition. Nul ne doutait que le potestat, Gianni de Lucino, ne prononçât une sentence rigoureuse[3]. Déjà (20 janvier) le gonfalonier arborait à sa fenêtre le gonfalon de justice, signe précurseur de l'exécution[4]. Quand retentit dans les airs la cloche communale, tout le monde crut qu'elle annonçait la condamnation du meurtrier[5]. Loin de là, le condamné, c'était la victime,

---

surprend ici les premiers effets de l'alliance entre les nobles et Dino Pecora.

[1] Villani, VIII, 8.

[2] Per cagione che doveva aver morto uno popolano (Villani, VIII, 8). — Ammirato affirme la culpabilité de Corso (1295, l. IV, t. I, p. 192). — Machiavel (*Ist. fior.*, II, 21 B) doute comme Villani.

[3] Villani, VIII, 8. — Ce magistrat était de Côme, comme on le voit dans la liste des *Officiales forenses*, laquelle est d'accord sur son nom avec Villani et Simone della Tosa.

[4] E già tratto era il gonfalone della giustizia per fare la esecuzione (Villani, VIII, 8). — Cf. Stefani, III, 204.

[5] Quando sonò a prosciolvigione, il popolo credette sonasse a condannagione (Stefani, III, 204).

c'était Galastrone, rendu responsable de l'agression[1].
Corso Donati plein de confiance avait affronté son juge,
gagné sans doute, quoiqu'on ne sache à quel prix[2]. La
multitude aussitôt se répandit dans les rues, criant : Mort
au potestat! Aux armes! Vive le peuple! Elle courut à la
demeure de Giano, pour le mettre à sa tête et marcher
avec lui contre le juge prévaricateur. Mais Giano refusa
de sortir de chez lui. Défenseur de la légalité contre quiconque la violait, il ne voulut pas la violer lui-même en
conduisant une manifestation tumultueuse[3]. Taldo, son
frère, en prit la direction à sa place, avec ou sans son
aveu, mais pour mettre les turbulents à la disposition
des prieurs et du gonfalonier Pacino Angiolieri, qui sau-
raient bien, disait-il, faire leur devoir[4]. Renonçant bientôt à les conduire, il les suivit dans leur course désor-
donnée vers la maison du potestat. C'est seulement quand
Giano sut la vie de cet étranger menacée, qu'il accourut
à son tour. Parcourant à cheval les rangs de la foule ameu-
tée, et salué encore de ses acclamations, il la surprit et
l'irrita par ses sages exhortations au respect des lois et à
une immédiate retraite. Il dut se retirer lui-même, pour
n'être pas jeté à bas de sa monture et percé de coups de
lance. Devant un acte d'indépendante droiture s'éva-
nouissait sa popularité.

[1] Condannato M. Simone Galastrone delle fedite (Villani, VIII, 8).

[2] Onde M. Corso Donati era andato dinanzi con sicurtà del detto podestà
a preghi d'altri amici e signori (Villani, VIII, 8).

[3] Villani, VIII, 8. — Ammirato, 1295, l. IV, t. I, p. 192.

[4] Villani rapporte cette substitution comme un bruit (*si dice*) ; mais Stefani et Ammirato la tiennent pour un fait avéré. La conduite de Giano n'est
pas bien connue en ce moment décisif. Paolino, qui lui est très-hostile, va
jusqu'à prétendre qu'il était présent à la condamnation, qu'il s'emporta
contre le potestat et souleva aussitôt la foule contre lui (II, 49). Ce témoi-

Désormais les furieux avaient libre carrière. L'arc tendu, la dague au poing, ils attaquèrent le palais. Le feu mis aux portes leur donna accès dans l'intérieur. L'incendie dévora les chambres de la commune, les chapelles et jusqu'aux dépendances [1]. Ce qui subsista devint la proie des pillards. Tandis qu'ils volaient jusqu'aux chevaux, les hommes qu'animait la passion politique s'emparèrent de la *famiglia* du potestat, cherchant partout le potestat lui-même. Il s'était enfui par les toits, ainsi que Corso Donati, et réfugié tout près dans la maison des Cerchi. Sa femme, qu'au mépris de la loi il avait amenée avec lui de Lombardie, recevait en même temps un asile inviolable à San Pier Maggiore, où des nonnes avaient alors un couvent [2]. Déçue dans son désir de justice sommaire, la multitude assouvit sa rage sur les registres contenant les procès instruits par Gianni de Lucino, le potestat fugitif, et par son prédécesseur Pino Vernacci [3].

Agréable aux malfaiteurs, cette lacération attrista, inquiéta les honnêtes gens. Ils y virent « le mauvais usage

---

gnage isolé ne semble pas être de nature à prévaloir contre celui de Villani, confirmé par les chroniqueurs et historiens subséquents.

[1] Le 13 mai 1295, le conseil des cent dispensait les gardes du mobilier de la commune de représenter au syndicat, en quittant leur charge, les objets brûlés dans les stalles du palais communal, dans la petite maison voisine du lieu où l'on tenait le lion, dans « les chapelles » dudit palais, dans la maison du syndic de la commune, dans celle du juge des gabelles, durant les troubles de janvier (*Provvisioni*, n° V, p. 99).

[2] Paolino (II, 49) attribue au potestat la fuite par les toits vers la maison des Cerchi ; Villani (VIII, 8) à Corso Donati, mais il ne dit pas où ce noble insolent trouva un refuge, et il prétend que la foule s'empara du potestat comme de sa *famiglia*. Cela paraît peu vraisemblable ; ce magistrat y eût perdu la vie ou subi des violences dont il serait resté quelque souvenir.

[3] E tutte l'accuse e processi nuovi fatti per lui e delli vecchi fatti per M. Pino Vernacci altresì furono stracciati e rubati e portati via (Paolino, II, 49).

que le menu peuple fait de sa puissance[1] », ils sentirent que les juges et les grands exploiteraient ces désordres pour perdre Giano. Voulant le sauver, les prieurs décidèrent, d'accord avec les conseils, que le potestat recouvrerait les choses volées, que son salaire lui serait payé, qu'il abandonnerait immédiatement sa charge et qu'il y serait remplacé par le capitaine du peuple, Guglielmo des Maggi, de Brescia, ce qui fut fait le 28 janvier[2].

Mais cette demi-satisfaction ne pouvait sauver rien. Les ennemis de Giano étaient trop avisés pour ne pas profiter de leurs avantages. Ils aigrirent le ressentiment du *popolo minuto*, furieux que son chef, au lieu de guider ses violences, eût osé lui en faire honte. Auprès de la classe moyenne, magnats, juges, *popolani grassi*, bouchers, firent de Giano le bouc émissaire. C'est lui qui avait tout ordonné, tout fait. Ce fut un concert calculé d'accusations, de calomnies, de plaintes, où le pape lui-même ne dédaigna point de faire sa partie. Dès le 23 janvier, on avait obtenu de lui une bulle qui autorisait et provoquait même les entreprises contre ce guelfe si tiède qui combattait les grands de la *parte guelfa*, colonnes de l'Église, contre ce chrétien si peu fervent qui avait bravé les foudres de l'évêque de Pistoia, et forcé ce prélat à ne les plus brandir contre lui. La bulle faisait défense à la commune de l'élire à aucun office ou gouvernement, et même de le tolérer dans la ville, le *contado*, le territoire et le dis-

---

[1] La qual cosa dispiacque a molti (Paolino, II, 49). — Veggendo che il popol minuto malamente usava la sua autorità (Ammirato, l. IV, t. I, p. 193).

[2] Il fut remplacé, le 6 mars suivant, dans les fonctions de potestat intérimaire par un de ses parents. Il exerçait encore sa charge de capitaine du peuple, quand il mourut le 15 avril 1295 (Voy. la liste des *Officiales forenses*).

trict. Elle fulminait l'excommunication contre quiconque lui donnerait asile, lui prêterait aide ou conseil, ainsi qu'à son frère Taldo et à son neveu Ranieri, fils de Camparini della Bella[1].

C'était beaucoup d'avoir tourné contre l'ennemi commun le saint-siége; mais encore fallait-il en exécuter les commandements, et ce n'était pas chose facile dans une ville accoutumée à les braver, soulevée par de récents désordres, divisée par les plus ardentes passions. Il y fallut d'actives et secrètes pratiques dont Corso Donati fut l'inspirateur. Tous les efforts tendirent à s'assurer une bonne seigneurie[2]. On n'attendit point, pour procéder à l'élection, le 13 ou le 14 février, comme à l'ordinaire; on y procéda plusieurs jours auparavant, afin de battre le fer tandis qu'il était chaud[3]. Le 15, à peine les nouveaux prieurs avaient-ils prêté serment, qu'on s'empressa d'accuser auprès d'eux Giano della Bella d'avoir troublé le pacifique état de la ville, assailli en armes et chassé de son palais le potestat. Le 17, le capitaine du peuple instruisit le procès, au lieu et place du potestat renvoyé, dont il faisait provisoirement les fonctions : nature malléable, il s'entendait avec les prieurs en exercice comme avec les précédents, qui étaient de sentiments tout opposés.

Mais ce procès inique souleva la conscience populaire, plus droite sinon plus éclairée. La fausseté des griefs allégués ramena le menu peuple vers son ancienne idole. Il courut à la maison de Giano, se déclara prêt à le

---

[1] Roma, 10 kal. febr., anno I (23 janvier 1295). — Copie de cette bulle dans les *Capitoli*, XXX, n° 41, f° 77 r°.

[2] Corso con gli altri tennero segreti modi della elezione de' priori d'averla a loro modo (Stefani, III, 204).

[3] E trassesi fuori anzi al tempo usato (Villani, VIII, 8).

défendre par les armes, à mettre en pièces quiconque se déclarerait son ennemi. Giano hésitait, comme naguère, à prendre en main l'étendard de la révolte. Son frère, plus résolu, finit par le déployer. Le 5 mars, il se mit à la tête des hommes de bonne volonté et les conduisit vers la maison des prieurs, où s'étaient réunis leurs adversaires. Déjà il était à la hauteur d'Or san Michele, et une nouvelle bataille des rues semblait imminente. Giano n'en voulut courir les hasards ni pour ses concitoyens ni pour lui[1]. Il quitta sans plus de retard Florence, comptant bien que le peuple ne tarderait pas à le rappeler[2]. Il emmenait avec lui son frère Taldo, son neveu Ranieri, sa fille Caterina, mariée à Galastrino des Castellani de Pistoia[3].

Était-ce de sa part un scrupule patriotique, pour n'être pas cause de la guerre civile, ou une inspiration de la prudence pour sauver sa tête? Le moment de son départ, les sentiments qu'on lui connaît permettent de croire qu'il pensa à lui moins qu'aux autres; mais s'il se flattait vraiment d'un prochain retour, il n'en pouvait diminuer plus impolitiquement les chances. Partir, en effet, et se dérober au jugement, c'était presque se reconnaître coupable, c'était tout au moins prêter le flanc aux accusations les plus diverses, et laisser le champ libre à

---

[1] Non si volle mettere alla ventura della battaglia cittadinesca per non guastare la terra, e per tema di sua persona non volle ire dinanzi (Villani, VIII, 8). — Cf. Machiavel, *Ist. fior.*, II, 22 A.

[2] Sperando che il popolo il rimetterebbe ancora in istato (Villani, VIII, 8). — Diliberò di non comparire e d'aspettare che il popolo rimediasse a ciò, e se pure avesse bando, d'essere ribandito (Stefani, III, 204). C'est sans doute par erreur typographique que M. G. Capponi (I, 90) dit le 3 mars. Tous les auteurs disent le 5.

[3] Ammirato, *loc. cit.* — Leon Bruni, IV, 72.

d'implacables ennemis. Ces ennemis aussitôt, en effet, le firent condamner par contumace à l'exil. Sa maison, selon l'usage, fut pillée et à moitié détruite[1]. De fortes amendes furent infligées à ses amis. Leurs timides tentatives pour obtenir le rappel de l'exilé devaient échouer devant le souverain pontife et son inflexible opposition[2].

Victime des lois qu'il avait fait porter lui-même et qui défendaient à toute ville toscane de donner asile aux bannis florentins, Giano della Bella en aurait pu trouver un dans les autres provinces d'Italie, chez les gibelins. Il préféra la France, où la maison de banque qu'il avait fondée avec les Pazzi entretenait des comptoirs[3]. Sa prévoyance laborieuse assura donc le pain de ses derniers jours, que tant d'autres exilés mendiaient dans les cours étrangères. A l'étranger, il vécut et mourut chez lui, sensible consolation d'un malheur alors si commun. Mais à Florence, fort longtemps sa mémoire fut proscrite, presque à l'égal de sa personne. Nul n'osait en prendre la défense. Villani, le premier, put porter, cinquante ans plus tard, un jugement moins injuste, quoique sévère encore. Sans nier les fautes de Giano, il le déclara « condamné à tort par les non-justes[4]. — Grand exem-

---

[1] Villani, VIII, 8. — Paolino, II, 49. — Stefani, III, 204. — M. Hillebrand (p. 78) dit que la maison de Giano fut détruite par ses anciens partisans. Mais ses anciens partisans étaient revenus à lui, et la destruction dont il s'agit était une partie de la condamnation, en vertu des *Ordinamenta*. L'erreur provient d'une phrase mal comprise dans le faux Dino Compagni.

[2] Cum de illo revocando agitaretur, adversarii ad Bonifacium pont. confugerunt. Ille per litteras magistratui populoque præcepit ne Janum Labellam neve Taldum fratrem aut Rainerium nepotem ab exilio revocarent neve ad dignitatem aliquam vel honorem admitterent.... quoniam ille sator discordiarum inter cives fuisset (Leon. Bruni, IV, 72).

[3] P. Villari, *N. Ant.*, loc. cit., p. 472.

[4] E forse per li detti peccati fu per le sue leggi medesime ch' avea fatte,

ple, ajoute-t-il, qui avertit les hommes à venir de ne point vouloir être seigneurs dans leurs villes, mais de s'en tenir aux droits communs du citoyen, car Florence sait par d'anciennes et de nouvelles expériences que quiconque s'est fait chef de peuple ou d'université a été abattu ; c'est la seule récompense que donne jamais l'ingratitude populaire[1]. » — Que Giano ait voulu être seigneur, c'est ce que rien ne prouve. Qu'il ait été un chef de peuple, c'est ce qu'on ne saurait nier ; mais tout porte à croire qu'en se laissant pousser en avant par le souffle populaire, il ne cherchait que les satisfactions vaines d'une enfantine vanité.

Par sa faute avait échoué une tentative prématurée pour donner à la grande innovation des ordonnances un développement qui l'eût alors compromise. Mais son imprudence n'avait été qu'un prétexte pour ses ennemis. S'ils s'acharnèrent à sa chute, ce fut bien moins pour ce qu'il avait voulu faire en dernier lieu que pour ce qu'il avait fait ou provoqué auparavant. Il paya la rançon d'une réforme capitale qui lui survécut, à laquelle ses vainqueurs durent se résigner. Du fond de son exil, il eut même la satisfaction de voir les autres villes toscanes suivre, selon leur coutume, l'exemple de Florence.

A Sienne, en effet, les neuf adoptaient contre les magnats des règlements analogues, levaient dans chaque *terzo* ou quartier une force armée de quatre cents hommes, tendaient de grosses chaînes dans les rues,

---

a torto e sanza colpa per li non giusti giudicato (Villani, VIII, 8). — Cf. Leon. Bruni : « Ita civis bene meritus a populo ipso cujus auctoritatem contra potentiores asseruerat, ingrate desertus in exilio diem obiit (l. IV, p. 72).

[1] Villani, VIII, 8.

pour que les anciens dominateurs ne les pussent plus parcourir à cheval, tout en maintenant, à vrai dire, ce pouvoir oligarchique du *popolo grasso* qui, selon un de leurs historiens, fit longtemps la prospérité de leur patrie[1].

Pise, dans sa détresse, allant d'un extrême à l'autre, faisait plus encore. Au lieu d'accomplir elle-même les réformes qui devaient la faire entrer dans la société guelfe, elle en commit le soin à Boniface VIII, qu'elle élut potestat et gouverneur, avec un salaire de quatre mille livres. Boniface fit exercer ces pouvoirs nouveaux par un vicaire, le comte Elio de Colle, qu'accompagnait le prévôt de Vence, chargé de lever l'interdit et de toucher l'amende de cinq cents pièces de monnaie, à laquelle les Pisans s'étaient vus condamnés[2]. Assez habilement, ce peuple gibelin faisait la part du feu; il consentait à devenir guelfe, certain que la papauté ne le courberait pas sous le joug d'une démocratie qu'il redoutait.

De telles appréhensions n'avaient guère alors leur raison d'être. Nulle part on ne voyait l'avénement du peuple. Sans parler de Venise, qui, sous son doge Piero Gradenigo, affermissait pour des siècles le régime aristocratique[3], à Florence même, comme en témoigne son plus lucide et plus sûr chroniqueur, « les artisans et le menu peuple,

---

[1] Sotto nome di governo popolare tendeva più alla potenza di pochi che a partecipazione universale, la qual cosa, benchè fosse molesta a molti, fu nondimeno di non piccola utilità a quello stato (Malavolti, part. II, l. III, f° 56 v°).

[2] *Ann. eccl.*, 1296, t. XXIV, p. 199. — Muratori, *Ann. d'Ital.*, 1296. — Tosti, *Storia di Bonifazio VIII*, l. III, t. I, p. 265.

[3] Voy. Romanin, *Storia di Venezia*, 1855-1861, 10 vol. — Zanotto, *Storia della repubblica Veneziana*, 1864, 2 vol. — Daru, *Histoire de Venise*. Paris, 1819-1822. — Sismondi, III, 229 sq.

après la chute de Giano, firent peu de chose dans la commune. Le gouvernement resta aux mains des *popolani grassi* et des puissants[1]. » Tandis que Brunetto Latini mourait honoré de tous[2], et que le boucher Dino Pecora triomphait bruyamment d'une victoire dont il s'attribuait tout l'honneur, les *popolani grassi* et la seigneurie, leur instrument, ne tendaient qu'à éloigner de la Toscane ce qui aurait pu les troubler dans la possession du pouvoir. Jehan de Châlon s'y trouvait encore, quoique les guelfes et les Florentins lui déniassent le titre de vicaire du roi des Romains dans cette province[3]. N'ayant pu obtenir d'eux le prix qu'il mettait à ses services, il s'était tardivement souvenu que les gibelins les premiers l'avaient appelé. Il avait groupé autour de lui Arétins, Romagnols, exilés de Florence, et rendu actives de molles hostilités. Boniface VIII ne refusait point sa médiation aux guelfes, pour en finir avec lui, mais une fois engagé dans l'affaire, son tempérament despotique y prétendit tout régler. Il fixa à quatre-vingt mille florins d'or l'indemnité que les « bons Toscans » de la Ligue devraient payer au Bourguignon[4]; il voulait que tout cet argent passât par ses mains. « Il réprimandait vertement les sages et la commune de Flo-

---

[1] Dall' ora innanzi, gli artefici e' popolani minuti poco podere ebbono in comune, ma rimase al governo de' popolani grassi et potenti di Firenze (Villani, VIII, 8). — M. Gino Capponi n'est donc pas d'une parfaite exactitude, quand il dit à cet endroit : « Qui ogni cosa era per il popolo. » (I, 91.)

[2] Villani, VIII, 10.

[3] Qui se asserit vicarium regis Romanorum in Tuscia (*Provvisioni*, n° V, p. 117). — Cette phrase se retrouve dans tous les documents où il est question de lui.

[4] *Ptol. Luc. Annal.*, R. I. S., t. XI, 1301. — Selon cet auteur, la cotisation de Lucques était de 18,000 florins.

rence¹, » de ne lui point consigner les vingt-cinq mille florins de leur cotisation². Les marchands florentins durent s'exécuter. « En considération de l'honneur et du respect dus à l'Église de Rome, » ils donnèrent *balia* à leurs magistrats de remettre au pape, non-seulement la part afférente à leur ville, mais encore celle de plusieurs autres, jusqu'à concurrence de soixante mille livres. Les maisons des Cerchi, des Frescobaldi, des Mozzi, des Spini, en comptèrent chacune douze mille ; celle des Scali six mille³. Si Jehan de Châlon reçut tout cet argent, c'est ce qu'on ne saurait dire ; mais on se prend à en douter, quand on voit Boniface VIII le payer d'autre monnaie, lui accorder pour son frère l'évêché de Liége⁴. L'aventurier ne dut pas se montrer difficile. « Suspect aux gibelins, comme étant de langue française, » il retourna sans retard en Bourgogne avec ses gens⁵.

Sans attendre son départ, les grands étaient entrés en campagne contre les ordonnances⁶. Elles subsistaient malgré l'expulsion de Giano, et même, sur divers points,

---

¹ Non modicum reprehendit sapientes et comune Florentie (6 octobre 1295. *Provvisioni*, n° V, p. 143).

² Villani (VIII, 10) dit seulement 3500 florins. Mais outre que ce chiffre est en contradiction palpable avec ceux de Ptolémée, Florence n'ayant pu contribuer pour moins que Lucques, celui de 25,000 florins se trouve dans un document positif du 23 septembre 1295, *Provvisioni*, n° V, p. 134 v°. Le 7 juillet précédent, Florence avait contracté un emprunt pour ce payement (*Ibid.*, p. 117).

³ 20 septembre, 6, 10, 25 octobre 1295. *Provvisioni*, n° V, p. 132, 143, 148, 156 v°.

⁴ *Ptol. Luc.*, loc. cit. — Muratori, *Ann. d'Ital.*, 1296.

⁵ Villani, VIII, 10.

⁶ Il est impossible de ne pas remarquer la coïncidence. C'est le 6 juillet 1295 que se fait cette campagne. Le 7, les prieurs contractent un emprunt pour payer ce qu'on a « promis » de donner à Jehan de Châlon (*Provvisioni*, n° V, p. 117). Donc tout était réglé à cette date, il n'y avait plus qu'à arrêter le mode de payement.

on les avait aggravées. C'était le nœud de cette situation étrange, que les *popolani grassi* tendaient une main aux nobles pour les affaires du gouvernement, et l'autre au *popolo magro*, pour soutenir les lois nouvelles, leur commun palladium. C'est ainsi que, le 13 mai précédent, on avait vu les conseils du capitaine, où les *popolani*, gras et maigres, avaient seuls accès, décider : 1° qu'aucun magnat ne pourrait exiger des *popolani* qu'ils subissent les peines auxquelles ils auraient été condamnés, notamment sous le potestat Pino Vernacci, très-suspect d'injustice ; 2° qu'il ne serait plus permis aux magnats accusés d'offense par un *popolano* pauvre, d'en exiger judiciairement des sûretés, quand l'offense ne paraîtrait pas évidente [1]. Mais ce que les magnats tenaient surtout à faire abroger, ce qui rapprochait entre eux jusqu'aux Adimari et aux Tosinghi, jusqu'aux Mozzi et aux Bardi [2], c'était la solidarité de tous les membres de la famille dans la faute ou le crime d'un seul, et la preuve du bruit public par deux témoins seulement. L'une de ces rigueurs était pour les ordonnances la condition même de leur efficacité ; l'autre ôtait toute garantie à la justice ; elle était l'injustice même. Mais fussent-elles extrêmes dans leur lettre ou leur esprit, on ne détruit pas à volonté les institutions ou les lois qu'a dictées une pressante nécessité.

On pouvait du moins le tenter. Le 6 juillet 1295, assurés de la complicité des prieurs, les magnats descendirent dans les rues, et vinrent au palais communal réclamer la réforme des ordonnances, ou, au pis aller,

---

[1] *Provvisioni*, n° V, p. 98 v°, 99.
[2] Villani, VIII, 12.

de ces deux rubriques. La ville fut aussitôt en rumeur et en armes[1]. Ils l'avaient prévu ; ils n'en furent point déconcertés. On les vit sur leurs chevaux caparaçonnés, que suivait à pied la multitude de leurs vassaux campagnards et celle des *masnadieri* ou gens sans aveu, se répartir en trois troupes et occuper trois points importants. La première prit position sur la place de San-Giovanni. Elle avait pour chef Forese des Adimari, qui tenait en main l'enseigne royale. La seconde, sous les ordres de Vanni des Mozzi, s'établit sur la *piazza al Ponte*, aux abords du *Ponte vecchio*, par où pouvait déboucher le populeux faubourg d'Oltrarno. La troisième, ayant à sa tête Geri Spina, se rendit au point central du *Mercato nuovo*. Elle avait pour mission de balayer les rues en tout sens, d'y empêcher tout hostile rassemblement[2].

A tout prix il fallait déjouer cette tactique, et si l'on ne pouvait circuler soi-même, interdire du moins la circulation aux magnats. Les *popolani* tendirent partout des chaînes, obstacle insurmontable à la cavalerie et, par suite, aux *contadini*, qui n'osaient s'avancer qu'à l'ombre de leurs maîtres. En même temps se réunissaient les milices urbaines : elles étaient bientôt en nombre sous les fenêtres du palais communal, qu'habitait le potestat, et sous celles de la maison des Cerchi où résidait pour lors la seigneurie[3]. Leurs chefs les y avaient conduites, moins pour les mettre aux ordres de magistrats suspects que

---

[1] Villani, VIII, 12.

[2] Per volere correre la terra (Villani, VIII, 12). — Ces mots, dans les chroniqueurs, paraissent ne se rapporter qu'à la troisième troupe.

[3] Nous avons souvent parlé de ces maisons. Elles étaient derrière San Procolo, non loin de la vieille *Badia*. Une rue qui porte encore le nom des Cerchi et débouche sur la place de la Seigneurie, indique à peu près où elles se trouvaient. Voy. le plan de Florence joint à cet ouvrage.

pour les séparer de la noblesse et leur imposer les volontés populaires. N'y pouvant parvenir, ils doublèrent sans hésiter le nombre des prieurs. Pour en rompre la majorité ennemie, ils leur adjoignirent six *popolani* considérables et sages, un par *sestiere*[1]. C'était, sans engager la bataille, mettre les nobles hors de combat[2]. Déjà ils ne pouvaient plus communiquer avec le potestat, avec la seigneurie, et, pour surcroît de disgrâce, ils allaient en voir les décisions se tourner contre eux.

Vainqueurs à si peu de frais, les *popolani* furent cléments : ils ne les chassèrent point de Florence. Villani prétend qu'ils l'auraient pu[3] ; mais le doute est permis : la clémence ne fut sans doute que prudente circonspection. D'accord pour défendre les ordonnances, cet abus de la victoire les eût divisés. De nouveau la haute bourgeoisie eût fait cause commune avec les magnats. C'est à elle qu'ils durent quelque adoucissement à leur sort : les prieurs supplémentaires disparurent sans bruit ; quelque atténuation fut apportée à la rigueur des ordonnances. Il fut décidé qu'on exigerait trois témoins, au lieu de deux, pour attester le bruit public ; qu'on ne punirait plus personnellement qu'un « capitaine » ou chef d'homicide, et que les autres grands qui auraient participé au meurtre d'un *popolano* ne seraient plus condamnés qu'à deux mille livres d'amende[4]. On édicta des peines contre qui-

---

[1] Dierono compagnia a' priori, perchè v'erano in sospetto, uno per sesto (Villani, VIII, 12).

[2] Non ebbono nulla forza nè podere contro loro (Villani, VIII, 12).

[3] Il popolo arebbe piutosto potuto vincere e soprastare a' grandi e cacciarli (Villani, VIII, 12). — Machiavel dit (*Ist. fior.*, II, 22 A, B) que beaucoup auraient voulu en venir aux mains tout de suite, et rien n'est plus probable ; mais Villani ne fait mention, à cet égard, d'aucun dissentiment.

[4] Quod unus solummodo qui fiet capitaneus homicidii penis supra dictis

conque porterait contre eux de fausses accusations ou de faux témoignages ; on leur reconnut le droit de punir librement chez eux leurs écuyers et serviteurs[1].

Ils crurent qu'ils allaient respirer ; mais les prieurs avaient cédé plus que ne permettait le sentiment public[2]. A l'expiration de leur charge, ils furent poursuivis dans les rues, accablés de coups de pierres. A défaut de pierres, on leur lançait à la tête les instruments des métiers[3]. « Les choses, dit Villani, ne tardèrent pas à revenir dans leur ancien état[4]. » Sans violence apparente, on ôta aux grands leurs plus redoutables armes, leurs grosses arbalètes : ils n'osèrent refuser de les vendre à la commune[5]. Dans les conseils des derniers mois de 1295 et dans ceux des années subséquentes on relève nombre de mesures propres à « fortifier » les ordonnances de justice[6]. A la date du 24 août 1295, le potestat Maffeo des Maggi, de Brescia, recevait *balia* jusqu'au 1ᵉʳ novembre suivant, de retenir, pour le bien de la commune, toutes personnes dans les cours de son palais, tout le

---

puniatur. Reliqui vero magnates qui dicto homicidio interfuerint et percusserint hujusmodi popularem in libris duabus millibus fp. condempnentur. Et pro dicto homicidio fieri possit et debeat unus capitaneus tantum qui pena capitis et in destructione et devastatione suorum bonorum puniatur, etc. (6 juillet 1295. *Provvisioni*, n° V, p. 113 v°).

[1] *Ibid.* Le lendemain, 7 juillet, on ordonnait aux Mannelli et aux Velluti de faire la paix entre eux, s'ils ne voulaient y être contraints par la force *Ibid.*, p. 117 v°).

[2] E ciò fecione i priori contro al volere de' popolani (Villani, VIII, 12). — Leo (l. VII, c. II, t. II, p. 54) dit : à l'insu du peuple, — ce qui est un non sens.

[3] Poco appresso si rivocò et tornò nel primo stato (Villani, VIII, 12).

[4] Furono picchiate le panche dietro con le caviglie e gettati molti sassi, perch' erano stati consentienti a favoreggiare i grandi (Villani, VIII, 12).

[5] Villani, VIII, 12.

[6] Fortificando li ordini della giustizia (Villani, VIII, 12).

temps qu'il jugerait à propos ; d'interroger « avec ou sans tourments », et de punir « à son gré » les coupables de blessures ou d'injures contre les magistrats, les promoteurs, auteurs et fauteurs de tumultes, d'attroupements dans la ville et les faubourgs, tous ceux enfin qui, dans les rues, crieraient aux armes ou *serra*, c'est-à-dire arrête[1]. Le 9 novembre, on portait de mille à deux mille livres la peine pour les blessures faites au visage à main armée, si l'arme avait frappé à moins de cent brasses de la maison du blessé, distance mesurée à la *canna*, ou aune de calimala[2].

De nouveaux troubles justifiaient ces nouvelles rigueurs[3]. Les grands ne parvenaient pas, peut être même ne cherchaient-ils pas à chasser ce naturel qui revient au galop. Les partisans de Giano della Bella réclamaient bruyamment son rappel. Pour couper court à ces demandes, comme « pour obvier aux scandales, bruits, rixes, séditions qui avaient affligé récemment Florence, » on interdit, le 13 décembre 1295, le rappel de quiconque aurait été condamné depuis le 1er janvier précédent, pour clameurs ou injures contre la seigneurie, le potestat et le capitaine, pour rumeurs, tumultes, séditions, comme pour avoir mis le feu au palais de la commune ou aux portes dudit palais[4].

---

[1] *Provvisioni*, n° V, p. 125 v°. Même *balia* était donnée le 17 janvier 1296 à Giliolo des Maccheruffi de Padoue, le nouveau potestat (*Ibid.*, p. 13 v°). De même le 17 janvier 1297 (*Ibid.*, n° VII, p. 37 v°, 38). A cette dernière date, on limite à cinq jours le temps durant lequel le potestat était autorisé à garder les gens dans les cours de son palais ou dans la tour de Volognano.

[2] *Ibid.*, p. 171.

[3] Un document du 29 janvier 1297 prouve qu'il y avait eu des troubles, notamment le 16 décembre 1296.

[4] *Provvisioni*, n° V, p. 187.

Ces derniers mots, comme ces proscriptions persistantes, montrent assez que l'esprit de parti, qui avait chassé l'infortuné Giano, subsistait dans toute sa force. D'autant plus remarquable est donc la persistance des conseils à confirmer, à développer l'œuvre de l'imprudent mais généreux proscrit. Sages intermédiaires entre les factions, ils veillaient à la paix publique ; ils prohibaient, pour la protéger, tout ce qu'à tour de rôle elles imaginaient pour la troubler. Sur les boucliers, les écus, les bannières, les soubrevestes de guerre, les housses des chevaux se voyaient, en signe de ralliement, les armes peintes ou brodées de la famille dont on suivait la direction. Entre membres ou clients de familles, de partis adverses, c'étaient, dans les rues, autant de provocations à la lutte. Désormais, sous peine de deux cents livres pour un magnat, et de cent pour un *popolano*, personne ne put plus porter que les armes de son art ou les siennes propres, avec celles du roi Charles ou de ses descendants. Quiconque en peindrait, coudrait, sculpterait ou vendrait d'autres, serait sévèrement châtié, s'il n'était point de bonne foi [1]. Un magnat avait-il des « guerres ou inimitiés patentes [2] », on lui défendait, sous peine de mille livres, d'aller, sans permission expresse de la seigneurie, à aucune réunion de nobles, pour obsèques, mariages, fiançailles, prises d'habit, célébration de première messe ou « mystère de quelque défunt [3]. »

---

[1] 17 janvier, 1ᵉʳ février 1296 (*Provvisioni*, n° V, p. 13 v°, 18).

[2] Guerram seu inimicitiam patentem (17 janvier 1297. *Provvisioni*, n° VII, p. 58). — Ce document a été publié en partie par Gaye, I, 435.

[3] In civitate, burgis vel suburgis seu in comitatu Florentie ire ad aliquam invitatam, que fieret de ipsis magnatibus vel magnate pro aliquo defuncto, vel ad exequias alicujus defuncti, vel pro mogliazzo seu sponsalibus, vel pro

Et ce n'étaient point là des prescriptions vaines, comme celles de tant de lois au moyen âge. Tour à tour les plus grands noms passaient sous les fourches caudines de l'odieuse loi. Simone Pazzo des Pazzi, condamné à *deux cents* livres pour blessures faites à Agnolo des Pazzi, qui était de sa caste comme de sa famille, et à *trois mille* pour d'autres blessures, peut-être moins graves, à Baldo de Mandria, *popolano*, voyait ses quatre répondants emprisonnés pour payer jusqu'à concurrence de mille livres, et obtenant un recours sur ses biens[1]. Quelques années plus tard, un grand, qui a laissé une chronique particulière assez curieuse, écrivait simplement, sans récriminations : « Il advint que moi et Maffeo, qui étions des grands, nous ne pouvions intenter une action contre Gone et Redi de Ghigi de Ghofo, qui étaient du peuple[2]. » Diverses mesures correctives, prises à diverses dates, prouvent même qu'on avouait quelque excès dans la répression, et qu'on tentait d'y remédier. Tant de personnes avaient été condamnées, pour méfaits, à des amendes de cinquante livres et au dessous, puis incarcérées pour refus de payement, qu'il fallait, le 2 juin 1298, les remettre toutes en liberté, et faire défense au potestat, au capitaine, à leurs juges, d'inscrire, pour de si faibles condamnations, les condamnés au

---

aliquo presbytero, monacho vel monacha, seu pro misterio alicujus mortui, nisi de licentia et parabola dominorum priorum artium. (*Ibid.*)

[1] Dans le nombre de ces répondants était un des Lamberti et un des Adimari (4 février 1297. *Provvisioni*, n° VII, p. 53 v°).

[2] E avvenne per cagione che io e Maffeo eravamo de' grandi, e non potevamo torre azione contra Gone e Redi di Ghigo di Ghofo, che erano di popolo (*Cronichetta di Neri degli Strinati*, 1300, p. 124, opuscule parfaitement authentique publié à la suite de la fausse chronique de Semifonte, attribuée à Pace de Certaldo).

livre des bannis[1]. Le 13 mai 1299, étaient déclarées nulles toutes protestations et inquisitions faites devant les magistrats, si, dans les trois jours, elles n'avaient été enregistrées et communiquées aux inculpés[2]. Le 18 janvier 1300, tout citoyen était autorisé à accuser le potestat, le capitaine, le juge des appels et leurs *famigli*, pour toute infraction à ce nouveau statut, et même pour toute autre accusation dont ils fussent l'objet[3].

Mais qu'on serait loin de la vérité, si l'on voyait dans ces médiocres adoucissements à une législation terrible la moindre tendance à y renoncer! En corriger les excès inutiles, c'était au contraire la confirmer dans ses points essentiels. Personne ne s'y trompait. Les petites localités qui ne s'étaient pas encore assuré le bénéfice des ordonnances, le réclamaient et l'obtenaient des Florentins. A la demande des habitants de Castelnuovo, dans le val d'Arno, Florence interdisait à tout magnat d'acheter des maisons, des tours, des terres ou toute autre propriété sur le territoire dudit château, par crainte qu'ils n'y voulussent ainsi établir leur seigneurie. Elle ordonnait, en outre, que si quelque grand y possédait déjà quelque tour, cette tour ne pût, sous peine de mille livres d'amende, être haute de plus de cinq brasses[4]. Plusieurs années plus tard, en 1306, le 15 mars, on devait donner aux ordonnances une consécration solennelle dans cette vieille église de San Pier Scheraggio qui, dès 1294, en avait vu la promulgation[5].

---

[1] *Provvisioni*, n° IX, p. 40.
[2] *Ibid.*, n° X, p. 48.
[3] Quelibet persona licite et impune possit sibique liceat facere protestationes et inquisitiones super quocumque negotio (*Ibid.*, n° X, p. 191).
[4] 28 septembre 1300. *Provvisioni*, n° X, p. 277.
[5] *Ordin. di giust.*, Rub. 80; Giudici, p. 385.

La noblesse florentine sentit à peine ce dernier coup : depuis longtemps elle avait laissé toute espérance. Beaucoup de familles sans pouvoir ni grandes propriétés, « se mettaient du peuple[1]. » La politique modération des hommes qui avaient conduit avec tant de suite et de fermeté cette pacifique campagne, sut leur adoucir l'amertume du breuvage, s'ils la sentaient encore en vidant le calice. C'est avec raison que Villani nomme, pour leur rendre hommage, ces marchands dont le nom est devenu célèbre, les Mancini, les Magalotti, les Altoviti, les Peruzzi, les Acciajuoli, les Cerretani[2]. Grâce à eux, les magnats purent se résigner à leur sort. A peine quelques-uns, s'obstinant dans leur résistance farouche, cherchèrent-ils encore les moyens d'abattre le peuple et de le soumettre[3]. Leurs intrigues et leurs violences y échouèrent pareillement; mais elles devaient suffire à entretenir un certain malaise[4], alors même qu'elles eurent cessé d'être un péril pour « le nouvel état du peuple à Florence[5] ».

Une fois encore elles aboutirent à quelque éclat. Les nobles récalcitrants avaient réussi, le 1ᵉʳ janvier 1299, à faire nommer potestat, et par conséquent juge chargé de prononcer contre eux d'après les ordonnances, un pauvre gentilhomme de la Marche Trévisane, Messer Monfiorito de Coderta, dont ils avaient peut-être acheté d'avance les

---

[1] Molti casati che non erano tiranni nè di grande potere, si trassono del numero de' grandi, e misero nel popolo (Villani, VIII, 12).

[2] Villani, VIII, 12.

[3] Da indi innanzi i grandi non finirono giammai di cercare via e modo di potere abbattere il popolo a loro podere (Villani, VIII, 12).

[4] Sconcio e male stato che ne segui. (*Ibid.*)

[5] Nuovo stato di popolo in Firenze. (*Ibid.*)

bons offices[1]. Infractions nombreuses à la légalité, dénis de justice, fraudes et vols signalèrent dès son début cette magistrature et tournèrent les *popolani*, même les *popolani grassi*, contre le magistrat prévaricateur. Aux élections du 14 avril pour la seigneurie, le sentiment public se fit jour par le choix d'hommes résolus à sévir contre lui[2]. Le 4 mai, après dix-huit jours de patience, les nouveaux prieurs lui ôtaient la baguette, signe de sa dignité, recommandaient aux syndics un sévère examen de ses actes, et préventivement l'incarcéraient avec ses *famigli* dans une prison nommée depuis la Monfiorita[3]. Le 7, Ricciardo des Artinigi, de Bologne, capitaine du peuple, était chargé, jusqu'au 1er juillet, des fonctions de potestat, et l'on faisait défense à tout grand, sous peine de cent livres d'amende, d'entrer sans y être appelé dans le palais de cet officier, et à tout futur potestat, comme à ses serviteurs, d'avoir un médecin qui ne leur fût désigné par la seigneurie[4]. N'entrevoit-on pas dans cette prescrip-

---

[1] Villani ne parlant point de ce potestat, les auteurs qui en parlent, notamment le meilleur et le plus récent de tous, M. Gino Capponi (I, 91), le placent, avec le faux D. Compagni, immédiatement après l'expulsion de Giano. Mais on voit dans la liste des *Officiales forenses* tous les potestats désormais semestriels de 1296 à 1299, et à cette dernière date Monfiorito. Ce témoignage suffisant est confirmé par Simone della Tosa (p. 222), par Paolino (II, 53) et surtout par diverses *provvisioni* relatives à ce magistrat.

[2] M. Del Lungo, dans ses annotations à Dino Compagni (l. I, c. xix, p. 55), ne comprend pas que les citoyens qui avaient appelé Monfiorito ne pussent pas le tolérer plus longtemps. Cela s'explique pourtant très-bien : on l'avait élu sur la désignation plus ou moins indirecte des nobles, qui, avant ou après son élection, l'avaient gagné à leur cause.

[3] Au bout de la rue dite Vacchereccia, en face du *Palazzo vecchio*. C'était une tour de la maison des Tizzoni. Le capitaine y résidait alors (Paolino, II, 53).

[4] *Provvisioni*, n° X, p. 32 v°. — Le faux D. Compagni rapporte que Monfiorito fut soumis à la question, par le supplice de la corde, et que la femme d'un grand, d'un des Arrigucci, qui était en prison avec lui, leur

tion singulière que le médecin de Monfiorito avait dû servir d'agent à ses prévarications ?

La seigneurie du 15 juin maintint ce qu'avait fait la précédente ; mais par un injuste retour des choses d'ici-bas, celle du 15 août, animée de sentiments contraires, supprima « beaucoup de papiers du livre des actes, qu'on gardait au fond d'une armoire, dans la chambre d'un des prieurs, et qui contenaient contre Monfiorito les preuves de sa culpabilité. » Elle fit plus, elle imita ses fraudes, ses vols, ses extorsions. De là, au 15 octobre, des élections populaires. Le 19, quatre jours après être entrée en fonctions, la seigneurie donnait ordre au nouveau potestat, Ugolino de Corigia, parmesan, de procéder contre les prieurs et le gonfalonier sortants, de les condamner, selon les ordonnances de justice, dans leurs personnes et leur avoir. Il devait, sous peine de deux mille florins, terminer en dix jours le procès relatif à la soustraction des papiers, et, sous peine de mille, conduire le plus rapidement possible l'instruction touchant les autres méfaits[1].

Pourtant, ce n'était point une tâche facile. Contre des accusés qui se défendaient par leurs dénégations ou qui se dérobaient par la fuite, on ne trouvait guère ni preuves ni témoins. C'est pourquoi, malgré ces injonctions sévères, les choses traînaient en longueur. Le 20 février 1300, ordre était donné au potestat brescian Ge-

---

ayant apporté des limes sourdes et autres fers, ils purent s'enfuir. Mais ces assertions ne se trouvant confirmées ni par les documents ni par Simone della Tosa, qui a parlé de cette affaire un peu plus que les autres auteurs, on ne saurait s'y arrêter. — Ce supplice de la corde, comme disent les Italiens, nous l'appelons estrapade. Un peintre, M. Steinheil, en a donné une représentation assez fidèle dans un tableau qui a figuré à l'exposition de 1875, sous le n° 1857, et sous ce titre : *Un tribunal au quinzième siècle. L'interrogatoire.*

[1] *Provvisioni*, n° X, p. 113.

rardino de Gambara, de « procéder par toute sorte de tourments, avec ou sans indices, en dérogeant à toutes les règles sur la prescription, contre quiconque serait réputé avoir commis des vols, fraudes, faux, actes de corruption, soit avec Messer Monfiorito de Coderta ou quelqu'un de sa *famiglia*, soit par leurs conseils ou séductions[1]. »

Sur les résultats mêmes de ce grand et scandaleux procès, les documents ne nous apprennent rien. On voit seulement dans Simone della Tosa que « beaucoup de Florentins furent condamnés pour les rapines[2]. » Dante, par un de ces mots obscurs qu'éclairent ses commentateurs[3], flétrit un certain Durante des Chiermontesi, qui avait enlevé de la mesure du sel la douve où était appliqué le sceau de la commune, pour l'adapter à un vase plus petit, et tromper ainsi les acheteurs[4]. Un ami de ce Durante, Niccola Acciajuoli, ayant, pour le sauver, lacéré les registres du notaire, fut condamné à une amende de trois mille livres. Complice ou complaisant, Baldo d'Aguglione, le fameux rédacteur des ordonnances, dut payer deux mille livres et s'exiler pour un an[5]. Ainsi s'éteignait dans

---

[1] *Provvisioni*, n° X, p. 208 v°.
[2] « Trabalderie. » (Simone della Tosa, p. 223.)
[3]   Ad etade
    Ch' era sicuro il quaderno e la doga.
        (*Purg.* XII, 104).
[4] Florence ne tint pas rigueur au fils de ce déloyal personnage. Geri de Ser Durante des Chiermontesi est prieur pour le *sesto* de San Piero du 15 juin 1301 au 15 août (Stefani, IV, 223. *Delizie*, X, 16).
[5] Voy. surtout le commentateur anonyme de Dante. Il n'y a rien à ce sujet dans Benvenuto d'Imola. — Niccola Acciajuoli était de la seigneurie prévaricatrice (15 août-15 octobre 1299), mais non Baldo d'Aguglione, qui était juge, c'est-à-dire d'un art qui fournissait les notaires, mais non les prieurs (Voy. les listes de Stefani, II, 209. *Delizie*, VIII, 86). Pourtant les

d'ignominieuses misères la grande lutte qu'avait en vain soutenue la noblesse, frappée à mort par un peuple de marchands.

On se ferait une bien fausse idée de l'activité prodigieuse, comme de l'incroyable liberté d'esprit dont Florence faisait preuve, si nous ne disions un mot de ses relations au dehors dans le même temps. En Toscane, elle avait presque à ses ordres la *taglia* ou armée de la ligue guelfe. La puissante *parte guelfa* en était le nerf; c'est elle, le plus souvent, qui en désignait le capitaine, dans les diètes ou parlements si souvent tenus à Empoli. Le 19 août 1297, les ambassadeurs florentins recevaient mission d'y fixer la *taglia* à cinq cents cavaliers stipendiés pour un an, et d'y procurer le maintien d'Inghiramo, comte de Biserno, dans la charge de capitaine, qu'il occupait dès le mois de février[1], faute de quoi ils feraient en sorte que l'élection fût différée et se fît à Florence[2]. Ce que Florence avait à redouter, c'était moins une oppression ouverte que la force d'inertie et la négligence. Aussi multipliait-elle les ambassades auprès de ses alliés. Une d'entre elles montre Dante Alighieri partant pour San-Gemignano et sommant cette petite ville de remplir ses

---

juges étaient quelquefois prieurs ; ainsi Lapo Salterelli (15 avril-15 juin 1300), Dogio dal Borgo (15 décembre 1300-15 février 1301). — Voy. Stefani, IV, 222. *Delizie*, X, 13, 14.

[1] Il avait sous ses ordres plusieurs autres capitaines, Vanni, Berre de Pise, Ugo de Caldaia, Cherico Donati, Belluccio d'Ostina, Puccio, comte de Sarteano, Puccio d'Arezzo, Michelozzo Buglietti de Lucardo, Salino Dorrighi, Giliolo de Parme (28 février 1297. *Provvisioni*, n° VII, p. 84 v°). Ces capitaines avaient un nombre variable de cavaliers, en général peu consirable, 15, 28, 40. A chaque page des *provvisioni*, on trouve de ces sortes d'engagements, nouveaux ou renouvelés. Il est assez bizarre que le chiffre de 29 se rencontre souvent (Voy. *Provvisioni*, n° V, p. 163, 28 octobre 1295).

[2] *Provvisioni*, n° VIII, p. 113 v°.

obligations[1]. San-Gemignano pliait, mais en relevant la tête : ses syndics recevaient ordre de n'engager en rien leur commune, sans en référer à ses conseils et à ses magistrats, surtout quant au fait des dépenses[2]. Jusque dans les moindres centres de population, la souveraineté communale pouvait bien déléguer ses pouvoirs; elle n'avait garde d'abdiquer.

Hors de la Toscane même, Florence s'intéressait aux événements. Ses modestes alliées n'étendaient pas si loin leurs regards. Elle ne les eût pas facilement déterminées à envoyer des secours à Charles II contre les rebelles de Sicile. Il est vrai qu'elle-même n'accordait les siens qu'avec circonspection[3]; malgré les plaintes des ambassadeurs royaux, ses conseils persistaient, quelquefois à l'unanimité, dans leurs résolutions dilatoires[4]. Mais économe de ses hommes d'armes, prodigue de démonstrations

---

[1] Die 8 maii convocato et adunato consilio generali comunis et hominum S. Geminiani in palatio dicti comunis.... dixit (Dantes) quod ad presens in certo loco parlamentum et ratiocinatio more solito per omnes comunitates Tallie Tuscie, et pro renovatione et confirmatione novi capitanei fieri expedit, propter que ad expediendum predicta convenit quo sindici et ambaxiatores solemnes predictorum comunium simul conveniant-se (*Libri Reformationum Terræ S. Geminiani*). — Ce document a été reproduit plusieurs fois : par Stefani, t. VI, p. 257 ; Pelli, *Memorie di Dante*, p. 94, Flor., 1823, 2ᵉ édit. ; Pecori, *Storia della Terra di San Gemignano*, p. 605 ; Reumont, *Della diplomazia italiana dal secolo XIII° al XVI°*, p. 328, Flor., 1857. — Voy. en outre Balbo (*Vita di Dante*, t. I, p. 190-192, Turin, 1839). — Le capitaine qui fut nommé était Taddeo, comte de Montorgiale di Marittima (*Provvisioni*, n° X, p. 85 v°, 21 août 1299).

[2] Dummodo nil possint firmari vel aliquod se obligari, quin primo dicto comuni et octo expensarum factum declarent. (*Lib. Reform. Terræ S. Gemin.*, loc. cit.)

[3] 10, 12 décembre 1296. *Provvisioni*, n° VII, p. 17. — Non videntur esse contenti responsionis predicte (15 décembre 1296. *Ibid.*, p. 17 v°).

[4] Placuit omnibus in dicto presenti consilio existentibus. (*Ibid.*) — Autre exemple d'unanimité dans les conseils.

amicales, elle savait délier les cordons de sa bourse. En juillet 1299, elle marquait sa joie de la victoire navale remportée par Charles II contre Frédéric d'Aragon[1], en habillant de neuf les envoyés qui lui apportaient l'heureuse nouvelle[2]. Vingt mois plus tard, le 15 mars 1301, elle comptait au roi, naturellement sur sa demande, cinq mille florins d'or[3], et il est certain, malgré la perte des actes authentiques, qu'elle avait fait dans ces mains percées bien d'autres versements.

Plus près de ses frontières, elle envoyait avec moins de répugnance ses *cavallate* et ses milices. Il faut la voir, en 1296, soutenant à Bologne la cause guelfe que menaçaient les gibelins de Romagne et Azzone, marquis de Ferrare[4]. Le 23 avril, elle emprunte douze mille livres pour cet objet[5]. Le 18 juillet, « attendu les nouveautés qui arrivaient à la journée, » les prieurs, ayant reçu jusqu'au 15 août pleine *balia* pour les choses de la guerre[6], envoyaient deux cents chevaux et autant d'arba-

---

[1] Roger de Loria, amiral de Frédéric, mais fort maltraité par lui, avait fait défection. — Boniface avait déterminé Don Jayme, attaqué par les rois de Castille et de France, à abandonner la Sicile aux entreprises de Charles, à promettre même de l'aider, pour prix de la main de Blanche, fille de ce prince, richement dotée, et de la Corse et de la Sardaigne, que le pape livrait à l'Aragonais, quoiqu'elles appartinssent aux Pisans et aux Génois. C'est alors que les Siciliens avaient couronné l'infant Don Fadrique, qui gouvernait leur île au nom de Jayme, son frère (*Barth. Neocastr. Hist. sicul.*, c. cxiv, R. I. S., t. XIII, 1168 sq ; *Nicolai Specialis Hist. sicul.*, l. II, c. xx-xxv, R. I. S., t. X, 961 sq ; Sismondi, III, 59 sq).

[2] Le 27 juillet 1299, on votait pour cette dépense 170 livres, 10 sous, 4 deniers (*Provvisioni*, n° X, p. 79).

[3] La somme exacte est 5084 florins et 36 sous (*Ibid.*, p. 310).

[4] Une lettre de Guglielmo Durante, évêque de la Marche et d'Ancône, informait les Bolonais du dessein de leurs ennemis. — On peut lire cette lettre dans Ghirardacci, *Della Hist. di Bologna*, I, 335.

[5] *Provvisioni*, n° VI, p. 13.

[6] *Ibid.*, p. 64.

létriers. Grâce à ce concours, les guelfes bolonais, battus d'abord par Azzone, battaient bientôt Uguccione de la Faggiuola de Modène, et, après l'avoir fait prisonnier, le prenaient pour capitaine, s'emparaient sous ses ordres de la place de Bazzano (25 novembre)[1]. Après deux ans d'hostilités obscures, Florence avait le dégoût d'une guerre où la cruelle Bologne écartelait ses exilés[2]. Le 29 novembre 1298, ses conseils accédaient au compromis qu'Azzone et Bologne déféraient à l'arbitrage de syndics florentins, après avoir remis en garantie à la commune médiatrice l'un le château de Fiumaccio, l'autre celui de Spilacaberto[3]. Dix chevaliers avaient été envoyés jusqu'à Bologne, pour faire escorte aux délégués des deux parties contractantes[4]. La paix conclue (30 décembre), ces délégués reçurent des vêtements neufs, et assistèrent, sur la place de San Giovanni, garnie de gradins et d'une somptueuse estrade, à la promulgation solennelle du traité[5]. La ratification du saint-siége fut ensuite demandée : les ambassadeurs, envoyés à cet effet par Florence, reçurent chacun quatre livres dix sous de gages par jour. C'était dix sous de plus qu'ils ne recevaient ordinairement[6].

L'arrogant et dédaigneux Boniface VIII n'avait rien à refuser aux Florentins[7]. Contre les Colonna, ses ennemis personnels[8], il sollicitait les secours de la ligue toscane.

[1] Ghirardacci, I, 334 sq.
[2] Ibid.
[3] Provvisioni, n° IX, p. 108 v°.
[4] 9 décembre 1298. Ibid., p. 116.
[5] Ibid., p. 122.
[6] 25 février 1299. Ibid., p. 154.
[7] Fastosus et arrogans et omnium contemptivus (Ptol. Luc. Hist. eccl., l. XXIV, c. xxxvi, R. I. S., t. XI, 1203).
[8] Il avait déposé deux cardinaux du nom de Colonna, n'ayant obtenu leurs voix dans le conclave que par supercherie (Ferreti Vicentini Chron., l. II,

Pour prêcher contre eux une impie croisade[1], il avait envoyé légat dans la province (26 juin 1297) Matteo d'Acquasparta, archiprêtre de Prato, général des Franciscains, créé cardinal par Nicolas IV, et chargé jadis avec Boniface lui-même d'une ambassade auprès de Rodolphe, roi des Romains[2]. Loin de se borner à une prédication vague, ce prélat, selon ses instructions précises, demandait un secours d'hommes d'armes pour deux mois[3]. Les deux mois non encore écoulés, il priait qu'on le continuât à son maître jusqu'en novembre suivant[4]. Sans cesse étaient renouvelées ces demandes, et à leur suite les envois d'hommes ou d'argent[5]. Florence donnait 166 cavaliers, Sienne 124, Lucques 114, Pistoia 47, Città di Castello 20, Volterre 18,

R. I. S., t. IX, 968. — *Fr. Pipini Chron.*, IV, 45, R. I. S., t. IX, 744. — Sismondi, III, 88).

[1] Avendo guerra presso a Laterano,
E non con Saracin, nè con Giudei,
Chè ciascun suo nemico era cristiano.
(*Inf.* XXVII, 86.)

[2] Un document du 26 juin 1297 l'appelle Roberto, archiprêtre de Prato (*Provvisioni*, n° VIII, p. 95). Un autre du 8 février 1298, Matteo, cardinal-évêque de Porto et de S. Rufine (*Provvisioni*, n° IX, p. 14 v°). Les documents désormais l'appellent toujours « Frater Mattheus, episcopus Portuensis, apostolice sedis legatus. » (Voy. 27 juin 1300. *Provvisioni*, n° X, p. 260 et autres.) Il n'y a donc pas lieu de tenir compte d'appellations diverses qu'on trouve dans les auteurs (Quem Villanus eumque secutus S. Antoninus Ostiensem vocant. *Ann. eccl.*, 1300, t. XXIV, 294). Villani l'appelle en fait « Matteo d'Acquasparta, cardinale Portuense. » (VIII, 36.) On l'accusa d'avoir laissé s'introduire trop de relâchement dans la règle de son ordre. Dante dit un mot de ce reproche (*Parad.*, XII, 124). Voy. sur l'ambassade commune de Matteo et de Benedetto Gaetani, le futur Boniface VIII, Tosti, *Hist. de Bonif. VIII*, t. I, p. 50 de la trad. fr., par l'abbé Marie Duclos, Paris, 1854.

[3] *Provvisioni*, n° VIII, p. 95. — Le 2 juillet 1297, un impôt extraordinaire était levé à Florence pour envoyer ce secours (*Ibid.*, p. 98 v°).

[4] 21 août 1297 (*Ibid.*, p. 118 v°).

[5] 3 février 1298, *balia* donnée à la seigneurie d'envoyer des secours au pape. 8 février 1298, nouvelle demande du pape. Les conseils accordent 100 cavaliers pour trois mois, y compris le temps de l'aller et du retour. Le

Prato 15, San Gemignano 7, Colle 5, Poggibonzi 4[1]. Si Pise n'est pas mentionnée, c'est que le pape y commandait, en sa qualité de potestat. Cette guerre peu édifiante excitait un zèle tout politique chez les gouvernants, tout dévôt chez les particuliers. Neri Donati, « ayant pris la croix pour le secours de l'Église romaine contre les Colonna, » laissait par testament dix-huit livres pour équiper un homme de pied[2]. Giovanna, fille de Bonaccursi del Velluto, versait trente livres et envoyait son croisé « contre ces perfides Colonna et contre tous autres rebelles de ladite Église et du souverain pontife[3]. » Avec ses dévoués auxiliaires, Boniface prenait à ses ennemis Palestrina et tous leurs châteaux de la campagne romaine[4]. « En promettant beaucoup pour tenir peu, » selon le conseil de Guido de Montefeltro, qu'il avait tiré du couvent où le vieux guerrier terminait sa vie sous la bure du franciscain[5], il les réduisait à fuir en pays étranger auprès de Philippe le Bel[6].

Maître chez lui jusqu'à l'orage terrible qu'il amassait comme à plaisir, Boniface VIII y faisait, on peut le croire,

---

27 juin 1298, Boniface demande qu'on proroge la durée de ce service. Les conseils y consentent, en laissant aux prieurs le soin d'en fixer le terme. (*Provvisioni*, n° VII, p. 169, n° IX, p. 4, 14 v°.)

[1] Ammirato, 1297, l. IV, t. I, p. 200.

[2] Quod assumpserit crucem in auxilium romanæ ecclesiæ contra Columpnenses (Doc. ap. *Arch. Stor.*, 1ᵃ serie, Append., t. V, 2ᵃ disp.; p. 507).

[3] Contra illos perfidos de Columpna, et contra quoscumque alios dicte Ecclesie et summi pontificis inimicos atque rebelles. (*Ibid.*)

[4] Omnia ipsorum castra et villæ ac poderia occupata fuerunt traditaque nobilibus Romanis ; quædam vero Ecclesia sibi reservavit (*Ptol. Luc. Hist. eccl.*, R. I. S., t. XI, 1302).

[5] Plurima eis pollicemini, pauca observate (*Pipini Chron.*, IV, 41, R. I. S., t. IX, 741). — Cf. Dante, *Inf.*, XXVII, 110. Lunga promessa con l'attender corto.

[6] *Ferreti Vicentini Hist.*, l. II, R. I. S., t. IX, 970. — *Pipini Chron.*; *Ptol. Luc. Hist. eccl.*, loc. cit. — Sismondi, III, 91.

bon accueil aux fidèles Toscans qui l'y venaient visiter. Une occasion unique s'en présentait. Il avait donné rendez-vous aux chrétiens dans Rome, pour célébrer, en l'année 1300, une solennité religieuse nouvelle. Parmi les peuples du moyen âge régnait cette croyance que le saint-siége, de temps immémorial, accordait une indulgence plénière à toute âme pieuse qui, dans la dernière année du siècle, venait se prosterner aux pieds des saints apôtres[1]. Rien, dans le passé, ne confirmait cette prétendue coutume; elle n'en plaisait pas moins aux gens avides de laver à peu de frais leurs fautes ou en quête de prétextes pour un voyage d'agrément. En fait, l'indulgence plénière n'était ni pour les *romei* qui visitaient Rome, ni même pour les *pèlerins* qui se rendaient en Galice au sanctuaire de Saint-Jacques; l'Église la réservait aux *palmieri* qui s'acheminaient vers les lieux saints, et qu'on nommait ainsi des palmes qu'ils en rapportaient[2]. Mais un pape avait droit d'innover, surtout pour faire couler le Pactole à Rome. Aux Romains qui pendant trente jours, aux étrangers qui pendant quinze, visiteraient les églises des bienheureux apôtres Pierre et Paul, Boniface VIII accorda cette précieuse indulgence qui mettait les plus pervers en règle avec le ciel[3].

L'empressement public dépassa tout ce qu'avait pu rêver l'ambitieux pontife. Selon Villani, témoin oculaire,

---

[1] Muratori, *Ann. d'Ital.*, 1300.
[2] Balbo, *Vita di Dante*, I, 257.
[3] Comme le remarque M. Henri Martin (IV, 423), le nom de *Jubilé* ne figure pas dans la bulle pontificale qui instituait cette cérémonie séculaire (Voy. *Ann. eccl.*, 1300, t. XXIV, p. 284 sq). Clément VI voulut qu'elle fût renouvelée tous les 50 ans (1343), Grégoire XI tous les 33 ans (1373), Paul II tous les 25 ans (1470). (Voy. Isambert, *Biogr. univ. Hœfer*, art. Boniface VIII.)

il y eut, toute l'année, à Rome, deux cent mille pèlerins, sans compter ceux qui fourmillaient sur les routes pour l'aller et le retour[1]. Guglielmo Ventura, le chroniqueur d'Asti, qui fit aussi le voyage, parle en bloc de deux millions d'hommes et de femmes[2]. Les auberges étaient pleines. On voyait des septuagénaires et des infirmes portés sur des litières, un Savoyard âgé de plus de cent ans et que ses fils conduisaient[3]. Il fallut diviser en deux dans sa longueur le pont Saint-Ange, au moyen d'une palissade en bois, pour qu'un double courant de circulation s'y pût établir[4]. Malgré cette précaution, la foule avançait lentement, tantôt avec patience, sans bruit et sans querelles[5], tantôt avec frénésie et en se foulant aux pieds[6]. Nuit et jour elle assiégeait l'autel de Saint-Paul, où deux clercs, tenant en main des râteaux, « râtelaient » des sommes infinies[7], qui enrichissaient le pape[8], tandis que les Romains devenaient tous riches en vendant leurs den-

---

[1] Villani, VIII, 36.

[2] Viginti centum millia virorum et mulierum.... Ego ibi fui, et per dies 15 ibi steti (G. Ventura, *Chronicon Astense*, c. xxvi, R. I. S., t. XI, 192).

[3] Dante, *Inf.*, XVIII, 28-33. — Cf. Balbo, *Vita di Dante*, I, 258.

[4] *Ann. eccl.*, 1300, § 6, t. XXIII, p. 286.

[5] Con molta pazienza e sanza rumore o zuffe. E io il posso testimoniare, che vi fui presente e viddi (Villani, VIII, 36).

[6] Pluries ego ibi tam viros quam mulieres conculcatos sub pedibus aliorum, et etiam egomet in eodem periculo plures vices evasi. (Ventura, *Chron. Astense*, loc. cit.)

[7] Die ac nocte duo clerici stabant ad altare S. Pauli, tenentes in eorum manibus rastellos rastellantes pecuniam infinitam. (*Chron. Astense*, loc. cit.)

[8] Papa innumerabilem pecuniam ab eisdem recepit. (*Chron. Astense*, loc. cit.) — Molto tesoro ne crebbe alla chiesa (Villani, VIII, 36). La peinture a conservé le souvenir de ce premier jubilé dans deux palais de Florence, au palais Strozzi et au *Palazzo vecchio*, dans la salle où se réunissaient les prieurs. La fresque de ce dernier, œuvre de Jacopo Ligozzi, a été reproduite en gravure au frontispice des *Ritratti d'uomini illustri toscani*, 4 vol. in-f°, Florence, 1766 (Voy. Trollope, I, 233).

rées, en hébergeant les étrangers[1]. L'avoine, le foin étaient hors de prix, les auberges plus encore. A Guglielmo Ventura, pour son lit et ses chevaux, on faisait payer un gros tournois[2], somme énorme pour le temps.

Florence était trop voisine de Rome pour que ses marchands n'y vinssent pas en nombre, acheter à prix d'or leur salut ; mais la commune même voulut être représentée au jubilé. Elle y envoya une ambassade allégorique, splendidement équipée. Pour indiquer qu'elle plaçait, dans son respect, le trône pontifical au-dessus de tous les autres, ses ambassadeurs figuraient les principales puissances de la terre qui s'y venaient prosterner[3] : Vermiglio Alfani, l'empereur d'Occident; Simone des Rossi, l'empereur d'Orient; Musciatto Franzesi, déloyal persécuteur de ses compatriotes à Paris, le roi de France; Ugolino des Cerchi, le roi d'Angleterre[4]; Guicciardo Bas-

---

[1] E' Romani, per le loro derrate, furono tutti ricchi (Villani, VIII, 136).

[2] *Chron. Astense*, loc. cit. Le gros était la 128° partie de la livre, ou la 8° d'une once. C'était une monnaie d'argent, créée sous Louis IX, et valant 12 deniers ou un sou.

[3] La liste s'en trouve dans 1° *Petri Calzolarii de viris illustribus Florentiæ*, et *Pauli Mini de nobil. Flor. cap. de Flor. eloquio claris*, cités par Rossi (*Vita Bonifacii VIII*, c. xi, p. 121), cité lui-même par Tosti, *Ist. di Bon. VIII*, l. V, t. II, p. 117 ; 2° dans un ms. de la bibl. Laurenziana. (Plut. XXIV, n° 8, in-4°. Voy. Bandini, *Catalogus codicum latinorum Bibliothecæ medicæ laurentianæ*, t. IV, col. 193-196, et *Osserv. fior.*, VI, 20, 3° éd.) Dans les deux auteurs, la liste contient 13 noms, et dans le ms. 12 seulement. Le nom supprimé est celui de Florence, ce qui rend la suppression peu vraisemblable et donne plus d'autorité à la première liste, différente, d'ailleurs, de la seconde, quant au nom de plusieurs des personnages envoyés. — On peut voir une description minutieuse de cette ambassade dans *Giunta di Fr. Serdonati al libro dei casi degli huomini illustri di G. Boccaccio*, p. 807-812, Flor., 1598, in-8°. — Cf. Manni, *Della nobiltà di Firenze*, p. 99, et Vannucci, p. 234 note.

[4] Le ms. de la Laurenziana dit Ugolino da Vicchio. La présence d'un Cerchi dans cette ambassade où il fallait faire de la dépense, est pourtant bien vraisemblable.

taro, le khan des Tartares ; Bencivenni des Folchi, le grand-maître de Rhodes; Romero Frighinello, le roi de Bohême; Manno des Adimari, le roi de Naples ; Bernardo Vaio, le roi de Sicile; Sino Diotisalvi, le seigneur de Camerino ; Benedetto Nerli, les seigneurs de la Scala, de Vérone, de Carrare et de Padoue ; Lapo des Uberti, la commune de Pise, et Palla des Strozzi, celle de Florence[1]. Leur suite se composait de cinquante chevaliers au moins, comme eux splendidement vêtus et armés. Aux costumes divers on reconnaissait les peuples et les princes. Boniface VIII fut frappé de ce brillant et dispendieux appareil. Un vieux manuscrit rapporte à ce sujet une scène caractéristique. — Quelle cité que cette Florence ! s'écria le pontife. — Personne ne répondant, il répéta par trois fois son exclamation. Comme le silence persistait autour de lui : — Si vous ne me répondez pas, reprit-il, je vous mettrai tous à l'amende ou en prison[2]. — Alors, un cardinal dit ces mots : — Seigneur, la cité de Florence est une bonne cité. — Sur quoi le pape : — O méchant Espagnol, que dis-tu ? Elle est la meilleure de toutes les cités. Est-ce que ceux qui nous nourrissent, qui administrent et gouvernent notre cour, ne sont pas des Florentins ? Ils semblent même gouverner le monde entier, car Florentins étaient tous les ambassadeurs que nous ont envoyés, dans ces temps-ci, rois, barons et communautés.

---

[1] Nous ne donnons pas les autres noms, parce qu'ils ne sont pas concordants. — Villani ne parle point de cette ambassade, mais il n'en faut pas conclure qu'elle soit controuvée. Il n'a point parlé non plus du potestat Monfiorito dont l'aventure est établie par les documents.

[2] Tandem post tertiam interrogationem turbatus quia nullus ei respondebat, dixit : — Nisi mihi respondeatis, omnes vos poni faciam in multa, sive in carcerem. (Bibl. Laurenziana, *loc. cit.*, ap. *Osserv. fior.*, VI, 21, 3ᵉ éd.)

Ils sont en vérité le cinquième élément de l'univers[1].

Ce n'est pas eux, assurément, qui purent souffrir à Rome du manque de vivres, cruelle misère des derniers mois de l'année pour des pèlerins moins opulents, non plus que dans leur patrie de la disette de viande de boucherie et autres comestibles, qui s'étendit jusqu'à la Toscane[2]. S'ils avaient de l'or pour les dépenses de luxe, ils n'en manquaient pas pour les dépenses nécessaires. Prévoyants et industrieux, ils le prodiguaient avec une sage économie pour donner à leur ville toutes les commodités et même tous les ornements de l'existence, pour en faire un incomparable séjour. Dans cette période troublée où s'édictent et s'établissent les ordonnances de justice, les travaux publics prennent un puissant essor. Le dire d'un mot, sans détails et sans dates, ce serait n'en point donner une idée et comme égarer à plaisir le jugement du lecteur sur cette alliance pour nous si surprenante des agitations stériles de la guerre et des œuvres fécondes de la paix, comme sur le constant esprit de suite du plus mobile des gouvernements.

La construction, l'embellissement des églises était, à Florence, un soin de tous les jours. On y voyait le moyen d'honorer Dieu et les saints, de désarmer le siége apostolique, d'ajouter aux splendeurs de la ville. N'était-ce

---

[1] Nam omnes ambaxiatores qui istis temporibus ad nos per reges, barones et communitates sunt directi, Florentini fuerunt.... Et ideo cum Florentini regant et gubernent totum mundum, videtur mihi ipsi sint quintum elementum. (*Ibid.*)

[2] 18 mars 1301. *Consiglio della Campana*, LIX, p. 71. — Cette disette se prolongea ou revint. Le 21 juin 1302, il y avait à Sienne quinze mille pauvres qui mouraient de faim par suite de la disette et de l'insuffisance des aumônes (*Ibid.*, LXI, p. 132). Selon les *Ann. eccl.* (XXIII, 286), rien ne manqua à Rome, pendant la période du jubilé.

pas honorer saint Jean, son patron, que de réparer, hausser, niveler, daller la place de San Giovanni¹, que d'isoler cette vénérable église en enlevant les monuments funèbres qui en encombraient les abords, que d'y reconstruire en marbre blanc et noir les vieux pilastres de pierre, comme l'entreprit à ses frais l'art de Calimala²? Mais c'était, en même temps, faciliter les communications d'un quartier à l'autre, et donner plus d'espace aux sermons qu'on débitait sur cette place étroite, aux fêtes fréquentes qu'on y célébrait³. Entrepris en 1293, ces travaux, trois ans plus tard, étaient jugés insuffisants. On décidait alors de démolir l'hôpital dit de San Giovanni, pour le reconstruire plus loin, dans la *via nuova degli spadai*. Et comme les propriétaires des maisons situées sur la place ainsi agrandie en voyaient singulièrement accroître la valeur, ils étaient, dès le premier jour, imposés d'une taxe spéciale, qu'ils payaient sans murmurer⁴.

En face se trouvait Santa Reparata, plus vieille encore que San Giovanni, trop étroite pour les cérémonies du culte et pour les réunions du peuple à parlement. Le 4 mars 1295, quatre cents livres étaient votées par les conseils, en vue de la restaurer et de l'agrandir⁵. Le

---

¹ Le 23 janvier 1289, on dépensait 100 florins : « In opera et occasione operis quod nunc fit et jam pro certa parte factum est pro reparando in alzando, adeguando et mactonando plateam B. Joannis Baptiste. » (*Provvisioni*, n° 1, ap. Gaye, I, 418.) Autre dépense de 100 florins pour le même objet le 12 avril suivant (*Ibid.*, p. 419).

² Villani, VIII, 3 ; Simone della Tosa, p. 219, ann. 1293.

³ Quod cum platea ecclesie Sci Johannis et sce Reparate sit arcta et parve capacitatis gentium, ita quod gentes tempore quo predicationes in ea fiunt, et quando festivitatum solemnitates ibidem aguntur, commode in ea ad audiendum verbum dei collocari et morari non possit (5 juin 1296. *Provvisioni*, n° VI, p. 34 v°. — Voy. Gaye, I, 429-430).

⁴ *Ibid.*

⁵ *Provvisioni*, n° 1, ap. Gaye, I, 428.

13 décembre suivant, plutôt que de recourir de nouveau au trésor public, toute personne qui aurait causé du préjudice à la commune en percevant indûment des deniers, en s'appropriant à tort divers objets, était autorisée à s'acquitter en versant les sommes dues dans le tronc aux aumônes pour ces travaux. Tout débiteur dans l'embarras pouvait composer avec les prêtres Chiaro et Guido, chapelains de ladite église, pour obtenir du temps[1]. L'évêque Francesco battit monnaie avec les indulgences[2]. Comme achats de pardons et repentirs de prévaricateurs étaient rares ou insuffisants, le 8 décembre 1296, à la requête de ce prélat, de ses chanoines et des ouvriers qu'il employait, les prieurs frappaient d'un impôt général la ville, les bourgs et faubourgs, pour acheter les maisons nécessaires à l'agrandissement projeté. Tout citoyen imposé au-dessus de vingt-cinq livres devait payer deux sous pour tout membre de sa famille âgé de plus de quinze ans; à vingt-cinq livres ou au-dessous, douze deniers; à cinq livres ou au-dessous, six deniers pour les hommes et trois pour les femmes. A quiconque faisait son testament, il était enjoint, ses parents et le notaire étant tenus de lui rappeler cette injonction, de léguer une somme pour cette œuvre pie, faute de quoi l'héritier serait soumis par l'évêque à une taxe qui pourrait s'élever jusqu'à vingt sous[3].

---

[1] *Provvisioni*, n° V, p. 185 v°.

[2] Voy. les mots « hactenus concessas » dans la note 2 de la page suivante.

[3] Quelibet persona.... que suum testamentum cum scriptura deposuerit, teneatur legare in subsidium operis dicte ecclesie aliquam pecunie quantitatem, et notarius et alii sibi conjuncti ibidem presentes hujusmodi testatorem monere debent de tali legato, heredes ejus ad exibendum in subsidium ejusdem operis usque in quantitatem soldorum viginti effectualiter

Ces résolutions de la seigneurie devenaient la loi pour deux ans[1], sans préjudice des contributions forcées, des dons que les conseils y ajoutaient[2], en opérant des retenues de quatre deniers par livre sur tout payement fait par le camerlingue et sur la vente des gabelles perçues aux portes de la ville[3]. Le pouvoir civil invitait même le pouvoir ecclésiastique à renouveler, à multiplier ses promesses d'indulgences aux donateurs[4]. Il fallait, en effet, faire flèche de tout bois : au lieu de réparer un édifice en ruines, on avait reconnu, par un juste calcul, que mieux valait cent fois le reconstruire en entier[5].

A temple nouveau l'on voulut même donner une patronne nouvelle : la vierge Reparata dut descendre de ses autels pour que la Vierge Marie pût y monter. Le 8 septembre, jour de sa nativité, fut choisi pour poser solennellement la première pierre. C'était en 1298[6]. Un

compellantur (*Provvisioni*, n° VI, p. 150. — Voy. le texte ap. Gaye, I, 431-432).

[1] *Ibid.*

[2] Et quod velit etiam reverendus florentinus antistes cuilibet predictas pecunie quantitates solvendi vel leganti, ultra gratias benefactoribus dicti operis hactenus concessas indulgentias elargiri (*Provvisioni*, n° VI, p. 150).

[3] In subsidium et pro opere ecclesie Sce Reparate, que reparatur, quin immo de novo construitur (*Provvisioni*, n° VIII, ap. Gaye, I, 434).

[4] Dans le document qui précède, ils accordaient 2400 florins pour un an. (*Ibid.*) Le 7 octobre 1297, 8000 livres pour deux ans (*Provvisoni*, n° IX, ap. Gaye, I, 455). Cette somme devient en quelque sorte réglementaire. On la trouve votée le 4 février 1300, le 24 novembre 1301, etc. (Voy. *Provvisioni*, n° X, p. 203, n° XI, p. 81 v°).

[5] *Ibid.*

[6] Villani (VIII, 9) et Simone della Tosa (p. 220) s'accordent pour dire en 1294 ; mais ils confondent les réparations avec la reconstruction, comme le prouve l'ancienne inscription qu'on lit encore sur une des façades latérales de l'église : « Annis millenis centum bis octonogenis venit legatus Roma bonitate donatus qui lapidem fixit fundo simul et benedixit, etc. » (Voy. les annotations de Manni à Simone della Tosa, et le *Vasari* de Lemonnier, I, 253.)

cardinal, Pietro Valeriano, de Piperno, légat apostolique, vint de Rome pour cette cérémonie[1]. On y vit assister en grand nombre des évêques, des prélats, des clercs, des religieux, le potestat, le capitaine du peuple, les prieurs, « tous les ordres des seigneuries de Florence[2], » toutes les bonnes gens, hommes et femmes[3]. Dès ce moment, Arnolfo de Colle, fils de feu Cambio, « le plus fameux maître et le plus expert dans la construction des églises qu'il y eût ès pays voisins[4], » entreprit avec ardeur de reculer l'église pour faire la place plus grande, de construire aux dépens des maisons avoisinantes, de revêtir l'édifice de marbres aux couleurs variées, et de l'orner de sculptures[5].

Les Florentins voyaient avec joie s'élever comme à vue d'œil une basilique splendide, où paraissait un art tout nouveau encore, mais dont ils étaient déjà de fins appréciateurs. Dans leur reconnaissance, et sur une pétition de l'architecte, le 1er avril 1300, considérant « que par son industrie, son expérience et son talent, la commune et le peuple de Florence, d'après le magnifique et visible commencement de ladite œuvre de ladite église, espèrent avoir le plus beau et plus honorable temple qu'il y ait ailleurs, en aucune autre partie de la Toscane[6], » les

---

[1] Villani, VIII, 9.
[2] Tutti gli ordini delle signorie di Firenze. (*Ibid.*)
[3] Villani, VIII, 7, parlant de l'érection de Santa Croce ; mais ce qu'il dit de cette cérémonie peut être dit à plus forte raison de celle dont Santa Reparata fut l'objet.
[4] Capud magister laborerii et operis ecclesie beate Reparate, majoris ecclesie florentine, et quod ipse est famosior magister et magis expertus in hedificationibus ecclesiarum aliquo alio qui in vicinis partibus cognoscatur. (*Provvisioni*, n° X, p. 235. — Gaye a publié ce texte, I, 445.)
[5] Villani, VIII, 9.
[6] Quod per ipsius industriam, experientiam et ingenium, commune et po-

conseils accordaient audit Arnolfo, pour toute sa vie, exemption de payer à l'État redevances ni impôts[1]. Sous l'invocation de *Santa Maria del fiore* fut placée la nouvelle cathédrale, pour rappeler tout ensemble la sainte patronne qui devait désormais, concurremment avec saint Jean-Baptiste, protéger Florence, et le lis qui était dans les armes comme dans le nom de la ville. Mais le peuple, là comme partout, devait rester longtemps fidèle aux anciennes habitudes du langage : durant des siècles encore, *Santa Maria del fiore* devait être pour lui et même pour les auteurs florentins, *Santa Reparata*[2].

D'autres édifices religieux obtenaient aussi, quoique à un moindre degré, les encouragements, le concours actif de la seigneurie. Trois années avant d'ériger ce monument où elle mit son orgueil, le 8 avril 1295, elle faisait accorder deux cents livres aux Frères mineurs de saint François qui voulaient avoir, à l'intérieur des murs, le couvent et l'église qu'ils avaient à l'extérieur[3]. Le 3 mai suivant, jour de l'Invention de la sainte croix, était posée la première pierre de *Santa Croce*, avec une solennité qui servit de modèle à celle dont *Santa Maria del fiore* devait bientôt être l'objet[4]. *Santo Spirito* des Augustins obtint

---

pulus Florentie ex magnifico et visibili principio dicti operis ecclesie jam dicte inchoacti per ipsum magistrum Arnolphum, habere sperat venustius et honorabilius templum aliquo alio quod sit in partibus Tuscie (*Provvisioni*, n° X, p. 235).

[1] *Ibid.* Le 4 février 1300, le 24 novembre 1301, on votait 8000 livres pour la cathédrale (*Provvisioni*, filze XI et XII, Gaye, I, 445, 447).

[2] Con tutto ciò che mai non le si mutò il primo nome per l'universo popolo (Villani, VIII, 9). Les textes disent même parfois Santa Liberata.

[3] *Provvisioni*, n° V, p. 82. Voy. le texte ap. Gaye, I, 428.

[4] Villani (VIII, 7) dit que ce fut en 1294, et un des deux mss. de Simone della Tosa confirme cette date ; mais l'autre porte 1295, et l'annotateur Manni fait remarquer que 1295 se trouve dans l'ancienne inscription

les mêmes faveurs pécuniaires[1], à la condition toutefois que ces religieux subviendraient à la plus grande partie de la dépense et feraient daller les rues latérales[2]. Les Dominicains obtenaient mêmes faveurs pour leur église de Santa Maria Novella, « qu'on refaisait et réédifiait à nouveau[3], » comme pour l'élargissement de la place, qui leur permettrait de respirer[4]. Parfois ces trois édifices étaient englobés dans de communes largesses[5], et Florence condescendait même à contribuer de ses deniers aux réparations intérieures de certains autres établissements religieux[6].

Le zèle n'était pas moindre aux travaux profanes de l'édilité. Portes à percer, ponts à réparer, pêcheries à

---

qu'on lit à Santa Croce même, sur la muraille, près de la chapelle des Serristori. — Voy. Simone della Tosa, p. 220 ; Stefani (III, 203) dit le 18 mai ; or Villani dit expressément : « Il dì di S. Croce di maggio. » C'est donc le 3 qui est la date la plus probable.

[1] 12 octobre 1294. 200 livres « in precio et pro precio quarumdum domorum juxta plateam ecclesie S. Spiritus ordinis S. Augustini emendarum et postea destruendarum in ipsa et pro ipsa platea amplianda secundum formam status com. Flor. »(*Provvisioni*, filza V. ap. Gaye, I, 426.) 23 septembre 1295. Conventui et fabrice ecclesie S. Spiritus pro constructione et hedifficatione dicte eorum ecclesie, lib. 400 (*Provvisioni*, filza X, ap. Gaye, I, 429). Le 6 juin 1297, nouveau subside de 600 liv. (*Provvisioni*, filza IX, ap. Gaye, I, 434.)

[2] Quod fratres Sci Spiritus debeant eorum propriis expensis lastricari facere viam que est juxta dictam ecclesiam. (*Ibid.*) — Le 11 février 1298, les Augustins adressaient une supplique à l'effet d'obtenir 1800 livres « pro amplianda platea. » (*Provvisioni*, filza VIII, ap. Gaye, I, 435.)

[3] Que de novo refficitur et rehedificatur lib. 1200 in termino unius anni (6 juin 1297. *Provvisioni*, filza IX, ap. Gaye, I, 434).

[4] 800 livres en 4 échéances du 4 février 1300 au 5 août ; 1200 livres pour achat de maisons à démolir, le 7 juillet 1301 (*Provvisioni*, n° X, p. 204 ; n° XI, p. 14. Cf. Gaye, I, 446).

[5] Le 26 septembre 1298, pour les réparations de S. Croce, S. Spirito, S. M. Novella, 1500 livres (*Provvisioni*, filza VIII, ap. Gaye, I,439).

[6] 31 juillet 1298, 100 livres pour daller l'église et murer le cloître de Servi de S. Maria de Cafaggio (*Ibid* p. 437).

rectifier, rues à ouvrir, à redresser, à prolonger, places à élargir ou à exhausser devenaient l'objet d'incessantes délibérations dans les conseils[1]. Si étroites et si tortueuses étaient les rues, qu'habitants comme passants s'en trouvaient incommodés[2]. Les eaux s'y précipitaient en torrents, ou s'y accumulaient, y séjournaient en flaques infectes[3]. Les travaux s'accomplissaient aux frais des maisons riveraines[4]. La seigneurie veillait à ce que les voies de communication qu'elle améliorait ne fussent encombrées ni d'ordures ni de boutiques ambulantes. Des arbitres élus prononçaient que les principales étaient de plein droit la propriété de la commune, à l'exclusion de toute personne, université ou collége[5]. Ainsi la police même procédait légalement. Aux lieux opportuns, aux extrémités et aux carrefours, de manière à commander devant soi ou de droite et de gauche une longue enfilade, on construisait des tours où se tenaient des gardiens chargés de cette surveillance[6].

Il fallait aussi construire des prisons. Tant de méfaits

---

[1] Il serait trop long d'énumérer celles qu'on trouve à chaque page des mss. Nous nous bornerons à en indiquer quelques-unes : 3 Kal. maii 1282. *Capitoli*, XXIX, 30, Gaye, I, 416. — 12-19 avril 1289. *Provvisioni*, n° I, Gaye, I, 419. — 17 juillet, 3 août 1290. *Ibid.*, p. 420, 421. — 21 juillet 1291, *Ibid.*, p. 422. — 27 août 1292, *Ibid.*, p. 423. — 2 décembre 1294, *Ibid.*, p. 427. — 23 et 28 janvier 1295, *Capitoli*, XXXV, 122, 123, etc.

[2] Sit adeo arta et deformis quod vix tollerari potest per distantes vicinos ipsius vie et per ipsam transeuntes commode nequeant pertransire (8 décembre 1294. *Provvisioni*, filza V, Gaye, I, 428).

[3] Cum etiam propter coadunationem et multitudinem aquarum.... maxime tempore pluvie. (*Ibid.*)

[4] Dirisetur per resecationem domorum fiendam de domibus et de ipsis domibus id quod adimetur solum et terrenum addatur ipsi vie. (*Ibid.*)

[5] 23, 28 janvier 1295. *Capitoli*, n° XXXV, f°° 122 v°, 125 v°.

[6] In loco qui dicitur crucifera juxta ipsam stratam, hedifficetur et fiat una turris in qua morentur aliqui custodes pro ipsa strata custodienda et securanda (20 mai 1298. *Provvisioni*, filza VI, ap. Gaye, I, 436).

prévus et réprimés par tant de statuts anciens et nouveaux rendaient insuffisantes celles dont on pouvait disposer. Le 21 avril 1297, on en affectait de nouvelles aux condamnés de la commune, aux débiteurs des particuliers, aux femmes, aux jeunes gens qui, se gouvernant mal, devaient être incarcérés à la requête de leurs parents [1]. Le 7 septembre 1299, on décidait d'en bâtir « cinq au moins, » sous les murs de la ville, près de la porte Gibeline [2]. On y consacrait dès lors cinq mille livres, et plus d'une fois encore le trésor public dut s'ouvrir pour ces importantes constructions [3].

Il en était une plus importante encore, dont les Florentins avaient depuis longtemps le projet. Ils souffraient de voir leurs magistrats dans des maisons particulières, mal fortifiées, où ils avaient été, naguère encore, victimes d'un coup de main. Le potestat lui-même, quoiqu'il occupât le palais communal du Bargello, n'y était avec ses conseils guère plus en sûreté [4]. Si d'épaisses et hautes murailles semblaient l'y protéger, l'escalier donnait libre accès aux assaillants, car il avait été construit en dehors, peut être pour réunir avec moins de dépense les

---

[1] De novo fiant et construantur carceres in quibus condempnati dicti comunis, debitores spetialium personarum, et mulieres, nec non juvenes et male se gerentes, qui aliquando ad eorum correctionem ad petitionem eorum parentum carcerantur.... (*Provvisioni*, filza IX, ap. Gaye, I, 434.)

[2] Numero quinque ad minus (*Provvisioni*, n° X, p. 165 v°, ap. Gaye, I, 444). Ces prisons construites sur l'emplacement du théâtre actuel Pagliano, sont déjà désignées sous leur célèbre nom de *Stinche*, dans une provision du 29 février 1305 (N° XII, p. 105).

[3] Voy. notamment 8 août 1301, 1000 livres (*Provvisioni*, n° XI, p. 56).

[4] Pro reparatione tecti pallatii comunis in quo fiunt consilia comunis (27 mai 1291. *Provvisioni*, filza IV, ap. Gaye, I, 422). — In pallatio dicti comunis in quo moratur Dom. Potestas. (27 mars 1292. *Ibid*.) — A cette date, le capitaine logeait toujours dans des maisons privées : « In domibus in quibus D. capitaneus pro comuni moratur (26 mai 1292. *Ibid*., p. 423).

diverses habitations dont se composait l'édifice. Ce n'était pas uniquement par lâcheté que Guido Novello, jadis, n'y avait osé soutenir l'assaut des guelfes ses ennemis[1]. Le 21 et le 22 juillet 1294, le conseil des cent et les conseils du capitaine décidaient de construire un plus grand, plus fort, plus magnifique palais, et en déterminaient l'emplacement[2]. Mais ils étaient si peu fixés encore sur les plans à suivre, que, le 12 octobre, ils votaient des fonds pour réparer la toiture de San Pier Scheraggio, destiné cependant à disparaître dans ces constructions[3]. C'est seulement le 30 décembre 1298, que, résolus à ne plus différer l'entreprise, ils exproprièrent les maisons voisines[4]. Le 26 janvier 1299, ordre était donné au camerlingue en exercice et à tous ses successeurs de dépenser au moins mille florins d'or chacun pour acheter des terrains et élever les bâtiments, jusqu'à ce qu'ils fussent totalement achevés et payés. La charge de camerlingue durant deux mois, comme celle des prieurs, c'était donc une dépense annuelle de six mille florins que la commune s'imposait[5]. L'architecte Arnolfo donna les dessins. Ils formaient un parallélogramme parfait, dont on s'écarta plus tard pour agrandir les bâtiments[6]. Dans les bâti-

---

[1] Voy. L. Passerini, *Curiosità storico-artistiche fiorentine*, 1ª serie. — *Del Pretorio di Firenze*, p. 7, Flor., 1866.

[2] Tenetur consilium super pallatio pro comuni Flor. faciendo, et de loco inveniendo in quo dictum pallatium fieri debet (*Provvisioni*, n° IV, p. 45, et ap. Gaye, I, 424).

[3] Pro copriendo tectum ecclesie S. Petri Scheradii 100 livres (*Provvisioni*, filza V, ap. Gaye, I, 426).

[4] *Provvisioni*, n° IX, p. 120 v°. Voy. le texte ap. Gaye, I, 440. — Divers documents indiquent l'achat de maisons (Voy. entre autres, en 1299, *Capitoli*, n° XXXV, f°ˢ 155-156).

[5] *Provvisioni*, n° IX, p. 141 v°.

[6] Il faut renoncer à la légende célèbre des diverses seigneuries qui se

ments primitifs que l'on commença d'élever sans pompe le 24 février 1299[1], on fit entrer la tour des Foraboschi, dite della Vacca, qui était haute de cinquante brasses. On l'exhaussa encore, pour que, de loin, tout le monde pût voir et reconnaître le siége de la seigneurie, et l'on y plaça la cloche communale. Plus tard, les constructions ayant pris des développements imprévus, il fallut jeter à bas la nef septentrionale de San Pier Scheraggio, qui en était trop rapprochée[2].

Assez semblable aux autres palais de Florence, aux forteresses des Spini, des Mozzi, des Buondelmonti, des Bardi, cet imposant édifice se fit remarquer entre tous par ses dimensions énormes et disproportionnées, par sa hauteur extrême, par son lourd appareil de pierres épaisses et rudement taillées, qui rappelait l'ordre étrusque primitif. A la porte unique, on ne parvenait que par un escalier d'où l'on pouvait de haut précipiter les assaillants. Des fenêtres étroites, peu nombreuses, hors de portée on lançait sans danger sur eux une grêle de traits. Après quelques années de patient, d'infatigable labeur, Florence fut donc en possession d'un palais public digne d'elle, théâtre futur, impassible témoin des plus tragiques péripéties, juste sujet d'étonnement, quand on le voit dressant sa masse formidable, victorieux après cinq siè-

---

succédaient, ne permettant pas de bâtir sur des terrains où s'élevaient jadis les maisons des Uberti, et empêchant ainsi de construire d'équerre. Voy. cette légende dans Villani, VIII, 26. Son récit a été démontré faux par Fil. Moïsè, *Illustrazione storico-artistica del palazzo de' priori*, Flor., 1843. Cf. Vannucci, p. 212, n. 1.

[1] Simone della Tosa, p. 222.

[2] Villani, VIII, 26. — Voy. pour le dessin primitif du *Palazzo vecchio* ou *de' Signori*, la reproduction d'une ancienne peinture dans Fruttuoso Becchi, *Cenni sulle Stinche di Firenze* (Flor., 1839), et F. Moïsè, *Illustrazione storico-artistica del Palazzo vecchio*.

cles, et qui sait pour combien de siècles encore? des injures du temps.

Restaient les murs de la ville, qu'il fallait élargir devant les flots pressés d'une population croissante, et fortifier contre les ennemis du dehors. Depuis longtemps l'enceinte de 1078 ne suffisait plus. On y avait enfermé successivement les bourgs de San Lorenzo, de Sant'Apostolo, de San Pancrazio [1]. En 1284 fut reconnue la nécessité de faire davantage [2]. Mais on hésitait à prendre un parti décisif. En 1290 on en était encore aux expédients : on prolongeait le mur haut de dix brasses et large de deux, qui, partant du *Ponte vecchio*, allait, parallèle à l'Arno, jusqu'au château d'Altafronte [3] ; on traçait entre ce mur et les maisons du *lungarno* ou quai, une voie d'au moins quatorze brasses [4]. C'est en 1298 qu'on se mit à l'œuvre avec une résolution et une fièvre d'activité dont l'exemple fut contagieux [5]. Il ne s'agit plus de constructions partielles ; il s'agit « des murs de la cité de Florence à heureusement commencer, faire et construire, de terrains à acheter et à posséder [6]. » A chaque instant les conseils

---

[1] Ou Brancazio, comme disaient de préférence les Florentins.

[2] M. Rosa (*Dell' origine di Firenze*, ap. Arch. stor., 1865, 3ᵉ serie, t. I, part. I, p. 86) dit 1285 ; mais Manni, dans ses annotations à l'Aolino (II, 54) renvoie à une inscription qui rétablit la date véritable. (Voy. sur ces trois enceintes Pietro Thouar, *Notizie e guida di Firenze*, p. 20, et Vannucci, p. 213.)

[3] Ce château était situé *lungarno*, sur la rive droite, au coin des *Uffizi* actuels.

[4] De muro faciendo juxta flumen Arni a coxia Pontis veteris, etc. (24 juillet 1290. *Provvisioni*, n° IV, p. 54 v° ; texte ap. Gaye, I, 422).

[5] Voy. Tiraboschi, *Storia della letteratura italiana*, t. IV, p. 499 sq. 2ᵉ éd. de Modène, 1788, in-4°.

[6] Pro muris civitatis Florentine feliciter incipiendis et faciendis et construendis et pro terreno pro ipso commune emendo et habendo (10 avril 1298. *Provvisioni*, filza VIII, ap. Gaye, I, 436). Le texte de Gaye porte 1318, mais

votent des allocations de cinq cents livres[1]. Ils annulent les testaments de quiconque ne laisse pas de legs « pour subvenir à la construction des nouveaux murs[2]. » Ils décident que les héritiers, dans le délai de deux mois, s'ils habitent la ville, et de trois, s'ils habitent le *contado*, devront payer de cent sous à vingt sous, selon que le mort était imposé de cent livres ou de moins de vingt-cinq, faute de quoi faire dans le délai prescrit, ils seraient condamnés à une double contribution[3].

Cette œuvre importante, qui devait subsister jusqu'à nos jours[4], demandait de longues années. Elle ne prit fin qu'en 1327. Aussi fut-il interdit d'aliéner les vieux murs avant que les nouveaux fussent terminés[5]. Sur un circuit de six milles ils furent percés de neuf portes[6], fortifiés de soixante tours et même plus. On respecta, on reproduisit leur ancienne forme carrée, qui rappelait le camp romain. Désormais dans l'enceinte quatre fois plus grande que la seconde et dix fois plus que la première[7], se trouvaient compris sur la rive gauche le populeux faubourg d'Oltrarno, sur la rive droite le *Borgo d'Ognissanti* et le *Prato*,

---

c'est une erreur typographique que démontre la place de ce texte et sa confrontation avec les précédents et les suivants.

[1] Voy. Gaye, I, 436-443.

[2] Pro subsidio novorum murorum (23 décembre 1299. *Provvisioni*, filza XI, ap. Gaye, I, 445).

[3] La contribution de l'héritier était de 60 sous pour un impôt de moins de 100 livres et de plus de 25; de 40 sous pour un de moins de 50 et de plus de 25 (19 décembre 1299. *Provvisioni*, n° X, p. 102 v°). — Le 23 décembre 1299, ces mesures étaient prorogées jusqu'au 15 février suivant (*Ibid.*, n° X, p. 103 v°).

[4] Rosa, *Dell' origine di Firenze*, loc. cit.

[5] 2 mai 1301. *Provvisioni*, n° XI, p. 5 v°.

[6] La dernière, celle de San Niccolò, fut ouverte seulement en 1540.

[7] Repetti, II, 262.

auxquels le Mugnone, restant en dehors, servit de fossé[1]. Les tours placées à la distance de deux cents brasses l'une de l'autre, étaient larges de quatorze et hautes de quarante, sauf celles des portes qui s'élevaient jusqu'à soixante. Sur la rive droite elles étaient au nombre de quarante-cinq, et sur la rive gauche probablement de vingt-trois[2]. Vues du haut des collines au nord ou au sud, ce devait être un imposant spectacle que celui de ces soixante-huit tours, auxquelles s'ajoutaient celles des particuliers à l'intérieur, dans le circuit de près de six milles que traçaient les hautes murailles.

Sur son territoire et même au delà, Florence étendait, dans ce genre de travaux, sa sphère d'activité. Elle réparait les routes, les fontaines, les aqueducs, les ponts, les châteaux[3]. Elle surveillait ses artisans. Une arche du pont que certains d'entre eux construisaient sur la Sieve, à Monte Sasso, s'étant écroulée, par découragement ils abandonnaient l'entreprise : sa main de fer les contraignait à la reprendre[4]. Pour celles qui intéressaient d'autres communes, elle tâchait d'obtenir leur concours, tout au moins pécuniaire; mais à leur défaut, elle savait agir seule[5]. Sur la Pesa, où elle n'avait encore qu'un droit d'hégémonie, non de propriété, elle jetait deux ponts en cinq années[6]. Hérisser de forts châteaux la Toscane

---

[1] Paolino, II, 54.

[2] Villani, IX, 256. — Vannucci, p. 214.

[3] On peut voir dans Gaye, I, 422-446, le dépouillement des *Provvisioni* à cet égard de 1285 à 1300.

[4] 9 février 1295. *Provvisioni*, filza X, ap. Gaye, I, 428.

[5] Pro opere cujusdam pontis noviter fiendi supra flumen Sanctii in strata publica per quam a civitate Florentie itur Bononiam l. 25 (2 décembre 1294. *Provvisioni*, filza V, ap. Gaye, I, 427).

[6] Super flumen Pese prope Cerbariam juxta stratam qua itur versus cas-

était pour elle un soin de tous les jours. A divers « peuples » elle suggérait l'idée, elle accordait l'autorisation de se fortifier contre les gibelins et les Pisans [1]. Elle réparait, murait, accroissait Pontedera, Laterina [2] et bien d'autres *rocche*, boulevards de sa puissance. Elle érigeait celle de Monteluce au passage de Berardenga [3], une autre près du bourg de Casalberti et deux en la plaine de Casuberti, au val d'Arno supérieur [4], puis San Giovanni et Castelfranco, qui commandaient les deux rives du fleuve, entre Figline et Montevarchi, celui-là contre les Pazzi, celui-ci contre les Ubertini. Dix années d'immunités et de franchises furent offertes à qui viendrait habiter ces deux châteaux, en sorte qu'avant peu « ayant cru et multiplié, ils devinrent de bonnes et grosses terres [5]. »

Voilà, dans un seul ordre de faits et durant une période très-restreinte, ce que faisait une ville en proie à d'incessantes agitations. Ce temps, où Florence donne tant de marques d'une vitalité puissante, est pourtant celui où

---

trum Florentinum et versus Vulterras (26 mai 1295. *Provvisioni*, filza X, ap. Gaye, I, 429). — Super flumine Pesc in descensione S. Cassiani ad Decimum (*Ibid.*, filza XI, ap. Gaye, I, 446).

[1] Populi S. Martini de Vitiana, populi S. Petri de S. Petro et populi S. Christine de Pangnana canina (4 avril 1300. *Ibid.*, filza XI, p. 446).

[2] Pro reparatione, fortificatione, etc. Pontis here ac etiam pro initiando opus cujusdam casseri seu fortilitie l. 3000 (19 juillet 1291. *Provvisioni*, filza IV, ap. Gaye, I, 422). — In castro Latterini reparando, murando et fortificando, vel de quodam alio cassero construendo (*Ibid.*, filza VIII, p. 436).

[3] 1285. *Capitoli*, XLIII, ap. Gaye, I, 417.

[4] Tres terræ *fiant* in partibus vallis Arni superioris due in planitie de Casuberti, alia juxta burgum Casalberti (burgum plani Alberti) pro honore et jurisdictione comunis Florentie amplianda, cum muris et foveis et aliis fortilitiis, hedifficiis, etc. (janvier 1299. *Provvisioni*, filza VIII, ap. Gaye, I, 442).

[5] Villani, VIII, 17. — Ammirato, 1296, l. IV, t. I, p. 198.

Dante la compare, ainsi que l'Italie, tantôt au flux et au reflux de la mer[1], tantôt au vaisseau sans nocher dans une grande tempête[2], tantôt au malade qui, ne pouvant trouver de repos dans la plume, se retourne sur l'autre flanc pour tromper sa douleur[3]. C'est que les contemporains sont mauvais juges : ce dont ils souffrent, ils le voient de trop près, et avec des verres grossissants. Contre l'admirable civilisation d'Athènes Eschyle, Thucydide, Platon, n'ont qu'austères censures, Aristophane que sanglantes railleries. Où Dante voit l'âge de fer, le froid génie de Machiavel salue un âge d'or. « Jamais, écrit-il, notre ville ne fut en plus grand et plus prospère état qu'en ce temps où elle était riche d'hommes, de biens, de réputation, où elle comptait dans ses murs trente mille hommes en état de porter les armes, et sur son territoire soixante-dix mille, où toute la Toscane, tant alliée que sujette, lui obéissait. Il y avait bien entre les nobles et le peuple des motifs de colère et de soupçon ; mais il n'en résultait aucun mauvais effet. Florence ne craignait plus ni ses exilés ni l'empire, et elle était en force pour tenir tête à tous les États d'Italie[4]. »

[1] E come il volger del ciel della luna
Cuopre ed iscuopre i liti senza posa,
Cosi fa di Fiorenza la fortuna.
(*Parad.* XVI, 82.)

[2] Nave senza nocchiero in gran tempesta.
(*Purg.* VI, 77).

[3] Vedrai te simigliante a quella inferma
Che non può trovar posa in su le piume,
Ma con dar volta suo dolore scherma.
(*Purg.* VI, 149).

[4] *Ist. fior.*, II, 22 B. — Si calme d'ordinaire, Machiavel se laisse emporter, cette fois, bien au delà du vrai : « Unitamente, dit-il, et in pace ciascuno si viveva. »

C'est à un autre point de vue qu'on se place, de nos jours, pour justifier les Florentins d'avoir causé leur malheur par l'instabilité. « Les mutations, écrit M. Atto Vannucci, étaient la marque d'une vie puissante ; elles étaient nécessaires à qui voulait maintenir la liberté conquise et aspirait à en conquérir une plus grande. Quiconque voit un bien plus grand et fait tous ses efforts pour y atteindre, agit en homme ; quiconque est dans le mal et s'y tient obstinément, n'est pas un homme, mais une brute stupide. Puis, si les fréquentes mutations sont un mal, la stabilité n'est pas un sûr indice de la bonté d'un gouvernement. S'il en était ainsi, il faudrait conclure que le despotisme brutal de la Chine est le modèle de tous les gouvernements[1]. »

Sans nier que la stabilité soit un bien, on peut passer à un peuple de ne la point mettre dans ses institutions, quand elle est dans ses tendances et dans ses vues. Or Florence était guelfe d'instinct, de sentiment, de conviction, d'intérêts, c'est-à-dire résolue à marcher d'accord avec le pape, tout en maintenant, dans une juste mesure, ses libres volontés, et à faire servir cet accord aux progrès de sa démocratie. C'est là ce qu'il faut voir dans son histoire, plutôt que de la mesurer à la nôtre, plutôt que de se répandre en banales déclamations sur les maux de l'anarchie. Les Florentins en gémissaient, parce qu'ils concevaient un état meilleur, mais ils y vivaient comme dans leur élément. Ils ne se sentaient pas conduits, mais ils se conduisaient eux-mêmes, ce qui vaut mieux, ce qui relève l'homme par la dignité.

L'instabilité, d'ailleurs, n'est pas, même dans leurs

---

[1] Atto Vannucci, *I primi tempi della libertà fiorentina*, p. 181.

institutions, aussi grande qu'on le dit et qu'elle paraît de prime abord. Procédant par induction, par généralisation, par tâtonnements, et non par déduction ou d'après des théories préconçues, ils avaient, dès les temps les plus anciens, appliqué aux affaires communales les magistratures qui réussissaient aux plus modestes corporations, sauf à les modifier quand à l'épreuve ils en eurent reconnu l'insuffisance ou les inconvénients. Mais le fond restait invariablement le même, à savoir la direction suprême confiée à un petit nombre d'hommes nommés pour une courte période, et ayant les mains liées par la nécessité d'en référer sur toutes choses aux cinq conseils, d'en obtenir l'approbation, la ratification. Ce qui varie, c'est le nombre de ces magistrats, le titre qu'ils portent, la durée et l'étendue de leurs pouvoirs, les conditions qui leur étaient imposées, le mode de leur élection, en un mot l'accessoire, non le principal. Les esprits inattentifs ou superficiels ne voient, comme Dante plus excusable parce qu'il était contemporain, que cette mobilité de la surface, sans comprendre qu'en donnant satisfaction au goût instinctif des hommes pour le changement, elle les détournait de s'attaquer au fond et contribuait à sa solidité ; sans remarquer qu'en somme Florence s'est tenue à un système de gouvernement qu'elle n'avait trouvé nulle part, pas plus dans sa lecture assidue des anciens que dans son étude attentive des institutions en vigueur autour d'elle ; sans reconnaître que sous ce gouvernement imparfait, à peine protecteur, elle a grandi et vécu, dompté ses voisins, rayonné au loin, conquis dans l'histoire une gloire durable entre Athènes et Paris.

Il ne faut pas lui reprocher davantage de n'avoir pas

cherché l'unité nationale, que, dans le même temps, assuraient à la France Philippe le Bel et ses successeurs. Ses guelfes l'avaient poursuivie en donnant l'exemple de se soumettre au pape, ses gibelins en appelant l'empereur. Mais les temps barbares avaient morcelé la péninsule en mille tronçons doués de vie, bientôt épris de l'isolement. L'Allemagne, comme l'Italie, s'en est accommodée durant des siècles. Il y a des peuples dont il semble être la condition naturelle, et qui n'y renoncent pas sans regretter les sacrifices dont ils payent l'unité. Le morcellement n'est pas, chez eux, exclusif de la grandeur. L'Italie trouva la grandeur dans ce mobile équilibre que maintinrent d'abord le sacerdoce et l'empire, puissances rivales, puis les guelfes et les gibelins, courants contraires, et que modifiaient, sans le renverser, tant de cités d'esprit divers comme de développement inégal.

Florence eut pourtant ses erreurs, qui assombrirent et abrégèrent ses brillantes destinées. Même quand elle voulut et put être un État, elle ne sut pas s'affranchir assez du sentiment communal, élargir son horizon politique comme elle avait élargi l'horizon de son trafic. Elle resta toujours une ville qui commande à d'autres par droit de conquête, et qui traite en ennemies celles qui échappent à ses commandements, cause irrémédiable de faiblesse, quand elle eut, plus tard, à prendre les armes contre des adversaires plus éloignés. En outre, après avoir cédé au flot montant de la démocratie, tant qu'il la portait elle-même, elle se flatta follement de lui opposer une barrière, quand il souleva les déshérités. Puisqu'elle n'admettait pas que le menu peuple dût jamais avoir son jour, que n'opposait-elle aux efforts envahissants mais décousus des classes subordonnées les efforts répressifs et coalisés des classes dominantes? Par un impolitique mépris, elle continua de s'abandonner à ces divisions funestes qui firent de la multitude l'arbitre des querelles, et qui sont en tout pays, en tout temps, l'invariable faute des partis victorieux[1].

La principale erreur des Florentins fut donc de n'avoir pas su dompter, étouffer l'esprit de discorde. Qu'ils aient reconnu que là était le mal, et qu'ils en aient gémi, on ne saurait le nier, quand on a parcouru leurs vieilles chroniques; mais ils manquèrent tous, comme on l'a vu depuis en d'autres pays, de l'esprit d'abnégation et de sacrifice, qui pouvait seul en triompher. A plusieurs reprises ils tentèrent de procurer la réconciliation par des mariages. N'y réussissant point, ils s'imaginèrent, ce qui flattait leur passion, que supprimer la résistance, ce serait rétablir la concorde. De là tant de proscriptions, de démolitions, de supplices, d'amendes, d'ordonnances, de statuts, sans autre profit que de déplacer le mécontentement, que de donner au menu peuple, dans ses révendications orageuses, l'appui des magnats humiliés et amoindris. Cette impuissance absolue faisait prévoir pour Florence et pour les républiques à son image une fin plus ou moins prochaine. Quand il ne peut trouver le repos au sein de la liberté, l'homme s'avilit jusqu'à le

---

[1] M. G. Ferrari voit une autre cause d'infériorité pour Florence. Quoique il se pique de démocratie, les tyrannies unitaires qui déjà écrasaient la Lombardie, lui paraissent un progrès sur l'anarchie communale, parce qu'elles donnent un chef au peuple, renversent les aristocraties féodales, font régner plus ou moins la paix dans les villes, les défendent à l'extérieur contre leurs ennemis (*Révol. d'Ital.*, voy. les premières pages du t. III.) — C'est la théorie de l'avilissant césarisme, qui n'a même pas toujours pour effet de faire régner la paix intérieure et de défendre les sujets qu'il dégrade contre les ennemis du dehors.

chercher dans la servitude. Lasse, à la fin, de ses agitations incessantes, Florence devait se prendre à envier le sort des villes lombardes qui avaient descendu avant elle la pente fatale, et se réfugier, à leur exemple, au port rarement sûr et toujours empesté du pouvoir absolu. Après avoir été dans toute la force du mot une personne, elle devait n'être plus qu'une chose, une résidence princière, un merveilleux sépulcre où les générations tour à tour viendraient admirer les restes de la vie, les traces d'un glorieux passé. Mais au temps où nous sommes parvenus, l'incomparable commune n'était encore qu'à moitié de sa brillante et orageuse carrière. Après avoir dompté les magnats au dehors, puis au dedans, et soumis la plupart des villes toscanes, il lui restait à en écraser, à en soumettre quelques-unes qui lui opposaient encore une énergique résistance, et à défendre ses traditions communales contre les petites gens qui de plus en plus impérieusement réclamaient leur place au soleil.

FIN DU TOME II.

APPENDICE

AU DEUXIÈME VOLUME

I

L. IV, CH. III, P. 123-125.

I

Non isperate ghebellini soccorso
Per la lezione cheffatta nela magna,
Or tienci (tienti?) amico sine tutto corsso,
Chel mondo in tutto cosi ciso frangna,
Cierto si che per lo fermo orsso,
Verte a fine e chi visi acompangna.
Tuerri troppo che qui nona forsso,
Fia delo mpero ora tutta la campangna.

Già de langnello non si teme morsso,
Che suo mordere neiente già non sangna.
Epara peggio che leone od orsso,
Chui mordera che giamai noristangna,
Se pur convene Carllo piluchi il torsso,
Uderansi i guai piula che in Spangna.
Cierto alompero gli para un sorsso,
A conquidere chi flore di lui si langna.

Giente folle di chui tale festa,
Or non sapete come Carllo paga,

In uno punto chilglie incontro or intoppa.
Amico ortilega aldito questa,
La nostra gente edi combattere vaga,
Siche de tuoi avranno solo la groppa.

Me pare millani puo che siano alcamppo,
Che bene avrete ghebellini rascoppio,
Giamai dalchuno non si rano da pezo,
Sono cierto corflia rutto (surto?) il nostro scamppo,
Di chui avemo danno fia pagato adopio,
Cavemo sengnore ca Carllo mutravezo.

(*Raccolta di varie romanze volgari*, ms en parchemin, de la fin du xiii° siècle,
Bibl. du Vatican, n° 3793, f° 156 v°.)
(Cherrier, III, 517-518, Append. n° IX, 1.)

II

Non vale savere achui fortuna ascorsso.
Conviene per forza imsuo core dolglia mangna,
Sa..ita (se astuta?) contro a noi largo suo corsso,
Ventura encontra ortutta pare la frangna,
E chi ma dato pena fermo orsso,
Che tosto fia dillui mortte compangna.
Sanza consilglio fià chicolsuo forsso
Contastera tulpie messa in campagna.

Quelli che fue detto angnello, chinaura morsso,
Inongne partie pena il ferro sangna.
Perchè vedemo chellui amesso adorsso
Contro adongnaltro fia sua potenza stangna,
Da che Dio lui conciede ore il corsso,
Ecierti siemo alegra fiane Spangna,
Chi è stato dritto alompero fia sorsso,
Poi fia comquiso chiglia data langna.

Il nostro core diritto in tale festa,
Nè per temenza da noi si dispaga,
E cierti siemo nostra sia la loppa.
Vostra speranza bene vedemo questa,
Pertutto troverasi aldietro il divagha,
Del gioco inanzi rimarete in groppa.

Tostamenti fia langnello il campo,
Non piaceravi molto cotale coppio,

Convene congne altro nericeva spezo,
Da tale potenza nullo fiani scamppo
Pegiore pesa parvi assai adoppio,
Imsi dolgliosa mortte Carllo veso.

(*Ibid*. — Cherrier, III, 518, Append., IX, 2.)

III

Poi il nome cai ti fa il coraggio altero,
Pure mestero catpetti stormo magio,
Epero speri chuno nuovo re stranero,
Albastastero vengna a gran branagio,
Orlega unaltra facca del saltero,
Seseno autero nom fara tale viagio,
De la batalglia colcampione sampero,
Omo di suo stero nalevaro sagio.

Ma segli aviene capur al campo salglia,
Mai di travalglia nom sara pendente (perd ente?).
Redio comsente avinciere la mongioja,
Che Carllo crede casua spada glivalglia
E cadio calglia, siche sia vinciente,
E di presente comquidore chi lonodia.

(F° 148 v°. — Cherrier, III, 515, App., n° IX, 4.)

A la suite de ces pièces inédites, M. de Cherrier ajoute ce qui suit : « Elles ont été copiées sur le manuscrit du Vatican par le savant M. Fr. Orioli, professeur d'archéologie à la *Sapienza* de Rome. En nous les envoyant, il y a joint une interprétation italienne des passages obscurs. Le texte est rapporté fidèlement. Les mots sont souvent unis de telle sorte que le sens en paraît presque inintelligible. L'orthographe est incorrecte. Plusieurs vers sont faux…. La version française n'est pas littérale. Elle offre seulement le sens général de chaque pièce. M. Michel Amari a bien voulu nous faciliter ce travail. »

(Cherrier, T. III, p. 520-521, Append.)

II

LIV. V, CH. I, P. 249.

29 JUIN 1285

Parlamento in Santa Reparata.

Le capitaine donne licence à chacun des assistants de dire ce qu'ils jugent utile aux arts et aux artisans

Compagno Riccardini conseille que les maisons, possessions et honneurs de la commune ne se puissent vendre en aucune manière; que la prison des femmes soit détruite, et qu'on ne puisse désormais envoyer aucune femme en prison; que les coupables soient punies selon la nature du crime; que s'il est nécessaire de les mettre en prison, on les fasse garder par des femmes; qu'on donne licence aux fugitifs de venir se défendre contre leurs créanciers; qu'on fixe une certaine somme d'argent à allouer chaque jour aux arbitres pour leurs dépenses; qu'on ne puisse donner à personne des biens de la commune.

Lando Jacobi, marchand de vin, conseille qu'on pourvoie aux statuts *quod nemo possit commedere in taberna*, et qu'il soit permis aux marchands de vin de donner à manger dans leurs tavernes.

Ser Ubertino Cervellini propose qu'on fixe une certaine somme à dépenser annuellement pour les réparations de Santa Reparata; qu'on prie les chanoines d'envoyer demander au pape l'indulgence (pour ceux qui contribueront aux réparations) de ladite église; qu'on fixe les mesures pour les blés; qu'on ait *boni et legales, et ante quam discedant* ils cherchent secrètement le lieu où il faudra faire le palais; qu'on envoie des ambassadeurs à Lucques et à Gênes pour l'injure faite par les ambassadeurs génois à un chevalier et citoyen de Florence, en le frappant et le dépouillant; qu'on envoie inviter la commune de Pise à soumettre à la commune de Florence son différend avec la commune de Gênes, en se soumettant elle-même aux défenses et à la protection de ladite Florence; qu'on procure que la commune d'Arezzo restitue à la commune de Florence ce qu'elle lui doit, et qu'on le convertisse en grains.

Jacopo Trinqualacqua veut qu'on envoie deux préposés bons et loyaux *ad aptandum* la route de Romandiola jusqu'à Pietrasanta, et qu'on fasse ou qu'on achève le château de Pietrasanta.

Rainerio del Sasso demande que le potestat ait un assesseur et un juge des méfaits pour chaque *sesto*, et le capitaine quatre juges; qu'on fasse les cours ou tribunaux près du palais du potestat, dans le lieu où il demeurait.

(*Consulte*, t. I, p. 114 v°.)

III

RÉSUMÉ DES CONSEILS TENUS A FLORENCE EN 1285 SUR LA QUESTION DE LA GUERRE AVEC PISE

LIV. V, CH. II, P. 282-291.

---

3 FÉVRIER 1285

Conseil de nombreux sages devant le juge du postestat et celui du capitaine.

Le débat s'ouvre sur l'ambassade *recitata per ser Bertardum et per eum et Pellam Gualducci facta*, à Gênes, à l'occasion du traité de paix de Gênes et de Pise.

Corso Donati conseille de ne faire aucun traité avec le comte Ugone ou Pise, mais d'envoyer soudain des ambassadeurs pour faire une armée contre les Pisans selon le traité conclu, à moins que ledit traité avec le comte Ugolino ou quelque Pisan se puisse faire avec le concours ou l'assentiment de Gênes.

Baldovino Rinucci ne s'oppose pas à l'avis du préopinant, pourvu que les choses se puissent faire en observant les pactes de la ligue.

Brunetto Latini veut qu'on recherche les traités avec Gênes et Lucques, *habeantur per ser Bertardum et Pellam et aliter*, et qu'on envoie *ad parlamentum* des sages fidèles et *legales*, des magnats de la ville, pour excuser la commune et montrer la cause de l'ambassade, ou dire toutes ces choses aux ambassadeurs de Gênes, s'ils viennent à Florence.

On s'en remet au potestat, au capitaine et aux prieurs.

(*Consulte*, t. I, quad. E, p. 66.)

17 FÉVRIER 1285

Conseil des *capitudini* des sept arts majeurs et d'autres nombreux sages, dans la maison des prieurs, en présence du potestat et du capitaine.

Aux termes de la ligue entre Florence, Gênes, Lucques et autres villes de la Toscane, toutes ces communes, à la requête d'une d'entre elles, sont tenues d'envoyer des ambassadeurs en Lunigiane pour délibérer sur les dommages à infliger aux Pisans. Or Gênes et Lucques ont envoyé leurs ambassadeurs à Florence pour demander cette réunion à Sarzane.

Les conseils y ayant acquiescé en principe, le potestat demande combien d'ambassadeurs il faut envoyer, comment et quand il faut les envoyer, et s'ils doivent ou non avoir *balia* de conclure un accord quelconque.

Arrigo del Boccacio propose que les ambassadeurs soient pris parmi les meilleurs citoyens, et pour le reste s'en rapporte aux magistrats, à condition pourtant que les ambassadeurs n'auront d'autre mandat que d'écouter et d'écrire ce qui leur sera dit, pour le soumettre ensuite aux délibérations des sages.

Simone Donati appuie, mais il ajoute que le potestat, le capitaine et les prieurs devront décider à leur gré si les ambassadeurs devront ou non être chargés de quelque ouverture.

L'assemblée vote selon l'avis de Simone.

(*Ibid.*, p. 68.)

21 FÉVRIER 1285

Conseils spécial et général du capitaine, avec les *capitudini* des douze arts majeurs.

On entend les ambassadeurs de Lucques qui demandent que les *milites tallie* stipendiés par la commune de Florence soient envoyés pour 15 jours au service de Lucques, pour l'honneur de Gênes et des autres villes de la ligue.

Le capitaine propose de prendre une provision.

Ghino Davanzi et Cione Buonaguida veulent s'en remettre au potestat, au capitaine et aux prieurs.

Rainerio del Sasso veut qu'on fasse droit à la demande des Lucquois.

Bardo Angiollieri également; mais il désire qu'on prie les Lucquois d'observer les traités.

Ser Bernardo Accursi s'oppose à tout envoi d'ambassadeurs, tant que Lucques n'aura pas rendu les salines séquestrées et les péages perçus sur des Florentins.

Baldovino Rinucci appuie, et indique précisément la restitution à exiger des maltôtes et péages perçus depuis la conclusion de la ligue jusqu'à ce jour.

Segna Orlandini, de même, ne veut pas d'ambassades, tant que Lucques n'aura pas observé ses obligations.

On vote conformément à l'avis des trois derniers préopinants.

(*Ibid.*, p. 70-72.)

26 FÉVRIER 1285

Parlement assemblé, selon les statuts, dans l'église de Santa Reparata, *ut est moris*, en présence du potestat et des prieurs.

On aborde, aussi selon l'usage, diverses questions.

Sur la question pendante avec Lucques, Ubertino Cervellini conseille d'envoyer des ambassadeurs dans cette ville, et, s'il le faut, même à Gênes, pour réclamer que par l'intermédiaire de ces deux communes les Lucquois observent leur engagement de ne pas percevoir de péages, ou, sinon, de déclarer que Florence ne veut pas de ligue avec Lucques.

Corso Donati veut que de Rome à Pise on signifie par ambassadeurs à toutes les communes de Toscane de ne percevoir aucun péage sur les Florentins, faute de quoi il soit publié dans la cité que dans le délai de quinze jours ou d'un mois les citoyens florentins sortiront de ces villes et pays avec leurs biens, et ne chemineront plus sur leurs routes; il demande en outre qu'on publie un ban contre lesdites villes et pays, et qu'on leur fasse une vive guerre, non toutefois avant d'avoir terminé la guerre contre Pise.

Bonaccorso Bellincioni conseille de ne pas entreprendre pour le moment de pareilles nouveautés.

Bindo del Baschiera s'y oppose également; mais il veut que Lucques ne prenne plus ou ne laisse plus prendre de péages sur les Florentins, et qu'elle donne satisfaction à ceux sur qui elle en a pris.

(*Ibid.*, p. 72.)

9 MARS 1285

Conseil des *capitudini* des sept arts majeurs et de beaucoup d'autres sages désignés par les prieurs par *sestiere*, en présence desdits prieurs.

Le potestat, en présence et avec l'assentiment du capitaine, propose de prendre une provision sur le fait des lettres des ambassadeurs de la commune qui sont en Lunigiane, sur le territoire de Sarzane, avec ceux de Gênes, de Lucques et d'autres villes de la ligue, pour traiter de l'armée à faire contre les Pisans.

Albizzo Corbinelli demande qu'on traite de ces choses, non-seulement devant les *popolani* et les artisans, mais aussi devant les magnats de la ville, *cum que tangunt omnes debent ab omnibus approbari*.

Cardinale des Tornaquinci conseille de saisir les conseils, de donner *balia* au potestat, au capitaine, aux prieurs, et d'écrire aux ambassadeurs florentins qu'ils ne craignent pas d'attendre que ces magistrats aient pris une décision.

Giovanni del Brodaio veut qu'avant de suivre l'avis des préopinants, on choisisse des sages en droit pour examiner les clauses de la ligue, et que si l'on peut, on réponde aux ambassadeurs qu'on ajourne à un autre parlement la délibération sur le fait de l'armée.

Ugo Altoviti demande qu'on invite les ambassadeurs à protester que Florence est prête à observer les clauses de la ligue, et à dire aux ambassadeurs de Gênes que la commune ne s'occupera en aucune façon de lever l'armée, tant que Lucques n'aura pas restitué ce qu'elle a indûment pris aux Florentins. La restitution faite, on avisera au jour à fixer pour la réunion des ambassadeurs.

L'assemblée vote la proposition d'Albizzi Corbinelli.

(*Ibid.*, p. 74-75.)

9 MARS 1285

Conseil des *capitudini* des sept arts majeurs et d'un grand nombre
de sages magnats, *popolani* et artisans.

Décisions conformes à celles du précédent conseil ; mais on décide qu'une nouvelle assemblée sera tenue le lendemain, composée d'autres citoyens.

(*Ibid.*, p. 75.)

10 MARS 1285

Conseils général et spécial du capitaine et des *capitudini* des douze arts majeurs, en présence des prieurs.

Ugo Altoviti et Segna Orlandini soutiennent la nécessité de ne pas faire d'armée avant que Lucques ait cédé, mais d'exhorter les ambassadeurs des autres communes à l'y décider.

Bardo Angiolieri veut faire une armée générale contre les Pisans et y envoyer les deux tiers de Florence, proportionnellement par *sestiere*, pendant un mois à partir du 15 mai. Il demande que l'armée campe dans le val d'Era, tandis que les Lucquois occuperont le val de Serchio ; que les deux capitaines de la *tallia* soient ceux qu'ont désignés les ambassadeurs : 1° Guido de Polenta, 2° Ormanno de Sassoferrato.

Rainerio del Sasso propose de s'en remettre aux magistrats.

Ser Berardo Accursi conseille qu'on fasse examiner les pactes de la ligue par six sages en droit, des meilleurs et des plus légaux (*legalioribus*) de la ville ; que si l'on peut, en observant les pactes, ne pas faire l'armée, on ne la fasse pas, et que s'il n'est possible, on l'ordonne pour le mois de septembre suivant, pourvu que les Lucquois n'y soient pas avec les Florentins, et que les communautés de la Toscane puissent faire compagnie avec qui elles voudront.

Micco del Velluto veut l'armée pour un mois entre le 1ᵉʳ juin et le 1ᵉʳ octobre, au temps que les Génois jugeront le plus opportun.

(*Ibid.*, p. 75 v°, 76.)

16 MARS 1285

Conseil spécial du capitaine en présence des prieurs.

Brunetto Latini propose d'envoyer des ambassadeurs à Lucques pour déférer au potestat et aux sages de cette ville les injures et dommages dont Lucques s'est rendue coupable avant et depuis la ligue, envers la commune et les marchands de Florence; pour l'inviter à ne plus molester Uberto des Pulci et ses associés, touchant le péage qu'elle a acheté du vicaire ou chancelier du roi des Romains, et qu'elle fait percevoir *in valle Nebulle* (Nievole), au lieu de celui qu'elle percevait près de San Miniato.

L'assemblée adopte ces propositions et décide que cette ambassade soit organisée (*firmetur*) par les *capitudini* des douze arts majeurs et par d'autres marchands intéressés dans l'affaire, *dummodo non possint firmare aliquid*.

(*Ibid.*, p. 79 v°.)

MÊME JOUR

Le conseil général du capitaine approuve.

(*Ibid.*)

17 MARS 1285

Conseil des *capitudini* des douze arts majeurs et de beaucoup d'autres sages devant le potestat, le capitaine et les prieurs, dans la maison des prieurs.

On entend 1° le rapport de Ser Arrighi Gratie, notaire, envoyé au parlement de la ligue avec les ambassadeurs de la commune; 2° Ser Johannes, notaire, ambassadeur de Sienne.

On décide de donner *in nomine Domini* plein mandat aux ambassadeurs de Florence sur tout ce qui a été proposé et demandé par les ambassadeurs de Gênes, pour les satisfaire pleinement, selon les clauses de la ligue.

(*Ibid.*, p. 80.

MÊME JOUR

Conseil général du capitaine, en présence des prieurs.

Le capitaine fait les propositions ci-dessus.
Sur l'avis de Brunetto Latini on décide l'armée générale pour un mois, pourvu que ce soit à partir du 1er mai et sur la rive gauche de l'Arno, de manière à être séparés des Lucquois. Le potestat, le capitaine, les prieurs et les sages de leur choix pourront prendre à ce sujet toutes autres provisions, sans préjudice de celles-ci.

(*Ibid.*, p. 80.)

MÊME JOUR

Le conseil général du potestat adopte.

(*Ibid.*)

MÊME JOUR

Conseil d'un grand nombre de sages devant le juge du potestat et le capitaine dans la maison des prieurs.

Ils délibèrent sur les voies et moyens. Ils confirment les provisions prises le matin par le conseil général du capitaine.

(*Ibid.*)

27 MARS 1285

Conseil des sages devant le potestat, le capitaine et les prieurs, dans la maison des prieurs.

On entend lecture de l'ambassade faite à Sarzane par Oddo Altoviti. On décide que le potestat, le capitaine et les prieurs éliront douze capitaines de l'armée et un notaire.

Le potestat propose d'ordonner qu'il ira avec les autres ambassadeurs conférer avec le potestat et les ambassadeurs de Lucques.

On décide de décréter auparavant et d'équiper l'armée.

(*Ibid.*, p. 82.)

MÊME JOUR

Conseil des *capitudini* des douze arts majeurs, convoqués par les prieurs.

Tout le monde est d'avis de régler le différend avec Lucques, en priant cette ville de lever *omnes malatoltas* perçues sur les Florentins, et en supprimant toutes représailles entre les deux villes, ou au moins en élisant des arbitres pour étudier et décider la question, enfin en traitant *cum effectu, si fieri poterit.*

(*Ibid*, p. 82 v°.)

31 MARS 1285

Conseil des *capitudini* des sept arts majeurs et de beaucoup de sages, dans la maison des prieurs.

Le potestat propose de prendre des provisions sur l'ambassade *recitata per Lapum Saltarelli* touchant les pratiques du potestat et des ambassadeurs de Florence avec le potestat et les ambassadeurs de Lucques à Empoli.

On décide que s'il faut répondre à la commune de Lucques *super acceptatione* des châteaux de Ripafratta et de Viareggio, on dise que cela plaît aux Florentins; le potestat, le capitaine et les prieurs choisiront douze sages, parmi lesquels seront les ambassadeurs qui ont été avec le potestat, et qu'on délibère avec eux sur le fait du comte Ugolino et sur l'envoi d'ambassadeurs à Gênes.

(*Ibid.*, p. 83 v°.)

3 AVRIL 1285

Conseil de dix-neuf sages devant le potestat, le capitaine et les prieurs.

On examine le traité conclu avec le potestat et les sages de Lucques à Empoli.

Lotto des Agli veut qu'on le notifie *caute, sapienter et secrete* aux communes de la ligue, et que des ambassadeurs de Florence aillent à Gênes avec ceux de Lucques, et qu'après s'être enquis de la volonté des communes de la ligue au sujet de ces choses, on pourvoie à remettre aux mains de Florence ce qui lui a été enlevé (le texte ajoute : par le comte Ugolini, mais cela paraît absolument inexplicable). On veut même que toutes les communes de la ligue prennent part à cette ambassade.

Oddo Altoviti, qui a fait partie des précédentes ambassades, veut que la ligue envoie ses ambassadeurs à Florence pour s'entendre, et que tant qu'on n'aura pas été à Gênes, tant qu'on ne connaîtra pas les intentions de cette commune, on ne prenne pas les châteaux.

Stoldo Jacopi veut qu'on envoie des ambassadeurs à Gênes, qu'on en donne avis à Lucques, qu'on lui demande s'il lui convient d'envoyer un de ses notaires avec un de ceux de Florence communiquer cet avis aux autres communes de la ligue ; qu'on procure que Sienne et Pistoia envoient aussi des ambassadeurs à Gênes, quand même elles ne le voudraient pas, et qu'en attendant on ne prenne pas les châteaux.

On décide conformément à l'avis de Stoldo.

(*Ibid.*, p. 84.)

9 AVRIL 1285

Conseil de sages devant le potestat, le capitaine et les prieurs.

On discute sur la défense faite par Lucques d'aller à Pise à pied ou à cheval, et notifiée par les ambassadeurs de Lucques.

Cenni Bentacorde dit qu'il faut pourvoir à ce que Florence ne supporte pas un tel dommage.

Segna Orlandini veut qu'on réponde aux ambassadeurs de Lucques que les Florentins ne veulent pas acquiescer aux délibérations de cette commune.

Micco del Velluto veut qu'on proclame que nul, sans encourir des peines dans sa personne et son avoir, ne pourra aller à Pise, ni de Pise venir à Florence par quelque route que ce soit ; qu'il sera défendu sous les mêmes peines de conduire d'une de ces villes à l'autre les personnes ou les marchandises ; qu'enfin le potestat, le capitaine et les prieurs avec leurs sages pourvoiront prudemment et secrètement à l'avantage et honneur de la commune et des marchands.

Cet avis est adopté.

(*Ibid.*, p. 87.)

17 AVRIL 1285

Conseil de sages devant le potestat, le capitaine et les prieurs.

On propose d'aviser sur les lettres de Lucques touchant l'ambassade à faire à Gênes pour traiter de l'accord avec Pise et le comte Ugolino.

On lit l'ambassade de Ser Villano, notaire et ambassadeur de Lucques, à ce sujet.

On délibère d'envoyer un ambassadeur à Gênes, conjointement avec ceux de Lucques.

(*Ibid.*, p. 88 v°.)

8 MAI 1285

Conseil des sages devant le potestat, le capitaine et les prieurs.

Le potestat, d'accord avec les autres magistrats, propose d'aviser sur toutes les négociations relatives à un accord entre Gênes et Pise, après avoir ouï la relation de Berti et de Lotti touchant la paix avec le comte Ugolino et autres.

Tommaso Spigliati demande qu'on diffère jusqu'au retour des ambassadeurs envoyés au pape, sauf le cas où quelque messager, quelque lettre préviendrait ce retour.

Oddo Altoviti veut qu'avant que le pape envoie messager ou lettre, on prie les villes de la ligue de se préparer contre Pise, qu'on nomme le capitaine de l'armée, qu'on prenne les autres mesures propres à mettre bientôt l'armée sur le pied de guerre, et qu'on en donne avis à Ugolino.

Cette proposition est adoptée, en laissant d'ailleurs de pleins pouvoirs aux magistrats.

(*Ibid.*, p. 91 v°.)

14 MAI 1285

Conseil de sages devant le potestat, le capitaine et les prieurs.

Le potestat propose de décider si l'on doit ou non répondre aux ambassadeurs d'Ugolino et de Pise.

Gherardo des Buondelmonti ne veut pas envoyer d'ambassadeurs ou de lettres à Lucques sur le fait des promesses échangées entre Lucques et Pise au sujet des châteaux de Ripafratta et de Viareggio. Il conseille aussi de donner à Gênes le château de Castro, comme il a été dit précédemment, et de dire aux ambassadeurs qu'il leur sera répondu en temps opportun; que, pour le moment, ils peuvent se séparer.

Giamberto des Cavalcanti propose d'envoyer un ambassadeur à Lucques sur tout ce qui précède, pour qu'il reprenne *curialiter* cette ville de ce qu'elle fait et veut faire contre le comte Ugolino et Pise au sujet de ces châteaux, et la prie d'agir légalement selon les conventions et promesses faites au comte, disant qu'il n'a agi que sur les exhortations des Florentins. Il conseille aussi d'envoyer sur-le-champ un ambassadeur au comte.

Oddo Altoviti répond qu'il semble mieux de donner le château de Castro à Gênes, sauf les droits du comte juge (de Gallura), du comte Anselmi et d'autres magnats.

Stoldo Jacopi émet l'avis de dire que ce n'est pas pour Florence, mais pour Lucques qu'a été envoyée à Gênes la grande ambassade; de ne répondre à aucune des demandes desdits ambassadeurs sur les instructions du pape; pareillement, de déclarer que, quant à l'armée, Florence pourvoira à ce qui convient, non à Pise, mais *suo loco*, qu'on envoie des ambassadeurs à Lucques pour dire à ce sujet tout ce qu'on pourra dire, et qu'on donne à Gênes le château de Castro, s'il n'y a pas d'autre moyen de faire l'accord.

(*Ibid.*, p. 92.)

15 MAI 1285

Conseil des *capitudini* des douze arts majeurs et d'autres sages devant le capitaine et l'assesseur du potestat.

Le capitaine propose de faire une provision sur les accords pris avec le comte Ugolino par les ambassadeurs qui lui ont été envoyés et sur toutes les pratiques avec Gênes touchant l'accord à faire entre Gênes et Pise.

Simone Donati veut que le potestat, le capitaine et les prieurs avec des sages avisent et en réfèrent au conseil.

Lotto des Agli, d'accord avec d'autres, propose que les provisions à faire soient ou ne soient pas rapportées devant les conseils, à la volonté des magistrats.

Ces deux propositions sont adoptées.

(*Ibid.*, p. 92.)

16 MAI 1285

Le capitaine de l'armée et d'autres sages élus par les prieurs, devant ces mêmes prieurs, le capitaine et le potestat.

On lit les articles et règlements relatifs à l'armée à faire contre les Pisans.

On fait mention des pratiques tenues pour rétablir la concorde.

Teghia Tedaldi dit que s'il faut faire l'armée, il faut y envoyer des cavaliers stipendiés par la commune avec d'autres, jusqu'à concurrence de 500, compris ceux qu'on possède dès maintenant, et des fantassins de la ville et du *contado* au nombre de 6000.

Bindo del Baschiera veut qu'on fasse vite et que les sages qui auront été consultés par les magistrats soient *capitanei exercitus*.

Gherardo des Buondelmonti propose d'inviter les villes amies de Toscane à envoyer leur contingent. Quand on le connaîtra, les sages fixeront celui de Florence.

Rosso de la Tosa veut que les 6000 *pedoni* soient par moitié de la ville, par moitié du *contado*, que les capitaines élisent des *guastatores*, qu'il y ait 500 *milites*, dont 200 *boni et ydonei*, que les capitaines et autres *buonuomini* élisent les fantassins et les cavaliers de la ville, que le potestat ou le capitaine aille à l'armée, et qu'on se procure de l'argent en imposant ceux qui n'y vont pas.

Manetti Tiniosi demande une armée générale, mais il veut que le potestat et le capitaine *habeant* les capitaines de l'armée, ou que le lendemain, *summo mane*, tous les sages ensemble délibèrent et décident.

On vote conformément à l'avis de Manetti.

(*Ibid.*, p. 93.)

26 MAI 1285

Conseil des *capitudini* des douze arts majeurs et autres sages.

On discute pour savoir si trois *sesti* de Florence doivent aller 15 jours à l'armée contre Pise, pour être remplacés par les trois autres pendant 15 autres jours, en laissant dans la ville ceux qui seront préposés à sa garde et auront à payer une certaine somme à la commune.

Ou bien s'il y a lieu d'approuver la proposition suivante du capitaine de l'armée assisté d'autres sages : que le quart de la ville et du *contado* aille à l'armée *cum certa solutione*, et que les trois autres parties payent la somme qui sera fixée.

Simone de Salto, juge, veut envoyer deux *sesti* à la fois pour 10 jours.

Gianni Buonaguida ajoute qu'il faut que le potestat, le capitaine et les prieurs pourvoient à ce que deux *sesti* forment 500 *milites* ou salariés ; en outre, qu'on obtienne de Sienne, Prato, Pistoia et autres villes de la ligue, d'aller à l'armée *ex fortio, sicut conveniens fuerit*.

Ugo Altoviti veut qu'on diminue du tiers la paye des *milites*, et du quart celle des *pedoni*, et qu'on allége le poids des impôts à ceux qui resteront chargés de garder la ville.

Segna Orlandini demande que tous ceux qui ont des chevaux aillent à l'armée sans rémunération ; que trois *sesti* en fassent partie pour 15 jours, sans qu'aucun de leurs habitants reste à la garde de la ville ; que tous les nobles possédant des chevaux partent avec leur *sesto*.

Uberto des Pulci veut que l'imposition proposée par le capitaine de l'armée soit diminuée de 10 livres.

Mico del Velluto veut qu'on fasse une armée générale pour la ville et qu'une moitié du *contado* y soit comprise ; que les autres restent pour garder Florence, et que dans les familles où il y a deux frères, l'un des deux parte seul ; de même pour les autres degrés de parenté.

Borgo veut que la discussion soit reprise le lendemain de grand matin (*reducantur summo mane*), par le même conseil, avec adjonction de 12 autres sages.

(*Consulte*, t, I, p. 100, 101.) — La lettre du cahier manque ; mais, à en juger par la pagination, c'est le même que le précédent.

28 MAI 1285

Même conseil. — Suite de la discussion.

Teri Barbassori propose que personne ne reste à la garde de la ville, et que si les trois *sesti* désignés ne fournissent pas 500 *milites*, on en envoie des autres *sesti*, en leur payant un salaire à fixer par le capitaine, *per libram, non per impositam*.

Gherardo des Buondelmonti veut que 500 *milites* aillent à l'armée sans salaire, que toute la ville et le *contado* partent également, sauf ceux que le potestat, le capitaine et les prieurs désigneront pour rester à la garde de la ville.

Uberto des Pulci veut que le potestat, le capitaine et les prieurs s'adjoignent 6 sages (*sapientes juris*), et 12 autres dont 6 soient marchands et artisans, pour tout régler.

On décide que les prieurs éliront 24 sages, parmi lesquels de sages marchands, artisans et autres *boni homines*, qui délibéreront avec eux, le potestat et le capitaine *super facto exercitus*, après avoir vu ce qui a été arrêté *in terra Sarrazani*, sous réserve de ne prendre, quant aux dépenses, aucune provision contraire aux statuts.

(*Consulte*, ibid., p. 100-101.)

28. 30 MAI 1285

Conseil de vingt-trois sages assemblés en présence des prieurs.

On délibère *super facto exercitus secundum ea quod remissa fuerunt in ipsos per aliud majus consilium.*

Talano de la Tosa propose qu'on fasse le recensement des riches Florentins qui peuvent entretenir des chevaux, de manière qu'il y ait à l'armée jusqu'à 1000 cavaliers; qu'en général la ville et le *contado* aillent à l'armée, mais qu'à la garde de la ville reste une grande quantité de *boni homines*, de qui l'on exigera beaucoup d'argent, afin qu'ils aiment mieux partir pour l'armée que de rester, et que cet argent serve à payer l'armée.

Pepo des Bindi veut qu'on envoie 200 bons cavaliers, mais que les deux tiers de la ville et du *contado* restent à la garde de Florence et payent de grosses sommes pour la solde de l'armée.

Berto des Frescobaldi veut qu'on s'en remette aux prieurs, mais que, s'ils décident de former l'armée, tous les cavaliers *di corredo* en fassent partie, sauf les infirmes et les septuagénaires.

La plupart s'accordent à demander que l'armée, si on la fait, soit générale, et que ceux qui resteront à la garde de la ville soient répartis entre les divers quartiers, pourvu que ceux qui partiront soient plus nombreux que ceux qui resteront.

Sur la proposition d'Ubertino de lo Strozza, on renvoie au lendemain.

Talano de la Tosa propose pour capitaine de la *taglia* : 1° Guido *Comes Salvaticus;* 2° *Comes Alexander;* 3° Malpigli de San Miniato. Il demande qu'on mette une imposition sur ceux qui resteront dans la ville, et que, si elle ne suffit pas, on frappe un emprunt forcé.

Dono Rocchi veut qu'il y ait 500 cavaliers, payés à raison de 20 sous s'ils ont 3 chevaux, de 14 s'ils en ont 2, de 8 s'ils n'en ont qu'un, et que l'armée forme au moins 15 000 hommes payés au moyen d'une taxe (*libra*) à imposer au *contado*.

(*Consulte*, ibid., p. 101-102.)

31 MAI 1285

Conseil des cent.

Les mêmes opinions se reproduisent.-Nous ne citons ici que celles qui apportent quelque chose de nouveau.

Bandino des Falconieri veut que, outre la *libra*, on impose ceux qui iront à l'armée de 20 sous pour 100, ceux qui resteront de 40.

Simone Angelotti veut *quod exercitus non fiat, multis rationibus et causis*.

Lapo Guglielmi veut qu'avant de rien résoudre, on entende les marchands de Calimala et autres *habentes facere*, qui mettront leur sentiment par écrit.

Bonaccorso Villanuzzi veut que l'armée générale se fasse sans rémunération; que pour les dépenses on impose la *libra*, et qu'on envoie de suite à Gênes, afin d'obtenir un sursis pour le départ de l'armée.

On décide qu'il sera fait une armée générale, qu'une garde suffisante restera en ville, selon ce qu'avaient proposé les vingt-quatre, que ceux qui partiront ne seront pas rémunérés, que ceux qui ne partiront pas payeront un impôt à fixer par les prieurs.

(*Consulte*, ibid., p. 102-105.)

MÊME JOUR

Conseil général du capitaine.

Ugo Altoviti repousse tout salaire.
Rosso del Fornario propose que ceux qui vont à l'armée soient

payés par leurs voisins qui restent ; que ceux de la ville reçoivent 6 sous, ceux du *contado* 5.

Lapo del Pratese veut que tous ceux qui ont des chevaux partent et que les prieurs fixent leur salaire.

Simone del Salto appuie le préopinant sur le premier point, et le combat sur le second.

Mano Jacobi demande qu'il ne reste en ville aucun cavalier *di corredo*, ni fils de cavalier, et que ceux qui restent payent en proportion de leurs impôts.

Gualterio de Ganghereto réclame la convocation de l'assemblée à parlement.

Corso Deodati veut qu'on s'en remette au potestat, au capitaine du peuple et aux capitaines de guerre, assistés de 6 sages par *sesto*, mais de ceux qui n'ont pas figuré dans les conseils du capitaine et des vingt-quatre.

La décision est conforme à celle du conseil des cent.

(*Consulte*, ibid., p. 105.)

2 JUIN 1285

Conseil général du potestat.

Neri de Hostignani s'en tient à ce qui a été décidé, sauf qu'il veut 200 cavaliers mercenaires ou autres, avec chevaux bardés de fer, recevant chacun pour ses chevaux 1 florin d'or.

Arrigo del Boccacio demande l'ajournement. On se rend à son avis.

(*Consulte*, ibid., p. 107.)

4 JUIN 1285

Même conseil.

Plusieurs soutiennent la décision prise.

D'autres préfèrent s'en remettre aux magistrats.

Gherardi veut qu'on fasse une levée de 800 chevaux.

Lambertuccio des Frescobaldi est d'avis qu'on sonne la cloche comme à l'ordinaire pour l'armée.

L'assemblée s'en remet au potestat, au capitaine du peuple, aux prieurs et autres sages.

(*Ibid.*)

MÊME JOUR

Ces magistrats et sages se réunissent.

Neri Bordelli propose de s'en tenir à ce qui a été décidé et de fixer à 225 les cavaliers stipendiés.

Simone Donati veut que tout soit définitivement fixé par 12 ou 24 sages réunis devant le potestat.

Cette proposition est adoptée.

(*Ibid.*)

5 JUIN 1285

Conseil de vingt-quatre sages en présence du potestat. (On ne lit dans le document que les noms de 23 sages.)

Neri des Pigli veut qu'on montre aux sages les lettres du pape, pour savoir si elles sont un juste motif de différer l'armée. Dans le cas contraire, il demande qu'elle se mette en marche, que le potestat avec sa *famiglia* et le capitaine de l'armée avec tous ceux qui portent les enseignes de la commune se rendent sur la terre d'Empoli, et qu'on en donne avis au légat apostolique, pour qu'il s'y rende de son côté. (Ici une lacune.)

Ugo Altoviti veut qu'on envoie 4 officiers, 2 laïques et 2 notaires vers Pérouse pour enrôler jusqu'à 200 mercenaires, et qu'on enrôle aussi des *balestrieri*, des architectes, des sapeurs et des mineurs; qu'on envoie des hommes sages à Pise, pour rechercher ce que veulent faire avec la commune de Florence le comte Ugo(lino) et la commune de Pise, et que le potestat avec les enseignes ne sorte pas de la ville.

Tommaso Spigliati veut s'en tenir à ce qui a été décidé, sauf à examiner les lettres du pape.

Buondelmonte des Buondelmonti veut que selon la teneur desdites lettres on fasse ou ne fasse pas l'armée.

Cipriano des Tornaquinci appuie le préopinant.

Giovanni del Brodaio veut qu'on élise des officiers pour le fait de l'armée.

On décide d'élire des sages pour examiner les lettres du pape, et, si elles conseillent de renoncer à l'armée, d'y surseoir, mais tout en continuant à faire les préparatifs nécessaires.

(*Consulte*, ibid., p. 107-108.)

8 JUIN 1285

Devant le potestat, le capitaine du peuple et les prieurs se réunissent les capitaines de l'armée, les *capitudini* des sept arts majeurs et les 24 sages convoqués précédemment.

Le conseil du capitaine a délibéré qu'on fit une armée générale contre les Pisans, conformément aux stipulations de la ligue ; que ceux qui iraient ne reçussent aucune paye de la commune ; que dans la ville et le *contado* restât une garde suffisante ; que les prieurs la désignassent conjointement avec les sages qu'il leur plairait ; que ceux qui resteraient payassent pour ladite garde une certaine somme à exiger *per libram*.

Cette délibération fut portée au conseil général du potestat ou de la commune, lequel s'en remit pour tout au potestat, au capitaine, aux prieurs et aux sages qu'ils désigneraient.

En conséquence de quoi, le mardi précédent, les susdits magistrats se réunirent avec vingt-quatre sages et résolurent que les lettres récemment envoyées par le pape au sujet de ladite armée, l'admonition y relative faite par D. Jacopo, évêque de Ferentino, au nom du pape, seraient examinées par les sages en droit civil et canonique, en aussi grand nombre qu'ils seraient élus par les prieurs; et que si lesdits sages étaient d'avis que la commune pût légitimement et juridiquement s'excuser de faire ladite armée, on temporisât, en faisant toujours les préparatifs.

Les sages en droit furent élus par les prieurs, et donnèrent à ce sujet divers conseils qui furent lus et écrits par Ser Bonaiuto.

Enfin vinrent à Florence des ambassadeurs de Gênes, pour déclarer que la commune devait, selon le traité, faire une armée générale, et ils rédigèrent un acte en conséquence.

Après cette exposition des faits antérieurs, la discussion s'engage.

Sur l'avis d'Ugo Altoviti, l'assemblée décide d'attendre avant de prendre une résolution, le retour des ambassadeurs envoyés à Gênes, la venue d'une autre ambassade de Gênes ou d'ailleurs, ou tout au moins deux ou trois jours.

(*Consulte*, t. I, quad. G, p. 103.)

12 JUIN 1285

Conseil des *capitudini* des douze arts majeurs et d'autres sages en présence du potestat, du capitaine et des prieurs en leur maison.

Dans les lettres du pape il était dit que la commune devrait lui envoyer des ambassadeurs, syndics et procurateurs, avec pleins pouvoirs pour traiter de la paix entre Florence et Pise, et pour promettre et accepter tout ce que le pape jugerait à propos d'ordonner à ce sujet, et qu'en attendant, par respect pour le siège apostolique, on devrait s'abstenir de toute attaque contre les Pisans et leur territoire. — *Reverendus vir D. Jacobus episcopus Ferentinus*, légat et nonce du pape, a averti *pro prima, secunda et tertia peremptoria monitione*, le potestat, le conseil et la commune de Florence de comparaître *ad primam diem non feriatam*, après la fête de saint Jean-Baptiste, devant le pape, par l'intermédiaire d'ambassadeurs et de syndics.

Le potestat propose de prendre une provision à ce sujet.

Sur l'avis de Stoldi Jacopi on délibère d'envoyer au pape non pas les syndics, mais un sage, pour excuser la commune de n'avoir pas envoyé les syndics. Des sages pourvoiront à ce que ledit ambassadeur devra dire pour excuser la commune.

(*Consulte*, t. I, quad. G, p. 103, 104.)

16 JUIN 1285

Conseil des *capitudini* des douze arts majeurs et d'un grand nombre d'autres sages en présence du potestat, du capitaine et des prieurs dans leur maison.

Lecture est donnée des lettres des ambassadeurs de Florence à Gênes, et de celles de marchands florentins qui demeurent dans cette ville. On rappelle la dernière provision des sages sur l'armée, et le potestat ouvre la délibération.

Talano della Tosa propose d'attendre, pour tenir conseil, le retour des ambassadeurs qui sont à Gênes, et la réponse que fera Lucques aux offres de Florence portées par des marchands.

Ciango de Giandonati veut qu'on s'en remette au potestat, au capitaine, aux prieurs et à deux sages par *sesto*, qu'ils éliront.

Chierico des Pazzi veut que si les Génois peuvent faire avec Lucques ce que demandaient les marchands, on se borne là.

Giovanni del Brodaio veut que le potestat, le capitaine et les prieurs fassent en sorte d'avoir les cavaliers et les fantassins offerts à la commune de Lucques par les ambassadeurs de Gênes; et si Lucques n'acceptait pas, qu'on fasse l'armée le mieux qu'on pourra.

Stoldo Jacopi demande qu'on réunisse deux sages par *sesto*, dont six marchands et deux *sapientes juris*, afin de prendre la provision qu'ils jugeront convenable, et que leur provision soit portée à un conseil semblable ou plus grand, afin que lesdites choses se fassent sans retard.

Uberto des Pulci veut qu'on s'occupe d'avoir l'argent nécessaire à la solde des cavaliers.

Tieri Burbassi demande le renvoi au lundi suivant, et qu'à partir de ce jour on puisse faire tous rapports et propositions au conseil spécial du capitaine et des *capitudini* des douze arts majeurs, et de deux sages par art à désigner par les consuls de ces mêmes arts.

Lapo Ugoni veut qu'on envoie deux ambassadeurs et plus, à la volonté des consuls de Calimala, pour aller à Lucques donner leur salaire à trois cent quarante-quatre cavaliers et cinq cents fantassins, mais prudemment, *caute*, et de manière que Florence reste excusée auprès de Gênes.

Forese Buonaccorso recommande l'avis de Ciango de Giandonati, en ajoutant que *mittant pro responsione habenda de predictis*.

On décide que si l'on peut faire avec Lucques comme on est convenu avec les ambassadeurs de Gênes, qu'on le fasse, à savoir, donner à l'une ou à l'autre de ces républiques l'argent nécessaire pour trois cent quarante-quatre cavaliers *incirca*, ou cinq cents cavaliers parmi lesquels il y ait des mercenaires et cinq cents fantassins.

(*Consulte*, t. I, quad. E, p. 104 v°.)

18 JUIN 1285

Conseil de quelques sages, appelés à délibérer devant le potestat, le capitaine et les prieurs, sur une pétition des marchands, qui demandent qu'on décide touchant le fait de l'armée, selon la teneur des lettres envoyées par les ambassadeurs de la commune de Gênes à Lucques, et touchant l'ambassade de Ser Arrighi Gratie, portant la réponse de cette commune à la demande qui lui a été faite par la commune de Florence de proroger l'armée, à l'occasion des lettres envoyées par le siège apostolique.

Manetti Tiniozi veut laisser la décision aux *capitudini* des sept arts majeurs, avec le potestat, le capitaine, les prieurs, et des sages de leur choix.

Manetti Benincasa propose que le capitaine avise, en tout cas, à ce qu'on ne fasse point l'armée, *cum fieri non possit aliquo modo*.

Divers demandent que l'armée se fasse selon la volonté des ambassadeurs génois, en ayant de Lucques le plus grand nombre de soldés qu'il sera possible, et en en demandant aussi aux autres villes de la ligue; mais qu'on envoie des ambassadeurs à Gênes, pour obtenir la prolongation du terme fixé.

Gherardo des Buondelmonti veut qu'on décide avant tout s'il faut ou non tenir compte des lettres du pape. Si oui, il ne faut plus tenir de conseils sur cette affaire; si non, il faut faire l'armée générale de la ville et du *contado*.

Oddo Altoviti demande une autre réunion de ce même conseil pour le mercredi suivant, en y adjoignant, si l'on veut, d'autres sages.

Pela Gualducci appuie la motion.

Ubertino de lo Strozza pareillement, sauf qu'il veut que les *capitudini* des sept arts majeurs prennent l'initiative des choses à proposer audit conseil, auquel on lira les lettres du pape.

Micco del Velluto veut *quod predicta reducantur ad magnos et nobiles et potentes civitatis Florentie, ita quod provideant super indempnitate mercatorum.*

On ne prend point de résolution.

(*Consulte*, t. I, p. 111 v°, 112.)

20 JUIN 1285

Conseil spécial du capitaine avec les *capitudini* et d'autres sages dans San Pier Scheraggio.

Lottèringo de Montespertoli veut qu'on s'en remette au potestat, au capitaine et aux prieurs, avec ou sans adjonction de sages, *dummodo servicium fiat magnum et honorabiliter*.

Donato Camaiano propose qu'on fasse, non une armée générale, mais des envois particuliers de cavaliers et de *pedoni*, de manière que la commune de Florence demeure dans l'amour de celle de Gênes.

Bolegnino, cordonnier, veut s'en remettre au potestat, au capitaine et aux prieurs, avec trois ou quatre sages par *sesto*.

Milliazo, peaussier, veut que l'expédition à Porto Pisano se fasse de manière à contenter les Génois.

Segna Orlandini veut qu'on envoie 500 cavaliers et 500 fantassins avec les Lucquois et les autres, laissant au potestat, au capitaine, aux prieurs le soin de déterminer l'endroit où on les enverra.

Giovanni Angiolini conseille, *ut pericula evitentur*, qu'on arrête maintenant de faire l'armée, et s'il plaît aux Génois d'agir contre Porto Pisano, de faire en sorte de les satisfaire avec le plus grand nombre d'hommes qu'il sera possible.

Bucco Sabini demande qu'on marche, non contre Porto Pisano, mais contre le *contado* de Pise.

Plusieurs insistent pour qu'on donne satisfaction à Gênes en marchant contre Porto Pisano.

Uberto des Pulci veut que l'expédition se compose de 400 cavaliers de la commune, des cavaliers de la *tallia* et de 2000 *pedoni*, avec ceux qu'offrira Lucques et qu'on demandera aux autres villes de la ligue.

Neri Burbassi est d'avis qu'on diffère, à la volonté des prieurs.

Giovanni del Brodaio, qu'on envoie à Lucques pour y obtenir la venue des 100 *milites* que cette ville a promis, et qu'on publie une proclamation *quod volentes ire faciant se scribi*.

Ser Rainuccio de la Paniera veut que le potestat, le capitaine, les prieurs avec douze sages, parmi lesquels des magnats et des artisans, avisent au bon état de la ville et des marchands.

On décide qu'il y a lieu de confier aux sages un nouvel examen de la question, pour agir conformément à l'avis de Ser Rainuccio.

(*Consulte*, t. I, p. 112.)

MÊME JOUR

Réunion de ce conseil des sages devant le potestat, le capitaine et les prieurs.

Alberto Baldoni propose de mander aux ambassadeurs de pourvoir aux soldés de Lucques et de fixer le terme ; de décider de marcher contre Porto Pisano avec le moindre nombre d'hommes qu'il sera possible, *cum salvamento et securitate euntium ;* de publier une proclamation pour que les gens de bonne volonté se fassent inscrire à la solde de la commune ; de se procurer sans retard l'argent nécessaire par le moyen d'une *libra* ou taxe à restituer sur le premier impôt.

Talano de la Tosa conseille que le potestat, le capitaine et les prieurs élisent douze personnes afin de pourvoir à cette affaire.

Uberto des Pulci reproduit son avis de la réunion précédente.

Simone de Salto conseille qu'on donne aux marchands vingt mille livres à dépenser pour le salaire de ceux qui iront à l'armée, sans contraindre personne ; et si l'on ne peut ainsi faire l'armée, qu'on convoque l'assemblée à parlement dans le délai de 15 jours.

Arrigo Paradisi et Stoldo Jacopi opinent pour l'expédition à Porto Pisano.

Guelfo des Cavalcanti de même. Il demande 300 cavaliers, chacun desquels ait un compagnon et 60 sous de salaire par jour pour lui et son compagnon.

On décide selon l'avis de Talano de la Tosa.

(*Consulte*, t. I, p. 112 v°, 113.)

21 JUIN 1285

Conseil de douze sages, devant le potestat, le capitaine et les prieurs.

Pela Gualducci demande l'armée contre Porto Pisano, 200 cavaliers, chacun avec un compagnon, et 2000 *pedoni*. Il propose 60 sous de salaire pour le cavalier et son compagnon, 4 sous pour le *pedone*.

Simone Donati veut renvoyer la délibération au lendemain.

Rogerio des Tornaquinci demande qu'on ne fasse pas l'armée et qu'on envoie des ambassadeurs au pape pour qu'il le défende, de manière que les Génois ne fassent pas de procès contre la commune de Florence.

L'avis de Simone Donati est adopté.

(*Consulte*, t. I, p. 113.)

22 JUIN 1285

Même conseil.

On y décide *secundum quod notatum est in cedula*.

(*Ibid.*)

25 JUIN 1285

Conseil spécial du capitaine avec les *capitudini*.
Conseil général du capitaine avec les *capitudini*.

La cédule est approuvée, sauf qu'on ne puisse contraindre personne à aller à l'armée, excepté ceux qui sont désignés pour défendre la ville.

Cés deux réunions sont peu nombreuses. Un seul membre de chacune est mentionné comme s'étant levé pour soutenir la proposition, aucun pour la combattre.

(*Ibid.*)

2 JUILLET 1285

Conseils spécial et général du capitaine.

On propose dix mille livres pour la paye des stipendiés.
(*Consulte*, t. I, p. 115 v°.)

3 JUILLET 1285

Conseils de quelques sages devant le potestat, le capitaine et les prieurs à la *Badia*.

On discute les voies et moyens.

Jacopo des Agolanti veut qu'on impose une certaine *libra* sur l'ancien *estimo*, à raison de 15 ou 20 sous pour 100.

Manetto Tiniozi demande que les prieurs élisent six marchands, un par *sesto*, pour examiner ce que la commune peut espérer encore des condamnations ou taxes non payées et ce qui manque d'argent, pour qu'on puisse en conséquence fixer un emprunt ou impôt en quantité opportune, pourvu que les sommes ainsi perçues n'aillent pas aux mains des camerlingues, mais soient déposées pour le payement des stipendiés.

On vote conformément à cet avis.

(*Consulte*, t. I, p. 11 v°.)

5 JUILLET 1285

Conseil général du capitaine.

Le capitaine propose que, selon la provision des six sages élus à cet effet, on émette une *libra* à raison de 10 sous pour 100, afin de donner aux stipendiés la paye de mai, juin, juillet, août, et que l'argent soit enfermé dans une cassette (*scripnio*) de la chambre, fermée par deux clefs conservées, l'une par le camerlingue, l'autre par les prieurs, afin qu'on ne l'emploie à autre chose.

On approuve après quelque discussion.

MÊME JOUR

Conseil spécial du capitaine avec les *capitudini*.

L'assemblée est saisie de la question de onze mille livres (*sic*) pour paye des stipendiés.

On approuve les résolutions prises.

(*Consulte*, t. I, p. 115 v°.)

1ᵉʳ AOUT 1285

Conseil de sages devant le capitaine, le potestat, les prieurs, à la *Badia*.

On présente la demande de Lucques à savoir que Florence lui envoie un secours de *milites* pour l'expédition contre Pise, et qu'on défende à tout Florentin d'aller ou de rester à Pise, pour éviter les scandales.

Sur la proposition de Fantoni des Rossi, on renvoie au lendemain.

(*Consulte*, t. I, p. 119 v°.)

2 AOUT 1285

Conseil de sages devant le potestat, le capitaine et les prieurs.

Talano de la Tosa propose de s'en remettre, sur la demande de Lucques, au potestat, au capitaine, aux prieurs et aux sages qu'ils désigneront.

Teghia Tedaldi veut notifier à Lucques que Florence est soumise à l'Église et au pape, que le pape lui a défendu de

procéder contre les Pisans et qu'elle doit obéir. Qu'on réponde
là-dessus *cum abilioribus verbis que dici potuerint*, à la provision du potestat, du capitaine et des prieurs.

Fantoni des Rossi veut qu'on dise aux ambassadeurs de Lucques de retourner chez eux, que Florence délibère et qu'on
répondra par ambassadeurs.

Giovanni Buonaguida appuie Talano de la Tosa.

Forese des Adimari veut qu'on réponde que, pour obéir aux
commandements du pape, on n'a pas fait l'armée; mais que si
l'on peut obtenir qu'il lève ses défenseurs, Florence est prête à
servir Lucques, non-seulement d'une petite, mais d'une grande
quantité d'hommes. Quant à défendre aux Florentins d'aller ou
de rester à Pise, c'est dans les attributions du potestat, du
capitaine et des prieurs.

Giovanni Angelini et Jacopo Giambertani appuient Forese.

Le conseil se range à l'avis de Talano.

(*Consulte*, t. I, p 120.)

MÊME JOUR

Conseil de sages.

Oddone Altoviti reproduit et soutient l'avis de Forese des
Adimari, en protestant que la fraternité est si grande entre
Lucques et Florence, que Florence voudrait pouvoir satisfaire à
la demande de Lucques.

L'assemblée approuve.

(*Ibid.*)

10 AOUT 1285

Conseil de sages devant le potestat, le capitaine et les prieurs,
dans la maison des prieurs.

On donne lecture des conditions offertes par le comte Ugone
et la commune de Pise.

Attendu qu'il a déjà été décidé par les sages d'envoyer des

ambassadeurs au pape, pour qu'il annule les pactes avec Gênes ; que le juge d'Arborea avait mandé ses ambassadeurs à Gênes pour conclure certains traités ; que le *comes Fatius* (Fazio) avait été délivré de prison, et qu'il était nécessaire que les ambassadeurs de la ligue se réunissent, le potestat propose d'en délibérer à nouveau.

Rogerio Tornaquinci appuie l'envoi d'ambassadeurs au pape, et la réunion des ambassadeurs de la ligue ; mais auparavant il désirerait une réunion plus nombreuse de sages et de magnats.

Forese Bonaccorsi parle dans le même sens.

Cante Bernardi veut qu'on s'en tienne à ce que décideront les ambassadeurs de la ligue réunis.

Manetti Tiniozi veut bien envoyer des ambassadeurs au pape ; mais il s'oppose au parlement des ambassadeurs de la ligue, à moins que les autres communes de Toscane ne le réclament.

Teghia Buondelmonti appuie au contraire la convocation de ce parlement, et demande que les résolutions en soient soumises au potestat, au capitaine, aux prieurs et autres sages.

Neri des Bardi parle dans le même sens que Rogerio et Forese.

On décide l'envoi d'ambassadeurs au pape et le parlement des ambassadeurs de la ligue.

(*Ibid.*)

28 AOUT 1285

Conseil des sages devant le potestat, le capitaine et les prieurs.

Le parlement des ambassadeurs ayant eu lieu, ses résolutions sont communiquées au conseil.

Albizzi Corbinelli et Giovanni del Brodaio ne veulent pas que les décisions de ces ambassadeurs engagent Florence avant d'avoir été soumises aux conseils du capitaine.

Sous cette réserve qui est approuvée, on décide d'envoyer de nouveaux ambassadeurs.

(*Consulte*, t. I, p. 125.)

La conclusion manque. Des documents sont évidemment perdus, non-seulement les derniers, mais beaucoup d'intermédiaires. Il est probable d'ailleurs que si les conseils du capitaine et ceux du potestat, même le conseil des Cent, disparaissent si souvent devant les conseils des sages, c'est que dans ces derniers surtout s'ouvraient les avis nouveaux, presque invariablement adoptés, sans discussion, ou après une discussion très-courte, dans les autres assemblées.

IV

DÉBATS DES CONSEILS SUR LES PRIVILÉGES DES CLERCS

L. V, CH. II, P. 335.

---

28 AOUT 1285

Conseil de sages.

On fait une proposition sur le cas des clercs fictifs (*fictitii*) qui commettent des méfaits et autres énormes crimes, et qu'on veut défendre sous prétexte du privilége clérical.

D. Albizzi conseille qu'on réunisse des sages spécialement *in jure canonico*, lesquels pourvoient à cette affaire, *sine periculo regiminis et communis*.

Johannes (probablement del Brodaio), que spécialement au clerc qui est *in fortia potestatis*, on écrive à l'évêque en lui signifiant les crimes dudit, en le priant de le vouloir priver des ordres, et qu'on prie les prélats et les clercs florentins de pourvoir à ces choses.

Franciscus (*sic*) qu'on prie l'évêque comme est dit ci-dessus. S'il le fait, c'est bien. Dans le cas contraire, qu'on traite ce clerc comme s'il était laïque, sans égard à aucun privilége.

Manectus (*Manetti*) conseille que le potestat ait à cet égard pleine liberté, qu'il fasse contre ces clercs ce que commande son honneur et celui de la commune, en y pourvoyant au mieux avec quelques sages.

D. Loctius (ser *Lotto*) conseille qu'on observe la teneur des statuts.

On décide de remettre les choses à un conseil de sages, spécialement *in jure canonico*, et de procéder d'après leur volonté sur le fait d'envoyer ou de ne pas envoyer les lettres (au pape).

(*Consulte della Repubblica*, t. I, p. 125.)

30 AOUT 1285

Conseil des *capitudini* des douze arts majeurs et d'autres sages devant le potestat et le capitaine dans la maison des prieurs.

On délibère *super facto clericorum fictitiorum*. On lit les statuts et la provision faite par d'autres sages à ce sujet.

Bardo Angiolieri conseille qu'on élise six juges, six notaires et 12 autres *buonuomini*, pour faire de nouveaux statuts, interpréter ou casser les statuts actuels à leur volonté, et que ces choses soient préparées par les conseils opportuns, pourvu qu'on ne change pas les statuts faits contre la perversité des hérétiques.

Brunetto Latini veut que la réforme des statuts soit faite par le potestat, le capitaine et les prieurs, d'accord avec l'évêque de Fiesole et le chapitre de l'Église florentine, et si ceux-ci ne veulent pas, qu'on élise des sages qui cassent tous les statuts sur les clercs ou en fassent un nouveau qui établisse qu'à ceux qui ne payent pas les impôts et les taxes, la commune ne rende pas raison, et qu'on fasse en sorte d'avoir un syndic dans la curie (romaine).

Johannes del Brodaio comme Bardo; il ajoute que tout statut en faveur des clercs doit être cassé, et le capitaine, le potestat, leurs *famiglie* demeurer indemnes dans les exécutions.

Dino Gianni (Dino Compagni) veut que le clerc *qui est in fortia* soit condamné, que le potestat, le capitaine et leurs *famiglie* demeurent indemnes et tiennent là-dessus conseil avec les sages; puis qu'ils présentent leurs délibérations à l'évêque et au chapitre de l'Église majeure. S'ils s'y rangent, c'est bien; dans le cas contraire on prohibera *quod aliquis non laboret suis terris vel habitet in suis domibus*.

On décide que le potestat, le capitaine, les prieurs avec vingt-quatre sages, dont six juges et six notaires, y pourvoiront.

(*Ibid.*, p. 126.)

30 AOUT 1285

Conseil des vingt-quatre sages ci-dessus mentionnés.

Donato Alberti conseille qu'on casse les statuts qui parlent des clercs ; qu'aux clercs soit rendue justice par la commune et ses officiers, dans la forme des sacrés canons, mais qu'on ne leur applique pas les statuts qui parlent de la manière de faire les procès ; que le potestat et le *regimen* procèdent contre les clercs faux ou simulés comme contre les laïques, et qu'on entende par faux et simulés ceux qui ne sont pas continuellement dans les églises comme recteurs ou chanoines, qui portent des armes et ne portent pas l'habit ecclésiastique ; que les laïques ne soient jamais grevés à cause des clercs ; que le potestat, le capitaine et les prieurs avisent contre ceux qui invoquent *litteras* contre quelqu'un de la ville ou du district de Florence, afin qu'elles soient annulées ; que si quelque laïque fait donation à un prêtre ou à un chanoine, le domaine et la propriété de cette chose *acquiratur ecclesie;* et si le clerc acquéreur n'appartient à aucune Église, *acquiratur episcopatui florentino;* que la commune fasse un bon et expert syndic qui demeure à la cour du pape, pour répondre à ce qu'on pourrait dire contre la commune.

Bardo Angiolieri comme le précédent touchant les officiers de la commune à conserver indemnes, et les statuts à casser qui parlent *de brachio seculari dando clericis et de decimis;* qu'aux frais de la commune et pour ses syndics on préserve Bonaccursi de l'excommunication portée contre lui sur la proposition de... ; qu'on rende justice aux clercs comme auparavant ; qu'on casse les statuts qui parlent des clercs, et qu'on en fasse de nouveaux.

Ubertino de lo Strozza, qu'on maintienne le statut du capitaine qui parle *de alienationibus non faciendis;* qu'on ne fasse pas de statut qui permette d'acquérir à l'Église et à l'évêché, et s'il se faisait quelque aliénation, qu'on récupère les droits de la commune ; qu'on casse tous les statuts qui parlent de privilèges pour les clercs ; qu'aucun office de la commune n'observe le droit des décimes, et qu'on ne leur accorde pas le bras séculier.

Francesco Torselli ajoute que si quelqu'un encourt l'excommunication, l'on ne puisse le poursuivre ni au civil, ni au criminel, et qu'aucun laïque ne puisse appeler en jugement un autre laïque, sinon au for séculier, sous peine de 100 livres d'amende; que celui qui a déjà été pris soit condamné par le potestat, et si celui-ci encourt quelque dommage, *conservetur* par la commune.

Lapo Salterelli comme Donato Alberti.

Ser Arrigo Gratie veut que six sages obtiennent *balia* de rédiger cette délibération, ajoutant ou diminuant à leur gré pour l'honneur de l'Église romaine et de la commune.

Bonaccorso Lisei veut huit juges ou notaires qui soumettront leur travail au potestat, au capitaine, aux prieurs et aux sages. Il demande qu'on fasse un statut qui ordonne que si quelqu'un est excommunié, la commune doive le libérer à ses frais, si elle est injuste, qu'on envoie des ambassadeurs et des syndics au pape, qu'on supprime les *capitoli* qui ordonnent que la commune ne soit pas tenue des excommunications qu'encourraient le potestat, le capitaine et leurs *famiglie*.

On décide selon l'avis d'Arrigo et de Bonaccorso.

(*Ibid.*, p. 126-127.)

4 SEPTEMBRE 1285

Les quatre conseils du capitaine et du potestat convoqués tour à tour approuvent la résolution prise sur la cassation des anciens statuts et sur la compilation des nouveaux sur les clercs. Il n'y a pas trace d'opposition dans les conseils du capitaine, mais dans ceux du potestat. Talano della Tosa propose de ne pas procéder.

Francesco Toselli veut qu'aucun laïque ne puisse appeler en jugement un autre laïque sinon devant un juge séculier, et que si quelqu'un a contracté des dettes envers une personne qui ensuite se fasse clerc, il doive nonobstant être appelé devant un juge séculier pour dettes contractées avant la prise d'habit.

Giolo des Abati demande qu'on ne fasse rien de la proposition, mais que sur ces choses délibèrent le potestat, le capitaine et les prieurs avec le chapitre de l'Église florentine et l'évêque de Fiesole, et que, quant au statut du potestat contenant que les excommuniés doivent se libérer à leurs frais, on pourvoie à ce que la commune en demeure indemne. (Les prêtres excommuniaient pour dettes. La commune rachetait les condamnés, ou ils se rachetaient eux-mêmes à leurs frais.)

On approuve la proposition.

(*Ibid.*, p. 128.)

10 SEPTEMBRE 1285

Conseil de sages, chevaliers, marchands, notaires, artisans dans la maison des prieurs, en présence du potestat, du capitaine et des prieurs.

Le potestat propose de prendre des résolutions touchant le procès que les clercs entendent faire au potestat, au capitaine, aux prieurs et à la commune de Florence, pour la sentence rendue par eux contre lesdits clercs.

Bonaccorso Bellincioni conseille que le potestat, le capitaine et les prieurs, avec deux sages par *sesto*, dont des juges, délibèrent à ce sujet, et envoient à la cour du pape ou autrement, pour que les choses faites par la commune aient leur plein effet, et que les sages ne s'éloignent pas de la chapelle de la maison des prieurs avant d'y avoir pleinement pourvu.

Rainerio del Sasso demande qu'on envoie auprès des plus grands clercs, et qu'on se consulte avec eux au sujet desdits *ordinamenta*, pourvu que les *ordinamenta* en faveur de la commune restent intacts.

Dino Compagni veut que si dans les trois jours les clercs ne renoncent pas à ce procès, on publie par la ville défense à chacun de rester dans leurs maisons ou de labourer leurs terres, qu'ils soient privés de la protection de la commune et puissent être offensés par tout le monde.

Albizzo Corbinelli conseille qu'on élise douze sages *inter quos sint tres sapientes et alii sint laïci boni et sapientes et discreti*, qui pourvoient auxdites choses pour l'honneur et utilité de la commune, sans qu'on tienne d'autres conseils à ce sujet.

Gianni Bucelli veut qu'on fasse parlement *in ecclesia Sancte Liberate* (Reparate) *comunis, summo mane*, auquel chacun pourra venir, et qu'on notifie lesdits *ordinamenta*, ledit procès, qu'on fasse à ce sujet une proposition générale et qu'on procède selon la volonté de ce parlement.

Aldobrandino Megliorelli demande que le lendemain, de bon matin, se réunissent six sages en droit civil et canonique, six chevaliers et autres six *buonuomini*, et qu'après leur avoir exposé les choses faites par les clercs, on procède selon leur volonté; qu'on soumette ensuite les mêmes faits aux *capitudini* des arts et aux conseils, et qu'on s'en tienne à leur délibération, en ayant égard à ce qu'auront décidé les sages.

Giovanni del Brodaio demande que le lendemain on fasse un parlement, et qu'on annonce qu'à cette occasion les boutiques seront fermées.

On décide de tenir un parlement, mais sans fermer les boutiques.

(*Ibid.*, p. 150.)

11 SEPTEMBRE 1285

Conseils spécial et général du capitaine et du potestat, et parlement à Santa Reparata, annoncé au son des cloches et par la voix des crieurs.

Le potestat, en présence des autres magistrats, expose les choses faites par la commune par rapport aux statuts sur les clercs, et la sentence rendue par le chapitre et par les clercs contre le potestat, le capitaine, les prieurs, les autres officiers de la commune et la commune même. Il demande ce qu'il convient de faire, non sans énoncer son propre avis.

Bonaccorso Bellincioni conseille de conserver les *ordinamenta* adoptés; que si quelque officier ou autre personne encourt l'excommunication, la commune à ses frais l'en libère; que si les clercs ne renoncent pas au procès, ils soient privés de la protection de la commune, et qu'on fasse à ce sujet un autre parlement; que le potestat, le capitaine et les prieurs aient pleine liberté sur les susdites choses, et qu'ils appellent à eux des sages pour en délibérer, à condition que les *ordinamenta* faits soient maintenus.

Dino Compagni veut que si le procès n'est pas abandonné, on publie par la ville que personne ne devra rester dans les maisons de ces clercs, ni sur leurs terres, ni les travailler, et qu'ils perdront tout droit à la protection, à la défense de la commune.

Arrigo del Boccacio demande que tant que les clercs n'auront pas renoncé au procès, aucun artisan ne leur doive prêter ses services; que le potestat, le capitaine et les prieurs avisent sur lesdites choses, et qu'on fasse un syndic pour conserver le potestat et les autres officiers et conseillers indemnes des excommunications qu'ils pourraient encourir pour les susdites causes.

Lapo Salterelli propose que le potestat, le capitaine et les prieurs, avec des sages parmi lesquels trois chevaliers-juges, trois marchands et trois artisans, délibèrent surs lesdites choses; que la commune libère à ses frais les officiers qui encourent les excommunications; qu'on nomme un syndic à cet effet; que si ces choses n'obtiennent pas plein effet, on convoque un autre parlement.

On approuve le conseil de Lapo.

(*Ibid.*, p. 130-131.)

17 SEPTEMBRE 1285

On constitue des syndics pour le fait des clercs.

(*Ibid.*, p. 131 v°.)

18 SEPTEMBRE 1285

Conseil spécial du capitaine, avec les *capitudini* et autres sages devant le potestat, le capitaine et les prieurs, à la *Badia, ad sonum campane et vocem preconis et nuntiorum requisitionem.*

On leur communique le traité d'accord préparé par les clercs.

Plusieurs en conseillent l'acceptation.

Teghia Tedaldi veut qu'on maintienne les choses faites par la commune, et qu'on n'innove rien tant que n'aura pas été révoquée la sentence d'excommunication et d'interdit lancée par les clercs.

Giovanni del Brodaio propose que le potestat, le capitaine, les prieurs, décident, mais avec l'assistance des *capitudini* des arts.

Meno Jacobi est d'avis du rejet, qu'on ne fasse rien *de hiis que tractata sunt de concordia predicta*.

Lapo Salterelli veut que lesdites choses se réduisent *ad minus consilium*, c'est-à-dire qu'il plaira au potestat, au capitaine et aux prieurs de convoquer, mais qu'on décide dès à présent que les *capitoli* ne seront point suspendus, mais qu'on en commette aux sages la décision.

On adopte l'avis de Lapo, en y ajoutant que les laïques devront être relâchés.

(*Ibid.*, p. 131 v°, 132.)

20 SEPTEMBRE 1285

Conseil des sages devant les prieurs dans la maison de Ghani Foresi.

Nouvelle délibération, à l'occasion d'une certaine cédule.

(*Ibid.*, p. 132 v°.)

26 SEPTEMBRE 1285

Conseil de sages dans la maison des prieurs, en présence des prieurs, du capitaine et du juge assesseur du potestat.

On rapporte le traité avec les clercs, et le capitaine demande conseil.

Arrigo Gratie propose de donner *balia* au potestat, au capitaine et aux prieurs.

Andrea de Cerreto veut qu'on approuve le traité.

On se range à son avis.

(*Ibid.*, p. 132 v°.)

1er OCTOBRE 1285

Les prieurs, le conseil spécial du capitaine, les *capitudini* des douze arts majeurs et autres sages dans la maison des prieurs devant le potestat et D. Jacopo, juge du capitaine.

Le potestat demande si l'on veut en venir à la concorde avec les clercs de la manière suivante : maintenir dans les statuts le chapitre *quod capitula que sunt contra ecclesiasticam libertatem sint cassa*, et que tout d'abord les clercs révoquent la sentence d'excommunication et d'interdit.

Rogerio des Tornaquinci approuve, à condition de laisser la décision suprême aux magistrats.

Bardo Angiolieri, juge, conseille qu'on envoie au pape un ambassadeur sacré, pour lui notifier toutes les choses faites par les clercs contre Florence ; qu'on ne procède pas à cette concorde, et que ledit chapitre ne reste pas dans les statuts.

Albizzo Corbinelli appuie Rogerio, pourvu qu'auparavant l'excommunication et l'interdit soient levés *solempniter et de jure.*

Bonaccurso Bellincioni veut que rien ne se fasse avant que les clercs aient renoncé à tout procès, et que si le jour même on ne prend pas une décision sur ces choses, on convoque l'assemblée à parlement, en donnant ordre de fermer les boutiques.

Talano de la Tosa veut donner *balia* aux magistrats et à une vingtaine de sages, pour arriver à la concorde.

Jacopo de Aymerii est d'avis que si la concorde peut se faire selon le traité, elle se fasse ; dans le cas contraire, qu'on s'en tienne à ce qui a déjà été fait.

Dino Compagni demande qu'on élise deux clercs pour voir les nouveaux statuts et les choses dont ils sont mécontents; qu'ils se présentent (*specificentur*) dans un conseil de sages ; s'ils n'y consentent pas, que ledit statut subsiste, à condition pourtant qu'il ne préjudicie point aux statuts, aux mesures qu'on a prises récemment.

Ghino Frescobaldi propose que si les clercs font ce qu'ils promettent quant au fait des faux clercs, on procède à faire la concorde.

Ubertino de lo Strozza veut que, l'excommunication étant d'abord levée, on élise deux sages de chaque côté, qui donnent leur avis sur la question de savoir *si commune de jure et necessitate tenetur ponere dictum statutum*, et qu'on procède conformément à leur avis.

Arrigo Gratie opine que ledit traité doit se faire, une fois l'excommunication levée.

Tieri Burbassi, qu'on maintienne les décisions prises, et que s'il convient de les modifier, on convoque à ce sujet le parlement.

(*Ibid.*, p. 133.)

2 OCTOBRE 1285

Conseils spécial et général du capitaine et *capitudini*.

Le capitaine propose que si quelqu'un allègue que le potestat, le capitaine ou un autre officier de la commune est excommunié, on ne l'écoute pas.

Ser Guido de Lucto (Lotto) approuve, ajoutant que si l'opposant est soumis à la juridiction de la commune, il soit puni, et que les prieurs y pourvoient à leur gré.

Lapo Salterelli conseille qu'on inflige aux opposants une amende de cent livres ou plus, à la décision des prieurs.

Sa proposition est approuvée par assis et levé.

(*Ibid.*, p. 133.)

5 OCTOBRE 1285

Conseil général du capitaine.

Le capitaine propose de ne pas rétablir la concorde avec les clercs, si d'abord ils ne lèvent la sentence d'excommunication, et qu'à ce sujet on fasse un statut.

Tieri Burbassi conseille de rejeter la proposition.

Ser Ubertino et Cenni, de l'approuver.

Leur avis prévaut.

En tête de la provision de ce jour on trouve cette note :
Die tertio octobris provisum fuit per priores quoddam auctoritate consiliorum super facto clericorum et super exceptione excommunicatorum non admittenda.

(*Ibid.*, p. 134.)

8 OCTOBRE 1285

Conseil général du potestat.

Le potestat fait la même proposition.
Elle est approuvée.

(*Ibid.*, 134.)

13 OCTOBRE 1285

Conseils spécial et général du capitaine et *capitudini* et autres sages appelés par les prieurs.

Le capitaine propose que pour la concorde à faire avec les clercs on procède selon la provision lue par le notaire.

Ser Berlinghiero Oradini conseille que ladite proposition reste au bon plaisir du potestat, du capitaine, des prieurs et des sages.

Neri del Sasso appuie la proposition du potestat.

Rosso Fornari veut qu'aucun accord ne se fasse avant d'avoir supprimé les *capitoli* contraires à la liberté de l'Église.

Ser Arrigo Gratie, que ledit accord soit fait par le capitaine, le potestat, les prieurs et les sages; mais si on en peut faire un meilleur, qu'on le fasse.

Bindo Neri Ambrosii, que lesdites choses se fassent au gré du potestat, du capitaine, des prieurs et des *capitudini* des arts majeurs, qui devront se réunir le jour même.

Oddo Altoviti appuie la proposition.

Iacopo de Certaldo ne veut pas qu'aucun accord puisse diminuer la valeur des statuts nouvellement faits, ni qu'on puisse supprimer aucun des autres statuts qui soit contre la liberté de l'Église, sinon par la volonté du présent conseil.

Lapo Salterelli veut que dans les affaires civiles la curie séculière procède comme fait la curie ecclésiastique.

Lotto des Agli demande que les présents prieurs, ou, si le temps leur manque, les prieurs à venir, réunissent six sages *in jure* et six laïques, et un pour chacun des sept arts majeurs, à élire par les *capitudini* de ces arts, pour examiner si les *capitoli* nouvellement faits sont contraires à la liberté de l'Église, en tout ou en partie; que leurs délibérations à ce sujet soient portées au conseil, et qu'on procède selon la volonté de celui-ci.

A la pluralité de plus des quatre cinquièmes, on approuve l'avis de Lotto.

(*Ibid.*, p. 135.)

17 OCTOBRE 1295

Conseil de sages élus selon la *riformagione* du conseil du capitaine.

Le potestat, en présence du capitaine et des prieurs, demande ce qu'il convient de faire touchant les statuts compilés par la commune que les clercs disent être contraires à la liberté ecclésiastique, et comment, quand, avec quels clercs il faudra ouvrir des colloques à ce sujet.

Brunetto de Brunelleschi conseille que lesdites choses soient examinées par le potestat, le capitaine, les prieurs et six sages, qui feront ensuite des propositions au conseil du capitaine.

Lapo Salterelli, que le potestat, le capitaine, les prieurs et les sages présents, avec le *proposto* et le vicaire, ou avec le vicaire seul, pourvu d'un plein mandat à lui donné par les clercs, examinent lesdits *capitoli*; qu'ils voient ceux qui sont contre la liberté de l'Église, et qu'on procède conformément à leur provision.

Bardo Angiolieri et Lotteringo Pegolotti appuient Lapo.

Francesco Toselli demande que les *capitoli* soient examinés d'abord par les sages présents, et qu'ensuite on convoque les clercs selon l'avis de Lapo.

(*Ibid.*, p. 136.)

22 OCTOBRE 1285

Conseils spécial et général du capitaine, *capitudini* des douze arts majeurs, autres sages précédemment élus pour le fait des clercs, et, en outre, des sages élus selon la *riformagione* d'un autre conseil.

Après qu'on a entendu l'exposition, par Bardo Angiolieri, des choses arrêtées entre les sages et les clercs; après qu'on a lu le statut, les monitions, les constitutions faites par le chapitre de l'Église florentine, le capitaine demande conseil.

Gatto Branchi demande que l'accord se fasse comme il a été dit, et qu'on veille à ce que les clercs, même véritables, qui commettraient quelque méfait, soient mis en prison.

Gherardo des Visdomini, que l'accord se fasse comme il a été proposé.

Ubertino de lo Strozza, que le pouvoir soit laissé au potestat, au capitaine et aux autres sages, de corriger, diminuer ou augmenter le statut qui traite *de jure reddendo clericis*, comme il leur paraîtra convenable.

Corso Deodati veut qu'on agisse selon le traité, qu'il soit valable pour un an et qu'on envoie vers les clercs.

Lapo Guglielmi comme Ubertino quant à la correction du statut, sous réserve, s'il y a lieu, d'en référer aux conseils opportuns.

Cet avis prévaut à la pluralité des six-septièmes et plus.

(*Ibid.*)

4 NOVEMBRE 1285

Conseil des sages devant le potestat, le capitaine et les prieurs, dans la maison de ceux-ci.

Le commencement manque.

Bardo Angiolieri demande que le potestat, le capitaine et les prieurs envoient à la curie Romaine des ambassadeurs, qu'ils désigneront eux-mêmes au nombre qui leur paraîtra convenable, *et formetur ambaxiata predicta per sapientes;* que lesdits ambassadeurs puissent constituer un syndic et faire ce qui sera utile touchant la sentence d'excommunication et les *Ordinamenti*. Quant à faire un autre procès, que les prieurs en décident.

Talano de la Tosa veut qu'on envoie de bons et sages ambassadeurs, qu'on élise ensuite douze sages parmi lesquels il y en ait de versés dans le droit, qui avisent aux moyens de faire un accord, s'il est possible, sans aller plus loin.

Arrigo Paradisi conseille que, s'il y a lieu, on envoie à la curie un notaire, ou un laïque avec un notaire, pour comparaître devant le pape et demander qu'il soit pourvu à cette affaire, mais que l'ambassade se fasse aux frais de l'Église.

Bonaccorso Lisei est d'avis qu'on en réfère aux conseils du capitaine.

Rogerino des Pigli, qu'on n'envoie pas d'ambassadeur, qu'on ne tienne pas conseil, mais qu'on élise six hommes, un par *sesto*, deux desquels soient sages en droit, pour aviser à l'accord.

Le conseil de Bardo est approuvé presque à l'unanimité.

(*Ibid.*, p. 159.)

TABLE DES MATIÈRES

LIVRE

—

CHAPITRE PREMIER

LE GOUVERNEMENT DES GIBELINS

Guerre des gibelins de Florence contre Lucques et les guelfes réfugiés (1261). — Négociation des guelfes avec Conradin. — Atermoiements de la cour d'Allemagne. — Tentative des guelfes pour rentrer à Florence (26 septembre 1262). Occupation et abandon de Signa. — Campagne des gibelins dans le val d'Arno inférieur (printemps de 1263). — Traité avec Lucques. — Expulsion des guelfes. — Ils se retirent à Bologne. — Ils se font mercenaires à Modène et à Reggio (1264). — Ils se relèvent progressivement. — Manfred noue contre eux des alliances. — Négociations du saint-siége pour lui susciter un rival. — Charles d'Anjou. — Lenteur de la négociation. — Clément IV en hâte la fin (1265). — Ses emprunts aux banquiers toscans. — Armée de Charles. — Arrivée de Charles à Rome (mai 1265). — Il jure le traité (29 mai). — Nouvelles négociations financières. — Accueil fait à l'armée française en Italie. — Sa marche vers Rome. — Elle est grossie des guelfes toscans. — Agitation et combats en Toscane. — Manfred cherche un accommodement. — Bataille de Bénévent (26 février 1266). — Défaite et mort de Manfred. — Jugement des Italiens à son égard. 1

CHAPITRE II

LES FRATI GAUDENTI ET LE PROTECTORAT DE CHARLES D'ANJOU

Effets de la bataille de Bénévent en Italie. — Réconciliation de Florence avec l'Église. — Concessions de Guido Novello. — Les *frati gaudenti*. — Conseil des trente-six *buoni uomini*. — Organisation qu'ils donnent aux arts. — Progrès de la démocratie. — Efforts de Clément IV pour chasser les Allemands. — Emprunt refusé à Guido Novello. — Attaque des Lamberti contre les trente-six (11 novembre 1266). — Résistance des marchands. — Échec et retraite de Guido Novello. — Il tente de rentrer dans Florence (12 novembre). — Réorganisation du gouvernement florentin. — Part qu'y prend Clément IV. — Effort des Florentins pour conserver leur indépendance. — Domination passagère des modérés. — Mariages mixtes. — Mécontentement des guelfes et du pape. — Leurs tentatives pour dissoudre la ligue gibeline. — Entrée de Guy de Montfort et des Français à Florence (12 avril 1267). — La seigneurie offerte à Charles d'Anjou. — Réforme des institutions florentines. — Les douze *buoni uomini*. — Les divers conseils. — Les biens des gibelins confisqués. — Organisation de la *parte guelfa*. — Plaintes des gibelins : Fra Guittone d'Arezzo. 55

CHAPITRE III

DEUXIÈME GOUVERNEMENT DES GUELFES ET PROTECTORAT DE CHARLES D'ANJOU

Les ennemis de Charles d'Anjou à Pise. — Ambassade des gibelins à Conradin. — Charles d'Anjou en Toscane (mai 1267). — Charles y est nommé *paciarius* (4 juin 1267). — Il fait campagne contre les gibelins. — Révolution à Sienne. — Siége et prise de Poggibonzi par les guelfes (mi-juillet-30 novembre). — Campagne contre Pise (février 1268). — Prise de Motrone. — Chants guerriers des troubadours. — Don Enrique de Castille, sénateur à Rome. — Conradin en Italie (octobre 1267). — Préparatifs et emprunts de Charles d'Anjou. — Son séjour à Viterbe (5-30 avril 1268). — Excommunication de Conradin et de ses fauteurs (8 avril). — Conradin à Pise. — Alarmes des guelfes. — Marche de Conradin à travers la Toscane. — Défaite des guelfes à Ponte a Valle (24 juin). — Clément IV relève le courage des vaincus. — Conradin à Rome (24 juillet-10 août). — Bataille de Tagliacozzo (22 août). — Captivité et supplice de Conradin (29 octobre). — Indépendance réelle de la Toscane sous le protectorat de Charles d'Anjou. — Guerre contre Sienne. — Défaite et mort de Provenzano Salvani (17 juin 1269). — Expédition contre Ostina et Asciano (septembre). — Malheurs publics. — Exigences des Florentins. — Charles d'Anjou conclut la paix avec Pise. — Son séjour en Barbarie (1270).

TABLE DES MATIÈRES. 521

— Guy de Montfort le remplace en Toscane. — Destruction de Poggibonzi (juin). — Paix avec Sienne (4 août). — Ligue guelfe de Toscane. — Gibelins suppliciés à Florence. — Guy de Montfort perd son autorité (1271). — Impuissance de Charles d'Anjou et du saint-siége (1272). — Grégoire X à Florence (18 juin 1273). — Pacification entre les guelfes et les gibelins (11 juillet). — Perfidie des guelfes et départ des gibelins. — Colère et départ du pape. — Discorde croissante dans l'Italie centrale. — Rodolphe de Habsbourg, reconnu roi des Romains (1274). — Grégoire X de nouveau à Florence (18 décembre 1275). — Sa mort (10 janvier 1276). — Les Pisans vaincus par les Florentins au fossé Rinonichi (juin 1276). — Paix entre Pise et la ligue (13 juin). — Progrès des Florentins par l'impuissance de Charles et du saint-siége. 108

LIVRE V

CHAPITRE PREMIER

CONSTITUTION DÉFINITIVE DE LA RÉPUBLIQUE

Discordes croissantes entre les guelfes et les gibelins. — Le cardinal Latino, légat et médiateur (8 octobre 1279). — Pouvoirs qui lui sont conférés. — Paix entre les partis (18 janvier 1280). — Réforme du gouvernement. — Le saint-siége protecteur. — Les quatorze. — Les mille de la milice civique. — Révision des statuts. — Réforme semblable à Sienne, Volterre, Pistoia. — Départ du cardinal Latino. — Impuissance du vicaire impérial. — Prospérité à Florence. — Ses relations avec le saint-siége. — Martin IV, fauteur des guelfes (1281). — Reconstitution de la ligue toscane (8 février 1282). — Les vêpres siciliennes. — Les Florentins en Sicile. — Leurs délibérations financières. — Nouvelles discordes. — Les gibelins proscrits. — Commission pour réformer le gouvernement. — Les prieurs. — Le potestat, le capitaine, le proconsul. — Leurs attributions : le gouvernement, la justice, la police, l'armée. — Les conseils : leur rôle dans l'État. — Magistrats subalternes. — Les ambassadeurs. — Caractère de cette Constitution. — Satisfaction des Florentins. — Fêtes et réjouissances. 189

CHAPITRE II

GUERRES POUR L'HÉGÉMONIE CONTRE AREZZO ET PISE
BATAILLE DE CAMPALDINO

Politique commerciale de Florence. — Ses relations avec les villes voisines. — Réforme du gouvernement à Sienne, Arezzo, Pistoia. — Discordes à Pise après

522   TABLE DES MATIÈRES.

la bataille de la Meloria (1284-1285). — Reconstitution de la ligue guelfe (13 octobre 1284). — Le comte Ugolino : ses négociations avec les guelfes. — Hostilités ouvertes contre Pise (10 novembre 1284). — Ugolino, seigneur à Pise (janvier 1285). — Ses propositions à Florence et délibérations des conseils. — Difficultés avec Lucques, et médiation d'Honorius IV. — Ugolino à Florence. — Traité conclu avec lui. — Sa tyrannie. — Hostilités provoquées par l'évêque d'Arezzo (1285-1287). — Prinzivalle des Fieschi, délégué impérial (1287). — Expédition des Florentins contre Arezzo (23 mai 1288). — Chute d'Ugolino (juillet 1288). — Florence assiste Nino Visconti, son petit fils. — Guido de Montefeltro, seigneur à Pise (1289). — Charles II d'Anjou à Florence (mai 1289). — Nouvelle campagne contre Arezzo (2 juin 1289). — Forces guelfes. — Elles campent dans la plaine de Campaldino. — Forces gibelines. — Bataille de Campaldino (11 juin 1289). — Lente marche des vainqueurs sur Arezzo. — Leur échec devant Arezzo. — Leur retour à Florence (23 juillet). — Résultats de la campagne. — Expédition au pays pisan (10 août). — Nouvelle tentative contre Arezzo (novembre). — Tactique de Guido de Montefeltro. —, Délibération des conseils florentins sur la guerre contre Pise. — Prise de Porto-Pisano (septembre 1290). — Campagne de 1291. — Prise de Pontedera par Montefeltro. — Campagne de 1292. — Hégémonie de Florence en Toscane. — Sa prospérité. 264

CHAPITRE III

LES ORDONNANCES DE JUSTICE

Puissance persistante des grands. — Leur alliance avec les *popolani grassi*. — Constitution des *consorterie*. — Troubles qui en résultaient. — Efforts infructueux pour y remédier. — Solidarité entre parents. — Abolition de la servitude. — Divisions dans les arts. — Perturbations du trafic. — Divisions entre les grands guelfes. — Giano della Bella. — Réforme votée par les conseils (18 janvier 1293). — Seigneurie réformatrice du 15 février 1293. — Le gonfalonier de justice. — Adjonction de cinq arts aux sept arts majeurs. — Rédaction des ordonnances de justice. — Adoption définitive des *ordinamenta justitiæ* (12 août 1294). — Économie de ces ordonnances. — Partie politique : élection des prieurs. — Leur prérogatives et attributions. — Élection du gonfalonier. — Force armée à ses ordres. — Nouvelle organisation des arts. — Leurs syndics. — Partie sociale : mesures contre les grands. — Cautions exigées des familles nobles. — Pénalités édictées contre elles. — Dénonciations et preuves à l'appui. — Expéditions du gonfalonier. — Droit permanent de réviser les ordonnances. — Paix et alliance avec les villes toscanes (12 juillet 1294). 338

CHAPITRE IV

ÉTABLISSEMENT DÉFINITIF DES ORDONNANCES DE JUSTICE

Les grands soulevés contre Giano della Bella. — Complicité du *popolo grasso*, du pape, des juges, des bouchers. — Dino Pecora et Corso Donati. — Procès et absolution de Corso Donati (20 janvier 1295). — Soulèvement populaire contre le potestat. — Conjuration contre Giano. — Bulle de Boniface VIII (23 janvier 1295). — Procès de Giano (17 février). — Son départ (5 mars). — Sa condamnation. — Affermissement de la révolution des ordonnances. — Elle se propage dans les autres villes de la Toscane. — Jehan de Châlon, éloigné de la province par la médiation du pape. — Aggravation des ordonnances (13 mai 1295). — Réclamation des grands et tentative d'émeute (6 juillet). — Triomphe pacifique des marchands. — Mesures d'apaisement prises par les vainqueurs (1295-1300). — Soumission d'une partie des grands. — Derniers efforts des autres : le potestat Monfiorito (janvier-mai 1299). — Poursuites contre les prieurs du 15 août (19 octobre). — Autorité croissante de Florence sur la ligue toscane. — Ses relations avec Charles II d'Anjou. — Avec Bologne (1296-1298). — Avec Boniface VIII (1297). — Croisade contre les Colonna — Ambassade des Florentins au jubilé (1300). — Travaux publics à Florence pendant cette période (1293-1300). — Les édifices religieux : San-Giovanni, Santa-Reparata, Santa-Croce, Santo-Spirito, Santa-Maria Novella. — Travaux d'édilité. — Les prisons. — Le palais de la seigneurie. — La troisième enceinte de murs. — Travaux sur le territoire et au delà : routes, ponts, châteaux. — Jugement contradictoire de Dante et de Machiavel sur cette période.   406

INDEX ALPHABÉTIQUE

DES NOMS ET DES CHOSES PRINCIPALES

Les noms d'auteurs ou d'ouvrages mentionnés pour la première fois sont en *italique*. Deux chiffres au même nom d'auteur indiquent deux ouvrages différents de cet auteur.

A

Abati, 312, 507.
Absents, 381.
Abstensions, 264.
Abruzzes, 126, 144.
Accapareurs, 345.
Accatto, 393.
Acciajuoli, 185, 351, 368, 434, 437.
Accursi, 476, 478.
Acerra, 49.
Achat de maisons, etc., 433, 450.
Acquasparta, 85, 442.
Acre, 272, 354.
Adam de la Halle, 22, 52, 53.
Adda, 228.
Adelasie, 177.
Adenolfo del Conto, 196.
Adimari, 4, 14, 82, 166, 192, 218, 360, 426, 427, 432, 447, 501.
Affranchissement des serfs, 349, 350.
Afrique, 13, 101.

Agli, 482, 485, 515.
Agobbio, 328.
Agolanti, 499.
Aguglione, 268, 409.
Aicarts del Fossat, 127.
Aigues-Mortes, 354.
Aimeri de Peguilain, 52, 53.
Ain, 146.
Alba, 144, 118, 153.
Albergatori, *voy*. Aubergistes.
Albert d'Autriche, 411.
Albert de Parme, 25.
Alberti, 185, 506.
Albigeois, 85.
Albizzi, 326, 365, 366, 504.
Albizzo, *voy*. Corbinelli.
Aldobrandino de Sienne, 180.
Alençon, 259.
Alexander (Comes), 488.
Alexandre IV, 17.
Alfani, 265, 446.
Allemagne, 4, 5, 35, 110, 123, 126, 151-153,

217, 466.
Allemands, 7, 26, 46, 49, 59, 67-70, 72, 74, 76, 79, 83, 120, 128, 139, 141-143, 147, 156, 158, 295.
Alphonse de Castille, 109, 175.
Altafronte, 459.
Altoviti, 4, 193, 287, 326, 409, 434, 477, 478, 480, 482, 483, 485, 487, 489, 491, 493, 496, 501, 514.
Alvernia, 311.
Amalrico Augerio, 27.
Amari, 266, 471.
Amatore Puzzini, 37.
Amaury de Montfort, 85.
Ambassadeurs, 250, 251, 266, 268, 278, 279, 281, 283, 284, 328, 334, 350, 356, 438, 439, 441, 446, 447, 473-477, 479, 481-483, 493-495, 502.
Ambra, 301.

Amendes, 172, 239, 246, 250, 309, 348, 349, 378, 381, 385, 386, 390, 391, 394, 395, 414, 422, 430-432.
Amidei, 201.
Ancone, 134, 143, 160.
Andrea de Cerreto, 351, 511.
Angers, 30.
Angelerio Bonelli, 37.
Angelini, 501.
Angelo, 307.
Angelotti, 489.
Angiolieri, 476, 478, 505, 506, 512, 515, 516.
Angiolini, 496.
Anglais, 371.
Anglano, 9, 136.
Angleterre, 356.
Anguillara, 167.
Anjou, 30, 130, 297, 308.
Annal. Placent. Gib., 130.
Annal. vet. Mutin., 15.
Annunziata, 316.
Anselmi, 484.
Antonio de Quarto, 357.
Antonio Scarampi, 357.
Anziani, 16, 90, 91, 215, 255, 257, 524.
Apennin, 13, 42, 43, 129, 175, 191, 267, 316.
Apothicaires, 65, 232, 374.
Appels, 239, 251, 391.
Apulien, 144.
Aqueducs, 461.
Aquila, 136.
Aquino, 46, 47.
Aragon, 297.
Arbalétriers, 313, 396, 491.
Arbitres, 358, 409.
Arborea, 271, 502.
Archevêque de Pise, 274, 294.
Archintri, 228.
Architectes, 491.
Ardinghelli, 185.
Arezzo, 5, 6, 43, 58, 121, 138, 163, 174, 181,

182, 199, 267, 268, 270, 294-296, 298-301, 303, 305, 308-312, 318-320, 325, 324, 326, 327, 329, 335, 403, 424, 473.
Aristocratie, 67, 168, 231, 253, 339, 353, 367.
Aristophane, 463.
Armée, 30, 31, 145, 182, 235, 310-313, 319, 322, 332, 333.
Armeggiatori, 195.
Armes de Charles d'Anjou, 431.
— des compagnies, 210.
— du gonfalonier. 379.
— des guelfes, 42,
— des Métiers, 65, 66, 431.
— des Siennois, 212.
Armuriers, *voy.*Carozzai, Spadai.
Arno, 9, 160, 181, 183, 303, 311, 322, 459.
Arnolfo de Colle, 452, 453, 457.
Arnonico, 183.
Arnulphe, 151.
Arrighi, 409.
Arrighi del Beccaio, 218.
Arrigo del Boccaccio, 286.
Arrigucci, 435.
Arruoti, 233, 242, 256, 373.
Artinigi, 435.
Artistes, 268.
Arts, 65, 66, 68, 74, 93, 195, 204, 227, 230-233, 254, 266, 351, 352, 358, 359, 364, 382-384, 387.
Arts majeurs, 65, 66, 93, 224, 231, 232, 233, 251, 254, 255, 352, 353, 359, 365, 367, 371, 372, 384, 385.
Arts mineurs, 66, 254, 350, 353, 382-385, 408, 409.

Arts moyens, 254, 359, 365, 367.
Asciana, 160, 180, 304.
Asia, 136.
Asie, 13.
Asino des Uberti, 11, 50, 136.
Assemblée à parlement, 92, 238, 248, 249, 256, 283, 374, 472, 509.
Assesseurs de potestat, 240, 241.
Assise, 335.
Asti, 153, 306.
Astura, 149.
Athenæum, 7.
Athènes, 96, 463, 465.
Atiglianti, 369.
Auberges, 446.
Aubergistes, 66, 382.
Audiences, 234, 375.
Augustins, 62, 453, 454.
Aune, 430.
Autriche (duc d'), 127, 139.
Avane, 11.
Aveugles, 408.
Aymeric, 307, 308, 310, 315, 316, 321, 327, 331.
Aymerii, 512.
Azzolino des Uberti, 166.
Azzone, 440, 441.

B

Badia, 64, 231, 234, 275, 326, 360, 427.
Baglione di S. Giovanni, 184.
Baguette, 435.
Balayeurs, 242.
Baldo d'Aguglione, 268, 409, 437.
Baldo de Mandria, 432.
Baldoni, 497.
Baldovino des Ugoni, 237, 345.
Baldovino Rainucci, 266.
Baléares, 277.
Balestrieri, 313.

INDEX ALPHABÉTIQUE.

Balia, 197, 205, 258, 305, 319, 325, 328, 344, 345, 366, 409, 425, 429, 440, 442, 475, 477, 511, 512.
Banderaio, 395, 396.
Bandini, 446.
Banditori, 376.
Bannières, 212, 310, 317, 331, 333, 380, 381, 396, 403.
Banquiers, 384.
Barbadori, 99.
Barbarie, 162.
Barbassori, 487.
Barberino, 158.
Bardi, 154, 156, 157, 185, 225, 231, 360, 426, 458, 502.
Bardo d'Ammirato, 199, 200.
Bargello, 456.
Bari, 199.
Barrau (Nic. de), 121.
Bartolini, 312.
Bartolo des Bardi, 231.
Baschiera (Bindo), 477, 486.
Bastaro, 446.
Battifolle (Guido di), 224.
Baudouin, 169, 170.
Bazzacarino, 268.
Béatrix de Provence, 21.
Beaumont (Geoffroy de), 42.
Becchi, 458.
Becchinugi, 369.
Belindore, 125.
Bella (Della), 360, 361.
Bellincione des Adimari, 82.
Bellincioni (Bonaccorso), 476, 508, 509, 512.
Belluccio d'Ostina, 438.
Bencivenni, 409.
Bene de Vaglia, 369.
Bénévent, 25, 47, 49, 51, 129, 148, 156.
Benincasa, 495.
Benintendi, 293.
Bentacorde, 182.
Benvenuto de Sarzane,

181.
Bérard, 307, 310, 316.
Berlinghieri, 99.
Bernardi, 502.
Bernardini, 81.
Bernardino della Porta, 237.
Bernardo, évêque, 180.
Bernardo de Rieti, 304.
Bernardo Lanfredi, 271.
Bernardus Guido, 28.
Berre de Pise, 438.
Berrovieri, 210, 233, 236, 238, 240, 376, 395-397.
Bertardo, 474.
Berti, 485.
Bertoldo de Stefani, 347.
Bescherelle, 146.
Béthune-Dampierre, 32, 41.
Bibbiena, 312, 319.
Biblioth. de l'École des Chartes, 22.
Bientina, 179, 282.
Bindi, 488.
Bindo des Adimari, 82.
Bindo Galigai, 38.
Bisdomini, *voy.* Visdomini.
Biserno, 438.
Blanche d'Anjou, 440.
Blanche de Castille, 21.
Blé, 250.
Blessures, 430.
Boccaccio, 475, 490, 510.
Bolegnino, 289, 496.
Bolgheri, 179.
Bologne, 13, 14, 42, 62, 106, 107, 175, 177, 179, 185, 191, 267, 268, 300, 310, 440, 441, 461.
Bolzano, 127.
Bonaccorsi, 185.
Bonaccorso, 4, 15, 495, 502.
Bonaccursi, 506.
Bonaccurso Lisei, 356, 507.
Bonaguida (Ricco), 37.
Bonaiuto, 492.

Bonamore, 198, 204.
Bonaventura, 30, 36.
Bonaventura du Mugello, 180.
Boniface VIII, 410, 422, 424, 425, 439, 441-444, 447.
Boninsegna de Becchinugi, 369.
Bonucci, 171.
Bonzolino, 200.
Bordeaux, 260.
Bordelli, 369, 491.
Borghi, 409.
Borgo (Citoyen), 487.
Borgo, 98, 201, 209, 381, 409.
Borgo San Sepolcro, 121.
Bostichi, 193, 360.
Bouchers, 66, 243, 254, 367, 369, 383.
Boucliers (Fabricants de), *voy.* Scudai.
Bouffons, 261, 262.
Boulangers, 66, 243, 383, 384.
Boules, 247.
Bourgogne, 355, 411, 425.
Bourse, 44.
Boutaric, 355.
Boutiques, 397.
Brainne, 297.
Braiselve, 135, 138, 139.
Brancalconi, 194.
Branchi, 516.
Brescia, 369.
Brion (Simon de), 37, 221.
Britauz, 157-160.
Brodaio, 477, 492, 497, 502, 504, 505, 509, 511.
Bruit public, 393, 428.
Brunelleschi, 515.
Bucelli, 509.
Buglietti de Lucardo, 438.
Bulle, 418.
Buonconte de Montefeltro, 298, 301, 313, 317.

INDEX ALPHABÉTIQUE.

Buonaguida, 475, 486, 501.
Buondelmonti, 11, 88, 117, 193, 198, 199, 220, 253, 266, 287, 289, 360, 458, 484, 486, 487, 492, 495, 502.
Buoni Uomini, 64, 68, 71, 90, 91, 94, 96, 101, 105, 164, 199, 206-209, 225, 232, 233, 235, 255, 371.
Buoso de Doara, 17, 42, 56, 153.
Burbassi, 369, 494, 497, 513.
Busson, 170.
Buzzaccherini, 328.
Bzovius, 142.

C

Cabaretiers, 382.
Cacca, 15.
Cagliari, 179, 302.
Calcinaia, 324.
Calimala, 64, 65, 72, 227, 230, 231, 232, 250, 329, 430, 449, 489, 494.
Calore, 47.
Calzaioli, 65.
Calzolario, 446.
Camaiore, 271.
Cambi, 253.
Camaldoli, 311.
Cambio, 452.
Camera, 376.
Camerlingues, 249, 250, 451, 457, 500.
Campaldino, 295, 314, 315, 319, 356.
Campanie, 221.
Camparini della Bella, 419.
Campi, 75.
Campiglia, 118.
Campo (place du), 211.
Camporena, 332.
Cancellieri, 215.

Candidatures, 378.
Canigiani, 356.
Canna, 430.
Capalle, 75.
Capece, 87, 109, 110, 137.
Capitaine florentin, 206.
— de la Toscane, 115.
— de la guerre, 235, 241, 256, 377.
— de la Taglia, 222.
— de mercenaires, 438.
— du méfait, 390, 428.
— du peuple, 90, 105, 209, 210, 211, 219, 231, 236-241, 244, 245, 248, 249, 251, 257, 266, 286, 305, 319, 329, 345-348, 350, 351, 365, 366, 371, 377, 384-386, 394, 397, 400, 409, 419, 430, 433, 435, 438, 456, 474-503.
Capitaine général de la guerre, 240, 285.
Capitanate, 144.
Capitani di parte guelfa, 101-105, 196, 206.
Capitudini, 91-94, 96, 206, 218, 224, 233, 235, 241, 242, 248, 250, 251, 254, 256, 346, 356, 359, 364, 366, 367, 371, 373, 377, 378, 384, 386, 387, 477-479, 486, 494, 496, 498, 510, 512-516.
Capo di Gherardo, 408.
Caponsacchi, 201.
Caposelvole, 325.
Capoue, 25, 47, 166.
Capriolo, 42.
Caprona, 322.
Cardinale des Tornaquin-

ci, 193, 219, 477
Cardinali, 253.
Carradore, 356.
Carreggiai, 383.
Carrefours, 455.
Carretto (Del), 135.
Carroccio, 158, 195, 209.
Carruccio del Verre, 403.
Carthage, 162.
Casalberti, 462.
Cascina, 183.
Casentino, 44, 158, 300, 311, 323.
Caserte, 46, 47, 51.
Castagna (Tour de la), 234.
Castelbuoni, 287.
Castelfranco, 2, 462.
Castellani, 212.
Castellani de Pistoia, 420.
Castellano, 484.
Castello del Bosco, 333.
Castelnuovo, 44, 344, 433.
Castiglione, 11.
Castiglioni, 228.
Castro, 121, 285, 484, 485.
Castro, 370.
Casuberti, 462.
Catalano des Malavolti, 62, 63, 77, 80.
Catalogne, 306.
Catena, 224.
Caterina della Bella, 420.
Caution, 348, 388, 389.
Cavalcanti, 82, 253, 314, 360, 485, 498.
Cavalcata, 219.
Cavalerie, 210.
Cavallate, 300, 304, 308, 309, 323, 440.
Cece Buondelmonti, 11, 50.
Cece Gherardini, 95.
Cecina, 177.
Cenci, 221.
Cennamella, 242.
Cenni, 513.
Cent (Conseil des), 91, 94, 96, 256, 327, 328, 364, 386, 417, 457.

INDEX ALPHABÉTIQUE.

Ceperano, 46, 52, 144.
Cerbaria, 461.
Cerchi, 73, 204, 209, 295, 310, 326, 356, 401, 414, 417, 425, 427, 446.
Cerchio, voy. Enceinte.
Certomondo, 312, 318, 321, 413.
Cervellini, 472, 476.
Césarisme, 467.
Châlon, 411.
Champagne, 18, 145, 355, 356.
Chandelle, 156, 323.
Chanoine, 450.
Change, 250-252.
Changeurs, 65.
Chansons de Charles d'Anjou, 22-24.
Chapelles, 417.
Charles Ier d'Anjou, 19-30, 32-35, 39-42, 44-46, 48, 50, 51, 54, 79, 83, 84, 87, 88, 90, 100, 103, 109-111, 113-124, 127, 128, 132, 133, 135-137, 141, 142, 144, 145, 147-151, 153, 154, 156, 159, 161, 162, 167-169, 173, 174, 176, 178, 184-187, 193, 205, 212, 213, 220, 221, 223-225, 259, 260, 266, 269, 273, 295, 303.
Charles II d'Anjou, 297, 303, 306, 307, 309, 411, 431, 439, 440.
Charles VI, 385.
Charpentiers, voy. Maestri et Legnajuoli.
Charretiers, voy. Carreggiai.
Charte, 371.
Châteaux, 461.
Cherico Donati, 438.
Chevalerie, 168, 253.
Chevaliers, 238, 250, 253, 261, 339.
Chevaux, 238, 242, 251.

Chiamata, 380.
Chiana, 44.
Chianciano, 118.
Chiaro, 450.
Chiavajuoli, 383, 384.
Chiermontesi, 437.
Chine, 464.
Chiusi, 300, 322.
Chron. imp. et pontif., 22.
Chron. métrique de St.-Magloire, 31.
Chron. Siciliæ, 49.
Ciaconio, 194.
Ciampoli, 253.
Cimabue, 115.
Cinquantaines, 384.
Citeaux, 307.
Città di Castello, 442.
Ciuccio de Cinto, 268.
Civitella, 191, 323.
Clément IV, 28, 29, 31, 36-42, 45, 55, 57, 61-63, 68, 69, 76-79, 81, 83-86, 90, 100, 109, 112, 114-117, 119, 122, 126-128, 130, 132, 133, 135, 136, 140, 142, 143, 149-151, 154, 162, 295.
Clément VI, 444.
Clercs, 218, 335, 366, 504-517.
Clermont, 18.
Cloche, 380, 397, 415.
Coderta, 434.
Codice dipl. del Regno, 41.
Colle, 118, 121, 156, 157, 222, 269, 310, 317, 442.
Collége, 455.
Collemedio, 69, 70, 77, 78, 141.
Collenuccio, 150.
Colonna, 441, 443.
Còme, 153, 415.
Comète, 27, 28.
Commission des ordonnances, 368.
Compagni (Dino), 250,

329, 333, 365, 409, 505, 508, 510, 512.
Compagni (Piero), 409.
Compagnies des quartiers, 210.
Compagnies du Gonfalonier, 380, 381.
Comptoirs, 355, 421.
Conciatori, 383.
Conciles, 168, 174.
Conclave, 18, 176, 221, 441.
Condottieri, 240.
Confinés, 201, 228.
Confiscation, 97, 98, 390.
Conradin, 3-6, 20, 24, 86, 110, 112, 113, 123, 124, 126, 127, 129, 130, 134-138, 141-145, 147-151, 153.
Conseils, 91-97, 103, 199, 218, 219, 226, 235-258, 241-249, 256, 282, 289, 297, 326-329, 334, 345-347, 351, 352, 364, 374, 380, 384, 386, 414, 418, 457, 450, 460, 472.
Conseils de la *parte guelfa*, 102, 103.
Consiglio des Cerchi, 356, 357.
Consorterie, 341, 343, 344.
Consorti, 341.
Constance, 297.
Constantinople, 272.
Consuls, 351, 352, 372, 385.
Contado, 139, 319, 343, 345, 349, 374, 385, 388, 418, 427, 460.
Conticino, 166.
Contingent, 442.
Convention, 104.
Copistes, 242, 358.
Corazzai, 383.
Corbano, voy. Curbans.
Corbinelli, 284, 327, 477, 502, 508, 512.
Corde, 452.

Cordonniers, 66, 254, 289, 367.
Corrado de Palazzo, 184.
Corredo, 224, 261.
Corse, 440.
Corso Deodati, voyez Deodati.
Corso Donati, 282, 285, 310, 311, 314, 316, 327, 333, 355, 360, 413-417, 474, 476.
Cortone, 121, 134.
Corvaria, voy. Guido.
Cosenza, 52, 146.
Cosimo, 177.
Costumes, 236.
Cousance, 146, 147.
Credenza, 91, 94, 96.
Crémone, 42, 175.
Crivelli, 228.
Croisade, 31, 43, 168, 173, 354, 442.
Crusca, 197.
Cuisiniers, 375.
Curbans, 81, 146.
Currado de Sorecina, 362.
Cymbales, 242.

D

Dandolo, 293.
Dante, 42, 45, 50-54, 80, 145, 148, 166, 254, 275, 286, 303, 306, 314, 316, 317, 319, 322, 342, 360, 371, 373, 437, 438, 442, 463.
Dante e il suo secolo, 414.
Daru, 423.
Davanzi, 475.
Décime, 36, 150.
Démagogie, 254.
Démocratie, 67, 91, 96, 97, 215, 230, 253, 353, 359, 372, 422, 464.
Dénonciation, 392, 393.
Deodati (Corso), 286, 490, 510.
Détaillants de draps, 66.
Dini, 99.

Dino, voy. Compagni, Pecora.
Discordes civiles, 192.
Diotisalvi, 447.
Disette, 448.
Divieto, 244, 249, 378.
Dix, 236.
Docteurs, 210, 250.
Dominicains, 454.
Donati, 4, 82, 192, 282, 360, 414, voy. Corso, Simone.
Donato Camaiano, 496.
Donato, graveur, 268.
Donoratico, 144, 177, 293.
Donzelli, 224, 375.
Douve, 437.
Dovadola, 191.
Drap (marchands de), 384.
Droit de cité, 268.
Duclos, 442.
Durante, évêque, 440.
Durante des Chiermontesi, 437.

E

Édilité, 455.
Edmond d'Angleterre, 19, 24.
Édouard d'Angleterre, 167, 306.
Égalité, 339.
Église grecque, 183.
Égypte, 19.
Électeurs, 237, 243.
Élections, 237, 238, 243, 366, 371-374, 387, 435.
Elias Peleti, 77, 81.
Elio de Colle, 423.
Élisabeth, 111, 112.
Éloquence, 95, 96, 246, 247.
Empoli, 223, 282, 328, 438, 482.
Emprunt, 29, 35-41, 130-132, 141, 187, 217, 225, 226, 265, 325, 329, 440.

Enceinte, 459-461.
Enquête, 244.
Enrique de Castille, 23, 109, 111, 126, 142, 144, 146, 148, 161.
Enzio, 135.
Era, 122.
Érard, voy. Valery.
Eschyle, 463.
Espagne, 124, 125.
Espagnols, 144, 146, 148, 156.
Essayeurs de monnaies, 244, 250.
Este, 42, 185.
Estimo, 239, 499.
Estrapade, 436.
Evesham, 166.
Évêques d'Arezzo, 294, 298.
Évêques de Florence, 287.
Exactions, 355.
Exarchat, 187.
Excommunication, 134, 140, 143, 202, 306, 362.
Exil, 391, 420, 421.
Exilés, 20, 42, 48, 85, 120, 159, 156, 161, 163, 179, 180, 182, 193, 201, 202, 212, 213, 295, 296, 299, 304, 305, 312, 324, 401, 402, 421, 424, 433, 441.

F

Facio Juncte, 36.
Fadrique, 440.
Faenza, 62, 179.
Falconieri, 266, 360, 489.
Famiglia, 258, 341.
Famille, 340, 341, 348.
Familles, 253, 351, 360.
Fantoni des Rossi, 290.
Farinata des Uberti, 11, 50, 82, 166 322.

INDEX ALPHABÉTIQUE.

Farinella, 132.
Farnese, 301.
Fasanella, 45.
Faseolo, 278.
Fazello, 150.
Fazio, 502.
Federici, 60.
Feditori, 514.
Femmes, 456.
Ferentino, 287, 492, 493.
Ferracani, 82.
Ferrajuoli, 382.
Ferrare, 42, 175, 440.
Fetenti, 81.
Fêtes, 259, 261, 262, 307, 336, 353, 449.
Fieschi, 129, 298.
Fiesole, 508.
Fifanti, 71, 201.
Fifres, 375, 376.
Figline, 462.
Filippo Spinelli, 200.
Finances, 70, 71.
Fineschi, 370.
Fiorita d'Italia, 150.
Fiummaccio, 441.
Flandre, 207, 356.
Florin, 404.
Flotte, 33, 84, 143, 161, 174, 272, 273, 330.
Folchi, 447.
Fondaccio S. Niccolò, 172.
Fontaines, 401.
Foraboschi, 360, 458.
Forcari, 131.
Forese des Adimari, 14, 82, 291, 427.
Foresi, 511.
Forgerons, 66, 254, 367, 383. *Voy*. Ferrajuoli.
Forli, 179, 191, 306.
Fornai, *voy*. Boulangers.
Fornari, 99.
Forteguerra, 214.
Français, 42, 47, 49, 86, 108, 111, 116, 120, 121, 139, 140, 146, 148, 182, 221, 222, 306, 354, 355.
France, 13, 349, 354, 356, 373, 421, 466.

Francesca de Rimini, 314.
Francesco, 504.
Francesco de Guido, 30, 36.
Francesco, évêque, 450.
Franchises, 462.
Franciscains, 442, 453.
Frangipani, *voy*. Latino.
Franzesi, 355, 446.
Frati Gaudenti, 61, 64, 68, 72, 73, 76-78, 80, 90, 105, 107.
Frédéric Barberousse, 187.
Frédéric II, 4, 45, 132, 152, 187, 198, 274, 503.
Frédéric d'Aragon, 440.
Frères de Ste-Marie, 60, 61.
Frères prêcheurs, 271.
Frescobaldi, 29, 170, 185, 220, 307, 360, 362, 488, 490, 512.
Fripiers, 66, 367.
Frighinello, 447.
Fromage (marchands de), 383.
Fucecchio, 2, 265, 291, 402.
Funérailles, 375.

G

Gabbrielli, 309, 328.
Gabelles, 295, 451.
Gaëte, 47.
Galastrino, 420.
Galastrone, 415, 416.
Galigai, 58, 71, 204, 383.
Galigai (tanneurs), 383, 407.
Galletti, 407.
Galli, 407.
Galli de Spolète, 401.
Gallura, 177, 272, 277, 292, 293, 484.
Gambara, 437.

Gangalandi, 201, 309, 360.
Ganghereta, 286.
Gantelme, 26, 29, 147.
Gardiens, 455.
Gardingo, 80.
Garigliano, 47.
Garencio, 130.
Garnero, 130.
Gascogne, 85.
Genazzano, 148.
Gênes, 30, 173, 267, 268, 272-274, 276-279, 281-286, 288, 290, 291, 293, 298, 302, 329, 330, 352, 355, 402, 410, 440, 473-477, 481-485, 493-495, 498, 502.
Geppi, 99.
Gerardino de Gambara, 437.
Geri, *voy*. Spina.
Geri des Chiermontesi, 437.
Gherardesca, 177, 202. *Voy*. Ugolino.
Gherardi, 490.
Gherardini, 326.
Gherardo de Prato, 181.
Ghini des Frescobaldi, 220.
Giachinotti, 253.
Giambertani, 501.
Giandonati, 360, 494, 495.
Gianni de Lucino, 415, 417.
Giano della Bella, 360-364, 366, 373, 380, 408-411, 413, 416, 418-422, 424, 430, 431.
Gibelins, 16, 17, 26, 42-44, 48, 67, 68, 71, 75, 76, 82, 85, 86, 97, 100, 104, 105, 107, 109, 112, 114, 123, 129, 134, 137, 139, 142, 143, 161, 163, 165, 166, 168, 169, 170, 171, 174.

177, 178, 183, 190, 191-193, 200, 204-206, 208, 211-215, 221, 227, 228, 266, 267-269, 275, 278, 294, 296-298, 300, 303, 305, 306, 308, 312, 322, 326, 327, 342, 402, 409-411, 421, 422, 424, 425, 440, 462.
Gieremici, 275.
Gilles le Brun, 32.
Giliolo de Parme, 438.
Giordano d'Anglano, 3, 47, 50, 51, 136.
Giovanni Cini, 246.
Giovanni de Appia, 298.
Giovanni di Paganello, 64.
Giovanni de Procida, 224.
Giovanni de Sant'Eustachio, 206.
Giovanni Novello, 298.
Giovanni de Viterbe, 180.
Girolami, 72.
Giudice (Alberto del), 409.
Giudice (del), 41.
Giuseppe Coppi, 37.
Gone de Ghigi, 432.
Gonfalon, 209, 210, 367, 379, 381, 382, 394, 396, 415.
Gonfaloniers, 209, 210, 249, 271, 300.
Gonfalonier de justice, 365, 366, 371, 373, 375, 377-379, 386, 391, 394-397, 407, 415.
Goritz, 7.
Goro, graveur, 268.
Gottoli, 351.
Gozzadini, 61.
Gradenigo, 423.
Grandella, 47.
Grands, 67, 97, 168, 169, 172, 190, 192, 210, 211, 213, 214, 219, 228, 229, 230, 253, 284, 286, 300, 339, 342, 343, 345, 346, 350, 351, 353, 359, 365, 368, 386, 387-398, 401, 405, 407, 410, 418, 419, 422, 426, 428-435.
Gratie, 479, 495, 507, 511, 513.
Grégoire X, 167,169-174, 176, 179, 181, 182, 185, 193, 216, 287.
Grégoire XI, 444.
Gressa, 117.
Greti, 303.
Gros tournois, 440.
Grosseto, 118.
Guala, 5.
Gualbert, 311.
Gualducci, 474, 496, 498.
Gualterio de Ganghereto, 286, 490.
Gualterotti, 366.
Guascone Trapilicini, 36.
Guazzesi, 321.
Guelfes, 3, 5, 6, 8, 9, 16, 17, 20, 43, 47, 48, 56, 59, 62, 63, 67, 68, 76, 82, 85, 97, 100, 101, 105, 107, 109, 110, 119, 120, 121, 123, 137, 142, 146, 147, 153, 155, 161-165, 170, 171, 177-179, 182, 190, 192, 193, 200, 204-206, 208, 212, 214, 215, 221, 224, 227, 266, 268-270, 273, 275, 278, 293, 295, 297, 299, 300, 313, 322, 323, 326, 327, 342, 368, 377, 402, 408, 410, 422, 424, 440, 441, 457.
Guelfo Falconi, 271.
Guglielmi, 489, 516.
Guglielmino des Pazzi, 301, 308, 309, 317.
Guglielmino des Ubertini, 294, 298, 316, 317, 321.
Guglielmo d'Alba, 184.
Guiderello d'Orvieto, 317.
Guidi, 201, 204, 300, 403, 409.
Guido Cavalcanti, 82.
Guido, chapelain, 450.
Guido de Corrigio, 103.
Guido de Corvaria, 102.
Guido de Montefeltro, 191, 227, 306, 323, 324, 328, 331, 332, 334, 402, 443.
Guido Guerra, 4, 42, 47, 63, 75, 83-85, 100, 140, 142, 158.
Guido Novello, 1, 2, 3, 7, 8, 9, 11, 33, 43, 44, 56-59, 62, 68, 70, 71, 73, 74, 76, 79, 82, 86, 87, 103, 134, 137, 154, 155, 158, 171, 191, 202, 204, 205, 303, 311-313, 316, 317, 323, 457.
Guillaume de Nangis, 34.
Guinigi, 214.
Guittone d'Arezzo, 60, 105-107.
Guscianella, 138.
Guyart, 49.
Guy de Montfort, 85, 87, 90, 112, 116, 162, 163, 165-167, 296, 297.
Guy Foulquet, 28.

H

Habits, 376.
Habsbourg, 169.
Hangest, *voy.* Britauz.
Hegel (Karl), 370.
Henri de Bavière, 112.
Henri VI, 187.
Henri VII, 54.
Henry III d'Angleterre, 19, 24, 85, 166.
Hérode, 112.
Hiérarchie des arts, 382.

Hohenschwangau, 110.
Hohenstaufen, 4, 46.
Honorius IV, 286, 297.
Hôpitaux, 242, 449.
Hostignani, 490.
Hugone Jacobi, 36.
Hugues, 360.
Hugues de St-Cyr, 41.
Huile (marchands d'), 66, 382.

I

Ildebrandeschi, 177.
Imbreviature, 242, 245.
Immeubles, 99-101.
Importuni, 253.
Incontri, 213, 214.
Indemnité, 424.
Indulgences, 450, 451.
Industries, voy. Arts.
Inghiramo de Biserno, 438.
Initiative privée, 248.
Innocent IV, 19, 410.
Innocent V, 182, 185, 186.
Inondations, 160, 259, 260.
Inscription aux arts, 228, 230.
Institutions, 89-93, 206-211, 230-256.
Interdit, 173-175, 180.
Isambert, 444.
Isnard Hugolin, 138, 140-142.

J

Jacobi, 472, 490, 511.
Jacobins, 104.
Jacopi (Stoldo), 482, 485, 493, 498.
Jacopo d'Angelotto, 199, 200.
Jacopo de Cerreto, 57.
Jacopo de Certaldo, 514.
Jacopo de Cingnano, 200.
Jacopo della Lana, 61.

Jacopo Egidii, 56.
Jacopo, év. de Ferentino, 492, 493.
Jayme d'Aragon, 303, 306, 308, 439.
Jehan de Châlon, 411, 424, 425.
Jérémie, 18.
Jérusalem, 4, 18, 112.
Joinville, 24.
Jongleurs, 261, 262.
Jubilé, 336, 444-447.
Juge des appels, 239, 251, 433.
Juge des méfaits, 396.
Juge de sestiere, 240.
Juges, 65, 232, 238, 345, 350, 368, 382, 396, 397, 418.
Juges du potestat, voy. Assesseurs.
Jura, 146.
Justice, 239.

L

Laine, 65, 230-232.
Lajatico, 325.
Lambertazzi, 175.
Lamberti, 29, 71, 72, 76, 102, 201, 312, 351, 432.
Lamberto dell' Antella, 204.
Lamprugnani, 228.
Lancia, 109, 110, 134, 137, 142, 144.
Landino, 61.
Landshut, 110.
Lanterne, 290.
Laon, 18.
Lapi, 99.
Lapo Aimeri, 356.
Lapo del Pratese, 490.
Lapo des Uberti, 501, 522.
Lapo, graveur, 268.
Lapo Guglielmi, 286.
Lapo Rinuccini, 218, 226.
Lapo, voy. Salterelli.

Laterina, 139, 158, 301, 304, 312, 325, 462.
Latini (Brunetto), 203, 243, 244, 258, 275, 283, 325, 327, 424, 474, 479, 480, 505.
Latino (card.), 194-199, 201, 203-206, 211, 213, 216, 227, 254.
Lavagna, 129, 298.
Lavenza, 137.
Légistes, 240.
Legnajuoli, 383, 384.
Leicester, 24, 85, 166.
Le Mans, 50.
Le Puy, 28.
L'Estendart, 129, 139, 147.
Lettres de naturalité, 357.
Liber mult. epist., 4.
Liberté, 349, 350.
Licinio Bonaccorsi, $2^{1}8$.
Liége, 425.
Ligozzi, 445.
Ligue guelfe, 222, 223, 275, 276, 279, 280, 282, 291, 293, 298, 305, 326-328, 331, 401, 402, 424, 475.
Lion, 417.
Liris, 52.
Lis, 105, 453.
Lisei, 517.
Livourne, 352.
Livres, 386.
Location de boutiques, 242, 330.
Lodare, 198.
Loderingo d'Andalò, 59, 61-63, 77, 80.
Lodo, 215, 351.
Lombardie, 14, 17, 35, 41, 42, 44, 55, 110, 111, 129, 143, 335.
Lombards, 49, 144, 153, 176, 221, 352, 354, 355, 357.
Lombrici, 271.
Loria, 439.
Lottario Bonasce, 37.

Lotteringo de Montespertoli, 496.
Lotterio della Tosa, 287.
Lotterio Ferrucci, 38.
Lotti, 483, 504, 513.
Lottieri de Vallungo, 200.
Lotto des Agli, 218. Voy. Agli.
Lotto d'Ugolino, 302.
Lotto Hugolini, 36.
Louis de Bavière, 4, 112.
Louis VIII, 21, 22, 85.
Louis IX, 19, 21-23, 27, 28, 31, 39, 148, 149, 161, 162, 354, 355.
Louis X, 350.
Lucera, 46, 111, 136, 138, 144.
Lucques, 2, 4, 5, 7-9, 11, 12, 16, 20, 63, 83, 84, 107, 118, 122, 130, 131, 138, 149, 159, 165, 174, 180, 199, 221, 222, 267, 268, 279, 281-285, 288, 290, 291, 300, 303, 304, 310, 314, 322, 325-327, 329, 330, 352, 398, 401, 442, 473, 474-479, 481-485, 494, 495, 497, 500, 501.
Lune, 3, 19.
Lungarno, 459.
Luni, 129.
Lunigiane, 282, 283, 475, 477.
Luxe, 352, 353.
Lyon, 32, 168, 174, 175.

M

Maccheruffi, 430.
Machiavelli, 99, 463.
Maçons, voy. Maestri.
Maestri di pietra e legname, 66, 367, 380.
Maffeo, 356, 369, 432.
Magalotti, 434.
Maggi, 369, 379, 418, 429.
Maghinardo, 4.

Magra, 12, 129.
Magnats, voy. Grands.
Mahaut, 146.
Mainardo de Susinana, 300, 310.
Maine, 30.
Maistre, 152.
Majorité, 379.
Majorque, 354.
Malabranca, voy. Latino.
Malaspina, 129.
Malatesta, 237.
Malatesti, 253.
Malecta, 49, 111, 132.
Malfaiteurs, 243.
Malpigli, 488.
Mancini, 434.
Manente de' Sarteano, 326.
Manenti de Chianciano, 118.
Manetti Benincasa, 288.
Manetti Tignosi, 205, 504. Voy. Tignosi.
Manfred, 3, 5, 16-19, 25-28, 32, 33, 44-55, 63, 67, 110, 111, 120, 152, 187, 297.
Mangiadori, 287.
Mangona (Aless. di), 103.
Mannelli, 429.
Manni, 446.
Mantoue, 42.
Marabottini, 253.
March, 187.
Marchandises, 109.
Marchands d'huile, voy. Huile.
Marchands de rognures, 66.
Marchands de vin, 66.
Marche d'Ancône, 5, 56, 134, 143, 221, 312.
Marche Trévisane, 185, 434.
Maréchaux, 242.
Maremmes, 167, 179, 214, 326.
Mariages, 201, 214.
Mariana, 176.
Marins, 109.
Marmontel, 215.

Marseille, 30, 32.
Martin IV, 221, 286.
Martinella, 272.
Masnadieri, 427.
Massa guelfa, 100, 103.
Massiers, 375.
Mastino della Scala, 127.
Mathilde, 187.
Matteo des Maggi, 244.
Médecins, 65, 210, 232, 374, 435, 436.
Médiation, 193.
Medici, 177, 201, 236.
Megliorato, 130.
Megliorelli, 509.
Meinhart de Goritz, 7, 112.
Meloria, 273, 302, 318, 324.
Melzi, 228.
Mende di Cavalli, 242.
Menuisiers, voy. Legnajuoli.
Mercader de Grasse, 121.
Mercato Nuovo, 64, 102, 427.
Mercenaires, 14, 46, 67, 83, 180, 191, 219, 226, 295, 300, 310, 317, 403.
Merciers, 65, 232.
Mesnard, 357.
Messagers, 376, 380.
Messe, 375, 431.
Messere, 232.
Messi, 233.
Messine, 224, 259.
Meuse, 146.
Micco del Velluto, 289.
Milan, 17, 42, 153, 228.
Milice du Gonfalonier, 379, 380, 410.
Milices, 209, 212, 386, 403.
Mille (les), 209, 240, 367.
Milliard des émigrés, 101.
Milliazo, 496.
Mini, 446.
Modène, 14, 15, 59, 62, 153, 175, 191,

INDEX ALPHABÉTIQUE.

Moïse, 458.
Mœurs, 515.
Molezzano, 409.
Monaldeschi, 81, 347.
Monaldi, 170.
Monfiorita, 435.
Monfiorito, 434-437, 447.
Monnaies, 30, 98, 226, 244, 250, 404, 446.
Montaperti, 95, 97, 138, 155, 158, 212, 307, 315.
Monte, 100.
Montecalvoli, 291.
Montecastello, 180.
Montecatini, 165.
Montecchio, 179, 309.
Montecuccari, 279.
Monte d'Armelo, 12.
Monte di Quiesa, 11.
Montefeltro, *voy*. Guido, Buonconte.
Montegrossoli, 301.
Monteluce de la Berardenga, 325, 462.
Monte Pisano, 11.
Montepulciano, 68, 119, 121, 300, 322.
Montesasso, 461.
Montetignosi, 325.
Montevarchi, 138, 304, 335, 462.
Montferrat, 17.
Montfort, *voy*. Simon, Guy, Amaury.
Montjoie, 125.
Montopoli, 178, 182.
Montorgiale, 439.
Montpellier, 354.
Monum. hist. patriæ, 276.
Morimont, 135.
Morosini, 275.
Morra, 45.
Motrone, 122, 123, 130.
Mozzi, 170, 193, 204, 298, 360, 425-427, 458.
Municipalité, 102, 247.
Mugello, 173, 403.
Mugnone, 461.

Murs, 459-461.
Musiciens, 375, 376.
Musique, 376.
Mystère, 431.

N

Naio d'Artiglio, 408.
Naples, 24, 25, 47, 165, 274, 298, 308, 331.
Narbonne, 28.
Nasico Nassi, 268.
Nassau, 265.
Nello della Pietra, 279.
Neocastro, 149.
Neri Ambrosii, 514.
Neri Atiglianti, 369.
Neri Berri, 385, 409.
Neri Bordelli, 266.
Neri Burbassi, 289.
Neri Donati, 443.
Neri des Strinati, 432.
Nerli, 220, 360, 447.
Nero Fornari, 37.
Nero (Palais del), 172.
Nerozzo des Uberti, 82.
Neufde Sienne, 269, 270.
Nevers, 162.
Niccolini, 224.
Nicolas III, 186, 187, 193, 221, 222.
Nicolas IV, 306, 308, 334, 442.
Nievole, 479.
Nîmes, 354.
Nino de Gallura, 179, 277, 292, 293, 502-504, 325-329, 402.
Noirs, 247.
Notaires, 65, 222, 232, 236, 238, 242, 245, 249-251, 350, 358, 568, 575, 578, 581, 582, 585, 591, 450.
Notizie premesse al Pataffio, 275.
Novare, 41.
Novellieri, 348.
Nozzano, 11.

O

Observateurs, 272.
Octroi, 226.
Offrande de prisonniers 299.
Oglio, 42.
Ognissanti, 75, 460.
Olim, 305.
Oltrarno, 98, 99, 201, 208-210, 251, 395, 409, 427, 460.
Ombrie, 268.
Oradini, 314.
Orage, 316, 319.
Ordinamenta justitiæ, 229, 233, 368-398, 415, 426, 430, 433, 509, 510.
Ordonnances de justice, *voy*. Ordinamenta, etc.
Ordonnances des rois de France, 350, 355.
Orgia, 138.
Orioli, 471.
Orlandini, 131, 409, 476, 483, 487, 496.
Ormanno de Sassoferrato, 284, 478.
Or san Michele, 420.
Orsini, 186, 194, 221, 334.
Ortona, 136.
Orvieto, 26, 27, 37, 81, 201, 308, 326, 403.
Ostie, 34, 194.
Ostina, 159, 163.
Otages, 174, 205, 250, 306.
Ottavante Rigaletti, 351.
Ottaviano, 57, 58, 100, 120, 173.
Ottocar de Bohême, 187.
Otton III, 360.

P

Pace de Certaldo, 452.
Pacino Angiolieri, 416.
Padoue, 144, 528.
Paix des partis, 172, 200, 213.

INDEX ALPHABÉTIQUE.

Paladino, 15, 315.
Palais, 458.
Palamidesse, 125.
Palazzo Vecchio, 435, 445, 456-458.
Palenta, 144, 148.
Palermini, 311.
Palestine, 84, 85, 145, 167, 182.
Palio, 320.
Palmieri, 444.
Panicote, 4.
Paniera, 497.
Pannier, 133.
Pannochieschi d'Elci, 325.
Pantaleon, 18.
Papirio Masson, 27.
Papon, 30.
Paradisi, 498, 517.
Paris, 29, 355, 465.
Parlement, *voy.* Assemblée à....
Parme, 15, 42, 153, 175, 191, 237.
Parte guelfa, 101-104, 199, 258, 266, 295, 322, 329, 333, 339, 340, 408, 410, 418, 438.
Passerini, 414.
Patarins, 196.
Patrimoine de St-Pierre, 5, 18, 201, 221.
Patrizi, 301.
Paul II, 444.
Pauvres, 202.
Pavesari, 313.
Pavie, 56, 127, 128, 130, 134.
Paysans, *voy.* Contado.
Pazzi, 44, 159, 179, 185, 192, 201, 204, 294, 301, 344, 421, 432, 462, 494.
Péages, 242, 273.
Pecora (Dino), 327, 366, 369, 412-414, 424.
Pedoni, 380-395.
Pedro d'Aragon, 260.
Pegolotti, 515.
Pela, *voy.* Gualducci.

Pelavicini, 17, 42, 129, 153.
Pele, 209.
Pèlerins, 444.
Pellavillani, 124.
Pelletiers ou peaussiers, 65, 232.
Pelli, 521.
Percivalle, 298, 299.
Peregrino Cassini, 57.
Pérouse, 27, 34, 46, 106, 143, 326, 403, 491.
Perrens, 350, 381.
Peruzzi, 115, 325, 336, 365, 372, 434.
Pesa, 461.
Pescia, 217.
Peuples, 585.
Phare, 135, 224.
Philippe le Hardi, 167, 354, 356.
Philippe le Bel, 308, 350, 355, 357, 443, 466.
Philippe le Long, 350.
Piandimezzo, 163.
Piazza al Ponte, 427.
Picard (Soldat), 50.
Piccarda Donati, 414.
Piccolomini, 214.
Pics, 380.
Piémont, 41.
Pierre, 18, 19, 444.
Pierre Léopold, 236.
Pietrasanta, 129, 473.
Pieve al Toppo, 301.
Pigeons, 243.
Pigli (ou Pilli), 266, 287, 491, 517.
Pignatelli, 52.
Pino Vernacci, 417, 426.
Pinti, 74, 177.
Pionniers, 380.
Piperno, 452.
Pise, 3, 8, 10, 26, 30, 33, 62, 83, 84, 106, 109, 110, 112, 114, 118, 120, 122, 125, 129, 134, 135, 137, 138, 144, 154-156, 160-163, 165, 176-

180, 183-186, 217, 220, 265-268, 271-288, 292, 294, 299, 301-304, 306, 322-326, 330-335, 398, 401, 402, 423, 440, 443, 462, 473, 474-503.
Pistoia, 5, 58, 109, 118, 121, 131, 165, 174, 180, 184, 187, 199, 215, 222, 231, 243, 244, 271, 276, 284, 300, 305, 310, 314, 316, 328, 335, 362, 386, 403, 409, 418, 442, 482, 486.
Places, 455.
Plaisance, 153, 167.
Platon, 463.
Pô, 129.
Poggibonzi, 119-125, 130, 138, 155, 161, 163, 222, 276, 305, 403, 442.
Poggio a S. Cecilia, 295.
Poitou, 41.
Polenta, 219, 284, 314, 471.
Police, 240, 242, 243, 342, 377, 455.
Politique commerciale, 266.
Pontassieve, 311.
Ponte, 148.
Ponte a Serchio, 11.
Ponte a Valle, 138, 139, 147.
Pontedera, 182, 292, 325, 327, 331, 334, 402, 462.
Pontetetto, 137.
Pontevecchio, 427, 459.
Pontremoli, 129, 137.
Ponts, 75, 160, 168, 181, 242, 454, 461.
Popolani, 73, 91, 92, 96, 97, 102, 192, 207, 211, 215, 228-230, 236, 255, 256, 261, 284, 320, 339, 340, 342, 343, 345, 347,

INDEX ALPHABÉTIQUE.

554, 360, 377-379,
385-387, 389, 391,
392, 401, 403, 405,
407, 409, 412, 426-
428, 431, 432, 435.
Popoleschi, 253.
Popolo grasso, 65, 91,
94, 340, 342, 353,
358, 359, 362, 398,
418, 423, 424, 426,
435.
Popolo minuto, 66, 340,
418, 423, 426.
Popolo nuovo (ou secondo), 398.
Popolo vecchio (ou primo), 398.
Poppi, 312.
Populari, 119.
Porchetto, *voy.* Spinola.
Porcs, 48.
Port d'armes, 242, 259,
350, 376, 586.
Porta di duomo, 98, 201,
209, 210, 366, 381,
409.
Porta Rossa, 65, 105.
Porta Santa-Maria, 201.
Porta San-Niccolò, 260.
Porta San-Pancrazio,
98, 209, 400.
Porta San-Piero, 98,
100, 209, 210, 381,
407, 409.
Portes, 454, 460.
Porto Pisano, 33, 122,
268, 279, 290, 329,
330, 352, 496, 498.
Potestat, 90, 104, 105,
154, 161, 184, 206,
209-211, 219, 220,
235, 237-239, 241,
243, 244, 248-251,
257, 266, 271, 284,
286, 305, 309, 311,
319, 329, 335, 345-
348, 350, 356, 365,
366, 385, 386, 394,
396, 400, 409, 414,
416, 419, 427, 430,
433-435, 456, 474-
503.

Pouille, 41, 45, 54, 120,
126, 308.
Prato, 74, 75, 115, 121,
151, 154, 184, 222,
243, 276, 305, 403,
442, 486.
Prato (le), 460.
Pratomagno, 511, 516.
Préfet d'Étrurie, 170.
Présents, 165, 507.
Préteur, 221.
Prieur du peuple, 270,
271, 296.
Prieurs, 90, 91, 251-
233, 235, 236, 241,
242, 244, 249, 251,
255, 257, 266, 271,
289, 292, 305, 318-
320, 325, 328, 329,
345, 350, 351, 359,
364-366, 368, 371,
373-377, 386, 391,
395, 408, 418, 419,
420, 426, 428, 429,
450, 474-503.
Priori di parte, 101.
Prisonniers, 222, 273,
278, 279, 302, 317,
330, 399, 456.
Prisons, 455, 456.
Priviléges, 376.
Proconsolo, 237.
Proposto, 374.
Propriété, 548.
Proscriptions, 200.
Protectorat, 89, 90, 155,
187.
Provençaux, 146, 147.
Provence, 129.
Provenzano, *voy.* Salvani.
Psalmiste, 181.
Ptolémais, *voy.* Acre.
Puccio d'Arezzo, 438.
Puccio de Sarteano, 438.
Puccio de S. M. Visdomini, 414.
Pulci, 73, 351, 360,
479, 487, 494, 497.

Q

Quartiers, *voy.* Sesti, Terzo.
Quatorze, 199, 205, 207-
209, 216-219, 226,
227, 230, 252, 233,
244, 255, 259, 266,
356.
Quinet, 340.
Quinze, 213, 270.

R

Radicofani, 16, 43.
Ragone, 325.
Rainerio del Sasso, 473,
476, 508.
Rainuccio de la Panera,
289.
Ranerio, 30.
Ranieri della Bella, 419,
420.
Ranieri des Ubertini,
215.
Ranieri (Pietro), 199,
206, 207.
Rapallo, 275.
Rapolano, 118.
Rassegna, 377.
Ravenne, 187, 218.
Raymond Bérenger, 21.
Recensement, 211.
Réconciliations, 351.
Redi de Ghigi, 432.
Réélection, *voy.* Divieto.
Regesta Urbani IV, 19.
Reggio, 14, 15, 62, 80,
175, 191.
Registres, 387, 388, 417.
Règlement (des conseils),
245-247.
Rejet des propositions,
244.
Reno, 175.
Repas des prieurs, 209,
234, 376.
Représailles, 382.
Réserve, 314.
Résidence des prieurs,
209, 231, 234.

Restaino, 130.
Rettori, 231.
Reumont, 439.
Revanche, 97.
Révision des statuts, 211, 383, 400.
Rhodes, 447.
Ricasoli, 99, 201.
Riccardini, 472.
Riccardo d'Aquino, 46.
Riccomanni, 29, 218.
Richard de Cornouailles, 3, 19, 166, 175.
Richiesti, 93, 96, 233, 235, 242, 244, 250, 256.
Rieti, 304, 308.
Riformagioni, 249.
Rinaldini, 348.
Rinaldo Bostoli, 296.
Rinonichi, 183, 334.
Rinucci, 474, 476.
Ripafratta, 181, 281, 282, 284, 481, 484.
Ripoli, 300, 310.
Ristori, 368.
Ristuccioli, 163.
Ritratti d'uomini ill. tosc., 445.
Robert d'Artois, 297.
Robert de Bari, 151.
Robert de Flandre, 151.
Rocca Castellana, 136.
Rocca d'Arce, 47.
Rocchi, 489.
Rodolphe de Habsbourg, 169, 176, 186, 187, 217, 265, 299.
Rodolphe, roi des Romains, 442.
Roger Bacon, 28.
Roger de Loria, 439.
Rolando, 30.
Romagne, 5, 14, 42, 179, 185, 194, 216, 218, 221, 227, 269, 300, 305, 510, 312, 331, 424.
Romains, 49, 106, 444, 445.
Romandiole, 218.
Romanin, 423.

Rome, 4, 25, 29, 33-35, 40, 42, 43, 84, 126, 135, 137, 138, 142-144, 148, 149, 161, 186, 201, 218, 268, 304, 334, 336, 400, 413, 444, 445, 448, 452.
Romei, 444.
Romuald, 311.
Rondine, 304.
Ronzano, 62.
Rosignano, 178.
Rossi, 446.
Rossi, 99, 261, 290, 310, 360, 384, 446, 500, 501.
Rosso Bacherelli, 231.
Rosso des Buondelmonti, 220.
Rosso del Fornario, 489.
Rosso della Tosa, 486.
Rostanno Juncte, 36.
Rota, 29, 37.
Rotaja, 11.
Roulage, 355.
Routes, 461.
Ruberti, 170.
Rues, 455.
Ruffoli, 366, 407.
Ruga Rossa, 105.
Ruggieri des Adimari, 166.
Ruggiero des Ubaldini, 274, 294, 302, 305, 306.
Rutebeuf, 22, 41.
Rymer, 19.

s

Sabini, 496.
Sages, 93, 96, 218, 219, 222, 224, 234, 244, 256, 282, 286, 289, 326, 329, 356, 359, 366, 371-373, 378, 474-516.
Sagonte, 164.
Saint-Ange (Pont), 445.
Sainte-Cécile, *voy.* Brion.
Saint-Eusèbe, 42.

Saint-François d'Assise, 311, 334.
Saint-Gilles-sur-Rhône, 28.
Saint-Jean, 210, 261, 301, 419, 453.
Saint-Jean-de-Latran, 34.
Saint-Paul-hors-des-Murs, 33.
Saint-Pierre-Martyr, 60, 196.
Saint-Thomas, 360.
Salaires, 222, 236, 243, 250, 285, 289, 306, 325, 326, 358, 364, 376, 383, 441.
Salerne, 253, 259, 266.
Salimbeni, 138.
Salino Dorrighi, 438.
Salterelli, 327, 366, 484, 507, 510, 511, 513, 515.
Saltini, 250.
Salto, 144, 147, 148.
Salto (Simone de), 486, 490, 497.
Salvani (Ciampolo), 213.
Salvani (famille), 214.
Salvani (Provenzano), 155, 158.
Salvatico, 191, 223, 488.
Salvi Girolami, 231.
San Bonifazio, 42.
San Cassiano, 462.
San Donato in collina, 305.
San Firenze, 73, 74.
San Frediano, 7.
San Gallo, 242.
San Gemignano, 118, 121, 165, 217, 222, 276, 305, 310, 438, 439, 442.
San Germano, 47.
San Giorgio, 212.
San Giovanni, 73, 305, 321, 427, 441, 449.
San Giovanni du val d'Arno, 462.
San Gregorio della pace, 171, 172, 216.
San Lorenzo, 459.

San Martino, 234, 361.
San Martino de Vitiana, 462.
San Michele Visdomini, 414.
San Miniato al Tedesco, 165, 184, 217, 223, 265, 276, 299, 300, 305, 310, 332, 479.
San Pancrazio, 201, 209, 210, 231, 381, 459.
San Pier Maggiore, 417.
San Piero, 75.
San Piero (borgo), 437.
San Pier Scheraggio, 74, 98, 201, 208, 209, 210, 231, 251, 326, 330, 346, 351, 362, 379, 381, 395, 409, 433, 457, 458.
San Pietro (navire), 268.
San Procolo, 209, 329.
San Quirico, 158.
San Salvadore, 43.
San Savino, 299.
San Severino, 45.
Sant' Apostolo, 459.
Santa Chiara, 414.
Santa Cristina de Pangnana, 462.
Santa Croce, 2, 291, 452-454.
Santa Felicita, 99, 261.
Santa Liberata, 453.
Santa Maria a Monte, 2, 291.
Santa Maria de Cafagio, 454.
Santa Maria del Fiore, 453.
Santa Maria Novella, 115, 196, 199, 204, 454.
Santa Maria sopra Porta, 102.
Santa Reparata, 248, 283, 347, 363, 449, 450-453, 472, 476, 509.
Sant' Ellero, 116, 117, 119.
Santo Spirito, 453, 454.
Sardaigne, 109, 272, 285, 402, 440.

Sarrasins, 18, 48, 49, 85, 111, 133, 156, 144, 277.
Sarteano, 43.
Sarzane, 11, 157, 475, 477, 480, 488.
Sassoferrato, 284.
Savelli, 286.
Savi, *voy.* Sages.
Savoie, 355.
Savoyard, 445.
Savone, 154.
Savorigi, 75.
Scala, 127.
Scali, 177, 425.
Schiatta des Cancellieri, 215.
Schiatta Ubaldino, 287.
Scolari, 71, 201.
Scrutin, 242, 247, 374, 377, 378.
Scudai, 583, 584.
Scurcola, 144, 148.
Scurta della porta, 184, 196.
Secret des délibérations, 235.
Segalari, 177.
Sei della biada, 250.
Seigneurie, 248.
Sel, 437.
Sel (marchand de), 362.
Semifonte, 452.
Sénateur de Rome, 25, 27, 109, 157, 161, 185, 186, 221.
Sénéchal de Provence, 140.
Sénèque, 171.
Sépulture, 51, 52.
Serdonati, 446.
Serezzana, 11.
Serfs, 349.
Serment, 238, 374, 377, 379, 385.
Serragli, 73, 75.
Serruriers, *voy.* Chiavajuoli.
Servi, 56, 102, 583, 454.
Servitude, 344, 349.
Sestieri, 90, 98, 102,

116, 156, 201, 208-210, 219, 226, 231, 232, 233, 239, 255, 285, 286, 332, 342, 366, 372-374, 377-379, 381, 395, 407, 428, 477, 486, 487, 499.
Settimo, 307.
Sexagénaires, 210.
Sicile, 4, 19, 54, 55, 126, 135, 137, 143, 223, 227, 259, 266, 272, 297, 308, 439, 440.
Sienne, 3, 6, 8, 10, 12, 16, 26, 30, 36, 37, 39, 40, 43, 62, 63, 68, 83, 84, 110, 114, 118-121, 123, 129, 131, 134, 137-139, 141, 154-156, 159, 161-166, 174, 180, 211-214, 222, 267-269, 276, 288, 295, 298, 299-301, 304, 305, 307, 308, 310, 322, 329, 348, 356, 402, 422, 442, 448, 482.
Sieve, 461.
Signa, 8-10.
Signori, 231.
Signori della Zecca, 250.
Simon de Montfort, 24, 85, 166.
Simone Angelotti, 286.
Simone des Bardi, 223.
Simone del Salto, 218.
Simone Donati, 82, 327, 475, 485, 491, 498.
Simone (frère de G. Novello), 75, 103, 154, 171.
Simplice, 9, 33, 50, 51.
Sindacato, 236, 244, 347.
Siserno, 177.
Sitoni, 228.
Sodare, 588, 589.
Soie, 65, 252.
Soldanieri, 59, 72, 204.
Solidarité, 548, 350, 387, 426.

INDEX ALPHABÉTIQUE.

Sonneurs, 242, 375.
Sordello, 22.
Souabe, 500.
Sovana, 177.
Spadai, 383, 449.
Spenditore, 375.
Spigliati, 57, 483, 491.
Spilacaberto, 441.
Spina (Geri), 427.
Spini, 425, 427, 458.
Spinola, 410.
Spiovanato, 44.
Spolète, 5, 143, 224, 312.
Statuta Flor., 370.
Statuts, 211, 218, 238, 243, 244, 347, 358, 380, 392, 400, 409.
Stefaneschi, 400.
Stefano de Bibbiena, 326.
Steinheil, 436.
Sterza, 325.
Stia, 311, 512.
Stoldi, 99.
Strinati, 432.
Strozza, 268, 488, 496, 506, 513, 516.
Strozzi, 366, 447.
Sudazzi, 195.
Suisses, 70.
Sulmona, 144.
Syndics, 251, 254, 269, 275, 305, 384-386, 394, 402, 435, 441.

T

Table, 375.
Tables des Ordonnances, 399.
Tabletiers, *voy.* Scudai.
Taddeo de Montorgiale, 439.
Taglia, 131, 160, 178, 222, 269, 279, 295, 298, 331, 438.
Tagliacozzo, 148, 156.
Talani de la Tosa, 220.
Taldo della Bella, 416, 420.
Talenti, 409.

Tamburi, 393, 394.
Tamise, 166.
Tanneurs, *voy.* Galigai.
Tareni, 269.
Tarlato Tarlati, 296, 323.
Tartares, 447.
Tarquin, 150.
Taxes, 71, 239, 245, 267, 268, 285, 305, 357, 449-451, 460.
Taxe de guerre, 121, 322.
Tebaldo Brugiati, 362.
Tedaldi, 290, 485, 500, 511.
Tedaldini, 71.
Teghia Tedaldi, 290.
Témoignages, 399, 428, 429.
Templiers, 62, 131.
Terre de Gaudio, 25.
Terre de Labour, 25.
Terzo, 16, 422.
Testament, 443, 450, 460.
Thierricus Vallicolor, 26.
Thouar, 459.
Thucydide, 463.
Tibre, 32, 33.
Tiniosi, 486, 495, 499, 502.
Tirage au sort, 374, 378.
Tiratoi, 99.
Tizzoni, 435.
Tocsin, 394.
Tolomei, 214.
Tolomeo Aldobrandi, 218.
Tonneux, 140-142.
Tories, 101.
Tornabuoni, 253.
Tornaquinci, 73, 193, 253, 310, 360, 477, 498, 502, 512.
Torre (Della), 17, 42, 81, 138, 140.
Torrigiani, 172.
Torselli, 507.
Tosa, *voy.* Tosinghi.
Toscane, 4, 5, 12, 13, 17, 35, 43, 44, 56, 58, 77, 81, 86, 110-113,

120, 129, 133, 137, 143, 153-155, 160, 163, 168, 176, 181, 185, 193, 222, 269, 276, 297, 312, 331, 335, 401, 402, 404, 463.
Toselli, 507, 515.
Tosinghi, 192, 220, 351, 360, 414, 426, 486, 488, 494, 495, 498, 500, 504, 557, 512, 517.
Tosti, 423.
Tours, 455, 458, 460, 461.
Trafic, 185, 266-267.
Trasignies, 32.
Trente-six, 64, 68, 71, 72, 76, 90, 164, 242, 213, 379.
Trésor des Chartes, 354.
Trésor public, 376.
Tribunaux, 309, 350.
Tribune, 246.
Trincia, 87.
Trincofolia, 132.
Trinqualacqua, 473.
Triomphe, 321.
Trompettes, 222, 242, 375, 376.
Troubadours, 52, 123-125.
Trouvères, 52, 123-125.
Troyes, 18, 29.
Tunis, 161.
Turin, 8, 41.
Tyrans, 17, 56, 555.
Tyrol, 7.

U

Ubaldini, 173, 300, 303, 403.
Ubbriacchi, 201.
Uberti, 43, 71, 82, 88, 139, 166, 198, 199, 201, 312, 447.
Ubertini, 43, 215, 294, 299, 305, 462.

INDEX ALPHABÉTIQUE.

Ubertino, 513.
Ubertino de lo Strozza, voy. Strozza.
Ugo de Caldaia, 438.
Ugolino de Corrigia, 436.
Ugolino de la Gherardesca, 178, 179, 182, 274-280, 284-288, 290-294, 302, 303, 306, 402, 474, 481-484, 491, 501.
Ugolino des Rossi, 310, 321.
Ugolino de Vicchio, 446.
Ugoni, 545, 494.
Uguccione de la Faggiuola, 441.
Unanimité, 546.
Université, 309, 455.
Upezzinghi, 292, 324.
Urbain IV, 18, 20, 25, 27, 28, 50, 56, 60.
Urbino, 306.

V

Vacca (tour), 458.
Vacchereccia, 435.
Vado, 134.
Vaglia, 369.
Vaissèle, 355.
Vaio, 447.
Valeriano, 452.
Valery, 145, 147, 148.
allombreuse, 311.
Valori, 185.
Vanni (cap^e), 438.

Vanni des Mozzi, 427.
Vannucci, 464.
Varramista, 333.
Velasco, 183.
Velletri, 194.
Velluti, 429, 443, 478, 483, 487, 496.
Vence, 423.
Venise, 17, 256, 293, 352, 398, 401, 423.
Ventroja des Tornaquinci, 310.
Ventura, 445, 446.
Vêpres Siciliennes, 224.
Verceil, 42, 153.
Verde, 52.
Verdun, 18.
Vernaceia, 281, 286.
Vernacci, 417, 426.
Vérone, 56, 118, 127, 134.
Verrucchio, 237.
Via Bellauda, 330.
Via de' Renai, 172.
Viareggio, 281, 282, 284, 481, 484.
Vicaire impérial, 176, 186, 216, 217, 283, 411, 424.
Vicaire royal, 12, 16, 33, 90, 157, 160, 163, 184, 221.
Vierge, 159, 212.
Vieri des Cerchi, 310, 313, 333, 360.
Vignale in Camporena, 332, 334.
Villani (Annule), 185.

Villano (ser), 483.
Villanuzzi, 489.
Vimercati, 228.
Vinattieri, 382.
Vingt-quatre, 164, 212.
Visconti, 167, 228, 277.
Visconti de Campiglia, 118.
Visconti de Gallura, 177, 178.
Visdomini, 360, 516.
Vitali, 25.
Viterbe, 77, 80, 115, 118, 126, 133, 134, 136, 142, 143, 166, 167, 181, 221, 326, 335.
Voie latine, 144.
Voirie, 455.
Volognano, 430.
Volpi, 370.
Voltaire, 152.
Volterre, 118, 121, 160, 165, 177, 215, 222, 267, 279, 305, 310, 325, 326, 528, 442, 462.
Vote, 247.
Voyages, 355.
Vulturne, 47.

Z

Zambra, 322.
Zanche, 177.
Zannoni, 203.
Zanotto, 423.
Zeni, 177.

ERRATA

Page 41, note 5, ligne 2, au lieu de carlo, lisez : Carlo I.
Page 588, ligne 18, au lieu de magistrats, lisez : magnats.

PARIS. — TYPOGRAPHIE LAHURE
Rue de Fleurus, 9

www.ingramcontent.com/pod-product-compliance
Lightning Source LLC
Chambersburg PA
CBHW071403230426
43669CB00010B/1434